SISTEMAS OPERATIVOS
Una Visión Aplicada

Tercera Edición
Volumen II

Autores:
Jesús Carretero Pérez
Félix García Carballeira
Fernando Pérez Costoya

PRÓLOGO

Los sistemas operativos son una parte esencial de cualquier sistema de computación, por lo que todos los planes de estudio de Informática y otras Ingenierías incluyen uno o más cursos sobre sistemas operativos. La mayoría de los libros de sistemas operativos preparados para estos cursos, contienen gran cantidad de teoría general y aspectos de diseño, pero no muestran claramente cómo se usan.

Este libro está pensado como un texto general de sistemas operativos, pudiendo cubrir tanto la parte introductoria como algunos aspectos de diseño de estos. En él se tratan todos los aspectos fundamentales de los sistemas operativos, tales como procesos, gestión de memoria, comunicación y sincronización de procesos, entrada/salida, sistemas de ficheros y seguridad y protección. Además, en cada tema, se muestra la interfaz de programación de POSIX con ejemplos de uso de las llamadas al sistema. Esta solución permite que el lector, no sólo conozca los principios teóricos, sino cómo se aplican en sistemas operativos reales.

Contexto de desarrollo del libro

La motivación para llevar a cabo la primera edición de este trabajo a finales de los 90 del pasado siglo surgió de la insatisfacción con los libros de texto existentes en su momento, que, en líneas generales, se caracterizaban por enfatizar los siguientes aspectos:

- Teoría general sobre sistemas operativos.
- Aspectos de diseño detallado, generalmente específicos de un sistema operativo.
- Desarrollo en un ambiente de sistemas operativos clásicos.
- Comparando esta situación con la del mundo real se observaban considerables diferencias:
- Demanda de los estudiantes para tener apoyo en las cuestiones teóricas con ejemplos prácticos.
- Necesidad de conocer los sistemas operativos desde el punto de vista de la programación de sistemas.
- Visión generalista del diseño de los sistemas operativos, estudiando distintos sistemas.

Esta situación obligaba a los autores a mezclar textos generales sobre sistemas operativos con otros libros que estudiaban sistemas operativos concretos y la forma de programarlos. Por esta razón, entre otras, generaron un cuerpo de apuntes, aplicado a la docencia de la asignatura desde mediados de los 90, que fue creciendo y modernizándose hasta llegar a la primera edición de este libro en el año 2001.

Posteriormente, en el año 2006, en parte fruto de la demanda de los usuarios y a la constante evolución de los sistemas operativos, se amplió la primera versión y se publicó la segunda edición del libro que ampliaba los temas de planificación, gestión de memoria, sistemas de ficheros y sistemas distribuidos.

Tras pasar varios años desde esta segunda edición, la evolución de los sistemas operativos, así como los comentarios de los usuarios de este texto, tanto alumnos como profesores, nos han animado a elaborar una tercera edición del texto, mejorada y ampliada.

Novedades en la tercera edición

La tercera edición del libro incluye varias mejoras sobre la segunda edición publicada en el año 2006.

En primer lugar, se ha ampliado considerablemente el capítulo sobre planificación del procesador, incluyendo nuevos algoritmos de tipo generalista, aspectos de planificación de tiempo real y de planificación en sistemas virtualizados. Estas técnicas son de uso común en todos los sistemas operativos actuales, por los que nos parecía importante incluirlas en el libro.

En segundo lugar, se han ampliado los temas de gestión de memoria, sistemas de ficheros y directorios, seguridad y sistemas distribuidos, incluyendo material nuevo y actualizaciones sobre la segunda edición.

En tercer lugar, se ha incluido un capítulo nuevo sobre virtualización donde se presentan brevemente las técnicas de virtualización más comunes y su influencia en el sistema operativo. Dado que actualmente se usan las técnicas de virtualización en prácticamente cualquier entorno, nos parecía interesante que los lectores pudieran conocer estos temas.

En cuarto lugar, se han eliminado las partes correspondientes a las llamadas al sistema del sistema operativo Windows. Dada la evolución de los sistemas operativos, nos parece más interesante centrarnos en el estándar POSIX como interfaz de acceso al sistema.

Por último, aunque hemos publicado un libro de prácticas y otro de problemas de sistemas operativos asociado a este libro, se han ampliado y mejorado los programas con ejemplos de programación en este libro, de forma que pueda ser todavía más autocontenido.

Características del libro

Los sistemas operativos son una parte esencial de cualquier sistema de computación, por lo que todos los planes de estudio de Informática incluyen uno o más cursos sobre sistemas operativos. La mayoría de libros de sistemas operativos usados en estos cursos, incluyen gran cantidad de teoría general y aspectos de diseño, pero no muestran claramente cómo se usan. Este libro está pensado como un texto general de sistemas operativos, pudiendo cubrir tanto la parte introductoria como los aspectos de diseño de los mismos. Para ello, se incluyen en el libro las siguientes características para reforzar los contenidos teóricos:

- **Numerosas figuras**. Más de quinientas figuras.
- **Interfaz de programación** POSIX de sistemas operativos, con ejemplos de uso de las mismas. Esta solución permite que el lector, no sólo conozca los principios teóricos, sino como se aplican en sistemas operativos reales.
- **Ejercicios**. Cada capítulo incluye ejercicios con diferentes grados de dificultad para adecuarse a los distintos tipos de cursos en que se puede usar este libro. Estos ejercicios hacen énfasis en los aspectos teóricos más importantes.
- **Bibliografía**. Una extensa bibliografía, con referencias básicas y de ampliación, para cada capítulo. En la tercera edición se ha actualizado esta bibliografía para reflejar nuevos contenidos y sistemas existentes en la actualidad.
- **Centro de aprendizaje on-line**, con materiales suplementarios para el libro, situado en la dirección https://www.arcos.inf.uc3m.es/ssoo-va/. En este portal Web se puede encontrar el siguiente material: información sobre el libro, información de los autores, material para el profesor (figuras del libro, transparencias, soluciones de ejercicios y problemas propuestos y material de prácticas) y Material para el estudiante (código fuente de los programas, figuras en PowerPoint, capítulos en PDF, problemas propuestos de sistemas operativos, etc.).

Organización del libro

El libro está organizado en dos volúmenes que engloban trece temas, cuyo índice se muestra más abajo. Su contenido cubre todos los aspectos de gestión de un computador, desde la plataforma hardware hasta los sistemas distribuidos. Además, se incluye un apéndice.

Los temas son los siguientes:

VOLUMEN I:

1.- Arquitectura básica de un computador

En este tema se hace una breve descripción de la estructura y funcionamiento de un computador, haciendo énfasis en los aspectos fundamentales para el sistema operativo. La motivación para incluir este capítulo es evitar la necesidad de que el lector posea conocimientos previos de estructura de computadores. En él se tratan aspectos tales como el modelo de programación del computador, tratamiento de interrupciones, jerarquía de memoria, entrada/salida y concurrencia. Además, se comentan brevemente los mecanismos de protección hardware.

2.- Introducción a los sistemas operativos

En este tema se explica qué es un sistema operativo, cuáles son sus funciones principales, los tipos de sistemas operativos existentes actualmente y cómo se activa un sistema operativo. También se introduce brevemente la estructura del sistema operativo y de sus componentes principales (procesos, memoria, ficheros, comunicación, etc.), que se describen en detalle en capítulos posteriores. Además, se ponen dos ejemplos concretos, como son Linux y Windows.

3.- Procesos y *threads*

El proceso es la entidad más importante de un sistema operativo moderno. En este tema se estudia en detalle el concepto de proceso, la información asociada al mismo, sus posibles estados y las señales y temporizadores que pueden ser asociadas a un proceso. Un sistema operativo gestiona una colección de procesos que se ejecutan de forma concurrente. La planificación de dichos procesos es crucial para la gestión de un computador. Es esencial explotar los recursos de forma eficiente, equitativa y evitar bloqueos entre procesos. Además, se estudia en este capítulo el concepto de *thread* y su influencia sobre los aspectos anteriores del sistema. Todo ello se complementa con ejemplos de uso en POSIX.

4.- Planificación del procesador

La gestión del procesador es fundamental para conseguir un buen funcionamiento del sistema. El tiempo compartido, la multiprogramación o los sistemas multiprocesadores, exigen una gestión eficiente y fiable del procesador. Ello se consigue a través del planificador, un elemento clave del sistema operativo. En este capítulo se muestran los fundamentos de la programación, los mecanismos, las políticas de planificación de propósito general y de sistemas de tiempo real y la interfaz de programación de los servicios de planificación del sistema.

5.- Gestión de memoria

Este tema estudia la gestión de memoria de una manera integral, abarcando no sólo aquellos aspectos que incumben directamente al sistema operativo, sino también los asociados al proceso de compilación y montaje. En el capítulo se estudian los objetivos del sistema de memoria, así como todos los aspectos vinculados con la gestión del mapa de memoria de un proceso. Asimismo, se estudian los diversos esquemas de gestión de memoria, haciendo especial énfasis en la memoria virtual. Al final del tema se muestran los servicios de gestión de memoria existentes en POSIX y algunos ejemplos de uso de estos.

VOLUMEN II:

6.- Comunicación y sincronización de procesos

Los procesos no son entidades aisladas, sino que en muchos casos cooperan entre sí y compiten por los recursos. El sistema operativo debe ofrecer mecanismos de comunicación y sincronización de procesos concurrentes. En este tema se muestran los principales mecanismos usados en sistemas operativos, tales como tuberías, semáforos o el paso de mensajes, así como algunos aspectos de implementación de estos. Al final del tema se muestran los servicios de comunicación y sincronización existentes en POSIX y algunos ejemplos de uso de los mismos.

7.- Interbloqueos

Las comunicaciones, el uso de recursos compartidos y las sincronizaciones son causas de bloqueos mutuos entre procesos, o interbloqueos. En este capítulo se presenta el concepto de interbloqueo, así como los principales métodos de modelado de interbloqueos. Además, se describen los principales algoritmos existentes para gestión de interbloqueos, incluyendo los de prevención, detección y predicción de interbloqueos.

8.- Entrada/Salida

El procesador de un computador necesita relacionarse con el mundo exterior. Esta relación se lleva a cabo mediante los dispositivos de entrada/salida (E/S) conectados al computador. El sistema operativo debe ofrecer una interfaz de acceso a dichos dispositivos y gestionar los detalles de bajo nivel de estos. En este tema se muestran aspectos del hardware y el software de E/S, estudiando una amplia gama de dispositivos, tales como los de almacenamiento secundario y terciario, los relojes, la red o el terminal. Asimismo, se proporcionan pautas de diseño de manejadores de dispositivos. Al final del tema se muestran los servicios de entrada/salida existentes en POSIX y algunos ejemplos de uso de los mismos.

9.- Sistemas de almacenamiento

La gestión de los sistemas de almacenamiento es una de las funciones principales del sistema operativo, dada su variedad y la necesidad de ocultar la complejidad y heterogeneidad de los diversos dispositivos de almacenamiento, ofreciendo un modo de acceso al mismo uniforme y de alto nivel. En la actualidad, el sistema de almacenamiento ha cobrado más importancia si cabe debido a la explosión de datos producida en los últimos daños, a la gran variedad tecnológica en este tipo de dispositivos y al gran incremento de capacidad de estos. Sorprendentemente, la mayoría de los libros generales de sistemas operativos realizan un tratamiento bastante superficial de este tema, centrándose, básicamente. en la gestión de los discos, dada su importancia como sustrato del sistema de ficheros. En este capítulo se presentan los conceptos básicos de los dispositivos de almacenamiento, se describe brevemente el hardware de estos y su visión lógica desde el punto de vista del sistema operativo. Además, se muestra cómo se organizan los dispositivos de almacenamiento en el sistema operativo y los servicios que proporciona éste

10.- Ficheros y directorios

El sistema operativo debe proporcionar al usuario mecanismos de alto nivel para acceder a la información existente en los dispositivos de almacenamiento. Para ello, todos los sistemas operativos incluyen un sistema de gestión de ficheros y directorios. El fichero es la unidad fundamental de almacenamiento que maneja el usuario. El directorio es la unidad de estructuración del conjunto de ficheros. En este tema, se muestran los conceptos fundamentales de ficheros y directorios, la estructura de sus gestores y los algoritmos internos usados en los mismos. Al igual que en otros temas, se muestran los servicios de ficheros y directorios existentes en POSIX y algunos ejemplos de uso de los mismos.

11.- Virtualización

En este capítulo se muestra el concepto de virtualización de sistemas operativos, así como las principales formas de virtualizar un sistema. Además, se describe la arquitectura y funcionalidad de un hipervisor y algunos aspectos básicos de planificación de máquinas virtuales en un hipervisor. Por último, se tratan algunos aspectos de consolidación de servidores en centros de datos usando virtualización.

12.- Seguridad y protección

Un sistema de computación debe ser seguro. El usuario debe tener la confianza de que las acciones internas o externas del sistema no van a ser un peligro para sus datos, aplicaciones o para las actividades de otros usuarios. El sistema operativo debe proporcionar mecanismos de protección entre los distintos procesos que ejecutan en un sistema y entre los distintos sistemas que estén conectados entre sí. En este tema se exponen los conceptos de seguridad y protección, posibles problemas de seguridad, mecanismos de diseño de sistemas seguros, los niveles de seguridad que puede ofrecer un sistema y los controles existentes para verificar si el estado del sistema es seguro. Además, se estudian los mecanismos de protección que se pueden usar para controlar el acceso a los distintos recursos del sistema, tanto a nivel de sistema individual como de red. Al final del tema, se muestran los servicios de protección existentes en POSIX y algunos ejemplos de uso de estos.

13.- Introducción a los sistemas distribuidos

Los sistemas de computación actuales raramente están aislados. Es habitual que estén conectados formando conjuntos de máquinas que no comparten la memoria ni el reloj, es decir sistemas distribuidos. Este tema presenta una breve introducción a dichos sistemas, estudiando las características de los sistemas distribuidos, sus problemas de diseño, su estructura y sus distintos elementos (redes, comunicación, memoria distribuida, sistemas de fichero distribuido, etc.). También se muestran distintas técnicas de diseño de aplicaciones cliente-servidor en sistemas distribuidos.

Apéndice 1. Resumen de llamadas al sistema POSIX

En este apéndice se incluye una tabla con las principales llamadas al sistema disponibles en POSIX. Además, se incluye un breve comentario de cada llamada.

Bibliografía

Relación de libros y artículos consultados para elaborar este libro y recomendaciones para que los lectores puedan ampliar conocimientos, en caso necesario.

Materiales suplementarios

Existe un centro de enseñanza on-line disponible a través de Web con materiales suplementarios para el libro, situada en la dirección: hhttps://www.arcos.inf.uc3m.es/ssoo-va/.
En esta página Web se puede encontrar el siguiente material:

- **Información sobre el libro**, como el prólogo, tabla de contenidos, capítulos de ejemplo en PDF, erratas, etc.
- **Información de los autores** y dirección de contacto.
- **Material para el profesor**, como figuras del libro, transparencias, soluciones de ejercicios y problemas propuestos y material de prácticas. Las prácticas que se presentan han sido diseñadas como trabajos de laboratorio para estudiantes de las asignaturas de Sistemas Operativos de la Universidad Politécnica de Madrid y de la Universidad Carlos III de Madrid. Se ha hecho un importante esfuerzo para generalizar sus enunciados, de forma que puedan desarrollarse fácilmente sobre sistemas operativos de amplia difusión como Linux, UNIX o Windows. En casi todos los trabajos prácticos expuestos, se hace referencia al material de apoyo existente para las prácticas, que también se puede conseguir en las páginas Web anteriores.
- **Material para el estudiante**, como código fuente de los programas, figuras en PowerPoint, problemas propuestos de sistemas operativos, etc.

Problemas y prácticas

Para completar este libro de texto, concebido como un manual de teoría de sistemas operativos, los autores han escrito otros dos libros que incluyen trabajos sobre problemas y prácticas de sistemas operativos. Están disponibles igualmente en formato electrónico e impreso en Amazon.

Prácticas de sistemas operativos

Prácticas de sistemas operativos. J. Carretero, F García Carballeira y F. Pérez. Amazon. 2007.

Incluye alrededor de 40 proyectos prácticos relacionados con los aspectos indicados en el libro de teoría. Este libro está pensado como un texto general de prácticas de las asignaturas Sistemas Operativos y Diseño de Sistemas Operativos, pudiendo cubrir tanto la parte introductoria de los aspectos de programación de sistemas como aspectos avanzados de programación y diseño de Sistemas Operativos (programación de shell scripts, programación con llamadas al sistema, programación de módulos del sistema operativo, etc.). También incluye material de apoyo para los alumnos y soluciones de las prácticas para los profesores. Las soluciones de las prácticas están disponibles para los profesores y se pueden solicitar a los autores.

Problemas de sistemas operativos

Problemas de sistemas operativos. Segunda edición. J. Carretero, F García Carballeira y F. Pérez. Amazon. 2015.

Incluye una completa colección de problemas de Sistemas Operativos ordenados en cada capítulo por grado de complejidad creciente. Se incluyen muchos problemas de examen. En él se presentan problemas resueltos que abarcan todos los aspectos fundamentales de los sistemas operativos, tales como procesos, planificación de procesos, gestión de memoria, comunicación y sincronización de procesos, entrada/salida y sistemas de archivos. Además, en cada tema, se muestra una pequeña introducción teórica al mismo y la interfaz de programación de sistemas operativos necesaria para los problemas del tema. Se incluye material de apoyo para los alumnos y soluciones en el portal Web del libro.

OpenCourseWare (OCW)

Como parte de una iniciativa para favorecer la educación online y el uso de este libro y sus ediciones anteriores, los autores se han adherido a la iniciativa OpenCourseWare que promueve la Universidad Carlos III de Madrid.

Como resultado de esta iniciativa, se ha preparado un curso completo de sistemas operativos incluyendo todos los materiales, guías docentes y evaluaciones necesarios para llevar a cabo este curso. Estos materiales son abiertos, se distribuyen con licencia Creative Commons, y están disponibles para todos aquellos docentes y alumnos que los quieran utilizar.

En el siguiente enlace se puede encontrar la versión en español del curso:

http://ocw.uc3m.es/ingenieria-informatica/sistemas-operativos

En el siguiente enlace se puede encontrar la versión en inglés del curso:

http://ocw.uc3m.es/ingenieria-informatica/operating-systems

Comentario de los autores

Es un placer para nosotros poder presentar la tercera edición de este libro a las personas interesadas en los sistemas operativos, su diseño y su programación. La elaboración de este texto ha supuesto un arduo trabajo para nosotros, tanto por la extensión de la obra como por los ejemplos prácticos incluidos en la misma. Además, se ha hecho un esfuerzo importante para tratar de unificar la terminología usada en distintos países de habla hispana. Con todo, creemos que el resultado final hace que el esfuerzo realizado haya merecido la pena.

El esfuerzo realizado por mostrar los sistemas operativos más actuales ha dado como resultado final un texto didáctico y aplicado, que puede ser usado tanto en cursos de introducción como de diseño de sistemas operativos. En el libro se incluyen ejemplos que muestran el uso de la interfaz de sistemas operativos del estándar POSIX.

Nos gustaría mostrar nuestro agradecimiento a todas las personas que han colaborado en este texto con su ayuda y sus comentarios, tanto personalmente como a través de las páginas Web de las anteriores ediciones del libro.

Jesús Carretero Pérez   **Fernando Pérez Costoya**
Félix García Carballeira

Departamento de Informática   Departamento de Arquitectura y Tecnología
                                de Sistemas Informáticos
Escuela Politécnica Superior   Facultad de Informática
Universidad Carlos III de Madrid   Universidad Politécnica de Madrid

Sistemas Operativos: Una visión aplicada. Tercera edición.

TABLA DE CONTENIDO (VOLUMEN II)

Tabla de contenido

Tabla de contenido

6. COMUNICACIÓN Y SINCRONIZACIÓN DE PROCESOS

En este capítulo se presentan los problemas que surgen cuando los diferentes procesos que se ejecutan en un sistema compiten por recursos o se comunican entre sí. Esta situación, que se denomina concurrencia, ocurre cuando se produce la ejecución entrelazada en un mismo sistema de las instrucciones de diferentes procesos o *threads*. En el capítulo se describen los problemas que plantea la ejecución concurrente de procesos y modelos clásicos de comunicación y sincronización entre procesos que ocurren en la vida real. A continuación, se introducen y analizan los principales mecanismos que ofrecen los sistemas operativos para la comunicación y sincronización de procesos, se muestra cómo utilizar éstos para resolver los problemas anteriores y se presenta el concepto de transacción atómica. También se explican los principales aspectos de diseño e implementación de los mecanismos de comunicación y sincronización, y cómo se realiza la sincronización y comunicación dentro del propio sistema operativo. El capítulo finaliza con la descripción de los principales servicios POSIX para la comunicación y sincronización entre procesos. Los temas que se cubren en este capítulo son:

- Concurrencia y tipos de procesos concurrentes.
- Modelos clásicos de comunicación y sincronización.
- Mecanismos que ofrecen los sistemas operativos para la comunicación y sincronización entre procesos.
- Transacciones.
- Aspectos de diseño e implementación de los mecanismos de comunicación y sincronización.
- La sincronización y comunicación dentro del propio sistema operativo.
- Servicios POSIX para la comunicación y sincronización entre procesos.

6.1   Concurrencia

En el capítulo 3 del volumen I se presentó el concepto de proceso como un programa en ejecución que consta de un espacio de direcciones de memoria y un bloque de control de proceso con diversa información asociada al mismo. También se vio el concepto de *thread* como un flujo de ejecución único e independiente dentro de un proceso. Un sistema operativo multitarea permite que coexistan varios procesos activos a la vez, ejecutando todos ellos de forma concurrente. La **concurrencia** ocurre cuando se produce la ejecución entrelazada en un mismo sistema de las instrucciones de diferentes procesos o *threads*.

Existen tres modelos de computador en los que se pueden ejecutar procesos concurrentes. Estos modelos se describen a continuación.

Multiprogramación con un único procesador

En este modelo todos los procesos concurrentes se ejecutan sobre un único procesador. El sistema operativo se encarga de ir repartiendo el tiempo del procesador entre los distintos procesos, *intercalando* la ejecución de los mismos para dar así una *apariencia* de ejecución simultánea. En la Figura 6.1 se presenta un ejemplo de ejecución de tres procesos en un sistema multiprogramado con un único procesador. Como puede verse los tres procesos van avanzando su ejecución de forma aparentemente simultánea, pero sin coincidir en ningún momento sus fases de procesamiento; decimos pues, que los tres procesos se ejecutan de forma concurrente.

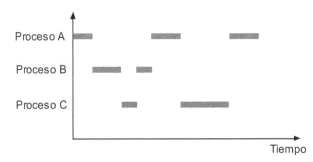

Figura 6.1 Ejemplo de ejecución en un sistema multiprogramado con un único procesador

Multiprocesador

Como se vio en el capítulo 1 del volumen I, un multiprocesador es una máquina formada por un conjunto de procesadores que comparten el acceso a una memoria principal común. En este tipo de arquitecturas, que se suelen denominar fuertemente acopladas, los procesos concurrentes no sólo pueden intercalar su ejecución sino también superponerla. En este caso, sí existe una verdadera ejecución simultánea de procesos al coincidir las fases de procesamiento de distintos procesos. En un instante dado se pueden ejecutar de forma simultánea tantos procesos como procesadores haya. En la Figura 6.2 se muestra un ejemplo de ejecución de cuatro procesos en un multiprocesador con dos procesadores.

Multicomputador

Un multicomputador es una máquina de memoria distribuida en la que los nodos se encuentran conectados y se comunican entre sí a través de una red de interconexión, empleando el método de paso de mensajes, que analizaremos más adelante. En este tipo de arquitecturas también es posible la ejecución simultánea de los procesos sobre los diferentes procesadores.

En general, la concurrencia será **aparente** siempre que haya más de un proceso por procesador. La concurrencia será **real** cuando haya un proceso por procesador. En el primer caso podemos hablar también de *pseudoparalelismo* y en el segundo de *paralelismo real*.

Aunque puede parecer que la intercalación y la superposición de la ejecución de procesos presentan formas de ejecución distintas, a lo largo del capítulo se verá que ambas pueden contemplarse como ejemplos de procesos concurrentes y que ambas presentan los mismos problemas, que pueden resolverse utilizando los mismos mecanismos.

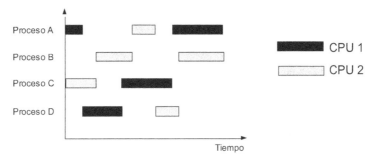

Figura 6.2 Ejemplo de ejecución en un sistema con dos procesadores

Existen diversas razones que justifican la ejecución concurrente. Estas son:

- **Facilita la programación** de aplicaciones al permitir que éstas se estructuren como un conjunto de procesos que cooperan entre sí para alcanzar un objetivo común. Por ejemplo, un compilador se puede construir mediante dos procesos: el compilador propiamente dicho, que se encarga de generar código ensamblador, y el proceso ensamblador, que obtiene código en lenguaje máquina a partir del ensamblador. En este ejemplo puede apreciarse la necesidad de comunicar los dos procesos.
- **Acelera los cálculos.** Si se quiere que una tarea se ejecute con mayor rapidez, lo que se puede hacer es dividirla en procesos, de forma que cada uno de ellos resuelva una parte más pequeña del problema. Si estos procesos se ejecutan en paralelo se conseguirá resolver el problema en un tiempo menor. Hay que hacer notar, sin embargo, que esta división a veces es difícil y no siempre es posible.
- **Posibilita el uso interactivo** a múltiples usuarios que trabajan de forma simultánea desde varios terminales.
- **Permite un mejor aprovechamiento de los recursos,** en especial de la UCP, ya que, como se vio en el capítulo 2 del volumen I, se pueden aprovechar las fases de entrada/salida de unos procesos para realizar las fases de procesamiento de otros.

La concurrencia exige, como se verá en próximas secciones, coordinar el acceso a los recursos compartidos para evitar errores.

6.1.1 Tipos de procesos concurrentes

Los procesos que se ejecutan de forma concurrente en un sistema se pueden clasificar como procesos independientes o cooperantes.

Un proceso **independiente** es aquél que ejecuta sin requerir la ayuda o cooperación de otros procesos. Un claro ejemplo de procesos independientes son los diferentes intérpretes de mandatos que se ejecutan de forma simultánea en un sistema.

Los procesos son **cooperantes** cuando están diseñados para trabajar conjuntamente en alguna actividad, para lo que deben ser capaces de comunicarse e interactuar entre sí. En el ejemplo del compilador, que se vio anteriormente, los dos procesos que lo conforman son procesos cooperantes, uno encargado de generar código ensamblador y otro encargado de obtener código en lenguaje máquina a partir del ensamblador.

Tanto si los procesos son independientes como si son cooperantes, pueden producirse una serie de interacciones entre ellos. Estas interacciones pueden ser de dos tipos:

- Interacciones motivadas porque los procesos **comparten** o **compiten** por el acceso a recursos físicos o lógicos. Esta situación aparece en los distintos tipos de procesos anteriormente comentados. Por ejemplo, dos procesos totalmente independientes pueden competir por el acceso a disco. En este caso, el sistema operativo deberá encargarse de que los dos procesos accedan ordenadamente al disco sin que se cree ningún conflicto. Esta situación también aparece cuando varios procesos desean modificar el contenido de un registro de una base de datos. Aquí, es el gestor de la base de datos el que se tendrá que encargar de ordenar los distintos accesos al registro.

- Interacción motivada porque los procesos se **comunican** y **sincronizan** entre sí para alcanzar un objetivo común. Los procesos compilador y ensamblador descritos anteriormente son dos procesos que deben comunicarse y sincronizarse con el fin de producir código en lenguaje máquina.

Estos dos tipos de interacciones obligan al sistema operativo a incluir unos servicios que permitan la comunicación y la sincronización entre procesos, servicios que se presentarán a lo largo de este capítulo.

6.1.2 Recursos compartidos y coordinación

Como se ha visto anteriormente, la concurrencia implica el uso de recursos compartidos. Estos recursos pueden ser *físicos* como es el caso de la memoria, la UCP, el disco o la red. Los recursos compartidos también pueden ser *lógicos* como, por ejemplo, un fichero o una base de datos.

El hecho de que la ejecución concurrente implique el empleo de recursos compartidos exige la necesidad de coordinar de forma adecuada el acceso a estos recursos. Esta coordinación la puede gestionar directamente el sistema operativo, de forma transparente a los usuarios, o puede ser gestionada de forma explícita por los propios procesos. La coordinación puede ser:

- **Implícita**. Es la coordinación que realiza el propio sistema operativo como gestor de los recursos del sistema. Este tipo de coordinación es necesario para que los procesos independientes puedan utilizar los diferentes recursos del sistema de forma totalmente transparente. Así, por ejemplo, un proceso hará uso de la memoria asignada por el sistema operativo sin preocuparse de la memoria asignada a otros procesos.
- **Explícita**. Este tipo de coordinación es la que necesitan los procesos cooperantes. En este caso, diferentes procesos cooperan y coordinan sus acciones para obtener un fin común. En estas situaciones, los procesos cooperantes son conscientes del uso de los recursos compartidos. Para que los diferentes procesos puedan coordinar y sincronizar el acceso a estos recursos es necesario que utilicen mecanismos de sincronización y comunicación proporcionados por el sistema operativo o por el lenguaje de programación. Existen lenguajes de programación como Ada o Java que incluyen mecanismos para el acceso coordinado a los recursos compartidos. Otros lenguajes de programación, como es el caso de C, no ofrecen dichos mecanismos, por lo que se debe recurrir a los servicios que ofrece el sistema operativo. En lo que resta del capítulo se presentarán los servicios que ofrecen los sistemas operativos para comunicación y sincronización de procesos.

6.1.3 Problemas que plantea la concurrencia

El acceso a recursos compartidos, que provoca la ejecución concurrente de procesos, puede plantear una serie de problemas. A continuación, se ilustran dos de los problemas más habituales asociados con la concurrencia: las condiciones de carrera y los interbloqueos.

Condiciones de carrera

Este problema surge cuando varios procesos acceden de forma concurrente y sin coordinación a recursos compartidos. Para ilustrar este problema se van a presentar dos ejemplos en los que existe un fragmento de código que puede dar lugar a condiciones de carrera.

Vamos a describir, en primer lugar, un ejemplo que ocurre en un sistema con dos procesos que ejecutan sobre una misma UCP. Supongamos que se quiere calcular la suma de los n primeros números naturales de forma paralela, utilizando múltiples *threads*, cada uno de los cuales se va a encargar de la suma de un subconjunto de todos los números. En la Figura 6.3 se presentan de forma gráfica dos *threads* que se encargan de realizar la suma de los 100 primeros números naturales.

Un *thread* crea los dos *threads* encargados de realizar las sumas parciales, cada uno de los cuales ejecuta el fragmento de código que se muestra en el programa 6.1.

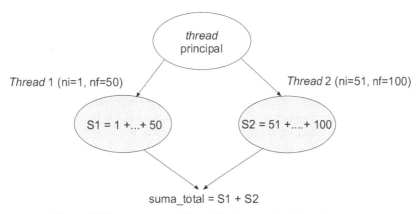

Figura 6.3 Suma en paralelo realizada por dos threads

Programa 6.1 Código de la función `suma_parcial`.

```
int suma_total = 0;

void suma_parcial(int ni, int nf) {
    int j = 0;
    int suma = 0;

    for (j = ni; j <= nf; j++)
        suma = suma + j;

    suma_total = suma_total + suma;
    pthread_exit(0);
}
```

Cada uno de los *threads* realiza la suma de los números comprendidos entre `ni` y `nf`. Una vez calculada la suma parcial, acumulan en la variable global `suma_total` el resultado de su suma parcial. Vamos a suponer que estos dos *threads* ejecutan de forma concurrente en un sistema con una única UCP. Hay que hacer notar que estos *threads* entran dentro de la clase de procesos cooperantes que comparten el acceso a una variable global, la variable `suma_total`. El problema que se va a describir a continuación ocurriría de igual forma en un sistema con dos UCP que ejecutaran de forma simultánea los dos *threads* anteriores.

Para describir el problema que aparece en el programa 6.1 se va a considerar que el compilador genera, para la sentencia en lenguaje C `suma_total = suma_total + suma`, el siguiente código ensamblador:

```
LD    .R1, /suma_total
LD    .R2, /suma
ADD   .R1, .R2
ST    .R1, /suma_total
```

Inicialmente la variable `suma_total` toma valor cero. Consideremos que los *threads* entrelazan sus ejecuciones de la siguiente manera: inicialmente se ejecuta el primer *thread* calculando su suma parcial igual a 1275. Para almacenar el resultado en la variable `suma_total` se ejecutan las siguientes instrucciones máquina:

```
LD   .R1, /suma_total   (.R1 igual a 0)
LD   .R2, /suma         (.R2 igual a 1275)
```

Llegados a este punto, el *thread* consume su porción de tiempo y el sistema operativo decide pasar a ejecutar el otro *thread*. Para ello, salva el estado del primero y comienza a ejecutar el segundo. En este segundo *thread* el valor de la variable local `suma` es 3775.

```
LD   .R1, /suma_total   (.R1 igual a 0)
LD   .R2, /suma         (.R2 igual a 3775)
ADD  .R1, .R2      (.R1 igual a 3775)
ST   .R1, /suma_total   (suma_total igual a 3775)
```

Una vez finalizada la ejecución de este segundo *thread,* el sistema pasa a ejecutar el primer *thread* suspendido con anterioridad y concluye la ejecución de la sentencia de suma. Para ello se restaura el estado del *thread*, estado que incluye el valor de los registros salvados anteriormente.

```
ADD  .R1, .R2      (.R1 en este proceso es 1275)
ST   .R1, /suma_total   (suma_total igual a 1275)
```

Como se puede observar, el resultado obtenido es incorrecto. Esto se debe a que los dos *threads* no han interaccionado ni colaborado correctamente entre sí, debido a que no han sincronizado sus acciones. En concreto no se han puesto de acuerdo en la forma de ejecutar la sentencia:

```
suma_total = suma_total + suma
```

Lo que ha ocurrido en el ejemplo anterior se denomina condición de carrera. Una **condición de carrera** ocurre cuando varios procesos acceden a recursos o datos de forma concurrente y sin coordinación, y el resultado final depende del orden de ejecución de las instrucciones. En efecto, dependiendo de la ejecución de los *threads* 1 y 2 (véase la Figura 6.3) se obtendrían resultados distintos. Así, por ejemplo, si los dos *threads* no hubieran entrelazado sus ejecuciones se hubiera obtenido el resultado correcto. El primer *thread* acumularía en la variable `suma_total` el valor 1275 y, a continuación, lo haría el siguiente *thread* dando un valor final de 5050.

Este problema se debe a que la sentencia anterior constituye un código que puede dar lugar a condiciones de carrera. Para evitar que se produzcan condiciones de carrera, el código anterior debe ejecutarse en **exclusión mutua**, de forma **atómica,** es decir, de forma completa e indivisible. Esto es, cuando un proceso o *thread* empiece a ejecutar código que puede dar lugar a condiciones de carrera, ningún otro proceso podrá acceder a los datos o recursos compartidos. Esta sección debe ejecutarse de forma atómica. Para ello los procesos deben sincronizar sus ejecuciones y realizar una ejecución ordenada, lo que implica que unos procesos deben esperar a ejecutar el código con condiciones de carrera mientras haya otro accediendo al recurso o dato compartido. Este proceso como se ha podido comprobar ocurre incluso a pesar de que las instrucciones máquina ejecutan de forma atómica, el hecho ocurre debido a que las sentencias de alto nivel pueden dar lugar a diferentes instrucciones máquina que en su totalidad no tienen por qué ejecutar de forma atómica e indivisible.

Considérese, ahora, un sistema operativo que debe asignar un identificador de proceso (PID) a dos procesos en un sistema multiprocesador con dos UCP. Esta situación se presenta en la Figura 6.4. Cada vez que se crea un nuevo proceso el sistema operativo le asigna un identificador de proceso (PID). El valor del último PID asignado se almacena en un registro o variable. Para asignar un nuevo PID el sistema operativo debe llevar a cabo las siguientes acciones:

- Leer el último PID asignado.
- Incrementar el valor del último PID. El nuevo valor será el PID a asignar al proceso.
- Almacenar el nuevo PID en el registro o variable utilizado a tal efecto.

Si las operaciones anteriores las ejecutase el sistema operativo en dos procesadores de forma simultánea sin ningún tipo de control, se podrían producir errores ya que se podría asignar el mismo PID a dos procesos distintos. Este problema se debe a que las acciones anteriormente descritas pueden producir, al igual que en el primer ejemplo, condiciones de carrera, debiéndose ejecutar de forma atómica e indivisible.

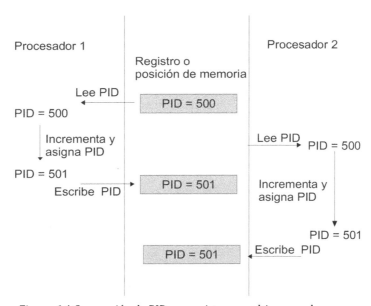

Figura 6.4 Generación de PID en un sistema multiprocesador

Interbloqueos

Otro problema que puede plantear la ejecución concurrente de procesos son los interbloqueos. Un **interbloqueo** supone un bloqueo permanente de un conjunto de procesos que compiten por recursos o que se comunican o sincronizan entre sí. Considere, por ejemplo, dos procesos A y B y dos recursos P y Q gestionados por el sistema operativo. Cada proceso necesita acceder a los dos recursos simultáneamente. En situaciones como ésta puede ocurrir que el proceso A tenga acceso al recurso P y el proceso B tenga acceso al recurso Q. Cada proceso tiene uno de los recursos, pero está esperando por uno de los recursos que está en posesión del otro proceso. Esta situación da lugar a un interbloqueo permanente de los dos procesos, ninguno de los dos puede continuar su ejecución. Esta situación se puede apreciar en la Figura 6.5, en la que se presenta el grafo de asignación de recursos correspondiente a la ejecución de estos dos procesos. El grafo demuestra que se produce un interbloqueo, puesto que dicha situación aparece cuando en el grafo existe un bucle, tal y como se muestra en la figura.

En el capítulo 7 se analizará con más detalle el problema de los interbloqueos y la forma de tratarlos.

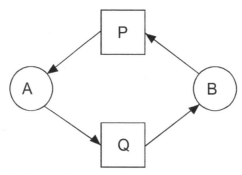

Figura 6.5 Ejemplo de interbloqueo en el acceso a recursos compartidos

6.2 Modelos de comunicación y sincronización

Las necesidades de comunicación y sincronización entre procesos se plantean en una serie de situaciones clásicas de comunicación y sincronización. Estos modelos están presentes en numerosos escenarios reales. Estos modelos junto con sus problemas se presentan a continuación, para demostrar la necesidad de comunicar y sincronizar procesos. Todos estos modelos se resolverán a lo largo del presente capítulo mediante los diferentes mecanismos de comunicación y sincronización que ofrecen los sistemas operativos.

6.2.1 Modelo de acceso a una sección crítica

Este es uno de los problemas que con mayor frecuencia aparece cuando se ejecutan procesos concurrentes, tanto si son cooperantes como independientes. Considérese un sistema compuesto por n procesos {P_1, P_2, .. P_N} en el que cada uno tiene un fragmento de código, que se denomina *sección crítica*. Dentro de la sección crítica los procesos pueden estar accediendo y modificando variables comunes, registros de una base de datos, un fichero, en general cualquier recurso compartido por todos los procesos. La característica más importante de este sistema es que, cuando un proceso se encuentra ejecutando código de la sección crítica, ningún otro proceso puede ejecutar en su sección. Si los procesos ejecutan sin control ni coordinación el código de la sección crítica, podrían producirse condiciones de carrera como las descritas en la sección anterior. Una sección crítica se puede también definir, por tanto, como un código con problemas de carrera de varios procesos vinculados a unos recursos compartidos.

El problema que plantea este modelo es similar al mostrado en los ejemplos vistos en la sección anterior. Es necesario que el código que constituye la sección crítica se ejecute en exclusión mutua.

Para resolver el problema asociado a una sección crítica es necesario utilizar algún *mecanismo de sincronización* que permita a los procesos cooperar entre ellos sin problemas. Este mecanismo debe proteger el código o acciones de la sección crítica y su funcionamiento básico es el siguiente:

- Cada proceso debe solicitar permiso para entrar en la sección crítica, mediante algún fragmento de código que se denomina de forma genérica *entrada en la sección crítica*. Si existe algún proceso ejecutándose dentro de la sección crítica, este código de entrada debe hacer que el proceso que quiere entrar se espere.
- Cuando un proceso sale de la sección crítica debe indicarlo mediante otro fragmento de código que se denomina *salida de la sección crítica*. Este fragmento permitirá que otros procesos entren a ejecutar el código de la sección crítica.

Por tanto, la estructura general de todo mecanismo que pretenda resolver el problema de la sección crítica es la siguiente:

```
Entrada en la sección crítica
Código o acciones de la sección crítica
Salida de la sección crítica
```

Cualquier solución que se utilice para resolver este problema debe cumplir los tres requisitos siguientes:

- **Exclusión mutua:** si un proceso está ejecutando código de la sección crítica, ningún otro proceso lo podrá hacer. En caso contrario se llegaría a situaciones como las que se han descrito en los ejemplos anteriores.
- **Progreso**: si ningún proceso se está ejecutando dentro de la sección crítica, la decisión de qué proceso entra en la sección se hará sobre los procesos que desean entrar. Los procesos que no quieren entrar no pueden formar parte de esta decisión. Además, esta decisión debe realizarse en tiempo finito.
- **Espera acotada**: debe haber un límite en el número de veces que se permite que los demás procesos entren a ejecutar código de la sección crítica después de que un proceso haya efectuado una solicitud de entrada y antes de que se conceda la suya.

6.2.2   Modelo productor-consumidor

El modelo productor-consumidor es uno de los modelos más habituales que surge cuando se programan aplicaciones utilizando procesos concurrentes. En este tipo de problemas uno o más procesos, que se denominan productores, generan cierto tipo de datos que son utilizados o consumidos por otros procesos, que se denominan *consumidores*. Un claro ejemplo de este tipo de problemas es el del compilador que se describió en la sección 6.1. En este ejemplo el compilador hace las funciones de productor, al generar el código ensamblador que consumirá el proceso ensamblador para generar el código máquina. En la Figura 6.6 se representa la estructura clásica de este tipo de procesos.

En esta clase de modelos es necesario disponer de algún mecanismo de comunicación que permita a los procesos productor y consumidor intercambiar información. Ambos procesos, además, deben sincronizar su acceso al mecanismo de comunicación para que la interacción entre ellos no sea problemática: cuando el mecanismo de comunicación se llena, el proceso productor se deberá quedar bloqueado hasta que haya hueco para seguir insertando elementos. A su vez, el proceso consumidor deberá quedarse bloqueado cuando el mecanismo de comunicación esté vacío, ya que, en este caso, no podrá continuar su ejecución, al no disponer de información a consumir. Por lo tanto, este tipo de modelo requiere servicios para que los procesos puedan comunicarse y servicios para que se sincronicen a la hora de acceder al mecanismo de comunicación.

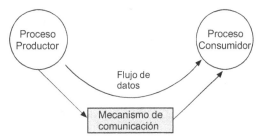

Figura 6.6 Estructura clásica de procesos productor-consumidor

6.2.3   Modelo de lectores-escritores

En este modelo existe un determinado objeto, que puede ser un fichero, un registro dentro de un fichero, etc., que va a ser utilizado y compartido por una serie de procesos concurrentes. Algunos de estos procesos sólo van a acceder al objeto sin modificarlo, mientras que otros van a acceder al objeto para modificar su contenido. Esta actualización implica leerlo, modificar su contenido y escribirlo. A los primeros procesos se les denomina *lectores*, y a los segundos se les denomina *escritores*. En este tipo de problemas existen una serie de restricciones que han de cumplirse:

- Sólo se permite que un escritor tenga acceso al objeto al mismo tiempo. Además, mientras el escritor esté accediendo al objeto, ningún otro proceso lector ni escritor podrá acceder a él.
- Se permite, sin embargo, que múltiples lectores tengan acceso al objeto, ya que ellos nunca van a modificar el contenido del mismo.

En este tipo de aplicaciones es necesario disponer de servicios de sincronización que permitan que los procesos lectores y escritores se sincronicen adecuadamente en el acceso al objeto.

Este modelo es típico en aplicaciones de bases de datos. Por ejemplo, en una base de datos de una biblioteca, varios usuarios pueden estar consultando el estado de las reservas de un determinado libro (en este caso el recurso) y otros pueden estar interesados en reservar el libro. El sistema ha de conseguir que aquellos usuarios interesados en reservar el libro (usuarios escritores) lo hagan de forma exclusiva.

6.2.4 Modelo de acceso a recursos limitados

Este modelo aparece en aquellas situaciones en las que existen varios procesos accediendo a un conjunto de recursos limitados. Para modelar esta situación utilizaremos el problema de los filósofos comensales, que fue propuesto por Dijkstra. En este problema existen cinco filósofos que se pasan toda su vida pensando y comiendo, actividades que realizan de forma independiente unos de otros. Los cinco filósofos comparten una misma mesa con comida en el centro. Cada filósofo tiene su propio plato y dispone de dos palillos, uno situado a su derecha y otro a su izquierda. Para poder comer, cada filósofo necesita acceder a los dos palillos simultáneamente. Cuando tiene los dos palillos come sin soltarlos en ningún momento y cuando acaba de comer vuelve a dejar los palillos en la mesa, disponiéndose de nuevo a pensar. En este tipo de problemas hay que verificar dos cosas:

- Que ningún filósofo se muera de hambre, hay que asegurar que todo filósofo que quiere comer en algún momento come y no espera de forma indefinida.
- Que no se producen interbloqueos, que no se da una situación en la que todos los filósofos esperan de forma indefinida por un palillo que tiene otro filósofo.

En la vida real los filósofos son procesos que necesitan para su ejecución un conjunto limitado de recursos de forma simultánea.

6.2.5 Modelo cliente-servidor

En el modelo cliente-servidor, los procesos llamados servidores ofrecen una serie de servicios a otros procesos que se denominan clientes (véase Figura 6.7). El proceso servidor puede residir en la misma máquina que el cliente o en una distinta, en cuyo caso la comunicación deberá realizarse a través de una red de interconexión. Muchas aplicaciones y servicios de red como el correo electrónico, la transferencia de ficheros o la Web se basan en este modelo.

En este tipo de aplicaciones es necesario que el sistema operativo ofrezca servicios que permitan comunicarse a los procesos cliente y servidor. Cuando los procesos ejecutan en la misma máquina, se pueden emplear técnicas basadas en memoria compartida o ficheros. Sin embargo, el modelo cliente-servidor suele emplearse en aplicaciones que se ejecutan en computadores que se encuentran conectados mediante una red y que no comparten memoria, por lo que se usan técnicas de comunicación basadas en paso de mensajes. Aparte de resolver el problema básico de comunicación, en este tipo de aplicaciones pueden existir diversos procesos clientes accediendo de forma concurrente al servidor, por ello es necesario disponer en el servidor de mecanismos que permitan ejecutar las peticiones concurrentes de los diversos clientes de forma coordinada y sin problemas.

6.3   Mecanismos de comunicación y sincronización

Para resolver los problemas que plantea la ejecución concurrente de procesos y los modelos clásicos de comunicación y sincronización descritos en la sección anterior, y otros muchos más, el sistema operativo ofrece una serie de servicios que permiten a los procesos comunicarse y sincronizarse.

Figura 6.7 Comunicación cliente-servidor

Los mecanismos de comunicación hacen posible que los procesos intercambien datos entre ellos. Los principales mecanismos de comunicación que ofrecen los sistemas operativos a los procesos son los siguientes:

- Ficheros.
- Tuberías.
- Variables en memoria compartida.
- Paso de mensajes.

En general, cualquier mecanismo de comunicación ofrece un mecanismo que ofrece un flujo de datos entre los procesos que se comunican. El flujo de datos hace referencia al sentido en el que circulan los datos en el mecanismo de comunicación. De acuerdo a este sentido, el flujo de datos puede ser:

- **Unidireccional**. Los datos que se comunican entre los procesos fluyen en un sólo sentido. En este caso, uno de los procesos será el emisor y el otro el receptor. Si se quiere que los dos procesos actúen de emisor y de receptor, habrá de utilizarse dos mecanismos de comunicación. Cada proceso utilizará uno de ellos para enviar datos y el otro para recibir.
- **Bidireccional**. Los datos pueden viajar en ambos sentidos y, por lo tanto, todos los procesos que utilicen el mecanismo de comunicación pueden hacer de receptor y de emisor.

En los problemas de sincronización, un proceso debe esperar la ocurrencia de un determinado evento. Así, por ejemplo, en problemas de tipo productor-consumidor el proceso consumidor debe esperar mientras no haya datos que consumir. Para que los procesos puedan sincronizarse es necesario disponer de servicios que permitan bloquear o suspender, bajo determinadas circunstancias, la ejecución de un proceso. Los principales mecanismos específicos de sincronización que ofrecen los sistemas operativos son:

- Señales.
- Semáforos.
- *Mutex* y variables condicionales.

En las siguientes secciones se describen cada uno de los mecanismos anteriores. En general, y como se verá en las próximas secciones, un mecanismo de comunicación también se puede utilizar para sincronizar procesos. Por ello, y dado que existen mecanismos que pueden utilizarse tanto para comunicar como para sincronizar procesos, los autores han preferido no dedicar una sección diferente para los mecanismos de comunicación y otra para los de sincronización.

Cualquier mecanismo de comunicación o sincronización debe tener un nombre que le permita ser referenciado. Existen tres formas, en general, de identificar un mecanismo de comunicación o sincronización:

- **Sin nombre:** el servicio no tiene un nombre asociado y, por lo tanto, sólo puede ser utilizado por el proceso que lo crea y por aquellos procesos que lo hereden.
- **Con un nombre local:** el mecanismo tiene un nombre al que pueden acceder todos los procesos que se ejecuten en la misma máquina y que tengan permisos de acceso. Esto permite comunicar y sincronizar procesos que residan en la misma máquina,

siempre que conozcan el nombre dado al mecanismo de comunicación o sincronización y tengan permisos para su utilización.

- **Con nombre de red:** el mecanismo tiene un nombre que lo identifica de forma única dentro de una red de computadores y, por lo tanto, permite comunicar y sincronizar procesos que se ejecuten en computadores distintos.

6.3.1 Comunicación mediante ficheros

Un fichero es un mecanismo que puede emplearse para comunicar procesos. Por ejemplo, un proceso puede escribir datos en un fichero y otro puede leerlos. El empleo de ficheros como mecanismo de comunicación presenta las siguientes ventajas:

- Permite comunicar a un número potencialmente ilimitado de procesos. Basta con que los procesos tengan permisos para acceder a los datos almacenados en un fichero.
- Los servidores de ficheros ofrecen servicios sencillos y fáciles de utilizar.
- Ofrece un modelo muy desacoplado de los procesos y fácil de usar, permitiendo la comunicación, por ejemplo, de aplicaciones para las que no se dispone del código.
- Ofrece persistencia en los datos que se quieren comunicar. El hecho de que los datos a comunicar se almacenen en ficheros hace que éstos sobrevivan a la ejecución o posibles fallos de los procesos.

Este mecanismo, sin embargo, presenta una serie de inconvenientes que hacen, que en general, no sea un mecanismo de comunicación ampliamente utilizado. Se trata de un mecanismo empleado funda-mentalmente para compartir información. Estos son:

- Es un mecanismo bastante poco eficiente, puesto que la escritura y lectura en disco es lenta.
- Necesitan algún otro mecanismo que permita que los procesos se sincronicen en el acceso a los datos almacenados en un fichero. Por ejemplo, es necesario contar con mecanismos que permitan indicar a un proceso cuándo puede leer los datos de un fichero. Aunque para realizar esta sincronización se puede emplear cualquiera de los mecanismos que se van a ver en este capítulo, la mayoría de los sistemas de ficheros ofrecen cerrojos sobre ficheros (véase el capítulo 9) que permiten bloquear el acceso al fichero o a partes del fichero.

6.3.2 Tuberías o pipes

Una tubería o pipe es un mecanismo de comunicación y sincronización. Conceptualmente, cada proceso ve la tubería como un conducto con dos extremos, uno de los cuales se utiliza para escribir o insertar datos y el otro para extraer o leer datos de la tubería. Las operaciones de lectura y escritura se realizan con los mismos servicios que para los ficheros, pero con importantes peculiaridades que se detallan más adelante.

El flujo de datos de las tuberías es unidireccional (y FIFO (*firt-in first-out*), esto quiere decir que los datos se extraen de la tubería (mediante la operación de lectura) en el mismo orden en el que se insertaron (mediante la operación de escritura). Sobre una tubería puede haber múltiples procesos lectores y escritores. La Figura 6.8 representa tres procesos que se comunican de forma unidireccional utilizando una tubería. Cuando se desea disponer de un flujo de datos bidireccional es necesario crear dos tuberías como se muestra en la Figura 6.9. Una tubería es un mecanismo de comunicación con almacenamiento. El tamaño de una tubería depende de cada sistema operativo, aunque el tamaño típico es de 4 KB.

A continuación, se describe la semántica de las operaciones de lectura y escritura sobre una tubería.

Escritura en una tubería

Una escritura sobre una tubería introduce los datos en orden FIFO en la misma. La semántica de esta operación es la siguiente:

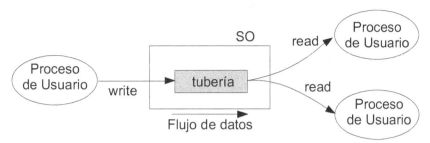

Figura 6.8 Comunicación unidireccional empleando una tubería

- Si la tubería se encuentra llena o se llena durante la escritura, la operación bloquea al proceso escritor hasta que se pueda completar.
- Si no hay ningún proceso con la tubería abierta para lectura, la operación devuelve un error.
- Una operación de escritura sobre una tubería se realiza de forma **atómica**, es decir, si dos procesos intentan escribir de forma simultánea en una tubería, sólo uno de ellos lo hará, el otro se bloqueará hasta que finalice la primera escritura.

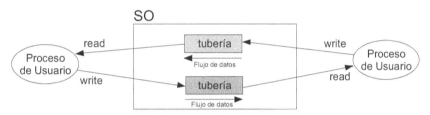

Figura 6.9 Comunicación bidireccional empleando dos tuberías

Lectura de una tubería

Una lectura de una tubería obtiene los datos almacenados en la misma en el orden en que fueron introducidos. Estos datos, además, se eliminan de la tubería. Las operaciones de lectura siguen la siguiente semántica:

- Si la tubería está vacía, la llamada bloquea el proceso hasta que algún proceso escriba datos en la misma.
- Si la tubería almacena M bytes y se quieren leer n bytes, entonces:
  - Si $M \geq n$, la llamada devuelve n bytes y elimina de la tubería los datos solicitados.
  - Si $M < n$, la llamada devuelve M bytes y elimina los datos disponibles en la tubería.
- Si no hay escritores y la tubería está vacía, la operación devuelve fin de fichero (en este caso la operación no bloquea al proceso).
- Al igual que las escrituras, las operaciones de lectura sobre una tubería son atómicas En general, la atomicidad en las operaciones de lectura y escritura sobre una tubería se asegura siempre que el número de datos involucrados en las anteriores operaciones sea menor que el tamaño de la misma.

Como puede apreciarse, una lectura de una tubería nunca bloquea al proceso si hay datos disponibles en la misma.

Existen dos tipos de tuberías: sin nombre y con nombre (véase la Sección anterior). Una tubería **sin nombre** solamente se puede utilizar entre los procesos que desciendan del proceso que creó la tubería al heredar los descriptores o manejadores de la tubería. Una tubería **con nombre** se puede utilizar para comunicar y sincronizar procesos independientes.

Desde el punto de vista de su implementación, es como un pseudofichero mantenido por el sistema operativo. Dentro del sistema operativo, una tubería se implementa normalmente en memoria como un *buffer* circular con un tamaño típico de 4 KB. El sistema operativo necesita para cada tubería tres elementos: la dirección de memoria donde comienza el *buffer* circular (base), la dirección de memoria del primer byte a leer en las operaciones de lectura (inicio) y la cantidad de bytes almacenados en la tubería (longitud). Con esta información, las escrituras se realizan en la posición de memoria dada por base+longitud. En la Figura 6.10 se puede apreciar la implementación descrita.

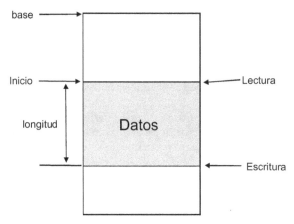

Figura 6.10 Implementación típica de una tubería mediante un buffer circular

Sección crítica con tuberías

El hecho de que las operaciones de lectura y escritura sobre una tubería sean atómicas y que la lectura bloquee un proceso cuando se encuentra vacía la tubería, permite que este mecanismo sea utilizado para sincronizar procesos. Recuérdese que toda sincronización implica un bloqueo.

La forma de resolver el problema de la sección crítica mediante tuberías consiste en crear una tubería en la que se inserta inicialmente, mediante una operación de escritura, un dato que hace de testigo.

Una vez creada la tubería e insertado el testigo en la misma, los procesos deben proteger el código correspondiente a la sección crítica de la siguiente forma:

```
Leer el dato de la tubería
Código correspondiente a la sección crítica
Escribir el dato en la tubería
```

Cuando varios procesos intenten ejecutar el fragmento de código anterior, sólo uno de ellos leerá y consumirá el dato que hace de testigo de la tubería, el resto de procesos se quedarán bloqueados hasta que se inserte de nuevo el testigo en la tubería, operación que se realiza a la salida de la sección crítica. Debido a que las operaciones de lectura y escritura sobre una tubería son atómicas, se asegura que nunca dos procesos leerán de la misma de forma simultánea, consumiendo de esta forma el testigo y entrando los dos a ejecutar el código de la sección crítica.

Además, con la solución expuesta anteriormente existe progreso, puesto que sólo los procesos que quieren entrar en la sección crítica son los que ejecutan la sentencia de lectura. En la decisión de qué procesos entran en la sección crítica sólo toman partido los procesos que ejecuten dicha sentencia. En general, existirá espera limitada, ya que en algún momento el proceso bloqueado en la operación de lectura será elegido por el planificador del sistema operativo para ejecutar y, por lo tanto, podrá acceder a ejecutar el código de la sección crítica.

Productor-consumidor con tuberías

Dado que una tubería es un mecanismo de comunicación y sincronización, se puede utilizar en modelos de tipo productor-consumidor. La comunicación entre los procesos productor y consumidor se realiza a través de la tubería. Cuando el productor ha elaborado algún elemento lo inserta en la tubería mediante una operación de escritura. Cuando el consumidor quiere procesar algún elemento, lee de la tubería utilizando una operación de lectura. Además, la semántica de las operaciones de lectura y escritura sobre una tubería asegura que el consumidor se queda bloqueado cuando no hay datos que consumir. Por su parte, si el proceso productor es más rápido que el consumidor, se bloqueará cuando la tubería se encuentre llena. Tanto el proceso productor como el consumidor pueden realizar operaciones de lectura y escritura de diferentes tamaños.

La estructura general de un proceso productor utilizando tuberías se muestra en el programa 6.2:

Programa 6.2 Estructura de los procesos productor y consumidor utilizando tuberías

```
Productor() {
    for(;;) {
        < Producir un dato >
        < Escribir el dato a la tubería >
    }
}


Consumidor() {
    for(;;) {
        < Leer un dato a la tubería >
        < Consumir el dato leído >
        }
}
```

El esquema productor-consumidor con tuberías se utiliza para combinar mandatos del intérprete de mandatos. Por ejemplo, cuando un usuario en UNIX desea contabilizar el número de usuarios que están conectados al sistema en un instante determinado lo puede hacer mediante la ejecución combinada de mandatos who | wc -l (el mandato who de UNIX, imprime información sobre los usuarios conectados al sistema. El mandato wc -l lee datos de la entrada estándar y calcula el número de líneas existentes). El intérprete de mandatos crea dos procesos que se comunican entre sí mediante una tubería. El primer proceso ejecuta el programa who y el segundo ejecuta el programa wc -l. La salida del mandato who pasa a ser la entrada del mandato wc -l.

Sincronización mediante señales

Las señales, descritas en el capítulo 3 del volumen I, pueden utilizarse para sincronizar procesos. Si se utilizan, por ejemplo, señales POSIX, un proceso puede bloquearse en el servicio pause esperando la recepción de una señal. Esta señal puede ser enviada por otro proceso mediante el servicio kill. Con este mecanismo se consigue que unos procesos esperen a que se cumpla una determinada condición y que otros los despierten cuando se cumple la condición que les permite continuar su ejecución.

El empleo de señales, sin embargo, no es un mecanismo muy apropiado para sincronizar procesos debido a las siguientes razones:

- Las señales tienen un comportamiento asíncrono. Un proceso puede recibir una señal en cualquier punto de su ejecución, aunque no esté esperando su recepción.

- Las señales no se encolan. Si hay una señal pendiente de entrega a un proceso y se recibe una señal del mismo tipo, la primera se perderá. Sólo se entregará la última. Esto hace que se puedan perder eventos de sincronización importantes.

6.3.3 Semáforos

Un semáforo [Dijkstra 1965] es un mecanismo de sincronización que se utiliza generalmente en sistemas con memoria compartida, bien sea un monoprocesador o un multiprocesador. Su uso en un multicomputador depende del sistema operativo en particular.

Un semáforo es un objeto con un valor entero, al que se le puede asignar un valor inicial no negativo y al que sólo se puede acceder utilizando dos operaciones atómicas: `wait` y `signal` (La operación `wait` también recibe otros nombres como `down` o `P`. La operación `signal` recibe también otros nombres como `up` o `V`.). Las definiciones de estas dos operaciones son las siguientes:

```
wait(s){
    s = s - 1;
    if (s < 0)
        Bloquear al proceso;
}
```

```
signal(s){
    s = s + 1;
    if ( s <= 0)
        Desbloquear a un proceso bloqueado en la operación wait;
}
```

Cuando el valor del semáforo es menor o igual que cero, cualquier operación `wait` que se realice sobre el semáforo bloqueará al proceso. Cuando el valor del semáforo es positivo cualquier proceso que ejecute una operación `wait` no se bloqueará.

El número de procesos que, en un instante determinado se encuentran bloqueados en una operación `wait`, viene dado por el valor absoluto del semáforo si es negativo. Cuando un proceso ejecuta la operación `signal`, el valor del semáforo se incrementa. Además, en el caso de que haya algún proceso bloqueado en una operación `wait` anterior, se desbloqueará a uno de ellos.

A continuación, se presenta el uso de los semáforos en alguno de los modelos vistos en la sección 6.2.

Sección crítica con semáforos

Para resolver el problema de la sección crítica utilizando semáforos, debemos proteger al código que constituye la sección crítica de la siguiente forma:

```
wait(s);
Sección crítica;
signal(s);
```

El valor que tiene que tomar el semáforo inicialmente es 1, de esta forma sólo se permite a un único proceso acceder a la sección crítica. Si el valor inicial del semáforo fuera, por ejemplo, 2, entonces dos procesos podrían ejecutar la llamada `wait` sin bloquearse y, por tanto, se permitiría que ambos se ejecutaran de forma simultánea dentro de la sección crítica.

En la Figura 6.11 se representa la ejecución de tres procesos (P_0, P_1 y P_2) que intentan acceder a una sección crítica. Los tres procesos se sincronizan utilizando un semáforo con valor inicial 1.

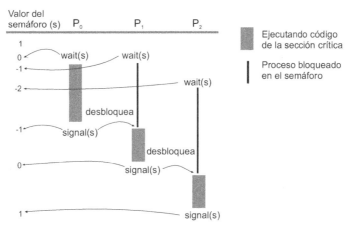

Figura 6.11 Sección crítica con semáforos

Productor-consumidor con semáforos

Una posible forma de solucionar el problema del productor-consumidor es utilizar un almacén o *buffer* circular compartido por ambos procesos. El proceso productor fabrica un determinado dato y lo inserta en un *buffer* (véase la Figura 6.12). El proceso consumidor retira del *buffer* los elementos insertados por el productor

A continuación, se presenta una solución al problema del productor-consumidor utilizando *threads* y semáforos. El *buffer* utilizado para esta solución se trata como una cola circular. Cuando el *buffer* tiene un tamaño limitado, como suele ser lo habitual, se dice que el problema es de tipo productor-consumidor con *buffer* circular y acotado.

En este tipo de problemas es necesario evitar que ocurra alguna de las siguientes situaciones:

- El consumidor saque elementos cuando el *buffer* está vacío.
- El productor coloque elementos en el *buffer* cuando éste se encuentra lleno.
- El productor sobrescriba un elemento que todavía no ha sido sacado del *buffer*.
- El consumidor saque elementos del *buffer* que ya fueron sacados con anterioridad.
- El consumidor saque un elemento mientras el productor lo está insertando.

En este problema existen dos tipos de recursos: los elementos situados en el *buffer* y los huecos donde situar nuevos elementos. Cada uno de estos recursos se representa mediante un semáforo. Cuando un *thread* necesita un recurso de un cierto tipo, resta uno al valor del semáforo correspondiente mediante una operación wait. Cuando el proceso libera el recurso, se incrementa el valor del semáforo adecuado mediante la operación signal. Los semáforos utilizados para representar estos dos recursos se denominarán huecos y elementos. Los valores iniciales de estos dos semáforos coincidirán con el número de recursos que estén disponibles inicialmente, huecos y elementos respectivamente.

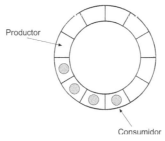

Figura 6.12 Productor-consumidor con buffer circular

El programa 6.3 presenta la estructura que deberían tener los *threads* que hagan los papales de productor y consumidor.

Programa 6.3 Estructura de los procesos productor y consumidor utilizando semáforos y threads.

```
/* tamaño del buffer */
#define TAMAÑO_DEL_BUFFER    1024

Productor() {
    int posicion = 0;

    for(;;) {
        Producir un dato;
        wait(huecos);
        /* se inserta en el buffer */
        buffer[posicion] = dato;
        posicion = (posicion + 1) % TAMAÑO_DEL_BUFFER;
        signal(elementos);
    }
}

Consumidor(){
    int posición = 0;

    for(;;) {
        wait(elementos);
        /* se extrae del buffer */
        dato = buffer[posicion];
        posicion = (posicion + 1) % TAMAÑO_DEL_BUFFER;
        signal(huecos);
        Consumir el dato extraído;
    }
}
```

El semáforo huecos representa el número de ranuras libres que hay en el *buffer*, y el semáforo elementos el número de elementos introducidos en el *buffer* por el productor que aún no han sido retirados por el consumidor. Cuando el productor desea introducir un nuevo elemento en el *buffer*, resta 1 al valor del semáforo huecos (operación wait). Si el valor se hace negativo, el proceso se bloquea, ya que no hay nuevos huecos donde insertar elementos. Cuando el productor ha insertado un nuevo dato en el *buffer*, incrementa el valor del semáforo elementos (operación signal).

Por su parte, el proceso consumidor, antes de eliminar del *buffer* un elemento, resta 1 al valor del semáforo elementos (operación wait). Si el valor se hace negativo el proceso se bloquea. Cuando elimina del *buffer* un elemento incrementa el valor del semáforo huecos (operación signal).

La correcta sincronización entre los dos procesos queda asegurada ya que cuando el proceso consumidor se bloquea en la operación wait(elementos) se despertará cuando el proceso consumidor inserte un nuevo elemento en el buffer e incremente el valor de dicho semáforo con la operación signal(elementos). De igual manera, el proceso productor se bloquea cuando el buffer está vacío y se desbloquea cuando el proceso consumidor extrae un elemento e incrementa el valor del semáforo huecos.

                            Comunicación y sincronización de procesos

Lectores-escritores con semáforos

En esta sección se presenta una posible solución al problema de los lectores escritores empleando semáforos. La estructura de los procesos lectores y escritores se muestra en el programa 6.4.

Programa 6.4 Estructura de los procesos lectores y escritores utilizando semáforos.

```
Lector() {
    wait(sem_lectores);
    n_lectores = n_lectores + 1;
    if (n_lectores == 1)
        wait(sem_recurso);
    signal(sem_lectores);

    < consultar el recurso compartido >

    wait(sem_lectores);
    n_lectores = n_lectores - 1;
    if (n_lectores == 0)
        signal(sem_recurso);
    signal(sem_lectores);
}


Escritor(){
    wait(sem_recurso);
    /* se puede modificar el recurso */
    signal(sem_recurso);
}
```

En esta solución el semáforo sem_recurso se utiliza para asegurar la exclusión mutua en el acceso al dato a compartir. Su valor inicial debe ser 1, de esta manera, en cuanto un escritor consigue restar 1 a su valor puede modificar el dato y evitar que ningún otro proceso, sea lector o escritor, acceda al recurso compartido.

La variable n_lectores se utiliza para representar el número de procesos lectores que se encuentran accediendo de forma simultánea al recurso compartido. A esta variable acceden los procesos lectores en exclusión mutua utilizando el semáforo sem_lectores. El valor de este semáforo, como el del cualquier otro que se quiera emplear para acceder en exclusión mutua a un fragmento de código, debe ser 1. De esta forma se consigue que sólo un proceso lector modifique el valor de la variable n_lectores.

El primer proceso lector será el encargado de solicitar el acceso al recurso compartido restando 1 al valor del semáforo sem_recurso mediante la operación wait. El resto de procesos lectores que quieran acceder mientras esté el primero podrán hacerlo sin necesidad de solicitar el acceso al recurso compartido. Cuando el último proceso lector abandona la sección de código que permite acceder al recurso compartido, n_lectores se hace 0. En este caso deberá incrementar el valor del semáforo sem_recurso para permitir que cualquier proceso escritor pueda acceder para modificar el recurso compartido.

Esta solución, tal y como se ha descrito, permite resolver el problema de los lectores-escritores pero concede prioridad a los procesos lectores. Siempre que haya un proceso lector consultado el valor del recurso, cualquier proceso lector podrá acceder sin necesidad de solicitar el acceso. Sin embargo, los procesos escritores deberán esperar hasta que haya abandonado la consulta el último lector. Existen también soluciones que permiten dar prioridad a los escritores.

El modelo de recursos limitados con semáforos

Una clásica solución al problema de los filósofos comensales consiste en representar cada uno de los palillos con un semáforo. Para que un filósofo pueda retirar un palillo de la mesa debe realizar una operación `wait` sobre él. Cuando, posteriormente, desea dejar los palillos sobre la mesa ejecuta una operación `signal` sobre los dos palillos. Cada uno de estos semáforos debe estar inicializado a 1. El programa 6.5 muestra una primera solución. Como se puede ver, en este programa se recurre a un vector de semáforos. El elemento `palillo[k]` representa el semáforo utilizado para el palillo *k*.

Programa 6.5 Estructura de un proceso filósofo k utilizando semáforos.

```
Filosofo(k){
    for(;;){
        wait(palillo[k]);
        wait(palillo[k+1] % 5);
        come();
        signal(palillo[k]);
        signal(palillo[k+1] % 5);
        piensa();;
    }
}
```

La solución mostrada en el programa anterior, sin embargo, puede conducir a una situación de interbloqueo como se muestra en la Figura 6.13.

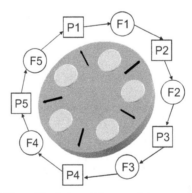

Figura 6.13 Situación de interbloqueo del programa 6.5

Una solución posible para evitar el riesgo de interbloqueo consiste en permitir que sólo cuatro filósofos puedan estar sentados a la mesa simultáneamente. En este caso, nunca aparecerá un bucle en el grafo de asignación de recursos (véase la Figura 6.13). Para asegurar esto, es necesario modificar la estructura del programa 6.5, añadiendo un nuevo semáforo que representa a la mesa. Este semáforo tiene que estar inicializado a 4 para impedir que los cinco filósofos estén sentados a la mesa al mismo tiempo. La nueva estructura del programa se muestra en el programa 6.6.

Programa 6.6 Estructura de un proceso filósofo k utilizando semáforos sin interbloqueos.

```
Filosofo(k){
    for(;;){
        wait(mesa);
```

```
        wait(palillo[k]);
        wait(palillo[k+1] % 5);

        come();

        signal(palillo[k]);
        signal(palillo[k+1] % 5);
        signal(mesa);

        piensa();

    }
}
```

6.3.4 Memoria compartida

La memoria compartida es un paradigma que permite comunicar a procesos que ejecutan en la misma máquina, bien sea un monoprocesador o un multiprocesador. Con este modelo de comunicación un proceso almacena un valor en una determinada variable, y otro proceso puede acceder a ese valor sin más que consultar la variable. De esta forma se consigue que los dos procesos puedan comunicarse entre ellos. La memoria compartida no ofrece sincronización, por lo que es necesario utilizar un mecanismo adicional para ello.

Los *threads* que se crean dentro de un proceso comparten de forma natural memoria, y utilizan ésta como mecanismo de comunicación. En el ejemplo del productor-consumidor con semáforos se empleó esta técnica para comunicar al proceso productor y consumidor a través de un buffer común.

Cuando se quiere emplear memoria compartida entre procesos creados con `fork`, es necesario recurrir a servicios ofrecidos por el sistema operativo que permitan que los procesos que se quieren comunicar creen un segmento de memoria compartida al que ambos pueden acceder a través de posiciones de memoria situadas dentro de su espacio de direcciones.

En la Figura 6.14 se representa el concepto de segmento de memoria compartida, ya presentado en el capítulo 5. Algún proceso debe encargarse de crear ese segmento, mientras que el resto de procesos que quieran utilizarlo simplemente tienen que acceder a él. Cada uno de los procesos puede acceder a este segmento de memoria compartida utilizando direcciones diferentes.

El proceso A accede al segmento de memoria compartida utilizando la dirección almacenada en la variable de tipo puntero `var1`, mientras que el proceso B lo hace a través de la dirección almacenada en la variable de tipo puntero `var2`. La variable `var1` es una variable del espacio de direcciones del proceso A y `var2` es una variable del espacio de direcciones del proceso B.

6.3.5 Mutex y variables condicionales

Los *mutex* y las *variables condicionales* son mecanismos especialmente concebidos para la sincronización de *threads*.

Un *mutex* es el mecanismo de sincronización de *threads* más sencillo y eficiente. Los *mutex* se emplean para obtener acceso exclusivo a recursos compartidos y para asegurar la exclusión mutua sobre secciones críticas.

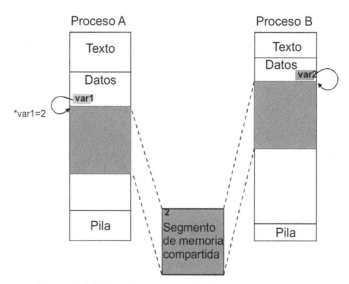

Figura 6.14 Memoria compartida entre procesos

Sobre un *mutex* se pueden realizar dos operaciones atómicas básicas:

- `lock`: intenta bloquear el *mutex*. Si el *mutex* ya está bloqueado por otro proceso, el proceso que realiza la operación se bloquea. En caso contrario se bloquea el *mutex* sin bloquear el proceso.
- `unlock`: desbloquea el *mutex*. Si existen procesos bloqueados en él, se desbloqueará uno de ellos que será el nuevo proceso que adquiera el *mutex*. La operación `unlock` sobre un *mutex* debe ejecutarla el *thread* que adquirió con anterioridad el *mutex* mediante la operación `lock`. Esto es diferente a lo que ocurre con las operaciones `wait` y `signal` sobre un semáforo.

Sección crítica con mutex

El siguiente segmento de pseudocódigo utiliza un *mutex* para proteger una sección crítica.

```
lock(m);      /* solicita la entrada en la sección crítica */
< sección crítica >
unlock(m);    /* salida de la sección crítica */
```

En la Figura 6.15 se representa de forma gráfica una situación en la que dos *threads* intentan acceder de forma simultánea a ejecutar código de una sección crítica utilizando un *mutex* para protegerla.

Dado que las operaciones `lock` y `unlock` son atómicas, sólo un *thread* conseguirá bloquear el *mutex* y podrá continuar su ejecución dentro de la sección crítica. El segundo *thread* se bloqueará hasta que el primero libere el *mutex* mediante la operación unlock.

Una variable condicional es una variable de sincronización asociada a un *mutex*, que se utiliza para bloquear a un *thread* hasta que ocurra algún suceso. Las variables condicionales tienen dos operaciones atómicas para esperar y señalizar:

- `c_wait`: bloquea al *thread* que ejecuta la llamada y le expulsa del *mutex* dentro del cual se ejecuta, y al que está asociado la variable condicional, permitiendo que algún otro *thread* adquiera el *mutex*. El bloqueo del *thread* y la liberación del *mutex* se realiza de forma atómica.
- `c_signal`: desbloquea a uno o varios *threads* suspendidos en la variable condicional. El *thread* que se despierta compite de nuevo por el *mutex*.

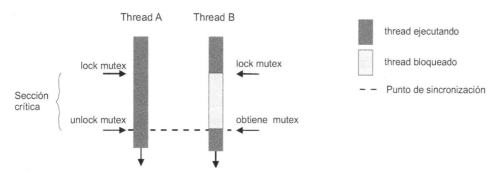

Figura 6.15 Ejemplo de mutex en una sección crítica

A continuación, se va a describir una situación típica en la que se utilizan los *mutex* y las variables condicionales de forma conjunta. Supóngase que una serie de *threads* compiten por el acceso a una sección crítica. En este caso es necesario un *mutex* para proteger la ejecución de dicha sección crítica. Una vez dentro de la sección crítica puede ocurrir que un *thread* no pueda continuar su ejecución dentro de la misma, debido a que no se cumple una determinada condición, por ejemplo, se quiere insertar elementos en un buffer común y éste se encuentra lleno. En esta situación el *thread* debe bloquearse puesto que no puede continuar su ejecución. Además, debe liberar el *mutex* para permitir que otro *thread* entre en la sección crítica y pueda modificar la situación que bloqueó el *thread*, en este caso eliminar un elemento del buffer común para hacer hueco.

Para conseguir este funcionamiento es necesario utilizar una o más variables compartidas que se utilizarán como predicado lógico y que el *thread* consultará para decidir su bloqueo o no. El fragmento de código que se debe emplear en este caso es el siguiente:

```
lock(m);
/* código de la sección crítica */
while (condición == FALSE)
c_wait(c, m);
/* resto de la sección crítica */
unlock(m);
```

En el fragmento anterior m es el *mutex* que se utiliza para proteger el acceso a la sección crítica y c la variable condicional que se emplea para bloquear el *thread* y abandonar la sección crítica.

Cuando el *thread* que se está ejecutando dentro de la sección evalúa la condición y esta es falsa, se bloquea mediante la operación c_wait y libera el *mutex* permitiendo que otro *thread* entre en ella.

El *thread* bloqueado permanecerá en esta situación hasta que algún otro *thread* modifique alguna de las variables compartidas que le permitan continuar. El fragmento de código que debe ejecutar este otro *thread* debe seguir el modelo siguiente:

```
lock(m);
/* código de la sección crítica */
/* se modifica la condición y esta se hace TRUE */
condición = TRUE;
c_signal(c);
unlock(m);
```

En este caso el *thread* que hace cierta la condición ejecuta la operación `c_signal` sobre la variable condicional despertando a un *thread* bloqueado en dicha variable. Cuando el *thread* que espera en una variable condicional se desbloquea, vuelve a competir por el *mutex*. Una vez adquirido de nuevo el *mutex* debe comprobar si la situación que le despertó y que le permitía continuar su ejecución sigue cumpliéndose, de ahí la necesidad de emplear una estructura de control de tipo `while`. Es necesario volver a evaluar la condición ya que entre el momento en el que la condición se hizo cierta y el instante en el que se comienza a ejecutar de nuevo el *thread* bloqueado en la variable condicional, puede haber ejecutado otro *thread* que a su vez puede haber hecho falsa la condición.

El empleo de *mutex* y variables condicionales que se ha presentado es similar al concepto de monitor [Hoare 1974], y en concreto a la definición de monitor dada para el lenguaje Mesa [Lampson 1980].

En la Figura 6.16 se representa de forma gráfica el uso de *mutex* y variables condicionales entre dos *threads* tal y como se ha descrito anteriormente.

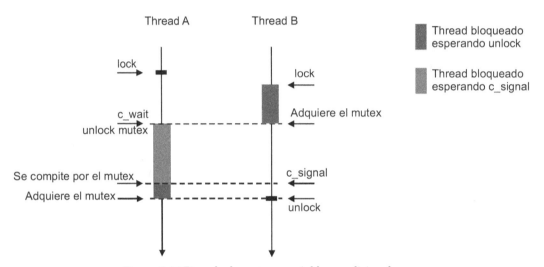

Figura 6.16 Ejemplo de mutex y variables condicionales

Productor-consumidor con mutex y variables condicionales

A continuación, se presenta una posible solución al problema del productor-consumidor con buffer acotado, utilizando *mutex* y variables condicionales. En este problema el recurso compartido es el buffer y los *threads* deben acceder a él en exclusión mutua. Para ello se utiliza un *mutex* sobre el que los *threads* ejecutarán operaciones `lock` y `unlock`.

Hay dos situaciones en las que el *thread* productor y el consumidor no pueden continuar su ejecución, una vez que han comenzado la ejecución del código correspondiente a la sección crítica:

- El productor no puede continuar cuando el buffer está lleno. Para que este *thread* pueda bloquearse es necesario que ejecute una operación `c_wait` sobre una variable condicional que se denomina lleno.
- El *thread* consumidor debe bloquearse cuando el buffer se encuentra vacío. En este caso se utilizará una variable condicional que se denomina vacío.

Para que ambos *threads* puedan sincronizarse correctamente, es necesario que ambos conozcan el número de elementos que hay en el buffer. Cuando el número de elementos es 0, el *thread* consumidor deberá bloquearse. Por su parte, cuando el número de elementos coincide con el tamaño del buffer, el *thread* productor deberá bloquearse. La variable `n_elementos` se utiliza para conocer el número de elementos insertados en el buffer.

El programa 6.7 presenta la estructura general de los *threads* productor y consumidor utilizando *mutex* y variables condicionales

Programa 6.7 Estructura de los thread productor y consumidor utilizando mutex y variables condicionales.

```
Productor() {
    int pos = 0;

    for(;;) {

        < Producir un dato >
        lock(mutex);

        /* acceder al buffer */
        while (n_elementos == TAMAÑO_DEL_BUFFER)          /* lleno */
            c_wait(lleno, mutex);   /* se bloquea */
        buffer[pos] = dato;
        pos = (pos + 1) % TAMAÑO_DEL_BUFFER;
        n_elementos ++;
        if (n_elementos == 1)
            c_signal(vacio);         /* buffer no vacío */
        unlock(mutex);
    }
}


Consumidor() {
    int = 0;

    for(;;) {
        lock(mutex);
        /* acceder al buffer */
        while (n_elementos == 0)     /* si buffer vacío */
            c_wait(vacío, mutex);   /* se bloquea */

        dato = buffer[pos];
        pos = (pos + 1) % TAMAÑO_DEL_BUFFER;
        n_elementos --;
        if (n_elementos == (TAMAÑO_DEL_BUFFER - 1));
            c_signal(lleno);         /* buffer no lleno */
        unlock(mutex);

        < Consumir el dato >
    }
}
```

El *thread* productor evalúa la condición n_elementos == TAMAÑO_DEL_BUFFER para determinar si el buffer está lleno. En caso de que sea así se bloquea ejecutando la función c_wait sobre la variable condicional lleno.

De igual forma, el *thread* consumidor evalúa la condición n_elementos == 0 para determinar si el buffer está vacío. En dicho caso se bloquea en la variable condicional vacío.

Cuando el productor inserta un primer elemento en el buffer, el consumidor podrá continuar en caso de que esté bloqueado en la variable vacío. Para despertar al *thread* consumidor el productor ejecuta el siguiente fragmento de código:

```
if (n_elementos == 1)
    c_signal(vacío);        /* buffer no vacío */
```

Cuando el *thread* consumidor elimina un elemento del buffer y éste deja de estar lleno, despierta al *thread* productor en caso de que esté bloqueado en la variable condicional lleno. Para ello el *thread* consumidor ejecuta:

```
pos = (pos + 1) % TAMAÑO_DEL_BUFFER;
n_elementos --;
if (n_elementos == (TAMAÑO_DEL_BUFFER - 1));
    c_signal(lleno);          /* buffer no lleno */
```

Recuérdese que cuando un *thread* se despierta de la operación c_wait vuelve de nuevo a competir por el *mutex*, por tanto, mientras el *thread* que le ha despertado no abandone la sección crítica y libere el *mutex* no podrá acceder a ella.

6.3.6 Paso de mensajes

Todos los mecanismos vistos hasta el momento necesitan que los procesos o *threads* que quieren intervenir en la comunicación o quieren sincronizarse se ejecuten en la misma máquina. Cuando se quiere comunicar y sincronizar procesos que ejecutan en máquinas distintas es necesario recurrir al *paso de mensajes.* En este tipo de comunicación los procesos intercambian *mensajes* entre ellos a través de un *enlace de comunicación.* Es obvio que este esquema también puede emplearse para comunicar y sincronizar procesos que se ejecutan en la misma máquina, en cuyo caso los mensajes son locales a la máquina donde ejecutan los procesos.

Los procesos se comunican mediante dos operaciones básicas:

- **send**(destino, mensaje), envía un mensaje al proceso destino.
- **receive**(origen, mensaje), recibe un mensaje del proceso origen.

De acuerdo con estas dos operaciones, las tuberías se pueden considerar en cierta medida como un mecanismo de comunicación basado en paso de mensajes. Los procesos pueden enviar un mensaje a otro proceso por medio de una operación de escritura y puede recibir mensajes de otros mediante una operación de lectura. En este caso el enlace que se utiliza para comunicar a los procesos es la propia tubería.

Existen múltiples implementaciones de sistemas con paso de mensajes. Los *sockets* que se describen en el capítulo 10 constituyen uno de los modelos más utilizados en aplicaciones distribuidas. A continuación, se describen algunos aspectos de diseño relativos a este tipo de sistemas.

Tamaño del mensaje

Los mensajes que envía un proceso a otro pueden ser de tamaño fijo o tamaño variable. En caso de mensajes de longitud fija la implementación es más sencilla, sin embargo, dificulta la tarea del programador ya que puede obligar a éste a descomponer los mensajes grandes en mensajes de longitud fija más pequeños.

Flujo de datos

De acuerdo al flujo de datos la comunicación puede ser **unidireccional** o **bidireccional**. Un enlace es unidireccional cuando cada proceso conectado a él únicamente puede enviar o recibir mensajes, pero no ambas cosas. Si cada proceso puede enviar o recibir mensajes entonces el paso de mensajes es bidireccional.

Nombrado

Los procesos que utilizan mensajes para comunicarse o sincronizarse deben tener alguna forma de referirse unos a otros. En este sentido la comunicación puede ser directa o indirecta.

La comunicación es **directa** cuando cada proceso que desea enviar o recibir un mensaje de otro debe nombrar de forma explícita al receptor o emisor del mensaje. En este esquema de comunicación, las operaciones básicas `send` y `receive` se definen de la siguiente manera:

- **send**(P, mensaje), envía un mensaje al proceso P.
- **receive**(Q, mensaje), espera la recepción de un mensaje por parte del proceso Q.

Existen modalidades de paso de mensajes con comunicación directa que permiten especificar al receptor la posibilidad de recibir un mensaje de cualquier proceso. En este caso la operación receive se define de la siguiente forma:

```
receive(ANY, mensaje);
```

La comunicación es **indirecta** cuando los mensajes no se envían directamente del emisor al receptor, sino a unas estructuras de datos que se denominan *colas de mensajes* o *puertos*. Una cola de mensajes es una estructura a la que los procesos pueden enviar mensajes y de la que se pueden extraer mensajes. Cuando dos procesos quieren comunicarse entre ellos, el emisor sitúa el mensaje en la cola y el receptor lo extrae de ella. Sobre una cola de mensajes puede haber múltiples emisores y receptores.

Un puerto es una estructura similar a una cola de mensajes, sin embargo, un puerto se encuentra asociado a un proceso, siendo éste el único que puede recibir datos de él. En este caso, cuando dos procesos quieren comunicarse entre sí, el receptor crea un puerto y el emisor envía mensajes al puerto del receptor. La Figura 6.17 presenta la forma de comunicación utilizado colas de mensajes y puertos.

Utilizando comunicación indirecta las operaciones `send` y `receive` toman la siguiente forma:

- send(Q, mensaje), envía un mensaje a la cola o al puerto Q.
- receive(Q, mensaje), recibe un mensaje de la cola o del puerto Q.

Cualquiera que sea el método utilizado, el paso de mensajes siempre se realiza en exclusión mutua. Si dos procesos ejecutan de forma simultánea una operación `send`, los mensajes no se entrelazan, primero se envía uno y a continuación el otro. De igual forma, si dos procesos desean recibir un mensaje de una cola, sólo se entregará el mensaje a uno de ellos.

Sincronización

La comunicación entre dos procesos es síncrona cuando los dos procesos han de ejecutar los servicios de comunicación al mismo tiempo, es decir, el emisor debe estar ejecutando la operación send y el receptor ha de estar ejecutando la operación receive. La comunicación es asíncrona en caso contrario.

En general, son tres las combinaciones más habituales que implementan los distintos tipos de paso de mensajes:

- **Envío y recepción bloqueante**. En este caso tanto el emisor como el receptor se bloquean hasta que tenga lugar la entrega del mensaje. Esta es una técnica de paso de mensajes totalmente síncrona que se conoce como *cita*. El primero que llega a la cita, ya sea el emisor o el receptor, ha de esperar hasta que llegue el otro.
- **Envío no bloqueante y recepción bloqueante**. Esta es la combinación generalmente más utilizada. El emisor no se bloquea y por lo tanto puede continuar su ejecución depositando el mensaje en el mecanismo de comunicación, sin embargo, el receptor se bloquea hasta que le llega.
- **Envío y recepción no bloqueante**. Se corresponde con una comunicación totalmente asíncrona en la que nadie espera. En este tipo de comunicación es necesario disponer de servicios que permitan al receptor saber si se ha recibido un mensaje.

Una operación de recepción bloqueante permite bloquear el proceso que la ejecuta hasta la recepción del mensaje. Esta característica permite emplear los mecanismos de paso de mensajes para sincronizar procesos, ya que una sincronización siempre implica un bloqueo.

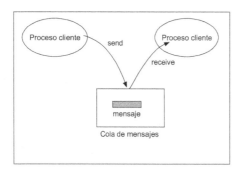 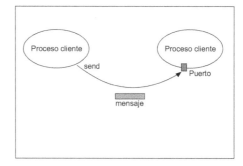

Comunicación con colas de mensajes   Comunicación con puertos

Figura 6.17 Uso de colas de mensajes y puertos en la comunicación entre procesos

Almacenamiento

Este aspecto hace referencia a la capacidad del enlace de comunicaciones. El enlace, y por tanto el paso de mensajes puede:

- **No tener capacidad** (sin almacenamiento) para almacenar mensajes. En este caso el mecanismo utilizado como enlace de comunicación no puede almacenar ningún mensaje y por lo tanto la comunicación entre los procesos emisor y receptor debe ser síncrona, es decir, el emisor sólo puede continuar cuando el receptor haya recibido el mensaje.
- **Tener capacidad** (con almacenamiento) para almacenar mensajes, en este caso la cola de mensajes o el puerto al que se envían los mensajes pueden tener un cierto tamaño para almacenar mensajes a la espera de su recepción. Si la cola no está llena al enviar un mensaje, se guarda en ella y el emisor puede continuar su ejecución sin necesidad de esperar. Sin embargo, si la cola ya está llena, el emisor deberá bloquearse hasta que haya espacio disponible en la cola para insertar el mensaje.

A continuación, se describen algunas situaciones en las que se puede utilizar el mecanismo de paso de mensajes.

Ámbito de uso

Existen diferentes mecanismos basados en paso de mensajes. Algunos de ellos sólo pueden utilizarse para comunicar procesos que ejecutan en el mismo computador. Este es el caso de las colas de mensajes POSIX que se describirán más adelante. Otros, sin embargo, permiten comunicar procesos que ejecutan en computadores distintos. Así, por ejemplo, los *sockets*, que se describen en el capítulo 10, constituyen un mecanismo de paso de mensajes que se puede utilizar para comunicar procesos que se ejecutan en computadores distintos.

Secciones críticas con paso de mensajes

Para resolver el problema de la sección crítica utilizando paso de mensajes se va a recurrir al empleo de colas de mensajes con una solución similar a la utilizada con las tuberías. Se creará una cola de mensajes con capacidad para almacenar un único mensaje que hará las funciones de testigo. Cuando un proceso quiere acceder al código de la sección crítica ejecutará la función `receive` para extraer el mensaje que hace de testigo de la cola. Si la cola está vacía, el proceso se bloquea ya que en este caso el testigo lo posee otro proceso.

Cuando el proceso finaliza la ejecución del código de la sección crítica inserta de nuevo el mensaje en la cola mediante la operación `send`.

Inicialmente alguno de los procesos que van a ejecutar el código de la sección crítica deberá crear la cola e insertar el testigo inicial ejecutando algún fragmento con la siguiente estructura:

```
< Crear la cola de mensajes >
send(cola, testigo);   /* insertar en la cola el testigo */
```

Una vez que todos los procesos tienen acceso a la cola, sincronizan su acceso a la sección crítica ejecutando el siguiente fragmento de código:

```
receive(cola, testigo);
< Código de la sección crítica >
send(cola, testigo);
```

De esta forma el primer proceso que ejecuta la operación receive extrae el mensaje de la cola y la vacía, de tal manera que el resto de procesos se bloqueará hasta que de nuevo vuelva a haber un mensaje disponible en la cola. Este mensaje lo inserta el proceso que lo extrajo mediante la operación send. De esta forma alguno de los procesos bloqueados se despertará y volverá a extraer el mensaje de la cola vaciándola.

Productor-consumidor con colas de mensajes

A continuación, se presenta una posible solución al problema del productor-consumidor utilizando paso de mensajes. Esta solución vuelve a ser similar a la que se presentó en la sección empleando tuberías.

Cuando el proceso productor produce un elemento, lo envía al proceso consumidor mediante la operación send. Lo ideal es que esta operación sea no bloqueante para que pueda seguir produciendo elementos. En el caso de que no haya espacio suficiente para almacenar el mensaje el productor se bloqueará.

Cuando el proceso consumidor desea procesar un nuevo elemento ejecuta la operación receive. Si no hay datos disponibles el proceso se bloquea hasta que el productor cree algún nuevo elemento.

La estructura de los procesos productor y consumidor se muestra en el programa 6.8.

Programa 6.8 Procesos productor-consumidor utilizando paso de mensajes.

```
Productor() {

    for(;;) {
        < Producir un dato >
        send(Consumidor, dato);
    }
}


Consumidor() {

    for(;;) {
        receive(Productor, dato);
        < Consumir el dato >
    }
}
```

Recursos limitados con paso de mensajes

En esta sección se va a resolver el problema de los filósofos comensales utilizando un modelo de paso de mensajes basado en colas de mensajes. Se supondrá que la operación `receive` sobre una cola de mensajes vacía bloquea al proceso que la ejecuta hasta que la cola vuelve a tener algún mensaje. En este caso se retira el mensaje y el proceso continúa la ejecución. La solución que se va a mostrar a continuación se basa en la solución propuesta en el programa 6.6 que resolvía el problema utilizando semáforos. En este caso se va a modelar cada palillo y la mesa con una cola de mensajes. Para asegurar el funcionamiento de la solución es importante que cada cola de mensaje almacene inicialmente un mensaje y la cola de mensajes que modela la mesa debe almacenar inicialmente cuatro mensajes. El contenido de estos mensajes no es importante para la resolución del problema. Para asegurar esto se puede recurrir a un proceso controlador que se encargue de crear las colas e insertar los mensajes correspondientes en ellas. Una vez hecho esto, puede comenzar la ejecución de los procesos que modelan a los filósofos. La estructura del proceso controlador y de cada uno de los filósofos se muestra en el programa 6.9. Como se puede ver en este programa se utiliza un vector de colas para representar a cada una de las colas que modelan cada palillo.

Programa 6.9 Problema de los filósofos comensales utilizando colas de mensajes.

```
Controlador(){
    Crear la cola con nombre mesa;
    for (i = 0; i < 4; i++)
            send(mesa, m);

    for(i = 0; i < 5; i++){
        crear la cola palillo[i];
        send(palillo[i], m);
    }
}


Filósofo(k){
    for(;;){
        receive(mesa, m);
        receive(palillo[k], m);
        receive(palillo[k+1] % 5, m);

        come();

        send(palillo[k], m);
        send(palillo[k+1] % 5, m);
        send(mesa, m);

        piensa();
    }
}
```

Paso de mensajes en el modelo cliente-servidor

El empleo más típico del paso de mensajes se encuentra en los esquemas cliente-servidor. En este tipo de situaciones el proceso servidor se encuentra en un bucle infinito esperando la recepción de las peticiones de los clientes (operación `receive`). Los clientes solicitan un determinado servicio enviando un mensaje al servidor (operación `send`).

Cuando el servidor recibe el mensaje de un cliente lo procesa, sirve la petición y devuelve el resultado mediante una operación `send`. Según se sirva la petición, los servidores se pueden clasificar de la siguiente manera:

- **Servidores secuenciales**. En este caso es el propio servidor el que se encarga de satisfacer la petición del cliente y devolverle los resultados. Con este tipo de servidores sólo se puede atender a un cliente de forma simultánea.
- **Servidores concurrentes**. En este tipo de servidores, cuando llega una petición de un cliente, el servidor crea un proceso hijo o *thread* que se encarga de servir al cliente y devolverle los resultados. Con esta estructura mientras un proceso hijo está atendiendo a un cliente, el proceso servidor puede seguir esperando la recepción de nuevas peticiones por parte de otros clientes. De esta forma se consigue atender a más de un cliente de forma simultánea.

En la Figura 6.18 se representa de forma gráfica el funcionamiento de ambos tipos de servidores.

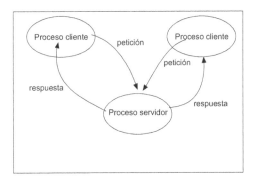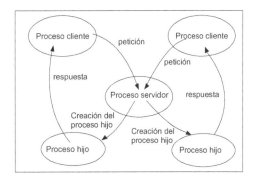

Servidor secuencial   Servidor concurrente

Figura 6.18 Estructura de un servidor secuencial y concurrente

6.3.7 Empleo más adecuado de los mecanismos de comunicación y sincronización

A modo de resumen, en esta sección se van a indicar los mecanismos más adecuados para comunicar y sincronizar procesos que se ejecutan en diferentes escenarios:

- *Threads*. Para comunicar datos entre diferentes *threads* de un mismo proceso el mecanismo más habitual es el empleo de memoria compartida. Para la sincronización se recurre a *mutex* y variables condicionales.
- Procesos emparentados. Para aquellos procesos emparentados, como los procesos que en POSIX se crean a partir de la llamada `fork`, el mecanismo más habitual para sincronizarlos es el empleo de semáforos sin nombre. Para la comunicación entre ellos los mecanismos más adecuados son las tuberías y la memoria compartida.
- Procesos no emparentados que se ejecutan en el mismo computador. En este caso la sincronización puede realizarse mediante semáforos con nombre y la comunicación mediante tuberías con nombre o mecanismos de paso de mensajes locales.
- Procesos que se ejecutan en diferentes computadores. En este caso el único mecanismo de comunicación y sincronización posible es el empleo de mecanismos de comunicación que puedan utilizarse para comunicar y sincronizar procesos de diferentes computadores. El caso más habitual, como se verá en el capítulo 10, es el empleo de los *sockets*.

Además de los esquemas descritos anteriormente, el fichero es un mecanismo que se puede utilizar en todos los escenarios anteriores para comunicar datos entre diferentes procesos. En un escenario en el que los procesos ejecutan en máquinas distintas, siempre es posible transferir un fichero de un computador a otro para comunicar datos.

6.4 Transacciones

Los mecanismos de comunicación y sincronización vistos hasta el momento permiten resolver numerosos problemas de concurrencia. Sin embargo, no ofrecen dos características que son importantes para algunas aplicaciones: no ofrecen en general recuperación de fallos ni garantías de que los datos o recursos que se comparten siempre quedan en un estado consistente. Para ilustrar esto, considere el clásico ejemplo de una aplicación bancaria que utiliza un fichero para almacenar los datos de las cuentas de los clientes. Considere que sobre este fichero se realizan de forma concurrente dos operaciones. La primera realiza una transferencia de 100 euros de la cuenta A a la B y la segunda realiza una transferencia de 50 euros de la cuenta B a la C. Para realizar estas dos transferencias se realizan las siguientes operaciones sobre el fichero:

```
Operación 1: Transferir (100, A, B)     Operación 2: Transferir(50 , B, C)
Leer el saldo de A: saldoA              Leer el saldo de B: saldoB
Leer el saldo de B: saldoB              Leer el saldo de C: saldoC
saldoA = saldoA - 100                   saldoB = saldoB - saldo   B
saldoB = saldoB + 100                   saldoC = saldoC + saldoC
escribir el nuevo saldo (saldoA) en A   escribir el nuevo saldo (saldoB) en B
escribir el nuevo saldo (saldoB) en B   escribir el nuevo saldo (saldoC) en C
```

Para que ambas operaciones se realicen de forma correcta es necesario, en primer lugar, que se realicen de forma atómica, es decir, de forma indivisible. Si no fuera así, el estado del fichero que almacena las cuentas podría quedar en un estado inconsistente. Esta atomicidad podría resolverse, por ejemplo, mediante el empleo de semáforos. Sin embargo, el empleo de un semáforo no resuelve otro de los problemas que puede aparecer en este escenario. Imagine que la operación 1 se está realizando de forma atómica y que el proceso que realiza la operación falla después de realizar la primera operación de escritura sobre la cuenta A y antes de actualizar el nuevo saldo en la cuenta B. Si esto fuera así, el fichero quedaría en un estado inconsistente puesto que se habría retirado una cantidad de dinero que no se ha ingresado en ningún sitio. Este problema hace que sea necesario otro tipo de mecanismo que asegure la atomicidad y la actualización consistente de los datos o recursos que se comparten. Las transacciones permiten resolver estos problemas.

Una **transacción atómica** o simplemente **transacción** es una secuencia de operaciones que se realizan de forma atómica y que transforman el estado de los recursos o datos sobre los que se aplican de forma consistente. Una transacción debe satisfacer las siguientes características:

- *Atomicidad*. La transacción debe realizarse de forma atómica. Esto implica que la transacción no sólo debe ejecutarse de forma indivisible, sino que, además, debe realizarse completamente. En caso de que ocurriese un fallo en alguna de las operaciones de la transacción y ésta no pudiera completarse, las operaciones realizadas hasta el momento no deberían tener efecto, es decir, cada transacción debe ser recuperable.
- *Consistencia*. El conjunto de operaciones que incluye la transacción debe cambiar el estado de los recursos o datos sobre los que se aplica de forma correcta sin que se produzcan inconsistencias.
- *Aislamiento* o *serialización*. Las transacciones que ejecutan de forma concurrente no deben interferir unas con otras y deben aparecer como una detrás de otra.
- *Persistencia*. Una vez que la transacción se ha completado el estado debe ser permanente.

6.4.1 Servicio transaccional

Para poder hacer uso de transacciones es necesario el empleo de un servicio transaccional. Un *servicio transaccional* proporciona herramientas para simplificar o automatizar el desarrollo de aplicaciones que hacen uso de transacciones. Un servicio transaccional debe ofrecer en primer lugar un conjunto de servicios o primitivas de transacción:

- `Begintrans`. Mediante este servicio se indica el comienzo de la transacción.

- `Endtrans`. Esta operación indica el fin de la transacción. El servicio transaccional devuelve para esta operación dos posibles valores: *completada* en caso de que la transacción se haya ejecutado con éxito o *abortada*, indicando que no se ha realizado ninguna operación de la transacción.
- `Aborttrans`. Esta operación aborta la transacción en curso, devolviendo el estado del sistema a aquel que tenía justo antes de comenzar la transacción.

Para poder implementar las transacciones, el servicio transaccional debe incorporar servicios para asegurar la atomicidad desde el punto de vista de sincronización. Para ello debe incorporar mecanismos de control de concurrencia. Los más habituales son:

- Cerrojos. En este caso, el servicio transaccional utiliza cerrojos, con semántica similar a la de los *mutex*, que utiliza cuando se accede a un dato y que se libera cuando finaliza la transacción.
- Control de concurrencia optimista. En este caso las transacciones se realizan de principio a fin sin emplear ningún bloqueo. Al final de la transacción se comprueba si ha habido algún conflicto en el acceso a recursos compartidos. Si es así, la transacción se aborta.
- Marcas de tiempo. Con marcas de tiempo, el servicio transaccional registra los instantes en los que se realizan las operaciones de lectura y escritura sobre un dato o recurso compartido. Cada transacción compara su propia marca de tiempo con la de los datos para determinar si la operación se puede realizar o no. Si no se puede realizar, la transacción se aborta.

El servicio transaccional también debe encargarse de asegurar la atomicidad desde el punto de vista de los fallos. Un protocolo muy utilizado para conseguir esta atomicidad es el protocolo de compromiso en dos fases. Durante la primera fase, que comienza con la primitiva `Begintrans`, todos los cambios realizados en los datos o recursos compartidos son tentativos. La segunda fase del protocolo, que comienza con la primitiva `Endtrans`, intenta comprometer todas las operaciones realizadas en la primera. Si las operaciones se pueden realizar se devuelve el valor comprometido, indicando que las operaciones de la transacción se han realizado. En caso contrario se devuelve el valor abortar, indicando al cliente que no se ha realizado ninguna operación incluida en la transacción. Si ocurre un fallo durante la transacción, se ejecuta un procedimiento de recuperación que deja el estado del sistema intacto, es decir, se descartan todos los cambios tentativos realizados hasta el momento y se deja el estado del sistema en el aquel que tenía justo antes de comenzar la transacción.

6.5 Diseño

En esta sección se describen los principales aspectos de diseño e implementación subyacentes a los mecanismos de sincronización. También se describen la sincronización y comunicación dentro del propio sistema operativo.

6.5.1 Soporte hardware para la sincronización

Como se ha visto, la sincronización entre procesos, como ocurre por ejemplo en la exclusión mutua en el acceso a un recurso compartido, puede implicar una espera en la ejecución de los procesos. Para asegurar este bloqueo el sistema operativo necesita mecanismos hardware. A continuación, se describen los principales mecanismos que ofrece el hardware para implementar bloqueos.

Deshabilitar las interrupciones

Una forma sencilla de asegurar la sincronización en un computador con un único procesador cuando varios procesos intentan acceder a una sección crítica es deshabilitar las interrupciones cuando un proceso entra a ejecutar código de la sección crítica. En efecto, si las interrupciones están deshabilitadas mientras un proceso ejecuta código de la sección crítica, éste no podrá ser interrumpido y por tanto podrá ejecutar todo el código de la sección crítica de forma atómica sin ser expulsado. Esto evitará la aparición de condiciones de carrera. Los diferentes procesos que acceden a una sección crítica podrían utilizar la siguiente estructura para resolver el acceso a la misma.

Deshabilitar interrupciones
Sección crítica
Habilitar interrupciones

Esta solución presenta varios problemas. En primer lugar, esta solución no es aceptable para sincronizar procesos de usuario. ¿Qué ocurriría si un proceso permaneciera indefinidamente dentro de la sección crítica por un error? En este caso, como las interrupciones están inhabilitadas no se podría interrumpir la ejecución del proceso y habría que reiniciar el sistema. En segundo lugar, no es una solución adecuada para un sistema multiprocesador, puesto que deshabilitar las interrupciones sólo afecta al procesador donde se ejecuta la instrucción que deshabilita las interrupciones. Por último, aunque deshabilitar las interrupciones es una técnica que puede utilizarse para sincronizar acciones dentro del núcleo del sistema operativo (como se verá en la sección 6.5.4), sólo sería razonable su uso cuando la sección crítica incluyese muy pocas instrucciones. Si la sección crítica dura mucho, podrían perderse interrupciones importantes.

Instrucciones de máquina especiales

Todos los procesadores incluyen una o más instrucciones de máquina especiales que se pueden utilizar para implementar mecanismos de espera. Estas instrucciones, que son atómicas como la gran mayoría de las instrucciones máquina, se basan en la ejecución atómica (su ejecución no puede ser interrumpida) de dos acciones, normalmente lectura y escritura, sobre una posición de memoria. A continuación se presentan las instrucciones más representativas.

Instrucción test-and-set

Esta instrucción máquina se aplica sobre una posición de memoria. El formato de esta instrucción es T&S Reg, dir. La instrucción realiza, de forma atómica, dos acciones: lee el contenido de una posición de memoria (dirección dir en la instrucción anterior) en un registro del computador (registro Reg) y escribe un uno en la posición de memoria dir. Utilizando esta instrucción se puede implementar el acceso a una sección crítica mediante la siguiente estructura de código:

```
Bucle:    T&S  R1, cerrojo
          CMP  R1, 1              ; compara R1 con 1
          BZ   Bucle              ; si R1 es 1 saltar a Bucle
          <Sección crítica >
          LOAD R1, 0
          STORE    R1, cerrojo        ; almacena un 0 en cerrojo
```

La variable cerrojo se comparte entre todos los procesos y su valor inicial debe ser 0. Como se verá en la siguiente sección el proceso realiza una espera activa para poder entrar a ejecutar el código de la sección crítica.

Instrucción swap

Esta instrucción, SWAP Reg, dir, se aplica sobre un registro (Reg) y una posición de memoria (dir) y de forma atómica intercambia los valores del registro y de la posición de memoria. Si se utiliza la instrucción swap, el problema de la sección crítica puede resolverse de la siguiente manera:

```
          LD   R1, 1
Bucle:    SWAP R1, cerrojo
          CMP  R1, 1              ; compara R1 con 1
          BZ   Bucle             ; si R1 es 1 saltar a Bucle
```

```
        <Sección crítica>
        LOSAD R1, 0
        STORE    R1, cerrojo        ; almacena un 0 en cerrojo
```

La variable `cerrojo` se comparte entre todos los procesos y su valor inicial debe ser 0. El registro R1 es un registro y por tanto es local a cada proceso.

Instrucciones hardware en multiprocesadores

En el caso de un multiprocesador, las instrucciones hardware de sincronización tienen que garantizar que el acceso atómico por parte de un procesador a una posición de memoria compartida impide al resto de procesadores el acceso a esa posición de memoria mientras dura el acceso. En el caso de un multiprocesador las instrucciones atómicas para sincronización deben apoyarse en el hardware del sistema de memoria del multiprocesador y en especial en el hardware para el mantenimiento de la coherencia en el sistema de memoria (un multiprocesador, como se vio en el capítulo 1, consta de un conjunto de procesadores que comparten una memoria y en el que normalmente todos estos componentes están conectados por un bus. Para minimizar la contención sobre el bus y mejorar la escalabilidad, los multiprocesadores introducen una memoria caché local para cada procesador. Esta solución reduce el tráfico en el bus pero introduce un problema de coherencia cuando se actualizan variables compartidas que se almacenan en las memorias cachés. Para resolver estos problemas los multiprocesadores utilizan *protocolos de coherencia de caché*, que resuelven el problema de la coherencia haciendo que cada escritura sea visible a todos los procesadores.)

El empleo en multiprocesadores de instrucciones clásicas de sincronización, como las vistas anteriormente (test-and-set y swap) para resolver el acceso a una sección crítica, generan, mientras el cerrojo está ocupado, lecturas consecutivas desde un procesador sobre la variable cerrojo, lo que provoca un excesivo tráfico en el bus del multiprocesador debido a los protocolos de mantenimiento de la coherencia. Para reducir el número de transacciones en el bus, se han ideado otras alternativas a las instrucciones hardware tradicionales. Una solución es el empleo de la instrucción **test-and-set con retardo**. En este caso cuando un proceso se encuentra dentro de la sección crítica, el resto no ejecuta la instrucción test-and-set de forma continua, sino introduciendo un retardo después de aquellos intentos de adquisición del cerrojo que no tengan éxito.

Otra alternativa en multiprocesadores es el ejemplo del par de instrucciones **load-locked** y **store conditional** (LL/SC). La instrucción de carga (LL Reg, dir) realiza, al igual que una instrucción de carga convencional, la carga de una posición de memoria en un registro, pero guarda información de que se ha accedido a la posición de memoria reservando el bloque de caché en el que está la palabra. El store condicional (SC Reg, dir) intenta actualizar el contenido de una posición de memoria (posición dir). La actualización sólo tiene éxito si se mantiene la reserva, es decir, almacena un determinado valor en una posición de memoria sólo si desde que se ejecutó la instrucción LL no se ha realizado sobre la variable ningún otro store condicional. En caso contrario, no se escribe ni se generan invalidaciones por parte del protocolo de coherencia de cachés. Con este par de instrucciones se puede implementar el acceso a una sección crítica de la siguiente forma, asumiendo que la variable cerrojo toma valor inicial 0:

```
Bucle:    LL   R1, cerrojo
          CMP  R1, 1              ; compara R1 con 1
          BZ   Bucle              ; si R1 es 1 saltar a Bucle
          LOAD R2, 1
          SC   R2, cerrojo
          CMP  R2, 0              ; compara R2 con 0
          BZ   Bucle
          <Sección crítica>
```

```
LOAD R1, 0
STORE    R1, cerrojo        ; almacena un 0 en cerrojo
```

6.5.2 Espera activa

En la sección anterior se ha visto cómo implementar el acceso a una sección crítica utilizando instrucciones máquina especiales. El empleo de estas instrucciones de máquina permite construir **cerrojos**, un mecanismo que proporciona una forma de asegurar la exclusión mutua. Sobre un cerrojo se utilizan dos funciones, similares a las empleadas sobre los *mutex*:

- **lock(cerrojo)**. Esta operación intenta bloquear el cerrojo. Si el cerrojo ya está bloqueado por otro proceso, el proceso que realiza la operación se queda esperando de forma activa. En caso contrario se cierra el cerrojo y el proceso puede continuar.
- **unlock(cerrojo)**. Esta operación abre el cerrojo, permitiendo que alguno de los procesos que se encuentra esperando en la función lock lo adquiera y continué su ejecución.

Utilizando la primitiva test-and-set se pueden implementar estas funciones de la siguiente forma:

```
lock(cerrojo) {
    Bucle:  T&S  R1, cerrojo
            CMP  R1, 1          ; compara R1 con 1
            BZ   Bucle          ; si R1 es 1 saltar a Bucle
}


unlock(cerrojo) {
    LOAD R1, 0
    STORE    R1, cerrojo        ; almacena un 0 en cerrojo
}
```

Basándose en este esquema, se puede construir una sección crítica de la siguiente forma (asumiendo que cerrojo tiene valor inicial 0):

```
lock(cerrojo);
Sección Crítica
unlock(cerrojo);
```

Este tipo de cerrojo así implementado se conoce como *spin-lock* y se basa en el uso de una variable como un cerrojo. La variable, como se puede ver en la estructura anterior, se consulta en un bucle de forma continua hasta que tenga un valor que indique que el cerrojo está abierto. Esta consulta debe realizarse como se ha comentado anteriormente mediante una primitiva atómica de consulta y actualización de memoria, como es la instrucción test-and-set en este caso.

Como se puede ver en la solución planteada, el bloqueo de un proceso se basa en un bucle que consulta de forma continua y atómica el valor de una posición de memoria. A este tipo de bloqueo se le denomina **espera activa** o **espera cíclica**. Cuando se emplea espera activa para bloquear a los procesos, estos deben ejecutar un ciclo continuo hasta que puedan continuar. La espera activa es obviamente un problema en un sistema multiprogramado real, ya que se desperdician ciclos del procesador en aquellos procesos que no pueden ejecutar y que no realizan ningún trabajo útil. Este malgasto de ciclos es especialmente importante en un sistema con una sola UCP, puesto que un proceso que no puede entrar en la sección crítica no puede continuar su ejecución y por otra parte impide que el proceso que se encuentra dentro de la sección crítica avance y libere la sección lo antes posible.

La espera activa es un mecanismo, sin embargo, que se suele emplear para la sincronización dentro del propio sistema operativo en sistemas multiprocesadores (véase la sección 6.5.4).

6.5.3 Espera pasiva o bloqueo

Para resolver el problema que plantea la espera activa, los sistemas operativos recurren al bloqueo del proceso que no puede continuar su ejecución. En este caso, cuando un proceso no puede continuar la ejecución el sistema operativo lo **bloquea** suspendiendo su ejecución. A este modelo de espera se le denomina **espera pasiva**. La operación de bloqueo coloca al proceso es una cola de espera. Este bloqueo transfiere el control al planificador del sistema operativo, que seleccionará otro proceso para su ejecución. De esta forma no se desperdician ciclos de procesador en ejecutar operaciones inútiles. Este mecanismo es el que emplea el sistema operativo para implementar las operaciones de sincronización sobre *mutex* o semáforos. En estas situaciones normalmente cada recurso (semáforo, *mutex*, etc) lleva asociado una cola de espera. Cuando un proceso se bloquea en una operación sobre el recurso, el sistema operativo suspende su ejecución e inserta al proceso en la cola de espera asociada al recurso.

Cuando un proceso libera el recurso, el sistema operativo extrae uno de los procesos de la lista de procesos bloqueados y cambia su estado a listo para ejecutar.

Se va a ilustrar el empleo de la espera pasiva en la implementación de un semáforo (el empleo para cualquier otro mecanismo de sincronización sería similar). Para implementar un semáforo, o cualquier otro tipo de mecanismo de sincronización, utilizando espera pasiva, basta con asignar al semáforo (o al mecanismo de sincronización concreto) una lista de procesos, en la que se irán introduciendo los procesos que se bloqueen. Una forma sencilla de implementar esta lista de procesos es mediante una lista cuyos elementos apunten a las entradas correspondientes de la tabla de procesos.

Cuando un proceso debe bloquearse en el semáforo, el sistema operativo realiza los siguientes pasos:

- Inserta al proceso en la lista de procesos bloqueados en el semáforo.
- Cambia el estado del proceso a bloqueado.
- Llama al planificador para elegir otro proceso a ejecutar y a continuación al activador.

En la Figura 6.19.a se muestra lo que ocurre cuando un proceso (con identificador de proceso 11) ejecuta una operación `wait` sobre un semáforo con valor –1 (Figura 6.19.a). Como el proceso debe bloquearse, el sistema operativo añade este proceso a la lista de procesos bloqueados en el semáforo y pone su estado como bloqueado (Figura 6.19.b).

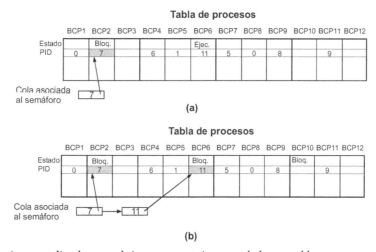

Figura 6.19 Acciones realizadas por el sistema operativo cuando hay que bloquear un proceso en un semáforo

Cuando se realiza una operación `signal` sobre el semáforo, el sistema operativo realiza las siguientes acciones:

- Extrae al primer proceso de la lista de procesos bloqueados en el semáforo.
- Cambia el estado del proceso a listo para ejecutar.
- Llama al planificador para elegir a otro proceso (que puede ser el que llama a `signal` o el que se despierta) y a continuación al activador.

Estas acciones se describen en la Figura 6.20.

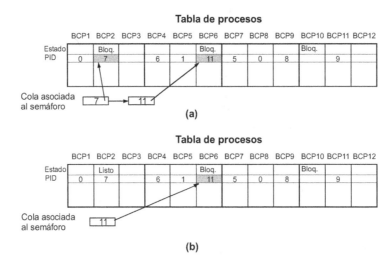

Figura 6.20 Acciones realizadas por el sistema operativo en una operación signal sobre un semáforo

Aparte de estas operaciones, un aspecto importante en la implementación de un semáforo (y de otros mecanismos de sincronización), es que las operaciones `wait` y `signal` deben ejecutarse de forma atómica, es decir, en exclusión mutua. Para conseguir esta exclusión mutua, los sistemas operativos recurren a las instrucciones hardware de sincronización que permiten resolver el problema de la sección crítica. Así, por ejemplo, utilizando una operación `lock`, como la descrita en la sección anterior, sobre un *spin-lock*, un semáforo vendría definido por una estructura que almacena: el valor del semáforo, la lista de procesos bloqueados y el *spin-lock* a utilizar. La definición de las operaciones `wait` y `signal` en este caso sería la siguiente:

```
wait(s){
    lock(spin-lock);
    s = s - 1;
    if (s < 0){
        unlock(spin-lock);
        Bloquear el proceso;
    }
else
        unlock(spin-lock);
}
signal(s){
    lock(spin-lock);
    s = s + 1;
    if ( s <= 0)
        Desbloquear un proceso bloqueado en la operación wait;
    unlock(spin-lock);
}
```

Con la implementación anterior no se ha eliminado del todo la espera activa, pero, sin embargo, se ha reducido a porciones de código muy pequeñas dentro de las operaciones `wait` y `signal`. Lo importante es que los procesos cuando se bloquean en la operación `wait`, no realizan espera activa.

6.5.4   Sincronización dentro del sistema operativo

El sistema operativo es un programa con un alto grado de concurrencia y de asincronía. En cada momento se pueden producir múltiples eventos de forma asíncrona, lo que da lugar a problemas de sincronización muy complejos. Este hecho ha causado que los sistemas operativos sean tradicionalmente un módulo software con una tasa de errores apreciable. Hay que resaltar además que la mayoría de los problemas clásicos de sincronización que aparecen en la literatura sobre la programación concurrente provienen del ámbito de los sistemas operativos.

En el caso de un sistema monoprocesador, se presentan dos tipos de problemas de concurrencia dentro del sistema operativo, que se estudian a continuación analizando sus posibles soluciones.

El primer escenario sucede cuando ocurre una interrupción con un nivel de prioridad superior, mientras se está ejecutando código del sistema operativo vinculado con el tratamiento de una llamada, una excepción o una interrupción. Se activará la rutina de tratamiento correspondiente, que puede entrar en conflicto con la labor que ha dejado a medias el flujo de ejecución interrumpido. Piense, por ejemplo, en una llamada o rutina de interrupción que manipula la lista de procesos listos que es interrumpida por una interrupción que también modifica esta estructura de datos. Puede ocurrir una condición de carrera que deje corrupta la lista.

Supóngase una hipotética función que inserta un BCP al final de una lista usando el siguiente fragmento de código:

```
insertar_ultimo(lista, BCP){
    lista->ultimo->siguiente = BCP;
    lista->ultimo = BCP;
}
```

Considere que dentro de una llamada al sistema se desbloquea un proceso y se usa la rutina de inserción anterior para incorporarlo en la cola de listos. Podría ser, por ejemplo, una llamada *unlock* que deja libre un *mutex*, desbloqueando uno de los procesos que estuviera esperando para tomar posesión del *mutex*:

```
unlock(mutex) {
    .....
    Si (hay procesos esperando) {
        Seleccionar un proceso P;
        insertar_ultimo(lista_listos, P);
    }
    .....
}
```

Asimismo, suponga una rutina de interrupción, como, por ejemplo, la del terminal, que puede desbloquear un proceso que estuviera esperando un determinado evento. La rutina de interrupción podría insertar el proceso bloqueado en la cola de listos usando esa misma función:

```
int_terminal {
    .....
```

```
Si (hay procesos esperando) {
    Seleccionar un proceso Q;
    insertar_ultimo(lista_listos, Q);
}
.....
}
```

Supóngase que, mientras se está ejecutando la rutina *insertar_ultimo* dentro de *unlock* para insertar un proceso *P* al final de la cola de listos, habiéndose ejecutado sólo la primera sentencia, llega una interrupción del terminal que desbloquea a un proceso *Q* incorporándolo a la lista de listos. Cuando retorna la rutina de interrupción, se completa la inserción realizada por *unlock*, pero la lista de listos queda corrupta:

- El puntero al último elemento que hay en la cabecera de la lista quedará apuntando a *P*.
- Sin embargo, ningún elemento de la lista hará referencia a *P* como su sucesor.

En el segundo escenario, sucede que, mientras se está realizando una llamada al sistema, se produce un cambio de contexto a otro proceso (por ejemplo, debido a que se ha terminado la rodaja del proceso actual). Este proceso a su vez puede ejecutar una llamada al sistema que entre en conflicto con la llamada previamente interrumpida. Se produce, por tanto, la ejecución concurrente de dos llamadas al sistema. Esta situación puede causar una condición de carrera. Así, por ejemplo, dos llamadas concurrentes que intenten crear un proceso en un sistema que usa una tabla de procesos podrían acabar obteniendo el mismo BCP libre. Supóngase que el siguiente fragmento corresponde con el código de la llamada al sistema que crea un proceso:

```
crear_proceso(...) {
  ..........
  pos = BuscarBCPLibre();

  /* marca la entrada como ocupada */
  tabla_procesos[pos].ocupada = true
  ..........
}
```

Podría ocurrir un cambio de contexto involuntario (por ejemplo, por fin de rodaja) justo después de que la función *BuscarBCPLibre* se haya ejecutado pero antes de poner la entrada correspondiente de la tabla de procesos como ocupada. El proceso activado por el cambio de contexto involuntario podría invocar también la llamada *crear_proceso*, con lo que habría dos llamadas ejecutándose concurrentemente. Esta segunda invocación de *crear_proceso* causaría una condición de carrera, ya que seleccionaría la misma posición de la tabla de procesos que la llamada interrumpida.

De los escenarios planteados, se deduce la necesidad de crear secciones críticas dentro de la ejecución del sistema operativo. Evidentemente, éste no es problema nuevo. Es el mismo que aparece en cualquier programa concurrente como se ha visto en secciones anteriores de este capítulo, que se resuelve con mecanismos de sincronización como semáforos o *mutex*. Sin embargo, en este caso se presentan dos dificultades adicionales:

- Estos mecanismos de sincronización se basan en que sus primitivas se ejecutan de forma atómica. ¿Cómo se puede conseguir este comportamiento dentro del sistema operativo?
- Desde una rutina de interrupción, como se ha explicado reiteradamente, no se puede usar una primitiva que cause un bloqueo.

A continuación, se estudia el problema distinguiendo si se trata de un sistema con un núcleo expulsable o no expulsable. Después, se analizará qué dificultades adicionales se presentan cuando se usa un sistema multiprocesador.

Sincronización en un núcleo no expulsable

El modo de operación de los sistemas con un núcleo no expulsable facilita considerablemente el tratamiento de los problemas de sincronización al limitar el grado de concurrencia en el sistema. A continuación, se analizan los dos escenarios problemáticos planteados.

En primer lugar, se trata el problema de concurrencia que surge cuando una rutina del sistema operativo es interrumpida por una rutina de interrupción de mayor prioridad. La solución habitual es elevar el nivel de interrupción del procesador durante el fragmento correspondiente para evitar la activación de la rutina de interrupción conflictiva. Es importante resaltar que se debería elevar el nivel interrupción del procesador justo lo requerido y minimizar el fragmento de código durante el cual se ha elevado explícitamente dicho nivel. Así, por ejemplo, en un fragmento de código del sistema operativo donde se manipula el *buffer* de un terminal, bastaría con inhibir la interrupción del terminal, pudiendo seguir habilitadas otras interrupciones, como, por ejemplo, la del reloj.

En el ejemplo planteado anteriormente, donde la estructura conflictiva era la cola de procesos listos, habrá que elevar el nivel al máximo para prohibir todas las interrupciones, puesto que se trata de una estructura de datos que manipulan todas ellas (Realmente, con frecuencia, las rutinas de interrupción no manipulan la cola de listos, ya que las operaciones de desbloqueo las aplazan para realizarlas dentro del tratamiento de una interrupción software. Por tanto, en este caso, bastaría con elevar el nivel para inhibir este tipo de interrupciones. Precisamente, sí haría falta elevar el nivel al máximo a la hora de manipular la lista de operaciones pendientes vinculadas con la interrupción software, ya que todas las rutinas de interrupción acceden directamente a esta estructura de datos).

En cuanto a los problemas de sincronización entre llamadas concurrentes, con este tipo de núcleo no existe este problema ya que no se permite la ejecución concurrente de llamadas: una llamada al sistema continúa su ejecución hasta que termina o causa el bloqueo del proceso, pueden activarse rutinas de tratamiento de interrupción, pero no causarán un cambio de contexto. Por tanto, no existirá este problema de sincronización en este tipo de núcleos no expulsables. En el ejemplo planteado, la rutina *crear_proceso* podrá marcar como ocupada la entrada encontrada sin ninguna interferencia.

Hay que resaltar que, si el proceso se bloquea, cuando continúe su ejecución posteriormente, la situación en el sistema puede haber cambiado significativamente. Una condición que se cumplía antes del bloqueo puede haberse dejado de satisfacer cuando se reanuda la ejecución, debido a que ha podido cambiar por la ejecución de otros procesos en ese intervalo de tiempo. La llamada al sistema debería comprobarla de nuevo y tomar las acciones correctivas oportunas (por ejemplo, volver a bloquearse esperando que el estado sea el adecuado). Asimismo, si una llamada bloqueante necesita asegurarse de que otras llamadas no utilizan un determinado recurso mientras el proceso está bloqueado en esa llamada, deberá indicarlo en algún campo asociado al recurso. Este campo será consultado por las llamadas afectadas, que se bloquearán si el recurso está reservado por una llamada bloqueada. Por ejemplo, considere una llamada de escritura de un fichero que debe asegurar que no haya escrituras simultáneas sobre el mismo fichero. Para ello, puede usar un campo del *nodo-i* del fichero (véase el Capítulo 9) que indique esta circunstancia, como se muestra en el siguiente fragmento:

```
write(...) {
    ..........
    Si (nodo-i.en_uso)
      Bloquear(lista_nodo-i);

    nodo-i.en_uso = true;
    ..........
    Posibles bloqueos mientras escribe los bloques afectados
    ..........
```

```
        nodo-i.en_uso = false;
        Si (procesos bloqueados en lista_nodo-i)
        Desbloquear(lista_nodo-i);
        ..........
    }
```

Nótese que no habría condiciones de carrera en el uso del campo en uso puesto que las llamadas al sistema son atómicas en este tipo de sistemas.

Dadas las características del modelo no expulsable, la implementación de mecanismos de sincronización, tales como los semáforos, sería directa. Así, si se pretende ofrecer un mecanismo de tipo semáforo a las aplicaciones, las llamadas al sistema que implementan las primitivas del semáforo, no necesitarían ninguna técnica para asegurar su comportamiento atómico, puesto que toda llamada al sistema es atómica.

Por último, como resumen, es interesante resaltar de qué tipo es el análisis de concurrencia que debe llevar a cabo el diseñador del sistema operativo en un sistema no expulsable:

- Hay que estudiar cada parte del código de una llamada al sistema para ver si puede verse afectada por la ejecución de una rutina de interrupción. Si una determinada parte del código de la llamada se ve afectada por la rutina de interrupción de nivel N, durante ese fragmento se elevará el nivel de interrupción del procesador al valor N.
- Se debe hacer un proceso similar con cada rutina de interrupción: se estudia su código y se comprueba si en alguna parte puede verse afectado por una interrupción de nivel superior. En caso afirmativo, se eleva el nivel de interrupción para evitar el problema de condición de carrera.

Evidentemente, cada vez que se incluye nuevo código en una rutina de interrupción, hay que repetir el análisis de conflictos para todas las rutinas de menor prioridad, que podrían verse afectadas por este nuevo código.

Sincronización en un núcleo expulsable

Este tipo de sistema presenta más dificultades a la hora de lograr una correcta sincronización dado que implica una mayor concurrencia.

En cualquier caso, la solución frente al problema que surge cuando una rutina del sistema operativo es interrumpida por una rutina de interrupción de mayor prioridad, es la misma que para un núcleo no expulsable: elevar el nivel de interrupción del procesador durante el fragmento correspondiente para evitar la activación de la rutina de interrupción conflictiva.

El problema principal de este tipo de núcleo reside en la sincronización entre llamadas concurrentes. Dado que la ejecución de llamadas al sistema por parte de varios procesos puede verse entremezclada de forma impredecible, hay que asegurarse de que no se produzcan problemas de condiciones de carrera estableciendo las secciones críticas que se requieran. Para ello, se puede elevar el nivel de interrupción de manera que se inhiban las interrupciones software asociadas al cambio de contexto involuntario durante el fragmento conflictivo, lo que asegura que mientras se ejecuta dicho fragmento no se intercala la ejecución de otra llamada. Aplicándolo al ejemplo planteado previamente, quedaría un esquema como el siguiente:

```
    crear_proceso(...) {
        ..........
        nivel_anterior = fijar_nivel_int(NIVEL_1);
        pos=BuscarBCPLibre();
        tabla_procesos[pos].libre = false;
        fijar_nivel_int(nivel_anterior);
        ..........
    }
```

La solución planteada resuelve el problema, pero puede ser inadecuada si la sección crítica es larga (en el ejemplo, es posible que `BuscarBCPLibre` consuma un tiempo apreciable). En ese caso, se empeoraría el tiempo de respuesta de los procesos. Si un proceso urgente se desbloquea mientras otro poco prioritario está en la sección crítica, no comenzará a ejecutar hasta que este segundo proceso concluya la sección crítica. Nótese que, si hay secciones críticas largas, el núcleo tiende a ser no expulsable. Asimismo, hay que resaltar que esta estrategia afecta a todos los procesos, con independencia de si el proceso ejecuta código que entre en conflicto con el que mantiene la sección crítica. Además, esta solución no sería válida si la sección crítica puede incluir el bloqueo del proceso.

La solución habitual es implementar un semáforo o algún mecanismo de sincronización equivalente. Para lograr la atomicidad en las operaciones del semáforo se recurre al mecanismo anterior: elevar el nivel de interrupción de manera que se inhiban las interrupciones software. Sin embargo, en este caso, esta prohibición de las interrupciones software sólo afectaría a las operaciones sobre el semáforo, que son muy breves, pudiendo ejecutarse la sección crítica con todas las interrupciones habilitadas. Con esta técnica, el ejemplo anterior quedaría de la siguiente forma:

```
crear_proceso(...) {
    ...........
    bajar(semaforo_tabla_procesos);

    /* Sección crítica ejecuta con inter. habilitadas */
    pos=BuscarBCPLibre();
    tabla_procesos[pos].libre = false;

    subir(semaforo_tabla_procesos);
    ...........
}
```

Usando esta estrategia, sólo se ejecuta con las interrupciones software inhibidas durante muy poco tiempo (el correspondiente a las operaciones del semáforo). Asimismo, la sección crítica propiamente dicha sólo involucra a los procesos afectados por la misma, pudiendo, además, incluir el bloqueo del proceso.

De todas formas, hay que tener en cuenta que, si la sección crítica es muy corta, será más adecuado utilizar directamente la estrategia de inhabilitar las interrupciones software, puesto que la solución basada en semáforos incluye una cierta sobrecarga debida a las operaciones vinculadas con los mismos. Además, conlleva cambios de contexto por los bloqueos que se producen al competir por el semáforo, que no se generan en la solución que no los utiliza.

El diseñador del sistema operativo tiene que determinar qué semáforos usar para proteger las distintas estructuras de datos del sistema operativo. Para ello, debe establecer un compromiso con respecto a la granularidad del semáforo, es decir, en cuanto a la cantidad de información que protege un determinado semáforo: cuanta más información sea protegida por un semáforo, menos concurrencia habrá en el sistema, pero menos sobrecarga causada por la gestión de los semáforos. A continuación, se plantea un ejemplo hipotético para ilustrar este aspecto.

Supóngase un sistema tipo UNIX en el que se requiere controlar el acceso a dos estructuras de datos en memoria vinculadas con el sistema de ficheros: por ejemplo, la tabla intermedia de ficheros, donde se almacenan los punteros de posición de todos los ficheros abiertos en el sistema, y la tabla de *nodos-i*, que guarda en memoria los *nodos-i* de los ficheros que están siendo utilizados en el sistema. Considere en este punto las dos alternativas posibles.

Si se establecen sendos semáforos para el control de acceso a cada estructura, podrán ejecutar concurrentemente dos llamadas si cada una de ellas sólo involucra a una de las estructuras. Sin embargo, si una llamada determinada requiere el uso de ambas estructuras, como, por ejemplo, la apertura de un fichero deberá cerrar y abrir ambos semáforos, con la consiguiente sobrecarga.

En caso de que se defina un único semáforo para el control de acceso a ambas estructuras, se limita la concurrencia, puesto que dos llamadas, tal que cada una de ellas sólo usa una de las estructuras de datos, no podrán ejecutarse concurrentemente. Sin embargo, una llamada que usa ambos recursos tendrá menos sobrecarga, ya que será suficiente con cerrar y abrir un único semáforo.

Del análisis previo se concluye que sería conveniente usar dos semáforos si hay un número significativo de llamadas que usan de forma independiente cada recurso, mientras que sería adecuado usar un único semáforo si la mayoría de las llamadas usa ambos recursos conjuntamente. Nótese que, llevándolo a un extremo, se puede establecer un semáforo para todo el sistema operativo, lo que haría que el sistema se comportara como un núcleo no expulsable.

Se debe incidir en que los semáforos no son aplicables a los problemas de sincronización entre una rutina del sistema operativo y una rutina de interrupción de mayor prioridad puesto que una rutina de interrupción no se puede bloquear, como se ha comentado reiteradamente a lo largo de esta presentación.

Usando la misma estrategia que se emplea para implementar los semáforos, se puede construir cualquier mecanismo de sincronización similar, tanto para uso interno como para exportar a las aplicaciones. En Windows, aplicando los conceptos presentados en esta sección, el sistema operativo implementa una primitiva de sincronización, denominada *dispatcher object*, en la que se basan los distintos mecanismos de sincronización exportados a las aplicaciones.

Como última consideración, y para comparar con la sincronización en sistemas no expulsables, se debe resaltar que en los sistemas expulsables el análisis de los problemas de sincronización que debe realizar el diseñador del sistema operativo se complica apreciablemente. A los problemas ya existentes en los sistemas no expulsables, hay que añadir los que conlleva la ejecución concurrente de llamadas, que, en principio, requeriría analizar las posibles interferencias entre todas las llamadas al sistema.

Sincronización en multiprocesadores

Los problemas de sincronización dentro del sistema operativo se complican considerablemente en un sistema multiprocesador. Hay que tener en cuenta que en este tipo de sistemas la concurrencia, que en un monoprocesador implica la ejecución alternativa de distintos procesos, se corresponde con la ejecución en paralelo de los procesos. Evidentemente, esto dificulta la correcta sincronización y hace que algunas estrategias utilizadas en monoprocesadores no sean válidas para sistemas multiprocesador.

Para empezar, además de las dos situaciones conflictivas planteadas en sistemas monoprocesador (una rutina de un evento de mayor prioridad que interrumpe la ejecución de otra rutina y la ejecución concurrente de varias llamadas al sistema), se producen otras adicionales, puesto que, mientras se está ejecutando una rutina de interrupción de una determinada prioridad en un procesador, se pueden estar ejecutando rutinas de interrupción menos prioritarias y llamadas al sistema en otros procesadores.

Por otro lado, las técnicas de sincronización basadas en elevar el nivel de interrupción para inhibir el tratamiento de determinadas interrupciones no son directamente aplicables ya que, aunque se impida que se ejecute dicha rutina de interrupción en el procesador donde se elevó el nivel, esta rutina podrá ejecutarse en cualquier otro procesador cuyo nivel de interrupción actual lo permita. Asimismo, la estrategia de impedir los cambios de contexto involuntarios durante una llamada al sistema no evita que se ejecuten concurrentemente llamadas al sistema en un multiprocesador. Las principales técnicas de sincronización utilizadas en multiprocesadores se basan en el mecanismo de *spin-lock* descrito en la sección 6.5.2.

En este esquema básico, con diversas variedades [1], se basa la sincronización en multiprocesadores. Nótese que, sin embargo, este mecanismo de sincronización carece de sentido

---

[1] Además del modelo básico descrito, existen otras variedades. En Linux existen los *spin-locks* de lectura/escritura, que permiten que varios procesos puedan entrar simultáneamente en una sección crítica si sólo van a leer la estructura de datos protegida por el cerrojo, pero que sólo permiten entrar a un proceso en el caso de que vaya a modificarla. En Windows se proporcionan los *queued spin-locks*, que implementan el cerrojo optimizando las

en un monoprocesador: un proceso haciendo espera activa sobre un cerrojo consumirá su turno de ejecución sin poder obtenerlo, puesto que para ello debe ejecutar el proceso que lo posee. En muchos sistemas operativos, tanto en su versión para sistemas monoprocesador como en la destinada a multiprocesadores se mantienen los *spin-locks*. Sin embargo, en la versión para sistemas monoprocesador, las primitivas de gestión del cerrojo se definen como operaciones nulas[2]. Esto sólo afecta a la sincronización dentro del núcleo, por supuesto que para sincronizar acciones de distintos procesos no se puede recurrir a un *spin-lock* nulo; en estos casos es mejor recurrir a implementación basadas en *mutex* o semáforos que bloquean al proceso y no hacen espera activa.

Hay que resaltar que, mientras un proceso está ejecutando un bucle de espera activa sobre un cerrojo, el procesador involucrado no puede dedicarse a ejecutar otros procesos. Por tanto, no debería realizarse un cambio de contexto, ni voluntario ni involuntario, en el procesador que ejecuta el proceso que mantiene posesión del cerrojo, pues alargaría la espera activa de los procesadores en los que se están ejecutando procesos que intentan tomar posesión del mismo.

Sincronización con rutinas de interrupción

Antes de analizar cómo resolver este tipo de problema de sincronización, hay que recordar que en un sistema multiprocesador la ejecución de una rutina de interrupción puede convivir con la de cualquier otra rutina del sistema operativo, con independencia de qué nivel de prioridad esté asociado a cada una de ellas. Por tanto, el análisis de los problemas de sincronización se hace más complejo en este tipo de sistema. Asimismo, es conveniente reseñar que en un multiprocesador es necesario incluir mecanismos de sincronización en toda rutina afectada, a diferencia de lo que ocurre en un sistema monoprocesador donde, como se analizó previamente, sólo se incluye en la de menor prioridad.

La estrategia para resolver este tipo de problemas se basa en los *spin-locks*. Las rutinas afectadas usarán un cerrojo de este tipo para asegurarse de que no se ejecutan concurrentemente. Además, la rutina de menor prioridad, ya sea una rutina de interrupción o una llamada al sistema, debe elevar el nivel de interrupción en el procesador donde ejecuta para asegurarse de que no se producen interbloqueos: una rutina en posesión de un cerrojo es interrumpida por una rutina que también lo requiere, quedándose esta última indefinidamente en un bucle de espera que congela la ejecución del procesador (a partir de ese momento, lo único que podría ejecutar son rutinas de interrupción de mayor prioridad). Resumiendo, la técnica de sincronización consiste en lo siguiente: si hay N rutinas que deben sincronizar entre sí alguna parte de su ejecución, deberá definirse un *spin-lock* para ello y se establecerá que el nivel de interrupción que debe fijarse mientras se está usando el cerrojo corresponderá con el de la rutina de mayor prioridad. A continuación, se muestra una implementación hipotética de esta técnica.

```
/* establece el cerrojo */
int spin_lock_interrupcion(int cerrojo, int nivel) {
nivel_anterior = fijar_nivel_int(nivel);
/* espera hasta que el cerrojo valga 0 y escribe un 1 */
        while (TestAndSet(&cerrojo) == 1);
        return nivel_anterior;
}
/* libera el cerrojo */
spin_unlock_interrupcion(int &cerrojo, int nivel) {
        cerrojo = 0;
```

operaciones de coherencia de las memorias caché de los procesadores implicados y que permiten controlar cuál va a ser el próximo proceso/procesador que obtendrá el cerrojo.

[2] Habitualmente, esto se consigue usando una compilación condicional dependiendo de si el sistema al que va destinado el sistema operativo es multiprocesador o no. En Windows se usa esta técnica con la mayor parte del sistema operativo, con excepción de los módulos *Ntdll.dll* y *Kernel32.dll* en los que se parchea directamente el código ejecutable para lograr que estas operaciones sean nulas en un sistema monoprocesador.

```
        fijar_nivel_int(nivel);
}
```

Aplicando este mecanismo al ejemplo de sincronización en el acceso a la cola de procesos listos para ejecutar planteado previamente, que requeriría elevar el nivel de interrupción del procesador al máximo ya que generalmente se accede desde todas las rutinas de interrupción, resultaría un esquema similar al siguiente:

```
int cerrojo_listos = 0;

unlock(mutex) {
    int nivel_previo;
    .....
    Si (procesos esperando) {
        Seleccionar un proceso P;
        nivel_previo       =       spin_lock_interrupcion(cerrojo_listos,
                        NIVEL_MAXIMO);
        insertar_ultimo(lista_listos, P);
        spin_unlock_interrupcion(cerrojo_listos, nivel_previo);
    }
    .....
}

int_terminal {
    int nivel_previo;
    .....
    Si (procesos esperando) {
        Seleccionar un proceso Q;
        nivel_previo       =       spin_lock_interrupcion(cerrojo_listos,
                        NIVEL_MAXIMO);
        insertar_ultimo(lista_listos, Q);
        spin_unlock_interrupcion(cerrojo_listos, nivel_previo);
    }
    .....
}
```

El esquema explicado se corresponde con el utilizado en Windows, donde cada cerrojo tiene asociado un nivel de interrupción. Sin embargo, en Linux, dado que no se implementa un esquema de prioridades, para resolver este tipo de esquemas de sincronización, se prohíben las interrupciones mientras se mantiene el cerrojo usando para ello las primitivas *spin_lock_irq* y *spin_unlock_irq*.

Obsérvese que, en un sistema monoprocesador, dado que las operaciones del *spin-lock* se redefinen como nulas, queda como resultado la misma solución que se explicó para un sistema monoprocesador: inhibir la interrupción que pueda causar un conflicto.

Sincronización entre llamadas al sistema concurrentes

Nuevamente, en este caso la solución está basada en *spin-locks*, aunque, como se hizo en el estudio de este problema para un sistema monoprocesador, se va a realizar un análisis distinguiendo si se trata de un sistema con un núcleo expulsable o no.

En el caso de un núcleo no expulsable bastaría con que las llamadas al sistema que necesitan sincronizar ciertas partes de su ejecución usaran *spin-locks* para hacerlo. No sería necesario en este caso modificar el nivel de interrupción, por lo que se usarían directamente las primitivas de gestión de este tipo de cerrojos (en Linux *spin_lock* y *spin_unlock*). Dado que un sistema monoprocesador estas primitivas se convierten en operaciones nulas, no tendrán ningún efecto, lo cual no es sorprendente ya que, como se analizó anteriormente, para un núcleo no expulsable en un sistema monoprocesador no existe este problema al no permitirse la ejecución concurrente de llamadas.

Si se trata de un núcleo expulsable, además de usar *spin-locks*, es preciso asegurarse de que no se produce un cambio de contexto involuntario mientras se está en posesión de un cerrojo ya que, como se explicó previamente, podría producirse un interbloqueo si el proceso que entra a ejecutar intenta obtener ese mismo cerrojo. Por tanto, se usarán las primitivas de *spin-locks* que alteran el nivel o estado de las interrupciones (a las que en el ejemplo se las denominó *spin_lock_interrupcion* y *spin_unlock_interrupcion*), asociándoles como nivel de interrupción aquel que impide que se produzcan cambios de contexto involuntarios, es decir, el que inhibe las interrupciones software. Nuevamente, si se redefinen como nulas las operaciones directas sobre el cerrojo, el resultado es el mismo que un sistema monoprocesador, es decir, el problema se soluciona inhibiendo la interrupción software en los fragmentos conflictivos.

Como ocurría con los semáforos para los sistemas monoprocesador con núcleos expulsables, hay que establecer la granularidad del *spin-lock*. Se trata de la misma deliberación: intentar maximizar el paralelismo haciendo que la estructura de datos protegida por un *spin-lock* sea pequeña, pero suficientemente grande para que la sobrecarga por el uso de los distintos *spin-locks* implicados sea tolerable. Nótese que, llevado a un extremo, se podría usar un único cerrojo para todo el sistema operativo. Esta era la solución usada en la versión 2.0 de Linux, que utilizaba un cerrojo global, denominado *kernel_flag*, que aseguraba que en cada momento sólo un único procesador ejecutara en modo sistema el código del sistema operativo. Se trataba de una solución de compromiso que impedía cualquier tipo de paralelismo en la ejecución del sistema operativo y que, evidentemente, se ha ido mejorando en las sucesivas versiones de Linux, "rompiendo" ese único cerrojo en múltiples cerrojos que controlan el acceso a las distintas estructuras del sistema operativo.

Sea cual sea el modelo de núcleo, surge en este punto la misma cuestión que apareció en el análisis de la sincronización entre llamadas para un sistema monoprocesador con un núcleo expulsable: ¿qué ocurre si la sección crítica es muy larga o requiere que el proceso pueda bloquearse durante la misma? Y la respuesta es la misma que en el análisis previo: se deberían implementar semáforos (o un mecanismo equivalente) para resolver estas deficiencias. En este caso, una sección crítica muy larga, más que afectar directamente al tiempo de respuesta de los procesos, causa una disminución del paralelismo del sistema, ya que puede haber uno o más procesadores haciendo espera activa mientras dura la sección crítica ejecutada en otro procesador.

Dadas las similitudes con el caso de un núcleo expulsable para un sistema monoprocesador, se pueden aplicar algunas de las consideraciones expuestas en el análisis realizado para ese caso:

En cuanto a la implementación del semáforo, sus operaciones conseguirán atomicidad gracias al uso de los *spin-locks*, con las interrupciones software inhibidas en el caso de un núcleo expulsable.

Con el semáforo la sección crítica se ejecuta con todas las interrupciones habilitadas y sin mantener la posesión de ningún cerrojo, proporcionando un tiempo de respuesta y un nivel de paralelismo adecuados, y permitiendo que haya bloqueos durante la sección crítica. En cualquier caso, si la sección crítica es muy breve, puede ser más adecuado usar directamente un *spin-lock* en vez de un semáforo, para evitar la sobrecarga asociada a las operaciones del semáforo.

Nuevamente, hay que lograr un compromiso a la hora de fijar la granularidad del semáforo: la cantidad de información protegida por un semáforo debe de ser suficientemente pequeña para asegurar un nivel de paralelismo adecuado en la ejecución de llamadas al sistema, pero intentando limitar el número de semáforos que debe obtener el proceso durante una llamada al sistema para, de esta forma, acotar la sobrecarga debida a la sincronización.

Usando la misma estrategia que se emplea para implementar los semáforos, se puede construir cualquier mecanismo de sincronización similar, tanto para uso interno como para exportar a las aplicaciones.

Para terminar, se presenta una última consideración sobre la sincronización en multiprocesadores. Del análisis realizado en esta sección, se puede apreciar que los sistemas operativos para monoprocesadores con un modelo de núcleo expulsable están mucho mejor preparados para afrontar el reto de adaptarse a sistemas multiprocesadores, dado que muchos de los desafíos que plantea la existencia de un paralelismo real, como, por ejemplo, la determinación de qué semáforos utilizar para proteger las distintas estructuras de datos del sistema operativo, ya se abordan en los sistemas expulsables.

6.5.5   Comunicación dentro del sistema operativo

Como se vio en el capítulo 2, un sistema operativo es un programa extenso y complejo que está compuesto, por una serie de componentes con funciones bien definidas. Un aspecto importante en el diseño de un sistema operativo es el mecanismo de comunicación empleado para comunicar los componentes que conforman el sistema operativo. Estos mecanismos dependen de la estructura del sistema operativo.

Comunicación en sistemas operativos monolíticos

En un sistema operativo monolítico todos sus componentes se encuentran integrados en un único programa (el sistema operativo) que se ejecuta en un único espacio de direcciones. Además, todas las funciones que ofrece se ejecutan en modo privilegiado. En este tipo de sistemas la comunicación se realiza mediante el uso de estructura de datos compartidas y llamadas a procedimientos. Un sistema operativo de este tipo no tiene por qué ser secuencial. Así, por ejemplo, Linux es un sistema operativo con estructura monolítica, pero incluye una serie de *threads* que se denominan *threads* de núcleo o *threads* de kernel. En este caso la comunicación entre los distintos *threads* debe asegurar una correcta sincronización, que se puede conseguir según lo expuesto en la sección anterior.

Comunicación en sistemas operativos con estructura cliente-servidor

Como se vio en el capítulo 2 en este tipo de modelo, el enfoque consiste en implementar la mayor parte de los servicios y funciones del sistema operativo en procesos de usuario, dejando sólo una pequeña parte del sistema operativo ejecutando en modo núcleo. A esta parte se le denomina micronúcleo y a los procesos que ejecutan el resto de funciones se les denomina servidores. La comunicación entre los componentes de este tipo de sistema operativo se realiza mediante el paso de mensajes. Cada elemento del sistema operativo realiza operaciones directamente sobre datos locales y utiliza el paso de mensajes para la comunicación con otros elementos del sistema. Para este tipo de sistemas, la sincronización se simplifica debido a que el propio paso de mensajes introduce de forma implícita un cierto grado de sincronización.

Como se vio en el capítulo 2 Windows también sigue esta filosofía de diseño. Windows utiliza para la comunicación entre los componentes del sistema operativo un mecanismo conocido como **llamadas a procedimientos locales** (LPC, *local procedure call*). El objetivo de este mecanismo es disponer de un esquema de paso de mensajes de alta velocidad. Este mecanismo no se encuentra disponible a través de los servicios Windows, es un mecanismo exclusivo del sistema operativo.

Una LPC es un mecanismo que se utiliza entre un proceso servidor y uno o más procesos clientes. Las LPC permiten tres métodos de intercambio de mensajes:

- Un mensaje de menos de 256 bytes se puede enviar invocando a una LPC con un buffer que contiene el mensaje. El mensaje es copiado desde el espacio de direcciones del proceso que envía el mensaje al espacio de direcciones del sistema, y de aquí al espacio de direcciones de receptor del mensaje.
- Si un cliente y un servidor desean intercambiar más de 256 bytes de datos, pueden utilizar una sección de memoria compartida. El emisor almacena el mensaje en esta

sección y envía un pequeño mensaje al receptor indicándole dónde encontrar los datos en la sección compartida.
- Cuando un cliente y un servidor desean comunicarse grandes cantidades de datos que no caben en la sección compartida, los datos pueden ser leídos o escritos directamente en el espacio de direcciones del cliente.

El mecanismo de LPC utilizado en Windows utiliza *objetos de tipo puerto* para la comunicación. Hay varios tipos de puertos posibles:

- *Puerto de conexión con un servidor*. Puerto con nombre utilizado por los clientes para realizar una conexión con un servidor.
- *Puerto de comunicación con un servidor*. Puerto sin nombre que utiliza un servidor para la comunicación con un cliente. El servidor mantiene un puerto activo por cliente.
- *Puerto de comunicación de cliente*. Puerto sin nombre que utiliza un cliente para la comunicación con un servidor.
- *Puerto de comunicación sin nombre*. Puerto creado por dos *threads* del mismo proceso.

Las LPC se utilizan normalmente de la siguiente forma: un servidor crea un puerto de conexión con nombre. A continuación, un cliente pide una conexión a este puerto. Si el cliente obtiene acceso se crean dos puertos sin nombre: uno para el cliente y otro para el servidor. El cliente y el servidor obtienen manejadores para sus puertos respectivos y finalmente el cliente y el servidor se comunican a través de estos puertos.

6.6   Servicios POSIX

En esta sección se presentan los servicios que ofrece POSIX para los distintos mecanismos de comunicación y sincronización de procesos que se han ido presentando a lo largo del capítulo. Únicamente se van a tratar los mecanismos más adecuados para la comunicación y sincronización de procesos. Los servicios de sincronización pura incluyen los semáforos y los *mutex* y variables condicionales. Para comunicar procesos se pueden emplear tuberías y colas de mensajes.

6.6.1   Tuberías o pipes

En POSIX existen tuberías sin nombre o simplemente pipes y tuberías con nombre o FIFOS. Un pipe no tiene nombre y, por lo tanto, sólo puede ser utilizado entre los procesos que lo hereden a través de la
llamada `fork`. La Figura 6.21 muestra la jerarquía de procesos que pueden utilizar una misma tubería.

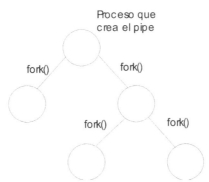

Figura 6.21 Jerarquía de procesos que pueden compartir un mismo pipe POSIX

Para leer y escribir de una tubería usando servicios POSIX, se utilizan descriptores de fichero. Las tuberías sin nombre tienen asociados dos descriptores de fichero. Uno de ellos se emplea para leer y el otro para escribir. Un FIFO sólo tiene asociado un descriptor de fichero que se puede utilizar para leer y escribir. A continuación, se describen los servicios POSIX relacionados con las tuberías.

```
int pipe(int fildes[2]);
```

Este servicio permite crear una tubería. Esta llamada devuelve dos descriptores de ficheros (véase la Figura 6.22) que se utilizan como identificadores:
- `fildes[0]`, descriptor de fichero que se emplea para leer del pipe.
- `fildes[1]`, descriptor de fichero que se utiliza para escribir en el pipe.
La llamada pipe devuelve 0 si fue bien y -1 en caso de error.

```
int mkfifo (char *fifo, mode_t mode);
```

Esta llamada permite crear una tubería con nombre, que en POSIX se conocen como FIFOS. Los FIFOS tienen un nombre local que lo identifican dentro de una misma máquina. El nombre que se utiliza corresponde con el de un fichero. Esta característica permite que los FIFOS puedan utilizarse para comunicar y sincronizar procesos de la misma máquina, sin necesidad de que lo hereden por medio de la llamada `fork`.

El primer argumento representa el nombre del FIFO. El segundo argumento representa los permisos asociados al FIFO. La llamada devuelve 0 si se ejecutó con éxito o -1 en caso de error.

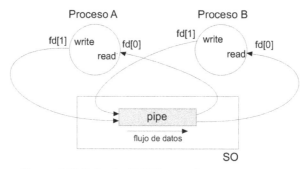

Figura 6.22 Tuberías POSIX entre dos procesos

```
int open (char *fifo, int flag);
```

Este servicio permite abrir una tubería con nombre. Este servicio también se emplea para abrir ficheros. El primer argumento identifica el nombre del FIFO que se quiere abrir y el segundo la forma en la que se va a acceder al FIFO. Los posibles valores de este segundo argumento son:
- `O_RDONLY`, se abre el FIFO para realizar sólo operaciones de lectura.
- `O_WRONLY`, se abre FIFO para realizar sólo operaciones de escritura.
- `O_RDWR`, se abre el FIFO para lectura y escritura.
El servicio open devuelve un descriptor de fichero que se puede utilizar para leer y escribir del FIFO. En caso de error devuelve -1. La llamada open bloquea al proceso que la ejecuta hasta que haya algún otro proceso en el otro extremo del FIFO.

```
int close (int fd);
```

Este servicio cierra un descriptor de fichero asociado a una tubería con o sin nombre. El argumento de close indica el descriptor de fichero que se desea cerrar. La llamada devuelve 0 si se ejecutó con éxito. En caso de error devuelve -1.

```
int unlink (char *fifo);
```

Permite borrar un FIFO. Esta llamada también se emplea para borrar ficheros. Esta llamada pospone la destrucción del FIFO hasta que todos los procesos que lo estén utilizando lo hayan cerrado con la función close. En el caso de una tubería sin nombre, ésta se destruye cuando se cierra el último descriptor que tiene asociado.

```
int read (int fd, char *buffer, int n);
```

Este servicio se utiliza para leer datos de un pipe o de un FIFO (La llamada read se emplea en POSIX también para leer datos de un fichero. De igual forma, en las escrituras, la llamada write se utiliza en POSIX para escribir datos en ficheros). El primer argumento indica el descriptor de lectura del pipe. El segundo argumento especifica el buffer de usuario donde se van a situar los datos leídos del pipe. El último argumento indica el número de bytes que se desean leer del pipe. La llamada devuelve el número de bytes leídos. En caso de error, la llamada devuelve -1.

La semántica de una operación de lectura cuando se aplica sobre un pipe en POSIX es la que se indicó en la sección 6.3.2. En POSIX si no hay escritores y el pipe está vacío, la llamada devuelve cero, indicando fin de fichero (en este caso la llamada no bloquea al proceso).

La lectura sobre un pipe en POSIX es atómica cuando el número de datos que se desean leer es menor que el tamaño del pipe.

```
int write (int fd, char *buffer, int n);
```

Este servicio se utiliza para escribir datos en una tubería. El primer argumento representa el descriptor de fichero que se emplea para escribir en un pipe. El segundo argumento especifica el buffer de usuario donde se encuentran los datos que se van a escribir al pipe. El último argumento indica el número de bytes a escribir. Los datos se escriben en el pipe en orden FIFO.

La semántica del servicio write aplicado a un pipe es la que se vio en la sección 6.3.2. En POSIX, cuando no hay lectores y se intenta escribir en una tubería, el sistema operativo envía la señal SIGPIPE al proceso.

Al igual que las lecturas, las escrituras sobre un pipe son atómicas. En general, esta atomicidad se asegura siempre que el número de datos involucrados en la operación sea menor que el tamaño del pipe.

A continuación, se van a emplear las tuberías POSIX para resolver alguno de los modelos descritos en la sección 6.2.

Sección crítica con tuberías

En esta sección se describe la forma de resolver el problema de la sección crítica utilizando tuberías de POSIX. Uno de los procesos debe encargarse de crear la tubería e introducir el testigo en la misma. Como testigo se utilizará un simple carácter. El fragmento de código que se debe utilizar es el siguiente:

```
int fildes[2];/* tubería utilizada para sincronizar */
char testigo; /* se declara un carácter como testigo */

pipe(fildes); /* se crea la tubería */
write(fildes[1], &testigo, 1);   /* se inserta el testigo en */
```

Una vez creada la tubería e insertado el testigo en ella, los procesos deben proteger el código correspondiente a la sección crítica de la siguiente forma:

```
read(fildes[0], &testigo, 1);
< código correspondiente a la sección crítica >
write(fildes[1], &testigo, 1);
```

La operación `read` eliminará el testigo de la tubería y la operación `write` lo insertará de nuevo en ella.

Productor-consumidor con tuberías

El programa 6.10 muestra un ejemplo de fragmento de código, que se puede utilizar para resolver problemas de tipo productor-consumidor mediante las tuberías que ofrece POSIX. En este ejemplo se crea un proceso hijo por medio de la llamada `fork`. A continuación, el proceso hijo hará las veces de productor y el proceso padre de consumidor.

Programa 6.10 Productor-consumidor con tuberías POSIX.

```c
#include <stdio.h>
#include <unistd.h>

struct elemento dato;        /* dato a producir */
int fildes[2];            /* tubería */

if (pipe(fildes) < 0){
    perror("Error al crear la tubería");
    exit(1);
}

if (fork() == 0){        /* proceso hijo: productor */
    for(;;){
        <  produce algún dato de tipo struct elemento >
        write(fildes[1],(char *) &dato, sizeof(struct elemento));
    }
} else {                 /* proceso padre: consumidor */
    for(;;) {
        read(fildes[0], (char *) &dato, sizeof(struct elemento));
        < consumir el dato leído >
    }
}
```

Ejecución de mandatos con tuberías

Aunque en las secciones anteriores se han presentado dos posibles utilizaciones de las tuberías, su uso más extendido se encuentra en la ejecución de mandatos con tuberías. A continuación, se presenta un programa que permite ejecutar el mandato `ls | wc`. La ejecución de este mandato supone la ejecución de los programas `ls` y `wc` de POSIX y su conexión mediante una tubería. El código que permite la ejecución de este mandato es el que se muestra en el programa 6.11.

Programa 6.11 Programa que ejecuta ls | wc.

```c
#include <sys/types.h>
#include <stdio.h>
#include <unistd.h>

int main(void) {
    int fd[2];
    pid_t pid;

    if (pipe(fd) < 0) {      /* se crea la tubería */
        perror("Error al crear la tubería");
        return 0;
    }
    pid = fork();
    switch (pid) {
        case -1:            /* error */
            perror("Error en el fork");
            return 0;
        case 0:             /* proceso hijo ejecuta ls */
            close(fd[0]);
            close(STDOUT_FILENO);
            dup(fd[1]);
            close(fd[1]);
            execlp("ls", "ls", NULL);
            perror("Error en el exec");
            break;
        default:            /* proceeso padre ejecuta wc */
            close(fd[1]);
            close(STDIN_FILENO);
            dup(fd[0]);
            close(fd[0]);
            execlp("wc", "wc", NULL);
            perror("Error en el exec");
    }
}
```

El proceso hijo (véase la Figura 6.23) redirige su salida estándar a la tubería (véase la aclaración 6.8). Por su parte el proceso padre redirecciona su entrada estándar a la tubería. Con esto se consigue que el proceso que ejecuta el programa ls escriba sus datos de salida en la tubería, y el proceso que ejecuta el programa wc lea sus datos de la tubería.

El servicio dup de POSIX duplica un descriptor de fichero abierto. Su prototipo es:

```c
int dup(int fd);
```

El servicio dup duplica el descriptor de fichero fd. La llamada devuelve el nuevo descriptor de fichero. Este descriptor de fichero referencia al mismo fichero al que referencia fd.

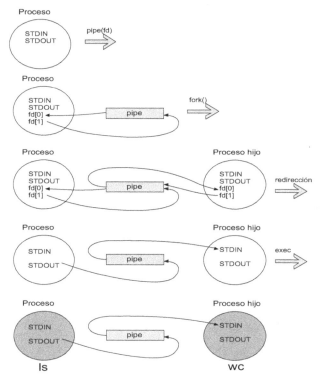

Figura 6.23 Ejecución de mandatos con tuberías en POSIX

6.6.2 Semáforos POSIX

Las operaciones `wait` y `signal` son dos operaciones genéricas que deben particularizarse en cada sistema operativo. A continuación, se presentan los servicios que ofrece el estándar POSIX para trabajar con semáforos.

En POSIX un semáforo se identifica mediante una variable del tipo `sem_t`. El estándar POSIX define dos tipos de semáforos:

- **Semáforos sin nombre**. Permiten sincronizar los *threads* que se ejecutan dentro de un mismo proceso, o los procesos que lo heredan a través de la llamada `fork`.
- **Semáforos con nombre**. En este caso el semáforo lleva asociado un nombre que sigue la convención de nombrado que se emplea para ficheros. Con este tipo de semáforos se pueden sincronizar procesos sin necesidad de que tengan que heredar el semáforo utilizando la llamada `fork`.

La diferencia que existe entre los semáforos con nombre y sin nombre es similar a la que existe entre las tuberías sin nombre y los FIFOS.

Los servicios POSIX para manejar semáforos son los siguientes:

```
int sem_init (sem_t *sem, int shared, int val);
```

Todos los semáforos en POSIX deben iniciarse antes de su uso. La función `sem_init` permite iniciar un semáforo sin nombre. Con este servicio se crea y se asigna un valor inicial a un semáforo sin nombre. El primer argumento identifica la variable de tipo semáforo que se quiere utilizar. El segundo argumento indica si el semáforo se puede utilizar para sincronizar *threads* o cualquier otro tipo de proceso. Si `shared` es 0, el semáforo sólo puede utilizarse entre los *threads* creados dentro del proceso que inicia el semáforo. Si `shared` es distinto de 0, entonces se puede utilizar para sincronizar procesos que lo hereden por medio de la llamada `fork`. El tercer argumento representa el valor que se asigna inicialmente al semáforo.

```
int sem_destroy (sem_t *sem)
```

Con este servicio se destruye un semáforo sin nombre previamente creado con la llamada `sem_init`.

```
sem_t *sem_open (char *name, int flag, mode_t mode, int val);
sem_t *sem_open(char *name, int flag);
```

El servicio `sem_open` permite crear o abrir un semáforo con nombre. La función que se utiliza para invocar este servicio admite dos modalidades según se utilice para crear el semáforo o simplemente abrir uno existente.

Un semáforo con nombre posee un nombre, un dueño y derechos de acceso similares a los de un fichero. El nombre de un semáforo es una cadena de caracteres que sigue la convención de nombrado de un fichero. La función `sem_open` establece una conexión entre un semáforo con nombre y una variable de tipo semáforo.

El valor del segundo argumento determina si la función `sem_open` accede a un semáforo previamente creado o si crea un nuevo. Un valor 0 en `flag` indica que se quiere utilizar un semáforo que ya ha sido creado, en este caso no es necesario los dos últimos parámetros de la función `sem_open`. Si `flag` tiene un valor `O_CREAT`, requiere los dos últimos argumentos de la función. El tercer parámetro especifica los permisos del semáforo que se va a crear, de la misma forma que ocurre en la llamada open para ficheros. El cuarto parámetro especifica el valor inicial del semáforo.

POSIX no requiere que los semáforos con nombre se correspondan con entradas de directorio en el sistema de ficheros, aunque sí pueden aparecer.

```
int sem_close (sem_t *sem);
```

Cierra un semáforo con nombre, rompiendo la asociación que tenía un proceso con un semáforo.

```
int sem_unlink (char *name);
```

Elimina del sistema un semáforo con nombre. Esta llamada pospone la destrucción del semáforo hasta que todos los procesos que lo estén utilizando lo hayan cerrado con la función `sem_close`.

```
int sem_wait (sem_t *sem);
```

La operación `wait` sobre un semáforo se consigue en POSIX con el siguiente anterior.

```
int sem_post (sem_t *sem);
```

Este servicio se corresponde con la operación `signal` sobre un semáforo. Todas las funciones que se han descrito devuelven un valor 0 si la función se ha ejecutado con éxito o -1 en caso de error. En este caso se almacena en la variable `errno` el código que identifica el error.

Productor-consumidor con semáforos

A continuación, se presenta la solución a un problema de tipo productor-consumidor utilizando semáforos POSIX y objetos de memoria compartida. El proceso productor genera números enteros. El consumidor consume estos números imprimiendo su valor por la salida estándar.

En este ejemplo se emplean procesos convencionales creados con la llamada fork. Dado que este tipo de procesos no comparten memoria de forma natural, es necesario crear y utilizar un segmento de memoria compartida. En este caso se va a utilizar un buffer que reside en un segmento de memoria compartida y semáforos con nombre.

En la solución propuesta el productor se va a encargar de:

- Crear los semáforos mediante el servicio sem_open.
- Crear la zona de memoria compartida mediante la llamada shm_open.
- Asignar espacio al segmento creado. Para ello se emplea el servicio ftruncate, que permite asignar espacio a un fichero o a un segmento de memoria compartida.
- Proyectar el segmento de memoria compartida sobre su espacio de direcciones utilizando la llamada mmap.
- Acceder a la región de memoria compartida para insertar los elementos que produce.
- Desproyectar la zona cuando ha finalizado su trabajo mediante el servicio munmap.
- Por último, este proceso se encarga de cerrar, mediante la llamada close, y destruir el objeto de memoria compartida previamente creado utilizando el servicio shm_unlink.

Los pasos que deberá realizar el proceso consumidor en la solución propuesta son los siguientes:

- Abrir los semáforos que se van a utilizar.
- Abrir el segmento de memoria compartida creada por el productor (shm_open). Esta operación debe realizarse una vez creada la región. En caso contrario la función shm_open devolvería un error.
- Proyectar la zona de memoria compartida en su espacio de direcciones (mmap).
- Acceder a la región de memoria compartida para eliminar los elementos de buffer.
- Desproyectar el segmento de memoria de su espacio de direcciones (munmap).
- Cerrar el objeto de memoria compartida (close).

El código a ejecutar por el proceso productor es el que se presenta en el programa 6.12.

Programa 6.12 Código del proceso productor utilizando objetos de memoria compartida y semáforos POSIX.

```
#include <sys/mmap.h>
#include <stdio.h>
#include <pthread.h>
#include <semaphore.h>

#define MAX_BUFFER      1024      /* tamaño del buffer */
#define DATOS_A_PRODUCIR   100000   /* datos a producir */

sem_t    *huecos;
sem_t    *elementos;
int *buffer;        /* puntero al buffer de números enteros */

int main(void){
    int shd;
```

```c
    /* se crean e inician  semáforos */
    huecos = sem_open("HUECOS", O_CREAT, 0700, MAX_BUFFER);
    elementos = sem_open("ELEMENTOS", O_CREAT, 0700, 0);

    if (huecos == -1 || elementos == -1) {
        perror("Error en sem_open");
        return 1;
    }

    /* se crea el segmento de memoria compartida utilizado como
        buffer circular */
    shd = shm_open("BUFFER", O_CREAT|O_WRONLY, 0700);
    if (shd == -1) {
        perror("Error en shm_open");
        return 1;
    }

    ftruncate(shd, MAX_BUFFER*sizeof(int));
    buffer = (int *)mmap(NULL, MAX_BUFFER*sizeof(int), PROT_WRITE,
                    MAP_SHARED, shd, 0);

    if (buffer == NULL) {
        perror("Error en mmap");
        return 1;
    }

    productor();  /* se ejecuta el código del productor */

    /* se desproyecta el buffer */
    munmap(buffer, MAX_BUFFER*sizeof(int));
    close(shd);
    shm_unlink("BUFFER");

    /* cierran y se destruyen los semáforos */
    sem_close(huecos);
    sem_close(elementos);
    sem_unlink("HUECOS");
    sem_unlink("ELEMENTOS");;
    return 0;
}

/* código del proceso productor */
void productor(void){
    int dato;      /* dato a producir */
    int posicion = 0;  /* posición donde insertar el elemento*/
    int j;

    for (j=0; j<DATOS_A_PRODUCIR; j++) {
        dato = j;
        sem_wait(huecos);                   /* un hueco menos */
```

```
            buffer[posicion]=dato;
            posicion=(posicion+1) % MAX_BUFFER; /* nueva posición */
            sem_post(elementos);              /* un elemento más */
        }


        return;
}
```

El proceso productor se encarga de crear una región de memoria compartida que denomina BUFFER. También crea los semáforos con nombre HUECOS y ELEMENTOS. Los permisos que asigna a la región de memoria compartida y a los semáforos vienen dados por el valor 0700, lo que significa que sólo los procesos que pertenezcan al mismo usuario del proceso que los creó podrán acceder a ellos para utilizarlos.

El código que ejecuta el proceso consumidor se muestra en el programa 6.13.

Programa 6.13 Código del proceso consumidor utilizando objetos de memoria compartida y semáforos POSIX.

```
#include <sys/mmap.h>
#include <stdio.h>
#include <pthread.h>
#include <semaphore.h>

#define MAX_BUFFER      1024      /* tamaño del buffer */
#define DATOS_A_PRODUCIR      100000    /* datos a producir */

sem_t      *huecos;
sem_t      *elementos;
int *buffer;  /* buffer de números enteros */

int main(void){
    int shd;

    /* se abren los semáforos */
    huecos = sem_open("HUECOS", 0);
    elementos = sem_open("ELEMENTOS", 0);
    if (huecos == -1 || elementos == -1) {
        perror("Error en sem_open");
        return 1;
    }

    /* se abre el segmento de memoria compartida utilizado como
        buffer circular */
    shd = shm_open("BUFFER", O_RDONLY);
    if (shd == -1) {
        perror("Error en shm_open");
        return 1;
    }
    buffer = (int *)mmap(NULL, MAX_BUFFER*sizeof(int),
                    PROT_READ,MAP_SHARED, shd, 0);
```

```
    if (buffer == NULL) {
        perror("Error en mmap");
        return 1;
    }

    consumidor(); /* se ejecuta el código del consumidor */

    /* se desproyecta el buffer */
    munmap(buffer, MAX_BUFFER*sizeof(int));
    close(shd);

    /* se cierran semáforos */
    sem_close(huecos);
    sem_close(elementos);
    return 0;
}

/* código del proceso productor */
void consumidor(void){
    int dato;      /* dato a consumir */
    int posicion = 0;  /* posición del elemento a extraer */
    int j;

    for (j=0; j<DATOS_A_PRODUCIR; j++) {
        dato = j;
        sem_wait(elementos);          /* un elemento menos */
        dato = buffer[posicion];
        posicion=(posicion+1) % MAX_BUFFER; /* nueva posición */
        sem_post(huecos);                  /* un hueco más */
    }
    return;
}
```

6.6.3 Mutex y variables condicionales en POSIX

En esta sección se describen los servicios POSIX que permiten utilizar *mutex* y variables condicionales.

Para utilizar un *mutex* un programa debe declarar una variable de tipo `pthread_mutex_t` (definido en el fichero de cabecera `pthread.h`) e iniciarla antes de utilizarla.

```
int pthread_mutex_init (pthread_mutex_t *mutex,
                        pthread_mutexattr_t *attr);
```

Este servicio permite iniciar una variable de tipo *mutex*. El segundo argumento especifica los atributos con los que se crea el *mutex* inicialmente, en caso de que este segundo argumento sea NULL, se tomarán los atributos por defecto.

```
int pthread_mutex_destroy (pthread_mutex_t *mutex);
```

Permite destruir un objeto de tipo *mutex*.

```
int pthread_mutex_lock (pthread_mutex_t *mutex);
```

Este servicio se corresponde con la operación lock descrita en la sección 6.3.6. Esta función intenta obtener el *mutex*. Si el *mutex* ya se encuentra adquirido por otro *thread*, el *thread* que ejecuta la llamada se bloquea.

```
int pthread_mutex_unlock (pthread_mutex_t *mutex);
```

Este servicio se corresponde con la operación unlock y permite al *thread* que la ejecuta liberar el *mutex*.

```
int pthread_cond_init (pthread_cond_t *cond,
                                  pthread_condattr_t *attr);
```

Para emplear en un programa una variable condicional es necesario declarar una variable de tipo pthread_cond_t e iniciarla antes de usarla mediante el servicio pthread_cond_init. Este servicio inicia una variable de tipo condicional. El segundo argumento especifica los atributos con los que se crea inicialmente la variable condicional. Si el segundo argumento es NULL, la variable condicional toma los atributos por defecto.

```
int pthread_cond_destroy(pthread_cond_t *cond);
```

Permite destruir una variable de tipo condicional.

```
int pthread_cond_wait(pthread_cond_t *cond, pthread_mutex_t *mutex);
```

Este servicio se corresponde con la operación c_wait sobre una variable condicional. El servicio suspende al *thread* hasta que otro *thread* ejecute una operación c_signal sobre la variable condicional pasada como primer argumento. De forma atómica se libera el *mutex* pasado como segundo argumento. Cuando el *thread* se despierte volverá a competir por el *mutex*.

```
int pthread_cond_signal(pthread_cond_t *cond);
```

Este servicio se corresponde con la operación c_signal sobre una variable condicional. Se desbloquea a un *thread* suspendido en la variable condicional pasada como argumento a esta función. No tiene efecto si no hay ningún *thread* esperando sobre la variable condicional.

```
int pthread_cond_broadcast(pthread_cond_t *cond);
```

Permite desbloquear a todos los threads suspendidos en una variable condicional.

Productor-consumidor con mutex y variables condicionales

En esta sección se presenta una posible solución al problema del productor-consumidor con buffer acotado presentado en secciones pasadas, utilizando *mutex* y variables condicionales. En este problema el recurso compartido es el buffer y los *threads* deben acceder a él en exclusión mutua. Para ello se utiliza un *mutex* sobre el que los *threads* ejecutarán operaciones lock y unlock.

Hay dos situaciones en las que el *thread* productor y el consumidor no pueden continuar su ejecución, una vez que han comenzado la ejecución del código correspondiente a la sección crítica:

El productor no puede continuar cuando el buffer está lleno. Para que este *thread* pueda bloquearse es necesario que ejecute una operación c_wait sobre una variable condicional que se denomina lleno.

El *thread* consumidor debe bloquearse cuando el buffer se encuentra vacío. En este caso se utilizará una variable condicional que se denomina vacío.

Para que ambos *threads* puedan sincronizarse correctamente, es necesario que ambos conozcan el número de elementos que hay en el buffer. Cuando el número de elementos es 0, el *thread* consumidor deberá bloquearse. Por su parte, cuando el número de elementos coincide con el tamaño del buffer, el *thread* productor deberá bloquearse. La variable n_elementos se utiliza para conocer el número de elementos insertados en el buffer.

El programa 6.14 presenta la solución a este problema empleando *mutex* y variables condicionales.

Programa 6.14 Productor-consumidor utilizando *mutex* y variables condicionales.

```c
#include <pthread.h>
#include <stdio.h>

#define MAX_BUFFER      1024      /* tamaño del buffer */
#define DATOS_A_PRODUCIR    100000    /* datos a producir */

/* mutex para controlar el acceso al buffer compartido */
pthread_mutex_t mutex;

pthread_cond_t lleno;       /* esperar si lleno */
pthread_cond_t vacio;       /* espera si vacío */
int n_elementos=0           /* número de elementos en el buffer */
int buffer[MAX_BUFFER];        /* buffer común */

int main(int argc, char *argv[]){

    pthread_t th1, th2;

    pthread_mutex_init(&mutex, NULL);
    pthread_cond_init(&lleno, NULL);
    pthread_cond_init(&vacio, NULL);

    pthread_create(&th1, NULL, Productor, NULL);
    pthread_create(&th2, NULL, Consumidor, NULL);

    pthread_join(th1, NULL);
    pthread_join(th2, NULL);

    pthread_mutex_destroy(&mutex);
    pthread_cond_destroy(&lleno);
    pthread_cond_destroy(&vacio);
    return 0;
```

```
}

/* código del productor */
void Productor(void) {
    int dato, i ,pos = 0;

    for(i=0; i<DATOS_A_PRODUCIR; i++ ) {
        dato = i;      /* producir dato */
        pthread_mutex_lock(&mutex);  /* acceder al buffer */

        /* si buffer llenose bloquea +/
        while (n_elementos == MAX_BUFFER)
            pthread_cond_wait(&lleno, &mutex);

        buffer[pos] = i;
        pos = (pos + 1) % MAX_BUFFER;
        n_elementos = n_elementos + 1;

        if (n_elementos == 1)
            pthread_cond_signal(&vacio); /* buffer no vacío */
        pthread_mutex_unlock(&mutex);
    }
    pthread_exit(0);
}

/* código del consumidor */
void Consumidor(void)  {
    int dato, i ,pos = 0;

    for(i=0; i<DATOS_A_PRODUCIR; i++ ) {
        pthread_mutex_lock(&mutex);  /* acceder al buffer */

        /* si buffer vacío se bloquea */
        while (n_elementos == 0)
            pthread_cond_wait(&vacio, &mutex);

        dato = buffer[pos];
        pos = (pos + 1) % MAX_BUFFER;
        n_elementos = n_elementos - 1;

        if (n_elementos == MAX_BUFFER - 1);
            pthread_cond_signal(&lleno); /* buffer no lleno */
        pthread_mutex_unlock(&mutex);

        printf("Consume %d \n", dato);    /* consume dato */
    }
    pthread_exit(0);
}
```

El *thread* productor evalúa la condición `n_elementos == MAX_BUFFER` para determinar si el buffer está lleno. En caso de que sea así se bloquea ejecutando la función `pthread_cond_wait` sobre la variable condicional lleno.

Por su parte, el *thread* consumidor evalúa la condición `n_elementos == 0` para determinar si el buffer está vacío. En dicho caso se bloquea en la variable condicional `vacio`.

Cuando el productor inserta un primer elemento en el buffer, el consumidor podrá continuar en caso de que estuviera bloqueado en la variable `vacio`. Para despertar al *thread* consumidor el productor ejecuta el siguiente fragmento de código:

```
if (n_elementos == 1)
    pthread_cond_signal(&vacio); /* buffer no vacío */
```

Cuando el *thread* consumidor elimina un elemento del buffer y éste deja de estar lleno, despierta al *thread* productor en caso de que estuviera bloqueado en la variable condicional `lleno`. Para ello el *thread* consumidor ejecuta:

```
pos = (pos + 1) % MAX_BUFFER;
n_elementos --;
if (n_elementos == MAX_BUFFER - 1);
    pthread_cond_signal(&lleno); /* buffer no lleno */
```

Recuérdese que cuando un *thread* se despierta de la operación `pthread_cond_wait` vuelve de nuevo a competir por el *mutex*, por tanto, mientras el *thread* que le ha despertado no abandone la sección crítica y libere el *mutex* no podrá acceder a ella.

Lectores escritores con mutex y variables condicionales

En esta sección se presenta una posible solución al problema de los lectores escritores empleando mutex y variables condicionales. La solución propuesta para este problema es similar a la descrita en el programa 6.4 presentado anteriormente. Se va a utilizar un mutex denomina `mutex_recurso` que se va a utilizar proteger el acceso al recurso compartido. El programa 6.15 muestra una posible solución a este problema utilizando servicios POSIX.

Programa 6.15 Estructura de los procesos lectores y escritores utilizando mutex y variables condicionales POSIX.

```
#include <pthread.h>
#include <stdio.h>

/* mutex para controlar el acceso al buffer compartido */
pthread_mutex_t mutex_recurso;
int  recurso = 5;   /* recurso compartido */

/*   mutex y variables condicionales para gestionar el acceso
       por parte de los lectores */
int n_lectores = 0;     /* número de lectores */
pthread_mutex_t     mutex_lectores;
pthread_cond_t      cond_lectores;
pthread_t       primer_lector;

void Lector(void);
```

```c
void Escritor(void);

int main(int argc, char *argv[]){

        pthread_t th1, th2;

        pthread_mutex_init(&mutex_recurso, NULL);
        pthread_mutex_init(&mutex_lectores, NULL);
        pthread_cond_init(&cond_lectores, NULL);


        pthread_create(&th1, NULL, Lector, NULL);
        pthread_create(&th2, NULL, Escritor, NULL);

        pthread_join(th1, NULL);
        pthread_join(th2, NULL);

        pthread_mutex_destroy(&mutex_recurso);
        pthread_mutex_destroy(&mutex_lectores);
        pthread_cond_destroy(&cond_lectores);

        return 0;
}

void Lector(void) {
        while (1) {
                pthread_mutex_lock(&mutex_lectores);
                n_lectores = n_lectores + 1;
                if (n_lectores == 1){
                        pthread_mutex_lock(&mutex_recurso);
                        primer_lector = pthread_self();
                }
                pthread_mutex_unlock(&mutex_lectores);


                /* consultar el recurso compartido */
                printf("El dato es %d\n", recurso);

                pthread_mutex_lock(&mutex_lectores);
                n_lectores = n_lectores - 1;
                if (primer_lector == pthread_self()) {
                        while (n_lectores >0)
                                pthread_cond_wait(&cond_lectores,
                                                &mutex_lectores);

                        pthread_mutex_unlock(&mutex_recurso);
                }
                else {
                        pthread_cond_signal(&cond_lectores);
                }
```

```
        pthread_mutex_unlock(&mutex_lectores);

    }

}

void Escritor(void){
    while (1) {
        pthread_mutex_lock(&mutex_recurso);
        /* se puede modificar el recurso */
        recurso = 8;
        pthread_mutex_unlock(&mutex_recurso);
    }
}
```

En esta solución el mutex `mutex_recurso` se utiliza para asegurar la exclusión mutua en el acceso al dato a compartir.

La variable `n_lectores` se utiliza para representar el número de procesos lectores que se encuentran accediendo de forma simultánea al recurso compartido. A esta variable acceden los procesos lectores en exclusión mutua utilizando el mutex `mutex_lectores`. De esta forma se consigue que sólo un proceso lector modifique el valor de la variable `n_lectores`.

El primer proceso lector será el encargado de solicitar el acceso al recurso compartido ejecutando la operación `pthread_mutex_lock` sobre el mutex `mutex_recurso`. El resto de procesos lectores que quieran acceder mientras este mutex esté bloqueado podrán hacerlo sin necesidad de solicitar el acceso al recurso compartido de nuevo. La variable `primer_lector` se utiliza para conocer el identificador del *thread* asociado al primer lector que ejecuta la operación `pthread_mutex_lock` sobre la variable `mutex_recurso`. Es necesario conocer este identificador puesto que el *thread* que tiene que ejecutar la operación `pthread_mutex_unlock` sobre el mutex anterior tiene que ser el *thread* que ejecutó la operación `lock`.

Cuando el *thread* lector que ejecutó la operación `lock` desea abandonar la lectura del dato, espera hasta que todos los demás *threads* lectores hayan acabado, ejecutando para ello:

```
while (n_lectores >0)
    pthread_cond_wait(&cond_lectores, &mutex_lectores);
```

Cuando ya no queden más procesos lectores, ejecutará la operación `unlock` sobre `mutex_recurso`.

Esta solución, al igual que la solución presentada para semáforos, permite resolver el problema de los lectores escritores pero concede prioridad a los procesos lectores. Siempre que haya un proceso lector consultado el valor del recurso, cualquier proceso lector podrá acceder sin necesidad de solicitar el acceso. Sin embargo, los procesos escritores deberán esperar hasta que haya abandonado la consulta el último lector.

6.6.4   Colas de mensajes en POSIX

Las colas de mensajes POSIX son un mecanismo de comunicación y sincronización que pueden utilizar los procesos que ejecutan en la misma máquina, bien sea un multiprocesador o un multicomputador.

Una cola de mensajes en POSIX lleva asociado un nombre local que sigue la convención de nombrado de los ficheros. Cualquier proceso que conozca el nombre de una cola y tenga derechos de acceso sobre ella podrá enviar o recibir mensajes de dicha cola. Una cola se identifica en POSIX mediante una variable de tipo `mqd_t` (incluida en el fichero de cabecera `mqueue.h`). A continuación, se presentan los servicios que ofrece POSIX para la utilización de colas de mensajes.

```
mqd_t mq_open (char *name, int flag, mode_t mode,
                              struct mq_attr *attr);
mqd_t mq_open (char *name, int flag);
```

Permite crear o abrir una cola de mensajes. Existen dos modalidades con las que se puede invocar a esta función según se quiera crear o simplemente abrir una cola ya existente. El primer argumento especifica el nombre de la cola que se quiere abrir o crear. Como se dijo anteriormente este nombre sigue la convención de nombrado de los ficheros. El valor del segundo argumento determina si la cola se quiere crear o abrir. Si este argumento incluye el valor O_CREAT se indica que la cola se quiere crear, en caso contrario se desea abrir una cola ya existente. Además, este segundo argumento debe indicar el modo en el que se quiere acceder a la cola de mensajes:

- O_RDONLY, indica que se podrán recibir mensajes de la cola, pero no enviar.
- O_WRONLY, permite enviar mensajes a la cola, pero no recibirlos.
- O_RDWR, permite enviar y recibir mensajes de la cola.
- O_NONBLOCK, permite especificar si las operaciones send y receive sobre una cola serán bloqueantes o no.

En caso de que se desee crear la cola son necesarios los dos últimos argumentos de esta función. El tercer argumento indica los permisos con los que se crea la cola. El último argumento indica los atributos con los que se crea la cola. Los atributos asociados a una cola se establecen con una variable de tipo mq_attr, que es una estructura con los siguientes campos:

- mq_msgsize, especifica el tamaño máximo de un mensaje almacenado en la cola.
- mq_maxmsg, indica el número de mensajes que se pueden almacenar en la cola.

La función mq_open devuelve un descriptor de cola de mensaje de tipo mqd_t que se puede emplear en las siguientes funciones o -1 en caso de error.

```
int mq_close (mqd_t mqdes);
```

Cierra una cola de mensajes previamente abierta.

```
int mq_unlink (char *name);
```

Borra una cola de mensajes.

```
int mq_send (mqd_t mqdes, char *msg, size_t len, int prio);
```

Envía el mensaje apuntado por el segundo argumento a la cola de mensajes que se especifica como primer argumento de la función. El tercer argumento indica la longitud de mensaje que se envía. Si la cola se creó sin el valor O_NONBLOCK, una llamada a esta función bloqueará al proceso que la ejecuta si la cola de mensajes se encuentra llena. Si la cola se creó con el valor O_NONBLOCK, el proceso no se bloqueará cuando la cola se encuentre llena, devolviendo un error (un valor -1).

El cuarto argumento especifica la prioridad con la que se envía el mensaje. Los mensajes se insertan en la cola según su prioridad, el primer mensaje será el de mayor prioridad.

```
int mq_receive (mqd_t mqdes, char *msg, size_t len, int *prio);
```

Permite recibir un mensaje de una cola de mensajes. El mensaje se almacena en la dirección pasada como segundo argumento. El tercer argumento indica el tamaño del mensaje que se desea recibir. La función mq_receive siempre extrae de la cola el mensaje de mayor prioridad, y esta prioridad se almacena en el cuarto argumento si éste es distinto de NULL. La función devuelve el tamaño del mensaje que se extrae de la cola.

Si la cola se creó sin el valor O_NONBLOCK, la llamada bloqueará al proceso si la cola está vacía. En caso contrario la función no bloquea al proceso y la llamada devuelve un error.

La función mq_receive devuelve el tamaño del mensaje recibido o -1 en caso de error.

```
int mq_setattr(mqd_t mqdes, struct mq_attr *qstat,
                    struct mq_attr *oldmqstat);
```

Permite cambiar los atributos asociados a una cola de mensajes. Los nuevos atributos se pasan en el segundo argumento. Si el tercer argumento es distinto de NULL, entonces se almacenan en él los antiguos atributos asociados a la cola.

```
int mq_getattr(mqd_t mqdes, struct mq_attr *qstat);
```

Devuelve los atributos de una cola de mensajes. Esta llamada almacena en el segundo argumento los atributos asociados a una cola de mensajes.

Secciones críticas con colas de mensajes

La operación mq_receive sobre una cola de mensajes permite bloquear el proceso que la ejecuta cuando la cola de mensajes se encuentra vacía. Esta característica permite emplear las colas POSIX para resolver el problema de la sección crítica, de forma análoga a como se indicó en la sección 6.3.7.

En este ejemplo se crea una cola de mensajes con capacidad para almacenar un único mensaje que hará las funciones de testigo. Cuando un proceso quiere acceder al código de la sección crítica ejecutará la función mq_receive para extraer el mensaje que hace de testigo de la cola. Si la cola está vacía, el proceso se bloquea ya que en este caso el testigo lo posee otro proceso.

Cuando el proceso finaliza la ejecución del código de la sección crítica inserta de nuevo el mensaje en la cola mediante la operación mq_send.

Inicialmente alguno de los procesos que van a ejecutar el código de la sección crítica deberá crear la cola e insertar el testigo inicial ejecutando el siguiente fragmento de código:

```
mqd_t cola_mutex;        /* cola donde insertar el testigo */
struct mq_attr attr;     /* atributos asociados a la cola */
char testigo;        /* mensaje que hace de testigo */

attr.mq_maxmsg = 1;      /* número máximo de mensajes */
attr.mq_msgsize = 1;     /* tamaño del mensaje */

cola_mutex = mq_open("MUTEX", O_CREAT|O_RDWR, 0700, &attr);

/* inserta el primer mensaje que hace las veces de testigo */
mq_send(cola_mutex, &testigo, 1, 0);
```

Este proceso crea una cola denominada MUTEX. El resto de procesos deberán abrir esta cola para su utilización ejecutando el siguiente fragmento de código:

```
mqd_t cola_mutex;        /* se declara la cola */

cola_mutex = mq_open("MUTEX", O_RDWR);
```

Una vez que todos los procesos tienen acceso a la cola, sincronizan su acceso a la sección crítica ejecutando el siguiente fragmento de código:

```
mq_receive(cola_mutex, &testigo, 1, 0);
< código de la sección crítica >
mq_send(cola_mutex, &testigo, 1, 0);
```

De esta forma el primer proceso que ejecuta la operación mq_receive extrae el mensaje de la cola y la vacía, de tal manera que el resto de procesos se bloqueará hasta que de nuevo vuelva a haber un mensaje disponible en la cola. Este mensaje lo inserta el proceso que lo extrajo mediante la operación mq_send. De esta forma, alguno de los procesos bloqueados se despertará y volverá a extraer el mensaje de la cola vaciándola.

Productor-consumidor con colas de mensajes

A continuación, se presenta una posible solución al problema del productor-consumidor utilizando colas de mensajes. Esta solución vuelve a ser similar a la que se ha venido presentando en secciones anteriores.

En este ejemplo los datos que se producen y consumen son de tipo entero y se crea una cola de mensajes con capacidad para almacenar 1024 mensajes cada uno de ellos del tamaño necesario para representar un entero. Cuando el proceso productor produce un elemento, lo inserta en la cola de mensajes mediante la operación mq_send. Si la cola se encuentra llena esta operación bloquea al proceso productor.

Cuando el proceso consumidor desea procesar un nuevo elemento extrae de la cola de mensajes un nuevo dato mediante la operación mq_receive. Si la cola se encuentra vacía el proceso se bloquea hasta que el productor cree algún nuevo elemento. En el ejemplo que se presenta se deja al proceso productor la responsabilidad de crear la cola de mensajes.

El código del proceso productor es que el se muestra en el programa 6.15.

Programa 6.15 Proceso productor utilizando colas de mensajes POSIX.

```
#include <mqueue.h>
#include <stdio.h>
#define MAX_BUFFER      1024      /* tamaño del buffer */
#define DATOS_A_PRODUCIR    100000   /* datos a producir */


/*   cola de mensaje donde dejar los datos
     producidos y recoger los datos a consumir */
mqd_t almacen;

int main(void) {
    struct mq_attr attr;

    attr.mq_maxmsg = MAX_BUFFER;
    attr.mq_msgsize = sizeof(int);

    almacen = mq_open("ALMACEN", O_CREAT|O_WRONLY, 0700, &attr);
    if (almacen == -1){
        perror("mq_open");
        return 1;
```

```
        }
        Productor();
        mq_close(almacen);
        return 0;
}


/* código del productor */
void Productor(void){
    int dato;
    int i;

    for(i=0; i<DATOS_A_PRODUCIR; i++ )
    {
        /* producir dato */
        dato = i;
        if (mq_send(almacen, &dato, sizeof(int), 0) == -1) {
            perror("Error en mq_send");
            mq_close(almacen);
            exit(1);
        }
    }
    return;
}
```

El proceso consumidor debe ejecutar el código del programa 6.16.

Programa 6.16 Proceso consumidor utilizando colas de mensajes POSIX.

```
#include <mqueue.h>
#include <stdio.h>
#define MAX_BUFFER      1024      /* tamaño del buffer */
#define DATOS_A_PRODUCIR    100000   /* datos a producir */

mqd_t almacen;/* cola de mensaje donde dejar los datos
              producidos recoger los datos a consumir */

int main(void) {
    struct mq_attr attr;

    almacen = mq_open("ALMACEN", O_RDONLY);
    if (almacen == -1){
        perror("mq_open");
        return 1;
    }
    Consumidor();
    mq_close(almacen);
    return 0;
}
```

```
/* código del consumidor */

void Consumidor(void) {
    int dato;
    int i;

    for(i=0; i<DATOS_A_PRODUCIR; i++ )
    {
        /* recibir  dato */
        if (mq_receive(almacen, &dato, sizeof(int), 0) == -1) {
            perror("Error en mq_receive");
            mq_close(almacen);
            exit(1);
        }
        /* consumir el dato */
        printf("Dato consumido %d\n", dato);
    }

        return;
}
```

Servidor concurrente con colas de mensajes

En esta sección se presenta un ejemplo muy sencillo de aplicación cliente-servidor que emplea un servidor concurrente mediante *threads* para servir las peticiones de los procesos clientes. El modelo que sigue este servidor es el de un *thread* distribuidor. Los clientes solicitan dos tipos de operaciones a este servidor sumar y multiplicar dos números de tipo entero.

El empleo de un servidor mediante *threads* permite ofrecer servicio concurrente a los clientes. Para ello cada petición al *thread* distribuidor supone la creación de un *thread* que se encarga de satisfacer dicha petición. El *thread* se encontrará ligado al cliente durante todo el tiempo que dure la operación correspondiente, y se encargará de responder al *thread* cuando la operación haya concluido. Una vez ejecutada la petición el *thread* se destruye.

Con esta estructura mientras un *thread* está atendiendo a un cliente, el proceso servidor puede ejecutar de forma concurrente y esperar la recepción de nuevas peticiones por parte de otros clientes, lo que permite que dentro del servidor se puedan servir de forma concurrente peticiones de diferentes clientes. En la Figura 6.24 se representa de forma gráfica el funcionamiento de este tipo de servidores.

El mensaje que envían los procesos clientes al servidor en nuestro caso concreto viene determinado por la siguiente estructura:

```
struct peticion {
    int operacion;
    int operando_A;
    int operando_B;
    char cliente[256];
};
```

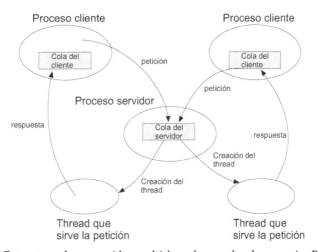

Figura 6.24 Estructura de un servidor multithread con colas de mensajes POSIX

Donde operación determina si se va a realizar la suma o la multiplicación de los números representados por `operando_A` y `operando_B`. El último campo de esta estructura representa el nombre de la cola del cliente a la que el servidor debe enviar el resultado. Las dos operaciones posibles vienen determinadas por las siguientes constantes:

```
#define SUMA     0
#define PRODUCTO    1
```

Tanto la estructura anterior como las dos constantes anteriores, se pueden incluir en un fichero de cabecera, que se denomina `mensaje.h`.

Una vez calculado el resultado el *thread* encargado de satisfacer la petición de un cliente envía a la cola de mensajes asociado al cliente el resultado de la operación.

El programa 6.17 presenta el código del proceso servidor.

Programa 6.17 Código del proceso servidor.

```
#include "mensaje.h"
#include <mqueue.h>
#include <pthread.h>
#include <stdio.h>

/* mutex y variables condicionales para proteger la copia  del mensaje*/
pthread_mutex_t mutex_mensaje;
int mensaje_no_copiado = TRUE;   /* TRUE con valor a 1 */
pthread_cond_t cond_mensaje;

int main(void)
{
    mqd_t q_servidor;            /* cola del servidor */
    struct peticion mess;        /* mensaje a recibir */
    struct mq_attr q_attr;       /* atributos de la cola */
    pthread_attr_t t_attr;       /* atributos de los threads */
```

```
    attr.mq_maxmsg = 20;
    attr.mq_msgsize = sizeof(struct peticion));

    q_servidor = mq_open("SERVIDOR", O_CREAT|O_RDONLY, 0700,&attr);
    if (q_servidor == -1) {
        perror("No se puede crear la cola de servidor");
        return 1;
    }
    pthread_mutex_init(&mutex_mensaje, NULL);
    pthread_cond_init(&cond_mensaje, NULL);
    pthread_attr_init(&attr);

    /* atributos de los threads */
    pthread_attr_setdetachstate(&attr, PTHREAD_CREATE_DETACHED);

    while (TRUE) {
        mq_receive(q_servidor, &mess, sizeof(struct mensaje), 0);

        pthread_create(&thid, &attr, tratar_mensaje, &mess);
        /* se espera a que el thread copie el mensaje */
        pthread_mutex_lock(&mutex_mensaje);
        while (mensaje_no_copiado)
            pthread_cond_wait(&cond_mensaje, &mutex_mensaje);
        mensaje_no_copiado = TRUE;
        pthread_mutex_unlock(&mutex_mensaje);
    }
}

void tratar_mensaje(struct mensaje *mes){
    struct peticion mensaje;     /* mensaje local */
    struct mqd_t q_cliente;      /* cola del cliente */
    int resultado;              /* resultado de la operación */

    /* el thread copia el mensaje a un mensaje local */
    pthread_mutex_lock(&mutex_mensaje);
    memcpy((char *)&mensaje,(char *)&mes, sizeof(struct peticion));

    /* ya se puede despertar al servidor*/
    mensaje_no_copiado = FALSE;        /* FALSE con valor 0 */
    pthread_cond_signal(&cond_mensaje);
    pthread_mutex_unlock(&mutex_mensaje);

    /* ejecutar la petición del cliente y preparar respuesta */
    if (mensaje.operacion == SUMA)
        resultado = mensaje_local.operando_A +
                    mensaje_local.operando_B;
    else
        resultado = mensaje_local.operando_A *
                    mensaje_local.operando_B;
```

```
/* Se devuelve el resultado al cliente */
/* Para ello se envía el resultado a su cola */
q_cliente = mq_open(mensaje_local.nombre, O_WRONLY);

if (q_cliente == -1)
    perror("No se puede abrir la cola del cliente */
else {
    mqsend(q_cliente, (char *) &resultado, sizeof(int), 0);
    mq_close(q_cliente);
}
pthread_exit(0);
}
```

El servidor crea la cola donde los clientes van a enviar las peticiones y a continuación entra en un bucle infinito esperando peticiones de los clientes. Cada vez que llega una petición, se crea un *thread* al que se le pasa como parámetro la dirección de memoria donde reside el mensaje recibido, el cual incluye la petición que ha elaborado el cliente.

Llegados a este punto el *thread* principal no puede esperar la recepción de otro mensaje hasta que el *thread* que se ha creado copie el mensaje en un mensaje local. Si esto no se hiciera, el *thread* principal podría sobrescribir el mensaje mess modificando de igual forma el mensaje que se ha pasado al *thread* encargado de satisfacer la petición, lo que provocaría resultados erróneos. Para conseguir esto, el *thread* principal debe bloquearse hasta que el *thread* encargado de ejecutar la petición del cliente haya copiado el mensaje pasado como argumento. Una vez que este *thread* ha copiado el mensaje despierta al *thread* distribuidor para que continúe la recepción de nuevas peticiones.

Para conseguir esta correcta sincronización se utiliza la variable de tipo *mutex* mutex_mensaje, la variable condicional cond_mensaje, y la variable no_copiado utilizada como predicado lógico sobre la cual realizar la espera en el *thread* principal. En la Figura 6.25 se representa el proceso que se ha descrito.

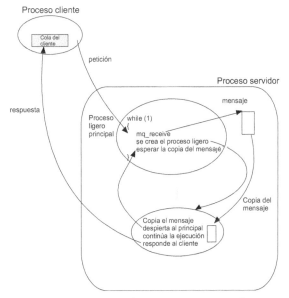

Figura 6.25 Estructura del proceso servidor

Una vez que el *thread* creado ha copiado el mensaje en uno local, se encarga de satisfacer la petición y devolver los resultados a la cola del cliente, cuyo nombre envía el cliente que ha efectuado la petición en el mensaje.

El código del proceso cliente que quiere realizar una suma se muestra en el programa 6.18.

Programa 6.18 Código del proceso cliente.

```c
#include <mensaje.h>
#include <pthread.h>
#include <mqueue.h>
#include <stdio.h>

int main(void)
{
    mqd_t q_servidor;           /* cola del servidor */
    struct peticion mess;       /* mensaje a enviar */
    mqd_t l_cliente;            /* cola del cliente */
    struct mq_attr q_attr;      /* atributos de la cola del */
    char cliente[256];      /* nombre de la cola cliente */
    int resultado;          /* resultado de la operación */

    attr.mq_maxmsg = 1;
    attr.mq_msgsize = sizeof(struct peticion));

    /* se asigna un nombre a la cola cliente en función de
        su identificador de proceso */
    sprintf(cliente, "CLIENTE%d", getpid());
    q_cliente = mq_open(cliente, O_CREAT|O_RDONLY, 0700, &attr);
    if (q_cliente == -1) {
        perror("No se puede crear la cola del cliente");
        return 1;
    }

    /* se abre la cola del servidor */
    q_servidor = mq_open("SERVIDOR", O_WRONLY, 0700, &attr);
    if (q_servidor == -1) {
        perror("No se puede abrir la cola del cliente");
        return 1;
    }

    /* se rellena el mensaje de petición */
    mess.operacion = SUMA;
    mess.operando_A = 1000;
    mess.operando_B = 4000;
    strcpy(mess.cliente, cliente);

    mq_send(q_servidor,(char *)&mess,sizeof(struct peticicion), 0);
    /* se espera la respuesta del servidor */
    mq_receive(q_cliente, (char *)&resultado, sizeof(int), 0);
```

```
    printf("El resultado es %d\n", resultado);

    mq_close(q_servidor);
    mq_close(q_cliente);
    mq_unlink(cliente);
    return 0;
}
```

El código del proceso cliente es mucho más sencillo, simplemente se encarga de crear su cola de mensajes, a la que asigna un nombre que incluye la cadena de caracteres CLIENTE seguido del identificador de proceso del proceso cliente. A continuación, se abre la cola del proceso servidor y se envía a dicha cola la petición. Una vez enviada la petición, el proceso cliente se bloquea en la operación mq_receive hasta que llega la respuesta del servidor.

La Tabla 6.1 recoge las principales características de los mecanismos de comunicación de POSIX y la Tabla 6.2 las principales características de los mecanismos de sincronización de POSIX.

Tabla 6.1 Características de los mecanismos de comunicación de POSIX

Mecanismo	Nombrado	Identificador	Almacenamiento	Flujo de datos
Tubería	Sin nombre Con nombre	Descriptor de fichero	Sí	Unidireccional
Cola de mensajes	Con nombre	Descripror propio	Sí	Bidireccional

Tabla 6.2 Características de los mecanismos de sincronización de POSIX.

Mecanismo	Nombrado	Identificador
Tuberías	Sin nombre Con nombre	Descriptor de fichero
Semáforos	Sin nombre Con nombre	Variable de tipo semáforo
Mutex y variables condicionales	Sin nombre	Variable de tipo mutex y condicional
Cola de mensajes	Con nombre	Descriptor propio

6.7   Lecturas recomendadas

El tema de la comunicación y sincronización entre procesos se analiza en multitud de libros. Uno de los primeros en tratar los algoritmos para resolver el problema de la exclusión mutua fue Dijkstra [Dijkstra 1965]. En [Ben Ari 1990] se realiza un estudio sobre la concurrencia de procesos y lor mecanismos de comunicación y sincronización. El estudio de la comunicación y sincronización entre procesos puede completarse también en [Stallings 2018] y [Silberschatz 2018]. En [Beck 1998], [Daniel 2005] y [Love 2005] se analiza los mecanismos de comunicación y sincronización en Linux, en [Solomon 2004] y se estudia la implementación en Windows NT y [McKusick 1996], [Bach 1986] [Mauro 2000] y la implementación en diversas versiones de UNIX.

6.8   Ejercicios

1. *Dos procesos se comunican a través de un fichero, de forma que uno escribe en el fichero y el otro lee del mismo. Para sincronizarse el proceso escritor envía una señal al lector. Proponga un esquema del código de ambos procesos. ¿Qué problema plantea la solución anterior?*

2. *El siguiente fragmento de código intenta resolver el problema de la sección crítica para dos procesos*

```
        P0 y P1.
        while (turno != i)
```

```
              ;
          SECCIÓN CRÍTICA;
          turno = j;
```

La variable `turno` *tiene valor inicial 0. La variable i vale 0 en el proceso P0 y 1 en el proceso P1.   La variable j vale 1 en el proceso P0 y 0 en el proceso P1. ¿Resuelve este código el problema de la sección crítica?*

3. *¿Cómo podría implementarse un semáforo utilizando una tubería?*

4. *Un semáforo binario es un semáforo cuyo valor sólo puede ser 0 ó -1. Indique cómo puede implementarse un semáforo general utilizando semáforos binarios.*

5. *Suponga un sistema que no dispone de mutex y variables condicionales. Muestre cómo pueden implementarse éstos utilizando semáforos.*

6. *Considérese un sistema en el que existe un proceso agente y tres procesos fumadores. Cada fumador está continuamente liando un cigarrillo y fumándolo. Para fumar un cigarrillo son necesarios tres ingredientes: papel, tabaco y cerillas. Cada fumador tiene reserva de un solo ingrediente distinto de los otros dos. El agente tiene infinita reserva de los otros tres ingredientes, poniendo cada vez dos de ellos sobre la mesa. De esta forma, el fumador con el tercer ingrediente puede liar el cigarrillo y fumárselo, indicando al agente cuando ha terminado, momento en que el agente pone en la mesa otro par de ingredientes y continúa el ciclo.*

7. *Escribir un programa que sincronice al agente y a los tres fumadores utilizando semáforos.*

8. *Resolver el mismo problema utilizando mensajes.*

9. *Modifique el programa 6.4 de manera que sean los escritores los procesos prioritarios.*

10. *Muestre cómo podrían implementarse los semáforos con nombre de POSIX en un sistema que no dispone de ellos pero sí dispone de colas de mensajes.*

11. *Resuelva el problema de los lectores-escritores utilizando las colas de mensajes de POSIX.*

12. *Una barbería está compuesta por una sala de espera, con n sillas, y la sala del barbero, que dispone de un sillón para el cliente que está siendo atendido. Las condiciones de atención a los clientes son las siguientes:*

    - *Si no hay ningún cliente, el barbero se va a dormir.*

    - *Si entra un cliente en la barbería y todas las sillas están ocupadas, el cliente abandona la barbería.*

    - *Si hay sitio y el barbero está ocupado, se sienta en una silla libre.*

    - *Si el barbero estaba dormido, el cliente le despierta.*
    Escriba un programa, que coordine al barbero y a los clientes utilizando colas de mensajes POSIX para la comunicación entre procesos.

13. *Un puente es estrecho y sólo permite pasar vehículos en un sentido al mismo tiempo. El puente sólo permite pasar un coche al mismo tiempo. Si pasa un coche en un sentido y hay coches en el mismo sentido que quieren pasar, entonces estos tienen prioridad frente a los del otro sentido (si hubiera alguno esperando). Suponga que los coches son los procesos y el puente el recurso. El aspecto que tendrá un coche al pasar por el lado izquierdo del puente sería:*
    ```
    entrar_izquierdo , pasar puente, salir izquierdo
    ```

    y de igual forma con el derecho. Se pide escribir las rutinas `entrar_izquierdo` *y* `salir_izquierdo` *usando como mecanismos de sincronización los semáforos.*

14. *Resuelva el problema anterior utilizando mutex y variables condicionales.*

7. INTERBLOQUEOS

En un sistema informático se ejecutan de forma concurrente múltiples procesos que, normalmente, no son independientes, sino que compiten en el uso exclusivo de recursos y se comunican y sincronizan entre sí. El sistema operativo debe encargarse de asegurar que estas interacciones se llevan a cabo apropiadamente, proporcionando la sincronización requerida por las mismas, tal como se analiza en el capítulo dedicado a ese aspecto. Sin embargo, generalmente, no basta con esto. Las necesidades de algunos procesos pueden entrar en conflicto entre sí provocando que estos se bloqueen permanentemente. Esta situación se denomina interbloqueo (en inglés, se usa el término *deadlock*). En este capítulo se estudiará este problema y se analizarán sus posibles soluciones. Se trata de un problema general ya identificado en la década de los sesenta del siglo XX y estudiado ampliamente desde entonces. En el campo de los sistemas operativos, como se explicará en este capítulo, se han adoptado algunas de las soluciones ideadas en el ámbito teórico para evitar que aparezca este problema en el funcionamiento interno del propio sistema operativo. Sin embargo, aunque pueda parecer sorprendente *a priori*, por razones que se comprenderán a lo largo de este tema, no ha sido así para los servicios que ofrecen los sistemas operativos. La mayoría de los sistemas operativos actuales no aseguran de forma completa que los procesos que usan sus servicios no se vean afectados por esta patología.

El capítulo está concebido para permitir distintos recorridos dentro del mismo, que corresponden a diferentes perfiles de uso. Por un lado, cubre, evidentemente, los requisitos de cualquier curso de sistemas operativos convencional. Sin embargo, también incluye aquellos aspectos teóricos más sofisticados, aunque de limitada aplicación práctica en el campo de los sistemas operativos reales, que son objeto de estudio en los cursos avanzados de sistemas operativos y que pueden ser obviados por el lector no interesado en los mismos. Por último, en la parte final del tema, se analizan aspectos prácticos de interés tanto para los programadores del código interno del propio sistema operativo como para los desarrolladores de aplicaciones concurrentes. Con respecto a la organización del tema, en primer lugar, se presentará el problema de una manera informal, mostrando varios ejemplos del mismo, tanto procedentes del ámbito de la informática como de otros ajenos a la misma. Después de esta introducción, se definirá de manera formal el problema del interbloqueo y se planteará un modelo incremental que permitirá adaptarse a las necesidades de cada tipo de lector. A continuación, se estudiarán las tres estrategias usadas para tratarlos: la detección y recuperación, la prevención y la predicción. Por último, se analizará cómo manejan este problema internamente los sistemas operativos reales y se propondrán pautas a tener en cuenta a la hora de diseñar aplicaciones concurrentes que estén libres del mismo. Este desarrollo del tema se desglosa en las siguientes secciones:

- Los interbloqueos: una historia basada en hechos reales.
- Escenarios de interbloqueos en un sistema informático.
- Definición del interbloqueo y modelo del sistema.
- Tratamiento del interbloqueo.
- Detección y recuperación del interbloqueo.
- Prevención del interbloqueo.
- Predicción del interbloqueo.
- Tratamiento del interbloqueo en los sistemas operativos.
- Diseño de aplicaciones concurrentes libres de interbloqueos.

7.1   Una historia basada en hechos reales

El problema de los interbloqueos no se circunscribe únicamente al mundo de la informática, sino que aparece en muchos otros ámbitos, incluyendo el de la vida cotidiana. De hecho, algunos de los ejemplos utilizados por los investigadores en este tema están inspirados en situaciones cotidianas. Un ejemplo de ello es el conocido problema de los filósofos comensales, propuesto por Dijkstra en 1965, y ya estudiado en el capítulo dedicado a la comunicación y sincronización de procesos. En esta sección se presentará un ejemplo de interbloqueo extraído de la vida real para que sirva como una introducción intuitiva a este tema.

Uno de los ámbitos que proporciona más ejemplos es el del tráfico de vehículos. De hecho, uno de los objetivos de algunas señales de tráfico, e incluso de algunas normas de circulación, es resolver los posibles interbloqueos entre los vehículos. Nótese que, en este ámbito, el interbloqueo causaría la detención permanente de los vehículos implicados. Al fin y al cabo, un atasco de tráfico es un caso de interbloqueo.

Como ejemplo, considérese una carretera con dos sentidos de circulación que atraviesa un largo puente estrecho por el que solo cabe un vehículo. Como se aprecia en la Figura 7.1, el interbloqueo se produciría en el momento en el que dos vehículos atravesando de forma simultánea el puente en sentido contrario se encontraran el uno frente al otro sin posibilidad, por tanto, de continuar.

Figura 7.1 Atasco al cruzar un puente estrecho.

Nótese que cada vehículo posee un recurso (el tramo del puente que ya ha cruzado hasta el momento), pero necesita otro recurso (el tramo que le queda por cruzar) para terminar su labor (cruzar el puente). El interbloqueo surge debido a que se produce un conflicto entre las necesidades de los dos vehículos: el recurso que necesita cada vehículo lo posee el otro. Hay que resaltar que otros vehículos que intentaran cruzar el puente en ese momento en cualquiera de los dos sentidos se quedarían detenidos detrás de ellos, viéndose, en consecuencia, implicados también en el interbloqueo. Sobre este ejemplo, se puede plantear una primera idea general de cuáles son las posibles estrategias para tratar este problema:

- **Detección y recuperación.** En esta estrategia, se requiere algún elemento externo que actúe de detector del problema y gestor de este, que, en el ejemplo planteado, podría ser un agente de circulación. Una vez que el agente detecta la situación de interbloqueo, debe hacer que uno de los vehículos libere el recurso que posee para dejar que el otro lo utilice. Una posible recuperación de esta situación consistiría en seleccionar uno de los sentidos de circulación, y ordenar que el vehículo o vehículos detenidos en ese sentido dieran marcha atrás hasta el principio del puente, liberando así el paso en el otro sentido (se está suponiendo que un vehículo tiene capacidad para avanzar marcha atrás; si no fuera así, habría que tomar una acción más drástica como tirarlo al río que pasa por debajo del puente). El agente debería utilizar algún criterio para determinar qué vehículos deben retroceder. Para ello, se podrían tener en cuenta aspectos tan diversos como cuánta distancia ha recorrido cada vehículo dentro del puente, qué velocidad tiene cada vehículo, cuál de ellos tiene mayor prioridad (por ejemplo, en el caso de una ambulancia) o cuántos vehículos hay en cada sentido. Nótese que cada vehículo afectado incurriría en un gasto extra de combustible y de tiempo debido al primer intento frustrado de cruzar el puente, junto con el recorrido de vuelta hasta el principio del mismo. Esta estrategia, por tanto, tiene un carácter que se podría considerar destructivo, ya que se pierde parte del trabajo realizado por una entidad, e incurre en el coste asociado a la existencia de un elemento detector externo.

- **Prevención**. Suponga que, en el ejemplo, se instala un sistema de señalización basado en semáforos (reales, no informáticos, claro), que cambian su estado periódicamente, en cada entrada del puente, de manera que se imposibilita que haya simultáneamente vehículos en distintos sentidos dentro del puente. Esta estrategia preventiva no tiene el carácter destructivo de la anterior, ni requiere el uso de un elemento activo detector, pero puede implicar una infrautilización de los recursos. En el ejemplo planteado, puede ocurrir que el uso de semáforos haga que un vehículo tenga que detenerse a la entrada del puente, aunque este esté libre.

- **Predicción**. Un punto importante a resaltar en este ejemplo, y en general sobre los interbloqueos, es que, antes de producirse el interbloqueo propiamente dicho (los vehículos detenidos frente a frente), existe un "punto de no retorno", a partir del cual el interbloqueo es inevitable. En el ejemplo, habiendo uno o más vehículos atravesando el puente en un determinado sentido, el punto de no retorno ocurriría en el momento en que un vehículo entrase en el puente en sentido contrario. A partir de ese momento, tarde o temprano, se producirá un interbloqueo. Las estrategias basadas en la predicción evitan el interbloqueo asegurándose de que no se llega a este punto de no retorno. En el ejemplo, se podría usar para ello un sistema de semáforos inteligentes, de manera que, en vez de cambiar su estado de forma periódica, lo hagan según circulan los vehículos: estando los semáforos de ambas entradas en verde, cuando cruza un vehículo una de las entradas, se pondrá en rojo el semáforo de la otra. En principio, esta solución parece la panacea, ya que no conlleva infrautilización de recursos ni pérdida de trabajo. Sin embargo, como veremos más adelante, es la que menos se podrá aplicar al campo de los sistemas operativos, puesto que requiere que los procesos declaren por anticipado qué recursos van a usar (es como si, en el ejemplo, al iniciar un viaje, el conductor se viera obligado a declarar toda su ruta para así conocer *a priori* por qué puentes de un solo sentido va a pasar durante el trayecto).

Más adelante, se presentará un problema relacionado con el interbloqueo, el *livelock*, de una manera más formal, pero se considera conveniente introducirlo en este punto planteando un ejemplo cotidiano que permita desde el principio resaltar las similitudes y diferencias entre ambos problemas.

Considere que, como se muestra en la Figura 7.2, dos personas se cruzan por un pasillo donde hay sitio suficiente para pasar simultáneamente, pero, sin embargo, se encuentran una frente a otra, por lo que no pueden progresar. De forma natural, ambas personas intentarían moverse aleatoriamente hacia algún lado para evitar esa colisión. Sin embargo, podría ocurrir que ambas se desplazaran lateralmente de la misma forma, con lo que se repetiría el problema. Con muy mala suerte, estos reintentos podrían frustrarse repetidamente de manera que las dos personas nunca cruzarían el pasillo, aunque lo más probable es que en algún momento no haya colisión y puedan atravesarlo satisfactoriamente. Nótese que esta patología tiene similitudes con el interbloqueo, en el sentido de que hay entidades compitiendo por el uso exclusivo de recursos que se ven involucradas en una situación en la que no progresan. Sin embargo, la situación del interbloqueo es permanente, requiriendo siempre algún tipo de intervención externa, mientras que la del *livelock* no tiene por qué ser definitiva, pudiendo resolverse en cualquier reintento.

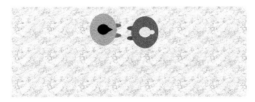

Figura 7.2 Conflicto al atravesar un pasillo.

7.2 Escenarios de interbloqueos

Como se ha podido apreciar en la sección anterior, un escenario donde pueden aparecer interbloqueos se caracteriza por la existencia de un conjunto de entidades activas (los vehículos) que realizan acciones (entrar y salir del puente) sobre un conjunto de recursos de uso exclusivo (el puente estrecho) para llevar a cabo su labor. De manera similar, en un sistema informático existirán estos mismos elementos:

- Las entidades activas, que corresponden a los procesos existentes en el sistema. Es importante resaltar que en un sistema operativo que proporcione *threads*, estos representarán las entidades activas, ya que son la unidad de ejecución del sistema. Sin embargo, hay que tener en cuenta que en un sistema existen otro tipo de actividades no vinculadas directamente con el código de los procesos que pueden verse involucradas en un interbloqueo, como, por ejemplo, la ejecución de la rutina de tratamiento de una interrupción. Por tanto, para generalizar, a lo largo del tema se usará el término "proceso" para referirse a cualquier flujo de ejecución o actividad que pueda verse implicada en un interbloqueo.
- Los recursos de uso exclusivo existentes en el sistema, que serán utilizados por los procesos para realizar su labor.
- Las acciones u operaciones que llevan a cabo los procesos sobre los recursos, que les permiten obtener y liberar dichos recursos.

A la hora de analizar el problema del interbloqueo y sus repercusiones, es conveniente, desde el principio, tener en cuenta los distintos contextos en los que puede aparecer, y la responsabilidad de su tratamiento en cada caso:

- Procesos independientes que compiten en el uso de recursos. En este caso, el único responsable de afrontar el problema será el sistema operativo. Por tanto, si se produce un interbloqueo, se deberá a que, ya sea por error o conscientemente, el sistema operativo ofrece unos servicios que no lo impiden.
- Procesos, o *threads*, cooperantes que forman parte de una misma aplicación concurrente. En este caso, el diseño de la aplicación debería haber tenido en cuenta este problema y su aparición es un error en el mismo.
- Ejecución concurrente del código del sistema operativo que realiza el tratamiento de las llamadas al sistema que realizan los procesos y las excepciones que estos provocan, así como el de las interrupciones generadas por los dispositivos. Un problema de interbloqueo en este contexto corresponde a un error en el diseño del sistema operativo.

Como se analizará en la parte final del capítulo, en todos estos ámbitos se aplicarán algunas de las estrategias que se irán presentando a lo largo del mismo. Sin embargo, habrá ciertos matices en cómo aplicarlas y en las repercusiones que tienen los interbloqueos en cada caso.

El objetivo de esta sección es introducir el problema del interbloqueo mostrando situaciones de muy diversas características donde puede aparecer esta patología. La colección de escenarios planteados va a permitir apreciar las peculiaridades con las que se presenta este problema y va a servir como una clasificación a la que se hará referencia en el resto del tema cuando se analicen los distintos tipos de soluciones y la aplicación de las mismas. Asimismo, en la parte final de la sección, como un escenario adicional, se introducirá de manera más formal el problema del *livelock*.

7.2.1 Interbloqueo entre procesos independientes

En este apartado se plantea un ejemplo que afecta a dos procesos independientes que utilizan dos recursos de uso exclusivo. Supóngase que existen dos procesos, P_1 y P_2, tal que ambos durante su ejecución necesitan utilizar una cinta (C) y una impresora (I), que son, por razones obvias, recursos de uso exclusivo. Estos procesos usarán operaciones que les permitan solicitar el uso exclusivo del recurso y liberarlo cuando ya no lo requieran. Considere, asimismo, que estos procesos se comportan según la siguiente traza de ejecución, en la que en algunos momentos solo requieren uno de los recursos, mientras que en otros instantes necesitan usar ambos:

Proceso P₁	**Proceso P₂**
Solicita(C)	**Solicita**(I)
Uso del recurso C	Uso del recurso I
Solicita(I)	**Solicita**(C)
Uso de ambos recursos	Uso de ambos recursos
Libera(I)	**Libera**(C)
Uso del recurso C	Uso del recurso I
Libera(C)	**Libera**(I)

Durante la ejecución de estos procesos en un sistema multiprogramado, se puede producir un interbloqueo, ya que se puede llegar a una situación en la que el primer proceso tiene asignada la cinta y está bloqueado esperando por la impresora, mientras que el segundo tiene la impresora, pero está esperando por la cinta. A continuación, se muestra un posible orden de ejecución de los procesos que produciría el interbloqueo:

1. P_1: Solicita(C)
2. P_2: Solicita(I)
3. P_2: Solicita(C)   → se bloquea puesto que el recurso no está disponible
4. P_1: Solicita(I)   → se bloquea por recurso no disponible: **hay interbloqueo**

En un sistema con un único procesador, este orden de ejecución entrelazado, característico de los interbloqueos, se debería a que se producen cambios de contexto en los instantes correspondientes. En un multiprocesador, podría ocurrir debido a que cada proceso ejecuta en un procesador diferente. De hecho, a este tipo de interbloqueos entre dos procesos se les suele denominar *ABBA* precisamente por ese orden de ejecución intercalado que los caracteriza.

Una manera de ilustrar este problema para el caso de solo dos procesos es usar un diagrama de la trayectoria de los mismos en el que se muestra gráficamente su ejecución como una línea que avanza hacia la derecha cuando ejecuta el primer proceso y hacia arriba cuando lo hace el segundo (en un multiprocesador podría avanzar de forma simultánea en ambos sentidos). En la Figura 7.3 se muestra con una línea continua gruesa la traza de ejecución de los dos procesos del ejemplo. En ella se puede identificar el interbloqueo como un círculo a partir del cual no es posible que progrese ningún proceso puesto que la trayectoria no puede avanzar ni hacia la derecha ni hacia arriba, al no poderse atravesar la zona sombreada que representa escenarios no factibles debido al uso exclusivo de los recursos.

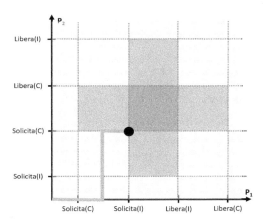

Figura 7.3 Diagrama de trayectoria de procesos con un interbloqueo.

Es interesante resaltar que no todos los posibles órdenes de ejecución de estos dos procesos causarían un interbloqueo. Así, por ejemplo, si el orden de ejecución fuera el siguiente:

1. P_1: Solicita(C)
2. P_1: Solicita(I)
3. P_2: Solicita(I)   → se bloquea puesto que el recurso no está disponible
4. P_1: Libera(I)   → se desbloquea P_2 puesto que el recurso ya está disponible
5. P_2: Solicita(C)   → se bloquea puesto que el recurso no está disponible
6. P_1: Libera(C)   → se desbloquea P_2 porque el recurso ya está disponible
7. P_2: Libera(C)
8. P_2: Libera(I)

Los dos procesos habrían terminado realizando su labor sin producirse interbloqueos. Nótese que hay que diferenciar claramente entre el bloqueo de un proceso debido a la falta de un recurso (como ocurre con P_2 en los pasos 3 y 5 anteriores), que terminará cuando dicho recurso esté disponible, y el interbloqueo, que implica el bloqueo permanente de los procesos involucrados. La Figura 7.4 muestra el diagrama de trayectoria de los procesos para esta traza de ejecución libre de interbloqueo.

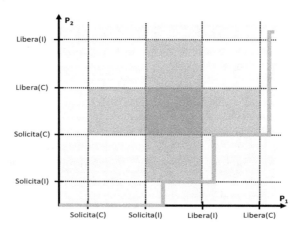

Figura 7.4 Diagrama de trayectoria de procesos libre de interbloqueo.

Es interesante resaltar ya desde el primer ejemplo dos aspectos que caracterizan a las situaciones donde pueden aparecer interbloqueos:

- Los procesos involucrados piden los recursos en un orden diferente. Evidentemente, este orden viene determinado por las necesidades de cada proceso.
- Los procesos requieren utilizar en algún punto de su ejecución varios recursos de carácter exclusivo simultáneamente.

Como se analizará más adelante, dado el carácter independiente de los procesos involucrados, el único responsable de tratar este problema es el sistema operativo.

7.2.2 Interbloqueo entre procesos o *threads* de la misma aplicación

A continuación, se plantea un ejemplo que se corresponde con un escenario donde los flujos de ejecución involucrados forman parte de una misma aplicación. Considere el siguiente programa con tres *threads* que usan tres cerrojos de tipo *mutex* para sincronizarse (en UNIX se usarían los servicios pthread_mutex_lock y pthread_mutex_unlock):

Thread P_1	Thread P_2	Thread P_3
lock(Ma)	**lock**(Mb)	**lock**(Mc)
tarea$_{11}$	tarea$_{21}$	tarea$_{31}$
lock(Mb)	**lock**(Mc)	**lock**(Ma)
tarea$_{12}$	tarea$_{22}$	tarea$_{32}$

unlock(Ma)	**unlock**(Mb)	**unlock**(Mc)
tarea$_{13}$	tarea$_{23}$	tarea$_{33}$
unlock(Mb)	**unlock**(Mc)	**unlock**(Ma)

El siguiente orden de solicitud de recursos causaría un interbloqueo que afectaría a los tres *threads*:

1. P_1: lock(Ma)
2. P_2: lock(Mb)
3. P_3: lock(Mc)
4. P_3: lock(Ma)   → se bloquea puesto que el recurso no está disponible
5. P_1: lock(Mb)   → se bloquea puesto que el recurso no está disponible
6. P_2: lock(Mc)   → se bloquea por recurso no disponible: **hay interbloqueo**

Es importante resaltar en el ejemplo que el primer *thread* requiere ejecutar tanto el código correspondiente a tarea$_{11}$ como a tarea$_{12}$ manteniendo todo ese tiempo la posesión del *mutex* Ma. No sería válida, por tanto, una solución que intente eliminar el interbloqueo haciendo que dicho *thread* perdiera momentáneamente la posesión de ese cerrojo al finalizar el primer fragmento de código para recuperarla inmediatamente justo antes de empezar el segundo.

En este tipo de escenarios, aunque el sistema operativo pueda ofrecer soporte para facilitar el tratamiento de este problema, la responsabilidad final corresponde a los desarrolladores del programa: el diseño de la aplicación debe tenerlo en cuenta y su aparición es un error en el mismo.

7.2.3   Interbloqueo con espera activa

En los ejemplos previos, los flujos de ejecución involucrados en un interbloqueo se quedaban bloqueados de forma permanente. Sin embargo, hay que remarcar que el hecho de que los procesos involucrados pasen a un estado de bloqueados no es un aspecto consustancial del interbloqueo, sino que también puede aparecer este problema en situaciones donde los procesos no se bloquean y usan espera activa para resolver los conflictos de acceso a los recursos.

Considere que, en el primer ejemplo planteado, la operación de petición de un recurso no es bloqueante y devuelve un valor de verdadero o falso dependiendo de si se ha podido asignar el recurso o no. En este caso, los procesos usarán un bucle de espera activa hasta que se les haya asignado el recurso solicitado:

Proceso P_1	**Proceso P_2**
while (**Solicita**(C)==false);	while (**Solicita**(I)==false);
Uso del recurso C	Uso del recurso I
while (**Solicita**(I)==false);	while (**Solicita**(C)==false);
Uso de ambos recursos	Uso de ambos recursos
Libera(I)	**Libera**(C)
Uso del recurso C	Uso del recurso I
Libera(C)	**Libera**(I)

A pesar de que los procesos no se bloquean, se puede dar la misma situación de interbloqueo que en el ejemplo bloqueante, pero encima con espera activa, que conlleva un gasto inútil del procesador:

1. P_1: Solicita(C)   → verdadero puesto que el recurso está disponible
2. P_2: Solicita(I)   → verdadero puesto que el recurso está disponible
3. P_2: Solicita(C)   → falso ya que el recurso no está disponible
4. P_1: Solicita(I)   → falso ya que el recurso no está disponible: **interbloqueo**

Así, en el segundo ejemplo, si se sustituye el uso de *mutex* por *spinlocks*, un mecanismo de sincronización similar pero que usa espera activa y se utiliza principalmente para la sincronización interna del sistema operativo (dentro del núcleo de Linux, correspondería a las funciones spin_lock y spin_unlock), se mantendrá la misma patología.

7.2.4　Auto-interbloqueo

El interbloqueo puede afectar a cualquier número de procesos, e incluso puede aparecer aunque solo intervenga uno. Suponga que un proceso que está en posesión de un cerrojo de tipo *mutex* vuelve, por error, a intentar adquirirlo:

```
Proceso P
lock(M)

........

lock(M)
```

En algunas implementaciones, el proceso se quedará en estado de interbloqueo (un auto-interbloqueo). Otras, sin embargo, detectarían este caso trivial de interbloqueo y devolverían un error en la segunda llamada. En principio, parecería que este escenario patológico es un error de programación obvio que es relativamente fácil de evitar. Sin embargo, hay que tener en cuenta que en una aplicación *multithread* de una cierta entidad, en la que participan varios programadores y se usan bibliotecas de terceros, es frecuente que puedan producirse errores en los que un *thread* que ya tiene asignado un *mutex*, invoque una función que, sin que el programador que desarrolló el código que realiza la llamada sea consciente de ello, vuelve a intentar establecerlo. Aunque la implementación detecte este problema y se evite el interbloqueo del *thread* consigo mismo, el funcionamiento de la aplicación puede ser erróneo.

Para entenderlo, vamos a suponer que en el programa existe una determinada función F que durante su ejecución usa un *mutex* M:

```
F() {
    ..........
    lock(M)
    ..........
    unlock(M)
    ..........
}
```

Si un *thread* que ya tiene asignado ese *mutex* invoca esta función, o bien entra en un interbloqueo, o bien se producirá un error en la llamada lock de la función, en caso de que la implementación compruebe ese interbloqueo trivial. En ese último caso, si el código de la función no comprueba el error devuelto por lock y prosigue su ejecución, la llamada unlock dentro de la función no fallará, sino que liberará el *mutex*, por lo que, al retornar de la función, el *thread* que la invocó ha perdido, erróneamente, el uso del *mutex*.

Los **mutex recursivos** resuelven este problema, ya que en este nuevo tipo de *mutex*, una llamada lock de un proceso que ya tiene asignado el *mutex* no lo bloquea ni devuelve un error, sino que, simplemente, actualiza un contador asociado al *mutex* que refleja cuántas veces ha solicitado adquirir ese *mutex* el proceso que lo tiene asignado. El *mutex* solo se liberará cuando se produzcan el mismo número de llamadas unlock de ese mismo proceso. Sin embargo, hay que resaltar que este tipo de *mutex* también tiene sus detractores porque, además de ser menos eficientes, hacen que el programador pierda el control del ámbito y duración de la posesión de un cerrojo.

7.2.5　Interbloqueo en el tratamiento de eventos asíncronos

Un escenario de interbloqueo especialmente interesante es el que aparece en el tratamiento de eventos asíncronos, como son las señales o, internamente, las interrupciones. Como bien es conocido, el uso de asincronía en cualquier ámbito de la informática plantea siempre retos complejos. En este escenario puede haber problemas de sincronización entre el flujo interrumpido y la rutina que trata el evento asíncrono si ambos flujos comparten información, ya sea directamente o a través del uso de una función común, y en la resolución de estos problemas de sincronización pueden aparecer situaciones de interbloqueo.

A continuación, se plantea un ejemplo de un interbloqueo vinculado con la recepción de una señal. Considérese un programa que utiliza una biblioteca que gestiona internamente un cerrojo de tipo *mutex* para asegurar la coherencia de sus datos internos cuando se usa en un entorno con múltiples *threads* (gracias al uso del *mutex*, múltiples *threads* pueden trabajar con una biblioteca que de por sí no sea reentrante). Suponga que tanto el *thread* principal del programa como la rutina de tratamiento de una señal invocan una determinada función de esa biblioteca:

```
Proceso                          Rutina de tratamiento de la señal

..........                       ..........
f();                             f();
..........                       ..........


f() {
    lock(M)
    tarea    ◄────── señal
    unlock(M)
    ........}
```

Si en el ejemplo se genera una señal que interrumpe la llamada a la función por parte del proceso cuando está en posesión del *mutex*, se producirá un interbloqueo. En el momento que la rutina de tratamiento de la señal invoque la función y esta intente solicitar ese mismo cerrojo, no podrá continuar al no estar disponible; pero, al bloquearse, detendrá también al proceso, que es el único que puede liberar ese recurso, por estar ejecutándose ambos flujos en el mismo contexto, quedándose bloqueados permanentemente.

Dependiendo de las características del sistema, en vez de un interbloqueo, el sistema podría haber devuelto un error en la solicitud del *mutex* desde la rutina de tratamiento de la señal, al considerarlo un auto-interbloqueo (el tratamiento de la señal ejecuta en el mismo contexto), lo cual no arreglaría el problema. Tampoco lo haría definir el *mutex* como recursivo, ya que, en ese caso, aunque no se produzca un interbloqueo ni falle ninguna solicitud, la función f se ejecutará de forma concurrente, para lo que no está diseñada.

En el ejemplo, el conflicto aparece debido a que la rutina de tratamiento de la señal usa, indirectamente, el mismo cerrojo de tipo *mutex* que el flujo del *thread* interrumpido. Sin embargo, puede haber escenarios de interbloqueo más complejos y sutiles donde no se dé esta circunstancia, como en el siguiente ejemplo, donde un programa usa dos bibliotecas, cada una protegida por su propio *mutex*, y cada *thread* es interrumpido por una señal cuya rutina de tratamiento no usa el mismo *mutex* que el flujo interrumpido:

```
Thread P₁                 Thread P₂                 Señal S₁

..........                ..........                ..........
f();                      g();                      g();
..........                ..........                ..........


f() {                     g() {                     Señal S₂
    lock(Ma)                  lock(Mb)              ..........
    tarea₁ ◄──── S1           tarea₂ ◄──── S2       f();
    unlock(Ma)                unlock(MB)            ..........
    ..........}               ..........}
```

Acto seguido, se muestra un posible orden de ejecución que causaría un interbloqueo de tipo ABBA:

1. P₁: lock(Ma)
2. P₂: lock(Mb)

3. S_2: `lock(Ma)` → se bloquea P_2 puesto que el recurso no está disponible
4. P_1: `tarea1`
5. S_1: `lock(Mb)` → se bloquea P_1 por recurso no disponible: **hay interbloqueo**

Nuevamente, en estos escenarios sería el desarrollador del programa el responsable de evitar este tipo de problemas.

7.2.6 Interbloqueo en la operación interna del sistema operativo

Un escenario crítico para el interbloqueo es cuando este se produce dentro del código del propio sistema operativo, puesto que puede afectar al buen funcionamiento de todo el sistema. El sistema operativo debe tratar eventos tales como llamadas a sistema, excepciones e interrupciones y en el tratamiento de los mismos puede surgir el temido interbloqueo.

Considere, por ejemplo, que, como es habitual, el sistema operativo ofrece una llamada al sistema que permite renombrar un fichero, moviéndolo de directorio si el cambio de nombre así lo requiere. Para asegurar la correcta sincronización en una llamada de esta índole, en caso de que se precise mover el fichero de directorio, hay que bloquear el acceso a los dos directorios involucrados (en caso contrario, podrían ocurrir situaciones patológicas como, por ejemplo, que una vez eliminado el fichero en el directorio origen, pero antes de darlo de alta en el destino, se cree una nueva entrada con el mismo nombre en ese segundo directorio):

```
renombrar(rutaPrevia, rutaNueva) {
    dirOrg = directorio padre de rutaPrevia
    dirDst = directorio padre de rutaNueva
    if (dirOrg != dirDst) {
        Bloquea acceso a dirOrg
        Bloquea acceso a dirDst
        Elimina entrada rutaPrevia de dirOrg
        Añade entrada rutaNueva en dirDst
        Desbloquea acceso a dirOrg
        Desbloquea acceso a dirDst
    }
    else .........
}
```

Suponga que dos procesos realizan las siguientes llamadas:

P1: **renombrar**(`"/dir1/fA", "/dir2/fB"`);

P2: **renombrar**(`"/dir2/fC", "/dir1/fD"`);

El siguiente orden de ejecución de las acciones internas asociadas a cada llamada causaría un interbloqueo que, además de los procesos que realizaron la llamada, bloquearía permanentemente el acceso a ambos directorios:

1. Llamada de P_1: Bloquea acceso a `"/dir1"`
2. Llamada de P_2: Bloquea acceso a `"/dir2"`
3. Llamada de P_2: Bloquea acceso a `"/dir1"` → se bloquea
4. Llamada de P_1: Bloquea acceso a `"/dir2"` → interbloqueo

Dentro del sistema operativo, también se producen escenarios de interbloqueos vinculados con el tratamiento de las interrupciones, que, dado su carácter asíncrono, presentan similitudes con los problemas analizados en el apartado anterior, y se estudiarán en la parte final del tema.

Evidentemente, en ese caso, el único responsable de evitar este problema es el equipo desarrollador del sistema operativo y la presencia del mismo es un error en su programación.

7.2.7 Interbloqueo por la competencia en el uso de un recurso

Este apartado presenta un escenario de interbloqueo un poco diferente a los mostrados previamente. En vez de estar directamente relacionado con problemas de sincronización, está vinculado con situaciones en las que se entra en conflicto a la hora de reservar de manera incremental unidades de un recurso limitado. Este escenario se caracteriza por lo siguiente:

- Existe un recurso del que se dispone de un número limitado de unidades (N).
- Cada proceso a lo largo de su vida irá reservando y liberando unidades según las vaya necesitando. Puntualmente, podría llegar a necesitar hasta un cierto número máximo de unidades (M, que, por simplificar, consideramos igual para todos los procesos y que, obviamente, debería ser menor o igual que N).
- Dado que los procesos solo requieren ocasionalmente usar ese número máximo de unidades, por economía, es conveniente que el número total de unidades disponibles sea inferior al máximo total requerido por todos los procesos existentes (si hay P procesos, P x $M > N$), para evitar que se infrautilicen las unidades de ese recurso. Esta condición refleja precisamente la esencia del sistema operativo: repartir un número limitado de recursos (procesadores, memoria, dispositivos, etc.) entre los procesos existentes. Asimismo, esta característica aparece también en otros contextos afines. Así, por ejemplo, en un entorno de virtualización, la suma total de la memoria física que creen manejar las distintas máquinas virtuales activas puede ser mayor que la cantidad de memoria física realmente existente (*memory overcommitment*).
- Si un proceso solicita unidades de un recurso y no están disponibles en ese momento, se bloqueará hasta que otro proceso las libere.

En un escenario con estas características se produciría un interbloqueo si se diese una situación en la que todos los procesos, teniendo ya asignadas algunas unidades del recurso, solicitaran unidades adicionales y ninguna petición pudiera satisfacerse. Es interesante resaltar dos aspectos de esta situación patológica:

- El interbloqueo se produce porque los procesos van reservando incrementalmente las unidades de los recursos según las van requiriendo: tienen ya asignado un conjunto de unidades, pero necesitan más. Si cada proceso solicitase de golpe el número máximo de unidades que puede necesitar, no podría darse el interbloqueo: algunos procesos obtendrían todo lo que requieren, mientras que otros se quedarían bloqueados, pero solo hasta que los primeros liberasen las unidades que poseen.
- No es necesario disponer del máximo número total de unidades necesitadas por los procesos (P x M) para asegurarse de que no se puede producir un interbloqueo. Bastaría con que existan P x $(M\text{-}1) + 1$, como se aprecia en la Figura 7.5, puesto que con esa cantidad se garantizaría que, en el peor de los casos posibles (todos los procesos han solicitado, y tienen asignadas, sus necesidades máximas menos una unidad, P x $(M\text{-}1)$, y ahora piden una adicional), al menos un proceso satisface sus necesidades máximas. Así, por ejemplo, con 10 procesos que usan un máximo de 5 unidades de un recurso, en vez de 50, sería suficiente con 41 unidades para garantizar que no puede haber un interbloqueo.

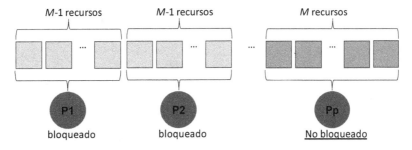

Figura 7.5 Escenario de uso de múltiples unidades de un recurso libre de interbloqueo.

En un sistema operativo de propósito general, algunos recursos que responden a estas características (es decir, un recurso con un número limitado de unidades) son la memoria, el disco o los procesadores. A continuación, se muestra un ejemplo de interbloqueo en el uso de la memoria. Considere la ejecución de los dos procesos siguientes en un sistema que no usa memoria virtual y donde las solicitudes de memoria se bloquean si no hay espacio suficiente en ese momento, suponiendo que se dispone inicialmente de 450KB de memoria.

Proceso P_1	Proceso P_2
Solicita(100K)	**Solicita**(200K)
Solicita(100K)	**Solicita**(100K)
Solicita(100K)	

Si se produce un orden de ejecución tal que se satisfacen las dos primeras solicitudes del primer proceso y la primera del segundo, se produciría un interbloqueo, puesto que la cantidad de memoria libre (50KB) no es suficiente para cumplir con ninguna de las peticiones pendientes. En un sistema con memoria virtual, como se estudia en el capítulo correspondiente a esa materia, el sistema operativo resolvería este problema liberando parte de la memoria asignada a un proceso y copiándola a disco.

El sistema operativo, usando todas las técnicas requeridas por la multiprogramación que se estudian en los distintos capítulos del libro, hace que este tipo de problemas no afecten directamente a los procesos de los usuarios, tratándose más bien de un problema de gestión interno, como se analizará en la parte final del tema.

Por último, conviene resaltar que, exceptuando elementos como la memoria, el sistema operativo trata los recursos de forma individualizada. Así, por ejemplo, en un sistema en el que existan tres impresoras, no considera que se trata de un único recurso que dispone de tres unidades, sino de tres recursos independientes. Por ello, el tratamiento del interbloqueo para recursos compuestos de múltiples unidades se analiza únicamente en la sección que estudia los aspectos más avanzados de este campo.

7.2.8 Interbloqueo en la comunicación de procesos

Un escenario donde también se pueden producir interbloqueos es en la comunicación de procesos. Generalmente, se trata de situaciones en las que, debido a un fallo en el diseño del protocolo de comunicación o en la implementación del mismo, todos los procesos involucrados se quedan a la espera de un mensaje que nunca llegará, puesto que lo debería enviar uno de esos procesos bloqueados.

Considere un sistema de comunicación que proporciona funciones para enviar y recibir mensajes en las que se especifica como primer parámetro el proceso al que se le quiere enviar o del que se quiere recibir, respectivamente, y como segundo el espacio de almacenamiento asociado al mensaje enviado o recibido, dependiendo del caso (observe cierta similitud con las operaciones de comunicación ofrecidas por el estándar MPI, así como una funcionalidad parecida a la de los sockets *stream*). Suponga que se ejecutan en este sistema los siguientes tres procesos:

Proceso P_1	Proceso P_2	Proceso P_3
Envía(P_3, A)	**Recibe**(P_1, D)	**Recibe**(P_2, F)
Recibe(P_3, B)	**Envía**(P_3, E)	**Envía**(P_1, G)
Envía(P_2, C)		**Recibe**(P_1, H)

La ejecución de estos tres procesos produciría un interbloqueo de los mismos, con independencia de cuál sea su orden de ejecución. El proceso P_3 se quedaría bloqueado indefinidamente esperando el mensaje de P_2, ya que este no lo puede mandar hasta que no reciba un mensaje de P_1, que, a su vez, no puede hacerlo porque debe antes recibir un mensaje de P_3. Cada proceso se queda bloqueado esperando un mensaje que solo puede enviarlo otro de los procesos implicados, lo que no puede ocurrir, ya que dicho proceso está también bloqueado esperando un mensaje. Es importante resaltar que, en este ejemplo, a diferencia de los planteados previamente, se produce el interbloqueo con independencia del orden en que se ejecuten los procesos, al tratarse de un error en el diseño del patrón de comunicaciones entre los procesos. En una aplicación relativamente compleja que conste de múltiples procesos comunicándose entre sí, pueden darse errores de este tipo que sean bastante difíciles de detectar.

Un aspecto que conviene remarcar es cómo influyen las características del sistema de comunicación en la posibilidad de que se produzcan interbloqueos. Suponga que se usa un sistema donde la recepción del mensaje es bloqueante, pero el envío no puede causar el bloqueo del proceso, ya sea porque se utiliza una operación de envío asíncrona, que devuelve el control inmediatamente, o una con *buffering*, que, antes de hacerlo, copia sin bloquearse el mensaje en un *buffer* (en el caso del estándar MPI, correspondería a las operaciones `MPI_Isend` y `MPI_Bsend`, respectivamente). Considere que se ejecutan en este sistema los siguientes tres procesos:

Proceso P₁	Proceso P₂	Proceso P₃
Envía(P_2, A)	**Envía**(P_3, B)	**Envía**(P_1, C)
Recibe(P_3, D)	**Recibe**(P_1, E)	**Recibe**(P_2, F)

Dadas las características del sistema de comunicación planteado, no se producirá interbloqueo. Sin embargo, si en este sistema el envío del mensaje es síncrono (en el caso de MPI correspondería a la operación `MPI_Ssend`), es decir, que la función de envío no se completa hasta que el destinatario invoque la operación de recepción, la ejecución de estos tres procesos produciría un interbloqueo de los mismos, ya que todos se quedarían bloqueados en la operación de envío a la espera de que el destinatario correspondiente ejecute la operación de recepción, lo que no puede hacer al estar bloqueado.

Téngase en cuenta que en el caso de usar una operación de envío con *buffering*, pero tal que los *buffers* usados para la comunicación tengan un tamaño limitado (como ocurre, con los sockets *stream*), también podría ocurrir un interbloqueo en ese ejemplo si se llenan los *buffers* de comunicación debido a mensajes de tamaño grande (o muchos mensajes pequeños): al estar llenos los *buffers* de comunicación, para completarse el envío se necesita que el proceso destinatario reciba el mensaje, pero no lo puede hacer al estar también bloqueado porque, recíprocamente, en su envío se ha encontrado llenos los *buffers* asociados al sentido contrario de la comunicación. Nótese que este escenario no solo ocurre cuando se produce comunicación remota, sino que aparecería también usando un recurso local como una tubería. En general, la gestión de los *buffers* de un sistema de comunicación de manera que se garantice que no se puede producir un interbloqueo en ninguna circunstancia es una labor compleja.

Si se quiere mantener el uso de una operación de envío síncrona, habría que cambiar el orden de las operaciones para que desaparezca el interbloqueo:

Proceso P₁	Proceso P₂	Proceso P₃
Envía(P_2, A)	**Recibe**(P_3, B)	**Recibe**(P_1, C)
Recibe(P_3, D)	**Envía**(P_1, E)	**Envía**(P_2, F)

Dadas las dificultades específicas que conlleva el tratamiento de los interbloqueos en la comunicación de procesos, se estudiará únicamente en la sección que presenta los aspectos más avanzados de este tema.

7.2.9   Livelock vs Deadlock

Como se explicó previamente, el problema del *livelock* está muy relacionado con el del interbloqueo, aunque presenta ciertas diferencias. Esta patología se caracteriza porque los procesos involucrados no están progresando debido a un conflicto en el uso de recursos; pero, a diferencia del interbloqueo, esta situación no tiene por qué ser definitiva y podría resolverse sin ninguna intervención externa si se dan las condiciones oportunas durante la ejecución de los procesos.

Tomando como punto de partida el ejemplo de interbloqueo con espera activa presentado previamente, se plantea, a continuación, una modificación del mismo donde, en vez de un interbloqueo, se produce un *livelock*:

Proceso P$_1$	Proceso P$_2$
while (**Solicita**(C)==false);	while (**Solicita**(I)==false);
Uso del recurso C	Uso del recurso I
if (**Solicita**(I)==false)	if (**Solicita**(C)==false)
Libera(C)	**Libera**(I)
Deshace trabajo hecho	Deshace trabajo hecho
Vuelve al inicio	Vuelve al inicio
Uso de ambos recursos	Uso de ambos recursos
Libera(I)	**Libera**(C)
Uso del recurso C	Uso del recurso I
Libera(C)	**Libera**(I)

Nótese que, en este caso, si no está disponible el segundo recurso, el proceso libera el que tiene asignado y vuelve a empezar solicitando de nuevo ese primer recurso. Con buena suerte, en el próximo reintento un proceso puede conseguir los dos recursos requeridos y completar su ejecución. Sin embargo, con malísima suerte, los procesos involucrados quedarían permanentemente sin progresar, reintentando continuamente sin éxito obtener los dos recursos necesitados.

De alguna manera, se puede interpretar en el ejemplo que los propios procesos, en vez de una entidad externa como el sistema operativo, han implementado su propia técnica para evitar el interbloqueo, liberando recursos e intentando volver a obtenerlos en caso de conflicto: han evitado el interbloqueo, pero creando un escenario donde puede producirse un *livelock*.

En cualquier caso, hay que resaltar que, en el momento en el que se decide volver al inicio para realizar un reintento, el proceso ya ha realizado un cierto uso del primer recurso. Por tanto, hay que deshacer de alguna manera ese trabajo llevado a cabo, puesto que se repetirá en el próximo reintento. En numerosas ocasiones, como se analizará más adelante, en un sistema operativo de propósito general, no es factible realizar esta operación de deshacer el trabajo ya hecho. Sin embargo, en ciertas situaciones, no es necesario llevarla a cabo porque la operación realizada es repetible (*idempotente*) y no importa si vuelve a ejecutarse, ya que no tiene ningún efecto colateral, más allá del gasto de recursos causado por la repetición.

Para disminuir la probabilidad de reincidir en este problema, se puede usar la técnica denominada *exponential backoff*, en la que, ante un conflicto, los procesos involucrados esperan un tiempo aleatorio, que puede crecer exponencialmente, antes de volver al inicio para hacer un reintento, de manera similar a las estrategias utilizadas para tratar las colisiones en algunos protocolos de red. Retomando el ejemplo del puente estrecho, si cuando hay un conflicto, los conductores de ambos vehículos, por su cuenta y sin la intervención de un agente, dan marcha atrás y vuelven al inicio de su extremo del puente, podrían esperar un tiempo aleatorio antes de volver a intentar cruzarlo para disminuir la posibilidad de que se repita el problema.

Dada la relación entre ambos problemas y puesto que el interbloqueo se puede considerar un problema más genérico y más ampliamente estudiado, el resto del capítulo se centra en el mismo, aunque volverá a surgir el problema del *livelock* puesto que, como se acaba de analizar, algunas soluciones al problema del interbloqueo pueden degenerar en un *livelock*.

7.3 Definición del interbloqueo

Como primer paso en el estudio del interbloqueo, parece conveniente intentar definirlo más formalmente para poder así caracterizarlo. Una posible definición de interbloqueo sería:

> *Un conjunto de procesos está en interbloqueo si cada proceso está esperando recursos que solo puede liberar otro proceso del conjunto.*

Normalmente, cada proceso implicado en el interbloqueo estará bloqueado esperando recursos, pero, como se explicó previamente, esto no es estrictamente necesario, ya que el interbloqueo también existiría, aunque los procesos involucrados realizasen una espera activa. La espera activa tiene como consecuencia un uso innecesario del procesador, pero, por lo que se refiere a los interbloqueos, no implica ninguna diferencia.

Como ya se analizó anteriormente, no hay que confundir el interbloqueo con otras situaciones patológicas en la asignación de recursos como el *livelock*. El interbloqueo representa una situación permanente de no progreso que requiere siempre algún tipo de intervención externa, mientras que en el *livelock* el escenario de no progreso no tiene por qué ser definitivo, pudiendo resolverse en cualquier reintento sin ningún apoyo externo. En cualquier caso, como ya se comentó previamente, hay cierta relación entre ambos problemas y, en algunas circunstancias, uno puede degenerar en el otro. Téngase en cuenta que estas dos patologías se encuadran dentro del problema general de la inanición, en el que se enmarcan otras como, por ejemplo, situaciones en las que un proceso espera un plazo de tiempo no acotado para usar un recurso debido a una política de asignación de recursos que no sea equitativa.

A partir de la definición, es preciso caracterizar un interbloqueo. Coffman identificó las siguientes condiciones como necesarias para que se produzca un interbloqueo:

- *Exclusión mutua*. Los recursos implicados deben usarse en exclusión mutua, o sea, debe tratarse de recursos de uso exclusivo.
- *Retención y espera*. Cuando no se puede satisfacer la petición de un proceso, este se bloquea manteniendo los recursos que tenía previamente asignados. Se trata de una condición que refleja una forma de gestión de recursos que se corresponde con la usada en los sistemas reales.
- *Sin expropiación*. No se pueden expropiar los recursos que tiene asignado un proceso. Un proceso solo libera sus recursos voluntariamente.
- *Espera circular*. Debe existir una lista circular de procesos, tal que cada proceso en la lista esté esperando por uno o más recursos que tiene asignados el siguiente proceso.

Estas cuatro condiciones no son todas de la misma índole. Las tres primeras tienen que ver con aspectos estáticos del sistema, tales como qué características han de tener los recursos implicados o cómo debe ser la política de gestión de recursos. Sin embargo, la condición de espera circular refleja cómo debe ser el comportamiento dinámico de los procesos para que se produzca el interbloqueo. El interés de las tres primeras condiciones se podrá apreciar mejor cuando se analicen las estrategias de prevención del interbloqueo.

Como se ha comentado al principio del tema, los estudios teóricos sobre esta materia plantean un modelo general que contempla características que van más allá de las presentes en un sistema operativo de propósito general. Para facilitar la lectura de este tema a aquellos que no estén interesados en los aspectos más avanzados, pero permitiendo que el resto de lectores tengan acceso a todo el material teórico, en las dos secciones siguientes se van a plantear dos modelos de sistema incrementales: un modelo básico, que se correspondería con las características presentes en cualquier sistema operativo de propósito general, y un modelo extendido, que contempla un sistema con una funcionalidad más avanzada.

El lector que no esté interesado en profundizar en los aspectos teóricos puede saltarse la sección vinculada con el modelo extendido. En cuanto a aquellos interesados en los conceptos avanzados, deberían leer ambas secciones para poder apreciar de manera incremental el tipo de estrategias usadas para afrontar este problema.

7.4 Modelo básico del sistema

Desde el punto de vista del estudio del interbloqueo, en un sistema se pueden distinguir las siguientes entidades y relaciones:
- Un conjunto de procesos.
- Un conjunto de recursos de uso exclusivo.

- Un primer conjunto de relaciones entre procesos y recursos que define qué asignaciones de recursos están vigentes en el sistema en un momento dado. Esta relación define si un proceso tiene asignado un determinado recurso.
- Un segundo conjunto de relaciones entre procesos y recursos que define qué solicitudes de recursos están pendientes de satisfacerse en el sistema en un instante dado. Esta relación define si un proceso tiene un recurso pedido y no concedido.

En un sistema real, generalmente, no habrá una única función para solicitar recursos o liberarlos. Dada la gran heterogeneidad de los recursos, existirán servicios específicos para distintos tipos de recursos. Algunos ejemplos en UNIX de operaciones para manejo de recursos serían `open` y `close` para el acceso a dispositivos, `pthread_mutex_lock` y `pthread_mutex_unlock` para manejar cerrojos de tipo *mutex*, y `fcntl` para establecer y quitar cerrojos en ficheros, como se presenta en el capítulo dedicado al sistema de ficheros.

Para realizar el estudio formal de los interbloqueos, se van a plantear dos operaciones hipotéticas, independientes del tipo de cada recurso en particular o de un sistema operativo específico, que representan de forma genérica a todas estas funciones específicas: una operación de *solicitud* para pedir recursos y una de *liberación* para devolverlos:

- *Solicitud* (`S(`R_i`)`): Permite que un proceso, que, evidentemente, no está bloqueado, pida un recurso (R_i). Si dicho recurso está disponible, se concederá inmediatamente la petición asignándoselo al proceso. En caso contrario, se bloqueará el proceso hasta que esté disponible (como resultado de una operación de liberación).
- *Liberación* (`L(`R_i`)`): Permite que un proceso, que, evidentemente, no está bloqueado, libere un recurso que tenía asignado (R_i). La liberación puede causar que se satisfaga una solicitud pendiente de otro proceso, provocando su desbloqueo y la asignación del recurso.

Es importante resaltar que un sistema real tiene un carácter dinámico. En un sistema informático se están continuamente creando y destruyendo tanto procesos como recursos. Por tanto, las estructuras de información usadas para modelar el sistema tendrán también una evolución dinámica.

7.4.1 Representación mediante un grafo de asignación de recursos

Existen diversas maneras de representar la información asociada al modelo planteado. Aunque todas las representaciones son lógicamente equivalentes, la representación más habitual es el grafo de asignación de recursos, que resulta muy intuitiva al tener asociada una visualización gráfica directa del sistema y, como se verá en breve, se integra de forma relativamente natural en las estructuras de datos que gestiona el sistema operativo.

Un grafo de asignación de recursos `G` es un grafo bipartito dirigido que consta de un conjunto de nodos (o vértices) `N` y un conjunto de aristas (o arcos) `A`: `G={{N},{A}}`. El conjunto de nodos `N`, de tamaño `n`, se descompone, a su vez, en dos subconjuntos disjuntos: el conjunto de procesos `P`, de tamaño `p`, y el de recursos `R`, de tamaño `r`. El conjunto de aristas también se divide en dos subconjuntos que se corresponden con las dos relaciones antes planteadas:

- Aristas de asignación, que relacionan recursos con procesos. Una arista desde un recurso R_i a un proceso P_j indica que ese proceso tiene asignado dicho recurso.
- Aristas de solicitud, que relacionan procesos con recursos. Una arista desde un proceso P_i a un recurso R_j indica que dicho proceso está esperando la concesión de ese recurso.

Obsérvese que en este modelo básico solo podrá haber una arista, sea de asignación o de solicitud, entre un proceso y un recurso. A partir de la especificación de las funciones genéricas de solicitud y liberación, se puede analizar cómo afectaría su procesamiento al grafo que representa el estado del sistema.

- Solicitud del proceso P_i del recurso R_j. Se presentan dos situaciones dependiendo de si el recurso pedido está disponible o no.
  - Si no lo está, se bloquea el proceso añadiendo al grafo una arista desde el nodo P_i hasta R_j. Cuando el proceso posteriormente se desbloquee al quedar disponible el recurso requerido, se eliminará del grafo esa arista de solicitud y se añadirá la

misma arista de asignación que en el caso de que el recurso hubiese estado disponible desde el principio.

    o Si está disponible, ya sea desde el principio[3] o posteriormente, se añade al grafo una arista desde el nodo R_j hasta P_i.

- Liberación por parte del proceso P_i del recurso R_j. Se elimina del grafo la arista desde el nodo R_j hasta P_i.

Nótese que solo se añaden aristas en el grafo durante las solicitudes, tanto si se trata de aristas de solicitud como de asignación. En cuanto a la eliminación de aristas, en la liberación se quitan las aristas de asignación, mientras que las de solicitud se retiran en el desbloqueo de un proceso que realizó una petición que ya puede satisfacerse. Además de aristas, en el grafo se añadirán y eliminarán nodos conforme se van creando y destruyendo procesos y recursos.

A continuación, se muestran los grafos de asignación de recursos correspondientes a los dos primeros ejemplos planteados en el tema.

La secuencia de ejecución conflictiva del primer ejemplo era la siguiente:

1. P_1: `Solicita(C)`
2. P_2: `Solicita(I)`
3. P_2: `Solicita(C)`   → se bloquea puesto que el recurso no está disponible
4. P_1: `Solicita(I)`   → se bloquea por recurso no disponible: **hay interbloqueo**

En consecuencia, el grafo de asignación de recursos después de la ejecución de dicha secuencia sería:

```
N = {P₁, P₂, C, I}
A = {C→P₁, I→P₂, P₂→C, P₁→I}
```

Para poder entender de una forma intuitiva el estado de un sistema, es conveniente establecer una representación gráfica del grafo de asignación de recursos. La convención que se suele utilizar es la siguiente:

- Cada proceso se representa con un círculo.
- Cada recurso con un cuadrado.
- Las aristas de solicitud se representan como arcos que van desde el proceso hasta el cuadrado que representa al recurso.
- Las aristas de asignación se dibujan como arcos que unen el cuadrado que representa el recurso con el proceso correspondiente.

Siguiendo esta convención, en la Figura 7.6 se muestra la representación gráfica del grafo de ese primer ejemplo:

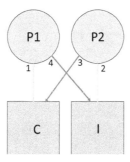

Figura 7.6 Grafo de asignación de recursos del primer ejemplo.

---

[3] Si el recurso está disponible en el momento de la solicitud, se creará inmediatamente la arista de asignación correspondiente, no apareciendo, aunque fuera de forma transitoria, una arista de solicitud en ningún momento. El cumplimiento de esta condición hace que el grafo esté siempre en un estado *conveniente* (en inglés, *expedient*) y es un requisito de algunas de las técnicas existentes para comprobar si hay interbloqueos cuando se usa el modelo extendido.

En cuanto al segundo ejemplo, la traza de ejecución problemática era la siguiente:

1. P_1: `lock(Ma)`
2. P_2: `lock(Mb)`
3. P_3: `lock(Mc)`
4. P_3: `lock(Ma)`   → se bloquea puesto que el recurso no está disponible
5. P_1: `lock(Mb)`   → se bloquea puesto que el recurso no está disponible
6. P_2: `lock(Mc)`   → se bloquea por recurso no disponible: **hay interbloqueo**

Por tanto, el grafo de asignación de recursos después de la ejecución de esa traza sería:

```
N = {P₁, P₂, P₃, Ma, Mb, Mc}
A = {Ma→P₁, Mb→P₂, Mc→P₃, P₃→Ma, P₁→Mb, P₂→Mc}
```

Y la representación gráfica del mismo se muestra en la Figura 7.7:

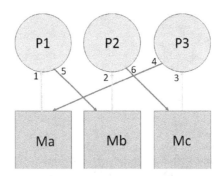

Figura 7.7 Grafo de asignación de recursos del segundo ejemplo.

Por último, se muestra un tercer ejemplo de un sistema con 3 recursos R_1, R_2 y R_3, donde se ejecutan cuatro procesos que realizan la siguiente traza de peticiones:

1. P_1: `solicita(R₁)`
2. P_2: `solicita(R₂)`
3. P_2: `solicita(R₁)`   → se bloquea, puesto que el recurso no está disponible
4. P_3: `solicita(R₂)`   → se bloquea, puesto que el recurso no está disponible
5. P_4: `solicita(R₃)`
6. P_1: `solicita(R₂)`   → se bloquea, puesto que el recurso no está disponible

El grafo que representa la situación del sistema después de ejecutarse esa secuencia es:

```
N = {P₁, P₂, P₃, P₄, R₁, R₂, R₃}
A = {R₁→P₁, R₂→P₂, P₂→R₁, P₃→R₂, R₃→P₄, P₁→R₂}
```

Y su representación gráfica se muestra a continuación en la Figura 7.8:

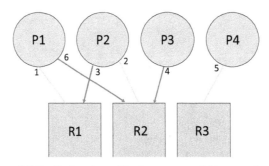

Figura 7.8 Grafo de asignación de recursos del tercer ejemplo.

7.4.2 Comprobación de la existencia de un interbloqueo

Las cuatro condiciones de Coffman son necesarias y suficientes para la existencia de un interbloqueo en el caso de un sistema que tenga las propiedades especificadas para este modelo básico. Por tanto, dado que las tres primeras condiciones tienen que ver con aspectos estructurales del sistema y no con el estado del mismo en un instante particular, sería suficiente con comprobar que se cumple la condición de espera circular para asegurar que hay un interbloqueo. En el grafo de asignación de recursos, esa lista de espera circular se corresponde con un ciclo en el mismo. En consecuencia, para comprobar la existencia de interbloqueos en un sistema, basta con detectar si hay ciclos en el grafo que lo representa, estando afectados por el interbloqueo todos los procesos incluidos en esos ciclos.

En los tres ejemplos planteados en el apartado previo, se pueden identificar las siguientes listas de espera circular y, por tanto, los correspondientes ciclos en el grafo:

- En el primer ejemplo, P_1 está esperando por un recurso que mantiene P_2, que, a su vez, está esperando por un recurso asignado a P_1. Esto se visualiza en el grafo como un ciclo formado por las cuatro aristas presentes en el mismo afectando a ambos procesos que, por tanto, están involucrados en el interbloqueo.
- En el segundo ejemplo, P_1 está esperando por un recurso que mantiene P_2, que, a su vez, está esperando por un recurso asignado a P_3, que, por último, está a la espera de un recurso asignado a P_1. Esta dependencia se concreta en un ciclo en el grafo que afecta a los tres procesos y está formado por las seis aristas de este. En consecuencia, los tres procesos están afectados por un interbloqueo.
- En el tercer ejemplo, existe la misma lista de espera circular que en el primero, que corresponde a un ciclo formado por las aristas 1, 6, 2 y 3. Por consiguiente, solo los procesos P_1 y P_2 sufren un interbloqueo.

Para detectar los ciclos en un grafo se puede usar cualquier algoritmo de búsqueda de ciclos en grafos dirigidos propuesto dentro de la disciplina de teoría de grafos. La complejidad de los mejores algoritmos de este tipo es proporcional al número de nodos más el número de aristas que tenga el grafo ($O(|N|+|A|)$). Teniendo en cuenta que en este modelo básico de cada proceso y de cada recurso solo puede salir una única arista (de solicitud y de asignación, respectivamente), el máximo número de aristas sería igual al número de nodos y, por tanto, la complejidad proporcional al mismo ($O(2|N|) = O(2n) = O(2(p+r))$).

Como se analizará cuando se estudien más adelante las estrategias de tratamiento del interbloqueo, en algunos casos se estará interesado en detectar qué ciclos hay en todo el grafo de asignación de recursos, requiriendo, por tanto, un algoritmo que analice todo el grafo, mientras que en otros casos solo se necesitará comprobar si un determinado proceso está involucrado en un interbloqueo, para lo que se pueden usar algoritmos que se limiten a comprobar si dicho proceso forma parte de un ciclo.

Podría parecer a priori que la inclusión dentro de un sistema operativo de la gestión de un grafo de asignación de recursos requeriría añadir nuevas estructuras de datos específicas para tal fin. Sin embargo, normalmente, la información requerida ya la está manejando el sistema operativo para otros propósitos y no será necesario, por tanto, añadirla explícitamente. Así, tomando como referencia el segundo ejemplo, que muestra un escenario de interbloqueo en el uso de *mutex*, la información requerida, pero ya presente, sería la siguiente:

- El sistema operativo debe conocer por qué motivo está bloqueado cada *thread* que esté en ese estado. Por tanto, en el bloque de control del *thread* (BCT) guardará información de qué evento está esperando ese proceso para continuar su ejecución. Esa información se correspondería con una arista de solicitud en el grafo de asignación de recursos. En el ejemplo, dicha información permitiría saber por qué *mutex* está esperando el *thread*.
- El sistema operativo tiene que saber qué *thread* tiene asignado un determinado recurso. Para ello, tendrá que guardar esa información en el bloque descriptor del recurso. En este caso, esta información correspondería a una arista de asignación en el grafo de recursos. En el ejemplo, esa información no solo la necesitaría el sistema operativo para poder

gestionar interbloqueos, sino que también la requeriría para implementar otros aspectos como, por ejemplo, la gestión de los *mutex* de tipo recursivo.

En la Figura 7.9, que corresponde a ese segundo ejemplo, se muestra de forma simplificada qué estructuras de datos ya gestiona el sistema operativo para su modo de operación interno, las cuales proporcionan soporte directo al grafo de asignación de recursos requerido para tratar el interbloqueo.

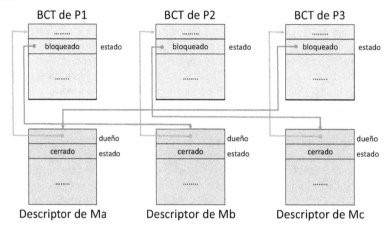

Figura 7.9 Grafo del tercer ejemplo implementado en el sistema operativo.

Dado que la esencia del problema está en las dependencias entre los procesos, existe una representación simplificada alternativa, denominada grafos de espera (*Wait-for Graphs*), en la que se prescinde de los recursos y solo se tienen en cuenta los procesos y sus mutuas dependencias. En el caso del tercer ejemplo, el grafo de espera sería:

$$N = \{P_1, P_2, P_3, P_4\}$$
$$A = \{P_1 \rightarrow P_2, P_2 \rightarrow P_1, P_3 \rightarrow P_2\}$$

La representación gráfica del mismo se muestra en la Figura 7.10:

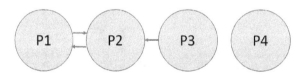

Figura 7.10 Grafo de espera del tercer ejemplo.

Como se puede apreciar en la figura, aparece también un ciclo en esta representación y, por tanto, bastaría con comprobar la existencia de ciclos en este grafo simplificado para determinar la existencia de interbloqueos. En cualquier caso, como se acaba de explicar, las estructuras de datos del sistema operativo, generalmente, dan soporte directo al grafo de asignación de recursos completo, no proporcionando beneficios reseñables el uso de esta representación simplificada.

7.5 Modelo extendido del sistema

En esta sección de carácter avanzado se va a estudiar un modelo de sistema más general, que contempla algunas de las características obviadas en el modelo básico, aunque la mayoría de ellas no estén presentes en los sistemas operativos convencionales.

Para entender en qué consiste esta funcionalidad extendida, antes de plantear este nuevo modelo, se va a analizar con más detalle qué características tienen los diversos tipos de recursos que pueden verse involucrados en un interbloqueo, así como las diferentes clases de operaciones que llevan a cabo los procesos sobre esos recursos.

Una vez completado ese análisis, se plantea de manera incremental un modelo extendido que recoge todas estas características avanzadas.

7.5.1   Tipos de recursos

En un sistema informático existe una gran variedad de recursos. Por un lado, **recursos físicos**, tales como procesadores, memoria, interrupciones o dispositivos. Por otro, **recursos lógicos**, como ficheros, semáforos, cerrojos de tipo *mutex*, cerrojos de ficheros, mensajes o señales. Dada la diversidad de recursos existentes en un sistema y su diferente comportamiento con respecto al interbloqueo, a continuación, se establecerá una clasificación de los distintos recursos, que permitirá incorporarlos al modelo general extendido teniendo en cuenta las particularidades de cada uno. Desde el punto de vista del estudio del interbloqueo, los recursos presentes en un sistema se pueden clasificar siguiendo varios criterios:

- Los procesos pueden compartir el uso de un recurso o lo deben usar en modo exclusivo o dedicado.
- Es factible expropiar el recurso al proceso que lo está utilizando.
- Hay un único ejemplar de cada recurso o existen múltiples unidades de cada uno.
- El recurso sigue existiendo después de que un proceso lo use (**recurso reutilizable**) o desaparece una vez utilizado (**recurso consumible**).

Recursos compartidos o exclusivos

Como se ha comentado previamente, para que un recurso pueda verse afectado por un interbloqueo, tiene que ser de carácter exclusivo o dedicado, es decir, que cuando un proceso lo esté usando, ningún otro lo pueda utilizar. Sin embargo, esto no es así para todos los recursos. Algunos recursos pueden ser usados simultáneamente por varios procesos: son recursos compartidos. Como es evidente, los recursos de tipo compartido no se ven afectados por los interbloqueos, ya que los procesos que quieran usarlos podrán hacerlo inmediatamente sin posibilidad de quedarse bloqueados.

Es interesante resaltar que en un sistema pueden existir recursos que tengan ambos modos de uso (compartido y exclusivo). Cuando un proceso quiere usar un recurso de este tipo, debe especificar en su solicitud si desea utilizarlo en **modo exclusivo** o **compartido**. El sistema permitirá que varios procesos utilicen el recurso si lo hacen todos ellos en modo compartido, pero solo permitirá que un único proceso lo use en modo exclusivo. Así, una solicitud de un recurso para su uso en modo compartido se satisfará inmediatamente siempre que el recurso no esté siendo usado en modo exclusivo. En cambio, una solicitud de uso en modo exclusivo solo se concederá si el recurso no está siendo utilizado en ese momento.

Un ejemplo de este tipo de recursos son los cerrojos sobre ficheros, que se estudian en el capítulo dedicado a los sistemas de ficheros. Se pueden especificar dos tipos de cerrojos: de lectura, que correspondería a un uso compartido del recurso, o de escritura, que implicaría un uso exclusivo. Este tipo de recursos también aparece frecuentemente en las bases de datos.

Otros ejemplos serían los cerrojos de tipo lectores-escritores, ya sean bloqueantes (en POSIX, `pthread_rwlock_rdlock` y `pthread_rwlock_wrlock`), o con espera activa (dentro del núcleo de Linux, correspondería a las funciones `read_lock` y `write_lock`). A continuación, se muestra un ejemplo donde puede producirse un interbloqueo con este tipo de recursos:

Proceso P₁	Proceso P₂	Proceso P₃
lockRD(Ca)	**lockRD**(Ca)	**lockWR**(Cb)
lockRD(Cb)	**lockWR**(Cb)	**lockWR**(Ca)
. . . .	. . . .	. . . .

Si todos los procesos consiguen satisfacer su primera petición, habrá un interbloqueo en el sistema. Como puede apreciarse, se trata del mismo problema planteado previamente, pero con la peculiaridad de que varios procesos pueden compartir un recurso simultáneamente. Para simplificar, no se considerará en esta exposición el tratamiento de los interbloqueos para este tipo de recursos. En la sección de ejercicios, se pide al lector que plantee cómo se podrían adaptar los algoritmos que se presentan a lo largo del tema para que puedan tratar recursos de este tipo.

Recursos expropiables o no

Una de las estrategias para la prevención de los interbloqueos que se estudiará a lo largo de este capítulo implicará la expropiación de recursos, o sea, la revocación de un recurso asignado a un proceso, mientras este lo está usando, para otorgárselo a otro proceso y, posteriormente, cuando termine de usarlo, reasignárselo de forma transparente al proceso original. Para evitar la pérdida de información, esta expropiación implica salvar de alguna forma el trabajo que llevaba hecho el proceso con el recurso expropiado. La factibilidad de esta expropiación va a depender de las características específicas del recurso, pudiéndose, por tanto, clasificar los recursos de acuerdo a este criterio.

La mayoría de los recursos de uso exclusivo tienen un carácter no expropiable, ya que, o bien no es factible esta operación o, en caso de serlo, sería totalmente ineficiente. Dentro de los recursos físicos, por ejemplo, no tendría sentido quitarle a un proceso un trazador gráfico cuando lo está usando, porque con ello se perdería todo el trabajo realizado. Con respecto a los recursos lógicos, como se comentó previamente, no se puede expropiar un cerrojo de tipo *mutex* a un proceso y reasignárselo posteriormente, puesto que se rompería la esencia de este recurso: asegurar la exclusión mutua mientras se ejecuta un conjunto de operaciones.

Otros recursos, sin embargo, pueden expropiarse de manera relativamente eficiente. Considérese, por ejemplo, el caso de un procesador. Cada vez que se produce un cambio de proceso, el sistema operativo está expropiando el procesador a un proceso para asignárselo a otro. La expropiación de un procesador implicaría únicamente salvar el estado del mismo en el bloque de control del proceso correspondiente, para que así este pueda seguir ejecutando normalmente cuando se le vuelva a asignar. Obsérvese que, conceptualmente, el procesador, como cualquier otro recurso de uso exclusivo, puede verse implicado en interbloqueos. Suponga, por ejemplo, una situación en la que existe un proceso que tiene asignada una cinta y está en estado listo para ejecutar (o sea, no tiene asignado el procesador). Si el proceso que está en ejecución (es decir, que tiene asignado el procesador) solicita la cinta, se producirá un interbloqueo, ya que cada proceso necesita un recurso que posee el otro. Este interbloqueo potencial no ocurre en la práctica, puesto que en un sistema multiprogramado, cuando el proceso en ejecución se bloquea, se reasigna automáticamente el procesador a otro proceso gracias al carácter expropiable de este recurso.

Es interesante remarcar que esta expropiación del procesador se puede llevar a cabo porque cada proceso ejecuta en un contexto independiente. Sin embargo, como se analizó previamente en el escenario de interbloqueos asociados al tratamiento de eventos asíncronos, esta expropiación no será factible cuando un flujo de ejecución se vea interrumpido asíncronamente por el tratamiento de algún tipo de evento, como, por ejemplo, una señal o, en el caso del modo de operación interno del sistema operativo, la interrupción de un dispositivo.

En los sistemas que utilizan un dispositivo de almacenamiento secundario (generalmente un disco) como respaldo de la memoria principal (como son los sistemas con memoria virtual, que se estudian en el capítulo dedicado a la gestión de memoria), el recurso memoria también es expropiable. Cuando se requiera expropiar a un proceso parte de la memoria que está usando, se copiará el contenido de la misma en el dispositivo de respaldo, dejándola libre para que pueda usarla otro proceso. Nótese que dicha operación de copia tiene un coste asociado que afectará al rendimiento del sistema.

Recursos con una única unidad o con múltiples

En el modelo básico, se ha considerado que cada recurso es una entidad única. Sin embargo, en un sistema pueden existir múltiples ejemplares o unidades de un determinado recurso. Una solicitud de ese recurso por parte de un proceso podría satisfacerse con cualquier ejemplar del mismo. Así, por ejemplo, en un sistema en el que haya cinco impresoras, cuando un proceso solicita una impresora, se le podría asignar cualquier unidad que esté disponible. La existencia de múltiples unidades de un mismo recurso también permite generalizar los servicios de solicitud, de forma que un proceso pueda pedir simultáneamente varios ejemplares de un recurso. Evidentemente, el número de unidades solicitadas nunca debería ser mayor que el número de unidades existentes. Nótese que, a veces, podría ser discutible si dos elementos constituyen dos ejemplares de un recurso o se trata de dos recursos diferentes. Incluso distintos usuarios pueden querer tener una visión u otra de los mismos. Considérese, por ejemplo, un equipo que tiene conectadas dos impresoras láser con la misma calidad de impresión, pero tal que una de ellas es algo más rápida. Un usuario puede querer usar indistintamente cualquiera de estas impresoras, con lo que preferiría considerarlas como dos ejemplares del mismo recurso. Sin embargo, otro usuario, que necesite con urgencia imprimir un documento, requeriría verlas como dos recursos separados, para poder especificar la impresora más rápida. Lo razonable en este tipo de situaciones sería proporcionar a los usuarios ambas vistas de los recursos. Sin embargo, las soluciones clásicas del interbloqueo no contemplan esta posibilidad de un doble perfil: o son recursos independientes o son ejemplares del mismo recurso.

Los sistemas operativos convencionales, generalmente, consideran cada recurso de forma individual, no contemplando el concepto de ejemplares o instancias de un recurso. En cualquier caso, aunque no sea de forma evidente, se pueden buscar ejemplos en estos sistemas que, hasta cierto punto, encajen en un modelo de recursos con múltiples ejemplares de cada recurso. Considérese el caso de la memoria. Se trata de un único recurso con múltiples unidades: cada palabra que forma parte de la misma. Cuando un proceso solicita una reserva de memoria de un determinado tamaño, está solicitando el número de unidades de ese recurso que se corresponde con dicho tamaño. Nótese que en este caso existe una restricción adicional, ya que las unidades asignadas, sean cuales sean, se deben corresponder con posiciones de memoria contiguas (no ocurriría lo mismo en caso de que se solicitase un conjunto de marcos de página cualesquiera en un sistema basado en paginación).

Otro ejemplo de una situación donde se manejan recursos con múltiples unidades podría ser la asignación de procesadores a aplicaciones paralelas en un multiprocesador, en la que se requiere un número de procesadores determinado para cada aplicación, pero da igual, en principio, cuáles se le asignen.

Recursos reutilizables o consumibles

Un **recurso reutilizable** se caracteriza porque el recurso sigue existiendo después de que un proceso lo use, quedando disponible para otros procesos. Por tanto, la "vida" del recurso es independiente de su utilización: o bien existe desde el principio, en el caso de que se trate de un recurso físico (nótese que en un sistema con *hot plugging* se pueden conectar en cualquier momento ciertos recursos físicos, como, por ejemplo, un dispositivo USB), o bien, una vez creado, sigue existiendo hasta que se destruya explícitamente, como sucede con los recursos lógicos. Dentro de esta categoría se engloban la mayoría de los recursos físicos y algunos recursos lógicos, tales como los cerrojos de ficheros o de tipo *mutex*.

Todos los ejemplos propuestos hasta este momento, así como el modelo básico planteado, se centran en este tipo de recursos. El primer ejemplo mostrado en este tema usaba dos procesos y dos recursos reutilizables físicos (la cinta y la impresora), mientras que el segundo utilizaba tres *threads* y tres recursos reutilizables lógicos: los cerrojos de tipo *mutex*.

La sección se centra, por tanto, en los **recursos consumibles**, analizando en qué se distinguen de los reutilizables. Un recurso consumible se caracteriza porque deja de existir una vez que un proceso lo usa. Un proceso genera o produce el recurso y el otro lo utiliza consumiéndolo. En esta categoría se encuentran recursos físicos como las interrupciones, así como los recursos lógicos relacionados con la comunicación y algunos vinculados con la sincronización de procesos. Algunos ejemplos de recursos lógicos consumibles serían los mensajes, las señales o los semáforos. En general, cualquier situación donde un proceso esté esperando que se produzca un determinado evento puede considerarse como un escenario de uso de recursos consumibles. Por ejemplo, un flujo de ejecución, ya sea un proceso o un *thread*, que está esperando la finalización de otro flujo, corresponde también a una situación de uso de recursos consumibles y, por tanto, puede implicar interbloqueos.

En la clasificación planteada, se ha considerado que, a pesar de sus similitudes, los semáforos son recursos consumibles, mientras que los cerrojos de tipo *mutex* son reutilizables. ¿A qué se debe esta diferencia?

Un *mutex* responde al patrón de un recurso reutilizable exclusivo. Una vez creado, los procesos lo usan sucesivamente de forma exclusiva hasta que se destruye. En cambio, el patrón de comportamiento asociado a un semáforo corresponde a un recurso consumible con tantas unidades asociadas como indique el contador del semáforo. Cuando un proceso realiza una operación `signal` sobre un semáforo, se está produciendo una nueva unidad de ese recurso, mientras que cuando hace un `wait` se está consumiendo una (en un sistema UNIX se usarían los servicios `sem_post` y `sem_wait`, respectivamente). Por tanto, el comportamiento de este tipo de recursos es diferente al de los *mutex* y, como se analiza a continuación, la estrategia de tratamiento del interbloqueo presenta diferencias significativas.

Retomemos el primer ejemplo planteado en el tema, pero cambiando los cerrojos de tipo *mutex* por semáforos. Considere qué ocurriría en el siguiente escenario suponiendo que los tres semáforos están iniciados con un contador igual a 1:

Proceso P₁	Proceso P₂	Proceso P₃
wait(Sa)	**wait**(Sb)	**wait**(Sc)
wait(Sb)	**wait**(Sc)	**wait**(Sa)
. . . .	. . . .	. . . .
signal(Sb)	**signal**(Sc)	**signal**(Sa)
signal(Sa)	**signal**(Sb)	**signal**(Sc)

Aparentemente, los procesos tienen el mismo patrón de ejecución que el ejemplo de interbloqueos con *mutex* previamente planteado. Así, si los tres procesos consiguen completar la primera sentencia, podría concluirse que se ha producido un interbloqueo. Sin embargo, esto no es siempre así para el caso de los semáforos.

El punto clave es darse cuenta de que si en ese escenario un cuarto proceso tiene acceso a cualquiera de los semáforos (ya sea debido a que tiene acceso directo a la posición de memoria que contiene el semáforo o porque usa un servicio del sistema operativo que le proporciona acceso al mismo), podría realizar una operación `signal` sobre uno de ellos que rompería el interbloqueo. Esto implica que para este tipo de recursos es necesario disponer de un inventario de qué procesos, presentes o incluso futuros, pueden producir cada recurso, lo que no es necesario para los recursos de tipo reutilizables para los que solo importan los procesos directamente involucrados en el momento actual (el hecho de que un proceso pueda interaccionar potencialmente con un *mutex* no influye en el tratamiento del interbloqueo para ese recurso: solo se tienen en cuenta el proceso que en este momento está trabajando, y los que están esperando para trabajar, con dicho *mutex*). Como consecuencia de ello, mientras que exista al menos un proceso no bloqueado que sea un potencial productor del recurso, no se podrá concluir que hay un interbloqueo, incluso aunque ese proceso nunca genere dicho recurso. Estas circunstancias condicionan negativamente la aplicación a este tipo de recursos de las diversas estrategias de tratamiento de interbloqueos que se plantearán en este tema, como se analizará más adelante.

Cualquier mecanismo de paso de mensajes corresponde también a un recurso consumible con múltiples unidades, donde cada unidad representa un mensaje enviado pero pendiente de recibir. A continuación, se muestra un ejemplo de interbloqueo entre procesos que se comunican mediante mensajes (se podrían catalogar como interbloqueo en la comunicación).

Considere un sistema de comunicación que permita a múltiples procesos enviar o recibir mensajes con una semántica similar a una tubería a o una cola, tal que proporciona funciones para enviar y recibir mensajes en las que se especifica como primer parámetro la cola a la que se quiere enviar o de la que se quiere recibir, respectivamente, y como segundo el espacio de almacenamiento asociado al mensaje enviado o recibido, dependiendo del caso. Suponga que se ejecutan en este sistema los siguientes tres procesos:

Proceso P$_1$	**Proceso P$_2$**	**Proceso P$_3$**
Envía(C_1, A)	**Recibe**(C_1, G)	**Recibe**(C_1, J)
Envía(C_1, B)	**Recibe**(C_1, H)	**Recibe**(C_1, K)
Recibe(C_2, C)	Procesa mensajes	Procesa mensajes
Envía(C_1, D)	**Envía**(C_2, I)	**Envía**(C_2, L)
Envía(C_1, E)		
Recibe(C_2, F)		

A continuación, se muestra un posible orden de ejecución de los procesos que produciría una situación de bloqueo de los tres procesos:

1. P$_1$: Envía(C_1, A)
2. P$_1$: Envía(C_1, B)
3. P$_1$: Recibe(C_2, C) → se bloquea puesto que el recurso no está disponible
4. P$_2$: Recibe(C_1, G)
5. P$_3$: Recibe(C_1, J)
6. P$_3$: Recibe(C_1, K) → se bloquea puesto que el recurso no está disponible
7. P$_2$: Recibe(C_1, H) → se bloquea puesto que el recurso no está disponible

En caso de que cualquiera de los dos procesos receptores hubiera obtenido los dos mensajes, no se habrían quedado los tres procesos bloqueados.

Surge, sin embargo, la misma cuestión que con el ejemplo previo de semáforos y que es característica de los recursos consumibles. Para concluir que hay un interbloqueo, habría que comprobar que no existe ningún otro proceso que pueda, potencialmente, enviar mensajes a alguna de esas colas. Si no lo hay, existe un interbloqueo. Sin embargo, en caso de que lo haya, no podría llegarse a esa conclusión, aunque, a efectos prácticos, sí que existiría un interbloqueo si ese proceso adicional nunca enviase mensajes a esas colas.

En un sistema general, los procesos usarán tanto recursos reutilizables como consumibles y, por tanto, como se puede apreciar en el siguiente ejemplo que usa un *mutex* y una tubería, pueden aparecer interbloqueos en los que estén implicados recursos de ambos tipos.

Proceso P$_1$	**Proceso P$_2$**
lock(m)	**lock**(m)
escribe(tubería, A)	**lee**(tubería, B)
unlock(m)	**unlock**(m)

Si durante la ejecución concurrente de estos dos procesos el proceso P$_2$ obtiene el *mutex*, se producirá un interbloqueo entre los dos procesos, ya que P$_2$ nunca leerá datos de la tubería, puesto que P$_1$ está bloqueado esperando que se libere el *mutex*. Nótese que si, en cambio, fuera el proceso P$_1$ el que obtuviera el *mutex*, no se produciría un interbloqueo. Nuevamente, en el caso de que se produjera un interbloqueo, un tercer proceso podría romperlo si tiene acceso a la tubería y escribe en ella.

7.5.2 Tipos de operaciones

Al igual que se analizó para los recursos reutilizables, hay una gran variedad de recursos de tipo consumible, existiendo servicios específicos para los distintos tipos de recursos. Algunos ejemplos en UNIX de operaciones para manejo de recursos consumibles serían las funciones `send` y `recv` para comunicación con sockets de tipo *stream* o `sem_wait` y `sem_post` para manejar semáforos. Con este tipo de recursos, aunque parezca a priori más razonable usar términos como *producir* y *consumir* para denominar a las funciones genéricas, en aras de establecer un modelo unificado para todos los recursos, se utilizan las mismas operaciones que para los recursos reutilizables: *solicitud* y *liberación*. De esta manera, para un recurso consumible, la operación de *liberación* correspondería a la producción de un recurso, mientras que la de *solicitud* haría referencia al consumo del mismo, haciendo que el proceso espere hasta que esté disponible el recurso solicitado.

Un factor que diferencia a las funciones genéricas propuestas en los modelos teóricos de las ofrecidas por los sistemas reales es su mayor funcionalidad, con el objetivo de afrontar y resolver el problema en un contexto más ambicioso y de mayor complejidad. Normalmente, los servicios ofrecidos por los sistemas operativos no permiten solicitar o liberar múltiples recursos simultáneamente. Sin embargo, en los estudios teóricos de esta materia, se distinguen distintos modos de solicitud de recursos:

- Modo *única unidad*: La operación de solicitud permite pedir solo una unidad de un recurso (o solo un recurso individual, en el caso del modelo básico, que considera todos los recursos independientes). Este modo se correspondería con las características presentes en cualquier sistema operativo de propósito general y ha sido el único tenido en cuenta en el modelo básico.
- Modo *AND*: Permite solicitar múltiples unidades, ya sean del mismo o de diferentes recursos, y esperar hasta que estén **todas** disponibles. Como se analizará al estudiar las técnicas de prevención, el uso de solicitudes de múltiples unidades con este modo conjuntivo reduce la posibilidad del interbloqueo. De hecho, si en los primeros ejemplos del tema se solicitaran de golpe todos los recursos, no habría interbloqueo.
- Modo *OR*: Igual que el modo *AND* pero esperando solo hasta que esté disponible **cualquiera** de las unidades solicitadas.
- Modo *AND-OR*: Mezcla los dos previos permitiendo expresar combinaciones de ambos modos (por ejemplo, esperar hasta que estén disponibles estas dos unidades o estas otras dos).
- Modo *P de Q*: Espera hasta que estén disponibles al menos P unidades de las Q solicitadas.

Existen algunos ejemplos reales de servicios que presentan, hasta cierto punto, algunos de estos modos de solicitud más sofisticados, aunque habitualmente no son tan genéricos y no se pueden aplicar a todos los tipos de recursos del sistema. Así, por ejemplo, Windows ofrece el servicio `WaitForMultipleObjects` que permite esperar por (es decir, *solicitar*) múltiples recursos consumibles, tanto correspondientes a elementos de sincronización como relacionados con la terminación de procesos o *threads*, permitiendo usar un modo de espera *AND* o un modo *OR*. En el caso de UNIX, un ejemplo de operaciones que permiten solicitar o liberar múltiples recursos simultáneamente serían las proporcionadas por los semáforos de *System V*, que trabajan con vectores de semáforos, utilizando un modo de solicitud *AND*. Por lo que se refiere a servicios UNIX que usen un modo *OR*, se podría considerar como ejemplo la función `select`, que permite esperar que se produzca un evento en al menos un descriptor del conjunto especificado (por ejemplo, la llegada de datos a un socket o a una tubería, es decir, recursos consumibles).

Es conveniente resaltar que los modos *OR*, *AND-OR* y *P de Q* son más apropiados para la gestión de recursos consumibles (por ejemplo, un programa puede querer esperar hasta que llegue un mensaje por cualquiera de dos puertos), no teniendo demasiado sentido para los recursos reutilizables, donde, normalmente, se requiere solicitar todo un conjunto de recursos para llevar a cabo una determinada labor. Por tanto, dado que el modelo extendido se centrará principalmente en los recursos reutilizables, se ocupará únicamente del modelo *AND*.

Una vez analizados los distintos tipos de recursos y de operaciones para gestionar los mismos, se va a plantear de manera incremental un modelo extendido que recoja algunas de estas características:

- Modelo de sistema con recursos reutilizables compuestos de múltiples unidades, pero donde se usan peticiones que permiten solicitar una única unidad.
- Extensión del modelo a un sistema con peticiones de múltiples unidades con un modo de solicitud de tipo *AND*.
- Inclusión en el modelo de recursos consumibles.

7.5.3 Modelo con múltiples unidades y petición única

Este modelo requiere las siguientes extensiones con respecto al modelo básico presentado en la sección anterior:

- Con respecto a los nodos del grafo, es preciso conocer cuántas unidades existen de cada recurso por lo que habrá que extender el grafo de asignación de recursos de manera que cada recurso tenga asociado un valor que represente cuántas unidades del mismo existen (su inventario).
- En cuanto a las aristas, igual que en el modelo básico, habrá solo una arista de solicitud saliendo de cada proceso, puesto que en este modelo solo puede pedirse una unidad en cada momento. Sin embargo, podrá haber tantas aristas de asignación partiendo de un recurso como unidades existan del mismo, pudiendo incidir en el mismo proceso en caso de que este haya solicitado varias unidades de ese recurso en sucesivas peticiones. En cualquier caso, tendrán que cumplirse las siguientes restricciones de coherencia para que un estado de asignación de recursos sea válido:
  - *Restricción de asignación*: El número total de unidades asignadas de un recurso tiene que ser menor o igual que el número de unidades existentes del mismo (no se puede dar más de lo que hay). En consecuencia, el número de aristas que salen de un recurso debe ser menor o igual que su inventario. La diferencia entre el total de unidades existentes y el número de aristas de asignación que parten de ese recurso corresponde al número de unidades disponibles de dicho recurso en ese instante.
  - *Restricción de solicitud*: El número total de unidades de un recurso solicitadas (tanto las asignadas como la pendiente de asignar, en caso de que la haya) simultáneamente por un proceso en un momento dado tiene que ser menor o igual que el número de unidades existentes del recurso (no se puede pedir más de lo que hay). Nótese que esta restricción asegura que ningún proceso quiere usar en un momento dado más unidades de un recurso que las existentes, lo cual obviamente es un error. Por tanto, se debe cumplir que, por cada pareja proceso *i* y recurso *j*, el número de aristas de asignación que van de R_j a P_i más la posible arista de solicitud que puede conectar P_i a R_j sea menor o igual que el inventario.
- Por lo que se refiere a las operaciones de solicitud y liberación, tienen esencialmente el mismo comportamiento que en el modelo básico, pero trabajando con unidades en vez de con recursos independientes, de manera que se podrá satisfacer una petición mientras haya al menos una unidad disponible del recurso.

Asimismo, se puede extender la representación gráfica propuesta para el modelo básico de acuerdo con la siguiente convención:

- Como en el modelo básico, cada recurso se muestra como un cuadrado, pero dentro del mismo, se dibuja un círculo por cada unidad existente del recurso.
- Al igual que en el modelo básico, las aristas de solicitud se representan como arcos que van desde el proceso hasta el cuadrado que representa al recurso, pero las aristas de asignación se dibujan como arcos que unen el círculo que representa una unidad determinada del recurso con el proceso correspondiente.

A continuación, se muestra como ejemplo el grafo de asignación de recursos de un sistema con 4 procesos y 3 recursos que tienen 1, 2 y 2 unidades, respectivamente, en el que se ha producido una secuencia de solicitudes que ha evolucionado el sistema hasta el siguiente estado:

```
N = {P₁, P₂, P₃, P₄, R₁(1), R₂(2), R₃(2)}
A = {R₁→P₁, R₂→P₂, R₂→P₃, R₃→P₄, R₃→P₄, P₁→R₂, P₂→R₁, P₃→R₃}
```

En la Figura7.11 se muestra la representación gráfica del estado del sistema planteado como ejemplo usando la convención previamente explicada.

Comprobación de la existencia de un interbloqueo

Como se analizará en este apartado, las condiciones de Coffman son necesarias, pero no suficientes, para el caso de un sistema que tenga las propiedades especificadas en este modelo. Así, la presencia de una lista de espera circular (y, por tanto, un ciclo en el grafo) es un requisito para que haya interbloqueo, pero su existencia no lo asegura.

En la figura se puede apreciar que hay un ciclo que afecta a los dos primeros procesos. Sin embargo, si se analiza la situación planteada en el ejemplo, se puede comprobar que no hay un interbloqueo en la misma puesto que podría darse la siguiente secuencia de ejecución hipotética en la que todos los procesos consiguen obtener los recursos que necesitan:

- El proceso P_4 liberaría una unidad de R_3 que tiene, lo que permitiría que P_3 se desbloqueaase y la obtuviera.
- A continuación, el proceso P_3 liberaría la unidad de R_2 que tiene, lo que permitiría que P_1 se desbloqueaase y la obtuviera.
- El proceso P_1, hipotéticamente, podría liberar más adelante la unidad de R_1 que posee, permitiendo que P_2 se desbloqueara y obtuviera ese recurso.

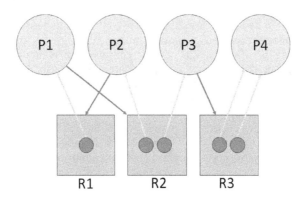

Figura 7.11 Grafo de asignación de recursos con múltiples unidades y sin un nudo.

Dado que el interbloqueo es una situación de bloqueo permanente, si existe una posible secuencia de ejecución futura en la que todos los procesos progresan, no existirá interbloqueo en el estado actual. Nótese que, cuando se estudie el modelo de sistema más genérico que se presenta en el siguiente apartado, el algoritmo que se va a plantear se basa justamente en esa idea: comprobar que existe una secuencia de ejecución hipotética en la que progresen todos los procesos.

Este ejemplo confirma que la presencia de un ciclo en el grafo para este tipo de sistemas es solo una condición necesaria (si hay interbloqueo, tiene que haber un ciclo), pero no suficiente (puede haber un ciclo y no existir interbloqueo). Para sistemas conformes a este modelo, la condición necesaria y suficiente para que haya interbloqueo es la presencia de un nudo en el grafo:

- Un nudo en un grafo dirigido es un conjunto de vértices tales que desde cada uno de ellos se pueden alcanzar todos los demás vértices del conjunto, pero no se puede llegar a ningún otro vértice del grafo que no pertenezca al conjunto. Se trata, por tanto, de un conjunto de vértices fuertemente conectados entre sí, pero sin arcos salientes hacia el resto del grafo. Téngase en cuenta que un nudo es también un ciclo, pero, lo contrario, no es siempre cierto: un ciclo en el que uno de los vértices incluidos en el mismo tenga una arista que incida en un vértice fuera del ciclo no es un nudo.

En consecuencia, si se detecta un nudo en un grafo, usando cualquiera de los algoritmos diseñados para tal fin dentro de la disciplina de la teoría de grafos, todos los procesos incluidos en ese nudo estarán involucrados en un interbloqueo. Obsérvese que, como es razonable, esta condición es también aplicable al modelo básico, puesto que en el mismo todos los ciclos son nudos: de todo vértice, sea proceso o recurso, solo sale una arista, que estará involucrada en el ciclo, y, por tanto, no podrá incidir en ningún otro vértice fuera del ciclo. En el modelo tratado en este apartado, los vértices que corresponden a recursos pueden tener una arista de asignación por cada unidad de que dispongan por lo que este tipo de vértice puede estar involucrado en un ciclo que no sea un nudo.

Observando el ejemplo previo, el vértice correspondiente a R_2 está involucrado en un ciclo, pero no en un nudo, puesto que del mismo parte una arista de asignación que incide en P_3, que no está incluido en el ciclo. Por tanto, no hay interbloqueo. Es interesante resaltar que en esa figura se puede apreciar que hay un único vértice de tipo *pozo* o *sumidero* (le inciden arcos, pero no sale ninguno del mismo): el proceso P₄. Nótese que este tipo de vértices solo pueden corresponder a procesos y son importantes a la hora de comprobar si hay interbloqueos:

- Un vértice sumidero no puede formar parte de un interbloqueo puesto que el proceso dispone de todos los recursos que necesita y no está esperando por ninguno.
- Un vértice desde el que se puede alcanzar un vértice sumidero no estará tampoco involucrado en un interbloqueo ya que no puede formar parte de un nudo (para ser un nudo, el vértice debería ser también alcanzable desde el sumidero, lo cual es imposible por las propiedades del mismo).
- En consecuencia, una forma alternativa, pero totalmente equivalente, a buscar nudos para detectar los interbloqueos, es determinar desde qué nodos no se pueden alcanzar vértices de tipo sumidero. Este tipo de algoritmos tienen una complejidad proporcional al producto del número de procesos por el de recursos ($O(pr)$).

En la figura anterior se puede comprobar que el vértice P₄ es alcanzable desde todos los otros, por lo que no hay interbloqueo en el sistema.

A continuación, se muestra un ejemplo con los mismos vértices, pero con algunas aristas diferentes:

```
N = {P₁, P₂, P₃, P₄, R₁(1), R₂(2), R₃(2)}
A = {R₁→P₁, R₂→P₂, R₂→P₂, R₃→P₃, R₃→P₄, P₁→R₂, P₂→R₁, P₃→R₂}
```

En la Figura 7.12 se puede apreciar que también en este caso hay un ciclo que afecta a los dos primeros procesos, pero en esta ocasión ese ciclo es también un nudo, por lo que sí existe un interbloqueo que afecta a ambos procesos.

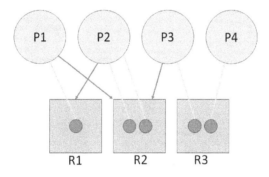

Figura 7.12 Grafo de asignación de recursos con múltiples unidades y con un nudo.

Como reflexión final, analizando los dos ejemplos, puede entenderse de forma intuitiva la diferencia: cuando hay un ciclo, pero no un nudo, hay al menos una unidad de un recurso que está asignada a un proceso que está fuera del ciclo, y este proceso puede liberarla en cualquier momento, eliminando la posibilidad del interbloqueo. Sin embargo, cuando hay un nudo, no hay ninguna arista que salga de los vértices de dicho nudo, por lo que solo los procesos involucrados podrían liberar recursos, pero, obviamente, no pueden hacerlo porque están mutuamente bloqueados.

7.5.4   Modelo con múltiples unidades y petición múltiple

En este modelo se admite que con una única petición un proceso pueda solicitar múltiples unidades de uno o más recursos, pero, como se explicó al principio de la sección, limitándose al modelo *AND*, que es el más significativo cuando se usan recursos de tipo reutilizable. Este modelo se basa en la misma información que el presentado en el apartado anterior, pero con la generalización de las operaciones de solicitud y liberación:

- *Solicitud* (`S(R₁[U₁],...,Rₙ[Uₙ])`): Permite que un proceso pida varias unidades de diferentes recursos (U_1 unidades del recurso 1, U_2 del recurso 2, etcétera). Si **todos** los recursos solicitados están disponibles, se concederá la petición asignando al proceso dichos recursos, y añadiéndose al grafo por cada recurso pedido *j* tantas aristas de asignación desde el nodo R_j hasta P_i como unidades se hayan solicitado (U_j). En caso contrario, se bloqueará el proceso sin reservar ninguno de los recursos solicitados, aunque algunos de ellos estén disponibles, añadiendo al grafo, por cada recurso pedido *j*, tantas aristas de solicitud desde el nodo P_i hasta R_j como unidades se hayan solicitado (U_j). Cuando el proceso posteriormente se desbloquee al quedar disponibles todos los recursos requeridos, se eliminarán del grafo todas estas aristas de solicitud y se añadirán las mismas aristas de asignación que en el caso de que los recursos hubiesen estado disponibles desde el principio.
- *Liberación* (`L((R₁[U₁],...,Rₙ[Uₙ])`): Permite que un proceso libere varias unidades de diferentes recursos que tenga asignados. La liberación puede causar que se satisfagan solicitudes pendientes de otros procesos, provocando su desbloqueo. Por cada recurso liberado *j*, se eliminan del grafo tantas aristas de asignación desde el nodo R_j hasta P_i como unidades se hayan dejado libres (U_j).
- En este modelo, de cada vértice de tipo proceso pueden salir múltiples aristas de solicitud correspondientes a los diversos recursos que ha pedido el proceso mediante una solicitud múltiple, no estando **todos** ellos disponibles. Obsérvese que puede haber varias aristas desde un proceso dirigidas al mismo recurso si este ha solicitado múltiples unidades del mismo y no están todas disponibles.

A continuación, se muestra un ejemplo de grafo de asignación de recursos para un sistema con 4 procesos y 3 recursos que tienen 1, 2 y 3 unidades, respectivamente, en el que se ha producido la siguiente secuencia de solicitudes:

1. P_1: `solicita(R₁[1])`
2. P_2: `solicita(R₂[1])`
3. P_3: `solicita(R₂[1])`
4. P_4: `solicita(R₃[2])` → solicita 2 unidades del recurso R_3
5. P_1: `solicita(R₂[1])` → se bloquea puesto que el recurso no está disponible
6. P_2: `solicita(R₁[1])` → se bloquea puesto que el recurso no está disponible
7. P_3: `solicita(R₁[1],R₃[2])` → se bloquea ya que **algún** recurso no está disponible

Nótese que la cuarta y la séptima petición son de tipo múltiple, y esta última solicitud no puede satisfacerse, aunque uno de los recursos solicitados esté disponible. Esta secuencia ha hecho que el sistema evolucione hasta el siguiente estado:

N = {P₁, P₂, P₃, P₄, R₁(1), R₂(2), R₃(3)}
A = {R₁→P₁, R₂→P₂, R₂→P₃, R₃→P₄, R₃→P₄, P₁→R₂, P₂→R₁, P₃→R₁, P₃→R₃, P₃→R₃}

En la figura 7.13 se muestra la representación gráfica del estado del sistema planteado como ejemplo.

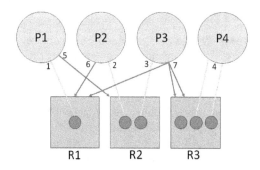

Figura 7.13 Grafo de asignación de recursos con peticiones múltiples con interbloqueo.

Comprobación de la existencia de un interbloqueo

Para este modelo general, como se analizará en este apartado, la presencia de un nudo en el grafo de asignación de recursos es una condición suficiente, pero no necesaria, para la existencia de un interbloqueo (es decir, si hay un nudo, existe un interbloqueo; pero puede darse un interbloqueo, aunque no haya un nudo). Recuerde que, para cualquier modelo, la presencia de un ciclo implica justo lo contrario: una condición necesaria pero no suficiente (o sea, si existe un interbloqueo, tiene que haber un ciclo; pero puede aparecer un ciclo, aunque no se produzca un interbloqueo).

Como se puede apreciar en la figura previa, en el grafo hay ciclos, pero no nudos, puesto que existe un camino desde todos los vértices del grafo hasta el vértice P_4, que es un nodo de tipo sumidero. Sin embargo, se puede ver que hay un interbloqueo en el sistema, a pesar de que no hay nudos en el mismo, porque el único proceso que no está bloqueado es P_4 y, aunque liberara las dos unidades de R_3 que tiene, no se desbloquearía ningún otro proceso, quedándose el resto de los procesos en ese estado permanentemente. Para entenderlo, aunque sea de manera intuitiva, hay que tener en cuenta que en este nuevo modelo puede haber múltiples aristas de solicitud que salen de un vértice de tipo proceso correspondientes a una única petición múltiple no satisfecha y, por tanto, que desde un vértice pueda alcanzarse un nodo sumidero a través de una arista de solicitud, no significa que no esté involucrado en un interbloqueo puesto que hay que satisfacer también las otras aristas de esa petición.

El siguiente ejemplo es similar al previo, pero con una unidad más del recurso R_1 y con una arista de asignación adicional desde R_1 hasta P_4.

```
N = {P₁, P₂, P₃, P₄, R₁(2), R₂(2), R₃(3)}
A = {R₁→P₁, R₂→P₂, R₂→P₃, R₁→P₄, R₃→P₄, R₃→P₄, P₁→R₂, P₂→R₁, P₃→R₁, P₃→R₃,
     P₃→R₃}
```

En la Figura 7.14 se muestra la representación gráfica del estado del nuevo sistema planteado como ejemplo.

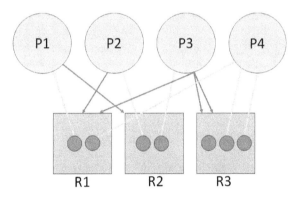

Figura 7.14 Grafo de asignación de recursos con peticiones múltiples sin interbloqueo.

Como se puede ver en esta figura, el grafo de este segundo ejemplo, como ocurría con el primero, también tiene ciclos y tampoco incluye un nudo, ya que existe un camino desde todos los vértices del grafo hasta el vértice P_4, que es un nodo de tipo sumidero. Sin embargo, en este caso no hay un interbloqueo en el sistema puesto que podría darse la siguiente secuencia de ejecución hipotética en la que todos los procesos consiguen obtener los recursos que necesitan:

- El proceso P_4 podría liberar una unidad de R_1 y una de R_3, lo que permitiría que P_3 se desbloqueasea y obtuviera todos los recursos que solicitó mediante una petición múltiple. Obsérvese que, en vez de P_3, podría haberse desbloqueado P_2 llevando a una secuencia distinta, pero que haría progresar igualmente a todos los procesos.
- A continuación, el proceso P_3 liberaría la unidad de R_2 que tiene, lo que permitiría que P_1 se desbloqueasea y la obtuviera.

- El proceso P_1, hipotéticamente, podría liberar más adelante la unidad de R_1 que posee, permitiendo que P_2 pudiera obtener ese recurso.

Dado que dos grafos con características relativamente similares (con ciclos pero sin nudos) tienen un comportamiento diferente en cuanto a los interbloqueos, surge en este punto la cuestión de qué tipo de algoritmos aplicar para detectar la presencia de un interbloqueo en este tipo de sistemas, y la respuesta es usar una técnica que ya se ha utilizado previamente de una manera informal: comprobar si existe una secuencia de ejecución hipotética en la que todos los procesos consiguen obtener los recursos que necesitan.

Algoritmo de reducción

La caracterización del interbloqueo se va a basar en mirar hacia el futuro del sistema de una manera *optimista*, siguiendo la idea que se expone a continuación.

Dado un sistema con un determinado estado de asignación de recursos, un proceso cualquiera que no tenga peticiones pendientes (por tanto, que no esté a la espera de recursos) debería devolver en un futuro más o menos cercano todos los recursos que actualmente tiene asignados. Esta liberación tendría como consecuencia que uno o más procesos que estuvieran esperando por estos recursos se pudieran desbloquear. Los procesos desbloqueados podrían, a su vez, devolver más adelante los recursos que tuvieran asignados, desbloqueando a otros procesos, y así sucesivamente. Si todos los procesos del sistema terminan desbloqueados al final de este análisis *optimista* del futuro del sistema, el estado actual estará libre de interbloqueo. En caso contrario, existirá un interbloqueo en el sistema estando implicados en el mismo los procesos que siguen bloqueados al final del análisis. A este proceso de análisis se le suele denominar *reducción*. A continuación, se define de una forma más precisa.

- Se dice que el estado de un sistema se puede reducir por un proceso P_i si se pueden satisfacer las necesidades del proceso con los recursos disponibles.
- Como parte de la reducción, el proceso devolverá los recursos asignados, tanto los que tenía previamente como los que acaba de obtener, añadiéndolos al sistema y creándose un nuevo estado hipotético. Por tanto, habrá que eliminar del grafo tanto las aristas de solicitud que salen del nodo P_i ($P_i \rightarrow R_i$), ya que hay suficientes recursos disponibles, como las de asignación que llegan a dicho nodo ($R_i \rightarrow P_i$), porque se supone que el proceso devolverá todos sus recursos.
- Como fruto de la reducción, se obtiene un nuevo grafo donde podrá haber nuevos procesos cuyas necesidades estén satisfechas, gracias a los recursos liberados, por los que se podrá aplicar una nueva reducción al sistema.

A partir del concepto de reducción, se puede establecer la condición necesaria y suficiente para que se produzca un interbloqueo.

- La condición necesaria y suficiente para que un sistema esté libre de interbloqueos es que exista una secuencia de reducciones del estado actual del sistema que incluya todos los procesos del sistema. En caso contrario, hay un interbloqueo en el que están implicados los procesos que no están incluidos en la secuencia de reducciones.

Nótese que el proceso de reducción empezará por cualquiera de los procesos que no esté bloqueado a la espera de recursos en el estado actual (es decir, por un vértice de tipo sumidero).

Asimismo, obsérvese que en un determinado paso de una secuencia de reducción podría haber varios procesos a los que aplicar la siguiente reducción, ya que se satisfacen sus necesidades de recursos. En esta situación se podría elegir cualquiera de ellos, puesto que el proceso de reducción no depende del orden. Para poder demostrar esta propiedad solo es necesario darse cuenta de que el proceso de reducción es acumulativo, esto es, en cada paso de reducción se mantienen los recursos disponibles que había hasta entonces, añadiéndose los liberados en la reducción actual. Por tanto, si en un determinado punto de la secuencia se cumplen las condiciones para poder aplicar la reducción por un proceso, estas se seguirán cumpliendo, aunque se realice la reducción por otro proceso.

Por último, hay que resaltar que, para llevar a cabo el proceso de reducción, se deberá crear una copia del grafo de asignación de recursos (una especie de borrador), puesto que no se puede perder el estado real del sistema.

A partir de esta definición, se puede especificar directamente un algoritmo que detecte si hay un interbloqueo en el grafo de asignación de recursos:

```
S=∅; /* Secuencia de reducción. Inicialmente vacía */

Mientras (exista Pᵢ ∉ S cuyas necesidades estén satisfechas) {
        Reducir grafo por Pᵢ:
                Eliminar aristas de solicitud que salen de Pᵢ
                Eliminar aristas de asignación que llegan a Pᵢ
        Añadir Pᵢ a S;
}

Si (S==P)
        /* si la secuencia contiene todos los procesos (P) */
        No hay interbloqueo
Sino
        Los procesos en el conjunto P-S están en un interbloqueo
```

Este algoritmo tiene una complejidad $O(p^2r)$, siendo p el número de procesos en el sistema y r el número de recursos. Por un lado, el bucle principal puede ejecutarse una vez por cada proceso (p veces). Por otro, en cada iteración del bucle, la operación que determina qué proceso tiene sus necesidades satisfechas implica comparar las solicitudes de recursos de cada proceso que todavía no esté en la secuencia de reducción con los recursos disponibles en el grafo reducido (del orden de $p{\times}r$ comparaciones). Existen, sin embargo, optimizaciones de este algoritmo que usan estructuras de datos auxiliares adicionales, las cuales consiguen una complejidad $O(pr)$.

A continuación, se va a aplicar este algoritmo a los dos ejemplos planteados en este apartado. El grafo del primer ejemplo era el siguiente:

$N = \{P_1, P_2, P_3, P_4, R_1(1), R_2(2), R_3(3)\}$
$A = \{R_1{\rightarrow}P_1, R_2{\rightarrow}P_2, R_2{\rightarrow}P_3, R_3{\rightarrow}P_4, R_3{\rightarrow}P_4, P_1{\rightarrow}R_2, P_2{\rightarrow}R_1, P_3{\rightarrow}R_1, P_3{\rightarrow}R_3, P_3{\rightarrow}R_3\}$

Cuando se aplica el algoritmo de reducción a este grafo, el resultado es el siguiente:
- En la primera iteración se puede elegir cualquier proceso cuyo vértice sea un sumidero, puesto que eso implicaría que tiene todas sus necesidades satisfechas. En el ejemplo, P_4 no tiene ninguna arista de solicitud por lo que se le seleccionará para llevar a cabo la reducción ($S=\{P_4\}$). Esta reducción causaría la eliminación de todas las aristas asociadas a ese proceso, dando como resultado el siguiente grafo:

  $A = \{R_1{\rightarrow}P_1, R_2{\rightarrow}P_2, R_2{\rightarrow}P_3, P_1{\rightarrow}R_2, P_2{\rightarrow}R_1, P_3{\rightarrow}R_1, P_3{\rightarrow}R_3, P_3{\rightarrow}R_3\}$

  La Figura 7.15 muestra el grafo resultante de esa primera reducción.
- En la segunda iteración, ningún proceso tiene sus necesidades satisfechas, por lo que se completa el algoritmo determinando que hay un interbloqueo que afecta a los tres primeros procesos.

En cuanto al segundo ejemplo, su grafo de asignación de recursos era el siguiente:

$N = \{P_1, P_2, P_3, P_4, R_1(2), R_2(2), R_3(3)\}$
$A = \{R_1{\rightarrow}P_1, R_2{\rightarrow}P_2, R_2{\rightarrow}P_3, R_1{\rightarrow}P_4, R_3{\rightarrow}P_4, R_3{\rightarrow}P_4, P_1{\rightarrow}R_2, P_2{\rightarrow}R_1, P_3{\rightarrow}R_1, P_3{\rightarrow}R_3, P_3{\rightarrow}R_3\}$

La aplicación del algoritmo de reducción a este grafo resulta en lo siguiente:
- En la primera iteración se selecciona para la reducción P_4 ya que no tiene asociada ninguna arista de solicitud ($S=\{P_4\}$). Esta reducción causaría la eliminación de todas las aristas vinculadas con ese proceso, dando como resultado el siguiente grafo:

  $A = \{R_1{\rightarrow}P_1, R_2{\rightarrow}P_2, R_2{\rightarrow}P_3, P_1{\rightarrow}R_2, P_2{\rightarrow}R_1, P_3{\rightarrow}R_1, P_3{\rightarrow}R_3, P_3{\rightarrow}R_3\}$

- En la segunda iteración, tanto P_2 como P_3 tienen sus necesidades satisfechas, por lo que se puede elegir cualquiera de ellos para llevar a cabo la reducción. Suponga que se selecciona

P₃ (S={P₄,P₃}), eliminándose todas sus aristas, tanto de solicitud como de asignación, y dando como resultado el siguiente grafo:

A = {R₁→P₁, R₂→P₂, P₁→R₂, P₂→R₁}

- En la tercera iteración, tanto P₁ como P₂ tienen sus necesidades satisfechas, por lo que se puede elegir cualquiera de ellos para llevar a cabo la reducción. Suponga que se selecciona P₁ (S={P₄,P₃,P₁}), eliminándose todas sus aristas, tanto de solicitud como de asignación, y dando como resultado el siguiente grafo:

A = {R₂→P₂, P₂→R₁}

- En la última iteración, al quedar un único proceso, P₂, es seguro que se cumplen sus necesidades y, por tanto, puede ser usado para la reducción (S={P₄,P₃,P₁,P₂}). Dado que todos los procesos han intervenido en la secuencia de reducción, el sistema está libre de interbloqueos.

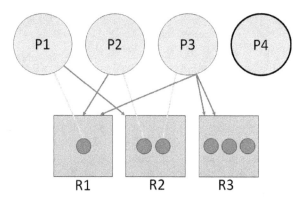

Figura 7.15 Grafo de asignación del primer ejemplo después de una reducción.

A continuación, se muestran las Figuras de la 7.16 a la 7.19 correspondientes a las cuatro reducciones realizadas en el sistema.

Evidentemente, este algoritmo es válido para comprobar si existe un interbloqueo para cualquiera de los modelos presentados, aunque no sea la solución más eficiente para los modelos menos complejos. En la sección de ejercicios, al final del tema, se propone al lector que lo aplique a todos los ejemplos planteados en este capítulo.

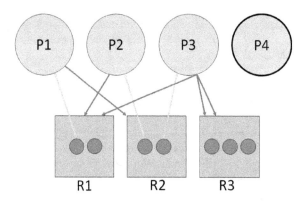

Figura 7.16 Grafo de asignación del segundo ejemplo después de una reducción.

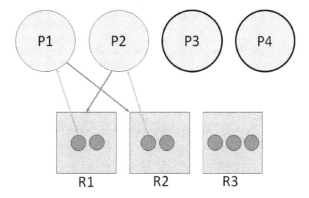

Figura 7.17 Grafo de asignación del segundo ejemplo después de dos reducciones.

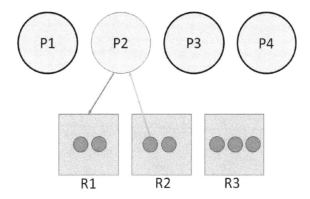

Figura 7.18 Grafo de asignación del segundo ejemplo después de tres reducciones.

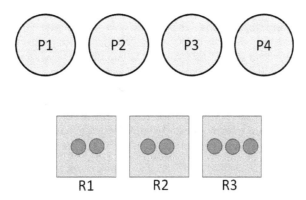

Figura 7.19 Grafo de asignación del segundo ejemplo después de cuatro reducciones.

Modelo con petición múltiple pero recursos independientes

Para no alargar innecesariamente esta sección, el análisis del interbloqueo se ha centrado únicamente en dos modelos: sistemas que gestionan múltiples unidades de cada recurso y usan peticiones de una única unidad y sistemas que permiten solicitudes de múltiples unidades.

En este apartado se hará una breve reseña de un modelo intermedio entre ambos, al que se hará referencia cuando se estudien las estrategias de predicción: modelo con peticiones múltiples de tipo *AND*, pero para un sistema que, como el modelo básico, considera los recursos como independientes.

Retomemos el ejemplo de los tres *threads* que usan *mutex*, pero añadiéndole un cuarto *mutex* y una solicitud múltiple:

1. P_1: `lock(Ma)`
2. P_2: `lock(Mb)`
3. P_3: `lock(Mc)`
4. P_3: `lock(Ma,Md)` → se bloquea puesto que un recurso no está disponible
5. P_1: `lock(Mb)` → se bloquea puesto que el recurso no está disponible
6. P_2: `lock(Mc)` → se bloquea por recurso no disponible: hay interbloqueo

La representación gráfica de esa traza de ejecución sería la que aparece en la Figura 7.20:

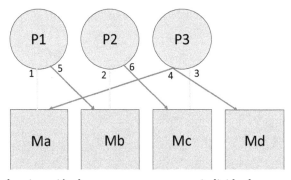

Figura 7.20 Grafo de asignación de recursos con recursos individuales y una petición múltiple.

Como se puede apreciar en el ejemplo, para este modelo, como ocurre con el básico, la presencia de un ciclo es condición necesaria y suficiente para la existencia de un interbloqueo. Para apreciarlo de forma intuitiva, solo hace falta tener en cuenta que, para que en un sistema con recursos independientes no exista un interbloqueo en una petición múltiple de tipo *AND*, no debe haberlo para ninguno de los recursos involucrados en esa petición. En consecuencia, habrá un interbloqueo si cualquiera de las aristas de solicitud correspondiente a una petición múltiple no satisfecha está involucrada en un ciclo, como ocurre con la arista que conecta P_3 y Ma en el ejemplo. Téngase en cuenta que, como se analizará cuando se estudien las estrategias de prevención, una petición múltiple que solicita un conjunto de recursos siempre será menos propensa al interbloqueo que una secuencia de peticiones individuales de cada recurso del conjunto. Nótese que, si una petición múltiple provoca un interbloqueo, todas las posibles secuencias de peticiones individuales equivalentes también lo causarán. Asimismo, aunque una secuencia de peticiones individuales pueda causar un interbloqueo, el uso de peticiones múltiples puede evitarlo, como ocurriría en este ejemplo si cada *thread* solicita de golpe todos los *mutex* que necesita.

7.5.5 Modelo con recursos consumibles

Con anterioridad, ya se han identificado algunos de los problemas que conlleva la gestión de los interbloqueos para los recursos consumibles y por ese motivo no se ha considerado hasta ahora este tipo de recursos en esta sección. Sin embargo, en este apartado se va a retomar el estudio de los mismos, aunque sea para volver a incidir sobre las dificultades que conllevan.

En primer lugar, hay que resaltar algunos aspectos diferenciales entre ambos tipos de recursos que condicionan la aplicación del modelo a cada tipo de recurso:

- Con recursos reutilizables, un proceso no se ve involucrado en el control de interbloqueos hasta que no intenta usar un recurso. Sin embargo, un proceso que puede generar potencialmente unidades de un recurso consumible es tenido en cuenta en todo momento a la hora de determinar si existe un interbloqueo. De hecho, como se analizará a continuación, existirá una arista de asignación permanente desde el recurso al proceso. Y esto es así con independencia de si ese proceso va a generar o no durante su existencia alguna unidad de dicho recurso.

- El inventario de unidades de un recurso reutilizable no cambia a no ser que se creen nuevas unidades o se destruyan algunas de las existentes. En el caso de un recurso consumible, el número de unidades aumenta cuando un proceso realiza una operación de liberación, mientras que disminuye al procesarse una operación de solicitud. Nótese que el orden natural de las operaciones para los recursos consumibles es el inverso que para los reutilizables: primero se genera una unidad (liberación) y luego se consume (solicitud).

- Si en una operación de solicitud todos los recursos están disponibles, se eliminan las unidades pedidas, pero no se crea ninguna arista de asignación.

- Si en una operación de liberación no hay ningún proceso esperando por los recursos liberados, se aumenta el número de unidades disponibles en la cantidad correspondiente.

Realizadas esas adaptaciones, el modelo es aplicable a todo tipo de recursos. Para ilustrarlo, se va a retomar el ejemplo previo con tres procesos y tres semáforos iniciados con un contador igual a 1:

Proceso P_1	Proceso P_2	Proceso P_3
wait(Sa)	**wait**(Sb)	**wait**(Sc)
wait(Sb)	**wait**(Sc)	**wait**(Sa)
. . . .	. . . .	. . . .
signal(Sb)	**signal**(Sc)	**signal**(Sa)
signal(Sa)	**signal**(Sb)	**signal**(Sc)

El grafo de asignación de recursos inicial sería el siguiente, donde ya aparecen las aristas de asignación correspondientes a los procesos que potencialmente pueden generar unidades de esos recursos (en el ejemplo, los procesos que tengan acceso a los semáforos):

```
N = {P₁, P₂, P₃, Sa(1), Sb(1), Sc(1)}
A = {Sa→P₁, Sa→P₂, Sa→P₃, Sb→P₁, Sb→P₂, Sb→P₃, Sc→P₁, Sc→P₂, Sc→P₃}
```

En la Figura 7.21 se muestra la representación gráfica del mismo en la que hay que resaltar que, para este tipo de recursos, las aristas de asignación están asociadas globalmente al recurso y no a una unidad específica del mismo.

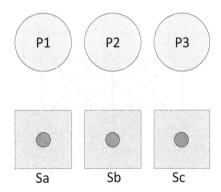

Figura 7.21 Grafo de asignación de recursos inicial.

Suponga que se realiza la siguiente traza de ejecución:

1. P_1: wait(Sa)
2. P_2: wait(Sb)
3. P_3: wait(Sc)
4. P_3: wait(Sa)   → se bloquea puesto que el recurso no está disponible

5. P_1: `wait(Sb)`   → se bloquea puesto que el recurso no está disponible
6. P_2: `wait(Sc)`   → se bloquea puesto que el recurso no está disponible

Después de las tres primeras sentencias, el grafo de asignación de recursos resultante tendría las mismas aristas, habiendo cambiado únicamente el número de unidades disponibles:

```
N = {P₁, P₂, P₃, Sa(0), Sb(0), Sc(0)}
A = {Sa→P₁, Sa→P₂, Sa→P₃, Sb→P₁, Sb→P₂, Sb→P₃, Sc→P₁, Sc→P₂, Sc→P₃}
```

Y la representación gráfica del mismo sería la que aparece en la Figura 7.22.

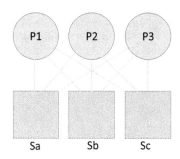

Figura 7.22 Grafo de asignación de recursos después de las tres primeras sentencias.

Al final de la traza, el grafo de asignación de recursos resultante y su representación gráfica serían los que aparecen en la Figura 7.23:

```
N = {P₁, P₂, P₃, Sa(0), Sb(0), Sc(0)}
A = {Sa→P₁, Sa→P₂, Sa→P₃, Sb→P₁, Sb→P₂, Sb→P₃, Sc→P₁, Sc→P₂, Sc→P₃,
     P₁→Sb, P₂→Sc, P₃→Sa}
```

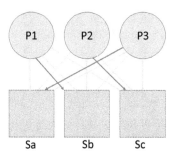

Figura 7.23 Grafo de asignación de recursos final.

Comprobación de la existencia de un interbloqueo

Una vez adaptado el modelo para que englobe también los recursos de tipo consumible, se pueden aplicar directamente los resultados obtenidos en los apartados previos. Así, si se usa un esquema de tipo petición única, la condición necesaria y suficiente para que haya un interbloqueo es la existencia de un nudo en el grafo, estando afectados por el interbloqueo los procesos involucrados en ese nudo.

Retomando el último ejemplo, en la figura previa se puede apreciar la presencia de un nudo que afecta a los tres procesos y, por tanto, todos ellos están implicados en un interbloqueo. Sin embargo, es interesante resaltar para entender bien el comportamiento de este tipo de recursos que, si existiese otro proceso que potencialmente pudiera generar unidades de alguno de los recursos involucrados, ya no existiría el interbloqueo. Así, tal como se puede apreciar en la Figura 7.24, se ha extendido el ejemplo para añadir un cuarto proceso que tiene acceso únicamente al tercer semáforo. Con la presencia de este proceso, ya no hay un nudo en el grafo y, por tanto, no existe interbloqueo.

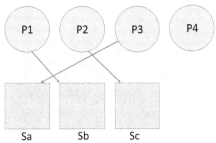

Figura 7.24 Grafo de asignación de recursos con un proceso adicional.

En el caso de que se use un esquema que permita realizar solicitudes de múltiples unidades siguiendo un comportamiento de tipo *AND*, como ya se ha estudiado previamente, hay que usar el algoritmo de reducción para determinar si existe un interbloqueo. Sin embargo, es necesario adaptar el concepto de reducción a las peculiaridades de los recursos consumibles:

- Cuando se realiza la reducción por un determinado proceso, por cada recurso consumible que tenga asignado ese proceso, se eliminará la arista de asignación asociada al mismo y se considerará que se ha generado un número ilimitado de unidades de ese recurso. Para entenderlo, téngase en cuenta que la reducción es un proceso optimista en el que todos los procesos cooperan y, por tanto, un proceso productor de unidades de un recurso generará todas las unidades que hagan falta del mismo.
- A diferencia de lo que ocurre cuando se gestionan solo recursos reutilizables, cuando se consideran ambos tipos de recursos, el orden de reducción sí importa ya que los procesos gastan los recursos consumibles, en vez de usarlos y devolverlos como ocurre con los reutilizables. Por tanto, para concluir que en un determinado escenario que incluye recursos consumibles y usa peticiones múltiples existe un interbloqueo, es necesario asegurarse de que no existe ninguna secuencia de reducción completa. En consecuencia, al tener que realizar una comprobación exhaustiva de todos los posibles órdenes de reducción, se obtiene un algoritmo de complejidad factorial, lo que hace que sea desaconsejable su utilización en sistemas de una cierta escala.

A continuación, se va a plantear un ejemplo de un sistema en el que se usan solicitudes de múltiples unidades en el que hay cuatro procesos, 2 *mutex* y una tubería, tal que solo el tercer proceso puede escribir en dicha tubería. Considere que el grafo inicial es el siguiente, donde los *mutex* están libres y la tubería vacía:

```
N = {P₁, P₂, P₃, P₄, Ma(1), Mb(1), Tub(0)}
A = {Tub→P₃}
```

En la Figura 7.25 se muestra la representación gráfica de dicho grafo.

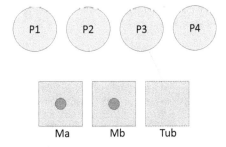

Figura 7.25 Grafo de asignación de recursos inicial.

Suponga que se produce a continuación la siguiente secuencia de ejecución, tal que las dos últimas peticiones son de tipo múltiple.

1. P_1: `lock(Ma)`
2. P_2: `lock(Mb)`
3. P_3: `escribe(Tub)`
4. P_3: `lock(Mb)` → se bloquea puesto que el recurso no está disponible
5. P_2: `Solicita(lee(Tub),lock(Ma))` → se bloquea por recurso no disponible
6. P_4: `Solicita(lee(Tub),lock(Ma))` → se bloquea por recurso no disponible

A continuación, se muestra el grafo resultante, así como su representación gráfica, que aparece en la Figura 7.26.

```
N = {P₁, P₂, P₃, P₄, Ma(1), Mb(1), Tub(1)}
A = {Tub→P₃, Ma→P₁, Mb→P₂, P₂→Ma, P₂→Tub, P₃→Mb, P₄→Ma, P₄→Tub}
```

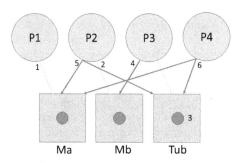

Figura 7.26 Grafo de asignación de recursos final.

Para determinar si hay un interbloqueo hay que aplicar el algoritmo de reducción:

- En la primera iteración se puede elegir cualquier proceso cuyo vértice sea un sumidero, puesto que eso implicaría que tiene todas sus necesidades satisfechas. En el ejemplo, solo P_1 no tiene ninguna arista de solicitud por lo que se le seleccionará para llevar a cabo la reducción ($S=\{P_1\}$). Esta reducción causaría la eliminación de todas las aristas asociadas a ese proceso, dando como resultado el siguiente grafo:

```
A = {Tub→P₃, Mb→P₂, P₂→Ma, P₂→Tub, P₃→Mb, P₄→Ma, P₄→Tub}
```

La Figura 7.27 muestra el grafo resultante de esa primera reducción.

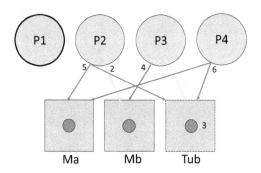

Figura 7.27 Grafo de asignación después de una primera reducción.

- En la segunda iteración, hay dos procesos que tienen sus necesidades satisfechas (P_2 y P_4). Se selecciona, por ejemplo, P_4 ($S=\{P_1, P_4\}$) y se realiza la reducción basándose en dicho proceso, dando como resultado el siguiente grafo:

```
N = {P₁, P₂, P₃, P₄, Ma(1), Mb(1), Tub(0)}
A = {Tub→P₃, Mb→P₂, P₂→Ma, P₂→Tub P₃→Mb}
```

La Figura 7.28 muestra el grafo resultante de esa segunda reducción.

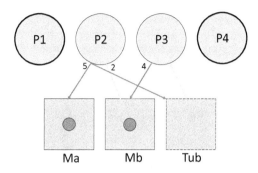

Figura 7.28 Grafo de asignación después de una segunda reducción.

- En la tercera iteración, ningún proceso tiene sus necesidades satisfechas.

Sin embargo, al tratarse de un sistema donde existen recursos consumibles, esto no indica que hay un interbloqueo, sino que es necesario probar otra secuencia de reducción. Volvamos hacia atrás al segundo paso y, en vez de P_4, seleccionemos P_2:

- En esta nueva segunda iteración, se reduce usando P_2 (S={P_1, P_2}), resultando el siguiente grafo:

```
N = {P₁, P₂, P₃, P₄, Ma(1), Mb(1), Tub(0)}
A = {Tub→P₃, P₃→Mb, P₄→Ma, P₄→Tub}
```

La Figura 7.29 muestra el grafo resultante de esta reducción.

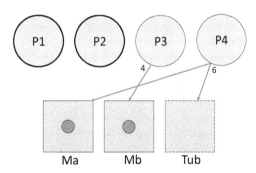

Figura 7.29 Grafo de asignación después de la 2ª reducción del 2º intento.

- En la nueva tercera iteración, solo se puede reducir utilizando P_3 (S={P_1, P_2, P_3}). Dado que dicho proceso tiene asociado una arista de asignación desde un recurso consumible (es el único escritor de la tubería), como parte del proceso de reducción, se elimina esa arista y se generan un número ilimitado de unidades del recurso (un número infinito ∞), quedando así el grafo de recursos:

```
N = {P₁, P₂, P₃, P₄, Ma(1), Mb(1), Tub(∞)}
A = {P₄→Ma, P₄→Tub}
```

La Figura 7.30 muestra el grafo resultante de esta reducción.

- En este punto, aunque sea innecesario al quedar solo un proceso, se podría completar el algoritmo reduciendo mediante el cuarto proceso, estando el sistema libre de interbloqueos, a pesar de que una de las secuencias de reducción no se completó.

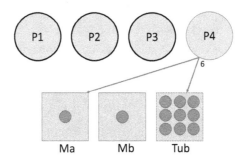

Figura 7.30 Grafo de asignación después de la 3ª reducción del 2º intento.

7.6 Tratamiento del interbloqueo

Como se vio al principio del capítulo, las técnicas para tratar el interbloqueo pueden clasificarse en tres categorías: estrategias de detección y recuperación, estrategias de prevención y estrategias de predicción. Antes de analizar en detalle cada una de ellas, es interesante comentar que este tipo de soluciones, hasta cierto punto, se emplea también en otros ámbitos diferentes, como puede ser en el mantenimiento de un equipo o en el tratamiento de una enfermedad.

Así, por ejemplo, en el caso del mantenimiento de un equipo, la estrategia basada en la detección y recuperación consistiría en esperar a que falle un determinado componente para sustituirlo, con la consiguiente parada del sistema mientras se produce la reparación. Una estrategia preventiva, sin embargo, reemplazaría periódicamente los componentes del equipo para asegurar que no se averían. Nótese que esta sustitución periódica podría implicar que se descarten componentes que todavía estén en buenas condiciones. Para paliar esta situación, la predicción se basaría en conocer *a priori* qué síntomas muestra un determinado componente cuando se está acercando al final de su "vida" (por ejemplo, presenta una temperatura excesiva o produce una vibración). Esta estrategia consistiría en supervisar periódicamente el comportamiento del componente y proceder a su sustitución cuando aparezcan los síntomas predeterminados. Aunque, evidentemente, este ejemplo no presenta las mismas características que el problema de los interbloqueos, permite identificar algunas de las ideas básicas sobre su tratamiento como, por ejemplo, el mal uso de los recursos que pueden implicar las técnicas preventivas o la necesidad de un conocimiento *a priori* que requieren las estrategias basadas en la predicción. A continuación, se comentan los tres tipos de estrategias utilizadas para tratar el interbloqueo:

- **Detección y recuperación**: Se podría considerar que este tipo de técnicas conlleva una visión optimista del sistema. Los procesos realizan sus peticiones sin ninguna restricción pudiendo, por tanto, producirse interbloqueos. Se debe supervisar el estado del sistema para detectar el interbloqueo mediante alguno de los algoritmos planteados en las secciones anteriores. Nótese que la aplicación de este algoritmo supondrá un coste que puede afectar al rendimiento del sistema. Cuando se detecta, hay que eliminarlo mediante algún procedimiento de recuperación que, normalmente, conlleva una pérdida del trabajo realizado hasta ese momento por algunos de los procesos implicados.
- **Prevención**: Este tipo de estrategias intenta eliminar el problema de raíz, fijando una serie de restricciones en el sistema sobre el uso de los recursos que aseguran que no se pueden producir interbloqueos. Obsérvese que estas restricciones se aplican a todos los procesos por igual, con independencia de qué recursos use cada uno de ellos. Esta estrategia suele implicar una infrautilización de los recursos, puesto que un proceso, debido a las restricciones establecidas en el sistema, puede verse obligado a reservar un recurso mucho antes de necesitarlo.
- **Predicción** (en inglés, se suele usar el término *avoidance*): Esta estrategia evita el interbloqueo basándose en un conocimiento *a priori* de qué recursos va a usar cada proceso. Este conocimiento permite definir algoritmos que aseguren que no se produce un interbloqueo. Como ocurre con las estrategias de detección, a la hora de aplicar esta

técnica, es necesario analizar la repercusión que tiene la ejecución del algoritmo de predicción sobre el rendimiento del sistema. Además, como sucede con la prevención, generalmente provoca una infrautilización de los recursos.

Existe una cuarta alternativa que consiste en no realizar ningún tratamiento, o sea, **ignorar los interbloqueos**. Aunque parezca sorprendente *a priori*, como se analizará más adelante, algunos sistemas operativos usan frecuentemente esta estrategia de "esconder la cabeza debajo del ala" y, aunque se aseguran de que están libres de interbloqueos en su funcionamiento interno, no lo hacen de forma radical en los servicios que proporcionan a las aplicaciones.

7.7 Detección y recuperación

Esta técnica de tratamiento de los interbloqueos presenta, como su nombre indica, dos fases:

- **Fase de detección**: Debe ejecutarse un algoritmo que determine si el estado actual del sistema está libre de interbloqueos, tal que, en caso de que no lo esté, identifique qué procesos están implicados en el interbloqueo y active la fase de recuperación del sistema.
- **Fase de recuperación**: Una vez detectado el interbloqueo, se debe aplicar una acción que lo elimine y permita recuperar el buen funcionamiento del sistema.

7.7.1 Detección del interbloqueo

Para esta fase, se seleccionará aquel algoritmo, entre los planteados en las secciones anteriores, que sea más adecuado para las características específicas del sistema a supervisar. Dado que, como se analizó previamente, los algoritmos de detección pueden tener una repercusión apreciable sobre el rendimiento del sistema, un aspecto importante es establecer con qué frecuencia se debería ejecutar dicho algoritmo. Evidentemente, lo ideal sería poder detectar un interbloqueo justo cuando se produce para poder tratarlo inmediatamente. Téngase en cuenta que, mientras no se arregle el problema, los procesos y recursos involucrados estarán bloqueados, pudiéndose, además, incorporar progresivamente más procesos al interbloqueo. Sin embargo, no hay que olvidar que el algoritmo tiene un coste de ejecución apreciable y que, por tanto, esta supervisión continua puede ser inabordable.

Volviendo al símil del mantenimiento de los equipos de una empresa, lo idóneo sería poder tener una supervisión continua del funcionamiento de todos los equipos para poder detectar inmediatamente el fallo de alguno. Sin embargo, esta estrategia puede requerir más recursos humanos de los que dispone la empresa. Ante esta situación, una solución alternativa sería una comprobación periódica del buen funcionamiento de los sistemas. El periodo de comprobación debería fijarse teniendo en cuenta las estadísticas sobre la frecuencia de fallos de cada componente. Además de esta estrategia periódica, también podría activarse la comprobación de un equipo cuando se detecta algún síntoma en el sistema global que haga pensar que algún componente ha fallado. En esta estrategia se presentan alternativas similares:

- Se puede realizar una **supervisión continua** del estado del sistema con respecto a la asignación de recursos para comprobar que está libre de interbloqueos. Nótese que un interbloqueo solo puede aparecer cuando no puede satisfacerse una petición de un proceso. Por tanto, solo sería necesario ejecutar el algoritmo cuando se produce una solicitud que no puede satisfacerse. Se debe tener en cuenta también que, como se analizó en las secciones previas, el algoritmo de detección queda simplificado en esta situación, puesto que, una vez que se detecte que el proceso que realizó la petición que activó el algoritmo no está involucrado en un interbloqueo, se puede detener la búsqueda, puesto que esto implica que el sistema está libre de este problema. La viabilidad de esta alternativa dependerá de con qué frecuencia se active el algoritmo y del tiempo que consuma su ejecución, que dependerá del número de procesos y recursos existentes en el sistema. Nótese que esta función de detección recibe como entrada el proceso que está actualmente en ejecución que ha realizado una solicitud de recursos que no puede satisfacerse y obtiene como resultado si ese proceso está involucrado en un interbloqueo o no.
- Se puede realizar una **supervisión periódica**. Esta sería la opción adecuada cuando, dadas las características del sistema, la repercusión sobre el rendimiento del sistema de

la ejecución del algoritmo por cada petición insatisfecha fuera intolerable. El valor del periodo debe reflejar un compromiso entre dos factores: debe ser suficientemente alto para que el tiempo de ejecución del algoritmo no afecte apreciablemente al rendimiento del sistema, pero suficientemente bajo para que sea aceptable el tiempo que pasa entre que se produce un interbloqueo y su detección. Este valor dependerá de las características del sistema y de las peticiones que realizan los procesos activos en un momento dado, siendo, por tanto, difícil de determinar. Nótese que el algoritmo podría también activarse cuando se detecta algún síntoma que pudiera indicar un posible interbloqueo. Por ejemplo, cuando el grado de utilización del procesador bajara de un determinado umbral. Observe que la función de detección retorna como resultado el conjunto de procesos que están involucrados en un interbloqueo, en caso de que los haya.

7.7.2   Recuperación del interbloqueo

Una vez detectado un interbloqueo, es necesario tomar una serie de medidas para eliminarlo y recuperar al sistema del mismo. Idealmente, esta recuperación debería ser transparente, en el sentido de que el sistema siga realizando su labor sin pérdida de trabajo, solo causando una sobrecarga por el coste de su tratamiento. Sin embargo, esto no es siempre posible. La estrategia de recuperación va a venir condicionada por el tipo de esquema de detección que se haya usado.

Recuperación con supervisión continua

Si se aplica el algoritmo de detección siempre que se produce una petición que no puede satisfacerse, la estrategia más sencilla es aplicar las medidas de recuperación precisamente al proceso que ha realizado la petición que ha generado el interbloqueo, aunque en algunos casos podría no ser la solución más conveniente, ya que, por ejemplo, este proceso podría tener una gran prioridad. Dentro de esta estrategia se presentan básicamente dos opciones: notificar al programa del problema detectado para que este realice la labor pertinente o dejar que sea el sistema el que realice la recuperación.

Con respecto a la primera alternativa, cuando el sistema detecta que una solicitud causa un interbloqueo, puede simplemente devolver un error en esa llamada (también podría considerarse la alternativa de generar una excepción, que asegura que el programa no puede ignorar el tratamiento de ese error) y dejar que el programa, al comprobar el valor erróneo devuelto, decida cómo recuperarse del error.

Una opción sería que el programa, al detectar el error, terminase de forma ordenada, liberando los recursos, perdiéndose el trabajo que llevaba realizado hasta el momento y haciendo visible al usuario que lanzó el programa esta circunstancia anómala.

```
if (Solicita(C)==INTERBLOQUEO)
        return ERROR
Uso del recurso C
if (Solicita(I)==INTERBLOQUEO)
        Libera(C)
        return ERROR
Uso de ambos recursos
Libera(I)
Uso del recurso C
Libera(C)
```

Una alternativa que haría el tratamiento transparente al usuario sería que el programa implementase su estrategia de recuperación en caso de error, liberando los recursos obtenidos hasta el momento y volviendo a la fase del programa justo antes de solicitar el primer recurso:

```
if (Solicita(C)==INTERBLOQUEO)
        Vuelve al inicio
Uso del recurso C
```

```
if (Solicita(I)==INTERBLOQUEO)
        Libera(C)
        Vuelve al inicio
Uso de ambos recursos
Libera(I)
Uso del recurso C
Libera(C)
```

Esta estrategia conlleva dos aspectos problemáticos:

- Puede provocar un *livelock*.
- Al volver al principio, se va a repetir nuevamente el trabajo que se había completado parcialmente. En el caso de que se trate de acciones *idempotentes*, esta repetición es viable, incurriendo únicamente en un gasto extra de tiempo. Sin embargo, en caso contrario, sería necesario, en caso de que sea posible, deshacer el trabajo parcialmente hecho antes de volver al inicio del programa.

La otra opción es que sea el sistema el que se encargue de la fase de recuperación, aplicando a ese proceso una de las estrategias planteadas en el siguiente apartado.

Recuperación con supervisión periódica

El algoritmo de recuperación tomaría como punto de partida el conjunto de procesos que están implicados en interbloqueos, tal como ha determinado el algoritmo de detección, y seleccionaría uno o más de los procesos implicados, quitándoles algunos de los recursos que tienen asignados de forma que se rompa el interbloqueo.

Para quitarles esos recursos, habría que hacer que los procesos elegidos "retrocedan en el tiempo su ejecución", al menos hasta justo antes de que solicitasen dichos recursos. Este "viaje hacia atrás en el tiempo" es complicado, puesto que implica restaurar el estado del proceso tal como estaba en ese instante previo. Esta operación solo sería factible, pero no fácil de implementar, en sistemas que tengan algún mecanismo de puntos de recuperación, lo que no es habitual en los sistemas de propósito general. Dada esta dificultad, lo más habitual es realizar "un retroceso total", abortando directamente los procesos elegidos, con la consiguiente pérdida del trabajo realizado por los mismos.

El esquema de recuperación iría sucesivamente abortando procesos del conjunto determinado por el algoritmo de detección hasta que los interbloqueos desaparezcan del sistema. Nótese que, después de abortar un proceso, habría que volver a aplicar el algoritmo de detección para ver si siguen existiendo interbloqueos y, en caso afirmativo, qué procesos están implicados en los mismos.

El criterio a la hora de seleccionar qué procesos del conjunto se abortarán debería intentar minimizar el coste asociado a la muerte prematura de los mismos. En esta decisión pueden intervenir numerosos factores, tales como la prioridad de los procesos implicados, el número de recursos que tiene asignados cada proceso o el tiempo que lleva ejecutando cada uno.

Esta solución no sería transparente y le resultaría posiblemente extraña a los usuarios del sistema, puesto que hay procesos que desaparecen sin previo aviso. Si se pretende que la recuperación sea transparente, el sistema debería reiniciar automáticamente los procesos abortados, lo que acarrearía los dos mismos aspectos problemáticos enumerados previamente:

- Puede provocar un *livelock*. Podría ocurrir, aunque sea muy poco probable, que el proceso recién iniciado llegue al mismo punto de su ejecución donde estaba cuando se detectó el interbloqueo y se abortó.
- Al reiniciarse el proceso, va a repetir nuevamente el trabajo que ya había completado parcialmente, lo que solo sería aceptable si se trata de operaciones *idempotentes*.

Para concluir este apartado, hay que resaltar que este tipo de estrategia es usada frecuentemente en los sistemas de gestión de bases de datos. En este tipo de sistemas, las entidades activas son las transacciones y los recursos corresponden con los diversos registros y tablas de la base de datos, a los que habrá que acceder en ocasiones en modo exclusivo, usando un mecanismo de cerrojos. Con respecto a la detección, es más simple que en un sistema operativo de propósito general, dado que solo hay un único tipo de recursos (los cerrojos). En cuanto a la recuperación del interbloqueo, gracias al carácter atómico de las transacciones, basta con abortar la transacción seleccionada y volver arrancarla inmediatamente, sin que el usuario final sea consciente de esta circunstancia. No existe una pérdida de trabajo, solo una sobrecarga tolerable, dada su baja probabilidad, debido a la repetición de la transacción.

7.8 Prevención del interbloqueo

Con la estrategia de prevención se intenta eliminar el problema de raíz, asegurando que nunca se pueden producir interbloqueos. Dado que, como se analizó previamente, es necesario que se cumplan las cuatro condiciones de Coffman para que se produzca un interbloqueo, bastaría únicamente con asegurar que una de estas condiciones no se puede satisfacer para eliminar los interbloqueos en el sistema. A continuación, se analiza sucesivamente cada una de estas cuatro condiciones para ver si es posible establecer estrategias que aseguren que no puede cumplirse.

7.8.1 Exclusión mutua

Esta condición establece que para que se produzca un interbloqueo los recursos implicados en el mismo deben ser de uso exclusivo. Para asegurar que no se puede satisfacer esta condición, habría que conseguir que todos los recursos requeridos fueran de tipo compartido. Sin embargo, como se comentó previamente, esto no es posible, puesto que hay recursos que son intrínsecamente de carácter exclusivo. Por tanto, esta primera condición no permite definir directamente estrategias de prevención.

Aunque no sea una estrategia generalizable, se podría considerar como una forma de romper esta condición necesaria la idea de convertir hasta cierto punto en compartido un recurso exclusivo haciendo que un único proceso lo gestione, de manera que se permita a los procesos restantes interaccionar indirectamente con dicho recurso a través de ese proceso gestor.

7.8.2 Retención y espera

Esta condición identifica que para que ocurra un interbloqueo tiene que haber procesos que tengan asignados recursos pero que estén bloqueados esperando por otros recursos. Para romper esta condición pueden plantearse diversas estrategias alternativas, dos de la cuales se analizan en los siguientes apartados:

* Solicitar de forma simultánea todos los recursos requeridos.
* Evitar la expulsión de un proceso mientras esté en posesión de un recurso.

Prevención basada en la solicitud simultánea de recursos

Una primera estrategia de prevención, basada en asegurar que no se cumple esta condición, consistiría en hacer que cada programa al principio de su ejecución, en el momento de necesitar el primer recurso, solicitase simultáneamente todos los recursos que va a requerir durante su ejecución. De esta forma, se evita el interbloqueo, ya que el proceso solo se bloquea esperando recursos al principio, cuando no tiene ninguno asignado. Una vez satisfecha la solicitud, el programa ya no se bloqueará en espera de recursos, puesto que dispone de todos los que necesita.

Una estrategia más refinada consistiría en permitir que un proceso pueda solicitar un recurso solo si no tiene ninguno asignado. Con esta segunda alternativa, un programa solo se vería obligado a pedir simultáneamente dos recursos si se solapa en el tiempo el uso de los mismos.

Como ejemplo, supóngase un programa que necesita usar cuatro recursos (A, B, C y D) en distintos intervalos de tiempo a lo largo de su ejecución, de acuerdo con el diagrama de la Figura 7.31.

Siguiendo esta estrategia de prevención, el programa debería solicitar casi todos los recursos al principio, aunque realmente la mayoría de ellos solo los necesite en fases posteriores del programa, como se aprecia a continuación:

* t_1: Solicita(A,B,C)
* (t_1,t_2): solo utiliza A

- (t_2, t_3): utiliza A y B
- t_3: Libera(A)
- (t_3, t_4): solo utiliza B
- (t_4, t_5): utiliza B y C
- t_5: Libera(B)
- (t_5, t_6): solo utiliza C
- t_6: Libera(C)
- t_7: solicita(D)
- (t_7, t_8): solo utiliza D
- t_8: Libera(D)

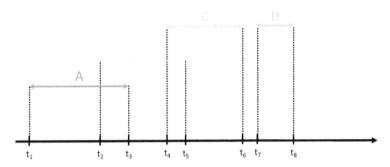

Figura 7.31 Diagrama del uso de recursos del programa usado como ejemplo.

Esta estrategia conlleva una tasa muy baja de utilización de los recursos. Nótese que, por ejemplo, el recurso C está reservado desde el instante de tiempo t_1 hasta el t_6, aunque realmente solo se usa en el intervalo de t_4 hasta t_6. Además, esta solución retrasa considerablemente el inicio del programa, ya que este tiene que esperar a que todos los recursos estén libres para comenzar, cuando, en realidad, podría comenzar en cuanto estuviese disponible el recurso A. Obsérvese que, aunque el recurso A y el C no se usan de forma simultánea, se piden a la vez, puesto que el uso de ambos se solapa con el del recurso B. Se produce, por tanto, un cierre transitivo a la hora de determinar qué recursos se pedirán juntos.

En el ejemplo planteado no se pueden observar algunas de las dificultades presentes en la mayoría de las técnicas preventivas: la necesidad de conocer *a priori* qué recursos usará un programa y la obligación de tener que asumir el peor caso posible en cuanto al uso de recursos. Para analizarlo, considere el siguiente fragmento de código que representa la utilización de recursos de un programa:

```
Inicio del uso del recurso A
if (condición)
    Uso del recurso B
else
    Uso del recurso C
Uso del recurso D
FunciónDeBibliotecaExterna(); // ¿qué recursos usará?
Fin del uso del recurso A
```

¿Qué recursos deberían solicitarse junto con A? Para prevenir el interbloqueo, además de D, hay que solicitar B y C, aunque no se usen ambos de forma simultánea, puesto que no se conoce de forma anticipada qué rama de la sentencia condicional se ejecutará; pero, además, debe pedir todos los usados por la función externa. Nótese que no solo se está obteniendo un recurso antes de realmente necesitarlo (recurso D), sino que también se está reservando un recurso que no se va a usar (recurso C, si se cumple la condición).

Otro aspecto a tener en cuenta es cómo se pueden solicitar simultáneamente múltiples recursos (en el ejemplo `Solicita(A,B,C)`). Como ya se analizó previamente, los sistemas operativos convencionales no ofrecen servicios generales de solicitud de recursos de esta índole y así se reflejó en el modelo básico de sistema (el lector del modelo avanzado recordará que sí se incluyeron ese tipo de servicios en ese modelo). Nótese que esa petición múltiple no puede convertirse en una mera secuencia de peticiones individuales, puesto que se volvería a crear un escenario de interbloqueo potencial.

Una posible estrategia sería usar operaciones de solicitud no bloqueantes, que reservan el recurso si está disponible, pero que devuelven un valor igual a falso en caso contrario, y repetirlas hasta que se complete toda la operación. Téngase en cuenta que esta solución sufre de *livelock*.

```
Solicita(A,B,C)
while (!completado)
    if (Solicita(A))
        if (Solicita(B))
            if (Solicita(C))
                completado=true;
            else
                Libera(A); Libera(B);
        else
            Libera(A)
```

Dentro del campo de las bases de datos, la técnica denominada *Conservative Two-Phase Locking* (*C2PL*) se puede considerar una aplicación de esta estrategia. Con esta técnica, antes de que se inicie una transacción se obtienen todos los cerrojos que esta puede requerir (aunque sea potencialmente, por eso su carácter conservador), eliminando la posibilidad de que se produzca un interbloqueo durante la ejecución de la misma.

Esta técnica también es aplicable a los escenarios de interbloqueo debido a la competencia por el uso de un recurso con un número de unidades limitado, ya identificados previamente. Para evitar el interbloqueo en estas situaciones, el proceso podría solicitar de golpe el número de unidades del recurso que va a necesitar usar simultáneamente, al menos de forma potencial, evitando de esta manera un escenario de retención (las unidades del recurso que ya tengo asignadas) y espera (las que solicito), aunque causando una infrautilización del recurso. Asimismo, encajan en este epígrafe las técnicas de preasignación de recursos, tal como se analizará en la parte final del tema. Nuevamente, todas estas estrategias conllevan solicitar algunos recursos antes de que realmente se necesiten y, lo que es peor, en algunos casos, aunque finalmente no se requieran.

Prevención basada en evitar la expulsión del proceso

Si se analizan los escenarios de interbloqueo planteados a lo largo del capítulo suponiendo que se ejecutan en un sistema monoprocesador, se puede observar que en todos ellos hay un momento en el que se expulsa a un proceso estando en posesión de un recurso de uso exclusivo. Por tanto, una técnica de prevención aplicable solo a sistemas monoprocesador sería no revocar la utilización del procesador a un proceso mientras esté en uso de un recurso expulsivo. Con esta técnica, siempre que el proceso no se bloquee (es decir, ceda el procesador de forma voluntaria) estando en posesión de un recurso, se garantiza que ese proceso que tiene asignado el recurso nunca tendrá que esperar si solicita un recurso adicional, puesto que este estará libre (si estuviera en uso por otro proceso, a ese proceso no se le habría revocado el procesador).

Se trata de una técnica no aplicable a sistemas de propósito general, puesto que desvirtúa completamente el esquema de planificación del procesador y causa una elevada infrautilización de recursos. Además, en este tipo de sistemas con frecuencia el proceso se bloquea voluntariamente mientras está en posesión de un recurso, lo que impide su aplicación.

Un problema adicional de esta técnica es que afecta indiscriminadamente a todos los procesos con independencia de qué recursos utiliza cada uno. Un refinamiento de la misma permitiría la expulsión de un proceso en posesión de un recurso, pero siempre asegurándose de que no se ejecuta ningún proceso que pretenda usar dicho recurso. En cualquier caso, esta variante seguiría siendo inaplicable a sistemas de propósito general por las razones antes mencionadas.

En los sistemas de tiempo real, sin embargo, sí se cumplen las condiciones que permiten aplicar esta estrategia. En este tipo de sistemas, los procesos no se bloquean voluntariamente mientras están utilizando un recurso exclusivo, estando incluso acotado a priori el tiempo de uso del mismo. Así, el protocolo de techo de prioridad, que limita la repercusión de la inversión de prioridades en entornos de tiempo real, evita el interbloqueo usando esta técnica. Como se estudia en el capítulo dedicado a la planificación del procesador, con este protocolo, cuando ejecuta un proceso en posesión de un recurso lo hace con una prioridad que corresponde a la máxima de todos los procesos que usan ese recurso, impidiéndose, por tanto, la ejecución de los mismos.

El uso de sistemas operativos con un núcleo no expulsable también puede considerarse como una aplicación de esta técnica, tal como se analiza en la sección que estudia el problema del interbloqueo en el modo de operación interno del sistema operativo.

7.8.3   Sin expropiación

La tercera condición necesaria establece que a un proceso no se le pueden expropiar los recursos que ya tiene asignados. El proceso liberará sus recursos voluntariamente cuando ya no los necesite. Para romper esta condición, se debe permitir la revocación involuntaria de recursos. Sin embargo, como ya se discutió a la hora de clasificar los recursos, no todos los recursos tienen intrínsecamente un carácter expropiable. Por tanto, como ocurría con la condición de exclusión mutua, no se puede definir una política de prevención general basada en esta condición, ya que existen muchos tipos de recursos a los que no se les puede aplicar la expropiación.

En el caso hipotético de que todos los recursos fueran expropiables, una posible estrategia consiste en que, cuando un proceso realiza una petición que no puede satisfacerse, se le revocan todos los recursos que tiene asignados. Nótese que, implícitamente, este tratamiento es el que se aplica al uso del procesador. Cuando un proceso en ejecución se bloquea esperando un recurso, se le expropia el procesador hasta que el recurso esté disponible almacenando el estado del procesador en ese instante en el bloque de control del proceso bloqueado.

Esta expropiación automática del procesador presenta en el caso del tratamiento de eventos asíncronos (como son las señales, en procesos en modo usuario, o las interrupciones, en el contexto interno del sistema operativo) ciertas peculiaridades relevantes para los interbloqueos. Cuando se produce un evento asíncrono durante la ejecución de un proceso, se realiza automáticamente la expropiación del procesador para que entre a ejecutar la rutina de tratamiento de ese evento. Sin embargo, dado que esa rutina ejecuta en el contexto del proceso interrumpido, la ejecución de ese proceso no progresará hasta que se complete la rutina de tratamiento (al ejecutar en el mismo contexto, no se le puede expropiar el procesador a la rutina para que continúe la ejecución del proceso). Por tanto, como se analizó en los escenarios de interbloqueo presentados al inicio del capítulo, puede producirse un interbloqueo en el tratamiento de un evento asíncrono, aunque haya un único recurso exclusivo implicado: un proceso en posesión de un recurso exclusivo se ve interrumpido por el procesamiento de un evento asíncrono en cuya rutina de tratamiento se requiere el uso de ese mismo recurso. La solución para este tipo de escenarios de interbloqueo es bloquear el tratamiento del evento asíncrono (es decir, impedir la expropiación del procesador por parte de la rutina de tratamiento del evento) mientras el proceso esté en uso del recurso compartido conflictivo.

Otra alternativa más "agresiva" del uso de la expropiación es que, ante una petición por parte de un proceso de un recurso que está asignado a otro, se le quite el recurso a su actual poseedor y se le asigne al solicitante. Nótese que, si se usa esta técnica, habría que asegurarse de que cada proceso tiene asignado un recurso un cierto tiempo mínimo antes de poder ser expropiado, para evitar que los procesos se quiten continuamente los recursos entre sí y no progresen. El reemplazo de una página en un sistema con memoria virtual se puede catalogar como una aplicación de esta estrategia, ya que el proceso que causa el fallo de página le está "robando" el marco a otro proceso, y el problema de la hiperpaginación se puede considerar como un escenario patológico de expropiaciones continuas.

Por último, es importante recordar que la expropiación de recursos conlleva algún tipo de salvaguarda de información de estado del recurso y una posterior restauración de dicha información. Hay que tener en cuenta que estas operaciones tienen un coste que puede afectar al rendimiento del sistema.

7.8.4 Espera circular

La última condición plantea la necesidad de que exista una lista circular de dependencias entre procesos para que aparezca el interbloqueo. De manera intuitiva, se ha podido apreciar en los ejemplos planteados hasta ahora que a esta situación se llega debido a que los procesos piden los recursos en diferente orden.

Basándose en esa idea, una estrategia de prevención es el método de la ordenación de peticiones, también conocido como de la jerarquía de recursos. Esta estrategia requiere establecer un orden total o jerarquía de los recursos presentes en el sistema y fijar la restricción de que un proceso debe pedir los recursos que necesita en orden creciente o jerárquico. Nótese que esta restricción hace que un proceso tenga que pedir algunos recursos de forma anticipada. Cada vez que se requiera usar un recurso es necesario pedir en orden y por anticipado aquellos otros recursos anteriores en la jerarquía que se usan de forma solapada con el requerido, directamente o debido a un cierre transitivo asociado a un tercer recurso. Esto es, un proceso solo podrá solicitar recursos cuyo orden sea mayor que el de los que tiene actualmente asignados.

En el caso del ejemplo previo, si el orden fijado para los recursos es $A < B < C < D$, el programa podría solicitar los recursos justo en el momento que los necesita (A en t_1, B en t_2, C en t_4 y D en t_7). Sin embargo, si el orden establecido es el inverso ($D < C < B < A$), el programa debería solicitar en el instante t_1, sucesivamente, los recursos C, B y A, lo que causaría una infrautilización de los mismos. Observe que no es necesario pedir por anticipado el recurso D puesto que no se usa de forma simultánea con otros recursos.

Un aspecto fundamental de este método es asignar un orden a los recursos de manera que se corresponda con el orden de uso más probable por parte de la mayoría de los programas.

Hay que tener en cuenta que con este método se presentan las mismas dificultades que con la técnica de prevención basada en evitar la condición de retención y espera:

- Se debe asumir el peor caso posible en cuanto al uso simultáneo de recursos. Así, aunque solo en una de cada millón de ejecuciones se use un cierto recurso de forma simultánea a otro, habrá que solicitarlo siempre por anticipado si es anterior en la jerarquía, incluso aunque no se vaya a usar.
- Es necesario conocer qué recursos usa cualquier módulo externo usado por la aplicación para garantizar que se mantiene la jerarquía de recursos a lo largo de toda la aplicación.

En la sección de ejercicios, se plantea al lector demostrar más formalmente que este método asegura que no se produce la condición de espera circular y, por tanto, evita el interbloqueo.

7.9 Predicción del interbloqueo

Como se comentó al principio del capítulo, antes de que en el sistema aparezca un interbloqueo, se produce un "punto de no retorno" a partir del cual el interbloqueo es inevitable con independencia del orden en el que realicen sus peticiones los procesos. Retomemos el primer ejemplo planteado en el tema donde dos procesos usan una cinta (C) y una impresora (I):

Proceso P₁	**Proceso P₂**
Solicita(C)	Solicita(I)
Solicita(I)	Solicita(C)
Uso de los recursos	Uso de los recursos
Libera(I)	Libera(C)

```
Libera(C)                          Libera(I)
```

Asimismo, se va a recuperar el diagrama que representa la trayectoria de estos procesos, mostrado en la Figura 7.32, en el que se puede apreciar una nueva zona sombreada de forma no continua en la parte inferior izquierda, que, como se verá enseguida, representa un estado inseguro.

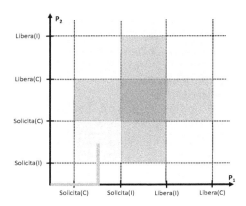

Figura 7.32 Diagrama de trayectoria de procesos entrando en un estado inseguro.

Si se permite que cada proceso obtenga su primer recurso solicitado, se habrá atravesado el umbral que conduce inevitablemente al interbloqueo, que en la figura corresponde a esa nueva zona sombreada (el estado inseguro). Nótese que en ese instante ninguno de los dos procesos está bloqueado, pero, a partir de entonces, sea cual sea la secuencia de ejecución que se produzca, el interbloqueo es ineludible. ¿Cómo se podría detectar cuándo el sistema se acerca a este punto de no retorno para evitar entrar en el mismo?

La solución es "muy sencilla": solo es necesario conocer el futuro. Si se conociera *a priori* qué recursos van a solicitar los procesos durante su ejecución, se podría controlar la asignación de recursos a los procesos de manera que se evite el interbloqueo. En el ejemplo, si después de asignarle la cinta al primer proceso, se produce la solicitud de la impresora por parte del segundo, no se satisfará esta petición bloqueando al segundo proceso, aunque realmente el recurso está libre, como se muestra en la Figura 7.33.

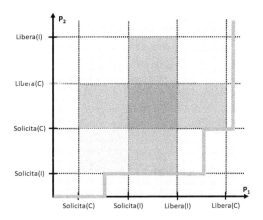

Figura 7.33 Diagrama de trayectoria de procesos evitando un estado inseguro.

En la Figura 7.33, se pueden distinguir tres estados en las posibles trayectorias de ejecución de los dos procesos:

- Estado de interbloqueo, que corresponde a las zonas sombreadas de forma continua. Representan áreas a las que no se puede acceder porque corresponderían a ejecuciones en las que no se respeta el uso exclusivo de los recursos.
- Estado inseguro, que corresponde a las zonas sombreadas de forma discontinua. Si la trayectoria de ejecución de los procesos entra en esta área, aunque no exista por el momento un interbloqueo, acabará produciéndose uno inevitablemente.
- Estado seguro, que corresponde a las zonas no sombreadas. El objetivo de los algoritmos de predicción es que la ejecución de los procesos transcurra siempre por estas áreas.

Aunque se trata de un ejemplo muy sencillo, ha permitido apreciar cuáles son las claves de los algoritmos de predicción de interbloqueos: un conocimiento por anticipado de las necesidades de los procesos y el no conceder las peticiones que pueden conducir hacia el interbloqueo, aunque los recursos solicitados estén disponibles.

Los algoritmos de predicción se basarán, por tanto, en evitar que el sistema cruce el punto de no retorno que conduce al interbloqueo. Para ello, se necesitará conocer *a priori* las necesidades máximas de recursos que tiene cada programa. A partir de esta información, se deberá determinar si el estado del sistema en cada momento es **seguro**.

7.9.1 Concepto de estado seguro

Se considera que un determinado estado es seguro si, suponiendo que todos los procesos solicitasen en ese momento sus necesidades máximas, existiría al menos un orden secuencial de ejecución de los procesos tal que cada proceso pudiera obtener sus necesidades máximas. El lector que haya revisado el modelo extendido habrá detectado que esa definición corresponde exactamente al concepto de reducción, utilizado para comprobar la existencia de interbloqueos en el modelo extendido, pero usando las necesidades máximas en vez de las actuales.

Retomando el ejemplo anterior, el estado al que se llega si se permite que cada proceso obtenga su primer recurso solicitado (el primer proceso, la cinta, y el segundo, la impresora) es inseguro, puesto que en ese momento ninguno de los dos procesos puede satisfacer sus necesidades máximas (el primer proceso no podría obtener la impresora, ni el segundo la cinta).

El concepto de estado seguro es, por tanto, una condición similar a la de estar libre del interbloqueo, pero teniendo en cuenta las necesidades máximas de cada proceso en lugar de considerar las solicitudes actuales de los procesos. Esta similitud permite especificar una segunda definición del estado seguro:

Un estado es seguro si el estado de asignación de recursos que resulta al considerar que todos los procesos realizan en ese instante todas sus posibles peticiones está libre de interbloqueos.

Gracias a esta nueva definición, se puede especificar directamente una técnica para determinar si un estado es seguro: aplicar un algoritmo de detección de interbloqueos al estado resultante de considerar que todos los procesos solicitasen de golpe sus necesidades máximas.

Es importante resaltar que este tipo de algoritmos requiere que el sistema conozca *a priori* qué necesidades máximas de recursos va a tener un proceso, teniendo en cuenta, como sucede en el caso de las estrategias de prevención basadas en evitar la condición de espera circular y de retención y espera, todos los recursos que pueda acceder potencialmente el programa, aunque en una ejecución concreta no los use, directamente o a través de una función de una biblioteca externa.

Normalmente, esa información debería suministrarla el propio programa, o el usuario que lo activa, al inicio de la ejecución. Asimismo, se podría decir que esta estrategia tiene un carácter "conservador", debido a que los datos que se poseen *a priori* sobre el uso de recursos de cada proceso no incluyen información sobre la utilización real de los mismos. Esto puede hacer que se consideren como inseguros estados que realmente nunca pueden llevar a un interbloqueo. Así, considérese el siguiente ejemplo que tiene una estructura similar al anterior:

Proceso P$_1$ **Proceso P$_2$**

Solicita(I)   Solicita(C)

```
Uso del recurso I          Solicita(I)
Libera(I)                  Uso de los recursos
Solicita(C)                Libera(C)
Solicita(I)                Libera(I)
Uso de los recursos
Libera(C)
Libera(I)
```

En este caso no puede haber nunca interbloqueo; pero, sin embargo, la información sobre el uso máximo de recursos por cada proceso es la misma que en el ejemplo anterior (ambos procesos utilizan los dos recursos). Por tanto, la situación que corresponde a que cada proceso haya obtenido su primer recurso se considerará como un estado inseguro, aunque no puede conducir hasta un interbloqueo en ninguna circunstancia (se trata de un falso positivo). Se puede afirmar, por tanto, que una condición necesaria pero no suficiente para que un sistema evolucione hacia un interbloqueo es que su estado actual sea inseguro. Los algoritmos de predicción se basarán en evitar que el estado del sistema se convierta en inseguro, eliminando de esta forma la posibilidad del interbloqueo.

7.9.2 Algoritmos de predicción

Una vez identificado el concepto de estado seguro, es relativamente directo establecer una estrategia de predicción. Cada vez que un proceso realice una solicitud de recursos que estén disponibles, se calcula provisionalmente el nuevo estado del sistema resultante de esa petición y se aplica el algoritmo para determinar si ese nuevo estado es seguro (es decir, está libre de interbloqueos el estado correspondiente a tener en cuenta las necesidades máximas en vez de las actuales). Si lo es, se asignan los recursos solicitados haciendo que el estado provisional se convierta en permanente. En caso de que no lo sea, se bloquea al proceso sin asignarle los recursos, quedando, por tanto, el sistema en el estado previo. Dado que el sistema inicialmente está en estado seguro, puesto que ningún recurso está asignado, este algoritmo asegura que el sistema siempre se encuentra en un estado seguro, eliminando, por tanto, el interbloqueo.

Siguiendo la misma pauta que en el resto del capítulo, a continuación, se plantean algoritmos de predicción, distinguiendo entre su aplicación al modelo básico o al extendido. Nótese que no se trata de nuevos algoritmos, puesto que, como se ha explicado previamente, se aplican los algoritmos de detección de interbloqueos ya presentados, pero teniendo en cuenta las peticiones máximas en lugar de las reales.

Algoritmo de predicción para el modelo básico

Además de las aristas de asignación y las de solicitud, será necesario un nuevo tipo de arista que refleje las necesidades máximas de cada proceso:

- Una *arista de necesidad* entre un proceso P_i y un recurso R_j indica que el proceso puede solicitar durante su ejecución dicho recurso.

La evolución de este nuevo tipo de aristas será la siguiente:

- Inicialmente, en la creación de un proceso P_i, se establecerán las aristas de necesidad desde el proceso a los recursos correspondientes conforme a la información que se conoce *a priori* del uso de recursos que tendrá el proceso durante toda su vida, de manera que queden reflejadas las necesidades máximas requeridas por el proceso.
- En una solicitud satisfecha, la arista de necesidad correspondiente se convertirá en una arista de asignación.
- Cuando se produce una liberación de un recurso, se añade la arista de necesidad que refleja que en cualquier momento el proceso podría volver a pedir ese recurso.

Como se comentó previamente, el algoritmo para determinar si un estado es seguro consiste directamente en comprobar que no hay interbloqueos en dicho estado, pero teniendo en cuenta solo las aristas de necesidad y de asignación, ignorando las de solicitud. Sin embargo, el comportamiento de las aristas de necesidad presenta una diferencia con el de las de solicitud: solo puede haber una arista de solicitud asociada a un proceso en un instante dado, pero pueden existir múltiples aristas de necesidad vinculadas con ese proceso, puesto que reflejan las necesidades de recursos del mismo. ¿Afectará esta diferencia a la manera de detectar si hay un interbloqueo en el sistema?

Como se analizó al estudiar el modelo extendido (concretamente, el modelo con petición múltiple, pero recursos independientes), y tendrá que asumir el lector que se haya centrado solo en el modelo básico, a pesar de que pueda haber varias aristas partiendo de cada nodo de tipo proceso, la estrategia de detección de interbloqueos es la misma: la presencia de un ciclo en el grafo de asignación de recursos es condición necesaria y suficiente para que haya un interbloqueo (o para que el estado sea inseguro, si se usan las necesidades máximas).

A continuación, se va a aplicar esta estrategia de predicción al ejemplo de los dos procesos que usan la cinta y la impresora. En la Figura 7.34 se muestra el estado inicial del sistema, justo cuando se acaban de crear los dos procesos. Nótese que en el mismo solo hay aristas de necesidad, identificadas por líneas discontinuas, representando las necesidades máximas, puesto que todavía no se ha realizado ninguna petición. Evidentemente, este estado inicial es seguro, como lo demuestra la ausencia de un ciclo en el grafo que representa al mismo.

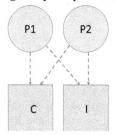

Figura 7.34 Grafo de asignación de recursos inicial basado en necesidades.

Supóngase que el primer proceso realiza su solicitud de la cinta. Puesto que está disponible, se construirá de forma provisional el estado resultante de la asignación del recurso, lo que queda reflejado en la siguiente figura. En este instante habría que aplicar el algoritmo de detección teniendo en cuenta las aristas de necesidad. Como se aprecia en la Figura 7.35, no hay ciclos, por lo que el estado es seguro y puede hacerse permanente.

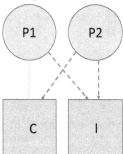

Figura 7.35 Grafo de asignación de recursos basado en necesidades después de la 1ª petición.

Si, a continuación, el segundo proceso solicita la impresora, al estar disponible, se genera el estado provisional representado en la Figura 7.36.

El grafo resultante de transformar la arista de necesidad en una arista de asignación presenta un ciclo, por lo que hay un interbloqueo y el estado es inseguro. Por tanto, no se asignaría el recurso y se bloquearía al proceso, restaurando el estado previo (el que corresponde a la figura previa). Nótese que durante la traza de ejecución del ejemplo no se ha generado ninguna arista de solicitud, puesto que todos los recursos estaban disponibles; pero recuerde que, si hubieran aparecido, se habrían ignorado a la hora de aplicar el algoritmo porque no se requieren para determinar si un estado es seguro.

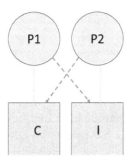

Figura 7.36 Grafo de asignación de recursos basado en necesidades después de la 2ª petición.

Algoritmo de predicción para el modelo extendido

La incorporación de las aristas de necesidad, y la evolución de las mismas, será similar a como ocurre en el modelo básico, pero reflejando la existencia de múltiples unidades de cada recurso:

- Una *arista de necesidad* entre un proceso P_i y un recurso R_j indica que el proceso puede solicitar durante su ejecución una unidad de dicho recurso.
- Inicialmente, en la creación de un proceso P_i, se establecerán tantas aristas de necesidad desde ese proceso a cada recurso como unidades del mismo puede necesitar simultáneamente como máximo dicho proceso durante su vida.

Con este modelo extendido, la determinación de si un estado es seguro (es decir, si está libre de interbloqueos el estado correspondiente a considerar las necesidades máximas en vez de las actuales), requerirá el uso de un algoritmo de reducción teniendo en cuenta las aristas de necesidad en vez de las de solicitud.

Algoritmo del banquero

En este punto, se podría dar por completada la presentación de las estrategias de predicción. Sin embargo, aunque sea por razones históricas, se considera conveniente estudiar también el algoritmo del banquero, que es la técnica de predicción más conocida y una referencia obligada dentro de este campo. La descripción de este algoritmo presenta dos dificultades:

- Usa una representación matricial en lugar de una basada en un grafo, que es más intuitiva.
- El algoritmo asume que en el sistema existen múltiples unidades de cada recurso, tal como se contempló en el modelo extendido. Sin embargo, este aspecto no se recogió en el modelo básico, por no corresponder a cómo los sistemas reales gestionan habitualmente los recursos, donde cada recurso es tratado de forma individual. Por tanto, el lector que se haya centrado en el modelo básico debe asumir ese modelo más general, al menos durante el estudio de este algoritmo.

El nombre del algoritmo proviene de que está concebido utilizando como modelo un banquero que presta dinero a sus clientes. Cada cliente (proceso) tiene asignado un determinado crédito máximo (necesidad máxima del proceso). El banquero tiene disponible cierta cantidad de dinero en caja (número de unidades del recurso disponible). Los clientes irán pidiendo y devolviendo dinero (o sea, solicitando y liberando unidades del recurso), de acuerdo a sus necesidades. El algoritmo del banquero controla las peticiones de los clientes de manera que el sistema esté siempre en un estado seguro. O sea, se asegura de que, si en un determinado momento todos los clientes solicitaran su crédito máximo, al menos uno de ellos satisfaría esta petición, pudiendo, posteriormente, terminar su labor y devolver su dinero prestado, lo que permitiría a otro cliente obtener sus necesidades, y así sucesivamente. Dijkstra propuso una versión de este algoritmo aplicable solo a un único tipo de recurso con múltiples unidades. Habermann lo generalizó para múltiples recursos.

Como todo esquema de predicción, el algoritmo del banquero requiere información de las necesidades máximas de los procesos, así como de la disponibilidad de recursos en el sistema, no siendo necesario gestionar información sobre las solicitudes pendientes de satisfacerse en cada momento (evidentemente, el sistema operativo debe conocer esa última información para poder gestionar adecuadamente los recursos en el sistema, pero dicha información no se requiere para determinar si el estado es seguro y, por tanto, no es objeto del algoritmo).

Para representar el estado del sistema el algoritmo usa dos matrices: una matriz de necesidad N y una de asignación A. Además, por cada recurso debe guardar el número de unidades existentes del mismo: un vector E que contiene el inventario de cada recurso. Siendo p el número de procesos existentes (o sea, $p=|P|$) y r el número de recursos diferentes que hay en el sistema (o sea, $r=|R|$), el significado de las estructuras de datos es el siguiente:

- Matriz de asignación A de dimensión $p \times r$. La componente A[i,j] de la matriz especifica cuántas unidades del recurso j están asignadas al proceso i.
- Matriz de necesidad N de dimensión $p \times r$. Siendo p el número de procesos existentes y r el número de recursos diferentes que hay en el sistema, la componente N[i,j] de la matriz especifica cuántas unidades adicionales del recurso j puede necesitar el proceso i. Este valor se corresponde con la diferencia entre las necesidades máximas del proceso para dicho recurso y el número de unidades actualmente asignadas. Nótese que, por tanto, en esta matriz no solo quedan reflejadas las posibles peticiones futuras de cada proceso solicitando recursos hasta la cantidad máxima, sino también las peticiones actuales que no han podido satisfacerse. Inicialmente, esta matriz contiene las necesidades máximas de cada proceso.
- Vector de recursos existentes E de dimensión r. La componente E[i] especifica cuántas unidades del recurso i existen. Para simplificar la especificación del algoritmo, es útil usar también un vector de recursos disponibles D, que refleje el número de unidades de cada recurso disponibles en un momento dado. Nótese que este vector no es estrictamente necesario, ya que su valor se puede deducir directamente a partir de la matriz de asignación A y del vector de recursos existentes E: D[i] = E[i] - $\sum$A[j,i], para $j = 1,..., p$.

Las repercusiones de las operaciones de solicitud y liberación sobre el estado del sistema serían las mismas que para los algoritmos de predicción basados en grafos, pero aplicándoselas a las matrices correspondientes:

- Cuando se satisface una solicitud, se restarán las unidades pedidas de cada recurso de la matriz de necesidad, así como del vector de recursos disponibles, y se sumarán a la matriz de asignación. Obsérvese que una petición que no puede satisfacerse no altera ninguna de las dos matrices, y no lo hará hasta que sea finalmente completada.
- Cuando se produce una liberación de recursos, se sustraen de la matriz de asignación las unidades liberadas, y se añaden al vector de recursos disponibles y a la matriz de necesidad, puesto que el proceso podría volver a pedir esos recursos en cualquier momento

Téngase en cuenta que, según evoluciona el sistema, además de modificarse el contenido de los vectores y matrices, cambiarían las dimensiones de los mismos según se fueran creando y destruyendo nuevos procesos y recursos.

Para hacer más concisa la especificación de los algoritmos, se utilizará a partir de ahora la siguiente notación compacta:

- Dada una matriz A, el valor A[i] representa un vector que corresponde a la fila i de dicha matriz.
- Dados dos vectores A y B de longitud n, se considera que A $\leq$ B si A[j] $\leq$ B[j] para todo $j = 1,..., n$.

El algoritmo del banquero, propiamente dicho, establece un método para determinar si un estado de asignación de recursos es seguro y, para ello, se basa en el concepto de reducción, estudiado en el modelo extendido para comprobar la existencia de interbloqueos, pero aplicado a las necesidades máximas en vez de a las solicitudes actuales:

Dado un sistema con un determinado estado de asignación de recursos, un proceso cualquiera que tenga satisfechas sus necesidades máximas debería devolver en un futuro más o menos cercano todos los recursos que actualmente tiene asignados. Esta liberación podría tener como consecuencia que otro proceso pudiera satisfacer las suyas, retornando sus recursos asignados, y así sucesivamente. En cada paso del algoritmo, se va marcando el proceso P que tiene

sus necesidades máximas satisfechas (se usa el término de que el estado del sistema se reduce por
P) y, si al final de esta secuencia, todos los procesos están marcados (han logrado satisfacer sus
necesidades máximas), el estado es seguro, siendo inseguro en caso contrario. A continuación, se
muestra este algoritmo.

```
/* secuencia de reducción. Inicialmente vacía */
S=∅;
Repetir {
    Buscar Pᵢ tal que N[i] ≤ D;
    Si Encontrado {
        Reducir grafo por Pᵢ: D = D + A[i]
        Añadir Pᵢ a S;
        Continuar = cierto;
    }
    Sino
        Continuar = falso;
} Mientras (Continuar)
Si (S==P)
    /* si la secuencia contiene todos los procesos del sistema (P) */
    El estado es seguro
Sino
    El estado no es seguro
```

Este algoritmo tendrá, evidentemente, la misma complejidad ($O(p^2 r)$) que el esquema de
reducción que se usa para detectar interbloqueos en el modelo extendido: si el estado es seguro,
el bucle se ejecutará p veces, tal que en cada iteración la operación "buscar" puede necesitar
comparar por cada proceso (p) sus necesidades máximas de los r recursos.

Una vez especificado el algoritmo que determina si el estado es seguro, la definición de la
estrategia de predicción es casi directa. Cuando un proceso realiza una solicitud de recursos que
están disponibles, se calcula un nuevo estado provisional transformando las matrices de
necesidad y de asignación de acuerdo a la petición realizada.

Sobre este estado provisional, se aplica el algoritmo para determinar si es seguro. Si lo es,
se asignan los recursos solicitados haciendo que el estado provisional se convierta en permanente.
En caso contrario, se bloquea al proceso sin asignarle los recursos, restaurando, por tanto, el
sistema al estado previo.

A continuación, se va a aplicar esta estrategia de predicción a un ejemplo. Considérese un
sistema con tres tipos de recursos (R_1, R_2 y R_3) y 3 procesos (P_1, P_2 y P_3). Supóngase que se está
utilizando el algoritmo del banquero y que el estado actual del sistema, que se asume como seguro
(en la sección de ejercicios, se propone al lector demostrar que este estado inicial es seguro), es el
que se muestra a continuación:

$$A = \begin{pmatrix} 1 & 1 & 0 \\ 0 & 1 & 2 \\ 1 & 0 & 0 \end{pmatrix} N = \begin{pmatrix} 3 & 0 & 2 \\ 2 & 2 & 0 \\ 1 & 1 & 2 \end{pmatrix} D = (2\ 1\ 2)$$

Observando con detalle los datos del estado actual, se puede obtener información adicional
sobre el sistema. Por ejemplo, se puede apreciar que las necesidades máximas de P_1 con respecto
al recurso R_1 son 4 unidades (N[1,1]+A[1,1]), lo que coincide con el número total de unidades
del recurso que existen en el sistema (A[1,1]+A[2,1]+A[3,1]+D[1]).

Supóngase que, estando el sistema en ese estado, llega una petición de P_3 solicitando 1 unidad de R_3. En primer lugar, dado que el recurso implicado en la petición está disponible, habría que calcular el estado provisional resultante de satisfacer esta solicitud:

$$A = \begin{pmatrix} 1 & 1 & 0 \\ 0 & 1 & 2 \\ 1 & 0 & \mathbf{1} \end{pmatrix} \quad N = \begin{pmatrix} 3 & 0 & 2 \\ 2 & 2 & 0 \\ 1 & 1 & \mathbf{1} \end{pmatrix} \quad D = (2\ 1\ \mathbf{1})$$

A continuación, habría que comprobar si el nuevo estado es seguro aplicando el algoritmo del banquero sobre dicho estado.

El resultado de aplicar el algoritmo es el siguiente:

1. Estado inicial: S=∅
2. Se puede reducir por P_3, ya que N[3]≤ D ([1 1 1]≤[2 1 1]), dando como resultado:
    ```
    D = D + A[3] = [2 1 1] + [1 0 1] = [3 1 2]
    ```
3. Se añade el proceso a la secuencia de reducción: S={P_3} y se pasa a la siguiente iteración.
4. Reducción por P_1, dado que N[1]≤ D ([3 0 2]≤[3 1 2]), que da como resultado:
    ```
    D = D + A[1] = [3 1 2] + [1 1 0] = [4 2 2]
    ```
5. Se añade el proceso a la secuencia de reducción: S={P_3, P_1} y se pasa a la siguiente iteración.
6. Reducción por P_2, puesto que N[2]≤ D ([2 2 0]≤[4 2 2]), que da como resultado:
    ```
    D = D + A[2] = [4 2 2] + [0 1 2] = [4 3 4]
    ```
7. Se añade el proceso a la secuencia de reducción: S={P_3, P_1, P_2} y se termina el bucle.
8. Como S incluye a todos los procesos, el estado del sistema es seguro.

Por tanto, se aceptaría la petición, consolidando el estado provisional como nuevo estado del sistema. Supóngase que, a continuación, el proceso P_2 solicita 1 unidad de R_1. Puesto que el recurso implicado está disponible, habría que, en primer lugar, calcular el estado provisional resultante, que sería el mostrado a continuación.

$$A = \begin{pmatrix} 1 & 1 & 0 \\ \mathbf{1} & 1 & 2 \\ 1 & 0 & 1 \end{pmatrix} \quad N = \begin{pmatrix} 3 & 0 & 2 \\ \mathbf{1} & 2 & 0 \\ 1 & 1 & 1 \end{pmatrix} \quad D = (\mathbf{1}\ 1\ 1)$$

Al aplicar al algoritmo que determina si el estado es seguro, el resultado sería el siguiente:

1. Estado inicial: S=∅
2. Se puede reducir por P_3, ya que N[3]≤ D ([1 1 1]≤[1 1 1]), dando como resultado:
    ```
    D = D + A[3] = [1 1 1] + [1 0 1] = [2 1 2]
    ```
3. Se añade el proceso a la secuencia de reducción: S={P_3} y se pasa a la siguiente iteración.
4. No hay ningún P_i tal que N[i]≤ D. Termina la ejecución del bucle.
5. Como S no incluye a todos los procesos, el estado del sistema no es seguro.

Por tanto, no se satisfaría la petición, bloqueando el proceso y restaurando el estado anterior del sistema.

Valoración de las estrategias de predicción

Sea cual sea el algoritmo de predicción utilizado, es conveniente resumir algunas de las deficiencias que presentan este tipo de algoritmos:

*   Conocimiento de las necesidades máximas de los procesos. Esta información no siempre puede conocerse por anticipado y, en caso de poderse, siempre se deberá corresponder con el "peor caso posible" en cuanto al uso de recursos que puede tener un programa, es decir, hay que tener en cuenta todos los recursos que puede acceder potencialmente el

programa, directamente o a través de cualquier tipo de módulo, aunque en una ejecución concreta no los use.

- Las necesidades máximas no pueden expresar el uso exacto de los recursos durante la ejecución de los programas. Por ello, como se vio en un ejemplo previo, se pueden detectar como inseguros estados que realmente no pueden conducir a un interbloqueo, ya que en ellos no hay un uso conflictivo de recursos.
- Infrautilización de los recursos. Estos algoritmos pueden denegar la concesión de un recurso, aunque esté disponible, produciéndose el consiguiente desaprovechamiento del mismo.
- Sobrecarga de la supervisión. Es necesario ejecutar el algoritmo que determina si el estado es seguro por cada petición que pueda satisfacerse por estar el recurso libre. Nótese la diferencia con los esquemas de detección en los que se activa el algoritmo de comprobación del estado cuando la petición no puede satisfacerse al no estar disponible el recurso.

De las técnicas estudiadas a lo largo del tema, las estrategias de predicción son las que menos repercusiones tienen en los sistemas operativos. De hecho, en la próxima sección, que trata precisamente sobre cómo el sistema operativo se enfrenta al problema del interbloqueo, ni siquiera se mencionan. El principal inconveniente de estas estrategias es la necesidad de conocer por anticipado cuál es el uso previsto de recursos por parte de cada proceso, lo que resulta totalmente improcedente en un sistema de propósito general.

Para evitar concluir esta sección con una cierta sensación de frustración sobre el uso de las técnicas de predicción, a continuación, se plantea un ejemplo donde podrían resultar útiles.

Considere un sistema de ejecución por lotes de aplicaciones paralelas donde el usuario que envía un trabajo debe especificar las características del mismo, entre otras, el tiempo máximo de ejecución, la cantidad máxima de memoria y de disco requeridos, así como el número máximo de procesadores que puede necesitar. El código del programa, en tiempo de ejecución, irá solicitando y liberando estos recursos según se requieran, pero siempre respetando los máximos declarados. En este sistema, el módulo de control de trabajos, gracias a que conoce por anticipado las necesidades máximas de cada trabajo, podría usar un esquema de predicción para controlar durante la ejecución del programa la asignación de los tres recursos especificados (procesadores, memoria y disco) de manera que se evite la posibilidad del interbloqueo.

7.10 El interbloqueo en los sistemas operativos.

La exposición realizada a lo largo de este capítulo se ha centrado hasta ahora en los aspectos teóricos del tema. Llega el momento de analizar de qué manera los sistemas operativos reales aplican las técnicas presentadas en esa parte teórica. Para realizar este análisis resulta fundamental distinguir entre dos ámbitos diferentes dentro del tratamiento del interbloqueo en un sistema operativo, puesto que la repercusión del interbloqueo, así como la elección del tipo de tratamiento adecuado, va a ser muy diferente en cada caso:

- El funcionamiento interno del propio sistema operativo, que requiere el uso de recursos de sistema.
- Los servicios proporcionados a las aplicaciones, que les permite utilizar recursos de usuario.

Téngase en cuenta que, aunque conceptualmente los recursos usados en ambos contextos sean similares, su uso va a presentar notables diferencias. Así, por ejemplo, tanto dentro del sistema operativo como por parte de las aplicaciones se usan cerrojos de tipo *mutex*. Sin embargo, sus características, en lo que se refiere al tratamiento del interbloqueo, son muy distintas, como se analiza a continuación.

7.10.1 Recursos de sistema

Son recursos que el sistema operativo necesita para llevar a cabo su labor. Un ejemplo de este tipo de recursos es un cerrojo de tipo *mutex* que el sistema operativo utilice para controlar el acceso concurrente a la tabla de procesos, a un descriptor interno de un fichero o a un *buffer* de la caché de bloques del sistema de ficheros.

Como ya es sabido, el sistema operativo es un componente software dirigido por tres tipos de eventos: llamadas al sistema, excepciones e interrupciones. Las activaciones del sistema operativo correspondientes a los dos primeros tipos de eventos son de carácter síncrono, puesto que están vinculadas con el proceso que causó el evento, mientras que las asociadas a las interrupciones son de carácter asíncrono y no están relacionadas con ningún proceso.

El uso de un recurso interno está comprendido, normalmente, dentro de la ejecución de una activación del sistema operativo. Si se produce un interbloqueo entre un conjunto de activaciones que usan recursos del sistema, estas activaciones no se completarán, lo que tendrá las siguientes consecuencias:

- En caso de eventos síncronos, se quedarían bloqueados los procesos causantes del evento (llamada al sistema o excepción). Es importante hacer notar que la mayoría de los sistemas operativos, para evitar problemas de coherencia en sus estructuras de datos internas, no permiten, de forma general, abortar la ejecución de un proceso que está bloqueado esperando usar un recurso interno. Por tanto, no se podría resolver la situación abortando algunos de los procesos implicados.
- Si se trata de una interrupción, quedaría sin completarse su rutina de tratamiento, lo que afectaría a la correcta gestión del dispositivo solicitante.
- En cualquier caso, los recursos internos involucrados quedarán permanentemente fuera de servicio. Para apreciar las consecuencias fatales de esta situación, solo es necesario imaginar lo que sucedería si uno de los recursos afectados fuera, por ejemplo, un *mutex* que controla el acceso a la tabla de procesos o al descriptor del directorio raíz del sistema de ficheros: prácticamente cualquier activación del sistema se quedaría también bloqueada, causando el colapso total del sistema. La única "solución" sería volver a arrancar la máquina. Nótese que, detrás de situaciones donde el computador se queda "colgado", están frecuentemente los interbloqueos.

Otro aspecto a tener en cuenta es que las activaciones del sistema operativo no son flujos independientes, sino que forman parte de un único componente software desarrollado de una manera integrada, que es el sistema operativo. Por tanto, se conoce por anticipado cuál va a ser el uso de los distintos recursos. De hecho, la aparición de un interbloqueo se debería considerar un error de programación del sistema operativo.

Dados estos condicionantes, se puede valorar qué tipo de estrategia para el tratamiento de interbloqueos en el uso de recursos de sistema sería la más adecuada:

- Teniendo en cuenta las graves repercusiones que implica el interbloqueo en este contexto, no son adecuadas las estrategias de detección y recuperación.
- Aunque en este ámbito se puede conocer por anticipado qué recursos va a usar una determinada activación del sistema operativo, no son aplicables las técnicas de predicción por la sobrecarga que conllevan.
- En consecuencia, las estrategias más convenientes son las de prevención: establecer unas restricciones a la hora de pedir los recursos internos para asegurar que nunca se produzcan interbloqueos. Hay que resaltar que, a diferencia de lo que ocurre con los recursos de usuario, se conoce por anticipado cómo va a ser el uso de los recursos internos y durante cuánto tiempo se van a utilizar, ya que se acceden en el contexto de las activaciones del sistema operativo. Por ello, en este caso, el problema de la infrautilización de recursos provocado por los algoritmos de prevención tiene un efecto muy limitado.

A continuación, se analizan distintas situaciones potenciales de interbloqueo en la operación interna del sistema operativo, que se corresponden con algunos de los escenarios de interbloqueo analizados al principio del tema. Básicamente, se trata del análisis de escenarios de sincronización, así como de ciertas situaciones de competencia en el uso de recursos. Aquellos lectores que no estén interesados en aspectos relacionados con el diseño interno de los sistemas operativos, dado su carácter avanzado, pueden obviar ese material y pasar directamente a la sección que trata de los interbloqueos con recursos de usuario.

Sincronización interna del sistema operativo

La mayoría de las situaciones potenciales de interbloqueo dentro de un sistema operativo están relacionadas con la sincronización entre sus actividades internas. Como se analizó en el capítulo dedicado a la sincronización, se pueden distinguir tres escenarios que repasamos a continuación:

- Sincronización entre las rutinas de tratamiento de eventos síncronos (llamadas al sistema o excepciones) que compiten en el uso de recursos tal que la sección crítica requerida para esta sincronización es muy breve y no se producen bloqueos (cambios de contexto voluntarios) durante la misma. En este escenario, como se estudió en ese capítulo, para lograr la sincronización se usa la técnica de inhibir la expulsión de procesos durante la sección crítica en el caso de una plataforma monoprocesador y los *spinlocks* si se trata de un sistema multiprocesador.
- Sincronización entre las rutinas de tratamiento de eventos síncronos donde la sección crítica requerida no es muy breve o durante la misma se producen bloqueos. En este caso, se utiliza un mecanismo de sincronización bloqueante de tipo *mutex* para realizar la sincronización.
- Sincronización entre rutinas de tratamiento de eventos tal que al menos una de ellas corresponde a un evento asíncrono (interrupción). En este escenario, para lograr la sincronización se usa la técnica de inhibir la interrupción durante la sección crítica en el caso de una plataforma monoprocesador y los *spinlocks* si se trata de un sistema multiprocesador

A continuación, se analizan estos tres escenarios desde el punto de vista del interbloqueo teniendo en cuenta tanto plataformas monoprocesador como multiprocesador.

Sincronización entre eventos síncronos con una sección crítica breve y no bloqueante

Como se acaba de repasar, en el caso de una plataforma monoprocesador, cuando existe un problema de sincronización en el tratamiento de eventos síncronos, pero tal que la sección crítica requerida es tan breve que no es tolerable la sobrecarga que introducen los *mutex* y no se producen bloqueos durante la misma, la sincronización se realiza inhibiendo la expulsión del proceso mientras ejecuta esa sección crítica.

Esta estrategia impide la aparición de interbloqueos en sistemas monoprocesador ya que no se cede, ni voluntaria ni involuntariamente, el uso del procesador hasta que se completa la sección crítica. Por tanto, se puede considerar una aplicación de la técnica de prevención de interbloqueos basada en impedir la expulsión de un proceso mientras esté en posesión de un recurso presentada previamente.

En el caso de un sistema multiprocesador, se usan mecanismos de tipo *spinlock*, que ofrecen una funcionalidad similar a los *mutex*, pero utilizando espera activa. Nótese que debido a la ineficiencia que causa la espera activa, es fundamental reducir al máximo el tiempo que un flujo de ejecución mantiene la posesión de un *spinlock*. A tal fin, además de usarlo para proteger una sección crítica muy breve, hay que asegurarse de que no haya ningún cambio de contexto mientras dura esa posesión, ya sea por expulsión o porque el tratamiento del evento síncrono se bloquea (bloquearse en posesión de un *spinlock* es un error en la programación del sistema operativo y, aunque no causa directamente un interbloqueo, sí genera ineficiencia).

Hay que resaltar que evitar la expulsión de un proceso mientras esté en posesión de un *spinlock* no es solo una cuestión de eficiencia, sino que también está vinculada con el tratamiento del interbloqueo en el caso de núcleos expulsables. Para ello, considérese el siguiente ejemplo:

```
Llamada al sistema X          Llamada al sistema Y

.......                       .......

spin_lock(s)                  spin_lock(s)

.......◄──── expulsión        .......

spin_unlock(s)                spin_unlock(s)

.......                       .......
```

Si en este ejemplo se produce la expulsión del proceso ejecutando la primera llamada mientras está en posesión del *spinlock* y entra a ejecutar en ese mismo procesador otro proceso que realiza la segunda llamada, esta no podrá progresar y realizará espera activa puesto que el *spinlock* lo tiene el primer proceso. Las consecuencias de esta situación van a depender del algoritmo de planificación del procesador.

Si se trata de un esquema de prioridades, los dos procesos se verán involucrados en un interbloqueo, puesto que el primer proceso nunca entrará a ejecutar al ser menos prioritario.

En el caso de que se use un algoritmo equitativo, como el de turno rotatorio, el primer proceso entrará a ejecutar de nuevo cuando el segundo complete su rodaja, no produciéndose un interbloqueo, pero sí un uso del procesador infructuoso por parte del segundo proceso.

La solución es inhibir la posibilidad de expulsar al proceso mientras esté en posesión de un *spinlock*, como se refleja en el siguiente fragmento:

```
Llamada al sistema X          Llamada al sistema Y

.......                       ......

inhibir_expulsión             inhibir_expulsión
spin_lock(s)                  spin_lock(s)

.......                       .......

spin_unlock(s)                spin_unlock(s)
habilitar_expulsión           habilitar_expulsión

.......                       .......
```

Se podría decir que el núcleo se convierte en no expulsable durante este intervalo de tiempo y que, por tanto, se trata de una nueva aplicación de la técnica de prevención del interbloqueo basada en impedir la expulsión del proceso mientras esté en posesión de un recurso de uso exclusivo.

Dada la necesidad de inhibir siempre la expulsión de procesos mientras se está en posesión de un *spinlock*, lo más razonable es incluir esa funcionalidad dentro de las propias funciones de gestión del *spinlock*. Así, en el resto del capítulo se asume que una llamada a `spin_lock` comenzará inhabilitando la expulsión de procesos, mientras que `spin_unlock` terminará rehabilitándola. En uno de los ejercicios que aparece al final del tema se puede apreciar que así ocurre en Linux.

Como ya se analizó en uno de los escenarios planteados al inicio del tema, a pesar de tratarse de un mecanismo no bloqueante, pueden darse las mismas situaciones de interbloqueo que en el uso de mecanismos de sincronización bloqueantes.

Como ejemplo, considere un sistema operativo que gestiona una cola de procesos por cada procesador, donde, en ciertas circunstancias, es necesario transferir un proceso entre dos colas (mover su BCP entre las mismas), para lo que se requiere asegurar el acceso exclusivo a las dos colas involucradas; pero, dada la brevedad de la operación (y posiblemente también debido a que esta operación pueda activarse desde el contexto de una interrupción, como se analizará más adelante), se requiere el uso de *spinlocks*:

```
moverProcesoDeCola(colaOrg, colaDst, proceso) {
    spin_lock(colaOrg->spin);
    spin_lock(colaDst->spin);
    eliminarBCP(colaOrg, proceso);
    insertarBCP(colaDst, proceso);
    spin_unlock(colaOrg->spin);
    spin_unlock(colaDst->spin);
}
```

Suponga que en el tratamiento concurrente de dos eventos se requieren las siguientes operaciones de transferencia de procesos entre colas:

Tratamiento del evento1: moverProcesoDeCola(colaP1, colaP2, p);

```
    Tratamiento del evento2: moverProcesoDeCola(colaP2, colaP1, q);
```

La ejecución de esas operaciones puede causar un interbloqueo:

1. `Tratamiento del evento1: spin_lock(colaP1->spin)`
2. `Tratamiento del evento2: spin_lock(colaP2->spin)`
3. `Tratamiento del evento2: spin_lock(colaP1->spin)` → en espera activa
4. `Tratamiento del evento1: spin_lock(colaP2->spin)` → interbloqueo

Nuevamente, se pueden usar estrategias de prevención de interbloqueos basadas en ordenar los recursos para eliminar el problema, usando en este caso directamente la dirección de memoria donde está almacenada cada cola:

```
moverProcesoDeCola(colaOrg, colaDst, proceso) {
    if (colaOrg < colaDst) {
        spin_lock(colaOrg->spin); spin_lock(colaDst->spin);}
    else {
        spin_lock(colaDst->spin); spin_lock(colaOrg->spin);}
    eliminarBCP(colaOrg, proceso);
    insertarBCP(colaDst, proceso);
    spin_unlock(colaOrg->spin);
    spin_unlock(colaDst->spin);
}
```

Sincronización entre eventos síncronos con una sección crítica no breve o bloqueante

Todos los sistemas operativos, tanto en plataformas monoprocesador como multiprocesador, utilizan un mecanismo de tipo *mutex*[4] o equivalente para sincronizar la ejecución concurrente de las activaciones correspondientes a eventos síncronos si la sección crítica involucrada no es breve o durante la misma se producen bloqueos. Como es de sobra conocido, el uso de este mecanismo puede causar interbloqueos si una activación se queda bloqueada en un *mutex* asociado a un determinado recurso asignado a otra activación, mientras que esta segunda está bloqueada en un *mutex* vinculado a un recurso asignado a la primera. Obviamente, ese escenario puede generalizarse a más de dos activaciones.

La estrategia más habitual para evitar los interbloqueos con este tipo de recurso es usar una técnica de prevención basada en ordenar los recursos siguiendo algún tipo de criterio, más o menos arbitrario, que establezca un orden total entre los recursos, fijando la restricción de que el código del sistema operativo debe reservar los recursos internos en el orden establecido. Como ya se analizó previamente, esta técnica rompe la condición de espera circular requerida por el interbloqueo.

Como ejemplo, podemos retomar el escenario de interbloqueo interno propuesto a principio del tema correspondiente a una llamada al sistema que renombra un fichero, moviéndolo de directorio si es necesario:

```
renombrar(rutaPrevia, rutaNueva) {
    dirOrg = directorio padre de rutaPrevia
    dirDst = directorio padre de rutaNueva
    if (dirOrg != dirDst) {
        Bloquea acceso a dirOrg
        Bloquea acceso a dirDst
        Elimina entrada rutaPrevia de dirOrg
        Añade entrada rutaNueva en dirDst
```

---

[4] En un sistema multiprocesador se usarán *spinlocks* para la construcción de la propia sincronización interna requerida por los *mutex*.

```
          Desbloquea acceso a dirOrg
          Desbloquea acceso a dirDst
     }
     else .........
}
```

En este caso, se podría usar el descriptor interno (en UNIX, número de dispositivo más número de *inodo*) de los directorios involucrados para ordenar los recursos y solicitarlos respetando ese orden, eliminando así el interbloqueo:

```
renombrar(rutaPrevia, rutaNueva) {
     dirOrg = directorio padre de rutaPrevia
     dirDst = directorio padre de rutaNueva
     if (dirOrg != dirDst) {
          if (dirOrg->descriptor < dirDst->descriptor) {
               Bloquea acceso a dirOrg; Bloquea acceso a dirDst;}
          else {
               Bloquea acceso a dirDst; Bloquea acceso a dirOrg;}
          Elimina entrada rutaPrevia de dirOrg
          Añade entrada rutaNueva en dirDst
          Desbloquea acceso a dirOrg
          Desbloquea acceso a dirDst
     }
     else .........
}
```

Recuperamos el ejemplo conflictivo con dos procesos que hacen las siguientes llamadas:

P1: renombrar("/dir1/fA", "/dir2/fB");

P2: renombrar("/dir2/fC", "/dir1/fD");

Suponiendo que el descriptor interno del primer directorio es menor que el del segundo, se producirá la siguiente traza de ejecución libre de interbloqueos:

1. Llamada de P_1: Bloquea acceso a "/dir1" → entra en la rama *if*
2. Llamada de P_2: Bloquea acceso a "/dir1" → entra en la rama *else*: bloqueo
3. Llamada de P_1: Bloquea acceso a "/dir2"

En ocasiones, el criterio de ordenamiento puede venir dado por las propias características de los recursos implicados. Así, por ejemplo, si se requiere establecer cerrojos durante la traducción del nombre de ruta de un fichero, la propia jerarquía del árbol de ficheros puede definir el orden en el que se tienen que solicitar los cerrojos sobre los diferentes componentes de la ruta para prevenir el interbloqueo. Dado que el sistema de ficheros se organiza como un grafo acíclico, no pueden aparecer interbloqueos si se usa esa estrategia (aunque habría que dar un tratamiento especial si en una ruta aparece el componente . .).

Sincronización en el tratamiento de interrupciones

El tratamiento de un evento asíncrono, a diferencia de lo que ocurre con el de los síncronos, no se ejecuta en el contexto de ningún proceso. Por tanto, no es posible dejar a medias el tratamiento de una interrupción y pasar a ejecutar otro proceso, para, posteriormente, retomarla y completarla. En consecuencia, es un error utilizar cualquier tipo de operación potencialmente bloqueante, como los cerrojos de tipo *mutex*, durante el tratamiento de un evento asíncrono.

En un sistema monoprocesador, ante problemas de sincronización entre la rutina de tratamiento de un evento y el código de una rutina de interrupción, se inhibe dicha interrupción durante el fragmento conflictivo. Sin embargo, esa solución no es válida en un sistema multiprocesador puesto que la interrupción puede ser tratada en otro procesador, ejecutando, por tanto, en paralelo con la rutina de tratamiento del evento que se pretende proteger. Para resolver este problema de sincronización se deben usar los *spinlocks* para proteger las zonas conflictivas de las rutinas de tratamiento afectadas. Vamos a denominar *spinlocks* de interrupción a aquellos que se usan para sincronizar el tratamiento de eventos tal que al menos uno de ellos corresponde a una interrupción.

Como se analizó en uno de los escenarios planteados al inicio del tema, el tratamiento de eventos asíncronos puede provocar situaciones de interbloqueo incluso cuando solo hay un recurso involucrado. Suponga que es necesario asegurar exclusión mutua entre la ejecución de una cierta tarea durante el tratamiento de un cierto evento (síncrono o asíncrono) y la de otra tarea en el ámbito de la rutina de tratamiento de una interrupción (debido a que, por ejemplo, ambas tareas comparten variables), usando *spinlocks* para ello:

```
Tratamiento de evento X      Rutina de interrupción Y

. . . . . . . . . .           . . . . . . . . .

spin_lock(s)                 spin_lock(s)

. . . . . . .     ◄────── intX  . . . . . . .

spin_unlock(s)               spin_unlock(s)

. . . . . . . . . .           . . . . . . . . .
```

Si en este ejemplo la rutina de tratamiento del evento se viera detenida por la interrupción mientras está en posesión del *spinlock*, se produciría un interbloqueo entre ambas activaciones del sistema: la rutina del evento está en posesión del *spinlock*, pero está esperando a que la rutina de interrupción le devuelva el procesador. Sin embargo, esto no sucederá, ya que la rutina de interrupción está en espera activa intentando adquirir el *spinlock*.

Para resolver este problema, como se analizó en la sección dedicada a los esquemas de prevención, hay que bloquear la expropiación del procesador por parte de la rutina de tratamiento de la interrupción mientras se esté en posesión del recurso de uso exclusivo conflictivo. Por tanto, además de usar un *spinlock*, se deben prohibir las interrupciones en el procesador que ejecuta el tratamiento del evento, asegurando de esta forma que esa interrupción no se tratará en el mismo procesador (Linux incluye internamente la operación `spin_lock_irq`, que realiza ambas operaciones, como se puede apreciar en uno de los ejercicios que aparecen al final del tema).

```
Tratamiento de evento 1      Rutina de interrupción X

. . . . . . . . . .           . . . . . . . . .

inhibir_local_intX           spin_lock(s)

spin_lock(s)                 . . . . . . .

. . . . . . .                spin_unlock(s)

spin_unlock(s)               . . . . . . . . . .

habilitar_local_intX

. . . . . . . . . .
```

Nótese que la solución final se puede considerar como una extensión de la utilizada para sistemas monoprocesador (prohibir la interrupción conflictiva, que protege contra la ejecución en el mismo procesador) para adaptarla a plataformas multiprocesador (junto con uso de los *spinlocks*, que protege ante la ejecución en distintos procesadores).

La regla inicial resultante para evitar este tipo de interbloqueos es la siguiente: Cuando una rutina de tratamiento de un evento, sea síncrono o asíncrono, usa un determinado *spinlock*, hay que comprobar qué rutinas de interrupción usan ese mismo *spinlock* e inhibir esas interrupciones en la rutina del evento durante el fragmento correspondiente a la posesión del *spinlock*. Nótese que en el ejemplo se ha supuesto que la rutina de interrupción *X* no puede verse interrumpida a su vez por otra interrupción *Y* cuya rutina de tratamiento también use ese *spinlock*, puesto que en ese caso habría que haber inhibido *Y* en el fragmento correspondiente de la rutina de tratamiento de *X*.

Sin embargo, como se analizó en ese escenario de interbloqueo en el tratamiento de eventos asíncronos planteado al principio del tema, existen situaciones de conflicto más complejas y sutiles donde la rutina interrumpida y la que interrumpe no usan el mismo *spinlock*. Para ilustrar la complejidad de este tipo de problemas, pero sin realizar un estudio exhaustivo, se plantean a continuación dos ejemplos adicionales correspondientes a escenarios conflictivos de estas características.

En este segundo ejemplo, en el tratamiento de uno de los eventos se usan dos *spinlocks* de forma anidada, pero en el otro solo uno. En el mismo, se ha aplicado la regla anterior, haciendo que la interrupción conflictiva esté inhibida en el procesador que ejecuta el tratamiento del primer evento. Sin embargo, dado que el *spinlock* usado por el segundo evento no se utiliza desde la interrupción, no es necesario prohibir dicha interrupción durante el tratamiento de ese evento.

Evento1	Evento2	Interrupción X
`inhibir_local_intX`	`..........`	`spin_lock`(Sa)
`spin_lock`(Sa)	`spin_lock`(Sb)	`..........`
`..........`	`......` ◄─── intX	`spin_unlock`(Sa)
`spin_lock`(Sb)	`spin_unlock`(Sb)	
`..........`		
`spin_unlock`(Sb)		
`spin_unlock`(Sa)		
`habilitar_local_intX`		

Sin embargo, sí puede producirse un interbloqueo de tipo ABBA:

1. `Procesador P, evento1: spin_lock(Sa)`
2. `Procesador Q, evento2: spin_lock(Sb)`
3. `Procesador Q, interrupción X: spin_lock(Sa)` → en espera activa
4. `Procesador P, evento1: spin_lock(Sb)` → interbloqueo

A continuación, se plantea un tercer ejemplo, donde todos los eventos usan solo un *spinlock*, pero hay dos interrupciones. También se ha aplicado en este caso la regla propuesta anteriormente a la hora de prohibir las interrupciones conflictivas.

Evento1	Evento2	Interrupción X
`inhibir_local_intY`	`inhibir_local_intX`	`spin_lock`(Sb)
`spin_lock`(Sa)	`spin_lock`(Sb)	`......`
`......` ◄─── intX	`......` ◄─── intY	`spin_unlock`(Sb)
`spin_unlock`(Sa)	`spin_unlock`(Sb)	
`habilitar_local_intY`	`habilitar_local_intX`	**Interrupción Y**
		`spin_lock`(Sa)
		`......`
		`spin_unlock`(Sa)

En este caso, también puede producirse un interbloqueo de tipo ABBA:

1. `Procesador P, evento1: spin_lock(Sa)`
2. `Procesador Q, evento2: spin_lock(Sb)`
3. `Procesador P, interrupción X: spin_lock(Sb)` → en espera activa
4. `Procesador Q, interrupción Y: spin_lock(Sa)` → interbloqueo

En consecuencia, hay que extender la regla planteada previamente para evitar este tipo de interbloqueos. Durante la posesión de un determinado *spinlock* en una rutina de tratamiento de un evento, sea síncrono o asíncrono, hay que inhibir una determinada interrupción en las siguientes circunstancias:

- Si la rutina de interrupción usa ese *spinlock*. Corresponde a la regla inicial aplicada al primer ejemplo.
- Si se trata de un *spinlock* que no se usa en una rutina de interrupción, pero en el tratamiento de algún otro evento se puede solicitar ese *spinlock* teniendo en posesión un *spinlock* de interrupción. Aplicando esta regla, en el tratamiento del segundo evento correspondiente al segundo ejemplo habría que prohibir la interrupción mientras se está en posesión de ese *spinlock*, a pesar de no usarse nunca en el contexto de una interrupción.
- Si esa interrupción, aunque no use ese *spinlock* concreto, sí utiliza *spinlocks* de interrupción. Usando esta regla, en las rutinas de tratamiento de ambos eventos del tercer ejemplo habría que inhibir las dos interrupciones durante la posesión de los *spinlocks* respectivos.

Una conclusión directa de todo este análisis es que, debido a la complejidad inherente, se deberían reducir al máximo los problemas de sincronización que puede tener el tratamiento de un evento asíncrono con cualquier otro evento, sea síncrono o asíncrono, y, para ello, una recomendación es ejecutar el mínimo número de operaciones dentro de una rutina de interrupción. Siempre que sea posible, es mejor que dentro de la rutina de interrupción se anote de alguna manera que debe llevarse a cabo una cierta operación, y que esta se realice posteriormente en el contexto de un evento síncrono.

Como se ha podido apreciar en los últimos apartados, la sincronización interna del sistema operativo es muy compleja y, por consiguiente, propensa a errores. Para ayudar al diagnóstico de este tipo de errores, los sistemas operativos incluyen herramientas, como *lockdep* de Linux, que supervisan en tiempo de ejecución el uso de las operaciones de sincronización, tanto bloqueantes como con espera activa, facilitando la depuración del sistema.

Competencia en el uso de recursos limitados

Como se analizó al principio del tema, pueden aparecer escenarios de interbloqueo en el uso de recursos que disponen de un número limitado de unidades, que pueden llevar a que el sistema no progrese al no haber recursos suficientes para satisfacer las necesidades actuales de ninguno de los procesos afectados. En el caso del sistema operativo, uno de los recursos que gestiona que tiene estas características es la memoria y es en el que se centra este apartado.

Por lo que se refiere a la memoria asignada a los procesos de usuario, el uso de la técnica de la memoria virtual permite tratar a este recurso como expropiable (estrategia de prevención que elimina la condición de no expropiación), como ocurre con el procesador. De esta forma, ante una situación de falta de ese recurso, el sistema operativo puede despojar de algunas de sus páginas a un proceso y escribirlas a memoria secundaria.

En cuanto a la memoria de uso interno, en algunos sistemas operativos la memoria asignada el sistema (o al menos una parte significativa de la misma) debe estar siempre residente, no siendo, por tanto, expropiable. En consecuencia, pueden aparecer problemas de interbloqueo por el uso de este recurso limitado si múltiples actividades concurrentes del sistema operativo van solicitando de manera incremental memoria y llega un momento en la que ninguna puede progresar por falta de este recurso. Como se analizó en la sección dedicada a las estrategias de prevención de interbloqueos, para resolver este problema, cada actividad puede solicitar inicialmente la cantidad de memoria máxima que va a requerir rompiendo de esta forma la condición de retención y espera. Esta clase de estrategias pueden causar una infrautilización de los recursos, pero que en este caso será muy limitada, dada la corta duración de las activaciones del sistema operativo.

Otro escenario potencial de interbloqueo en la gestión de memoria puede darse en situaciones a las que informalmente podríamos catalogar como de "para ganar más dinero, necesito gastarme un poco de dinero". Suponga que el sistema operativo necesita una cierta cantidad de memoria, ya sea para su uso interno o para traer a memoria principal una página de un proceso y, al no haber memoria principal disponible, tiene que escribir a memoria secundaria una página que está modificada para liberar el espacio que ocupa. El problema aparece porque para iniciar la operación de escritura en disco que permitirá obtener espacio libre (ganar dinero), será necesario seguramente reservar una pequeña cantidad de memoria (gastar un poco de dinero) para crear una estructura de datos que describa la información de la operación en el disco. Se trata de una situación de interbloqueo que puede causar una secuencia ilimitada de peticiones de reserva de memoria anidadas (se solicita memoria para almacenar el descriptor de la operación en el disco; como no hay espacio, se arranca una nueva operación de escritura en disco de otra página para liberarlo; la operación de escritura en disco necesita espacio para el nuevo descriptor, y así sucesivamente). Nuevamente, la solución se entronca dentro de las estrategias de prevención basadas en romper la condición de retención y espera: asegurarse de que hay siempre una cierta cantidad mínima de memoria disponible, lo que causa una cierta infrautilización de recursos, pero elimina el interbloqueo. En el tema de gestión de memoria se explica cómo los sistemas operativos siempre tienen reservada una mínima cantidad de marcos libres para eliminar la posibilidad de que se produzcan este tipo de situaciones.

Uso compartido de recursos exclusivos

En un sistema informático existen algunos recursos físicos de carácter exclusivo, como, por ejemplo, las impresoras, que son usados de forma compartida por todos los usuarios del sistema. Como se analizó en la sección dedicada a las estrategias de prevención basadas en romper la condición de exclusión mutua, no es posible cambiar el comportamiento intrínseco de este tipo de recursos para convertirlos mágicamente en compartidos. Sin embargo, como se comentó en esa sección, se puede usar una solución basada en un proceso gestor, que sea el único que interaccione con el dispositivo exclusivo, y que ofrezca servicios para que el resto de procesos puedan trabajar con el mismo. En esa idea se basa la técnica denominada *spooling*.

Con esta técnica, se hace creer a los programas, y a los usuarios, que están trabajando directa y simultáneamente con el dispositivo dedicado. Sin embargo, cada programa genera su salida (o recoge su entrada, en caso de tratarse de un dispositivo de lectura) en un fichero que se almacena en un directorio específico dedicado al *spooling*. Existe solo un único proceso que puede acceder al dispositivo (el proceso *spooler*), que se encarga de ir volcando los sucesivos ficheros del directorio de *spooling* al dispositivo, convirtiendo, hasta cierto punto, en compartido un recurso exclusivo. Además de eliminar el problema del interbloqueo, esta técnica optimiza el uso del dispositivo, al impedir que un programa pueda acceder directamente al mismo y lo use a su ritmo.

Hay que resaltar, haciendo una breve retrospectiva histórica, que la técnica del SPOOL (*Simultaneous Peripheral Operation Online*: Operación simultánea, en línea, de dispositivos periféricos) supuso en su momento un hito en el desarrollo de los computadores. En los primeros sistemas operativos, que eran, evidentemente, de tipo monoproceso, la lentitud de los dispositivos periféricos de entrada y salida (tarjetas perforadas e impresoras muy primitivas) marcaba el ritmo de ejecución de los programas, causando que el procesador, mucho más costoso, estuviera la mayor parte del tiempo desocupado. Con la aparición de las cintas magnéticas, el proceso mejoró considerablemente. El computador leía los datos de una cinta magnética y escribía los resultados en otra cinta. Simultáneamente, en otros equipos secundarios de bajo costo se iban cargando los datos de las tarjetas en cintas, que, más tarde, serían procesadas por el computador principal, y se iban volcando a la impresora las cintas que contenían la salida de los programas ya ejecutados. Con esta técnica, el procesado previo y posterior de los datos se realizaba fuera de línea (es decir, ajeno al computador principal). Cuando surgieron los primeros discos magnéticos, se diseñó la técnica del SPOOL (*Simultaneous Peripheral Operation Online*), que eliminaba la necesidad de equipos secundarios. El propio computador principal se encargaba, en línea, de cargar al disco las tarjetas del próximo programa y de volcar a la impresora la salida almacenada en disco del último programa completado, mientras ejecutaba simultáneamente el programa actualmente cargado en memoria. Años después, con la incorporación de la multiprogramación, este modo de operación como tal desapareció, pero se mantuvo el uso del *spooling*, como un mecanismo para permitir que múltiples programas puedan usar un dispositivo de uso exclusivo.

7.10.2 Recursos de usuario

Se corresponden con recursos que usan las aplicaciones de usuario para realizar su trabajo. La reserva y liberación de este tipo de recursos se hace, por tanto, desde el código de las aplicaciones. Se pueden considerar como ejemplos de este tipo de recursos un cerrojo de tipo *mutex* usado por un conjunto de procesos de usuario cooperantes para sincronizar su ejecución, o un cerrojo de fichero que se utilice para sincronizar el acceso a un determinado fichero.

De manera similar a lo que sucede con los recursos internos, la aparición de un interbloqueo inutilizaría los recursos de usuario implicados, haciendo que cualquier proceso que los intente usar se vea también involucrado en el interbloqueo. El daño causado es, evidentemente, importante. Sin embargo, la repercusión no es tan grave. Por un lado, solo se verían afectados los procesos que usan explícitamente esos recursos. Por otro lado, al tratarse de recursos externos, los sistemas operativos permiten abortar la ejecución de los procesos implicados, no siendo necesario reiniciar el sistema.

Hay que tener en cuenta que, como se identificó al principio del tema, los flujos de ejecución involucrados en un interbloqueo en el uso de este tipo de recursos pueden corresponder a procesos independientes o a procesos/*threads* de la misma aplicación. Sin embargo, esa diferencia no afecta al sistema operativo, que no puede presuponer nada con respecto al comportamiento de esos flujos de ejecución en cuanto a su uso de recursos.

Dados estos condicionantes, se puede valorar qué tipo de estrategia para el tratamiento de interbloqueos en el uso de recursos de usuario sería la más adecuada:

- La aplicación de técnicas de prevención conduciría a una infrautilización de los recursos, ya que la duración de los intervalos de uso de los mismos es impredecible y, normalmente, mucho mayor que en el caso de los recursos internos, cuya utilización se limita al ámbito de una única activación del sistema.
- En cuanto a las estrategias de predicción, además de presentar el mismo problema de infrautilización, son difíciles de implantar debido a que requieren conocer *a priori* el comportamiento de los procesos, lo que no es factible en un sistema de propósito general, donde el sistema operativo no conoce por anticipado cómo se usarán los recursos.
- Por lo que se refiere a las políticas de detección y recuperación, la ejecución del algoritmo de detección, ya sea periódicamente o en cada petición insatisfecha, supone un esfuerzo que puede afectar negativamente al rendimiento del sistema. Puesto que el coste de la ejecución del algoritmo depende del tamaño del estado del sistema y puede hacerse intolerable si se aplica a todos los recursos del sistema, muchos sistemas operativos no usan este tipo de estrategias de forma general, sino que se limitan a hacerlo de forma independiente para un único tipo de recurso. Además, dado que las estrategias de recuperación basadas en abortar unilateralmente procesos pueden ser difíciles de aceptar por los usuarios, el trabajo del sistema operativo se circunscribe a detectar la presencia del interbloqueo en el uso de un cierto tipo de recurso y notificárselo a la aplicación, para que realice la recuperación que considere oportuna.

Recapitulando, se puede concluir que prácticamente ningún sistema operativo de propósito general proporciona a las aplicaciones servicios de uso de recursos de usuario que estén totalmente libres de interbloqueos. Su trabajo se limita a comprobar, solo para ciertos recursos, si una solicitud de un recurso que no puede ser satisfecha causaría un interbloqueo, devolviendo un error en la llamada en caso afirmativo.

Surge entonces la pregunta: ¿qué ocurre con los interbloqueos que involucran a recursos no supervisados o que afectan a varios tipos de recursos?

Se podría considerar que, de manera intuitiva, los usuarios aplican una política de detección y recuperación de interbloqueos: cuando el usuario considera que su programa está tardando demasiado tiempo en realizar su labor (detección de posible interbloqueo), aborta su ejecución (recuperación del interbloqueo), liberándose los recursos que tenía asignados, y, si lo considera oportuno, lo vuelve a lanzar. Evidentemente, esta estrategia "de andar por casa" solo se puede aplicar a los recursos de usuario.

Para ilustrar estas limitaciones, a continuación, se va a comprobar qué cobertura de interbloqueos proporciona un sistema operativo de la familia UNIX con respecto a los cerrojos de tipo *mutex*.

El programa 7.1 comprueba si el sistema operativo detecta los auto-interbloqueos en el uso de los cerrojos de tipo *mutex*. Para ello, se usa un programa que solicita dos veces el mismo *mutex*. El programa debería probarse cambiando el tipo de *mutex* en cada ejecución.

Programa 7.1 Evalúa si un S.O. UNIX detecta auto-interbloqueos en el uso de *mutex*.

```c
#include <pthread.h>
#include <stdio.h>
#include <errno.h>
int main(int argc, char *argv[]) {
    pthread_mutex_t m;
    pthread_mutexattr_t atrib;
    pthread_mutexattr_init(&atrib);
    // pruebe a usar cada una de las tres opciones siguientes
    pthread_mutexattr_settype(&atrib,PTHREAD_MUTEX_NORMAL);
    pthread_mutexattr_settype(&atrib,PTHREAD_MUTEX_ERRORCHECK);
    pthread_mutexattr_settype(&atrib,PTHREAD_MUTEX_RECURSIVE);
    pthread_mutex_init(&m, &atrib);
    pthread_mutex_lock(&m);
    printf("Vamos a por el segundo lock...\n");
    if (pthread_mutex_lock(&m)==EDEADLOCK)
        printf("Interbloqueo\n");
    else
        printf("Conseguido el segundo lock\n");
    return 0;
}
```

Probado en un sistema Linux, se obtienen los siguientes resultados:

- Si se especifica como un *mutex* de tipo normal, el programa se bloquea. Nótese que el sistema operativo ni siquiera ha detectado un interbloqueo tan trivial como este. El motivo de esta limitación es la eficiencia, tanto en tiempo como en consumo de recursos. El no comprobar los auto-interbloqueos permite, por un lado, que la operación sea más rápida, al no tener que comprobar la presencia de un interbloqueo y, por otro, almacenar menos información de estado asociada con el *mutex*.
- En caso de usar un *mutex* con control de errores, el sistema operativo devuelve un error de interbloqueo en la segunda llamada.
- Si se indica que el *mutex* es recursivo, el comportamiento es el esperado: se resuelven satisfactoriamente las dos llamadas.

Para analizar hasta qué punto llega la supervisión de interbloqueos en el caso de usar *mutex* con control de errores, se va a usar el programa 7.2 que crea un escenario de interbloqueo entre dos *threads* que usan dos *mutex*.

Programa 7.2 Evalúa si un S.O. UNIX detecta interbloqueos *ABBA* en el uso de *mutex*.

```c
#include <pthread.h>
#include <stdio.h>
#include <unistd.h>
#include <errno.h>
pthread_mutex_t m1, m2;
void *thread(void *arg) {
```

```
        pthread_mutex_lock(&m2);
        if (pthread_mutex_lock(&m1)==EDEADLOCK)
            printf("thread: interbloqueo\n");
        else
            printf("thread: segundo lock conseguido\n");
        pthread_mutex_unlock(&m1);
        pthread_mutex_unlock(&m2);
        return NULL;
}
int main(int argc, char *argv[]) {
        pthread_t t;
        pthread_mutexattr_t atrib;
        pthread_mutexattr_init(&atrib);
        pthread_mutexattr_settype(&atrib,PTHREAD_MUTEX_ERRORCHECK);
        pthread_mutex_init(&m1, &atrib);
        pthread_mutex_init(&m2, &atrib);
        pthread_create(&t, NULL, thread, NULL);
        pthread_mutex_lock(&m1);
        usleep(10000); // para que ejecute el thread
        if (pthread_mutex_lock(&m2)==EDEADLOCK)
            printf("main: interbloqueo\n");
        else
            printf("main: segundo lock conseguido\n");
        pthread_mutex_unlock(&m1);
        pthread_mutex_unlock(&m2);
        pthread_join(t, NULL);
        return 0;
}
```

Al probarlo en un sistema Linux, el programa se queda parado en un interbloqueo, a pesar de haber usado *mutex* con control de errores. Eso nos confirma el tratamiento tan limitado que proporcionan los sistemas operativos a los interbloqueos que pueden sufrir las aplicaciones cuando usan sus servicios.

Hay que resaltar que, en unas pruebas similares, pero con cerrojos de ficheros, el sistema operativo Linux ha detectado cuando se producen interbloqueos entre varios procesos que usan múltiples cerrojos. No se han incluido esas pruebas puesto que ese es el ejemplo que se tomará como base en la siguiente sección. En cualquier caso, tenga en cuenta que el sistema operativo no detectará los interbloqueos que involucren a un cerrojo de fichero y a cualquier otro recurso exclusivo, como, por ejemplo, un *mutex*.

Como una reflexión final, puede parecer sorprendente que el sistema operativo deje a su suerte en cuanto a los interbloqueos a los procesos que usan sus servicios, pero la idea no es tan descabellada si se recapitulan las distintas circunstancias que se han vertido a lo largo de esta sección:

- Las estrategias de prevención y predicción no son factibles por parte del sistema operativo puesto que se desconoce cuál va a ser el uso real de los recursos por parte de los procesos.
- El uso generalizado de una estrategia de detección puede implicar una sobrecarga considerable, que afectaría también a la eficiencia de los servicios de solicitud de recursos. Así, por ejemplo, un programa con múltiples *threads* que realiza decenas de miles de llamadas solicitando y liberando cerrojos de tipo *mutex* seguramente prefiere que estas llamadas sean lo más eficientes posibles a que haya una supervisión de interbloqueos que las ralentice. Además, la única estrategia de recuperación posible en un sistema de

propósito general es abortar alguno de los procesos implicados. Esa solución unilateral puede no ser bien valorada por los usuarios y no distaría mucho de cómo se vive sin control de interbloqueos: el usuario detecta que su programa está tardando demasiado tiempo, lo aborta y, si lo considera oportuno, lo vuelve a lanzar.

- Por todo ello, el sistema operativo se limita a detectar el interbloqueo solo para algún tipo de recurso de usuario y, en algunos casos, solo si el usuario se lo pide.

7.11 El interbloqueo en las aplicaciones

Cuando se desarrolla un programa independiente que usa recursos de carácter exclusivo, el creador del mismo debe ser consciente de que, en tiempo de ejecución, ese programa o bien puede verse afectado por el interbloqueo, quedándose indefinidamente bloqueado, o bien puede ser notificado por el sistema operativo de este hecho, por lo que debe estar programado para tratarlo adecuadamente, implementando como mínimo una estrategia de terminación ordenada del programa.

Sin embargo, la cosa cambia cuando se está programando una aplicación concurrente, ya sea basada en procesos o en *threads*. En este caso, el creador del programa es el responsable de asegurar que, con mayor o menor ayuda del sistema operativo, no se produce un interbloqueo entre los flujos de ejecución de ese programa, pudiéndose considerar que la aparición de un interbloqueo corresponde a un error en el diseño de la aplicación.

En esta sección se van a proponer algunas pautas y estrategias que pueden usar los desarrolladores de aplicaciones concurrentes a la hora de diseñar soluciones que estén libres de interbloqueo, aplicándolas a un ejemplo que usa los cerrojos de fichero como mecanismo de sincronización. Asimismo, dada su especial importancia en el diseño de aplicaciones concurrentes, se van a estudiar específicamente los problemas de interbloqueos que pueden aparecer en el uso de *mutex* por parte de este tipo de aplicaciones.

7.11.1 Tratamiento de interbloqueos en programas concurrentes

Para ilustrar qué tipo de estrategias pueden usarse para desarrollar aplicaciones concurrentes que estén libres de interbloqueos, vamos a utilizar como ejemplo un programa que gestiona cuentas bancarias, almacenándolas en un fichero (evidentemente, en un sistema real sería más razonable usar una base de datos). Las cuentas se almacenan consecutivamente en el fichero. Así, si los datos de una cuenta, entre los que se incluye su saldo, ocupan N bytes, la cuenta con identificador 0 se almacena a partir del byte 0 del fichero, la de identificador 1 a partir del byte N, y así sucesivamente. Los usuarios disponen de un único programa que recibe como argumentos los parámetros de una operación y la lleva a cabo usando cerrojos de fichero para asegurar que no se produzcan errores de sincronización cuando se realizan operaciones concurrentes sobre las cuentas. A continuación, se van a plantear distintas soluciones alternativas en lo que se refiere al tratamiento del interbloqueo. Recuerde que, como se comentó previamente, se toma como punto de partida que el sistema operativo Linux detecta si se produce un interbloqueo entre varios procesos que usan cerrojos de ficheros, devolviendo un error en la llamada afectada.

Detección del interbloqueo y terminación ordenada

A continuación, se muestra la función (programa 7.3) que realiza la transferencia entre las cuentas, que es la relevante en cuanto a los interbloqueos, al tener que solicitar simultáneamente dos cerrojos.

Programa 7.3 Función que realiza la transferencia entre dos cuentas.

```
int transferencia_cuentas(int n_cnt_org,int n_cnt_dst,
float cantidad){
        int fd; struct cuenta c;

        if ((fd=open(FICHERO_CUENTAS, O_RDWR))<0) return -1;
```

```
// establece cerrojo en cuenta origen
struct flock fl1 = {.l_whence=SEEK_SET,
                    .l_start= n_cnt_org*sizeof(struct cuenta),
              .l_len=sizeof(struct cuenta)};
fl1.l_type = F_WRLCK;
if (fcntl(fd, F_SETLKW, &fl1)<0){
    close(fd); return -1;}

// establece cerrojo en cuenta destino
struct flock fl2 = {.l_whence=SEEK_SET,
                    .l_start=n_cnt_dst*sizeof(struct cuenta),
              .l_len=sizeof(struct cuenta)};
fl2.l_type = F_WRLCK;
if (fcntl(fd, F_SETLKW, &fl2)<0){
    close(fd); return -1;} // close libera los cerrojos

// actualiza cuenta origen
if (pread(fd, &c, sizeof(struct cuenta),
        n_cnt_org * sizeof(struct cuenta))<0) {
    close(fd); return -1;}

c.saldo-=cantidad;

if (pwrite(fd, &c, sizeof(struct cuenta),
        n_cnt_org * sizeof(struct cuenta))<0) {
    close(fd); return -1;}

printf("Cuenta origen %d Saldo resultante %f\n",
        n_cnt_org, c.saldo);
// actualiza cuenta destino
if (pread(fd, &c, sizeof(struct cuenta),
        n_cnt_dst * sizeof(struct cuenta))<0) {
    close(fd); return -1;}

c.saldo+=cantidad;

if (pwrite(fd, &c, sizeof(struct cuenta),
        n_cnt_dst * sizeof(struct cuenta))<0) {
    close(fd); return -1;}

printf("Cuenta destino %d Saldo resultante %f\n",
        n_cnt_dst, c.saldo);

// libera los cerrojos
fl1.l_type = F_UNLCK;
if (fcntl(fd, F_SETLKW, &fl1)<0){
    close(fd); return -1;}

fl2.l_type = F_UNLCK;
```

```
        if (fcntl(fd, F_SETLKW, &fl2)<0){
            close(fd); return -1;}


    close(fd);
    return 0;
}
```

La función *main* del programa simplemente invoca la rutina correspondiente a la operación especificada por el usuario en los argumentos. En el siguiente fragmento (programa 7.4) se muestra la parte que corresponde a la operación de transferencia.

Programa 7.4 Extracto de la función *main* del programa de gestión de cuentas.

```
int main(int argc, char *argv[]) {
...............
// comprueba si se trata de una transferencia
    else if ((argv[1]!=NULL) && strcmp(argv[1],"T")==0 &&
            (argv[2]!=NULL) && (argv[3]!=NULL) && (argv[4]!=NULL)){
        if (transferencia_cuentas(atoi(argv[2]),
                atoi(argv[3]), atof(argv[4]))<0)
            fprintf(stderr,"Error interno. Repita más tarde.\n");
    }
...............
```

Puede haber un interbloqueo entre 2 o más ejecuciones simultáneas de este mismo programa si se ejecutan de manera que las cuentas implicadas formen una lista circular (es decir, el primer programa solicita una transferencia de la cuenta 1 a la 2, el segundo de la 2 a la 3, y el enésimo de la N a la 1), y se produce un orden de ejecución tal que cada proceso logra obtener el primer cerrojo. En la llamada que cierra el ciclo, el sistema operativo detecta el interbloqueo y devuelve un error. En ese caso, la función de transferencia cierra el descriptor del fichero, lo que causa la liberación del cerrojo, y esa instancia del programa termina con un mensaje de error, dejando que el resto de operaciones puedan completarse. Para un caso de solo dos procesos:

```
    ./Banco T 5 7 10 # transfiere 10 unidades de la cuenta 5 a la 7
    ./Banco T 7 5 15 # transfiere 15 unidades de la cuenta 7 a la 5
```

La ejecución conflictiva de esas operaciones sería la siguiente:

1. P_1: `solicita y obtiene cerrojo en cuenta 5`
2. P_2: `solicita y obtiene cerrojo en cuenta 7`
3. P_2: `solicita cerrojo en cuenta 5` → se bloquea
4. P_1: `solicita cerrojo en cuenta 7` → interbloqueo: la llamada devuelve error
5. P_1: `libera cerrojo en cuenta 5 y termina`
6. P_2: `obtiene cerrojo en cuenta 5 y completa la transferencia`

En esta primera versión, se ha optado por abortar la operación que provoca el interbloqueo, haciendo partícipe al usuario de ese error interno.

Detección del interbloqueo y repetición transparente de la operación

Una estrategia alternativa, que pretende ser transparente, consiste en repetir la operación que causó el fallo. Tenga en cuenta desde el principio que, como se explicó en la sección dedicada a estudiar las técnicas de detección y recuperación, esta estrategia puede causar un *livelock*.

En este tipo de soluciones, el número de reintentos está limitado y puede ser conveniente, para reducir la posibilidad de un *livelock*, esperar un tiempo aleatorio y creciente entre cada reintento.

La lógica de las repeticiones puede estar implementada en la parte más externa, como se puede apreciar en este fragmento de código (programa 7.5).

Programa 7.5 Extracto de la función *main* que reintenta la transferencia.

```
int main(int argc, char *argv[]) {
    ...............
    // comprueba si se trata de una transferencia
          else if ((argv[1]!=NULL) && strcmp(argv[1],"T")==0 &&
        (argv[2]!=NULL) && (argv[3]!=NULL) && (argv[4]!=NULL)){
            // si interbloqueo lo reintenta varias veces
            while ((res=transferencia_cuentas(atoi(argv[2]),
                atoi(argv[3]), atof(argv[4])))==-1 &&
                (errno==EDEADLOCK) && (reintentos-->0)) {
                // espera plazo aleatorio creciente y reintento
                    usleep(plazo_aleatorio);
                    plazo_aleatorio <<= 1;
            }

            // se mantiene el error a pesar de los reintentos
            if (res==-1)
                    fprintf(stderr,"Error interno. Repita más
tarde.\n");
        }
```

Pero también puede estar imbuida en la propia función de transferencia, donde el único cambio aparece en el tratamiento del error de la solicitud del segundo cerrojo, en el que se libera el primer cerrojo adquirido y se vuelve a comenzar (programa 7.6).

Programa 7.6 Función de transferencia entre cuentas con reintentos.

```
int transferencia_cuentas(int n_cnt_org,int n_cnt_dst,
            float cantidad){
    int fd; struct cuenta c;

    if ((fd=open(FICHERO_CUENTAS, O_RDWR))<0) return -1;

    inicio: // punto de reintento

    // establece cerrojo en cuenta origen
    struct flock fl1 = {.l_whence=SEEK_SET,
        .l_start= n_cnt_org*sizeof(struct cuenta), .l_len=sizeof(struct
        cuenta)};
    fl1.l_type = F_WRLCK;
    if (fcntl(fd, F_SETLKW, &fl1)<0){
        close(fd); return -1;}

    // establece cerrojo en cuenta destino
    struct flock fl2 = {.l_whence=SEEK_SET,
        .l_start=n_cnt_dst*sizeof(struct cuenta),
        .l_len=sizeof(struct cuenta)};
    fl2.l_type = F_WRLCK;

    // Único cambio: Nuevo tratamiento de error con reintento
```

```
if (fcntl(fd, F_SETLKW, &fl2)<0){
    if ((errno==EDEADLOCK)&&(reintentos-->0)) {
        // libera el primer cerrojo y reintenta
        fl1.l_type = F_UNLCK;
        fcntl(fd, F_SETLKW, &fl1);
        // espera plazo aleatorio creciente y reintento
        usleep(plazo_aleatorio); plazo_aleatorio <<= 1;
        goto inicio;
    }
    else {
        close(fd); return -1;
    }
}

// sigue como en la versión previa
if (pread(fd, &c, sizeof(struct cuenta),
    n_cnt_org * sizeof(struct cuenta))<0) {
    close(fd); return -1;}
        .........................
```

Nótese que, como se estudió en la sección correspondiente, en este tipo de soluciones, además del *livelock*, pueden presentarse problemas debido a que, al volver a empezar, se repite el trabajo que se realizó estando en posesión solo del primer cerrojo. Sin embargo, en este ejemplo ese problema no es relevante, puesto que no se realiza ninguna labor hasta que no se está en posesión de ambos cerrojos.

Prevención del interbloqueo

La solución más adecuada es evitar el interbloqueo usando una estrategia de prevención que asegure que las operaciones ejecutan concurrentemente sin posibilidad de conflicto. Dentro de este tipo de estrategias, la más conveniente es la que evita la condición de lista de espera circular estableciendo un orden predeterminado a la hora de solicitar los cerrojos de las cuentas: en este caso, basado en el número de cuenta, como se refleja en la nueva versión de esta función (programa 7.7).

Programa 7.7 Función de transferencia entre cuentas libre de interbloqueos.

```
int transferencia_cuentas(int n_cnt_org,int n_cnt_dst,
float cantidad){
    int fd; struct cuenta c;

    if ((fd=open(FICHERO_CUENTAS, O_RDWR))<0) return -1;

    // estrategia de prevención
    int cnt1=n_cnt_org, cnt2=n_cnt_dst;
    if (n_cnt_org > n_cnt_dst)
        {cnt1=n_cnt_dst, cnt2=n_cnt_org;}

    // establece cerrojo en la primera cuenta
    struct flock fl1 = {.l_whence=SEEK_SET,
            .l_start= cnt1*sizeof(struct cuenta),
            .l_len=sizeof(struct cuenta)};
    fl1.l_type = F_WRLCK;
    if (fcntl(fd, F_SETLKW, &fl1)<0){
        close(fd); return -1;}
```

```
// establece cerrojo en la segunda cuenta
struct flock fl2 = {.l_whence=SEEK_SET,
           .l_start= cnt2*sizeof(struct cuenta),
           .l_len=sizeof(struct cuenta)};
fl2.l_type = F_WRLCK;
if (fcntl(fd, F_SETLKW, &fl2)<0){
    close(fd); return -1;} // close libera los cerrojos

// continúa igual que antes
if (pread(fd, &c, sizeof(struct cuenta),
        n_cnt_org * sizeof(struct cuenta))<0) {
    close(fd); return -1;}
```
....

Retomamos el ejemplo para mostrar cómo se elimina la posibilidad del interbloqueo:

> **./Banco T 5 7 10** # transfiere 10 unidades de la cuenta 5 a la 7
>
> **./Banco T 7 5 15** # transfiere 15 unidades de la cuenta 7 a la 5

La ejecución conflictiva de esas operaciones sería la siguiente:

1. P_1: solicita y obtiene cerrojo en cuenta 5
2. P_2: solicita cerrojo en cuenta 5 → se bloquea
3. P_1: solicita y obtiene cerrojo en cuenta 7 y completa la operación
4. P_2: obtiene cerrojo en cuenta 5
5. P_2: solicita y obtiene cerrojo en cuenta 7 y completa la operación

Obsérvese que en este caso no se presenta la infrautilización de recursos que, a veces, conlleva esta técnica, puesto que ninguno de los cerrojos se solicita de forma anticipada.

7.11.2 Tratamiento de interbloqueos en programas con *mutex*

Los cerrojos de tipo *mutex*, o mecanismos equivalentes, son un elemento fundamental de cualquier aplicación concurrente, ya sea basada en procesos o *threads* (recuerde que los *mutex* de UNIX son aptos tanto para *threads* del mismo proceso como de diferente). Por ello, se ha considerado conveniente realizar en esta sección algunas consideraciones adicionales sobre este mecanismo de sincronización.

Ejemplo con threads y cerrojos de tipo mutex

Se plantea en este apartado un ejemplo que afecta a *threads* de un mismo proceso que usan cerrojos de tipo *mutex*. Tenga en cuenta que, al menos en Linux, no se detectan los interbloqueos entre varios flujos de ejecución usando este recurso y, por tanto, las únicas estrategias aplicables son las de prevención.

El ejemplo (programa 7.8) consiste en una biblioteca de gestión de listas adaptada para entornos *multithread*, un fragmento de la cual se muestra en el siguiente programa. Cada lista tiene en su cabecera un *mutex* para poder asegurar exclusión mutua durante la manipulación de la misma. Una función que mueva un elemento de una lista a otra deberá obtener los respectivos *mutex* antes de realizar la operación, para, de esta forma, asegurar la coherencia de ambas listas, impidiendo el acceso a las mismas mientras dure dicha operación.

Programa 7.8 Fragmento de la biblioteca de gestión de listas con interbloqueos.

```
#include <pthread.h>
```

```
struct nodo {
     struct nodo *siguiente;
     /* otros campos */
};
struct lista {
     pthread_mutex_t mutex_lista;
     struct nodo *primer_nodo;
};


void mover_de_lista(struct lista *origen, struct lista* destino,
     struct nodo *elemento, int posicion_destino) {

     pthread_mutex_lock(&origen->mutex_lista);
     pthread_mutex_lock(&destino->mutex_lista);

     /* elimina el elemento de la lista origen */
     /* añade el elemento a la lista destino en posición dada */

     pthread_mutex_unlock(&origen->mutex_lista);
     pthread_mutex_unlock(&destino->mutex_lista);
}
```

Aparentemente, el diseño de la biblioteca es correcto. Sin embargo, si dos *threads* invocan concurrentemente la función que mueve un elemento entre listas especificando las mismas listas, pero permutando el origen y el destino, puede producirse un interbloqueo si cada llamada obtiene el *mutex* de la lista origen, puesto que ya no podrán obtener el de la lista destino, que ya está en posesión del otro *thread*. Nótese que esta situación patológica no solo se puede dar con dos *threads*, sino que puede afectar a cualquier número de *threads*. Imagine una situación donde *N threads* realizan simultáneamente llamadas a mover elementos de listas, tal que el primer *thread* mueve un elemento de *lista1* a *lista2*, el segundo de *lista2* a *lista3*, y, así sucesivamente, hasta el *thread* enésimo, que solicita mover un elemento de *listaN* a *lista1*. En esta situación puede darse un orden de ejecución que provoque el interbloqueo si todas las llamadas logran obtener el primer *mutex*.

Para solucionar este problema, nuevamente se va a aplicar la técnica de prevención de interbloqueos basada en ordenar los recursos. El programa 7.9 muestra esta nueva versión libre de interbloqueos, en la que, a la hora de obtener los *mutex* asociados a las listas origen y destino, se solicitan en el orden que establecen las direcciones de memoria donde están almacenadas las cabeceras de las listas. Se trata de un orden arbitrario, pero que soluciona el problema al eliminar la posibilidad de una espera circular. Es interesante resaltar que, a diferencia de lo que ocurre con las solicitudes de obtener los *mutex*, no importa en qué orden se liberan. Obsérvese que tampoco en este caso se presenta infrautilización de recursos, puesto que los *mutex* se siguen solicitando cuando se necesitan.

Programa 7.9 Fragmento de la biblioteca de gestión de listas libre de interbloqueos.

```
#include <pthread.h>

struct nodo {
     struct nodo *siguiente;
     /* otros campos */
};
```

```
struct lista {
    pthread_mutex_t mutex_lista;
    struct nodo *primer_nodo;
};


void mover_de_lista(struct lista *origen, struct lista* destino,
    struct nodo *elemento, int posicion_destino) {

    if (origen < destino) {
        pthread_mutex_lock(&origen->mutex_lista);
        pthread_mutex_lock(&destino->mutex_lista);
    }
    else {
        pthread_mutex_lock(&destino->mutex_lista);
        pthread_mutex_lock(&origen->mutex_lista);

    }

    /* elimina el elemento de la lista origen */
    /* añade el elemento a la lista destino en posición dada */

    pthread_mutex_unlock(&origen->mutex_lista);
    pthread_mutex_unlock(&destino->mutex_lista);
}
```

Jerarquía de cerrojos

El ejemplo previo plantea un escenario relativamente sencillo, ya que los *mutex* se usan en el contexto interno de un módulo y, por tanto, las políticas de ordenamiento de recursos se restringen a ese ámbito cerrado.

En otras aplicaciones, sin embargo, existen distintos módulos, propios o de terceros, que usan cerrojos y se dan situaciones en las que, estando una función de un módulo en posesión de un cerrojo de tipo *mutex*, tiene que invocar una función de otro módulo que usa también su propio cerrojo. El uso de una estrategia de prevención basada en el ordenamiento de recursos es más difícil y, como se analiza a continuación, debe estar incorporada en el diseño inicial de la aplicación concurrente. En este contexto a ese proceso de ordenación se le suele referir como el establecimiento de una jerarquía de cerrojos y define desde la etapa inicial de diseño un orden de solicitud de recursos que debe ser respetado a la hora de desarrollar la aplicación:

- Se deben organizar los distintos módulos que usan cerrojos formando un grafo acíclico de llamadas asegurándose de esta forma de que, si una función de un módulo que usa un *mutex* llama directa o indirectamente a una función de otro módulo que utiliza otro *mutex*, no se podrían producir llamadas, directas o indirectas, en sentido inverso (con esta pauta, se evitaría el código espagueti, lo que siempre es una buena práctica).
- Asegurando ese carácter acíclico, se puede establecer una jerarquía de manera que los cerrojos que usa un determinado módulo tendrán asignada una posición anterior en la jerarquía que los de otro módulo si las funciones del primer módulo llaman, directa o indirectamente, a las del segundo.
- Dentro de cada módulo se establece una jerarquía interna de los cerrojos que defina un orden total entre los mismos, como se vio en el ejemplo previo.
- Cada desarrollador debe tener presente en todo momento esa jerarquía dentro de la documentación que maneja y respetarla a la hora de ir programando los distintos componentes de la aplicación.

Uso de callbacks

El uso de la técnica de los *callbacks* (una función invoca a otra función que ha recibido como parámetro) presenta complicaciones adicionales a la hora de gestionar la jerarquía de cerrojos de una aplicación, puesto que pueden romper inadvertidamente el grafo acíclico de llamadas. Además del uso que pueda hacer de esta técnica el programador de la aplicación, existen entre las propias funciones estándar de cada lenguaje ejemplos de la misma (en el caso de C, sirvan como ejemplo las funciones `qsort` y `bsearch`).

A continuación, se plantea un ejemplo que intenta ilustrar algunos de los problemas que puede presentar el uso de *callbacks*, que, como se verá en la próxima sección, tiene ciertas similitudes con la problemática asociada a tratar los eventos asíncronos. Suponga que en el siguiente fragmento el orden alfabético entre los nombres de los cerrojos se corresponde con su posición en la jerarquía.

```
f1() {                    f2() {            f3() {              f4() {
    g1(f2);                   g2();             lock(Ma);           lock(Mb);
    lock(Ma);                 ......            ......              ......
    g3(f3);               }                     unlock(Ma);         unlock(Mb);
    unlock(Ma);                               }                   }
    g1(f4);
}
g1(cbk) {                 g2() {            g3(cbk) {
    lock(Mc);                 lock(Mc);         cbk();
    cbk();                    ......            ......
    unlock(Mc);               unlock(Mc);     }
}                         }
```

En ese fragmento se pueden detectar los siguientes conflictos causados por el uso de *callbacks*, que corresponden a cada una de las tres llamadas que realiza la función `f1`:

- En el primer caso (`g1(f2)`), se produce un interbloqueo porque la función de *callback* (`f2`) es invocada estando en posesión de un *mutex* (`Mc`) y llama a otra función (`g2`) que intenta obtener ese mismo cerrojo.
- En el segundo caso (`g3(f3)`), se produce un interbloqueo puesto que la función original (`f1`) y la de *callback* (`f3`) compiten por el mismo *mutex* (`Ma`).
- En el tercer caso (`g1(f4)`), se produce una violación del orden establecido por la jerarquía de cerrojos ya que la función de *callback* (`f4`) es invocada estando en posesión del *mutex* (`Mc`) e intenta obtener un cerrojo que le precede en la jerarquía (`Mb`).

Teniendo en cuenta toda esta problemática, sería recomendable evitar, siempre que sea posible, el uso de esta técnica junto con la utilización de cerrojos. En caso de que su uso sea necesario, se puede optar, si la funcionalidad a implementar lo permite, por utilizar una estrategia de que una función libere todos sus cerrojos antes de llamar a una función de *callback*. Nótese que esa opción corresponde a una estrategia de prevención de interbloqueos que rompe la condición de retención y espera.

Tratamiento de señales

Como ya se ha analizado varias veces a lo largo del capítulo, el tratamiento del interbloqueo en lo que se refiere a la gestión de eventos asíncronos presenta un reto considerable. Esta sección se va a centrar en esta problemática dentro del ámbito del desarrollo de aplicaciones concurrentes, analizando qué tipo de conflictos pueden aparecer en el uso simultáneo de señales, que son el mecanismo de gestión de eventos asíncronos de UNIX, y cerrojos.

Para resolver este problema, como se analizó en la sección dedicada a los esquemas de prevención, hay que bloquear la expropiación del procesador por parte de la rutina de tratamiento de la señal mientras se esté en posesión del recurso de uso exclusivo conflictivo (como se estudia en el capítulo dedicado a la gestión de procesos, usando el servicio sigprocmask o, en caso de tratarse de una aplicación *multithread*, pthread_sigmask). Estos conflictos pueden deberse a que ambas rutinas comparten variables, pero con frecuencia son causados indirectamente porque tanto la rutina interrumpida como la que trata la señal usan funciones comunes.

Se presentan dos condiciones independientes y ortogonales sobre el comportamiento de una función con respecto a su posible uso concurrente:

- *Multithread-safe*: la función puede ser invocada concurrente desde múltiples *threads*.
- *Async-signal-safe*: la función puede ser invocada concurrente desde la rutina de tratamiento de una señal. Los estándares de C y UNIX requieren que solo un número muy pequeño de funciones del sistema satisfagan esta condición, aunque una implementación concreta podría asegurarla para funciones adicionales. De esta forma, por ejemplo, un programa en el que se invoca desde una rutina de tratamiento de una señal cualquier función de la biblioteca de entrada/salida estándar (como un humilde printf) o de reserva de memoria dinámica (como un simple malloc) tendría según el estándar un comportamiento indefinido, ya que este no exige que estas funciones tengan esta propiedad. Y lo mismo ocurriría si usa la función pthread_mutex_lock.. Nótese, sin embargo, que este programa funcionará de forma correcta en la mayoría de las implementaciones.

Una función que requiera la gestión de un estado interno, normalmente, no será reentrante y, por tanto, no satisfará ninguna de las dos condiciones. Para conseguir que esa función pueda ser usada concurrentemente por múltiples *threads* (es decir, sea *multithread-safe*), una solución habitual es usar un cerrojo de tipo *mutex* para obtener el acceso en exclusión mutua a la misma. Sin embargo, ese cerrojo va a introducir problemas si se invoca la función desde la rutina de tratamiento de una señal, como se analiza en el siguiente ejemplo.

Considere como ejemplo (programa 7.10) un módulo que gestiona una lista de elementos, tal que, en su cabecera, para agilizar su gestión, almacena una referencia al primer y último de la lista. Dado que se pretende usar ese módulo por parte de múltiples *threads*, se incorpora también a la cabecera de la lista un cerrojo que permitirá asegurar exclusión mutua mientras se manipula la lista.

Programa 7.10 Fichero de cabecera del módulo que gestiona la lista.

```
#include <pthread.h>

typedef struct{
     void *valor;
     void *siguiente;
} tipo_elem;

typedef struct{
     tipo_elem *primero;
     tipo_elem *ultimo;
     pthread_mutex_t m;
} tipo_lista;

void iniciar_lista(tipo_lista *lista);
tipo_elem *extraer_primero(tipo_lista *lista);
void insertar_ultimo(tipo_lista *lista, tipo_elem * elem);
/* y otras ...... */
```

El módulo usará el *mutex* internamente para asegurar la exclusión mutua en las operaciones de inserción y borrado de la lista (programa 7.11).

Programa 7.11 Módulo que gestiona la lista.

```
#include "lista.h"

void iniciar_lista(tipo_lista *lista){
      lista->primero = NULL;
      lista->ultimo = NULL;
      pthread_mutex_init(&lista->m, NULL);
}
tipo_elem *extraer_primero(tipo_lista *lista){
      tipo_elem *elem;
      pthread_mutex_lock(&lista->m);
      elem = lista->primero;
      if (lista->primero){
            if (lista->ultimo==lista->primero)
                  lista->ultimo = NULL;
            lista->primero = lista->primero->siguiente;
      }
      pthread_mutex_unlock(&lista->m);
      return elem;
}
void insertar_ultimo(tipo_lista *lista, tipo_elem * elem){
      pthread_mutex_lock(&lista->m);
      if (lista->primero==NULL)
            lista->primero = elem;
      else
            lista->ultimo->siguiente = elem;
      lista->ultimo = elem;
      elem->siguiente = NULL;
      pthread_mutex_unlock(&lista->m);
}
/* y otras ...... */
```

El siguiente programa *multithread* (programa 7.12) usa los servicios de ese módulo para construir una aplicación hipotética en la que cada vez que hay un dato disponible (por ejemplo, procedente de algún tipo de dispositivo de entrada), se genera una señal, en cuyo tratamiento se inserta ese dato en una lista para que sea procesado por un conjunto de *threads*.

Programa 7.12 Programa que usa el módulo de gestión de listas.

```
#include <unistd.h>
#include <stdio.h>
#include <stdlib.h>
#include <signal.h>
#include "lista.h"
```

```c
#define NUM_THREADS 4 // los que considere oportuno

tipo_lista lista_int;

static void senal(int s) {
    tipo_elem *el;
    int *val;

    el = malloc(sizeof(tipo_elem));
    el-> valor = val = malloc(sizeof(int));
    *val = random(); // obtiene el dato
    insertar_ultimo(&lista_int, el);
}
static void *thread(void *arg) {
    tipo_elem *el;
    while(1) {
        el = extraer_primero(&lista_int);
        if (el) printf("Procesando %d\n",*((int *)el->valor));
        sleep(10); // Haciendo otras cosas
    }
    return 0;
}


int main(int argc, char *argv[]) {
    int i;
    pthread_t id_thr[NUM_THREADS];

    iniciar_lista(&lista_int);

    signal(SIGUSR1, senal);
    for (i=0; i<NUM_THREADS; i++)
        pthread_create(&id_thr[i], NULL, thread, NULL);

    for (i=0; i<NUM_THREADS; i++)
        pthread_join(id_thr[i], NULL);

    return 0;
}
```

El conflicto aparecería si un *thread* es interrumpido mientras está en posesión del cerrojo de la lista:

1. T_1: llama a extraer_primero y obtiene el cerrojo de la lista
2. Tratamiento de SIGUSR1 (en contexto de T_1): invoca insertar_ultimo que solicita el cerrojo → interbloqueo

El tratamiento de la señal no puede completarse, ya que está esperando que se libere el cerrojo, pero el *thread* que está en posesión de ese cerrojo, y puede, por tanto, liberarlo, no puede continuar hasta que finalice la rutina de tratamiento de la señal.

Recuerde que, cuando un proceso *multithread* recibe una señal que tiene capturada, el tratamiento de la misma puede ser ejecutado en el contexto de cualquiera de los *threads* del programa que no tenga bloqueada esa señal (así, en un momento dado, se podrían estar procesando tantas señales como *threads* activos tiene el programa). Por tanto, el interbloqueo se producirá solamente si la señal es ejecutada justamente por el *thread* que está en posesión del cerrojo (para forzar el conflicto en una prueba, se podría parar la ejecución del *thread* en medio de la operación de extraer un elemento y enviarle desde el `main` directamente a ese *thread* la señal usando `pthread_kill`). Así, por ejemplo, en esta ejecución no se produciría un interbloqueo:

1. T_1: llama a extraer_primero y obtiene el cerrojo de la lista
2. T_2: está "haciendo otras cosas"
3. Tratamiento de SIGUSR1 (en contexto de T_2): invoca insertar_ultimo que solicita el cerrojo → bloqueo
4. T_1: termina extraer_primero liberando el cerrojo de la lista
5. Continúa el tratamiento de SIGUSR1 (en contexto de T_2): obtiene el cerrojo y completa la operación insertar_ultimo

La solución a este problema, como ya se explicó en la sección dedicada a las técnicas de prevención, es bloquear la entrega a ese *thread* de la señal correspondiente (es decir, bloquear la expropiación del procesador por parte de la señal), mediante `pthread_sigmask`, mientras se ejecuta la función conflictiva y restaurar el estado previo de la máscara de señales al terminar la misma (programa 7.13).

Programa 7.13 Versión que evita el interbloqueo

```
static void *thread(void *arg) {
    tipo_elem *el;
    sigset_t set, oset;
    sigemptyset(&set);
    sigaddset(&set, SIGUSR1);
    while(1) {
        pthread_sigmask(SIG_BLOCK, &set, &oset);
        el = extraer_primero(&lista_int);
        pthread_sigmask(SIG_SETMASK, &oset, NULL);
        if (el) printf("Procesando %d\n",*((int *)el->valor));
        sleep(3); // Haciendo otras cosas
    }
    return 0;
}
```

De esta forma, se evita el problema puesto que no puede darse la situación de que se ejecute el tratamiento de la señal en el contexto de un *thread* que esté en posesión del *mutex*. Nótese la doble protección que establece el *thread*: mediante el *mutex* se asegura de que ningún otro *thread*, o rutina de tratamiento de la señal ejecutando en el contexto de otro *thread*, puedan acceder a la lista, mientras que bloqueando la señal impide que se ejecute la señal en su contexto, lo que provocaría un interbloqueo. Observe que el *mutex* también protege el acceso concurrente a la lista desde múltiples ejecuciones de la rutina de tratamiento de la señal (debidas, por ejemplo, a la presencia de datos en múltiples dispositivos de entrada).

Como se analizó al principio del tema al plantear un escenario de interbloqueo en el tratamiento de eventos asíncronos, se producen situaciones conflictivas más complejas que la que se acaba de analizar. No se pretende realizar un estudio exhaustivo de las mismas, pero sí mostrar un ejemplo adicional para ilustrarlo.

Suponga que la aplicación hipotética incluye un módulo adicional que usa otra instancia independiente de la lista y que tiene un modo de operación justo al revés que el módulo original: hay un conjunto de *threads* que generan datos insertándolos en la lista y, cada vez que se produce una señal, distinta a la del otro módulo, que indica que un dispositivo de salida está disponible, en el tratamiento de la misma se extrae el dato de la lista para enviarlo al dispositivo.

En primer lugar, se muestra cómo se ha modificado la función `main` del programa original para que cree un nuevo *thread* que ejecute la funcionalidad de este módulo adicional (programa 7.14).

Programa 7.14 Extensión del *main* original para que active el módulo adicional.

```
int main(int argc, char *argv[]) {
     int i;
     pthread_t id_thr[NUM_THREADS+1];

     iniciar_lista(&lista_int);

     signal(SIGUSR1, senal);
     for (i=0; i<NUM_THREADS; i++)
          pthread_create(&id_thr[i], NULL, thread, NULL);

     pthread_create(&id_thr[i], NULL, main_mod2, NULL);

     for (i=0; i<NUM_THREADS+1; i++)
          pthread_join(id_thr[i], NULL);

     return 0;
}
```

A continuación, se muestra el código de ese módulo (programa 7.15), donde se ha bloqueado correctamente la señal correspondiente para asegurar que no se producen interbloqueos.

Programa 7.15 Módulo que también usa las funciones de gestión de listas.

```
#include <unistd.h>
#include <stdio.h>
#include <stdlib.h>
#include <signal.h>
#include "lista.h"

#define NUM_THREADS 4 // los que considere oportuno

tipo_lista lista_float;

static void *thread(void *arg) {
     tipo_elem *el;
     float *val;
     sigset_t set, oset;
```

```
      sigemptyset(&set);
      sigaddset(&set, SIGUSR2);

      while(1) {
            el = malloc(sizeof(tipo_elem));
            el-> valor = val = malloc(sizeof(float));
            *val = random()/2.0;
            pthread_sigmask(SIG_BLOCK, &set, &oset);
            insertar_ultimo(&lista_float, el);
            pthread_sigmask(SIG_SETMASK, &oset, NULL);
            sleep(3); // Haciendo otras cosas
      }
      return 0;
}

static void senal(int s) {
      tipo_elem *el;

      el = extraer_primero(&lista_float);
      if (el)
            printf("Enviando a dispo %f\n",*((float *)el->valor));
}

void* main_mod2(void *arg) {
      int i;
      pthread_t id_thr[NUM_THREADS];

      iniciar_lista(&lista_float);
      signal(SIGUSR2, senal);
      for (i=0; i<NUM_THREADS; i++)
            pthread_create(&id_thr[i], NULL, thread, NULL);

      for (i=0; i<NUM_THREADS; i++)
            pthread_join(id_thr[i], NULL);

      return 0;
}
```

En principio, al tratarse de dos listas independientes (es decir, dos cerrojos diferentes) y de dos señales distintas, parecería que la solución es correcta. Sin embargo, puede producirse un interbloqueo:

1. T_1(módulo original): llama a extraer_primero y obtiene el cerrojo de la lista de enteros.
2. T_2(módulo adicional): llama a insertar_ultimo y obtiene el cerrojo de la lista de números en coma flotante.
3. Tratamiento de SIGUSR2 (en contexto de T_1, ya que T_2 ha bloqueado esa señal): extraer_primero que solicita el cerrojo → bloqueo
4. Tratamiento de SIGUSR1 (en contexto de T_2, ya que T_1 ha bloqueado esa señal): insertar_ultimo que solicita el cerrojo → interbloqueo

Se ha producido un interbloqueo de tipo ABBA:

- En el contexto de T_1 se ha solicitado primero el cerrojo de la lista de enteros y, a continuación, el de la de números de coma flotante (este último dentro del tratamiento de una señal ajena a ese módulo).
- En el contexto de T_2 se ha solicitado primero el cerrojo de la lista de números de coma flotante y, a continuación, el de la de enteros (este último dentro del tratamiento de una señal ajena a ese módulo).

En consecuencia, es necesario bloquear ambas señales en los puntos conflictivos de los dos módulos, aunque el código de cada módulo sea independiente y no tenga ninguna relación con esa otra señal (programa 7.16 y 7.17).

Programa 7.16 Versión que evita el interbloqueo en el módulo original

```
static void *thread(void *arg) {
      tipo_elem *el;
      sigset_t set, oset;
      sigemptyset(&set);
      sigaddset(&set, SIGUSR1);
      sigaddset(&set, SIGUSR2);
      while(1) {
            pthread_sigmask(SIG_BLOCK, &set, &oset);
            el = extraer_primero(&lista_int);
            pthread_sigmask(SIG_SETMASK, &oset, NULL);
            if (el) printf("Procesando %d\n",*((int *)el->valor));
            sleep(3); // Haciendo otras cosas
      }
      return 0;
}
```

Programa 7.17 Versión que evita el interbloqueo en el módulo adicional

```
static void *thread(void *arg) {
      tipo_elem *el;
      float *val;
      sigset_t set, oset;
      sigemptyset(&set);
      sigaddset(&set, SIGUSR2);
      sigaddset(&set, SIGUSR1);

      while(1) {
            el = malloc(sizeof(tipo_elem));
            el-> valor = val = malloc(sizeof(float));
            *val = random()/2.0;
            pthread_sigmask(SIG_BLOCK, &set, &oset);
            insertar_ultimo(&lista_float, el);
            pthread_sigmask(SIG_SETMASK, &oset, NULL);
            sleep(3); // Haciendo otras cosas
      }
      return 0;
}
```

Ante todas estas dificultades, la recomendación habitual es mantener al mínimo el código que se implementa dentro de la rutina de tratamiento de una señal. Así, en vez de realizar un cierto procesamiento, sería más recomendable que la función que trata la señal anote en alguna variable compartida el hecho de que se debe realizar dicho procesamiento, y que el mismo se lleve a cabo en un contexto de ejecución que no sea asíncrono (nótese que la variable compartida debería ser de tipo `sig_atomic_t` para evitar problemas de atomicidad).

Para aquellos lectores que hayan revisado la sección avanzada donde se analizaba la problemática del tratamiento de las interrupciones por parte del sistema operativo, habrán notado muchas similitudes entre ambos escenarios:

- La necesidad de la doble protección: mediante un cerrojo (no bloqueante, en el caso de las interrupciones), para asegurar la exclusión mutua entre los flujos de ejecución concurrentes, e inhibiendo la ejecución del tratamiento de los eventos asíncronos conflictivos en el contexto del flujo que está en posesión del cerrojo, para evitar los interbloqueos.
- La recomendación de reducir al mínimo el tamaño de las rutinas de tratamiento de eventos asíncronos, ya sean señales o interrupciones.

Para concluir esta sección hay que resaltar que, además del interbloqueo o la dificultad de su uso combinado con las señales, la utilización de cerrojos de tipo *mutex* presenta problemas adicionales como, por ejemplo, la inversión de prioridades o el tratamiento de la terminación involuntaria de procesos que están involucrados en el uso de *mutex*. Debido a toda esta problemática, se plantean otras soluciones tales como:

- La programación sin cerrojos (*Lock-less* o *Lock-free Programming*), que busca maneras alternativas de implementar las estructuras de datos que usa un programa que no requieran cerrojos para su utilización concurrente.
- El uso de esquemas basados en un bucle de eventos, que va tratando secuencialmente cada evento que se produce, en lugar de las clásicas soluciones que utilizan múltiples *threads* que se sincronizan mediante cerrojos. En esta solución, que presenta mayor escalabilidad, hay un bucle de eventos secuencial e independiente por cada procesador, de manera que no es necesario sincronizar los distintos flujos entre sí. Como ejemplo, el servidor web Nginx usa este esquema de bucle de eventos frente a la solución tradicional basada en múltiples *threads* que implementa el servidor Apache.

7.12 Lecturas recomendadas

Como se comentó al principio del capítulo, el problema del interbloqueo ya se identificó y estudió en la década de los 60 del siglo XX y, desde entonces, se han publicado un gran número de estudios sobre el mismo. De hecho, dada esa gran profusión, incluso han aparecido artículos que recopilan referencias bibliográficas sobre el tema ([Newton 1979] y [Zoble 1983]), donde se pueden encontrar las reseñas de las principales aportaciones que se han publicado sobre el mismo. Entre las referencias clásicas destacamos especialmente [Dijkstra 1965], [Havender 1968], [Habermann 1969], [Holt 1972] y [Howard 1973]. Sin embargo, a pesar de ser un tema muy estudiado, todavía aparecen artículos que intentan aclarar ciertas confusiones a la hora de abordarlo ([Levine 2003]).

Dado el carácter clásico del tema, cualquier libro general de sistemas operativos incluye un capítulo que trata sobre el mismo.

En cuanto a los aspectos de su aplicación práctica, en los libros dedicados a presentar el diseño interno detallado de un determinado sistema operativo, suele haber diseminadas múltiples referencias al tratamiento de los interbloqueos en las distintas partes de este.

Al tratarse de un tema que afecta también al desarrollo de aplicaciones concurrentes, aparece en la literatura de este tema. Por ese motivo, consideramos especialmente interesante la referencia [McKenney, 2019] al estudiar de forma integral el problema tanto en lo que se refiere al diseño interno del sistema operativo como al desarrollo de aplicaciones concurrentes libres de interbloqueos.

7.13 Ejercicios

1. *Enumere algunos ejemplos adicionales de interbloqueos que ocurran en entornos ajenos a la informática*

2. *El problema de la inanición y el del interbloqueo se tratan en algunos textos de forma conjunta. Analice qué similitudes y diferencias existen entre estos dos problemas. Muestre ejemplos de las siguientes posibilidades:*
    - *Una situación donde se produzca inanición, pero no haya interbloqueo*
    - *Una situación donde se produzca inanición e interbloqueo*

3. *Considere un sistema operativo que, a la hora de crear un cerrojo de tipo mutex, ofrezca la posibilidad de seleccionar entre tres tipos: (a) no recursivo sin control de auto-interbloqueos; (b) no recursivo con control de auto-interbloqueos; (c) recursivo. Analice en cada caso qué información específica se requeriría para gestionar cada tipo de cerrojo y cómo se llevaría a cabo la operación de solicitud del cerrojo.*

4. *Supóngase un sistema con un único tipo de recurso con U unidades disponibles donde se ejecutan P procesos que utilizan el mismo número de unidades del recurso. ¿Cuál es el número máximo de unidades que puede solicitar cada proceso de manera que se asegure que no puede haber interbloqueo?*

5. *Supóngase un sistema con un único tipo de recurso con U unidades disponibles donde se ejecutan procesos tal que cada uno de ellos puede necesitar K unidades del recurso. ¿Cuál es el número máximo de procesos que puede existir de forma que se asegure que no puede haber interbloqueo?*

6. *Supóngase un sistema con un único tipo de recurso que consta de múltiples unidades. En este sistema se ejecutan P procesos tal que cada uno de ellos puede necesitar K unidades del recurso. ¿Cuántas unidades del recurso deben existir como mínimo para asegurar que no puede haber interbloqueo?*

7. *Confirme mediante el algoritmo del banquero los resultados obtenidos en el ejercicio previo.*

8. *Sea un sistema con tres procesos y cuatro recursos (A, B, C y D). Cada proceso utiliza tres de estos recursos: el primer proceso A, B y C, el segundo B, C y D, y el tercero A, B y D. El primer proceso solicita los recursos en el orden ABC. El segundo en el orden BCD. Analice cuáles de los posibles órdenes de solicitud de recursos por parte del tercer proceso (o sea, ABD, DBA, etc.) pueden generar interbloqueos.*

9. *Supóngase un sistema con dos tipos de recursos con 3 unidades disponibles de cada uno de ellos. En este sistema se ejecutan procesos tal que cada uno de ellos necesita 1 unidad de cada tipo de recurso. ¿Cuál es el número máximo de procesos que puede existir de forma que se asegure que no puede haber interbloqueo?*

10. *Confirme mediante el algoritmo del banquero los resultados obtenidos en el ejercicio previo.*

11. *Extienda el ejemplo planteado en la sección 7.2.6 a tres procesos especificando una traza de ejecución que lleve al interbloqueo.*

12. *Plantee un ejemplo de interbloqueos entre procesos que se comunican usando tuberías.*

13. *Demuestre de manera formal que no puede ocurrir un interbloqueo entre procesos UNIX que ejecuten la llamada* `wait`.

14. *Demuestre que puede haber un interbloqueo entre threads UNIX que ejecuten la llamada* `pthread_join`.

15. *Suponga que dos procesos UNIX quieren comunicarse usando dos tuberías con nombre (FIFO), de manera que en una de ellas escribe el primer proceso y lee el segundo, mientras que en la otra justo al revés. ¿Cómo será la secuencia inicial de cada proceso para crear y asociarse a estas tuberías? ¿Se podría dar un interbloqueo en esta secuencia inicial?*

16. *Desarrolle el ejemplo planteado al principio de la sección 7.6 que compara las distintas técnicas de tratamiento del interbloqueo con las diversas estrategias que se pueden seguir a la hora de afrontar una enfermedad suponiendo que se trata de una infección vírica.*

17. *Aplique el algoritmo del banquero al ejemplo de uso de memoria planteado en la sección 7.2.7.*

18. *Aplique el algoritmo de predicción basado en la representación mediante un grafo al ejemplo representado en la figura 7.7.*

19. *Aplique el algoritmo de predicción basado en la representación mediante un grafo al ejemplo representado en la figura 7.8.*

20. *Aplique el algoritmo del banquero al ejemplo representado en la figura 7.6.*
21. *Aplique el algoritmo del banquero al ejemplo representado en la figura 7.7.*
22. *Aplique el algoritmo del banquero al ejemplo representado en la figura 7.8.*
23. *Compruebe que es seguro el estado inicial del ejemplo del algoritmo del banquero utilizado en la sección que presenta ese algoritmo.*
24. *Aplique las técnicas presentadas en la sección 7.11.2 a los ejemplos conflictivos planteados en la sección 7.2.5.*
25. *Desarrolle un programa que fuerce un interbloqueo usando un callback utilizando la función qsort.*
26. *Las propiedades Multithread-safe y Async-signal-safe son independientes y ortogonales. Investigue sobre este tema y ponga un ejemplo por cada uDna de las cuatro combinaciones posibles que pueden darse entre estas dos propiedades.*
27. *Programe un ejemplo que muestre que en Linux el sistema operativo no detecta los interbloqueos que se producen al usar mutex y cerrojos de ficheros.*
28. *En la sección 7.11 se presentan ejemplos de programas que pueden sufrir interbloqueos. Especifique cómo se pueden probar esos programas para forzar la aparición del interbloqueo, añadiendo código de test a los mismos si fuera necesario.*

A continuación, se plantean ejercicios correspondientes a las partes más avanzadas del tema: el modelo del sistema extendido y el tratamiento de los interbloqueos que realiza internamente el sistema operativo.
29. *Clasifique según los 4 criterios especificados en la sección 7.5.1 los siguientes tipos de recursos:*
    a. *Semáforo*
    b. *Mutex*
    c. *Memoria*
    d. *Procesador*
    e. *Fichero*
    f. *Cerrojo*
    g. *Paso de mensajes*
    h. *Tubería (pipe)*
30. *Desarrolle un algoritmo de detección de interbloqueos para el mecanismo de cerrojos correspondientes al servicio* fcntl *de UNIX. Esta llamada permite establecer dos tipos de cerrojos sobre un fichero (o una región del mismo): de lectura (que correspondería con un uso compartido del recurso) o de escritura (que implicaría un uso exclusivo).*
31. *Aplique el algoritmo propuesto en el ejercicio anterior al ejemplo presentando en el primer apartado de la sección 7.5.1.*
32. *Explique por qué motivo en el modelo con múltiples unidades y petición única el vértice correspondiente a un recurso no puede ser sumidero, pero en el modelo más general sí puede serlo.*
33. *Si se permite que aparezca momentáneamente una arista de solicitud mientras se decide si el recurso está disponible, el algoritmo de comprobación de interbloqueos puede detectar falsos positivos si el recurso finalmente estaba libre (este proceder incumpliría el concepto de estado "conveniente" explicado en el pie de página incluido en la sección 7.4.1). Plantee un ejemplo con un modelo con múltiples unidades y petición única donde se detecte un nudo en el grafo, no habiendo interbloqueo, debido a ese uso temporal de las aristas de solicitud.*
34. *Suponga para el ejemplo de la figura 7.11 una hipotética secuencia de peticiones que ha llevado a este estado. Considerando que las necesidades máximas corresponden a las expresadas en esa secuencia, aplique el algoritmo del banquero para determinar si en algún punto de la secuencia se bloquearía una solicitud por hacer que el estado del sistema pasase a ser inseguro.*
35. *Repita el ejercicio previo usando un algoritmo de predicción basado en la representación mediante un grafo.*
36. *Suponga para el ejemplo de la figura 7.12 una hipotética secuencia de peticiones que ha llevado a este estado. Considerando que las necesidades máximas corresponden a las expresadas en esa secuencia, aplique el algoritmo del banquero para determinar en qué punto de la secuencia se bloquearía una solicitud por hacer que el estado del sistema pasase a ser inseguro.*

37. *Repita el ejercicio previo usando un algoritmo de predicción basado en la representación mediante un grafo.*

38. *Dada la secuencia de peticiones correspondiente al ejemplo de la figura 7.13, considerando que las necesidades máximas corresponden a las expresadas en esa secuencia, aplique el algoritmo del banquero para determinar en qué punto de dicha secuencia se bloquearía una solicitud por hacer que el estado del sistema pase a ser inseguro.*

39. *Repita el ejercicio previo usando un algoritmo de predicción basado en la representación mediante un grafo.*

40. *Suponga para el ejemplo de la figura 7.14 una hipotética secuencia de peticiones que ha llevado a este estado. Considerando que las necesidades máximas corresponden a las expresadas en esa secuencia, aplique el algoritmo del banquero para determinar si en algún punto de la secuencia se bloquearía una solicitud por hacer que el estado del sistema pase a ser inseguro.*

41. *Repita el ejercicio previo usando un algoritmo de predicción basado en la representación mediante un grafo.*

42. *Especifique un algoritmo iterativo de detección de interbloqueos para un modelo con múltiples unidades y petición única que se base en el concepto de nodo sumidero.*

43. *Aplique el algoritmo de reducción a todos los ejemplos planteados en el capítulo a los que no se les haya aplicado en el propio texto.*

44. *Extienda las consideraciones realizadas sobre el modelo con petición múltiple pero recursos independientes a una solicitud de tipo OR.*

45. *Si en una operación de petición de recursos de tipo AND no están disponibles todos los recursos solicitados, se bloquea el proceso sin reservar ninguno de ellos. Analice qué ocurriría si, ante una petición de múltiples recursos, el sistema fuera asignando los recursos al proceso según estos fueran quedando disponibles, desbloqueando al proceso cuando todos estén asignados al mismo. Dicho de otra forma, estudie si $S(U_1, \ldots, U_n)$ es equivalente a $S(U_1) + \ldots + S(U_n)$.*

46. *Analice cómo se podría modelar un sistema de comunicación donde tanto el envío como la recepción son síncronos.*

47. *Aplique el algoritmo de detección de interbloqueos a los ejemplos planteados en el apartado de recursos consumibles de la sección 7.5.1.*

48. *Demuestre que el algoritmo de prevención basado en la ordenación de recursos asegura que no se producen interbloqueos.*

49. *Demuestre que un estado de interbloqueo es un estado inseguro.*

50. *Razone por qué un sistema inicialmente está en estado seguro.*

51. *Demuestre que no es posible que un sistema evolucione desde un estado inseguro hasta uno seguro.*

52. *Busque información de otros tipos de sincronización no bloqueante que usa Linux (RCU, seqlocks, ...).*

53. *Suponga que hay que asegurar exclusión mutua en la ejecución de una cierta función por parte de la llamada al sistema A, la llamada B, la rutina de la interrupción X y la de la Y, siendo Y más prioritaria que X. Especifique cómo habría que proteger la invocación de esa función dentro del tratamiento de cada uno de esos cuatro eventos.*

54. *El sistema operativo Linux usa el mecanismo de spinlocks para resolver los problemas de sincronización internos en sistemas multiprocesador. Para resolver la sincronización entre la ejecución de la rutina de tratamiento de una interrupción y cualquier otra actividad del sistema operativo, proporciona la función spin_lock_irq que, además de intentar obtener el cerrojo no bloqueante solicitado, inhabilita las interrupciones (local_irq_disable) y la expulsión de los procesos (preempt_disable). De forma complementaria, la función spin_unlock_irq, junto con la liberación del cerrojo no bloqueante especificado, rehabilita las interrupciones (local_irq_enable) y la expulsión de los procesos (preempt_enable). El ejercicio plantea analizar cómo influiría el orden en que se realizan las tres acciones requeridas por cada función en la posible aparición de interbloqueos. Analice qué ocurriría desde el punto de vista de los interbloqueos si en la función spin_lock_irq las dos últimas sentencias, que realizan la operación sobre el spinlock propiamente dicha, se ubican al principio de la función y qué sucedería si se colocan entre las operaciones de inhabilitar las interrupciones y la expulsión de procesos. Repita el análisis para la función spin_unlock_irq.*

```
static inline void __raw_spin_lock_irq(raw_spinlock_t *lock)
{
        local_irq_disable();
        preempt_disable();
        spin_acquire(&lock->dep_map, 0, 0, _RET_IP_);
        LOCK_CONTENDED(lock, do_raw_spin_trylock, do_raw_spin_lock);
}
static inline void __raw_spin_unlock_irq(raw_spinlock_t *lock)
{
        spin_release(&lock->dep_map, _RET_IP_);
        do_raw_spin_unlock(lock);
        local_irq_enable();
        preempt_enable();
}
```

55. Plantee un caso conflictivo adicional en el apartado que trata la problemática de la gestión de señales, dentro de la sección 7.11, que sea similar al segundo ejemplo planteado en el apartado que versa sobre los problemas de sincronización en el tratamiento de interrupciones.

56. El siguiente fragmento corresponde a un ejemplo de problema de sincronización interno entre el tratamiento de una interrupción y el de cualquier otro evento. Se trata de una copia de lo que aparece en la sección "Sincronización en el tratamiento de interrupciones", pero cambiando el orden de las dos sentencias marcadas en negrilla, haciendo que sea incorrecto. Especifique una traza de ejecución que muestre que se puede producir un interbloqueo.

Tratamiento de evento 1	Rutina de interrupción X
……….	……….
inhibir_local_intX	spin_lock(s)
spin_lock(s)	…….
…….	spin_unlock(s)
habilitar_local_intX	……….
spin_unlock(s)	
……….	

57. El siguiente fragmento corresponde a un ejemplo que aparece en la sección "Sincronización mediante operaciones no bloqueantes", pero cambiando el orden de las dos sentencias marcadas en negrilla, haciendo que sea incorrecto. Especifique una traza de ejecución que muestre que se puede producir un interbloqueo.

Llamada al sistema X	Llamada al sistema Y
……….	……….
inhibir_expulsión	inhibir_expulsión
spin_lock(s)	spin_lock(s)
…….	…….
habilitar_expulsión	**habilitar_expulsión**
spin_unlock(s)	**spin_unlock(s)**
……….	……….

58. La herramienta lockdep de Linux supervisa el uso interno de cerrojos por parte del sistema operativo para facilitar la detección de errores en su utilización. Esta herramienta identifica como conflicto la solicitud, sin tener las interrupciones prohibidas, de un spinlock que no es de interrupción, pero que en algún otro punto se solicita estando en posesión de otro spinlock que sí es de interrupción. Explique por qué motivo esta situación puede llevar a un interbloqueo.

59. Considere una aplicación multithread que usa una estructura en árbol tal que cada nodo del árbol tiene el siguiente contenido:

```
struct nodo {
        pthread_mutex_t mutex; // para actualizarlo en exclusión mutua
        struct nodo *padre;
        int nhijos;
```

```
        struct nodo **hijo;
        int valor;
    };
```

Esta aplicación implementa dos funciones (donar_hijos y pedir_padre) que permiten, respectivamente, que un nodo reparta entre los hijos de forma proporcional una cierta cantidad del valor que almacena y que un nodo tome prestado del padre una cierta cantidad del valor que tiene este guardado.

```
    void donar_hijos(struct nodo *padre, int cantidad) {
        pthread_mutex_lock(&padre->mutex);
        if (padre->nhijos && cantidad<=padre->valor) {
            for (int i=0; i<padre->nhijos; i++)
                pthread_mutex_lock(&padre->hijo[i]->mutex);
            for (int i=0; i<padre->nhijos; i++)
                padre->hijo[i]->valor+=cantidad/padre->nhijos;
            padre->valor-=cantidad;
            for (int i=0; i<padre->nhijos; i++)
                pthread_mutex_unlock(&padre->hijo[i]->mutex);
        }
        pthread_mutex_unlock(&padre->mutex);
    }
    void pedir_padre(struct nodo *hijo, int cantidad) {
        if (hijo->padre) {
            pthread_mutex_lock(&hijo->mutex);
            pthread_mutex_lock(&hijo->padre->mutex);
            if (hijo->padre->valor>=cantidad) {
                hijo->padre->valor-=cantidad;
                hijo->valor+=cantidad;
            }
            pthread_mutex_unlock(&hijo->padre->mutex);
            pthread_mutex_unlock(&hijo->mutex);
        }
    }
```

Se pide responder a las siguientes cuestiones:
- Analice si pueden producirse interbloqueos entre las siguientes operaciones y, en caso afirmativo, describa un ejemplo que implique a dos threads especificando la traza de ejecución conflictiva: (i) dos operaciones de donación, (ii) dos operaciones de préstamo y (iii) una operación de préstamo y una donación.
- Extienda los casos de interbloqueo a escenarios con más de dos niveles.
- Describa cómo se podrían evitar los interbloqueos.
- Proponga una pauta para evitar los interbloqueos en escenarios de acceso concurrente a estructuras en árbol (el sistema de ficheros sería un ejemplo de este tipo de escenarios).

8. ENTRADA/SALIDA

La gestión de la entrada/salida (E/S) es una de las funciones principales del sistema operativo. De hecho, el origen de los sistemas operativos surgió de la necesidad de ocultar la complejidad y heterogeneidad de los diversos dispositivos de E/S, ofreciendo un modo de acceso a los mismos uniforme y de alto nivel. En la actualidad, el sistema de E/S sigue constituyendo una parte fundamental del sistema operativo, siendo el componente que, normalmente, comprende más código, dada la gran diversidad de dispositivos presentes en cualquier computador. Sorprendentemente, al menos a priori, la mayoría de los libros generales de sistemas operativos realizan un tratamiento bastante superficial de este tema, centrándose, básicamente. en la gestión de los discos, dada su importancia como sustrato del sistema de ficheros. En este libro se pretende ofrecer un tratamiento más profundo del sistema de E/S, estudiando la gestión de otros dispositivos, como los terminales o la red, que se ha convertido en un elemento fundamental en cualquier sistema informático. Asimismo, se analizan aspectos de diseño de los manejadores de dispositivos, mostrando diferentes alternativas a la hora de desarrollar un manejador. Hay que resaltar que, a diferencia de lo que ocurre con los otros componentes del sistema operativo, que son módulos prácticamente cerrados, algunos de los lectores de este libro pueden necesitar en algún momento desarrollar el manejador de un determinado dispositivo y, por tanto, es conveniente que conozcan las complejidades técnicas que conlleva la construcción de un módulo de estas características.

En este capítulo se presentan los conceptos básicos de E/S, se describe brevemente el hardware de E/S y su visión lógica desde el punto de vista del sistema operativo, se muestra cómo se organizan los módulos de E/S en el sistema operativo y los servicios de E/S que proporciona éste. En cuanto a su organización, el capítulo se estructura en los siguientes grandes apartados:

- Introducción.
- Caracterización de los dispositivos de E/S.
- Arquitectura del sistema de E/S.
- Interfaz de aplicaciones.
- Almacenamiento secundario.
- Almacenamiento terciario.
- Diseño de manejadores de dispositivos.
- Inclusión de manejadores y servicios en el núcleo.
- Gestión de la red.
- Servicios de E/S en UNIX y Windows.

8.1 Introducción

El corazón de un computador lo constituye la CPU. Esta unidad se encarga de procesar los datos y las instrucciones para conseguir el fin deseado por una aplicación. Ahora bien, esta unidad no serviría de nada sin otros dispositivos que almacenaran los datos y que permitieran interactuar con los usuarios y los programadores de los computadores. Los primeros son básicamente dispositivos de almacenamiento secundario (discos) y terciario (cintas y sistemas de fichero). Los segundos son los denominados dispositivos periféricos, porque generalmente están fuera del computador y se conectan a él mediante cables, y son los teclados, ratones, micrófonos, cámaras y cualquier otro dispositivo de E/S que se le ocurra conectar a un computador. La Figura 8.1 muestra una arquitectura típica de un computador personal con sus dispositivos principales de E/S.

Todos estos dispositivos de E/S se pueden agrupar en tres grandes grupos:

- **Periféricos**. Se llama así a los dispositivos que permiten la comunicación entre los usuarios y el computador. Dentro de este grupo se incluyen todos los dispositivos que

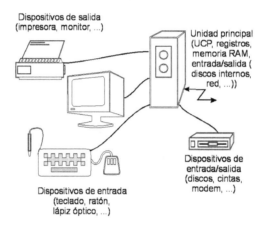

Figura 8.1 Configuración típica de un computador personal.

sirven para proporcionar interfaz con el usuario, tanto para entrada (ratón, teclado, etc.) como para (impresoras, pantalla, etc.). Existen periféricos menos habituales, pero más sofisticados, tales como un scanner, lectores de huella digital, lectores de cinta magnética, instrumentos musicales digitales (MIDI), etc.

- **Dispositivos de almacenamiento**. Se usan para proporcionar almacenamiento no volátil de datos y memoria. Su función primordial es abastecer de datos y almacenamiento a los programas que se ejecutan en la CPU. Según su capacidad y la inmediatez con que se puede acceder los datos almacenados en estos dispositivos, se pueden dividir en almacenamiento secundario (discos y disquetes) y terciario (cintas y sistemas de fichero).

- **Dispositivos de comunicaciones**. Permiten conectar al computador con otros computadores a través de una red. Los dos tipos de dispositivos más importantes de esta clase son los MODEM, para comunicación vía red telefónica, y las tarjetas de interfaz a la red, para conectar el computador a una red de área local.

El gran problema de todos estos dispositivos de E/S es que son muy lentos. Piense que mientras la CPU procesa instrucciones a casi 1 GHz y la memoria RAM tiene un tiempo de acceso de nanosegundos, los dispositivos de E/S más rápidos tienen una velocidad de acceso del orden de milisegundos (véase la Figura 8.2). Esta diferencia en la velocidad de acceso, y el hecho de que las aplicaciones son cada vez más interactivas y necesitan más E/S, hace que los sistemas de E/S sean el cuello de botella más importante de los sistemas de computación y que todos los sistemas

Figura 8.2 Jerarquía de dispositivos de E/S según su velocidad de acceso.

operativos dediquen un gran esfuerzo a desarrollar y optimizar todos los mecanismos de E/S. Piense, por ejemplo, que el mero hecho de seguir el curso de un ratón supone inspeccionar su posición varias veces por segundo. Igualmente, los dispositivos de comunicaciones interrumpen continuamente el flujo de ejecución de la CPU para comunicar la llegada de paquetes de datos.

El **sistema de E/S es la parte del sistema operativo que se ocupa de facilitar el manejo de los dispositivos de E/S ofreciendo una visión lógica simplificada** de los mismos que pueda ser usada por otros componentes del sistema operativo (como el sistema de ficheros) o incluso por el usuario. Mediante esta visión lógica se ofrece a los usuarios un mecanismo de abstracción que oculta todos los detalles relacionados con los dispositivos físicos, así como del funcionamiento real de los mismos. El sistema operativo debe controlar el funcionamiento de todos los dispositivos de E/S para alcanzar los siguientes objetivos:

- Facilitar el manejo de los dispositivos periféricos. Para ello debe ofrecer una interfaz entre los dispositivos y el resto del sistema que sea sencilla y fácil de utilizar.

- Optimizar la E/S del sistema, proporcionando mecanismos de incremento de prestaciones donde sea necesario.

- Proporcionar dispositivos virtuales que permitan conectar cualquier tipo de dispositivo físico sin que sea necesario remodelar el sistema de E/S del sistema operativo.

- Permitir la conexión de dispositivos nuevos de E/S, solventando de forma automática su instalación usando mecanismos del tipo *plug&play*.

Los dispositivos se acceden como **ficheros especiales en /dev/xxxx**. Todos ellos se identifican internamente en el sistema operativo mediante dos números:

- *Major number:* driver y clase de dispositivo.
- *Minor number:* dispositivo específico dentro de una clase.

En Linux es sencillo ver estos números para un dispositivo, si se ejecuta *ls -l* en el directorio /dev, se obtiene una lista de dispositivos que incluyen 2 números separados por una coma en cada entrada de dispositivo. En el ejemplo siguiente, se pueden observar los dispositivos como aparecen en un sistema típico. Los major numbers son 19 y 1, y los minor numbers serían 3, 0, 1, 3.

```
crw-rw-rw-   1 root         wheel       19,   3 24 nov 23:09 Bluetooth-Modem
brw-r-----   1 root         operator     1,   0 24 nov 23:09 disk0
brw-r-----   1 root         operator     1,   1 24 nov 23:09 disk0s1
brw-r-----   1 root         operator     1,   3 24 nov 23:09 disk0s2
```

En este capítulo se caracterizan los componentes que constituyen el hardware de E/S de un computador, se define la arquitectura del sistema de E/S de un computador y se estudian algunos de los componentes más importantes del sistema de E/S, tales como los sistemas de almacenamiento secundario y terciario, los terminales, los relojes, los dispositivos de red, etc. Para terminar, se muestran los servicios de E/S más habituales en sistemas operativos, con ejemplos de programación que involucran llamadas al sistema de E/S.

8.1.1   Conexión de un dispositivo de E/S a un computador

La Figura 8.3 muestra el esquema general de conexión de periféricos a un computador. En el modelo de un periférico se distinguen dos elementos:

- **Periféricos o dispositivos de E/S**. Elementos que se conectan a la unidad central de proceso a través de las unidades de entrada/salida. Son el componente mecánico que se conecta al computador.

- **Controladores de dispositivos o unidades de E/S**. Se encargan de hacer la transferencia de información entre la memoria principal y los periféricos. Son el componente electrónico a través del cual se conecta el dispositivo de E/S. Tienen una conexión al bus del computador y otra para el dispositivo (generalmente mediante cables internos o externos).

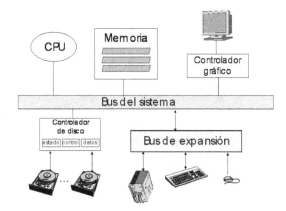

Figura 8.3 Conexión de periféricos a un computador.

Los controladores son muy variados, casi tanto como los dispositivos de E/S. Muchos de ellos, como los de disco, pueden controlar múltiples dispositivos (véase Figura 8.3). Otros, como los de canales de E/S, incluyen su propia CPU y bus para controlar la E/S por programa y evitar interrupciones en la CPU del computador. De cualquier forma, en los últimos años se ha llevado a cabo un esfuerzo importante de estandarización de los dispositivos, lo que permite usar un mismo controlador para dispositivos de distintos fabricantes. Un buen ejemplo lo constituyen los dispositivos SCSI (*Small Computer System Interface*), cuyos controladores ofrecen una interfaz común independientemente de que se trate de un disco, una cinta, un CD-ROM, etc. Otro buen ejemplo son los controladores SATA (*Serial Advanced Technology Attachment*), que suelen usarse para conectar los discos en todos los computadores personales. En cualquier caso, y sea como sea el controlador, su misión es convertir los datos del formato interno del dispositivo a uno externo que se ofrezca a través de una interfaz de programación bien definida.

El controlador es el componente más importante desde el punto de vista del sistema operativo, ya que constituye la interfaz del dispositivo con el bus del computador y es el componente que se ve desde la CPU. Su programación se lleva a cabo mediante una interfaz de muy bajo nivel que proporciona acceso a una serie de registros del controlador (véase Figura 8.4), incluidos en el mapa de E/S del computador, a los que se puede acceder mediante instrucciones de máquina de E/S. Hay tres registros importantes en casi todos los controladores: **registro de datos, estado y control**.

El registro de datos sirve para el intercambio de datos. En él irá el controlador cargando los datos leídos y de él irá extrayendo los datos para su escritura en el periférico. Un bit del registro

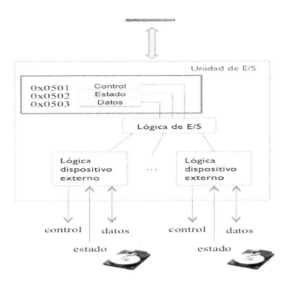

Figura 8.4 Interacción entre CPU y dispositivo.

de estado sirve para indicar que el controlador puede transferir una palabra. En las operaciones de lectura esto significa que ha cargado en el registro de datos un nuevo valor, mientras que en las de escritura significa que necesita un nuevo dato. Otros bits de este registro sirven para que el controlador indique los problemas que ha encontrado en la ejecución de la última operación de E/S. El registro de control sirve para indicarle al controlador las operaciones que ha de realizar. Los distintos bits de este registro indican distintas acciones que ha de realizar el periférico. Para empezar una operación de E/S, la CPU tiene que escribir sobre los registros anteriores los datos de la operación a través de una dirección de E/S o de memoria asignada únicamente al controlador. Este modelo vale tanto para los terminales o la pantalla como para los discos.

Las características del controlador son muy importantes, ya que definen el aspecto del periférico para el sistema operativo. Atendiendo a las características del hardware de los dispositivos, se pueden observar los siguientes aspectos distintivos:

- **Dirección de E/S**. En general hay dos modelos de direccionamiento de E/S, los que usan puertos y los que proyectan los registros en memoria.

- **Unidad de transferencia**. Los dispositivos suelen usar unidades de transferencia de tamaño fijo. Hay dos modelos clásicos de dispositivos: de caracteres y de bloques.

- **Interacción computador-controlador**. El computador tiene que interaccionar con el computador para realizar las operaciones de E/S y saber cuándo terminan.

8.2   Caracterización de los dispositivos de E/S

La visión del sistema de E/S puede ser muy distinta dependiendo del nivel de detalle necesario en su estudio. Para los programadores, el sistema de E/S es una caja negra que lee y escribe datos en dispositivos externos a través de una funcionalidad bien definida. Para los fabricantes de dispositivos, un dispositivo es un instrumento muy complejo que incluye cientos o miles de componentes electrónicos o electro-mecánicos. Los diseñadores de sistemas operativos se encuentran en un lugar intermedio entre los dos anteriores. Les interesa la funcionalidad del dispositivo, aunque a un nivel de detalle mucho más grande que la funcionalidad que espera el programador de aplicaciones, pero también les interesa conocer la interfaz física de los dispositivos y su comportamiento interno para poder optimizar los métodos de acceso a los mismos.

En esta sección se lleva a cabo una caracterización de los dispositivos de E/S según sus métodos y tamaño de acceso, su forma de programación, etc.

8.2.1 Dispositivos por puertos o proyectados en memoria

Para empezar una operación de E/S, la CPU tiene que escribir sobre los registros anteriores los datos de la operación a través de una dirección de E/S o de memoria asignada únicamente al controlador. Según se haga de una u otra forma, se distingue entre dispositivos conectados por puertos o proyectados en memoria.

El modelo de **dispositivos por puertos** es clásico en las arquitecturas de Intel. En ellas, cuando se instala un dispositivo, a su controlador se le asigna un puerto de E/S, una interrupción hardware y un vector de interrupción. La Figura 8.5 muestra las direcciones de E/S asignadas a algunos de los dispositivos de E/S de un computador personal con el sistema operativo Windows. Para efectuar una operación de E/S la CPU ejecuta operaciones `portin` o `portout` con la dirección de puerto del dispositivo y con parámetros para indicar qué registro se quiere manipular. Todas las operaciones de entrada/salida (pantalla gráfica, impresoras, ratón, discos, etc.) se realizan usando esas dos instrucciones de lenguaje máquina con los parámetros adecuados. El problema de este tipo de direccionamiento es que exige conocer las direcciones de E/S y programar las instrucciones especiales de E/S, lo que es significativamente distinto del modelo de memoria del computador.

El otro modelo de direccionamiento de E/S es el modelo **proyectado en memoria**. Este modelo, típico de las arquitecturas de Motorola, asigna a cada dispositivo de E/S un rango de direcciones de memoria a través de las cuales se escribe sobre los registros del controlador. En este modelo no hay instrucciones específicas de E/S, sino que las operaciones se llevan a cabo usando mediante instrucciones máquina de manejo de memoria, lo que permite gestionar un mapa único de direcciones de memoria. Sin embargo, para no tener conflictos con otros accesos a memoria y para optimizar las operaciones, se reserva una zona de memoria física para asignar las direcciones de E/S.

8.2.2 Dispositivos de bloques y de caracteres

Los dispositivos de almacenamiento secundario y terciario, así como algunos dispositivos de comunicaciones (tarjetas de red de área local) manejan la información en unidades de tamaño fijo, denominadas **bloques**, por lo que a su vez se denominan **dispositivos de bloques**. Estos bloques se pueden direccionar de manera independiente, lo que permite leer o escribir un bloque con independencia de los demás. Los dispositivos de bloque lo son porque el hardware fuerza la existencia de accesos de un tamaño determinado. Un disco, por ejemplo, se divide en sectores de 512 bytes o de 1 KB, siendo un sector la unidad mínima de transferencia que el controlador del disco puede manejar. Una tarjeta de red, aunque no tiene estas restricciones físicas, se gestiona también como un dispositivo de bloque para optimizar las comunicaciones (en la red Ethernet es normal usar 1,5 KB). Algunos dispositivos de bloque, como los discos y cintas, permiten, además de leer y escribir, efectuar operaciones de búsqueda de un bloque dentro del dispositivo, aunque esta característica no es inherente a los dispositivos de bloque.

Los **dispositivos de caracteres**, como los terminales, impresoras, módems, etc., no almacenan información en bloques de tamaño fijo. Gestionan flujos de caracteres de forma lineal y sin ningún tipo de estructura de bloque. Un teclado es un buen ejemplo de estos dispositivos. Está conectado a una UART (*Universal Asynchronous Receiver/Transmitter*) que recibe un carácter del teclado cada vez que se pulsa una tecla. No es posible leer un bloque de teclas de un golpe o buscar dentro del dispositivo por ninguna unidad. Un terminal por línea serie también es un dispositivo de caracteres. Su controlador se limita a enviar al periférico el flujo de caracteres que debe representar en la pantalla y a recibir del mismo los caracteres tecleados por el usuario.

Los drivers se clasifican según el grupo de dispositivos a los que trata. Si dos drivers tratan un mismo tipo de dispositivo entonces la interfaz es similar. Así, parte de la implementación del driver es común y se ahorra código y se reduce la complejidad.

De forma clásica hay pues dos tipos de manejadores de dispositivos:

- Dispositivos de caracteres: teclado, módem, etc.
- Dispositivos de bloques: discos, cintas, etc.

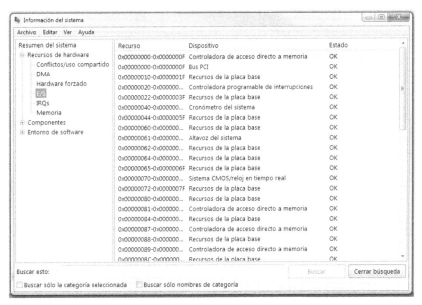

Figura 8.5 Direcciones de E/S de algunos controladores en un PC con Windows.

8.2.3   E/S programada o por interrupciones

Un controlador de dispositivo o unidad de E/S se encarga de controlar uno o más dispositivos del mismo tipo y de intercambiar información entre ellos y la memoria principal o unidad central de proceso del computador. El controlador debe encargarse además de sincronizar la velocidad del procesador con la del periférico y de detectar los posibles errores que se produzcan en el acceso a los periféricos. En el caso de un controlador de disco, éste debe encargarse de convertir un flujo de bits procedente del disco a un bloque de bytes detectando y corrigiendo, si es posible, los errores que se produzcan en esta transferencia. Una vez obtenido el bloque y comprobado que se encuentra libre de errores, deberá encargarse de transferirlo a memoria principal.

La información entre los controladores de dispositivo y la unidad central de proceso o memoria principal se puede transferir mediante un programa que ejecuta continuamente y lee o escribe los datos del (al) controlador. Con esta técnica, que se denomina **E/S programada,** la transferencia de información entre un periférico y el procesador se realiza mediante la ejecución de una instrucción de E/S. Con esta técnica, es el procesador el responsable de extraer o enviar datos entre el procesador y el controlador de dispositivo, lo que provoca que el procesador tenga que esperar mientras se realiza la transferencia entre el periférico y el controlador. Dado que los periféricos son sensiblemente más lentos que el procesador, éste deberá esperar una gran cantidad de tiempo hasta que se complete la operación de E/S. En este caso no existe ningún tipo de concurrencia entre la E/S y el procesador ya que éste debe esperar a que finalice la operación.

Aunque esta técnica es muy antigua, ya que proviene del tiempo en que los controladores no tenían interrupciones, actualmente algunos dispositivos SSD, los canales de E/S y algunos multiprocesadores (multicomputadores) usan esta técnica para evitar que lleguen a la CPU del computador muchas interrupciones de E/S. En ambos casos, la técnica es la misma: dedicar una CPU/core especial para la E/S. La forma de hacerlo es **muestrear** continuamente los registros de estado de los controladores para ver si están disponibles y, en ese caso, leer o escribir los registros. Imagine un canal de E/S al que hay conectados múltiples buses de E/S que, a su vez, tienen múltiples dispositivos de E/S. Si la CPU quiere escribir en uno de ellos, debe mirar su registro de estado hasta que los bits indiquen que no está ocupado. Cuando esto ocurra, escribirá un bloque en los registros del controlador y esperará hasta que los bits de estado indiquen que está disponible. Imagine que quiere leer de otro controlador, deberá esperar a que los bits de estado le indiquen que está disponible, programar la operación y esperar a que se indique que los datos están disponibles. Evidentemente, incluso aunque la CPU esté controlando varios dispositivos de E/S, siempre existe pérdida de ciclos debido a la existencia de las esperas. Sin embargo, existen situaciones en que esto no es así. En algunos sistemas de tiempo real, como por ejemplo un satélite, la velocidad de E/S es tan rápida (byte/microsegundos) que sería imposible efectuarla con interrupciones, debido al coste de tratar cada interrupción. En estos casos, la E/S programada es la técnica de elección.

Un bucle de E/S programada en la que se controlan las lecturas y escrituras sobre múltiples dispositivos podría tener la estructura que se muestra en el programa 8.1. Como se puede observar, el bucle hace un muestreo todos los dispositivos en orden, siempre que tengan peticiones de E/S pendientes. Este criterio de muestreo se puede alterar usando una prioridad distinta para cada dispositivo, por ejemplo.

Programa 8.1 Bucle de E/S programada para múltiples dispositivos.

```
Numero-dispositivos d;   /* Número de dispositivos a controlar */
Numero-dispositivos k;   /* Número de dispositivo particular */
Tamanyo-datos m[d];      /* Buffer por dispositivo */
Tipo-operaciónt[d]; /* lectura, escritura */
Tamanyo-datos n[d];      /* Posición de operación por dispositivo */
for (k=0; k<d; k++)
    n[k] = 0;            /* Posición al inicio de los buffers */
k = 0;            /* Primer dispositivo */
while (TRUE) {
  if (m[k] != 0) {       /* Hay una operación pendiente */
     while n[k] < m[k] {
         read registro_control;
         if ( t[k] == READ) {
             if (registro_control == dato_disponible){
                 read registro_datos
                 store en memoria principal
                 n[k] = n[k] + 1;
             }
         }
         else { /* WRITE */
             if (registro_control == dispositivo_disponible){
                read de memoria principal
         write registro_datos
                 n[k] = n[k] + 1;
            }
        }
    } /* while dispositivo */
  } /* if de operación pendiente */
  k = k + 1;
  if (k == d)
    k = 0;  /* En el último dispositivo se vuelve al primero */
} /* while general */
```

Con E/S programada el procesador tiene que esperar hasta que el controlador esté listo para recibir o enviar datos, y mientras tanto no realiza ningún trabajo útil. Empleando **E/S**

dirigida por interrupciones el procesador envía la orden de E/S al controlador de dispositivo y no espera a que éste se encuentre listo para enviar o transmitir los datos, sino que se dedica a otras tareas hasta que llega una interrupción del dispositivo que indica que se ha realizado la operación solicitada.

El modelo de interrupciones está íntimamente ligado a la arquitectura del procesador. Casi todas las CPU actuales incluyen interrupciones vectorizadas y enmascarables. Es decir, un rango de interrupciones entre 0 y 255, por ejemplo, alguna de las cuales se pueden inhibir temporalmente para no recibir interrupciones de su vector correspondiente. Cada interrupción se asigna a un dispositivo, o a un rango de ellos en caso de un controlador SCSI o una cadena de dispositivos tipo *daisy chain*, que usa el vector correspondiente para indicar eventos de E/S a la CPU. Cuando se programa una operación en un dispositivo, como por ejemplo una búsqueda en un disco, éste contesta con un ACK indicando que la ha recibido, lo que no significa que haya terminado. En este caso existe concurrencia entre la E/S y el procesador, puesto que éste se puede dedicar a ejecutar código de otro proceso, optimizando de esta forma el uso del procesador. Al cabo de un cierto tiempo, cuando el disco ha efectuado la búsqueda y las cabezas del disco están sobre la posición deseada, levanta una interrupción (poniendo un 1 en el vector correspondiente). La rutina de tratamiento de la interrupción se encargará de leer o enviar el dato al controlador. Obsérvese que tanto la tabla de interrupciones como la rutina de tratamiento de la interrupción se consideran parte del sistema operativo. Esto suele ser así por razones de seguridad; en concreto, para evitar que los programas que ejecuta un usuario puedan perjudicar a los datos o programas de otros usuarios. Refiérase al capítulo 1 para ver más en detalle cómo se trata una interrupción.

Los computadores incluyen varias señales de solicitud de **interrupción**, cada una de las cuales tiene una determinada **prioridad**. En caso de activarse al tiempo varias de estas señales, se tratará la de mayor prioridad, quedando las demás a la espera de ser atendidas. Además, el computador incluye un mecanismo de **inhibición** selectiva que permite detener todas o determinadas señales de interrupción. Las señales inhibidas no son atendidas hasta que pasen a estar desinhibidas. La información de inhibición de las interrupciones suele incluirse en la parte del registro de estado que solamente es modificable en nivel de núcleo, por lo que su modificación queda restringida al SO.

¿Quién asigna las interrupciones a los dispositivos? Normalmente, el sistema operativo se hace cargo de esa asignación cuando instala el dispositivo. Ahora bien, también suele existir la posibilidad de que el administrador fije las interrupciones manualmente. La Figura 8.6 muestra la asignación de interrupciones a dispositivos en un PC con Windows. Nunca asigne interrupciones manualmente si no tiene experiencia con el sistema operativo y la arquitectura del computador. Si origina conflictos entre interrupciones, varios dispositivos usarán el mismo vector de interrupción y tendrá serios problemas.

¿Quién proporciona la **rutina de tratamiento de interrupción**? Las rutinas de interrupción suelen tener dos partes: una genérica y otra particular para el dispositivo. La parte genérica permite:

1. Capturar la interrupción.

2. Salvaguardar el estado del procesador.

3. Activar la rutina de manejo de la interrupción.

4. Indicar al planificador que debe poner lista para ejecutar la rutina de ese dispositivo.

5. Desactivar la interrupción.

6. Restaurar el estado del procesador.

7. Ceder el control (RETI).

Figura 8.6 Interrupciones asociadas a algunos controladores en un PC con Windows.

Es importante desactivar las interrupciones después de activar su tratamiento para evitar que se presenten nuevas interrupciones antes de terminar el tratamiento y perder alguna de ellas.

La rutina genérica de tratamiento de interrupción indica al planificador que encole la rutina particular de ese dispositivo, que se activa cuando le llega su turno de planificación, posiblemente más tarde. La rutina genérica la proporciona el sistema operativo y es independiente del dispositivo. Se limita a preparar el entorno de ejecución de la interrupción, salvar los datos y parámetros, llamar a la rutina particular del manejador y restaurar el estado del proceso. La rutina particular de un dispositivo la proporciona el fabricante del dispositivo o del sistema operativo, si se trata de un dispositivo estándar. Cuando se compra un dispositivo de E/S, como por ejemplo un ratón, es habitual encontrar un CD-ROM o dirección Web para descargar los manejadores del dispositivo. El usuario o el administrador deben instalar estos manejadores en el sistema operativo y reiniciarlo antes de que sea posible acceder al dispositivo. El programa 8.2 muestra un ejemplo de rutina de tratamiento de interrupción para permite leer un bloque de datos de un dispositivo.

Programa 8.2 Ejemplo de rutina de tratamiento de interrupción

```
INT_05:    in(0x508,&status) ;   // leer estado
           in(0x50C,&p.datos[p.contador]) ;  // leer dato
           if (p.contador < p.neltos)  {
                   out(0x504,10+p.contador) ;  // offset
                   out(0x500,0) ;  // leer
                   p.contador++ ;
           } else  { // poner proceso peticionario a listo }
           ret_int # restore registers & return
```

Antes de poder usar una interrupción es necesario darla de alta en el sistema (instalarla) para declarar que existe y permitir al sistema incluir todos sus datos en la tabla del vector de interrupciones. Para ello, en Linux se usa la llamada request_irq():

```
int request_irq (unsigned int irq, void (*handler)(int,struct pt_regs *),
    unsigned long irqflags, const char *devname, void *dev_id);
```

Donde, irq es el número de interrupción, handler es la función del manejador de interrupción, irq_flags permiten definir distintos aspectos de control (por ejemplo, SA_INTERRUPT para IRQs rápidas o SA_SHIRQ para especifir una interrupción compartida), `devname` es el nombre del manejador de dispositivos, `dev_id` es un identificador lógico que no significa nada para el kernel.

Como se vio en el capítulo 3, se pueden usar **operaciones diferidas** en el tratamiento de interrupción para todo aquello que no sea estrictamente necesario realizar en el mismo momento de tratar la interrupción. Por ejemplo, como veremos más adelante, en el tratamiento de interrupción del teclado sólo se toma el carácter y se mete en un buffer. No se hace todo el tratamiento del contenido del buffer. Para ello, se pone una llamada diferida al manejador del teclado para que trate el buffer cuando le despierte el planificador. Con ello se reduce mucho el tiempo de tratamiento de algunas interrupciones.

Un caso especial en la arquitectura Intel es la controladora gráfica, que se encarga de gestionar la salida a los dispositivos de mapas de bits (pantallas gráficas). Estas controladoras suelen tener su propia memoria, sobre la cual se llevan a cabo las operaciones de E/S. Aunque la memoria de la controladora se escribe también a partir de un puerto de E/S, sus prestaciones son muy altas (nanosegundos), por lo que el tratamiento de las operaciones de E/S se desvía del estándar en el sistema operativo, ya que estos dispositivos no interrumpen y por tanto se efectúa E/S programada. Observe que, aunque la controladora gráfica tiene asociada una dirección de E/S en la Figura 8.5 no tiene una interrupción asociada en la Figura 8.6.

8.2.4   Mecanismos de incremento de prestaciones

A medida que la tecnología de fabricación de controladores ha ido mejorando, la capacidad de efectuar operaciones autónomas en los mismos se ha incrementado considerablemente. Actualmente es muy frecuente que un controlador de dispositivo tenga capacidad de procesamiento, memoria interna (hasta 16 MB en controladoras gráficas, por ejemplo) y capacidad de solapar búsquedas en unos dispositivos con transferencias en otros.

Estas mejoras convierten al controlador en un auténtico procesador intermedio entre la CPU y el dispositivo, lo que le permite proporcionar varios servicios para incrementar las prestaciones de E/S del dispositivo. En esta sección se comentan los más importantes.

Acceso directo a memoria

Tanto en la E/S programada como la basada en interrupciones, la CPU debe encargarse de la transferencia de datos una vez que sabe que hay datos disponibles en el controlador. Una mejora importante para incrementar la concurrencia entre la CPU y la E/S consiste en que el controlador del dispositivo se pueda encargar de efectuar la transferencia de datos, liberando de este trabajo a la CPU, e interrumpir a la CPU sólo cuando haya terminado la operación completa de E/S. Esta técnica se denomina **acceso directo a memoria** (DMA, *Direct Memory Access*) .

Cuando se utiliza acceso directo a memoria, es el controlador el que se encarga directamente de transferir los datos entre el periférico y la memoria principal, sin requerir intervención alguna por parte del procesador.

Esta técnica funciona de la siguiente manera: cuando el procesador desea leer o escribir un bloque de datos, envía una orden al controlador indicándole la siguiente información (véase Figura 8.7):

- Tipo de operación: lectura o escritura.

- Periférico involucrado en la operación.

- La dirección de memoria desde la que se va a leer o a la que va a escribir directamente el controlador de dispositivo (dirección).

- El número de bytes a transferir (contador).

Una vez emitida la orden, el procesador continúa realizando otro trabajo sin necesidad de transferir el bloque de datos. Es el propio controlador el que se encarga de transferir el bloque de datos del periférico a memoria. La transferencia se realiza palabra a palabra. Cuando el controlador ha completado la transferencia, genera una interrupción que activa la rutina de tratamiento correspondiente, de tal manera que se sepa que la operación ha concluido.

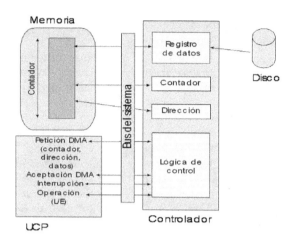

Figura 8.7 Una operación de E/S con DMA.

Utilizando acceso directo a memoria el procesador únicamente se ve involucrado al inicio y al final de la transferencia. Por tanto, cuando el sistema operativo despierta al proceso que pidió la E/S, no tiene que copiar el bloque a memoria porque ya está allí.

La técnica DMA requiere una etapa de almacenamiento intermedio en el controlador del dispositivo para armonizar la velocidad del dispositivo de E/S con la copia de los datos en memoria principal (véase Figura 8.7). La razón para este almacenamiento intermedio reside en que una vez que el dispositivo empieza la transferencia de datos, ésta debe hacerse a velocidad constante para evitar transferencias parciales y nuevas esperas de posicionamiento del dispositivo sobre los datos (latencia).

Una vez transferidos los datos a memoria del controlador, éste los copia en memoria principal aprovechando el ancho de banda libre del bus.

Los pasos a seguir en una operación de E/S con DMA son los siguientes:

1. Programación de la operación de E/S. Se indica al controlador la operación, los datos a transferir y la dirección de memoria sobre la que se efectuará la operación.

2. El controlador contesta aceptando la petición de E/S.

3. El controlador le ordena al dispositivo que lea (para operación lectura) una cierta cantidad de datos desde una posición determinada del dispositivo a su memoria interna.

4. Cuando los datos están listos, el controlador los copia a la posición de memoria que tiene en sus registros, incrementa dicha de memoria y decrementa el contador de datos pendientes de transferir.

5. Los pasos 3 y 4 se repiten hasta que no quedan más datos por leer.

6. Cuando el registro de contador esta a cero, el controlador interrumpe a la CPU para indicar que la operación de DMA ha terminado.

7. El programa 8.3 muestra un ejemplo de programación de dispositivo con DMA. El programa 8.3 muestra como programar una operación de DMA para el dispositivo con la rutina de interrupción mostrada en el Programa 8.2.

Programa 8.3 Ejemplo de E/S con DMA

```
// registros control dispositivo 0x500 operación y 0x504 longitud datos
// petición de lectura a partir de posición 10
    p.neltos = 100;  p.contador = 0;
```

```
    out(0x504,10) ;  //  10 offset
    out(0x500,0) ;   // 0 leer, 1 escribir
// poner proceso peticionario a dormir
// replanificar: ejecutar otro proceso listo
```

Canales de E/S con DMA

Un canal de E/S se puede mejorar si se incluye el concepto de DMA que permite al controlador ejecutar instrucciones de E/S. Con estos sistemas, las instrucciones de E/S se almacenan en memoria principal y son ejecutadas ordenando al procesador del canal que ejecute un programa en memoria. Dicho programa se encarga de designar dispositivos y zonas de memoria de E/S.

Hay dos tipos principales de canales de E/S: canal selector y canal multiplexor. Ambos pueden interaccionar con varios dispositivos de E/S, pero mientras el canal selector sólo puede transferir datos de un dispositivo a la vez, el canal multiplexor puede transferir datos de varios dispositivos simultáneamente.

Cachés de disco en el controlador

Las cachés de datos, tan populares en sistemas operativos, han irrumpido en el mundo de los controladores de disco con mucha fuerza. La idea es aprovechar la memoria interna de los controladores para leer datos por adelantado, evitando muchas operaciones de búsqueda en el disco y sobre todo los tiempos de latencia necesarios para esperar a que los datos pasen de nuevo bajo las cabezas del disco.

La proximidad espacial permite optimizar la E/S en el ámbito de controlador, ya que en lugar de leer un sector, o un grupo de ellos, se leen pistas enteras en cada vuelta de disco, lo que permite traer múltiples bloques de datos en una única operación. En los canales de E/S, donde suele haber mucha memoria interna, se guardan en memoria varias pistas por cada dispositivo de E/S.

Estos mecanismos permiten optimizar mucho la entrada/salida, especialmente en operaciones de lectura con un comportamiento conocido. Para evitar afectar al rendimiento de las operaciones que no responden a patrones de proximidad espacial predecibles, los controladores incluyen instrucciones para desactivar este mecanismo, siempre que el sistema operativo lo crea conveniente.

Solapamiento de búsquedas y transferencias

Los controladores de disco actuales permiten la conexión de varios dispositivos de E/S y tienen un canal de comunicaciones con ellos de varios MB. Un controlador SCSI-2 permite conectar hasta ocho dispositivos y tiene un ancho de banda de 40 MB/segundo. Un problema grave de los dispositivos es que las operaciones de búsqueda son lentas y, mientras el controlador espera la respuesta, el bus de comunicaciones está vacío, aunque no está siendo usado por ningún dispositivo.

Para optimizar el uso del conjunto de los dispositivos, muchos controladores actuales programan las operaciones de búsqueda en los dispositivos y mientras reciben la respuesta transfieren datos de otros dispositivos listos para leer o escribir. De esta forma, existe paralelismo real entre los dispositivos, lo que permite explotar al máximo el canal de comunicaciones. ¿Cómo sabe el controlador cuándo ha terminado la espera? Pues con un sistema similar al de la E/S no bloqueante: programa un temporizador y cuando vence le pregunta al dispositivo si ya está listo para transmitir.

8.2.5 Control de energía

Los dispositivos de entrada/salida suelen consumir mucha energía y producir gran cantidad de calor. A ello se une que su funcionamiento continuo no es necesario en todas las ocasiones, ya que en muchos computadores pasan grandes periodos de tiempo sin usar. Un buen ejemplo es la pantalla, que no se suele apagar manualmente casi nunca a pesar de que no haya nadie usando el computador. Otro ejemplo son los discos duros o el propio sistema. Inicialmente, esta preocupación por el consumo empezó por los dispositivos portátiles como una forma de alargar la vida de la batería. Actualmente se ha extendido a todos los sistemas debido a la necesidad continua de disipar calor de los dispositivos, que cada vez se calientan más debido a su gran velocidad y densidad.

En los grandes centros de computación se han llevado estudios que resaltan la gran cantidad de energía que se puede ahorrar si se paran los dispositivos o los sistemas completos que están en desuso durante un tiempo. Lo mismo ocurre con sistemas multiprocesadores, donde se pueden parar las CPU que no se usen. A nivel interno de las CPU, existen ya sistemas que permiten parar elementos concretos de la CPU, como la unidad de coma flotante, por ejemplo. En esta línea, el gobierno de Estados Unidos de América aplica la iniciativa **ENERGY STAR** a los computadores de oficina, lo que permite certificar aquellos computadores que son más eficientes desde el punto de vista energético y se indica cómo usar los mecanismos de ahorro de energía del sistema para conseguir hasta un 90% de ahorro en algunos productos. Además, se resalta la importancia de reducir, junto con los ahorros directos de energía, la carga de los aires acondicionados, el ruido de los ventiladores y transformadores y las emisiones electromagnéticas de campo de los monitores.

Por ello, actualmente casi todos los dispositivos incluyen operaciones en el manejador para controlar el consumo de energía. Estas operaciones pueden variar desde reducir la velocidad de funcionamiento hasta la hibernación o la parada total del sistema en determinadas circunstancias. Estas operaciones se pueden configurar en la BIOS o en el propio sistema operativo. Ya clásicas son las de apagar la pantalla o los discos después de un cierto tiempo de funcionamiento.

Existen dos especificaciones básicas para control de energía en un computador:

- APM: Advanced Power Management.
- ACPI: Advanced Configuration and Power Interface.

ACPI es una especificación abierta más actual. Desarrollada por HP, Intel, Microsoft, Phoenix y Toshiba, establece los mecanismos por los cuales el sistema operativo gestiona la energía, no sólo de los portátiles, sino también de equipos de sobremesa y servidores. ACPI es una evolución de APM que permite acceder a los datos de información de las baterías, controlar la temperatura de la CPU aumentando o reduciendo su velocidad, apagar la pantalla, apagar los discos duros y suspender el sistema. Antes de suspender el sistema es necesario volcar la información de estado del mismo al disco duro para poder rearrancar en el punto exacto en que se suspendió la actividad del mismo.

El tema de control de energía es un tema de investigación en la actualidad, pero un estudio detallado del mismo está fuera del ámbito de este libro. Para comprobar algunas opciones de control de energía en un computador se recomienda al lector ir al "Panel de Control" de un computador con el sistema Windows instalado y pulsar sobre el icono "Opciones de energía".

8.3 Arquitectura del sistema de E/S

El sistema de entrada/salida está construido como un conjunto de manejadores apilados, cada uno de los cuales está asociado a un dispositivo de entrada/salida (ficheros, red, etc.). Ofrece a las aplicaciones y entornos de ejecución servicios genéricos que permiten manejar los objetos de entrada/salida del sistema. A través de ellos se puede acceder a todos los manejadores de ficheros y de dispositivos tales como discos, cintas, redes, consola, tarjetas de sonido, etc.

En esta sección se estudia la estructura y los componentes del sistema de E/S y el software del sistema de E/S.

8.3.1 Estructura y componentes del sistema de E/S

La arquitectura del sistema de entrada/salida (véase la Figura 8.8) es compleja y está estructurada en capas, cada una de las cuales tiene una funcionalidad bien definida:

- **Interfaz del sistema operativo para entrada/salida**. Proporciona servicios de E/S síncrona y asíncrona a las aplicaciones y una interfaz homogénea para poderse comunicar con los manejadores de dispositivo ocultando los detalles de bajo nivel.

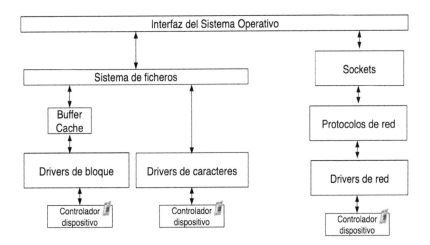

Figura 8.8 Arquitectura del sistema de entrada/salida.

- **Sistemas de ficheros**. Proporcionan una interfaz homogénea, a través del sistema de ficheros virtuales, para acceder a todos los sistemas de ficheros que proporciona el sistema operativo (FFS, SV, NTFS, FAT, etc.). Permite acceder a los manejadores de los dispositivos de almacenamiento de forma transparente, incluyendo en muchos casos, como NFS o NTFS, accesos remotos a través de redes. En algunos sistemas, como Windows NT, los servidores para cada tipo de sistema de ficheros se pueden cargar y descargar dinámicamente como cualquier otro manejador.

- **Gestor de redes**. Proporciona una interfaz homogénea para acceder a todos los sistemas de red que proporciona el sistema operativo (TCP/IP, Novell, etc.). Además, permite acceder a los manejadores de cada tipo de red particular de forma transparente.

- **Gestor de bloques**. Los sistemas de ficheros y otros dispositivos lógicos con acceso a nivel de bloque se suelen limitar a traducir las operaciones del formato del usuario al de bloques que entiende el dispositivo y se las pasan a este gestor de bloques. El gestor de bloques admite únicamente operaciones a nivel de bloque e interacciona con la caché de bloques para optimizar la E/S.

- **Gestor de caché**. Optimiza la entrada/salida mediante la gestión de almacenamiento intermedio en memoria para dispositivos de E/S de tipo bloque. Aunque en el Capítulo 8 se comenta con más detalle la estructura de la caché de bloques, es importante saber que su tamaño varía dinámicamente en función de la memoria RAM disponible y que los bloques se escriben a los dispositivos según una política bien definida, que en UNIX y Windows es la de escritura retrasada.

- **Manejadores de dispositivo**. Proporcionan operaciones de alto nivel sobre los dispositivos y las traducen en su ámbito interno a operaciones de control de cada dispositivo particular. Como ya se ha dicho, los manejadores se comunican con los dispositivos reales mediante puertos o zonas de memoria especiales.

Cada uno de los componentes anteriores se considera un objeto del sistema, por lo que habitualmente todos los sistemas operativos permiten modificar el sistema operativo de forma estática o dinámica (Windows y Linux) para reemplazar, añadir o quitar manejadores de dispositivos. Sin embargo, habitualmente, y por razones de seguridad, no se permite a las aplicaciones de usuario acceder directamente a los dispositivos, sino a través de la interfaz de llamadas al sistema operativo.

8.3.2   Software de E/S

Una vez examinada la arquitectura de E/S de un computador y las técnicas posibles de transferencia entre el procesador y los periféricos, en esta sección se va a presentar la forma en la que estructura el sistema operativo el software de gestión de E/S. Este software se organiza en una serie de capas que se muestran en la Figura 8.9. Estas capas se corresponden, en general, con los niveles de la arquitectura de E/S.

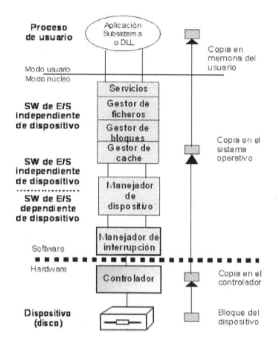

Figura 8.9 Estructuración del software de E/S y flujo de una operación de E/S.

Como puede verse en dicha figura, los procesos de usuario emiten peticiones de entrada/salida al sistema operativo. Cuando un proceso solicita una operación de E/S, el sistema operativo prepara dicha operación y bloquea el proceso hasta que se recibe una interrupción del controlador del dispositivo indicando que la operación está completa. Las peticiones se procesan de forma estructurada en las siguientes capas:

* Manejadores de interrupción.
* Manejadores de dispositivos o *drivers*.
* Software de E/S independiente de los dispositivos. Este software está formado por la parte de alto nivel de los manejadores, el gestor de caché, el gestor de bloques y el servidor de ficheros.
* Interfaz del sistema operativo. Llamadas al sistema que usan las aplicaciones de usuario.

El uso de capas conlleva la realización de varias copias de datos, alguna de las cuales son inevitables. En algunos casos, la copia que se realiza en el núcleo del sistema operativo puede ser innecesaria, por lo que existen mecanismos para acceder directamente a los controladores desde la interfaz de E/S del sistema a los manejadores. Sin embargo, y como norma general, esa copia existe siempre.

El sistema operativo estructura el software de gestión de E/S de esta forma para ofrecer a los usuarios una serie de servicios de E/S independientes de los dispositivos. Esta independencia implica que deben emplearse los mismos servicios y operaciones de E/S para leer datos de un disquete, de un disco duro, de un CD-ROM o de un teclado, por ejemplo. Como se verá más adelante el servicio read de UNIX puede utilizarse para leer datos de cualquiera de los dispositivos citados anteriormente. Además, la estructuración en capas permite hacer frente a la gestión de errores que se pueden producir en el acceso a los periféricos en el nivel de tratamiento más adecuado.

A continuación, se describe más en detalle cada uno de los componentes.

Manejadores de interrupción

Los manejadores de interrupción se encargan de tratar las interrupciones que generan los controladores de dispositivos una vez que estos están listos para la transferencia de datos o bien han leído o escrito los datos de memoria principal en caso de acceso directo a memoria. Para tratar dicha interrupción se ejecuta el correspondiente manejador de interrupción cuyo efecto es el de salvar los registros, comunicar el evento al manejador del dispositivo y restaurar la ejecución de un proceso (que no tiene porqué ser el interrumpido). En la sección anterior se mostró más en detalle cómo se trata una interrupción.

Los manejadores de interrupción suelen hacer algo más que comunicar el evento al manejador de dispositivo. Cuando una interrupción ocurre muy frecuentemente, caso del reloj, o cuando la cantidad de información a transferir es muy pequeña, caso del teclado, sería muy costoso comunicar siempre el evento al manejador de dispositivo asociado. En estos casos, el propio manejador de interrupción registra la ocurrencia del evento, bien mediante el incremento de una variable global para el reloj o la acumulación de caracteres en un buffer del teclado. La notificación al manejador se hace únicamente cada cierto número de ocurrencias del evento, en el caso del reloj, o activando un *flag* que indica que hay datos en el buffer del teclado.

Manejadores de dispositivos (drivers)

Cada dispositivo de E/S, o cada clase de dispositivos, tiene un manejador asociado en el sistema operativo. Dicho manejador incluye: código independiente del dispositivo para proporcionar al nivel superior del sistema operativo una interfaz de alto nivel y el código dependiente del dispositivo necesario para programar el controlador del dispositivo a través de sus registros y mandatos.

La tarea de un manejador de dispositivo es aceptar las peticiones anteriores en formato abstracto, de la parte del código de E/S independiente del dispositivo, traducir dichas peticiones a términos que entienda el controlador, enviar al mismo las órdenes adecuadas en la secuencia correcta y esperar a que se cumplan. La Figura 8.10 muestra un diagrama de flujo con las operaciones de un manejador.

Todos los manejadores tienen una lista de peticiones pendientes por dispositivo donde se encolan las peticiones que llegan de niveles superiores. El manejador explora la lista de peticiones, extrae una petición pendiente y ordena su ejecución. La política de extracción de peticiones de la lista es dependiente del manejador y puede ser FIFO, con prioridad, etc. Una vez enviada la petición al controlador, el manejador se bloquea, o no, dependiendo de la velocidad del dispositivo. Para los lentos (discos), se bloquea esperando una interrupción. Para los rápidos (pantalla, discos RAM, etc.) responde inmediatamente. Después de recibir el fin de operación, controla la existencia de errores y devuelve al nivel superior el estado de terminación de la operación. Si tiene operaciones pendientes en la cola de peticiones, atiende a la siguiente, en caso de que le toque ejecutar después de la operación de E/S. En caso contrario se bloquea.

En los sistemas operativos modernos, como Windows, Linux o MacOS, los manejadores se agrupan en clases. Para cada clase existe un *manejador genérico* que se encarga de las operaciones de E/S para una clase de dispositivos, tales como el CD-ROM, el disco, los dispositivos USB o un teclado. Cuando se instala un dispositivo particular, como por ejemplo el disco SEAGATE Barracuda, se crea una instancia del manejador de clase con los parámetros específicos de ese objeto. Todas las funciones comunes al manejador de una clase se llevan a cabo en el manejador genérico y las particulares en el *manejador del objeto*. De esta forma se crea un *apilamiento de manejadores* que refleja muy bien qué operaciones son independientes del dispositivo y cuáles no (Véase la Figura 8.9).

La gran variedad de dispositivos a conectar actualmente en los computadores hace que la mayor parte del código del núcleo del sistema operativo pertenezca a los drivers. En LINUX, por ejemplo, el 55% del código son los controladores de dispositivo (o drivers), incluyendo el software

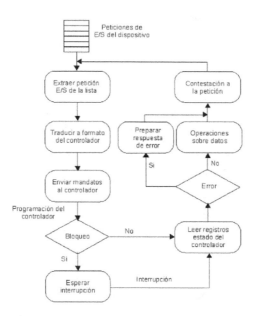

Figura 8.10 Diagrama de flujo con las operaciones de un manejador.

que forma parte del sistema operativo que la CPU ejecuta para trabajar con el dispositivo asociado. De todo él, el núcleo del kernel ocupa un 5% y el resto (40%) se reparte entre soporte para las distintas arquitecturas, el código de red, etc. El código de los manejadores funciona con acceso total al sistema y con el mismo nivel de protección que el kernel. Por ello, no se debe nunca incorporar al sistema manejadores desconocidos dado que pueden introducir *rootkits*, virus o causar fallos del núcleo.

Afortunadamente, no todos los drivers son necesarios en todo momento, dado que la mayoría de los computadores usan una selección reducida de dispositivos y que hay dispositivos que se conectan/desconectan sin apagar el ordenador (*hot-plug*), como por ejemplo un disco USB. Hay dos métodos para la selección de drivers a usar:

1. Elegirlos al compilar el kernel. En este caso, en el arranque del sistema operativo se crean los drivers elegidos.

2. Elegirlos mientras el kernel está ejecutando y hacer un enlace dinámico a los mismos. En este caso se crean en algún punto de la ejecución del sistema operativo y se incluyen en el núcleo, normalmente a través de módulos.

Actualmente, los módulos se utilizan no solo para los drivers de los dispositivos, sino que también se utilizan para añadir otros tipos de funcionalidad tales como sistemas de ficheros, protocolos de red, llamadas al sistema extras, etc.

Para llevar control de los manejadores existentes en el sistema, se usan dos tablas:

• Tabla con los drivers cargados. Para estos drivers, el sistema operativo tiene funciones para registrar drivers y cargar el módulo asociado al driver. También se incluyen funciones para borrar drivers.

• Tabla con los dispositivos detectados. Para estos dispositivos, el sistema operativo proporciona funciones para registrar el dispositivo en el driver, y dar de alta sus estructuras/funciones particulares. Así, desde el driver se tiene acceso a la lista de dispositivos que maneja. También se proporcionan funciones para buscar y dar de baja un dispositivo.

Cuando se está utilizando un driver necesita una serie de recursos asociados (IRQ, buffer de memoria, etc.). Para controlar la asignación de recursos se puede seguir el siguiente esquema:

- Un contador mantiene el número de procesos que van a trabajar con un dispositivo.

- Cada vez que un nuevo proceso opera con un dispositivo se incrementa el contador, y cuando deja de operar se decrementa.

- Cuando el contador pasa a 1 se realiza la asignación de recursos al driver.

- Cuando el contador pasa a 0 se libera todos los recursos.

Software de E/S independiente del dispositivo

La mayor parte del sistema de E/S es software independiente de dispositivo. Como se puede ver en la Figura 8.9, este nivel incluye el sistema de ficheros y el de gestión de red, el gestor de bloques, la caché de bloques y una parte de los manejadores de dispositivo. La principal función de esta capa de software es ejecutar las funciones de E/S que son comunes a todos los dispositivos a través de una interfaz uniforme. Internamente, en este nivel se proporciona acceso a nivel de bloques o caracteres, almacenamiento intermedio, gestión de los dispositivos, planificación de la E/S y control de errores.

El **tamaño de acceso** a nivel de bloques se hace usando tamaños de bloque de acceso comunes para todo un sistema de ficheros, lo que permite ocultar que cada dispositivo puede tener distinto tamaño de sector y distinta geometría. Estos detalles quedan ocultos por la capa de software independiente de dispositivo que ofrece una interfaz sobre la base de bloques lógicos del sistema de ficheros. Lo mismo ocurre con los dispositivos de caracteres, algunos de los cuales trabajan con un carácter cada vez, como el teclado, mientras otros trabajan con flujos de caracteres, como el módem o las redes.

Para optimizar la E/S y para armonizar las peticiones de usuario, que pueden ser de cualquier tamaño, con los bloques que maneja el sistema de ficheros, el software de E/S proporciona **almacenamiento intermedio** en memoria del sistema operativo. Esta facilidad se usa para tres cosas:

- Optimizar la E/S evitando accesos a los dispositivos.

- Ocultar las diferencias de velocidad con que cada dispositivo y usuario manejan los datos.

- Facilitar la implementación de la semántica de compartición, al existir una copia única de los datos en memoria.

El sistema de E/S mantiene buffers en distintos componentes. Por ejemplo, en la parte del manejador del teclado independiente del dispositivo existe un buffer para almacenar los caracteres que teclea el usuario hasta que se pueden entregar a los niveles superiores. Si se usa una línea serie para leer datos de un sistema remoto y almacenarlos en el disco, se puede usar un buffer para guardar temporalmente los datos hasta que tengan una cierta entidad y sea rentable escribirlos a disco. Si se está leyendo o escribiendo un fichero, se guardan copias de los bloques en memoria para no tener que acceder al disco si se vuelven a leer.

La **gestión de los dispositivos** agrupa a su vez tres servicios: nombrado, protección y control de acceso. El nombrado permite traducir los nombres de usuario a identificadores del sistema. Por ejemplo, en UNIX, cada dispositivo tiene un nombre (por ejemplo /dev/cdrom) que se traduce en un único identificador interno (o *nodo-i*), que a su vez se traduce en un único número de dispositivo principal (*major*), que indica la clase de dispositivo, y secundario (*minor*), que indica un elemento específico de esa clase. Cada dispositivo tiene asociada una información de protección (en UNIX mediante 3 bits para dueño, grupo y mundo) y este nivel de software asegura que los requisitos de protección se cumplen. Además, proporciona control de acceso para que un dispositivo dedicado, como una impresora, sea accedido por un único usuario cada vez.

Una de las funciones principales del sistema de E/S es la **planificación de la E/S** de los distintos componentes. Para ello, se usan colas de peticiones para cada clase de dispositivo, de las que se extraen las peticiones de cada dispositivo en particular. Cada una de estas colas se ordena siguiendo una política de planificación, que puede ser distinta en cada nivel. Imagine el caso de Linux, donde existe una cola global de peticiones de E/S, ordenadas en orden FIFO, para los discos instalados. Cuando un manejador de disco queda libre, busca la cola global para ver si hay peticiones para él y, si existen, las traslada a su cola de peticiones particular ordenadas según la política SCAN, por ejemplo. Este mecanismo permite optimizar la E/S al conceder a cada mecanismo la importancia que, a juicio de los diseñadores del sistema operativo, se merece. En el caso de Windows, por ejemplo, el ratón es el dispositivo de E/S más prioritario del sistema. La razón que hay detrás de esta política es conseguir un sistema muy interactivo. En otros sistemas, como UNIX, las operaciones de disco son más prioritarias que las del ratón para poder desbloquear rápidamente los procesos que esperan por la E/S. Sea cual sea el criterio de planificación, todos los sistemas de E/S planifican las actividades en varios lugares.

Por último, este nivel proporciona **gestión de errores** para aquellos casos en que el manejador de dispositivo no puede solucionarlos. Un error transitorio de lectura de un bloque se resuelve en el manejador reintentando su lectura. Un error permanente de lectura no puede ser resuelto y debe ser comunicado al usuario para que tome las medidas adecuadas. En general, todos los sistemas operativos incluyen alguna forma de control de errores internos y de notificación al exterior en caso de que esos errores no se puedan resolver. Imagine, por ejemplo, que una aplicación quiere leer de un dispositivo que no existe. El sistema de E/S verá que el dispositivo no está y lo notificará a los niveles superiores hasta que el error llegue a la aplicación. Sin embargo, es importante resaltar que los sistemas operativos son cada vez más robustos y cada vez incluyen más control y reparación de errores, para lo cual usan métodos de paridad, *checksums*, códigos correctores de error, etc. Además, la información que proporcionan cuando hay un error es cada vez mayor. En Windows, por ejemplo, existen monitores que permiten ver el comportamiento de las operaciones de E/S.

8.4 Interfaz de aplicaciones

Las aplicaciones tienen acceso al sistema de E/S a través de las llamadas al sistema operativo relacionadas con la gestión de ficheros y con la E/S, como `ioctl` por ejemplo. En muchos casos, las aplicaciones no acceden directamente a las llamadas del sistema, sino a utilidades que llaman al sistema en representación del usuario. Las principales utilidades de este estilo son:

- Las **bibliotecas** de los lenguajes, como la `libc.so` de C, que traducen la petición del usuario a llamadas del sistema, convirtiendo los parámetros allí donde es necesario. Ejemplos de utilidades de biblioteca en C son `read`, `write` o `printf`. Las bibliotecas de enlace dinámico (DLL) de Windows. Por ejemplo, `Kernel32.dll` incluye llamadas para la gestión de ficheros y otros componentes de E/S.

- Los **demonios** del sistema, como los de red o los *spooler* de las impresoras. Son programas privilegiados que pueden acceder a recursos que las aplicaciones normales tienen vetados. Así, por ejemplo, cuando una aplicación quiere acceder al puerto de `telnet` llama al demonio de red (`inetd`) y le pide este servicio. De igual forma, cuando se imprime un fichero, no se envía directamente a la impresora, sino que se envía a un proceso *spooler* que lo copia a unos determinados directorios y, posteriormente, lo imprime.

Esta forma de relación a través de representantes existe principalmente por razones de seguridad y de control de acceso. Es fácil dejar que un proceso *spooler*, generalmente desarrollado por el fabricante del sistema operativo y en el que se confía, acceda a la impresora de forma controlada lo que evita problemas de concurrencia, filtrando los accesos del resto de los usuarios.

La interfaz de E/S de las aplicaciones es la que define el modelo de E/S que ven los usuarios, por lo que, cuando se diseña un sistema operativo, hay que tomar varias decisiones relativas a la funcionalidad que se va a ofrecer al mundo exterior en las siguientes cuestiones:

- Nombres independientes de dispositivo.

- E/S bloqueante y no bloqueante.

- Control de acceso a dispositivos compartidos y dedicados.

- Indicaciones de error.

- Uso de estándares.

La elección de unas u otras características determina la visión del sistema de E/S del usuario. A continuación, se estudian brevemente cada una de ellas.

8.4.1   Nombres independientes de dispositivo

Usar nombres independientes de dispositivo permite construir un árbol completo de nombres lógicos, sin que el usuario vea en ningún momento los dispositivos a los que están asociados. La utilidad mount de UNIX es un buen ejemplo de diseño. Si se monta el dispositivo /dev/hda3 sobre el directorio lógico /users, a partir de ese instante, todos los ficheros del dispositivo se pueden acceder a través de /users, sin que el nombre del dispositivo se vea en ningún momento. Es decir, que el fichero /dev/hda3/pepe pasa a ser /users/pepe después de la operación de montado.

Usar un árbol de nombres único complica la traducción de nombres, por lo que algunos sistemas operativos, como Windows, no la incluyen. En Windows, cuando se accede a un dispositivo con un nombre completo, siempre hay que escribir el nombre del dispositivo al que se accede (C:, D:, etc.). En las últimas versiones, se enmascaran los dispositivos con unidades de red, pero siempre hay que saber a cuál se quiere acceder. Por ejemplo, Condor\users\profesores (Z:) identifica una unidad de red que está en la máquina Condor y que está montada en el computador local sobre el dispositivo lógico Z:. No hay en este sistema un árbol de nombres único tan claramente identificado como en UNIX o Linux.

8.4.2   E/S bloqueante y no bloqueante

La mayoría de los dispositivos de E/S son no bloqueantes, también llamados asíncronos, es decir reciben la operación, la programan, contestan e interrumpen al cabo de un cierto tiempo. Sólo los dispositivos muy rápidos o algunos dedicados fuerzan la existencia de operaciones de E/S bloqueantes (también llamadas síncronas). Sin embargo, la mayoría de las aplicaciones efectúan operaciones de E/S con lógica bloqueante, lo que significa que emiten la operación y esperan hasta tener el resultado antes de continuar su ejecución. En este tipo de operaciones, el sistema operativo recibe la operación y bloquea el proceso emisor hasta que la operación de E/S ha terminado (véase Figura 8.11 a), momento en que desbloquea a la aplicación y le envía el estado del resultado de la operación. En este caso, la aplicación puede acceder a los datos inmediatamente, ya que los tiene disponibles en la posición de memoria especificada, a no ser que hubiera un error de E/S. Este modelo de programación es claro y sencillo, por lo que las principales llamadas al sistema de E/S, como read o write en Linux y ReadFile y WriteFile en Windows, bloquean al usuario y completan la operación antes de devolver el control al usuario.

Las llamadas de E/S no bloqueantes se comportan de forma muy distinta, reflejando mejor la propia naturaleza del comportamiento de los dispositivos de E/S. Estas llamadas permiten a la aplicación seguir su ejecución, sin bloquearla, después de hacer una petición de E/S (véase Figura 8.11 b). El procesamiento de la llamada de E/S consiste en recoger los parámetros de la misma, asignar un identificador de operación de E/S pendiente de ejecución y devolver a la aplicación este identificador. Las llamadas de UNIX aioread y aiowrite permiten realizar operaciones no bloqueantes. A continuación, el sistema operativo ejecuta la operación de E/S en concurrencia con la aplicación, que sigue ejecutando su código. Es responsabilidad de la aplicación preguntar por el estado de la operación de E/S, usando una llamada al sistema especial para realizar esta consulta (aiowait), o cancelarla si ya no le interesa o tarda demasiado (aiocancel). En Windows se puede conseguir este mismo efecto indicando, cuando se crea el fichero, que se desea E/S no bloqueante (FILE_FLAG_OVERLAPPED) y usando las llamadas ReadFileEx y WriteFileEx.

Este modelo de programación es más complejo, pero se ajusta muy bien al modelo de algunos sistemas que emiten peticiones y reciben la respuesta después de un cierto tiempo. Un programa que esté leyendo datos de varios ficheros, por ejemplo, puede usarlo para hacer lectura adelantada de datos y tener los datos de un fichero listos en memoria en el momento de procesarlos. Un programa que escuche por varios canales de comunicaciones podría usar también este modelo. El modelo de E/S no bloqueante, o asíncrono, es complejo y no apto para programadores o usuarios noveles del sistema operativo. Si lo usa, debe tener estructuras de datos para almacenar los descriptores de las operaciones que devuelve el sistema y procesar todos ellos, con espera o cancelación. Tenga en cuenta que almacenar el estado de estas operaciones en el sistema tiene un coste en recursos y que el espacio es finito. Por ello, todos los sistemas operativos definen un máximo para el número de operaciones de E/S no bloqueantes que pueden estar pendientes de solución. A partir de este límite, las llamadas no bloqueantes devuelven un error.

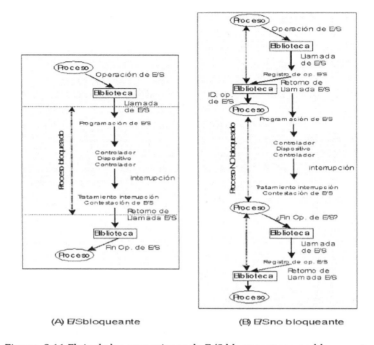

(A) E/Sbloqueante   *(B) E/Sno bloqueante*

Figura 8.11 Flujo de las operaciones de E/S bloqueantes y no bloqueantes.

Es interesante resaltar que, independientemente del formato elegido por el usuario, el sistema operativo procesa siempre las llamadas de E/S de forma no bloqueante, o asíncrona, para permitir la implementación de sistemas de tiempo compartido.

8.4.3   Control de acceso a dispositivos

Una de las funciones más importantes de la interfaz de usuario es dar indicaciones de control de acceso a los dispositivos e indicar cuáles son compartidos y cuáles dedicados. En general, las llamadas al sistema no hacen este tipo de distinciones, que, sin embargo, son necesarias. Imagine qué ocurriría si dos ficheros se escribieran en la impresora sin ningún control. Ambos saldrían mezclados, siendo el resultado del trabajo inútil.

Para tratar de resolver este problema, se usan dos tipos de mecanismos:

- Mandatos externos (como el `lpr` para la impresora) o programas especiales (demonios) que se encargan de imponer restricciones de acceso a los mismos cuando es necesario.

- Llamadas al sistema que permiten bloquear (`lock`) y desbloquear (`unlock`) el acceso a un dispositivo o a parte de él. Usando estas llamadas, una aplicación se puede asegurar acceso exclusivo bloqueando el dispositivo antes de acceder y desbloqueándolo al terminar sus accesos. Para evitar problemas de bloqueos indefinidos, sólo se permiten bloqueos aconsejados (*advisory*), nunca obligatorios. Además, es habitual que el único usuario que puede bloquear un dispositivo de E/S como tal sea el administrador del sistema. Para el resto de usuarios, este privilegio se restringe a sus ficheros.

La seguridad es un aspecto importante del control de accesos. No basta con que se resuelvan los conflictos de acceso. Hay que asegurar que el usuario que accede al sistema de E/S tiene derechos de acceso suficientes para llevar a cabo las operaciones que solicita. En UNIX y Linux, los aspectos de seguridad se gestionan en el gestor de ficheros. En Windows existe un servidor de seguridad que controla los accesos a los objetos.

8.4.4   Indicaciones de error

Las operaciones del sistema operativo pueden fallar debido a cuestiones diversas. Es importante decidir cómo se va a indicar al usuario esos fallos.

En UNIX, por ejemplo, las llamadas al sistema que fallan devuelven –1 y ponen en una variable global **errno** el código de error. La descripción del error se puede ver en el fichero /usr/include/sys/errno.h o imprimirlo en pantalla mediante la función perror. A continuación se muestran algunos códigos de error de UNIX junto con sus descripciones:

```
#define    EPERM        1 /* Not super-user*/
#define    ENOENT       2 /* No such file or directory*/
#define    ESRCH        3 /* No such process*/
#define    EINTR        4 /* interrupted system call*/
#define    EIO          5 /* I/O error*/
#define    ENXIO        6 /* No such device or address*/
#define    E2BIG        7 /* Arg list too long*/
#define    ENOEXEC      8 /* Exec format error*/
#define    EBADF        9 /* Bad file number*/
```

En Windows, se devuelven más códigos de error en las llamadas a función, e incluso en algunos parámetros de las mismas. Igualmente, se puede obtener más información del error mediante la función GetLastError.

8.4.5   Uso de estándares

Proporcionar una interfaz de usuario estándar garantiza a los programadores la portabilidad de sus aplicaciones, así como un comportamiento totalmente predecible de las llamadas al sistema en cuanto a definición de sus prototipos y de sus resultados. Actualmente, el único estándar definido para la interfaz de sistemas operativos es POSIX y está basado en UNIX. Todos los sistemas operativos modernos proporcionan este estándar en su interfaz, bien como interfaz básica (en el caso de Linux) o bien como un subsistema (caso de Windows), que se ejecuta sobre la interfaz básica (Windows). No se hace más énfasis en la interfaz UNIX porque se va estudiando a lo largo de los distintos capítulos.

8.5   Organización de un manejador de dispositivo

De forma clásica hay dos tipos de manejadores de dispositivos, que se corresponden con los tipos de dispositivos descritos antes:

- Dispositivos de caracteres: teclado, módem, etc.
- Dispositivos de bloques: discos, cintas, etc.

Su comportamiento y funcionalidad es distinto. Así, los dispositivos de caracteres solo ofrecen servicio a través de llamadas al sistema. Los dispositivos de bloques ofrecen servicio a los sistemas de ficheros, además de las llamadas al sistema. Por último, los dispositivos de red, que tienen comportamiento de ambos tipos, ofrecen servicio a los sistemas de comunicaciones además de llamadas al sistema.

Sea del tipo que sea, la estructura básica de un manejador incluye 5 bloques de operaciones (Figura 8.12):

1. Interfaz para llamadas al sistema.
2. Petición al controlador de dispositivo.
3. Registro de drivers.
4. Planificación de E/S en el driver.
5. Inicialización y finalización del driver.

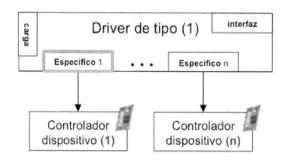

Figura 8.12 Estructura básica de un driver.

El bloque de **interfaz para llamadas al sistem**a incluye el conjunto de funciones que proporciona un driver para acceder al dispositivo. Sus características principales son: estandarización, de forma que, si un dispositivo hardware es válido para una tarea, el programa de usuario o servicio del sistema operativo que la realiza debe poder utilizarlo sin modificar su código; Uso de interfaces comunes y reducidas de llamadas al sistema, dado que crear una nueva llamada es más costoso que reutilizar llamadas ya existentes. Las llamadas se pueden agrupar en los tipos siguientes:

- Llamadas para establecer el acceso al dispositivo:
  - o `open (nombre, flags, modo)`
  - o `close (descriptor)`
- Llamadas para intercambiar datos con el dispositivo:
  - o `read (descriptor, buffer, tamaño)`
  - o `write (descriptor, buffer, tamaño)`
  - o `lseek (descriptor, desplazamiento, origen)`
- Llamadas específicas del dispositivo:
  - o `ioctl (descriptor, num_operacion, puntero_parametros)`
    - ▪ Permite la ejecución de cualquier servicio con cualquier parámetro.
    - ▪ Las operaciones deben hacerse públicas de alguna forma para que no haya conflictos entre distintos drivers.

La parte de **petición al controlador de dispositivo** requiere implementar, como mucho, dos funciones:

- Función para solicitar la operación solicitada por un servicio del sistema operativo

- Función para manejar la interrupción del dispositivo que se ejecuta al recibir la interrupción.

Ambas operaciones se han descrito ya en apartados anteriores. En cualquier caso, es necesario adaptar esta parte al tipo de controlador hardware del dispositivo según sea rápido o lento (suele implicar bloqueos del planificador). En este último caso, es además importante saber si son peticiones independientes o peticiones dependientes, es decir que dependen de otro dispositivo para terminar.

Para conocer si un manejador está o no presente en el sistema, el sistema operativo mantiene una **tabla de registro de drivers**, que contiene la identidad de los drivers presentes en el sistema. Además, se proporcionan funciones para registrar manejadores y cargar el módulo asociado al manejador, cuando se inicializa éste. También se incluyen funciones para borrar del sistema manejadores existentes. Esta tabla usa la **tabla de dispositivos detectados** en el sistema, que se rellena al arrancar el mismo. Como parte de la funcionalidad del sistema operativo se incluyen también funciones para registrar el dispositivo en el driver, y dar de alta sus estructuras/funciones particulares, de forma que desde el driver se pueda tener acceso a la lista de dispositivos que maneja. Igualmente existen funciones para buscar y dar de baja un dispositivo.

Para usar el dispositivo es necesario **abrirlo** (open) para iniciarlo y para finalizar hay que **cerrarlo** (close). Cuando se está utilizando un manejador necesita una serie de recursos asociados

(IRQ, buffer de memoria, etc.) para controlar la asignación de recursos se sigue el siguiente esquema:

- Un contador mantiene el número de procesos que van a trabajar con un dispositivo.

- Cada vez que un nuevo proceso opera con un dispositivo se incrementa el contador, y cuando deja de operar se decrementa.

- Cuando el contador pasa a 1 se realiza la asignación de recursos al driver.

- Cuando el contador pasa a 0 se libera todos los recursos.

Una vez instalado completamente y en operación normal, el manejador necesita gestionar las operaciones de E/S que le llegan en todo momento, tanto si es dedicado como compartido. En general para la **planificación de E/S** en el manejador se usa una cola de peticiones a cada dispositivo que controla. Cuando hay varias peticiones a un dispositivo, el driver suele disponer de un planificador de E/S que permite planificar las peticiones de manera que se minimice el tiempo de atención a las mismas. Por ejemplo, las operaciones con bloques de disco se ordenan y planifican para minimizar el tiempo consumido en mover las cabezas del disco El planificador de E/S suele realizar, al menos, dos operaciones básicas:

- Ordenación: las peticiones se insertan en una lista según algún criterio o política de ordenación (prioridad, geometría, tiempo, etc.). Por ejemplo, algoritmo SCAN para discos.

- Fusión: dos peticiones pequeñas consecutivas se transforman en una única petición. Esto es muy habitual en discos que permiten pedir múltiples bloques en una operación.

Veamos, por ejemplo, que ocurre en una petición a un disco duro, que es un dispositivo lento y compartido por todos los procesos y el sistema (Figura 8.13). En caso de petición de datos, si otro proceso ya hizo la petición, se actualizan los datos de la petición y se bloquea al proceso hasta que termine. Si es una petición nueva, se construye la petición, se encola en el dispositivo adecuado y bloquea al proceso hasta que termine. El gestor de interrupciones del dispositivo despierta a los procesos cuando sus peticiones están listas. Si hay peticiones pendientes, se gestiona la siguiente que haya en la cola del dispositivo, ya que previamente habrán sido ordenadas según alguna política.

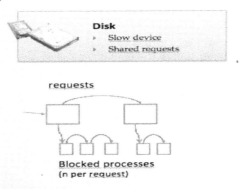

Figura 8.13 Gestión de entrada/salida a un disco.

8.6 Servicios ampliados

Los módulos se pueden usar también para implementar servicios ampliados en el núcleo. Se denomina servicio ampliado a un módulo que extiende un driver, apilándose por encima de él, para añadirle algún tipo de funcionalidad. Todos los servicios ampliados son a su vez apilables entre sí, como se puede apreciar en la Figura 8.14.

Los servicios ampliados tienen al menos dos interfaces:

- La interfaz del servicio que ofrece. Que puede ser una interfaz que proporcione llamadas al sistema directamente o una interfaz que da servicio a un servicio ampliado superior.

- La interfaz del recurso que utiliza: que puede ser directamente la interfaz de un driver o la interfaz de un servicio ampliado inferior.

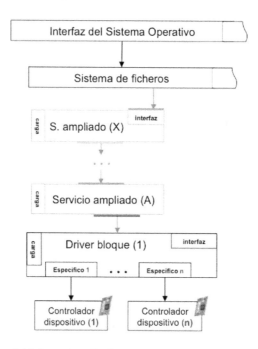

Figura 8.14 Organización de servicios ampliados en el núcleo.

En general, se puede decir que son servicios que extienden un controlador para añadirle funcionalidad. La mayor diferencia entre un manejador y un servicio ampliado es que el primero permite gestionar dispositivos (controladores de dispositivos HW), mientras que el segundo permite gestionar manejadores.

Un servicio ampliado muy típico actualmente en cualquier sistema operativo es ofrecer un dispositivo lógico que representa un disco extendido que agrupa múltiples discos y los presenta como si fueran uno solo. Por ejemplo, un disco RAID0 en software. De esta forma se pueden combinar varias particiones para mostrarla como una sola de más capacidad. Sobre este servicio ampliado se pueden apilar otros, tales como comprimir/descomprimir los bloques del dispositivo, cifrado de datos, etc.

8.7 Uso de módulos para incluir manejadores en el núcleo

La instalación típica de un sistema operativo incluye multitud de manejadores de dispositivos. De hecho, más del 50% del código fuente del kernel de Linux pertenece a los manejadores. Sin embargo, no todos los manejadores son necesarios en el sistema cuando está activo: solo serán necesarios aquellos cuyos dispositivos físicos existen en el sistema. Igualmente, hay dispositivos que se conectan ydesconectan sin apagar el ordenador (*hot-plug*). ¿Cómo conseguimos configurar un kernel con los manejadores adecuados? Hay dos métodos (combinables) para la selección de manejadores a usar:

- Elegirlos al compilar el kernel. En el arranque del sistema operativo se crean los drivers/ss.aa. elegidos.

- Elegirlos mientras el kernel está ejecutando (enlace dinámico). Se crean en algún punto de la ejecución del sistema operativo.

Normalmente se usa una combinación de ambos, es decir se eligen los manejadores que se quiera (o se dejan los de por defecto) y luego se crean y destruyen dinámicamente si aparecen/desaparecen dispositivos.

En cualquier caso, puede ocurrir que sea necesario crear un manejador o servicio extendido para un dispositivo nuevo que no estaba previsto en el sistema operativo. En este caso, en Linux, se pueden usar los **módulos**, un mecanismo para añadir cosas al núcleo que actualmente se usan para añadir no solo manejadores, sino también otros tipos de funcionalidad, tales como sistemas de ficheros, protocolos de red, llamadas al sistema extras, etc. Es por ello, que actualmente existen distintos tipos de módulos (manejadores de dispositivo, de sistema de ficheros, llamadas al sistema, manejadores de red, etc.). En esta sección vamos a ver como desarrollar un módulo para manejador de ficheros.

Los pasos a seguir en general son:

1. Comprender las características del dispositivo y los comandos soportados. Operaciones específicas de dispositivos.

2. Mapa de operación de archivo de Unix

3. Seleccione el nombre del dispositivo (interfaz de usuario) o Espacio de nombres (2-3 caracteres , / dev / lp0)

4. (Opcional) Seleccione un número major y minor (una creación del archivo especial de dispositivo) para la interfaz Virtual File System

5. Implementar subrutinas interfaz de archivo.

6. Compile el controlador de dispositivo.

7. Instale el módulo de controlador de dispositivo con módulo cargable del núcleo (LKM)

8. Rebuild (compilar) el kernel.

Para su implementación, lo primero que hay que hacer es crear el dispositivo si no existe:
```
% mknod /dev/device_name c major minor
```
"c" for char devices, "b" for block devices.
```
register_chrdev (major_num, "Name", &file_operation_struct)
register_blkdev (major_num, "Name", *file_operation_struct)
```

A continuación, se debn implementar varias operaciones necesarias en todo módulo:

- `Name_init()`   Inicializa el dispositivo cuando arranca el SO.
- `Name_open()`   Abre el dispositivo
- `Name_read()`   Lee de memoria del núcleo
- `Name_write()`   Escribe en memoria del núcleo
- `Name_release()`   Cierra el driver y libera recursos
- `init_module()`   Inicializa el módulo.
- `cleanup_module()`   Elimina el módulo

El programa 8.4 muestra un módulo sencillo que imprime el mensaje "Hola Mundo" cuando se instala. Ejemplos más avanzados se pueden consultar en libros de programación de drivers.

Programa 8.4 Programación de un módulo básico.

```
#define MODULE
#include <linux/module.h>
int init_module(void) {
    printk("<1>Hola Mundo\n");
    return 0;
}
```

```
void cleanup_module(void) {
    printk("<1>Adios Mundo\n");
}
```

Usando módulos se puede modificar el núcleo del sistema operativo Linux tanto como se quiera, siempre que no se afecte a algunas funciones críticas que no son modificables. Para ello, se proporcionan una serie de mandatos para generar, instalar y desinstalar módulos. Se muestran a continuación de forma breve:

- Para instalarlo:
```
%insmod name_module.o
```
- Listado de módulos en el núcleo
```
%lsmod
```
- Eliminar un módulo del núcleo
```
%rmmod name_module.o
```
- Mostrar información relativa al módulo
```
%modinfo module.o
```

No se incluyen mandatos para compilación o construcción porque suelen ser específicos de cada sistema operativo o variante del mismo (RedHat, Suse, etc.). Es necesario consultar manuales de usuario.

8.8 Manejadores de dispositivos de caracteres

En esta sección se van a analizar los aspectos de diseño de los manejadores de dispositivos de caracteres. El objetivo de la misma es mostrar qué distintas alternativas se presentan a la hora de diseñar un manejador para este tipo de dispositivos, comparando la eficiencia de las distintas soluciones e, incluso, mostrando algunas soluciones incorrectas, que sirvan para ilustrar algunos errores habituales en el desarrollo de un manejador. El interés de este análisis no sólo reside en llegar a conocer mejor cómo son los manejadores de este tipo de dispositivos. Se pretende, además, proporcionar pautas de diseño para este tipo de módulos. Hay que resaltar que es posible que algunos de los lectores tengan que afrontar a lo largo de su vida profesional el desarrollo del manejador de un dispositivo de caracteres. La mayoría de los sistemas operativos ofrecen facilidades para la incorporación de nuevos manejadores, incluso en tiempo de ejecución, de manera que desarrolladores ajenos al propio sistema operativo puedan incorporar el soporte de los nuevos dispositivos que aparezcan en el mercado, sobre todo dispositivos de tipo carácter, que son la mayoría. En contraste, el resto de los componentes de un sistema operativo están prácticamente cerrados.

Para el análisis, se supondrá un hipotético dispositivo de caracteres (*dispositivo X*), muy sencillo, con las siguientes características:

- Se trata de un dispositivo de entrada y salida, dirigido por interrupciones, que opera carácter a carácter.
- Para leer un carácter, se debe programar el dispositivo para que realice esta operación, escribiendo en su registro de control los datos pertinentes. Cuando concluya la operación, el dispositivo genera una interrupción, estando disponible el dato en el registro de datos del dispositivo.
- La operación de escritura consiste en escribir el carácter en el registro de datos y los datos pertinentes en el registro de control, generándose una interrupción cuando ésta termine.

Como puede apreciarse, se ha elegido un dispositivo con un modo de entrada de datos síncrona. Se trata de dispositivos en los que para leer un dato hay que programar el dispositivo solicitándole que realice esa operación. Un ejemplo de este tipo de dispositivos es una cinta magnética.

Sin embargo, existen dispositivos que tienen un modo de una entrada de datos asíncrona. Corresponde con dispositivos en los que se generan datos sin que exista una etapa de programación previa. Un ejemplo de esta clase de dispositivos es el teclado de un terminal, donde se genera un dato cada vez que un usuario pulsa una tecla. Un ejemplo adicional sería un dispositivo de red. En este tipo de dispositivos, puede aparecer un dato con independencia de que haya algún programa esperando por el mismo. Dependiendo de las características del dispositivo, el manejador debe establecer un tratamiento para esta situación, ya sea descartando ese dato o almacenándolo en un *buffer* hasta que un proceso lo solicite (eso es lo que ocurre con el tecleado anticipado del terminal, que se estudiará en la próxima sección). Las soluciones que se plantean en esta sección son aplicables a este tipo de dispositivos, aunque teniendo en cuenta los aspectos específicos de los mismos. En la sección dedicada al manejador del terminal, se retomará este tipo de dispositivos.

Para simplificar, se ha supuesto este modo de operación carácter a carácter. Algunos dispositivos de caracteres utilizan DMA y, por tanto, generan interrupciones cuando han tratado una secuencia de caracteres. Aunque el modo de operación en ese caso es diferente, los aspectos esenciales que se analizarán en esta sección son aplicables también en este caso.

Antes de comenzar el análisis, es conveniente aclarar que el código que se va a presentar a lo largo de esta sección no corresponde con ningún sistema real, ni intenta reflejar todos los detalles que conlleva el desarrollo de un manejador real. El objetivo que se pretende con el mismo es ilustrar el tipo de decisiones de diseño que se plantean a la hora de desarrollar un manejador.

8.8.1 Gestión de la entrada

En esta sección se va plantear de forma incremental, presentando sucesivas versiones mejoradas, el desarrollo de las funciones que manejan la entrada del dispositivo de caracteres descrito previamente (el hipotético dispositivo X). Por simplicidad, inicialmente, se va a considerar que se trata de un dispositivo de uso exclusivo (la función de apertura asegurará que el dispositivo sólo esté abierto una vez, y, además, supondremos que las funciones de lectura y escritura del manejador rechazan cualquier petición que no provenga directamente del proceso que abrió el dispositivo), por lo que no pueden existir problemas de sincronización entre llamadas de lectura o escritura concurrentes. Sólo será necesario proteger el código de la función de lectura contra las posibles condiciones de carrera con la rutina de tratamiento de la interrupción, deshabilitándola cuando sea necesario. Tampoco se realizará ningún tipo de tratamiento de error ante el posible malfuncionamiento del dispositivo.

La primera versión, que se corresponde con el programa 8.5, incluye, por un lado, una función de lectura (lectura_X), que será activada cuando un proceso ejecute una llamada al sistema de lectura sobre el dispositivo, y que recibe como argumentos la dirección del *buffer* especificado por el proceso en la llamada y la cantidad de datos que se pretende leer. Asimismo, hay una rutina de tratamiento de la interrupción que informa de que se ha recibido un carácter (interrupcion_recepcion_X). Además, existe una variable global (peticion), que almacena los datos de la petición para que se puedan acceder desde la rutina de interrupción. Nótese que esta variable global es el rudimento de la cola de peticiones característica de los manejadores, que almacena todas las peticiones pendientes de servirse. En este caso, basta con una variable global, en vez de una cola en memoria dinámica, puesto que sólo se permite que haya una petición en cada momento. Por lo demás, el código es prácticamente autoexplicativo: la función de lectura consiste en un bucle que, por cada carácter pedido, programa el dispositivo y bloquea al proceso. La rutina de interrupción copia cada carácter a la posición correspondiente del *buffer* de usuario.

Programa 8.5 Primera versión de la gestión de la entrada en un dispositivo de caracteres.

```
/* datos de la petición */
struct tipo_peticion {
        char *dir;
} peticion;


tipo_cola_procesos cola_espera_entrada_X;
```

```
/* Rutina de lectura */
int lectura_X(char *dir, int tam) {
        /* guarda datos de la petición */
        peticion.dir = dir;

        /* repite hasta obtener todos los caracteres */
        while (tam--) {
                /* activa una petición de lectura escribiendo en r. de
control */
                out(R_CONTROL_X, LECTURA);
                /* espera a que esté disponible el dato */
                Bloquear(cola_espera_entrada_X);
        }
}


/* Rutina de interrupción de recepción de un dato en el dispositivo X */
void interrupcion_recepcion_X() {
        /* lee el carácter del r. de datos y lo copia en el buffer de
usuario */
        *(peticion.dir++) = in(R_DATOS_LEC_X);                 /* ERROR */

        /* desbloquea al proceso en espera */
        Desbloquear(cola_espera_entrada_X);
}
```

En principio, todo parece correcto. Sin embargo, hay un error grave en el diseño de este manejador, que hace que la copia del carácter realizada en la rutina de tratamiento de la interrupción no llegue al destino previsto. Hay que recordar que, tal como se explicó en el capítulo 3, desde una rutina de interrupción no se debe acceder, en ninguna circunstancia, al mapa de usuario del proceso, puesto que no se puede prever qué proceso está activo en ese momento. La dirección usada se interpretará en el contexto del proceso que esté en ejecución en ese momento, que, evidentemente, no será el que solicitó la lectura puesto que está bloqueado, lo que causará que se copie el carácter en una posición impredecible del mapa de un proceso imprevisto. Por si este grave error no fuera suficiente, hay que resaltar, además, que un acceso al mapa de usuario podría causar un fallo de página, lo que conllevaría un bloqueo, que es inadmisible dentro de una rutina de tratamiento de interrupción.

Esta primera versión errónea muestra que es necesario que sea la propia función de lectura la que realice la copia del carácter. Por tanto, se requiere un *buffer* en el manejador del dispositivo para usarlo como un almacenamiento intermedio entre la rutina de interrupción y la función de lectura. En este caso, bastaría con un *buffer* con capacidad para almacenar un único carácter. El programa 8.6 muestra una solución basada en esa idea. Nótese que en ella ha desaparecido la estructura de datos que mantenía información de la petición, puesto que ya no es necesario tener esa información en la rutina de interrupción.

Programa 8.6 Segunda versión de la gestión de la entrada en un dispositivo de caracteres.

```
/* buffer interno del manejador */
char buf_ent;


tipo_cola_procesos cola_espera_entrada_X;
```

```
/* Rutina de lectura */
int lectura_X(char *dir, int tam) {
        /* repite hasta obtener todos los caracteres */
        while (tam--) {
                /* activa una petición de lectura escribiendo
                en r. de control */
                out(R_CONTROL_X, LECTURA);

                /* espera a que esté disponible el dato */
                Bloquear(cola_espera_entrada_X);
                /* copia el dato */
                *(dir++) = buf_ent;
        }
}


/* Rutina de interrupción de recepción de un dato en el dispositivo X */
void interrupcion_recepcion_X() {
        char caracter;

        /* lee el carácter del registro de datos */
        caracter = in(R_DATOS_LEC_X);

        /* lo inserta en el buffer interno */
        buf_ent = caracter;

        /* desbloquea al proceso en espera */
        Desbloquear(cola_espera_entrada_X);
}
```

Esta segunda versión es correcta, aunque no muy eficiente si se requiere leer una gran cantidad de datos. Adviértase que una petición de lectura de 100 caracteres requeriría 100 cambios de contexto, con la consiguiente sobrecarga asociada a los mismos. Téngase en cuenta que en esta solución la rutina de interrupción desbloquea al proceso, poniéndolo en estado de listo para ejecutar, pero éste sólo ejecutará cuando sea elegido por el planificador. En ese momento, copiará el dato al *buffer* de usuario, volverá a programar el dispositivo y se bloqueará nuevamente, realizando un cambio de contexto, y así sucesivamente por cada carácter. Es ineficiente realizar un cambio de contexto para ejecutar sólo unas pocas instrucciones y volver a bloquearse.

La solución mostrada en el programa 8.7 resuelve este problema, haciendo que sea la propia rutina de interrupción la encargada de volver a programar el dispositivo mientras queden caracteres por leer. Con esta solución, es necesario que el *buffer* tenga capacidad para albergar todos los caracteres que puede requerir una lectura. Cuando se desbloquea el proceso, sólo es necesario realizar la copia del *buffer* interno al *buffer* de usuario. De esta forma, no se produce ningún cambio de contexto durante la lectura de los sucesivos caracteres, aparte del inicial. Hay que resaltar que este modo de trabajo, donde la llamada "arranca" el dispositivo programando la primera operación y la rutina de interrupción programa las restantes, es muy característico de los manejadores reales.

Programa 8.7 Tercera versión de la gestión de la entrada en un dispositivo de caracteres.

```
/* datos de la petición */
struct tipo_peticion {
    int tam;
} peticion;

/* buffer interno del manejador */
struct tipo_buffer {
    int posicion;
    char datos[TAM_BUF];
} buf_ent;
tipo_cola_procesos cola_espera_entrada_X;

/* Rutina de lectura */
int lectura_X(char *dir, int tam) {
        int i;

        /* guarda datos de la petición e inicia el buffer */
        peticion.tam = tam;
        buf_ent.posicion = 0;

        /* activa una petición de lectura escribiendo en reg. de control */
        out(R_CONTROL_X, LECTURA);
        /* espera a que estén disponibles los datos */
        Bloquear(cola_espera_entrada_X);

        /* copia contenido del buffer interno al del usuario */
        for (i=0; i<tam; i++, dir++)
                *dir = buf_ent.datos[i];
}
/* Rutina de interrupción de recepción de un dato en el dispositivo X */
void interrupcion_recepcion_X() {
        char caracter;

        /* lee el carácter del registro de datos */
        caracter = in(R_DATOS_LEC_X);

        /* lo inserta en el buffer interno */
        buf_ent.datos[buf_ent.posicion++] = caracter;

        /* desbloquea al proceso en espera si ha completado la lectura */
        if (--peticion.tam>0)
                Desbloquear(cola_espera_entrada_X);
        else
                /* activa una petición de lectura escribiendo
                en r. de control */
                out(R_CONTROL_X, LECTURA);
}
```

El problema con esta solución es doble:

- Por un lado, se establece un tamaño máximo de las peticiones de lectura, a no ser que se reserve en memoria dinámica un *buffer* del tamaño adecuado para cada solicitud de lectura.

- Por otro lado, tiene poco paralelismo, ya que, cuando se produce una petición de lectura de un tamaño grande, hay que esperar hasta disponer de todos los datos en el *buffer* antes de comenzar la copia al espacio de usuario.

Las dos soluciones previas carecen de paralelismo, puesto que, en ambas, en cada momento, o bien está trabajando el dispositivo físico o bien se están copiando datos al *buffer* del usuario. Lo ideal sería poder simultanear ambas operaciones, de manera que, mientras el dispositivo esté leyendo el próximo dato, se esté copiando el previamente leído. Todo ello, manteniendo un tamaño máximo del *buffer* del manejador.

Nótese que, aunque en numerosas ocasiones la copia al *buffer* del usuario va a ser muy rápida, pues corresponderá con un mero acceso a memoria, en algunos casos va a causar un fallo de página, con la consiguiente sobrecarga.

Evidentemente, no se trata de un nuevo problema, sino que encaja perfectamente en el problema general del productor/consumidor con un *buffer* acotado, presentado en el capítulo 6, aunque con algunos aspectos específicos:

- En este caso, la rutina de interrupción desempeña el rol del productor, mientras que la función de lectura actúa de consumidor. Este reparto de papeles ya tiene como consecuencia una primera peculiaridad: el productor no puede bloquearse si encuentra que el *buffer* está lleno, al tratarse de una rutina de interrupción. En la solución que se planteará acto seguido la rutina de interrupción simplemente informa de este hecho en una variable (poniendo a cero la variable `lectura_activa`) y termina. Es la propia función de lectura la que reactiva el proceso de producción, programando el dispositivo cuando ya haya sitio en el *buffer*. El consumidor, por su parte, al ejecutar en el contexto de un proceso, sí puede bloquearse cuando el *buffer* esté vacío.

- Hay que intentar reducir al máximo los cambios de contexto, aunque sea perdiendo un cierto grado de paralelismo. Cada vez que se desbloquee el proceso consumidor debería poder consumir un número apreciable de datos. Para ello, el productor despierta al consumidor sólo cuando el número de caracteres en el *buffer* supera un determinado umbral. Al desbloquearse, copia todos los caracteres disponibles desde el *buffer* interno al del usuario.

Dado que es importante evitar problemas de condiciones de carrera en el código del sistema operativo, para reducir la necesidad de sincronización, se utilizará una implementación basada en un *buffer* circular y en dos contadores que se incrementan de forma cíclica, que mantienen la posición en el buffer donde insertar el próximo carácter y donde extraer el siguiente, pero sin necesidad de guardar el número de elementos que hay en el *buffer* en cada momento. La solución se muestra en el programa 8.8. Esta solución limita la necesidad de sincronización, pero, a cambio, desperdicia una posición del *buffer*.

Programa 8.8 Cuarta versión de la gestión de la entrada en un dispositivo de caracteres.

```
/* datos de la petición */
struct tipo_peticion {
        int tam;
} peticion;

/* buffer interno del manejador. Iniciado en su rutina de arranque. */
struct tipo_buffer {
        int pos_extraer;
        int pos_introducir;
        char datos[TAM_BUF];
```

```
} buf_ent;

int lectura_activa = 0;

tipo_cola_procesos cola_espera_entrada_X;

/* Rutina de lectura */
int lectura_X(char *dir, int tam) {
        /* guarda datos de la petición */
        peticion.tam = tam;

        while (tam>0) {
            /* la primera vez o si el productor se ha parado */
            if (! lectura_activa) {
                    lectura_activa = 1;
                    /* activa petición de lectura escribiendo en
                    r. de control */
                    out(R_CONTROL_X, LECTURA);
                }
            /* espera a que haya datos; si ya hay no se bloquea */
            if (buf_ent.pos_extraer == buf_ent.pos_introducir)
                    Bloquear(cola_espera_entrada_X);
            /* Si hay datos disponibles, los copia */
            for (; buf_ent.pos_extraer != buf_ent.pos_introducir;
                tam--, dir++,
                buf_ent.pos_extraer=(buf_ent.pos_extraer+1)%TAM_BUF)
                    *dir = buf_ent.datos[buf_ent.pos_extraer];
        }
}

/* Rutina de interrupción de recepción de un dato en el dispositivo X */
void interrupcion_recepcion_X() {
    char caracter;

    /* lee el carácter del registro de datos */
    caracter = in(R_DATOS_LEC_X);

    /* Lo inserta en el buffer interno, incrementando
    la posición después */
    buf_ent.datos[buf_ent.pos_introducir] = caracter;
    buf_ent.pos_introducir=(buf_ent.pos_introducir+1)%TAM_BUF;

    /* desbloquea si se ha completado la lectura o se ha llegado al
    umbral */
    if ((--peticion.tam==0) || ((TAM_BUF + (buf_ent.pos_introducir
            - buf_ent.pos_extraer) % TAM_BUF >= TAM_UMBRAL))
            /* si la cola está vacía, esta operación no hace nada */
            Desbloquear(cola_espera_entrada_X);

    /* si no se ha completado la lectura y el buffer no está lleno... */
```

```
if ((peticion.tam>0) &&
    (buf_ent.pos_extraer != (buf_ent.pos_introducir + 1)%TAM_BUF))
    /* activa una petición de lectura escribiendo en r. de control */
        out(R_CONTROL_X, LECTURA);
else
        /* no se arranca ninguna operación */
        lectura_activa = 0;
}
```

Antes de pasar a comentar esta solución, hay que resaltar que esta nueva versión no anula a las dos previas. Dependiendo de las características del dispositivo en cuestión, será preferible usar una u otra.

Para intentar comprender mejor el modo de operación de esta solución, analicemos, a continuación, cómo influye el tamaño del umbral en el comportamiento del manejador. Con un valor del umbral igual a 1, se obtiene el máximo paralelismo, pero pudiendo producirse un número apreciable de cambios de contexto si el dispositivo es lento con respecto a la operación de copia de los datos leídos al *buffer* del usuario. En ese caso, el *buffer* tendría la mayor parte del tiempo muy pocos elementos y, cada vez que se desbloqueara el consumidor, apenas tendría trabajo que hacer. De hecho, con un dispositivo muy lento, el programa se comportaría como la versión correspondiente al programa 8.6.

Por otra parte, si se usa un valor del umbral igual al del *buffer*, el modo de operación resultante sería equivalente al programa 8.7, puesto que no se realizaría la copia hasta terminar todas las operaciones del dispositivo.

Aunque, evidentemente, cada dispositivo y sistema operativo tienen sus características específicas, este tipo de soluciones es habitual en los manejadores reales de cualquier sistema operativo e ilustra a qué clase de alternativas de diseño se enfrentan los programadores de este tipo de software. Para completar el análisis, quedarían dos aspectos por afrontar:

- ¿Cómo gestionar los accesos simultáneos de múltiples procesos?
- ¿Cómo asegurarse de que la rutina de tratamiento de interrupción no se alarga excesivamente?

Por no alargar la sucesión de versiones, se plantea una quinta, y última, versión, que corresponde con el programa 8.9, que resuelve ambas cuestiones.

Con respecto a la primera cuestión, dado que hay que asegurar que las operaciones son atómicas, la solución más frecuente es asociar un semáforo al manejador, de manera que se secuencie el servicio de las peticiones.

En cuanto al segundo aspecto, es fundamental conseguir minimizar la duración de las rutinas de interrupción para conseguir un mejor funcionamiento del sistema. A tal fin, se debe dejar la rutina de interrupción reducida a su mínima expresión (aquella parte que sea imprescindible que se ejecute en la misma), y delegar la mayor parte del trabajo en una rutina diferida, activada mediante una interrupción software, que ejecutará con las interrupciones habilitadas.

Recuerde que, aunque se hubiera usado esta técnica de ejecución diferida en la primera versión, ésta seguiría siendo errónea, ya que tampoco se debe acceder al mapa de usuario, ni bloquear al proceso, desde una rutina diferida.

Programa 8.9 Quinta versión de la gestión de la entrada en un dispositivo de caracteres.

```
/* datos de la petición */
struct tipo_peticion {
        int tam;
} peticion;
```

```
/* buffer interno del manejador */
struct tipo_buffer {
        int pos_extraer;
        int pos_introducir;
        char datos[TAM_BUF];
} buf_ent;

int lectura_activa = 0;

/* semáforo para controlar la atomicidad de las operaciones */
tipo_semaforo semX;

tipo_cola_procesos cola_espera_entrada_X;

/* Rutina de lectura */
int lectura_X(char *dir, int tam) {
        /* sección crítica para asegurar la exclusión mutua */
        wait(semX);

        /* guarda datos de la petición */
        peticion.tam = tam;

        while (tam>0) {
                /* la primera vez o si el productor se ha parado */
                if (! lectura_activa) {
                    lectura_activa = 1;
                    /* activa petición de lectura escribiendo
                    en r. de control */
                    out(R_CONTROL_X, LECTURA);
                }
            /* espera a que haya datos; si ya los hay no se bloquea */
                if (buf_ent.pos_extraer == buf_ent.pos_introducir)
                    Bloquear(cola_espera_entrada_X);

                /* Si hay datos disponibles, los copia */
                for (; buf_ent.pos_extraer != buf_ent.pos_introducir;
                  tam--, dir++,
                  buf_ent.pos_extraer=(buf_ent.pos_extraer+1)%TAM_BUF)
                        *dir = buf_ent.datos[buf_ent.pos_extraer];
        }
        /* Deja que una lectura pendiente pueda progresar */
        signal(semX);
}
/* Rutina de interrupción diferida de recepción asociada al dispositivo X */
void interrupcion_diferida_recepcion_X(char caracter) {
/* Lo inserta en el buffer interno, incrementando la posición después */
        buf_ent.datos[buf_ent.pos_introducir] = caracter;
        buf_ent.pos_introducir=(buf_ent.pos_introducir+1)%TAM_BUF;

        /* desbloquea si ha completado la lectura o ha llegado al umbral */
```

```
            if ((--peticion.tam==0) || ((TAM_BUF + (buf_ent.pos_introducir
                    - buf_ent.pos_extraer) % TAM_BUF >= TAM_UMBRAL))
                    /* si la cola está vacía, esta operación no hace nada */
                    Desbloquear(cola_espera_entrada_X);

            /* si no ha completado la lectura y el buffer no está lleno... */
            if ((peticion.tam>0) &&
                (buf_ent.pos_extraer != (buf_ent.pos_introducir + 1)%TAM_BUF))
                    /* activa una petición de lectura escribiendo
                    en r. de control */
                    out(R_CONTROL_X, LECTURA);
            else
                    /* no se arranca ninguna operación */
                    lectura_activa = 0;
}
/* Rutina de interrupción de recepción de un dato en el dispositivo X */
void interrupcion_recepcion_X() {
            char caracter;

            /* lee el carácter del registro de datos */
            caracter = in(R_DATOS_LEC_X);

            /* activa una operación diferida */
            activar_operacion_diferida(interrupcion_diferida_recepcion_X,
                            caracter);
}
```

Observe que el servicio de las peticiones se realiza en orden FIFO. Dependiendo de la naturaleza del dispositivo, puede ser interesante usar otra estrategia de servicio, igual que ocurre con la gestión de los discos. En ese caso, la solución se puede modificar de manera que una llamada de lectura, antes de intentar adquirir el semáforo, incluya una descripción de la misma en una cola de peticiones. Cada vez que se complete una petición, la rutina de tratamiento diferida puede evaluar la cola de peticiones y seleccionar la más adecuada conforme al criterio que se considere oportuno.

Para terminar, se exponen algunas consideraciones sobre la sincronización en el diseño del manejador. En primer lugar, hay que explicar que en las diversas soluciones planteadas en esta sección se ha supuesto que se trata de un manejador para un sistema monoprocesador. Para adaptarlo a un sistema multiprocesador, sería necesario usar un *spinlock*, tal como se explicó en el capítulo 6, para evitar las condiciones de carrera entre la función de lectura y la rutina de interrupción (o la rutina diferida, en esta última versión) cuando consultan variables compartidas (como, por ejemplo, lectura_activa).

El diseño del manejador para el sistema monoprocesador se ha realizado intentando evitar problemas de sincronización (al menos, eso esperamos), lo que ha permitido desarrollar el código sin necesidad de inhabilitar las interrupciones en ningún punto de la función de lectura.

8.8.2 Gestión de la salida

En esta sección se va a analizar cómo se implementan las funciones que manejan la salida del dispositivo de caracteres planteado como ejemplo. Para no alargar innecesariamente la presentación, sólo se muestra una solución, que corresponde con el programa 8.10, que usa el mismo esquema que el utilizado en la última versión de la gestión de la entrada. En este caso los papeles del productor/consumidor están cambiados: la función de escritura genera datos que consume la rutina de interrupción del dispositivo. A continuación, se exponen los aspectos más relevantes de esta solución:

- El cambio de papeles tiene como primera consecuencia que es el consumidor el que no puede bloquearse si encuentra que el *buffer* está vacío, al tratarse de una rutina de interrupción. Como se hizo en el caso de la lectura, la rutina de interrupción simplemente informa de este hecho en una variable (poniendo a cero la variable escritura_activa) y termina. Es la propia función de escritura la que reactiva el proceso de consumo, programando el dispositivo para escribir un dato en cuanto haya uno disponible. El productor, por su parte, al ejecutar en el contexto de un proceso, sí puede bloquearse cuando el *buffer* esté lleno.
- Para reducir el número de cambios de contexto, el consumidor sólo desbloquea al productor cuando el número de caracteres en el *buffer* está por debajo de un determinado umbral, asegurando, de esta forma, que, al desbloquearse, el productor tendrá bastante trabajo que hacer.
- Algunas variables y estructuras de datos hay que duplicarlas, de manera que haya una específica por cada sentido de transferencia (se definen dos *buffers*, dos colas de bloqueo de procesos y dos variables que indican si hay una operación de lectura o de escritura activa, respectivamente).

Es interesante resaltar que una operación de escritura termina cuando se copia en el *buffer* de salida el último carácter de la petición. La rutina de escritura tiene un comportamiento asíncrono, en el sentido de que no espera a que se haya completado la operación del dispositivo para terminar. Este comportamiento es característico de casi todos los manejadores.

Programa 8.10 Gestión de la salida en un dispositivo de caracteres.

```
/* datos de la petición */
struct tipo_peticion {
        int tam;
} peticion;
/* buffers internos del manejador */
struct tipo_buffer {
        int pos_extraer;
        int pos_introducir;
        char datos[TAM_BUF];
} buf_ent, buf_sal;
int lectura_activa = 0;
int escritura_activa = 0;

/* semáforo para controlar la atomicidad de las operaciones */
tipo_semaforo semX;

tipo_cola_procesos cola_espera_entrada_X;
tipo_cola_procesos cola_espera_salida_X;

/* Rutina de lectura */
int lectura_X(char *dir, int tam) {
        /* igual que en la version anterior */
}
/* Rutina de escritura */
int escritura_X(char *dir, int tam) {
        /* sección crítica para asegurar la exclusion mutua */
        wait(semX);
```

```
        while (tam>0) {
            /* copia datos hasta llenar el buffer o terminar */
            for (; tam && (buf_sal.pos_extraer !=
              (buf_sal.pos_introducir + 1)%TAM_BUF); tam--, dir++)   {
                /* si consumidor parado, se programa la operación */
                if (! escritura_activa) {
                    escritura_activa = 1;
                    /* activa petición de escritura en el
                    reg. de control */
                    out(R_DATOS_ESC_X, *dir);
                    out(R_CONTROL_X, ESCRITURA);
                }
                else {
                    /* copia carácter a buffer */
                    *buf_sal.datos[buf_sal.pos_introducir] = *dir;
                    buf_sal.pos_introducir=(buf_sal.pos_introducir+1)
                    %TAM_BUF;

                }
            }

        /* si no ha terminado la llamada, espera por sitio en buffer */
            if (tam&&(buf_sal.pos_extraer ==
                    (buf_sal.pos_introducir+1)%TAM_BUF))
                Bloquear(cola_espera_salida_X);
        }
    /* deja que una lectura pendiente pueda progresar */
    signal(semX);
}


/*
 * Rutina de interrupción diferida de transmisión asociada al dispositivo X
 */
void interrupcion_diferida_transmision_X() {
        char caracter;

        /* si buffer está vacío, no se arranca ninguna operación */
        if (buf_sal.pos_extraer == buf_sal.pos_introducir)
                escritura_activa = 0;
        else {
                /* extrae el carácter, incrementando posición después */
                caracter = buf_sal.datos[buf_sal.pos_extraer];
                buf_sal.pos_extraer=(buf_sal.pos_extraer+1)%TAM_BUF;
                /* activa petición de escritura modificando el
                 reg. de control */
                out(R_DATOS_ESC_X, caracter);
                out(R_CONTROL_X, ESCRITURA);

                /* desbloquea si se ha llegado al umbral */
                if ((TAM_BUF + (buf_sal.pos_introducir
                - buf_sal.pos_extraer) % TAM_BUF < TAM_UMBRAL))
```

```
                                    /* si la cola está vacía, esta operación
                                    no hace nada */
                                    Desbloquear(cola_espera_salida_X);
              }
       }
       /* Rutina de interrupción de transmisión de un dato en el dispositivo X */
       void interrupcion_transmision_X() {
              /* comprobaría posibles errores... */

              /* activa una operación diferida */
              activar_operacion_diferida(
                     interrupcion_diferida_transmision_X, NULL);
       }

       /* Rutina de interrupción diferida de recepción asociada al dispositivo X */
       void interrupcion_diferida_recepcion_X(char caracter) {
              /* igual que en la versión anterior */
       }

       /* Rutina de interrupción de recepción de un dato en el dispositivo X */
       void interrupcion_recepcion_X() {
              /* igual que en la versión anterior */
       }
```

8.9   Manejador del terminal

Se trata de un dispositivo que permite al usuario comunicarse con el sistema y que está presente en todos los sistemas de propósito general actuales. Está formado normalmente por un teclado, que permite introducir información, y una pantalla, que posibilita su visualización.

Hay una gran variedad de dispositivos de este tipo, aunque en este apartado se analizan los dos más habituales: los terminales serie y los proyectados en memoria. Por lo que se refiere al tipo de información gestionada por el manejador del terminal, esta exposición se centra en la información de tipo texto. Se deja fuera de la misma el tratamiento de la información gráfica, característica de las interfaces gráficas de usuario, puesto que la mayoría de los sistemas operativos no le dan un soporte directo (con la notable excepción de Windows), siendo software en modo usuario el que se ocupa de la misma. Asimismo, un tratamiento adecuado de este tema, dada su extensión, requeriría más espacio del que disponemos para presentar este tipo de manejadores.

En primer lugar, se expondrá cómo es el modo de operación básico de un terminal, con independencia del tipo de este. A continuación, se analizarán las características hardware de los terminales. Por último, se estudiarán los aspectos software, identificando las labores típicas de un manejador de terminal.

8.9.1   Modo de operación del terminal

El modo de operación básico de todos los terminales es bastante similar, a pesar de su gran diversidad. La principal diferencia está en qué operaciones se realizan por hardware y cuáles por software. En todos ellos existe una relativa independencia entre la entrada y la salida.

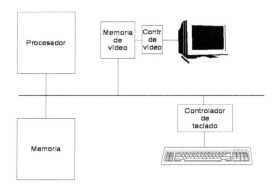

Figura 8.15 Esquema de un terminal proyectado en memoria.

Entrada

Cuando el usuario pulsa una tecla en un terminal, se genera un código de tecla que la identifica. Este código de tecla debe convertirse en el carácter ASCII correspondiente, teniendo en cuenta el estado de las teclas modificadoras (habitualmente, Control, Shift y Alt). Así, por ejemplo, si está pulsada la tecla Shift, al teclear la letra a, el carácter resultante será A.

Salida

Una pantalla de vídeo está formada por una matriz de píxeles. Asociada a la misma, existe una memoria de vídeo que contiene información que se visualiza en la pantalla. El controlador de vídeo es el encargado de leer la información almacenada en dicha memoria y usarla para refrescar el contenido de la pantalla con la frecuencia correspondiente. Para escribir algo en una determinada posición de la pantalla, sólo es necesario modificar las direcciones de memoria de vídeo correspondientes a esa posición.

Cuando un programa solicita escribir un determinado carácter ASCII en la pantalla, se debe obtener el patrón rectangular que representa la forma de dicho carácter, lo que dependerá del tipo de fuente de texto utilizado. El controlador visualizará dicho patrón en la posición correspondiente de la pantalla.

Además de escribir caracteres, un programa necesita realizar otro tipo de operaciones, tales como borrar la pantalla o mover el cursor a una nueva posición. Este tipo de operaciones están generalmente asociadas a ciertas secuencias de caracteres. Cuando un programa escribe una de estas secuencias, no se visualiza información en la pantalla, sino que se lleva a cabo la operación de control asociada a dicha secuencia. Habitualmente, por razones históricas, estas secuencias suelen empezar por el carácter ASCII *Escape*, por lo que se las conoce como **secuencias de escape**.

8.9.2   Hardware del terminal

Como se comentó previamente, se van a considerar dos tipos de terminales: terminales proyectados en memoria y terminales serie.

Terminales proyectados en memoria

Como se puede apreciar en la Figura 8.15, un terminal de este tipo está formado realmente por dos dispositivos totalmente independientes: el teclado y la pantalla.

El teclado genera una interrupción cuando se aprieta una tecla (en algunos sistemas también se genera cuando se suelta). Cuando se produce la interrupción, el código de la tecla pulsada queda almacenado en un registro de entrada/salida del controlador del teclado. Obsérvese que, tanto la conversión desde el código de tecla al carácter ASCII como el tratamiento de las teclas modificadoras, los debe realizar el software.

En este tipo de terminales, la memoria de vídeo está directamente accesible al procesador. Por tanto, la presentación de información en este tipo de terminales implica solamente la escritura del dato que se pretende visualizar en las posiciones correspondientes de la memoria de vídeo, no requiriéndose el uso de interrupciones para llevar a cabo la operación. Por otro lado, aunque no sea estrictamente necesario, es conveniente usar un *buffer* de salida también en este caso. De esta manera, al principio de la escritura, el manejador obtiene una copia de la información a escribir, eliminando la posibilidad de que se produzca algún error de acceso al *buffer* del usuario en mitad la operación de escritura.

Con respecto a la información que se escribe en la memoria de vídeo, va a depender de si el modo de operación del terminal es alfanumérico o gráfico.

- En el modo alfanumérico se considera la pantalla como una matriz de caracteres, por lo que la memoria de vídeo va a contener el código ASCII de cada carácter presente en la pantalla. Durante una operación de refresco de la pantalla, el controlador va leyendo de la memoria cada carácter, encargándose de obtener el patrón de bits correspondiente al carácter en curso y visualizándolo en la pantalla.
- Por lo que se refiere al modo gráfico, en este caso la pantalla se considera una matriz de píxeles y, la memoria de vídeo contiene información de cada uno de ellos. Cuando un programa solicita escribir un carácter, debe ser el software el encargado de obtener el patrón de bits que define dicho carácter.

El trabajo con un terminal de este tipo no se limita a escribir en vídeo. El controlador de vídeo contiene un conjunto de registros de entrada/salida que permiten realizar operaciones, tales como mover la posición del cursor o desplazar el contenido de la pantalla una o varias líneas. A diferencia de los terminales serie, en este caso, el manejador debe encargarse de la presentación de los caracteres. Para la mayoría de ellos, su visualización implica simplemente la actualización de la memoria de vídeo. Sin embargo, algunos caracteres presentan algunas dificultades específicas como, por ejemplo, los siguientes:

- Un tabulador implica mover el cursor el número de posiciones adecuadas.
- El carácter campanada (`control-G`) requiere que el altavoz del equipo genere un sonido.
- El carácter de borrado debe hacer que desaparezca de la pantalla el carácter anterior.
- Los caracteres de salto de línea pueden implicar desplazar el contenido de la pantalla una línea hacia arriba cuando se introducen estando el cursor en la línea inferior. El manejador debe escribir en el registro correspondiente del controlador de vídeo para realizar esta operación.

Por último, hay que recordar que en este tipo de terminales, el manejador debe encargarse de interpretar las secuencias de escape, que normalmente requerirán modificar los registros del controlador que permiten mover el curso o desplazar el contenido de la pantalla.

Terminales serie

En este tipo de dispositivos, como se puede apreciar en la Figura 8.16, el terminal se presenta ante el resto del sistema como un único elemento conectado, normalmente, a través de una línea serie RS-232, al controlador correspondiente, denominado UART (*Universal Asynchronous Receiver-Transmitter*, Transmisor-Receptor Universal Asíncrono).

Además de la pantalla y el teclado, el terminal tiene algún tipo de procesador interno que realiza parte de la gestión del terminal, y que también permite al usuario configurar algunas de las características de este. Para poder dialogar con el terminal, se deben programar diversos aspectos de la UART, tales como la velocidad de transmisión o el número de bits de parada que se usará en la transmisión.

Al igual que ocurre con los terminales proyectados en memoria, la entrada se gestiona mediante interrupciones. Cuando se pulsa una tecla, el terminal envía a través de la línea serie el carácter pulsado. La UART genera una interrupción al recibirlo. A diferencia de los terminales proyectados en memoria, el carácter que recoge de la UART ya es el código ASCII de la tecla pulsada, puesto que el procesador del terminal se encarga de pasar del código de la tecla al código ASCII y de comprobar el estado de las teclas modificadoras.

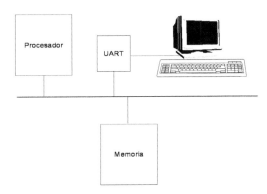

Figura 8.16 Esquema de un terminal serie.

En este tipo de terminal la salida está dirigida por interrupciones. Por tanto, corresponde directamente con el modo de operación que usa un *buffer* como almacenamiento intermedio de los datos de salida hacia el terminal.

Para la visualización de información en este tipo de terminales, se debe cargar el código ASCII del carácter deseado en un registro de la UART y pedir a ésta que lo transmita. Una vez transmitido, lo que puede llevar un tiempo considerable debido a las limitaciones de la transmisión serie, la UART produce una interrupción para indicar este hecho. Por lo que se refiere al terminal, cuando recibe el carácter ASCII, se encarga de obtener su patrón y visualizarlo en la pantalla, manejando asimismo las secuencias de escape.

Cuando recibe el carácter a través de la línea serie, el propio terminal se encarga de todas las labores implicadas con la presentación del carácter en pantalla. Esto incluye aspectos tales como la obtención del patrón que representa al carácter y su visualización, el manejo de caracteres que tienen alguna presentación especial (por ejemplo, el carácter campanada), la manipulación de la posición del cursor o el manejo e interpretación de las secuencias de escape.

8.9.3   El software del terminal

En este apartado se van analizar las labores principales de un manejador de terminal. Algunas de estas labores son específicas del tipo de terminal. Así, por ejemplo, el manejador de un terminal serie debe encargarse de procesar interrupciones asociadas al envío de información al terminal, mientras que uno proyectado en memoria no lo tiene que hacer. Como ejemplo del caso contrario, el manejador de un terminal proyectado en memoria tiene que encargarse de obtener el código ASCII a partir del código de la tecla pulsada, mientras que, en el caso de un terminal serie, esta labor la realiza el hardware. Hay, sin embargo, numerosas labores del manejador independientes del tipo de terminal.

En esta sección se presentarán primero los aspectos relacionados con el software que maneja la entrada para, a continuación, estudiar aquéllos vinculados al software que gestiona la salida. De todas formas, es necesario hacer notar que hay algunos aspectos que tienen que ver tanto con la entrada como la salida. Así, por ejemplo, el manejador de un terminal serie debe encargarse de programar los parámetros de transmisión de la UART (velocidad de transmisión, número de bits de parada, etc.), que corresponde con una labor que tiene que ver tanto con la entrada como con la salida.

Software de entrada

Como se comentó antes, la lectura del terminal está dirigida por interrupciones. Se trata, por tanto, de un ejemplo de dispositivo con un modo de entrada asíncrono, tal como se explicó en la sección 8.8. Como se expuso en dicha sección, con este tipo de dispositivos, pueden llegar caracteres, aunque no haya ningún proceso esperando por los mismos. En el caso de un terminal, la solución habitual es permitir el *tecleado anticipado* (en inglés, *type ahead*). Esta característica permite que el usuario teclee información antes de que el programa la solicite, lo que proporciona al usuario una forma de trabajo mucho más cómoda. Para implementar este mecanismo, se requiere que el manejador use un *buffer* de entrada para guardar los caracteres tecleados hasta que los solicite un proceso. De todas formas, el *buffer* de entrada es necesario, incluso aunque no se permita el tecleado anticipado.

En el caso de un terminal proyectado en memoria, el manejador debe realizar más trabajo, ya que debe convertir el código de tecla en el código ASCII correspondiente. Como contrapartida, este esquema proporciona más flexibilidad, al poder ofrecer al usuario la posibilidad de configurar esta traducción a su conveniencia.

Otro aspecto importante es la edición de los datos de entrada. Cuando un usuario teclea unos datos, puede, evidentemente, equivocarse y se requiere, por tanto, un mecanismo que le permita corregir el error cometido. Surge entonces la cuestión de quién se debe encargar de proporcionar esta función de edición de los datos introducidos. Se presentan, al menos, dos alternativas. Una posibilidad es que cada aplicación se encargue de realizar esta edición. La otra alternativa es que sea el propio manejador el que la lleva a cabo. Para poder analizar estas dos opciones es necesario tener en cuenta los siguientes factores:

- La mayoría de las aplicaciones requieren unas funciones de edición relativamente sencillas.
- No parece razonable hacer que cada programa tenga que encargarse de tratar con la edición de su entrada de datos. Un programador desea centrarse en resolver el problema que le concierne y, por tanto, no quiere tener que ocuparse de la edición.
- Es conveniente que la mayoría de las aplicaciones proporcionen al usuario la misma forma de editar la información.
- Hay aplicaciones, como, por ejemplo, los editores de texto, que requieren unas funciones de edición complejas y sofisticadas.

Teniendo en cuenta estas condiciones, la mayoría de los sistemas operativos optan por una solución que combina ambas posibilidades:

- El manejador ofrece un modo de operación en el que proporciona unas funciones de edición relativamente sencillas, generalmente orientadas a líneas de texto individuales. Este suele ser el modo de trabajo por defecto, puesto que satisface las necesidades de la mayoría de las aplicaciones. En los sistemas UNIX, este modo se denomina **elaborado**, ya que el manejador procesa los caracteres introducidos. En este modo, orientado a línea, hay que resaltar que una solicitud de lectura de una aplicación no se puede satisfacer si el usuario no ha introducido una línea completa, aunque se hayan tecleado caracteres suficientes. Nótese que esto se debe a que hasta que no se completa una línea el usuario todavía tiene la posibilidad de editarla, usando los caracteres de edición correspondientes. Este requisito conlleva que la petición de lectura se quede bloqueada hasta que finalice la petición, en este caso, cuando se complete una línea.
- El manejador ofrece otro modo de operación en el que no se proporciona ninguna función de edición. La aplicación recibe directamente los caracteres tecleados y será la encargada de realizar las funciones de edición que considere oportunas. En los entornos UNIX se califica a este modo como **crudo**, ya que no se procesan los caracteres introducidos. Esta forma de trabajo va a ser la usada por las aplicaciones que requieran tener control de la edición. En este caso no existen caracteres de edición, aunque, como se verá a continuación, pueden existir otro tipo de caracteres especiales. Cuando un programa solicita datos, se le entregan, aunque no se haya tecleado una línea completa. De hecho, en este modo el manejador ignora la organización en líneas, realizando un procesado carácter a carácter. En este caso, se podría usar cualquiera de las soluciones correctas presentadas en la sección anterior, adaptándolas, evidentemente, al modo asíncrono.

En el modo elaborado existen unos caracteres que tienen asociadas funciones de edición, pero éstos no son los únicos caracteres que reciben un trato especial por parte del manejador. Existe un conjunto de caracteres especiales que normalmente no se le pasan al programa que lee del terminal, como ocurre con el resto de los caracteres, sino que activa alguna función del manejador. Estos caracteres se pueden clasificar en las siguientes categorías:

- **Caracteres de edición**. Tienen asociadas funciones de edición tales como borrar el último carácter tecleado, borrar la línea en curso o indicar el fin de la entrada de datos. Estos caracteres sólo se procesan si el terminal está en modo línea. Supóngase, por ejemplo, que el carácter *backspace* tiene asociada la función de borrar el último carácter tecleado. Cuando el usuario pulsa este carácter, el manejador lo detecta y no lo encola en la zona donde almacena la línea en curso, sino que elimina de dicha zona el último carácter encolado. Dentro de esta categoría, es conveniente analizar cómo se procesa el carácter que indica el final de una línea. Nótese que, estrictamente, un cambio de línea implica un retorno de carro para volver al principio de la línea actual y un avance de la línea para pasar a la siguiente. Sin embargo, no parece que tenga sentido obligar a que el usuario teclee ambos caracteres. Así, en los sistemas UNIX, el usuario puede teclear tanto un retorno de carro como un carácter de nueva línea para indicar el final de la línea. El manejador se encarga de mantener esta equivalencia y, por convención, en ambos casos entrega un carácter de nueva línea al programa.
- **Caracteres para el control de procesos**. Todos los sistemas proporcionan al usuario algún carácter para abortar la ejecución de un proceso o detenerla temporalmente.
- **Caracteres de control de flujo**. El usuario puede desear detener momentáneamente la salida que genera un programa para poder revisarla y, posteriormente, dejar que continúe apareciendo en la pantalla. El manejador gestiona caracteres especiales que permiten realizar estas operaciones.
- **Caracteres de protección**. A veces el usuario quiere introducir como entrada de datos un carácter que está definido como especial. Se necesita un mecanismo para indicar al manejador que no trate dicho carácter, sino que lo pase directamente a la aplicación. Para ello, generalmente, se define un carácter de protección cuya misión es indicar que el carácter que viene a continuación no debe procesarse. Evidentemente, para introducir el propio carácter de protección habrá que teclear otro carácter de protección justo antes.

En la mayoría de los sistemas se ofrece la posibilidad de cambiar qué carácter está asociado a cada una de estas funciones o, incluso, desactivar dichas funciones si se considera oportuno.

Por último, hay que resaltar que, dado que el procesamiento de cada carácter conlleva una cierta complejidad, sobre todo en modo elaborado, habitualmente, éste se realiza dentro de una rutina diferida activada mediante una interrupción software.

Software de salida

La salida en un terminal no es algo totalmente independiente de la entrada. Por defecto, el manejador hace eco de todos los caracteres que va recibiendo en las sucesivas interrupciones del teclado. Así, la salida que aparece en el terminal es una mezcla de lo que escriben los programas y del eco de los datos introducidos por el usuario. Esta opción se puede desactivar, en cuyo caso el manejador no escribe en la pantalla los caracteres que va recibiendo. En la Figura 8.17, se puede apreciar esta conexión entre la entrada y la salida. Además del *buffer* de entrada ya presentado previamente, en la figura se puede observar un *buffer* de salida, cuyo uso se analizará a lo largo de esta sección.

A diferencia de la entrada, la salida no está orientada a líneas de texto, sino que se escriben directamente los caracteres que solicita el programa, aunque no constituyan una línea. Un programador en C que trabaja en un sistema UNIX puede pensar que la salida en el terminal está orientada a líneas, ya que, cuando usa en la sentencia `printf` una cadena de caracteres que no termina en un carácter de nueva línea, ésta no aparece inmediatamente en la pantalla. Sin embargo, este efecto no es debido al manejador, sino a que se usa un *buffer* en la biblioteca estándar de entrada/salida del lenguaje C.

El software de salida para los terminales serie es más sencillo que para los proyectados en memoria. Esto se debe a que en los primeros el propio terminal se encarga de realizar muchas labores, liberando al manejador de las mismas. Por ello, se estudiarán estos dos casos de forma separada.

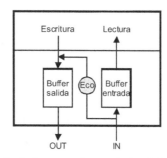

Figura 8.17 Flujo de datos en el manejador del terminal.

Mapas de teclas

Tras presentar el manejador del terminal, seguramente el lector se estará preguntando si todos los teclados deben ser siempre del mismo tipo. Obviamente no. En un computador se pueden conectar teclados qwerty (los estándares), pero también teclados con caracteres propios de los distintos idiomas (español, francés, chino, etc.) e incluso especializados para distintas operaciones (como un terminal de pago o TPV). Entonces, si el manejador y el sistema operativo no cambian, ¿cómo se puede hacer esta adaptación de los distintos teclados? Pues se hace mediante la traducción del código de tecla a los distintos tipos de caracteres o acciones usando una tabla denominada *mapa de teclas* (*keymap* en inglés).

El **mapa de teclas** se define medinate ficheros que se incluyen con el driver del teclado (y habitualmente en ficheros comunes del sistema operativo) en los que se incluyen cuatro partes básicas:

1. Una línea de cabecera donde se define el juego de caracteres reflejados en el mapa. Por ejemplo, iso-8859-1 para alfabeto occidental, iso-8859-2 para alfabeto centroeuropeo o big5 para el alfabeto chino tradicional.
2. Una línea de por cada código de tecla en la que se define su codificación para el juego de caracteres correspondiente. Por ejemplo:
   ```
   o  keycode  30 = a   A
   ```
   Define que la tecla de código 30 proporciona el carácter a y el carácter A cuando se pulsa Shift.
3. Una línea por cada combinación de teclas posible. Por ejemplo:
   ```
   o  Control alt keycode  83 = Boot
   ```
   Define que la tecla de código CTRL+ALT+83(DEL) resultará en la ejecución de un comando Boot del sistema.
4. Una línea por cada posible combinación de caracteres o para generar strings de salida. Por ejemplo:
   ```
   o  compose  a ´to á
   o  string keycode 32 = "Hola usuario"
   ```

Cuando se arranca el Sistema operativo, el manejador del teclado carga el mapa del teclado "activo", que en LINUX se encuentra habitualmente en el directorio `/usr/share/kbd/keymaps/`. Dentro se pueden encontrar distitos mapas habitualmente para distintos idiomas (por ejemplo, `en.map` o `es.map` para inglés o español respectivamente).

Para obtener una lista de todos los mapas de teclados disponibles se puede usar el comando:
```
>jesus# localectl list-keymaps
```

Para ver el mapa instalado, se puede usar el comando localectl, como se muestra en el ejemplo siguiente:
```
>jesus# localectl
    System Locale: LANG=es_ES.UTF-8
```

En este caso se puede ver que el sistema tiene instalado un mapa de teclas para español (es) de España (ES) con codificación UTF-8 (la habitual en LINUX). La codificación es importante porque suele cambiar entre los distintos sistemas operativos y puede dar problemas a la hora de interpretar los caracteres porque los cambia, especialmente los que están en la zona del ASCII ampliado (acentos, compuestos, etc.).

Ahora ya podemos comprender cómo se puede adaptar el sistema operativo a distintos teclados sin cambiar gran cosa. El procedimiento es el siguiente:

1. Tecla pulsada. El controlador devuelve un código de letra.
2. El manejador recibe el código de tecla.
3. El manejador traduce el código usando el keymap activo.
4. El manejador introduce en el buffer el carácter (o string) asociado al código o activa el comando asociado.

¿Dónde se almacena el mapa de teclas en el sistema operativo? Habitualmente cuando se carga el driver del teclado se carga el mapa de teclas en un vector, donde cada código de tecla (o combinación) tiene su traducción asociada. De esa forma la traducción es rápida y fiable.

La configuración por defecto del mapa del teclado se indica en la variable KEYMAP (ejemplo KEYMAP=es). Si no está definida se elige la opción por defecto, que en caso de LINUX es el inglés (en). ¿Cómo se puede cambiar el mapa del teclado? Es muy sencillo. Se hace mediante el comando:

```
>jesus# loadkeys nombre_mapa_del_teclado
```

¿Cómo puedo ver los códigos de teclas del mapa en uso? Mediante el comando:

```
>jesus# dumpkeys -l
```

¿Y es posible personalizar el mapa de teclas? La respuesta es sí. Se puede modificar el mapa en uso o crear uno nuevo e instalarlo con loadkeys. De esta forma se puede particularizar el mapa para un teclado propio o cmabiar las definciones de las teclas para que hagan cosas distintas a las definidas en el mapa en uso. Para ello hay que editar el archivo del mapa del teclado y modificar las acciones asociadas a los códigos o crear acciones nuevas. Para ello basta con modificar las líneas con keycodes o las de acciones de control o strings. Por ejemplo:

```
keycode 30 = euro.    // asigna a la tecla 30 el símbolo del euro
keycode 1 = Control   // cambia la tecla ESC para que sea CTRL
```

Supongamos que ha editado un nuevo mapa del teclado en un archivo miteclado.map, y que lo tiene en su directorio HOME. Para usarlo hay tres opciones:

- Cargarlo solo para la sesión actual, con lo que se puede usar el comando siguiente:
  ```
  >jesus# loadkeys $HOME/miteclado.map
  ```
- Cargalo para que se active de forma permanente en sus sesiones. Para ello se debe cargar en la variable KEYTERM de su entorno la ruta completa del mapa y ponerlo en lo archivos de inicio de sesión del Shell correspondiente. Por ejemplo:
  ```
  >jesus# export KEYTERM="/usr/jesus/miteclado.map"
  ```
- Cargarlo de forma permanente para todo el sistema. En ese caso, en LINUX, se debe copiar el mapa del teclado al directorio /usr/share/kbd/keymaps/ y definir el valor de la variable KEYTERM en el archivo /etc/vconsole.conf.

Habitualmente los terminales inteligentes y los distintos entornos de desarrollo (como Eclipse o PyCharm) incluyen facilidades que parmiten modificar el mapa de teclas sin tener que modificarlo de forma manual. Este método es mucho más seguro, sin embargo, tiene el inconveniente de que solo vale para el terminal o entorno que se modifica, sin que se pueda generalizar a todo el sistema operativo. En este caso, hay que usar los métodos vistos en los párrafos anteriores.

8.10 Manejadores de Red

El dispositivo de red se ha convertido en un elemento fundamental de cualquier sistema informático. Con la tremenda explosión de Internet, hoy en día, un computador sin red se ha convertido en algo casi inútil. Por ello, el sistema operativo ha evolucionado para proporcionar un tratamiento más exhaustivo y sofisticado de este dispositivo, que se ha convertido en el tercer tipo de manejadores de dispositivo estándar en un sistema operativo.

Hay que resaltar que la gestión de la red, en muchos sistemas operativos, especialmente, en la familia UNIX, es bastante autónoma del resto de componentes del sistema operativo. En los sistemas UNIX, por ejemplo, no existen ficheros especiales que representen a los dispositivos de red. Los manejadores de estos dispositivos de red se activan automáticamente cuando en el arranque del sistema se detecta el hardware de red correspondiente, pero no proporcionan acceso directo a los programas de usuario. Como se aprecia en la Figura 8.18, aunque en el nivel superior se pueden usar llamadas al sistema basadas en descriptores de ficheros para operar con los *sockets*, sin embargo, una vez atravesada esa pequeña capa común, la gestión de los ficheros y de la red son dos ramas independientes dentro del sistema operativo. Aunque se puede decir que se usan llamadas read y write cuando se usan sockets, el objeto al que llaman no tiene nada que ver con un archivo. Además, cientos de sockets se pueden multiplexar en la misma interfaz física, permitiendo entrelazado de operaciones de distintas fuentes.

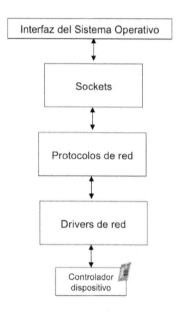

Figura 8.18 Niveles habituales del software de gestión de red.

Los dispositivos de red son peculiares en cuanto que incluyen al mismo tiempo características de dispositivos de bloque y de caracteres. Una vez que un dispositivo de red se conecta al sistema, al igual que un dispositivo de bloques lee (recibe) y escribe (transmite) bloques mediante una función *request*. Sin embargo, la salida al medio físico se hace a nivel de caracteres, por lo que el dispositivo debe convertir caracteres a bloques y viceversa en los controladores. Por otra parte, en la entrada/salida a red, debido a los requisitos de rendimiento, es muy habitual que la integración del NIC (Network Interface Card) sea muy alta, abstrayendo a veces hasta los protocolos de red. En este caso, el sistema operativo lo ve como un sistema de bloques, pero sin necesidad de hacer los alineamientos y demás que se hace en los discos, por ejemplo, dado que el medio no lo exige. Para evitar dependencia del dispositivo, el subsistema de red está diseñado para ser independiente del protocolo usado y se separa en dos niveles claros: nivel de protocolo y nivel de acceso al medio. De esta forma, la interacción entre el manejador de red y el núcleo del sistema operativo solo se ocupa de un paquete de red cada vez, lo que permite cambiar entre protocolos y dispositivos de forma que los aspectos de cada protocolo quedan ocultos al manejador y el medio físico queda oculto al protocolo. El controlador se encarga de empaquetar/desempaquetar los datos en bloques para su tránsito a la red. Habitualmente, de los siete niveles del Modelo de Referencia OSI, el software de E/S por red del sistema operativo solo llega hasta el nivel de transporte. Los niveles superiores se dejan a las aplicaciones o bibliotecas externas.

Cuando se instala un módulo de driver de red en el sistema se registra y pide recursos, ofreciendo su funcionalidad como ya hemos visto. Sin embargo, en la red no hay major y minor number, dado que los dispositivos de red se representan mediante una lista de estructuras de datos. El registro del manejador se hace mediante la función:

```
struct net_device *alloc_netdev(int sizeof_priv, const char *name,
        void (*setup)(struct net_device *));
```

Dado que el dispositivo más frecuente es de red Ethernet, existe una funcionalidad espacífica para asignar dispositivos de este tipo:

```
struct net_device *alloc_etherdev(int sizeof_priv);
```

Después de registrar el dispositivo, el manejador debe definir las operaciones del mismos en net_device_ops, una structura de datos que permite enlazar las funciones que proporciona el manejador, tales como:

- ndo_open(), se ejecuta cuando se activa el NIC.
- ndo_close(), se ejecut cuando se para la interfaz de red.
- ndo_start_xmit(), para empezar a transmitir un paquete.
- ndo_do_ioctl(), para implementar operaciones específicas de dispositivo.
- ndo_set_rx_mode(), para seleccionar distintos modos de transmisión/recepción.

8.10.1 Envío de información

En esta sección se analizan las etapas de procesamiento que se producen desde que una aplicación invoca un servicio para la transmisión de cierta información hasta que ésta abandona el computador donde reside la aplicación. En este análisis, se supondrá la configuración más habitual, es decir, un protocolo de transporte TCP sobre un protocolo de red IP. Como se comentó previamente, la información viajará desde el nivel superior al inferior, de manera que, según va pasando por los distintos niveles, se va añadiendo la información de control del protocolo correspondiente. Cada nivel va reservando el espacio requerido para añadir su información de protocolo (generalmente, una cabecera y, en ocasiones, una cola), siendo el nivel inferior el encargado de liberarlo cuando ya no se requiera.

El proceso de transmisión comienza cuando la aplicación invoca una función de escritura sobre un descriptor asociado a un *socket*. Como se verá en el capítulo de sistemas distribuidos, previamente, cuando se crea el *socket*, se especifica a qué familia de protocolos y a qué tipo de protocolo en concreto está asociado ese *socket* (como, por ejemplo, la familia de protocolos de Internet, PF_INET, usando, concretamente, el protocolo de transporte TCP, SOCK_STREAM). Como resultado de la creación, en la estructura de datos que describe el *socket* se incluye una referencia a las funciones de transporte del protocolo especificado. Por tanto, cuando, posteriormente, la aplicación solicite la transmisión de información, se invocará la función correspondiente del protocolo de transporte subyacente.

Si el protocolo de transporte asociado al *socket* es UDP, la funcionalidad requerida es relativamente sencilla. Sin embargo, si se trata de TCP, como ocurre en la mayoría de los casos, la implementación tiene un elevado nivel de complejidad, puesto que este protocolo debe asegurar una transmisión fiable, manteniendo los mensajes en orden, evitando los duplicados y gestionando una política de control de flujo que elimine los problemas de congestión. Es en este nivel donde se implementan todas las complejas técnicas requeridas por el protocolo TCP, que se estudian en la disciplina de redes de computadores. Sea cual sea el protocolo de transporte utilizado, una vez completado el procesamiento requerido por este nivel, se invoca la función correspondiente del nivel de red subyacente.

Entre otras funciones, el nivel de red debe encargarse del encaminamiento del mensaje. Esta operación determina por qué interfaz de red se enviará el mensaje, en caso de que haya varias, y a qué máquina se transmite, que será diferente del computador al que va realmente destinado en el caso de que éste no esté directamente accesible en la red donde está conectado el equipo remitente del mensaje. Para tomar esta decisión, el software del nivel de red consulta una tabla de encaminamiento mantenida por el mismo. El sistema operativo permite al administrador del sistema configurar esta tabla de acuerdo con las características del equipo y de la red a la que está conectado. Cuando el nivel de red concluye su labor habiendo decidido qué interfaz de red usar para transmitir la información, invoca la función correspondiente del nivel de interfaz de red.

El nivel de interfaz de red está implementado como un manejador de dispositivo (siendo estrictos, esta es la parte de la gestión de la red que estaría directamente relacionada con la temática de este capítulo; sin embargo, se ha optado por ofrecer una visión global de todos los elementos que conforman la gestión de la red), que usa los servicios de un módulo de apoyo común para implementar el protocolo del nivel de enlace requerido. Una función habitual de este nivel es determinar cuál es la dirección en el nivel de enlace de la máquina a la que se quiere enviar el mensaje, de la que se conoce sólo su dirección de red. Esta resolución se basa en protocolos tales como ARP (*Address Resolution Protocol*), que permiten obtener la dirección de enlace de una máquina a partir de su dirección de red. El sistema operativo suele mantener una estructura de datos con las correspondencias entre direcciones IP y de enlace que se han obtenido hasta el momento mediante ARP, que utiliza para evitar usar ARP nuevamente.

Un aspecto fundamental para conseguir una implementación eficiente de la transmisión es intentar reducir al máximo el número de veces que se copia la información del mensaje durante su recorrido por los distintos niveles de gestión de red presentes en la máquina emisora del mensaje. Se debe evitar, siempre que sea posible, la copia del mensaje o de parte del mismo. Para ello, el sistema operativo debería manejar el mensaje como una colección de fragmentos, en vez de como una zona contigua en memoria. De esta forma, si un determinado nivel necesita añadir una cabecera al mensaje y no hay espacio para incluirla de forma contigua, en vez de copiar el mensaje a una nueva zona de mayor tamaño, es más eficiente añadir un fragmento de memoria conteniendo la cabecera al principio de la lista de fragmentos no contiguos que conforman el mensaje. En cualquier caso, antes de comenzar la transmisión real, habrá que realizar una copia de los fragmentos a una zona de memoria contigua, de manera que el hardware de red pueda acceder a la misma para realizar la transmisión. Eso no ocurriría si se dispone de una tarjeta de red con un modo de operación *scatter-gather*, que permite el envío del mensaje, aunque éste no esté almacenado en una zona contigua. Con un dispositivo de estas características y el uso de listas de fragmentos mientras el mensaje desciende por los diversos niveles de gestión de red, una implementación puede acercarse al ideal de una transmisión con cero copias del mensaje.

8.10.2 Recepción de información

Para completar el análisis de cómo se lleva a cabo la comunicación entre dos procesos, esta sección se ocupa de revisar los aspectos vinculados con la recepción del mensaje: el conjunto de acciones que realiza el software de gestión de red desde que se recibe la interrupción que notifica la llegada del mensaje hasta que éste es entregado a la aplicación destinataria del mismo.

Como se comentó previamente, la información ascenderá por la pila de niveles de gestión, de forma que, según va pasando por cada uno, se va eliminando la información de control del protocolo correspondiente.

Dado que todo el procesamiento del mensaje entrante está vinculado a la interrupción, es evidente que no puede realizarse directamente en la rutina de interrupción, sino que habrá que incluirlo en una rutina diferida activada por una interrupción software, dejando en la rutina de interrupción lo estrictamente imprescindible.

En la máquina receptora también es importante minimizar el número de veces que se copia el mensaje o parte del mismo. Por ello, aunque pueda ser un poco más complejo, es conveniente que se use directamente el *buffer* donde el controlador hardware depositó el mensaje, asegurándose de que el controlador usa otro *buffer* para recibir el próximo mensaje.

La aparición de las redes de altas prestaciones supone un reto para el diseño del manejador del dispositivo de red, puesto que, en el momento que se recibe una ráfaga de mensajes, dada la velocidad de transmisión tan elevada, se produce una secuencia muy rápida de interrupciones, con la sobrecarga consiguiente.

Puede ser interesante para este tipo de redes usar un esquema que mezcle las interrupciones con la entrada/salida programada. Cuando se recibe la primera interrupción, se deshabilita temporalmente la recepción de interrupciones de ese tipo y, durante un periodo limitado, se hace entrada/salida programada para recibir los datos sucesivos.

En cuanto al procesamiento en el nivel de red, hay que tener en cuenta que la máquina puede estar actuando como una pasarela en la transmisión del mensaje. Si se comprueba este hecho en la tabla de encaminamiento, el mensaje no ascenderá hacia el nivel de transporte, sino que se retransmitirá al destino especificado en la tabla, volviendo a descender al nivel de interfaz de red.

Por último, con respecto al nivel de transporte, si se usa TCP, este protocolo resuelve los problemas de congestión mediante técnicas de control de flujo. Sin embargo, si se usa UDP, no existe ese control de flujo, por lo que un computador puede verse inundado por mensajes provenientes de otras máquinas, requiriendo un gasto de memoria muy elevado que puede afectar a otras partes del sistema operativo.

Para paliar este problema, ante una situación de este tipo, el software de gestión de la red descartará directamente algunos de los mensajes recibidos, lo que es admisible, puesto que el protocolo UDP no garantiza la fiabilidad de la transmisión.

8.11 El manejador del reloj

Un manejador fundamental de un sistema operativo es el manejador del reloj, cuya labor principal es el tratamiento de las interrupciones del reloj del sistema. Asimismo, también se encarga de realizar su iniciación y llevar a cabo las llamadas al sistema relacionadas con el mismo.

Habitualmente, la CPU tiene un reloj interno de alta velocidad (GHz) que se usa para extraer el tiempo. Sin embargo, es inviable atender todas esas interrupciones de reloj desde el sistema operativo debido a su alta velocidad y a que consumirían totalmente la capacidad de proceso de la CPU. Es por ello, que cada sistema operativo define un contador interno basado en *ticks* de reloj. Un ticks de reloj no es nada más que una unidad de medida que refleja un cierto número de ciclos de reloj de la CPU. Es decir, que se registra un ticks únicamente cuando han pasado esos ciclos de reloj. Por ejemplo, si se usa un tick cada milisegundo y la CPU es de 1 GHz, tendremos 1 millón de ciclos de reloj por cada. En general, cuántos milisegundos o microsegundos representa un tick depende de cada sistema operativo y se puede programar cuando se arranca el dispositivo como veremos a continuación, de forma que incluso puede variar entre instalaciones distintas de un sistema operativo (por ejemplo, Linux y LinuxRT tienen distinto valor de tick). Así en MS Windows se pueden tener hasta 10000 ticks por milisegundo y en Linux el número de ticks de reloj por segundo se puede obtener usando la llamada `sysconf( _SC_CLK_TCK);` .

Los ticks de reloj son muy importantes, porque son la máxima precisión que se puede obtener del reloj del computador desde el sistema operativo. Por tanto, su configuración es muy importante para saber la precisión de reloj que podemos tener a la hora de calcular fecha y hora, planificar, poner temporizadores, etc. Por ejemplo, hace años era muy típico poner ticks de reloj teniendo en cuanto los ciclos de la corriente alterna que alimentaba el computador, en lugar de registros de CPU. Teniendo en cuenta que en Europa la corriente alterna se transmite a 50HZ, habría un ticks de reloj cada 20 ms. Sin embargo, en Estados Unidos la frecuencia es de 60 HZ, por lo que habría un tick de reloj cada 18 ms., cambiando el comportamiento del sistema según su situación. Por ello, actualmente se usan registros internos de la CPU para propagar ticks. El tratamiento básico y muy simplificado de una interrupción del reloj consistiría en incrementar el contador de ticks:

```
CLK_TICK ++;
```

Una vez incrementado el contador de ticks, y con independencia de cuál sea el sistema operativo específico, se pueden identificar las siguientes operaciones como las funciones principales del manejador del reloj: mantenimiento de la fecha y de la hora, gestión de temporizadores, obtención de contabilidad y estadísticas, y soporte para la planificación de procesos. Todas ellas se hacen cada vez que vence un tick o que el contador de ticks alcanza un cierto valor.

Mantenimiento de la fecha y hora.

En el arranque del equipo, el sistema operativo debe leer el reloj mantenido por una batería para obtener la fecha y hora actual. A partir de ese momento, el sistema operativo se encargará de actualizar la hora según se vayan produciendo los ticks.

La principal cuestión referente a este tema es cómo se almacena internamente la información de la fecha y la hora. En la mayoría de los sistemas la fecha se representa como el número de unidades de tiempo transcurridas desde una determina fecha en el pasado. Sea cuál sea la información almacenada para mantener la fecha y la hora, es muy importante que se le dedique un espacio de almacenamiento suficiente para que se puedan representar fechas en un futuro a medio o incluso a largo plazo. Así actualmente las variables de hora representan lo siguientes valores: hora, minutos, segundos, milisegundos y/o microsegundos, aunque la forma de almacenarlas depende de cada sistema operativo. Por ejemplo, en Linux se define la siguiente estructura:

```
struct timeval {
    long tv_sec;          /* seconds */
    long tv_usec;         /* microseconds */
};
```

El tiempo absoluto desde arranque del sistema se mantiene mediante la estructura `time_t` en ticks.

Para representar segundos y microsegundos. Cada vez que vence un `CLOCK_TICK` se incrementa la variable `tv_usec` en el número de microsegundos correspondiente al tick. Si se sobrepasa 1000000, entonces se incrementa la variable `tv_sec`.

La fecha y hora de calendario se mantiene usando la estructura Struct tm que se muestra a continuación parcialmente.

```
struct tm{
int tm_sec; int tm_min; int tm_hour;
int tm_mday; int tm_mon; int tm_year; ….};
```

Para convertir a fecha y hora se puede usar la llamada:

```
Struct tm localtime(time_t *);// convertida a huso horario del sistema
```

Gestión de temporizadores.

En numerosas ocasiones un programa necesita esperar un cierto plazo de tiempo antes de realizar una determinada acción. El sistema operativo ofrece servicios que permiten a los programas establecer temporizaciones y se encarga de notificarles cuando se cumple el plazo especificado. Pero no sólo los programas de usuario necesitan este mecanismo, el propio sistema operativo también lo requiere. El módulo de comunicaciones del sistema operativo, por ejemplo, requiere establecer plazos de tiempo para poder detectar si un mensaje se pierde. Otro ejemplo es el manejador del disquete que, una vez arrancado el motor del mismo, requiere esperar un determinado tiempo para que la velocidad de rotación se estabilice antes de poder acceder al dispositivo.

El sistema operativo maneja generalmente de manera integrada tanto los temporizadores de los procesos de usuario como los internos. Para ello, mantiene una estructura de datos que contiene los temporizadores activos. Por cada temporizador, se almacena habitualmente el número de unidades de tiempo (para facilitar el trabajo, generalmente se almacena el número de interrupciones de reloj requeridas) que falta para que se cumpla el plazo y la función que se invocará cuando éste finalice. Así, en el ejemplo del disquete, se corresponderá con una función

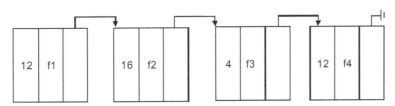

Figura 8.19 Gestión de temporizadores usando una lista.

del manejador de dicho dispositivo. En el caso de un plazo de espera de un programa de usuario, la función se corresponderá con una rutina del sistema operativo encargada de mandar la notificación al proceso (en UNIX, la señal).

Dado que en la mayoría de los equipos existe un único temporizador (o un número muy reducido de ellos), es necesario que el sistema operativo lo gestione de manera que sobre el mismo puedan crearse los múltiples temporizadores que puedan requerirse en el sistema en un determinado momento. Por ello, uno de los puntos críticos de la gestión de temporizadores es cómo organizar la estructura de datos que mantiene los temporizadores activos en el sistema, de manera que permita un manejo eficiente, tanto para insertar un nuevo temporizador como para detectar qué temporizadores se han cumplido cuando llega una interrupción de reloj. A continuación, se presentan distintas alternativas.

Lista de temporizadores. Lo más simple es mantenerlos en una lista, tal como se muestra en la Figura 8.19, donde aparece una lista con cuatro temporizadores. Cada nodo de la lista en el dibujo incluye el número de interrupciones de reloj que faltan para que se cumpla el temporizador, la función que se activará cuando se cumpla y un puntero al siguiente nodo. Cada vez que llega una interrupción de reloj, hay que recorrer toda la lista restando una unidad a cada nodo de esta. Aquéllos que lleguen a 0, serán eliminados de la lista, ejecutándose la función asociada al temporizador. Para añadir un nuevo temporizador, sólo es necesario construir su descriptor e incorporarlo a la lista. La principal desventaja de esta solución es la sobrecarga que conlleva tener que recorrer toda la lista cada que vez que llega una interrupción. Téngase en cuenta que en un sistema de una cierta entidad la lista puede llegar a tener un tamaño considerable.

Múltiples listas de temporizadores. El método más eficiente sería tener una lista por cada posible plazo de espera, formando un vector de listas. Con esta organización, cada vez que se produce una interrupción, se activarían todos los temporizadores de la lista que corresponde con un plazo de espera de una sola interrupción de reloj. La inserción también sería eficiente, ya que sólo requiere insertar el nuevo temporizador en cualquier posición de la lista que corresponda con el valor del plazo de espera del temporizador. El vector de listas se trataría de forma circular, de manera que, después de una interrupción, la lista de plazo de espera 2 pasaría a ser la de plazo 1, la de plazo 3 se transformaría en la de plazo 2, y así sucesivamente. La Figura 8.20 muestra cómo se organizarían el conjunto de temporizadores del ejemplo anterior utilizando esta estrategia. Tal como se ha planteado hasta el momento, este esquema es irrealizable en la práctica, ya que el rango de valores de los temporizadores puede ir desde una sola interrupción de reloj hasta las necesarias para completar una espera de varios días. Por tanto, no es factible usar una lista para cada uno de los valores posibles. Linux utiliza una solución basada en esta idea, pero adaptándola para paliar ese problema. En este sistema, no hay una lista para cada plazo de espera

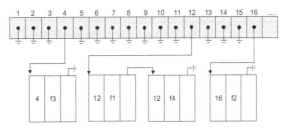

Figura 8.20 Gestión de temporizadores usando múltiples listas.

posible. Las 255 primeras listas sí corresponden con valores exactos, y se gestionan de manera similar a la planteada. Sin embargo, a partir de ese punto, cada lista contiene temporizadores cuyo plazo de espera está incluido en un determinado intervalo de valores, tal que el tamaño abarcado por dicho intervalo va creciendo exponencialmente según se trate de listas de mayor numeración. **Lista ordenada de temporizadores con plazos relativos**. La lista se mantendrá ordenada por el tiempo que le queda a cada temporizador hasta que venza. Además, para evitar tener que recorrer toda la lista por cada interrupción, el plazo de cada temporizador se guarda de forma relativa a los anteriores en la lista. Así, se almacenan cuántas unidades quedarán pendientes cuando se hayan cumplido todos los plazos correspondientes a elementos anteriores de la lista. Con este esquema se complica la inserción, puesto que es necesario buscar la posición correspondiente en la lista y reajustar el plazo del elemento situado a continuación de la posición de inserción. Sin embargo, se agiliza el tratamiento de la interrupción, ya que sólo hay que modificar el elemento de cabeza, en lugar de tener que actualizar todos los temporizadores. La figura 8.18 muestra el mismo conjunto de temporizadores presentes en la Figura 8.21, pero

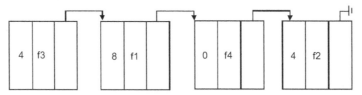

Figura 8.21 Gestión de temporizadores usando una lista ordenada con plazos relativos.

usando esta estrategia.

En último lugar, hay que resaltar que generalmente la gestión de temporizadores es una de las operaciones que no se ejecutan directamente dentro de la rutina de interrupción, sino, como se comentó previamente, en una rutina diferida, que ejecuta con todas las interrupciones habilitadas. Esto se debe a que esta operación puede conllevar un tiempo considerable por la posible ejecución de las rutinas asociadas a todos aquellos temporizadores que se han cumplido en la interrupción de reloj en curso.

En ocasiones, dentro del código del sistema operativo se requieren plazos de espera muy pequeños, muy por debajo de la resolución del temporizador. Esta necesidad puede surgir, por ejemplo, al programar una operación en un dispositivo de E/S. Suponga que esa programación implica escribir en dos de sus registros de control, y que la especificación del dispositivo establece que debe pasar un cierto número de nanosegundos entre ambas escrituras. Dada la brevedad de estos plazos de espera, la solución más frecuente es que el sistema operativo haga una mínima espera activa entre ambas operaciones. El sistema operativo ofrece internamente una función de espera de este tipo, que suele estar basada en la ejecución de un bucle de código, cuyo tiempo de ejecución está perfectamente calibrado (normalmente, esta calibración se realiza durante el proceso de arranque del sistema operativo).

Contabilidad y estadísticas

Puesto que la rutina de interrupción se ejecuta periódicamente, desde ella se puede realizar un muestreo de diversos aspectos del estado del sistema llevando a cabo de funciones de contabilidad y estadística. Es necesario resaltar que, dado que se trata de un muestreo del comportamiento de una determinada variable y no de un seguimiento exhaustivo de la misma, los resultados no son exactos, aunque si la frecuencia de interrupción es suficientemente alta, pueden considerarse aceptables. Dos de las funciones de este tipo presentes en la mayoría de los sistemas operativos son las siguientes:

- Contabilidad del uso del procesador por parte de cada proceso.

- Obtención de perfiles de ejecución.

Por lo que se refiere a la primera función, en cada interrupción se detecta qué proceso está ejecutando y a éste se le carga el uso del procesador en ese intervalo. Generalmente, el sistema operativo distingue a la hora de realizar esta contabilidad si el proceso estaba ejecutando en modo usuario o en modo sistema.

Con respecto a los perfiles, se trata de obtener información sobre la ejecución de un programa que permita determinar cuánto tiempo tarda en ejecutarse cada parte del mismo. Esta información permite que el programador detecte los posibles cuellos de botella del programa para poder así optimizar su ejecución. Cuando un proceso tiene activada esta opción, el sistema operativo toma una muestra del valor del contador de programa del proceso cada vez que una interrupción encuentra que ese proceso estaba ejecutando. La acumulación de esta información durante toda la ejecución del proceso permite que el sistema operativo obtenga una especie de histograma de las direcciones de las instrucciones que ejecuta el programa.

En muchos sistemas operativos también se puede activar la opción que permite obtener perfiles de la ejecución del propio sistema operativo, para poder optimizarlo o depurarlo. Habitualmente, hay que especificar alguna opción especial en el mandato de carga del sistema operativo. Los resultados que se van obteniendo quedan disponibles para su consulta, ya sea a través de una llamada al sistema o usando algún medio mediante el cual el sistema operativo pueda exportar información a los procesos (como, por ejemplo, el directorio /proc de UNIX).

Soporte a la planificación de procesos

La mayoría de los algoritmos de planificación de procesos tienen en cuenta de una forma u otra el tiempo y, por lo tanto, implican la ejecución de ciertas acciones de planificación dentro de la rutina de interrupción. En el caso de un algoritmo *round-robin*, en cada interrupción de reloj se le descuenta el tiempo correspondiente a la rodaja asignada al proceso. Cuando se produce la interrupción de reloj que consume la rodaja, se realiza la replanificación. A continuación se muestra un esquema muy simplificado de arranque de planificación por vencimiento de rodaja.

```
//For each tick
if SCHED_RR {
  PROC_EXEC_ROUND ++;
    if (PROC_EXEC_ROUND % RR_QUANTUM) {
      PROC_EXEC_ROUND = 0;
      sched ();
    }
}
```

8.11.1 Common Clock Framework

Todos los chips de procesamiento tienen al menos un reloj, aunque es habitual que tengan más de uno. En cualquier caso, en Linux existe un hardware genérico para los relojes que se denomina *Common Clock Framework (CCF)*. Este sistema ofrece un API sencillo para manejar cualquier reloj del sistema:

```
clk_get, clk_enable, clk_get_rate, clk_set_rate, clk_put,...
```

Los manejadores usan esta API para gestionar los relojes del sistema y acceder a sus datos. Este mecanismo es importante, dado que cada clase de máquinas tiene su propia implementación de relojes, que haría muy difícil acceder a ellos de forma sencilla, dificultando mucho el transporte del sistema operativo.

En realidad, el CCF es un manejador incrustado en los chips que tiene dos mitades: la superior, que incluye el núcleo del CCF y es independiente del dispositivo y la inferior, que permite manejar cada reloj hardware y debe ser escrita de forma específica para cada uno. Los manejadores del núcleo interaccionan solo con la API de la parte superior.

8.12 Servicios de E/S

Dado que, como se comentó anteriormente, los sistemas operativos no tratan al reloj de la misma manera que al resto de los dispositivos, se expondrán en primer lugar los servicios relacionados con el mismo. A continuación, se presentarán los servicios correspondientes a los dispositivos de entrada/salida convencionales, que como se verá en esta sección, están muy ligados con los servicios del sistema de ficheros, que se estudiarán en el capítulo 9.

Servicios relacionados con el reloj

Se pueden clasificar en las siguientes categorías:

- **Servicios de hora y fecha**. Debe existir un servicio para obtener la fecha y la hora, así como para modificarla. Dada la importancia de este parámetro en la seguridad del sistema, el servicio de modificación sólo lo podrán usar procesos privilegiados.

- **Temporizadores**. El sistema operativo suele ofrecer servicios que permiten establecer plazos de espera síncronos, o sea, que bloqueen al proceso el tiempo especificado, y asíncronos, esto es, que no bloqueen al proceso, pero le manden algún tipo de evento cuando se cumpla el plazo.

- **Servicios para obtener la contabilidad y las estadísticas recogidas por el sistema operativo**. Por ejemplo, en casi todos los sistemas operativos existe algún servicio para obtener información sobre el tiempo de procesador que ha consumido un proceso.

Servicios de entrada/salida

La mayoría de los sistemas operativos modernos proporcionan los mismos servicios para trabajar con dispositivos de entrada/salida que los que usan con los ficheros. Esta equivalencia es muy beneficiosa, ya que proporciona a los programas independencia del medio con el que trabajan. Así, para acceder a un dispositivo se usan los servicios habituales para abrir, leer, escribir y cerrar ficheros.

Sin embargo, en ocasiones es necesario poder realizar desde un programa alguna operación dependiente del dispositivo. Por ejemplo, suponga un programa que desea solicitar al usuario una contraseña a través del terminal. Este programa necesita poder desactivar el eco en la pantalla para que no pueda verse la contraseña mientras se teclea. Se requiere, por tanto, algún mecanismo para poder realizar este tipo de operaciones que dependen de cada tipo de dispositivo. Existen al menos dos posibilidades no excluyentes:

- Permitir que este tipo de opciones se puedan especificar como indicadores en el propio servicio para abrir el dispositivo.

- Proporcionar un servicio que permita invocar estas opciones dependientes del dispositivo.

8.12.1 Servicios de entrada/salida en UNIX

Debido al tratamiento diferenciado que se da al reloj, se presentan separadamente los servicios relacionados con el mismo de los correspondientes a los dispositivos de entrada/salida convencionales.

En cuanto a los servicios del reloj, se van a especificar de acuerdo a las tres categorías antes planteadas: fecha y hora, temporizadores y contabilidad. Con respecto a los servicios destinados a dispositivos convencionales, se presentarán de forma genérica, haciendo especial hincapié en los relacionados con el terminal.

Servicios de fecha y hora

```
time_t time (time_t *t);
```

La llamada time obtiene la fecha y hora. Esta función devuelve el número de segundos transcurridos desde el 1 de enero de 1970 en UTC. Si el argumento no es nulo, también lo almacena en el espacio apuntado por el mismo.

Algunos sistemas UNIX proporcionan también el servicio gettimeofday que proporciona una precisión de microsegundos.

La biblioteca estándar de C contiene funciones que transforman el valor devuelto por time a un formato más manejable (año, mes, día, horas, minutos y segundos), tanto en UTC, la función gmtime, como en horario local, la función localtime.

```
int stime (time_t *t);
```

Esta función fija la hora del sistema de acuerdo al parámetro recibido, que se interpreta como el número de segundos desde el 1 de enero de 1970 en UTC. Se trata de un servicio sólo disponible para el super-usuario. En algunos sistemas UNIX existe la función settimeofday, que permite realizar la misma función, pero con una precisión de microsegundos.

Todas estas funciones requieren el fichero de cabecera time.h. Como ejemplo del uso de estas funciones, se presenta el programa 8.11, que imprime la fecha y la hora en horario local.

Programa 8.11 Programa que imprime la fecha y hora actual.

```c
#include <stdio.h>
#include <time.h>

int main(int argc, char *argv[]) {
    time_t tiempo;
    struct tm *fecha;

    tiempo = time(NULL);

    fecha = localtime(&tiempo);

    /* hay que ajustar el año ya que lo devuelve respecto a 1900 */
    printf ("%02d/%02d/%04d %02d:%02d:%02d\n",
        fecha->tm_mday, fecha->tm_mon,
        fecha->tm_year+1900, fecha->tm_hour,
        fecha->tm_min, fecha->tm_sec);

    return 0;
}
```

Servicios de temporización

```
unsigned int alarm (unsigned int segundos);
```

El servicio alarm permite establecer un temporizador en UNIX. El plazo debe especificarse en segundos. Cuando se cumple dicho plazo, se le envía al proceso la señal SIGALRM. Sólo se permite un temporizador activo por cada proceso. Debido a ello, cuando se establece un temporizador, se desactiva automáticamente el anterior. El argumento especifica la duración del plazo en segundos. La función devuelve el número de segundos que le quedaban pendientes a la alarma anterior, si había alguna pendiente. Una alarma con un valor de cero desactiva un temporizador activo.

En UNIX existe otro tipo de temporizador que permite establecer plazos con una mayor resolución y con modos de operación más avanzados. Este tipo de temporizador se activa con la función setitimer.

Servicios de contabilidad

UNIX define diversas funciones que se pueden englobar en esta categoría. Este apartado va a presentar una de las más usadas.

```
clock_t times (struct tms *info);
```

El servicio `times` devuelve información sobre el tiempo de ejecución de un proceso y de sus procesos hijos. Esta función rellena la zona apuntada por el puntero recibido como argumento con información sobre el uso del procesador, en modo usuario y en modo sistema, tanto del propio proceso como de sus procesos hijos. Además, devuelve un valor relacionado con el tiempo real en el sistema (habitualmente, el número de interrupciones de reloj que se han producido desde el arranque del sistema). Este valor no se usa de manera absoluta. Normalmente, se compara el valor devuelto por dos llamadas a `times` realizadas en distintos instantes para determinar el tiempo real transcurrido entre esos dos momentos.

El programa 8.12 muestra el uso de esta llamada para determinar cuánto tarda en ejecutarse un programa que se recibe como argumento. La salida del programa muestra el tiempo real, el tiempo de procesador en modo usuario y el tiempo de procesador en modo sistema consumido por el programa especificado.

Programa 8.12 Programa que muestra el tiempo real, el tiempo en modo usuario y en modo sistema que se consume durante la ejecución de un programa.

```c
#include <stdio.h>
#include <unistd.h>
#include <time.h>
#include <sys/times.h>

int main(int argc, char *argv[]) {
    struct tms InfoInicio, InfoFin;
    clock_t t_inicio, t_fin;
    long tickporseg;

    if (argc<2) {
        fprintf(stderr, "Uso: %s programa [args]\n", argv[0]);
        return 1;
    }
    /* obtiene el número de int. de reloj por segundo */
    tickporseg = sysconf(_SC_CLK_TCK);

    t_inicio = times(&InfoInicio);

    if (fork()==0) {
        execvp(argv[1], &argv[1]);
        perror("error ejecutando el programa");
        return 1;
    }
    wait(NULL);
    t_fin = times(&InfoFin);
    printf("Tiempo real: %8.2f\n",
        (float)(t_fin - t_inicio)/tickporseg);

    printf("Tiempo de usuario: %8.2f\n",
        (float)(InfoFin.tms_cutime -
```

```
        InfoInicio.tms_cutime)/tickporseg);

    printf("Tiempo de sistema: %8.2f\n",
        (float)(InfoFin.tms_cstime -
        InfoInicio.tms_cstime)/tickporseg);


    return 0;
}
```

Servicios de entrada/salida sobre dispositivos

Como ocurre en la mayoría de los sistemas operativos, se utilizan los mismos servicios que para acceder a los ficheros. En el caso de UNIX, por tanto, se trata de los servicios open, read, write y close. Estas funciones se estudian detalladamente en el capítulo dedicado a los ficheros.

int **ioctl** (int descriptor, int petición, ...);

La llamada ioctl permite configurar las opciones específicas de cada dispositivo o realizar operaciones que no se pueden expresar usando un read o un write (como, por ejemplo, rebobinar una cinta). El primer argumento corresponde con un descriptor de fichero asociado al dispositivo correspondiente. El segundo argumento identifica la clase de operación que se pretende realizar sobre el dispositivo, que dependerá del tipo de mismo. Los argumentos restantes, normalmente sólo uno, especifican los parámetros de la operación que se pretende realizar. Aunque esta función se incluya en prácticamente todas las versiones de UNIX, el estándar no la define.

Como ejemplo de uso de ioctl se muestra el Programa 8.13, que lee una contraseña del terminal desactivando el eco en el mismo para evitar problemas de seguridad.

Programa 8.13 Programa que lee del terminal desactivando el eco.

```
#include <stdio.h>
#include <fcntl.h>
#include <termios.h>
#include <sys/ioctl.h>

// Comprobar si hay datos listos en un puerto del temrinal serie /dev/ttys0.
// Para ello, se leen los bits de estado y se mira si el bit DTR está activo.
// TIOCM_DTR      DTR (data terminal ready)
// TIOCMGET       Operacion para obtneer los bits de estado.

int main(void)
{
    int fd, serial;

    fd = open("/dev/ttys0", O_RDONLY);
    ioctl(fd, TIOCMGET, &serial);
    if (serial & TIOCM_DTR)
        printf("TIOCM_DTR esta activo \n");
    else
        printf("TIOCM_DTR no esta activo \n");
    close(fd);
}
```

El uso más frecuente de ioctl es para establecer parámetros de funcionamiento de un terminal. Por ejemplo, el Programa 8.14 muestra como poner el teclado en modo RAW e inhibir el echo del terminal.

Programa 8.14 Programa que desactivo el eco del teclado y lo pone en modo RAW.

```
#include <stdio.h>
#include <termios.h>
#include <sys/ioctl.h>

int main(void)
{
    struct sgttyb ttybuf;
    char *malloc();

/* Leer las características del terminal  del teclado*/
    ioctl(STDIN,TIOCGETP,&ttybuf);
/* Operaciones de bit opara inhibir eco y poner modo RAW */
    ttybuf.sg_flags &= ~ECHO;
    ttybuf.sg_flags |= RAW;
/* Escribir las nuevas características al terminal  del teclado*/
    ioctl(STDIN,TIOCSETP,&ttybuf);
}
```

Si no se desea usar ioctl, el estándar define un conjunto de funciones específicas para este tipo de dispositivo. Las dos más frecuentemente usadas son tcgetattr y tcsetattr, destinadas a obtener los atributos de un terminal y a modificarlos, respectivamente. Sus prototipos son los siguientes:

```
int tcgetattr (int descriptor, struct termios *atrib);
int tcsetattr (int descriptor, int opción, struct termios *atrib);
```

La función tcgetattr obtiene los atributos del terminal asociado al descriptor especificado. La función tcgetattr modifica los atributos del terminal que corresponde al descriptor pasado como parámetro. Su segundo argumento establece cuándo se producirá el cambio: inmediatamente o después de que la salida pendiente se haya transmitido.

La estructura termios contiene los atributos del terminal, que incluye aspectos tales como el tipo de procesado que se realiza sobre la entrada y sobre la salida, los parámetros de transmisión, en el caso de un terminal serie, o la definición de qué caracteres tienen un significado especial. Dada la gran cantidad de atributos existentes (más de 50), en esta exposición no se entrará en detalles sobre cada uno de ellos, mostrándose simplemente un ejemplo de cómo se usan estas funciones. Como ejemplo, se presenta el programa 8.15, que lee una contraseña del terminal desactivando el eco en el mismo para evitar problemas de seguridad.

Programa 8.15 Programa que lee del terminal desactivando el eco.

```
#include <stdio.h>
#include <termios.h>
#include <unistd.h>

#define TAM_MAX 32
int main(int argc, char *argv[]) {
    struct termios term_atrib;
```

```c
    char linea[TAM_MAX];

    /* Obtiene los atributos del terminal */
    if (tcgetattr(0, &term_atrib)<0)
    {
        perror("Error obteniendo atributos del terminal");
        return 1;
    }
    /* Desactiva el eco. Con TCSANOW el cambio sucede inmediatamente */
    term_atrib.c_lflag &= ~ECHO;
    tcsetattr(0, TCSANOW, &term_atrib);
    printf ("Introduzca la contraseña: );

    /* Lee la línea y a continuación la muestra en pantalla */
    if (fgets(linea, TAM_MAX, stdin))
    {
        linea[strlen(linea)-1]='\0'; /* Eliminando fin de línea */
        printf("\nHas escrito %s\n", linea);
    }

    /* Reactiva el eco */
    term_atrib.c_lflag |= ECHO;
    tcsetattr(0, TCSANOW, &term_atrib);
    return 0;
}
```

8.13 Lecturas recomendadas

Como se ha comentado a lo largo del capítulo, la mayoría de los libros generales de sistemas operativos (como [Silberschatz 2018] y Stallings [Stallings 2018]), realizan un tratamiento relativamente superficial del tema de E/S, centrándose, básicamente, en la gestión del almacenamiento, con la notable excepción de [Tanenbaum 2006] y, sobre todo, [Tanenbaum 2009], donde se incluye y analiza el código real de los manejadores del sistema operativo MINIX.

Para ampliar conocimientos sobre el tema de los manejadores de dispositivos, se recomienda el estudio de cómo se implementan en distintos sistemas operativos. Para Linux, se pueden consultar [Corbet 2005] y [Bovet 2005]. En el caso de UNIX, se recomiendan [McKusick 1996], [McKusick 2004], [Bach 1999] y [Vahalia 2006]. Por lo que se refiere a Windows, se pueden consultar [Baker 2000] y [Solomon 2005].

En cuanto a los servicios de entrada/salida, en [Stevens 1992] se presentan los servicios de UNIX y en [Hart 2004] los de Windows.

8.14 Ejercicios

1. *Calcule las diferencias en tiempos de acceso entre los distintos niveles de la jerarquía de E/S. Razone la respuesta.*

2. *¿Qué es el controlador de un dispositivo? ¿Cuáles son sus funciones?*

3. *¿Es siempre mejor usar sistemas de E/S por interrupciones que programados? ¿Por qué?*

4. *¿Qué ocurre cuando llega una interrupción de E/S? ¿Se ejecuta siempre el manejador del dispositivo? Razone la respuesta.*

5. *Indique dos ejemplos en los que sea mejor usar E/S no bloqueante que bloqueante.*

6. *¿Qué problemas plantea a los usuarios la E/S bloqueante? ¿Y la no bloqueante?*

7. *¿Se le ocurre alguna estructura para el sistema de E/S distinta de la propuesta en este capítulo? Razone la respuesta.*

8. *¿Es mejor tener un sistema de E/S estructurado por capas o monolítico? Explique las ventajas y desventajas de ambas soluciones.*

9. *¿En qué componentes del sistema de E/S se llevan a cabo las siguientes tareas?*
   a) Traducción de bloques lógicos a bloques del dispositivo.
   b) Escritura de mandatos al controlador del dispositivo.
   c) Traducir los mandatos de E/S a mandatos del dispositivo.
   d) Mantener una caché de bloques de E/S.

10. *¿En qué consiste el DMA? ¿Para qué sirve?*

11. *En algunos sistemas, como por ejemplo Linux, se almacena en una variable el número de interrupciones de reloj que se han producido desde el arranque del equipo, devolviéndolo en la llamada* times. *Si la frecuencia de reloj es de 100 Hz y se usa una variable de 32 bits, ¿cuánto tiempo tardará en desbordarse ese contador? ¿Qué consecuencias puede tener ese desbordamiento?*

12. *¿Qué distintas cosas puede significar que una función obtenga un valor elevado en un perfil de ejecución de un programa?*

13. *Algunos sistemas permiten realizar perfiles de ejecución del propio sistema operativo. ¿De qué partes del código del sistema operativo no se podrán obtener perfiles?*

14. *Escriba el seudocódigo de una rutina de interrupción de reloj.*

15. *Suponga un sistema que no realiza la gestión de temporizadores directamente desde la rutina de interrupción, sino desde una rutina diferida. ¿En qué situaciones el contador de un temporizador puede tomar un valor negativo?*

16. *Analice para cada uno de estos programas si en su consumo de procesador predomina el tiempo gastado en modo usuario o en modo sistema.*

   a. *Un compilador.*

   b. *Un programa que copia un fichero.*

   c. *Un intérprete de mandatos.*

   d. *Un programa que comprime un fichero.*

   e. *Un programa que resuelve una compleja fórmula matemática.*

17. *Enumere algunos ejemplos de situaciones problemáticas que podrían ocurrir si un usuario cambia la hora del sistema retrasándola. ¿Podría haber problemas si el cambio consiste en adelantarla?*

18. *Escriba el seudocódigo de las funciones de lectura, escritura y manejo de interrupciones para un terminal serie.*

9. SISTEMAS DE ALMACENAMIENTO

La gestión de los sistemas de almacenamiento es una de las funciones principales del sistema operativo, dada su variedad y la necesidad de ocultar la complejidad y heterogeneidad de los diversos dispositivos de almacenamiento, ofreciendo un modo de acceso al mismo uniforme y de alto nivel. En la actualidad, el sistema de almacenamiento ha cobrado más importancia si cabe debido a la explosión de datos producida en los últimos daños, a la gran variedad tecnológica en este tipo de dispositivos y al gran incremento de capacidad de estos. Sorprendentemente, la mayoría de los libros generales de sistemas operativos realizan un tratamiento bastante superficial de este tema, centrándose, básicamente. en la gestión de los discos, dada su importancia como sustrato del sistema de ficheros. En este capítulo se presentan los conceptos básicos de los dispositivos de almacenamiento, se describe brevemente el hardware de estos y su visión lógica desde el punto de vista del sistema operativo. Además, se muestra cómo se organizan los dispositivos de almacenamiento en el sistema operativo y los servicios que proporciona éste. En cuanto a su organización, el capítulo se estructura en los siguientes grandes apartados:

- Introducción.
- Discos y particiones
- Planificación de disco
- Volúmenes lógicos
- Gestión de bloques de dispositivo
- Almacenamiento fiable
- Almacenamiento terciario y de gran capacidad

9.1 Introducción

El sistema de almacenamiento secundario se usa para guardar los programas y datos en dispositivos rápidos, de forma que sean fácilmente accesibles a las aplicaciones a través del sistema de ficheros. Esa es la razón por la que en la jerarquía de E/S (véase la Figura 9.1) los dispositivos de almacenamiento secundario se colocan justo debajo de la memoria RAM.

La Figura 9.1 muestra el sistema de E/S en el sistema operativo Linux y la parte del mismo correspondiente a la gestión del sistema de almacenamiento secundario. Como se puede ver, hay tres elementos principales involucrados en este sistema.

- **Discos**. El almacenamiento secundario se lleva a cabo casi exclusivamente sobre discos, por lo que es interesante conocer su estructura y cómo se gestionan.
- **Manejadores de disco**. Controlan todas las operaciones que se hacen sobre los discos, entre las que son especialmente importantes las cuestiones de planificación de peticiones a disco.
- **Gestor de bloques**. Reciben las peticiones de bloques de alto nivel, las filtran a través de la caché de bloques y la redirigen al manejador del dispositivo adecuado.

En esta sección se tratan los principales aspectos relativos a estos dos componentes, así como algunos otros relativos a tolerancia a fallos y fiabilidad. Los componentes que conforman los niveles superiores del sistema de E/S (sistemas de ficheros y cachés) se estudian en el capítulo siguiente

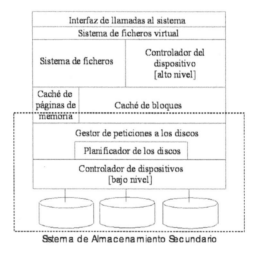

Figura 9.1 Estructura del sistema de E/S del sistema operativo Linux.

9.2 Discos

Los discos son los dispositivos básicos para llevar a cabo almacenamiento masivo y no volátil de datos. Además, se usan como plataforma para el sistema de intercambio que usa el gestor de memoria virtual. Son dispositivos electromecánicos (Disco duro) u optomecánicos (CD-ROM y DVD), a los que se accede a nivel de bloque lógico por el sistema de ficheros y que, actualmente, se agrupan en dos tipos básicos, atendiendo a la interfaz de su controlador:

- **Dispositivos SCSI** (*Small Computer System Interface*), cuyos controladores ofrecen una interfaz común independientemente de que se trate de un disco, una cinta, un CD-ROM, etc. Un controlador SCSI puede manejar hasta 8 discos y puede tener una memoria interna de varios Mbytes.
- **Dispositivos IDE** (*Integrated Drive Electronics*), que suelen usarse para conectar los discos en todos los computadores personales. Actualmente estos controladores se han

extendido al sistema EIDE, una mejora de IDE que tiene mayor velocidad de transferencia. Puede manejar hasta 4 discos IDE. Es barato y muy efectivo.

Y a tres tipos básicos atendiendo a su tecnología de fabricación:

- **Discos duros (*Winchester*)**. Dispositivos de gran capacidad compuestos por varias superficies magnetizadas y cuyas cabezas lectoras funcionan por efecto electromagnético. Actualmente su capacidad está cercana al TB, pero se anuncian discos de varios TB.
- **Discos ópticos**. Dispositivos de gran capacidad compuestos por una sola superficie y cuyas cabezas lectoras funcionan por láser. Actualmente su capacidad máxima está en los 6 GB. Inicialmente la superficie se agujereaba físicamente y no se podían regrabar. Sin embargo, actualmente existen discos con superficie magnética regrabable.
- **Discos extraíbles**. Dispositivos de menor capacidad similares a un disco duro, pero cuyas cabezas lectoras se comportan de forma distinta. En este tipo se engloban los dispositivos UDB .

Independientemente del tipo al que pertenezcan, la estructura física y lógica de todos los discos son muy similares, como se muestra a continuación.

9.2.1 Estructura física de los discos

Aunque ya se vio en parte en el capítulo 1, vamos a profundizar en la estructura física de los discos. En la Figura 9.2 se muestra la estructura física de un disco duro y los parámetros de un disco comercial, un modelo de la familia Barracuda ATA II de Seagate, tomado como ejemplo. Como se puede ver, un disco duro es un dispositivo de gran capacidad compuesto por varias superficies magnetizadas y cuyas cabezas lectoras funcionan por efecto electromagnético. Las cabezas se mueven mediante un motor de precisión para poder viajar por las superficies que componen el disco.

En el ámbito organizativo, las superficies del disco están divididas en cilindros, con una pista para cada cabeza y un cierto número de sectores por pista. En el caso del ejemplo, 1023, 256 y 83 respectivamente. Los cilindros se llaman así por ser la figura geométrica que forman las cabezas al moverse en paralelo y simultáneamente sobre los discos. El tamaño del sector es 512 bytes, por lo que multiplicando los números anteriores, se debe poder obtener la capacidad del disco:

```
Capacidad = cilindros * listas * sectores * tamaño sector
```

Particularizando esta ecuación para el caso del ejemplo:

```
Capacidad = 1023 * 256 * 83 * 512 =  10,3 Gbytes
```

Los parámetros de la estructura física del disco son muy importantes para el manejador del mismo, ya que las operaciones de E/S se calculan y optimizan mediante dos parámetros fundamentales: **tiempo de búsqueda** (lo que se tarda a ir de una pista a otra) y **tiempo de latencia** (el tiempo medio que se tarda en llegar los datos debajo de las cabezas, una vez posicionadas en la pista).

De forma aproximada, se puede calcular el tiempo de acceso con un desplazamiento de n cilindros como:

```
T_acceso = n * T_búsqueda + T_latencia + T_transferencia
```

Donde el tiempo de transferencia para un sector depende de la velocidad rotacional del disco, que en este caso es 7200 RPM, y del tamaño del sector, en este caso 512 bytes.

Los parámetros de configuración física de un disco dependen de dos cosas:

1. El diseño del fabricante, que define su velocidad de rotación, ancho de banda del bus, etc.
2. La operación de formato físico, que define el tamaño del sector y la posición de los sectores en las pistas. Los discos duros suelen venir con formato físico de fábrica. En los dispositivos USB se lleva a cabo el formato físico al mismo tiempo que el lógico. De cualquier forma, todos los sistemas operativos incluyen utilidades del administrador para dar formato físico a un dispositivo, como el mandato `fdformat` de Linux.

Seagate Barracuda 7200.11 Drive

Capacidad	1 TB
Cilindros	16383
Cabezas	16
Sectores	63
Velocidad	7200 RPM
T. Búsqueda	< 8.5 mseg
Latencia	4.16 mseg
Cache	32 MB
Interfaz	120 MB/s

Figura 9.2 Estructura física de un disco y parámetros arquitectónicos.

Las ecuaciones anteriores se ven influidas por varios factores:

- **Densidad de cada pista**. En los discos modernos las pistas tienen distinta densidad, por lo que el número de sectores varía de unas pistas a otras. Si se mantiene el número de bytes constante por pista, las pistas más pequeñas tienen mayor densidad, lo que afecta mucho al controlador. Este problema se resuelve en el ámbito del controlador. Los controladores SCSI e IDE son de este tipo.
- **Intercalado de sectores**. El controlador debe emplear tiempo en copiar los datos leídos a memoria principal. Durante este tiempo no puede estar transfiriendo datos del disco, que se sigue moviendo a velocidad constante, lo que significa que si quiere leer el sector siguiente deberá esperar a que las cabezas lectoras den una vuelta y lleguen de nuevo a ese bloque. Una solución a este problema es intercalar sectores del disco de forma que no sean consecutivos. Por ejemplo, en un disco se pueden colocar los bloques con un factor de entrelazado de 2, de forma que el orden en una pista de 8 sectores sería: 0, 3, 6, 1, 4, 7, 2, 5. Así, una vez transmitidos los datos del controlador, las cabezas están colocadas sobre el siguiente bloque a leer. El factor de entrelazado se puede definir cuando se hace el formato físico del disco.
- **Almacenamiento intermedio en el controlador**. La existencia de memoria en el controlador permite optimizar mucho las operaciones de E/S, ya que en lugar de leer sectores sueltos de una pista se puede optar por leer la pista entera y mantenerla en memoria del controlador. Si las peticiones de E/S son para ficheros contiguos en disco, el rendimiento se puede incrementar considerablemente.
- **Controladores inteligentes**. Cuando controlan varios dispositivos, permiten efectuar operaciones de búsqueda de forma solapada, como si funcionaran guiados por interrupciones. De esta forma pueden solapar varios tiempos de búsqueda mejorando mucho el rendimiento global del sistema. Obviamente, esta optimización no es posible mientras se efectúa transferencia de datos ya que el bus del controlador está ocupado.

Todos los detalles expuestos en esta sección, concernientes a la estructura física de los discos, no son visibles desde el exterior debido a que el controlador se encarga de ofrecer una visión lógica del dispositivo como un conjunto de bloques, según se describe en la sección siguiente.

Además, nunca se debe dar formato físico a un disco duro a no ser que se esté muy seguro de lo que hace y se conozca muy bien el dispositivo. Para efectuar esta operación se piden parámetros muy detallados de la estructura física del disco, que a veces no es fácil conocer.

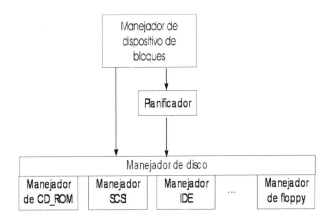

Figura 9.3 Estructura de un manejador de disco.

9.2.2   El manejador de disco

El manejador de disco se puede ver como una caja negra que recibe peticiones de los sistemas de ficheros y del gestor de bloques y las traslada a un formato que entiende el controlador del dispositivo. Sin embargo, el diseñador de sistemas operativos debe entrar en los detalles del interior de un controlador y determinar sus funciones principales, entre las que se incluyen:

1. Proceso de la petición de E/S de bloques.
2. Traducción del formato lógico a mandatos del controlador.
3. Insertar la petición en la cola del dispositivo, llevando a cabo la política de planificación de disco pertinente (FIFO, SJF, SCAN, CSCAN, EDF, etc.).
4. Enviar los mandatos al controlador, programando la DMA.
5. Bloqueo en espera de la interrupción de E/S.
6. Comprobación del estado de la operación cuando llega la interrupción.
7. Gestionar los errores, si existen, y resolverlos si es posible.
8. Indicación del estado de terminación al nivel superior del sistema de E/S.

En Linux y Windows (véase Figura 9.3), el paso 1 se lleva a cabo en un manejador para la clase de dispositivo disco, pero independiente del tipo de disco en particular, denominado **manejador genérico**. Sin embargo, el paso 2 se lleva a cabo en un manejador dependiente del dispositivo, denominado **manejador particular** ¿Cómo distingue el manejador el tipo de dispositivo y el dispositivo en particular? Los distingue porque en la petición de E/S hay información que lo indica. En el caso de UNIX y Linux, por ejemplo, en cada descriptor de fichero hay dos números, denominados *major number* y *minor number*, que indican el tipo de dispositivo (por ejemplo, disco) y el número de dispositivo (por ejemplo 3 para hda3). En Windows hay conceptos equivalentes.

A continuación, se inserta la petición en una cola de peticiones pendientes. Dependiendo del diseño del manejador, existe una cola global para cada tipo de dispositivo, una cola para dispositivo particular o ambas. De cualquier forma, una vez insertadas las peticiones en las colas, el manejador se encarga de enviarlas al controlador cuando puede ejecutar operaciones porque este último está libre y se bloquea en espera de la interrupción del dispositivo que indica el fin de la operación de E/S. Esta operación puede terminar de forma correcta, en cuyo caso se indica al nivel superior el estado de terminación, o de forma incorrecta, en cuyo caso hay que analizar los errores para ver si se pueden resolver en el manejador o deben comunicarse al nivel superior.

A continuación, se estudia más en detalle la estructura de un manejador de disco, así como las técnicas de planificación de disco y de gestión de error en el manejador de disco.

Estructura de un manejador de disco

Los manejadores de disco actuales están compuestos en realidad por un conjunto de manejadores apilados, como se muestra en la Figura 9.3, que refleja una estructura similar a la de los manejadores de disco de Linux. En Windows esta tendencia es todavía más acusada, ya que los manejadores están diseñados como objetos y existe herencia de propiedades y comportamiento.

En cada nivel de la pila se lleva a cabo una funcionalidad específica, que es más dependiente del dispositivo a medida que se profundiza en la jerarquía. En el caso de Linux, el **manejador de dispositivos de bloque** incluye operaciones genéricas como open, close, read y write para dispositivos de tipo bloque. Este manejador accede a dos módulos:

- **Módulo de planificación**, que se encarga de ordenar las peticiones de bloque a un dispositivo con política CSCAN.
- **Manejador de disco,** que se encarga de proporcionar una interfaz común a todos los dispositivos y demultiplexar las peticiones a cada tipo de dispositivo en particular.

Cuando le llega una operación de cerrar un dispositivo, el planificador mira si tiene peticiones pendientes y "encola" la petición de desconexión del dispositivo hasta que hayan terminado. Una vez procesadas las peticiones, el planificador las redirige al manejador de tipo de dispositivo adecuado (IDE, CD-ROM, SCSI, floppy, etc.), usando para ello el *major number*, que se encarga de llevar a cabo las operaciones específicas para ese dispositivo y de enviarlas al dispositivo específico, usando el *minor number*.

Uno de los manejadores de tipo de dispositivo existente en Linux es el de dispositivos IDE, algunas de cuyas operaciones se indican a continuación:

```
block_read,              /* operación de lectura de bloque */
block_write,             /* operación de lectura de bloque */
ide_ioctl,               /* ioctl */
ide_open,                /* abrir */
ide_release,             /* cerrar */
block_fsync,             /* sincronización */
ide_check_media_change,  /* comprobar el medio */
revalidate_disk,         /* vuelca datos a disco */
ide_requests             /* llamadas del planificador */
```

Como se puede ver, el manejador proporciona muy pocas funciones de alto nivel. Además de las típicas de lectura y escritura, merece la pena resaltar las de control del dispositivo (ide_ioctl), las de sincronización (block_fsync), las de comprobación del medio (ide_check_media_change). Internamente, el manejador IDE, se estructura en dos niveles:

1. Nivel independiente de dispositivo, definido por algunas de las funciones de la interfaz. Estas funciones, acaban llamando a funciones internas de bajo nivel. Una de las más importantes es la autodetección de los desplazamientos de bloques en el disco a partir de los datos de la tabla de particiones.
2. Nivel dependiente de dispositivo. Funciones de bajo nivel que se encargan de contactar con el controlador del dispositivo. Algunas de estas funciones son:
   - *ide_setup, que calcula los datos del disco a partir de la BIOS.*
   - *controller_busy, que comprueba si el controlador está libre u ocupado.*
   - *Status_OK, que comprueba el estado del disco.*
   - *ide_out, que emite los mandatos al controlador para escribir en el disco.*
   - *reset_controller y reset_hd, que reinician el controlador y el dispositivo, respectivamente.*

o `recalibrate`, *que ordena al controlador recalibrar el motor del disco.*

o `identify_intr`, *que lleva a cabo el tratamiento de interrupción.*

El programa 9.1 muestra una versión simplificada de la rutina del manejador IDE que escribe datos al controlador del dispositivo. Observe, que consiste básicamente en una operación de inicio del controlador para cargar el registro de datos, la dirección de memoria y el contador de datos. Un bucle que escribe los datos, incrementando el contador de memoria, y una etapa de fin de escritura.

Programa 9.1 Rutina de escritura de datos en un controlador IDE.

```
void ide_output_data(ide_drive_t *drive, void *buffer,
                     unsigned int wcount) {
     unsigned short io_base  = HWIF(drive)->io_base;
     unsigned short data_reg = io_base+IDE_DATA_OFFSET;
     byte io_32bit = drive->io_32bit;
     unsigned short *ptr = (unsigned short *) buffer;

               /* Inicio de escritura */
     outsl(data_reg, buffer, wcount);
               /* Escritura de datos */
     while (wcount--) {
          outw_p(*ptr++, data_reg);
          outw_p(*ptr++, data_reg);
     }
               /* Fin de escritura */
     outsw(data_reg, buffer, wcount<<1);
}
```

9.2.3 Planificación del disco

El rendimiento de un disco puede ser muy distinto dependiendo del orden en que reciba las peticiones de E/S. La razón principal es que un disco, a diferencia de una tarjeta de red por ejemplo, tiene una geometría que fuerza a mover las cabezas de unas posiciones del disco a otras. Por ello, es fundamental usar políticas de planificación que minimicen el movimiento de cabezas para obtener un buen rendimiento medio del disco.

El manejador de disco es el responsable de llevar a cabo la política de planificación adecuada dependiendo del tipo de petición, de la posición de las cabezas del disco y de la posición de la petición a realizar, teniendo en cuenta fundamentalmente el tiempo de búsqueda del disco. Sin embargo, es responsabilidad del diseñador elegir la política, o políticas, de planificación existentes en el sistema, para lo cual debe conocer las ventajas e inconvenientes de las más populares, algunas de las cuales se describen a continuación.

Una opción es usar la **política FCFS** (*First Come First Served*), según la cual las peticiones se sirven en orden de llegada. Esta política no permite optimizar el rendimiento del disco ni ordenar las peticiones según la geometría del disco. Para ver el comportamiento de este algoritmo, considere que las cabezas del disco están en el cilindro 6 y que hay encoladas peticiones para los cilindros 20, 2, 56 y 8. El número de desplazamientos necesario para servir todas las peticiones sería:

`Desplazamientos = (20 - 6)+(20 - 2)+(56 -2)+(56 - 7)= 14 + 18 + 54 + 49 = 135`

Una forma de mejorar la planificación del disco es usar la política **SSF** (*Shortest Seek First*), que como su nombre indica trata de minimizar el tiempo de búsqueda sirviendo primero las peticiones que están más cerca de la posición actual de las cabezas. Así, en el ejemplo anterior las peticiones se atenderían en el siguiente orden: 7, 2, 20 y 56. El número de desplazamientos sería:

```
Desplazamientos =(7 - 6)+(7 - 2)+(20 -2)+(56 - 20)= 1 + 5 + 18 + 36 = 60
```

Sin embargo, este algoritmo tiene un problema serio: el retraso indefinido de peticiones por **inanición** o hambruna. Si el sistema está congestionado, o se produce alguna circunstancia de proximidad espacial de las peticiones, se da prioridad a las peticiones situadas en la misma zona del disco y se relega a las restantes. Imagine un conjunto de peticiones como las siguientes: 1, 2, 3, 56, 4, 2, 3, 1, 2, ... La petición del cilindro 56 podría morir de inanición.

Sería pues conveniente buscar una política que siendo relativamente justa minimizara los movimientos de las cabezas y maximizara el rendimiento. Esta política, o políticas, es la **política del ascensor** con todas sus variantes. Su nombre se debe a que es la política que se usa en edificios altos para controlar eficientemente los ascensores y asegurar que todo el mundo puede subir al ascensor. El fundamento de la política básica del ascensor, denominada **SCAN,** consiste en mover las cabezas de un extremo a otro del disco, sirviendo todas las peticiones que van en ese sentido. Al volver se sirven todas las del sentido contrario. Con esta política, el ejemplo anterior, en el que las cabezas están en el cilindro 6 y las peticiones encoladas son 20, 2, 56 y 7, causaría los siguientes desplazamientos (D), asumiendo un disco de 70 cilindros:

```
D =(6 - 7)+(20 - 7)+(56 - 20)+(70 - 56)+(56 -2)= 1 + 13 + 36 + 14 + 54 = 118
```

Como se puede ver, el número de desplazamientos es menor que el FCFS, pero considerablemente mayor que el SSF, debido fundamentalmente al último desplazamiento que obliga a recorrer el disco entero. El comportamiento de este algoritmo es óptimo cuando las peticiones se distribuyen uniformemente por todo el disco, cosa que casi nunca ocurre. Por ello, se optimizó para mejorar el tiempo de búsqueda aprovechando una propiedad de los discos que también tienen los ascensores: es mucho más costoso subir un edificio parando que ir de un golpe de arriba abajo, o viceversa. El ascensor de las torres Sears de Chicago, por ejemplo, sube los 110 pisos sin parar en menos de 2 minutos, mientras que parando dos o tres veces tarda más de 10. Esto es lógico, porque los motores tienen que frenar, acelerar y ajustarse al nivel de los pisos en que para el ascensor. En un disco para lo mismo: cuesta casi lo mismo ir de un extremo a otro que viajar entre dos pistas. Por ello, se puede mejorar el tiempo de respuesta del disco usando una versión de la política del ascensor que viaje en un solo sentido. Con esta política, denominada **CSCAN** (*Cyclic Scan*), las cabezas se mueven del principio al final del disco, atienden las peticiones en ese sentido sin parar y vuelven al principio sin atender peticiones. Con esta política, el número de desplazamientos (D) del ejemplo anterior sería:

```
D=(6-7)+(20-7)+(56-20)+(70-56)+70+(2-0)=1 + 13 + 36 + 14 + 70 + 2 = 131
```

Muy alto, como puede observar. Sin embargo, el resultado es engañoso, ya que los desplazamientos realmente lentos, con paradas en cilindros, son 66. El tiempo de respuesta de este algoritmo es pues mucho menor que el del SCAN y casi similar al de SSF. En dispositivos con muchas peticiones de E/S, esta política tiene un rendimiento medio superior a las otras.

La política CSCAN todavía se puede optimizar evitando el desplazamiento hasta el final del disco, es decir volviendo de la última petición en un sentido a la primera en el otro. En el caso del ejemplo se iría de 56 a 2 con un desplazamiento rápido. Los desplazamientos del ejemplo con esta política, denominada **LOOK,** serían:

```
Desplazamientos =(6 - 7)+(20 - 7)+(56 - 20)+(56 -2 )= 1 + 13 + 36 + 54 = 104
```

donde los desplazamientos realmente lentos son 50.

El algoritmo CSCAN es el más usado actualmente. Se usa en prácticamente todas las versiones de UNIX, Linux y Windows, debido a que da el mejor rendimiento en sistemas muy cargados. Sin embargo, su rendimiento depende mucho de la distribución de las operaciones de E/S por el disco y de la situación de los bloques a los que se accede con más frecuencia. Por ello, suele ser una técnica habitual en sistemas operativos situar en el centro del disco aquellos datos que se acceden más a menudo.

Estos algoritmos, sin embargo, no resuelven el problema de algunas aplicaciones modernas que requieren un tiempo de respuesta determinado. Es el caso de las aplicaciones de tiempo real y multimedia, en las que es importante realizar las operaciones de E/S antes de que termine un plazo determinado (*deadline*). Para este tipo de sistemas se pueden usar otras técnicas de planificación, como la política EDF (*Earliest Deadline First*), SCAN-EDF o SCAN-RT. Para tratar de satisfacer los requisitos de sistemas de propósito general y los de multimedia se han propuesto algoritmos que optimizan simultáneamente geometría y tiempo de respuesta, tales como Cello y 2-Q.

Actualmente, en LINUX se soportan las siguientes políticas de planificación de cola de entrada/salida:

- **Noop** – Envía las peticiones al dispositivo de E/S sin modificar, en el orden que llegan. Lo único que hace es intercalarlas con las ya existentes en la cola. Es buena para dispositivos sin penalización de búsqueda, como por ejemplo los discos flash.
- **CFQ** – *complete fairness queuing*. Divide las peticiones en colas según la su prioridad y elige las peticiones de las distitnas colas en orden cíclico (*round-robin*). Proporciona E/S con prioridades y es adecuado para sistemas interactivos. fashion.
- **Deadline** – Asigna a cada petición un plazo límite de respuesta (*deadline*) y las ordena según su posición en la cola. Pasado este plazo la petición recibe la prioridad más lata para prevenir la inanición (*starvation*). Las peticiones se sirven según su orden en la cola. Si vence su plazo se ponen en cabeza. Es una buena técnica para servidores de datos.
- **Anticipatory** – Retrasa las peticiones durante un tiempo prefijado con la esperanza de que los datos lleguen mientras tanto. Es bueno para algunas cargas, pero no para otras. Se usa en los sistemas de propósito general (*desktops*).

En LINUX, el planificador de disco se registra como:

```
struct elevator_type
```

Esta estructura contiene enlaces a las funciones llamadas por el planificador de entrada/salida (get next request, merge, etc.) lo que permite implementar las políticas de planificación. A continuación se muestra un ejemplo:

```
deadline_dispatch_requests() (dispatch_find_request label)
```

9.2.4   Gestión de errores

Otra de las funciones básicas del manejador de disco es gestionar los errores de E/S producidos en el ámbito del dispositivo. Estos errores pueden provenir de:

- Las aplicaciones. Por ejemplo, petición para un dispositivo o sector que no existe.
- Del controlador. Por ejemplo, errores al aceptar peticiones o parada del controlador.
- De los dispositivos. Por ejemplo, fallos transitorios o permanentes de lectura o escritura y fallos en la búsqueda de pistas.

Algunos de ellos, como los errores transitorios, se pueden resolver en el manejador. Otros, como los errores de aplicación o fallos permanentes del dispositivo, no se pueden resolver y se deben comunicar al nivel superior de E/S.

Los **errores transitorios** pueden ser debidos a la existencia de partículas de polvo en la superficie del disco cuando se efectúa la operación de E/S, a pequeñas variaciones eléctricas en la transmisión de datos o a radiaciones que afecten a la memoria del controlador, entre otras cosas. Esos errores se detectan porque el ECC de los datos no coincide con el calculado y se resuelven repitiendo la operación de E/S. Si después de un cierto número de repeticiones no se resuelve el problema, el manejador concluye que la superficie del disco está dañada y lo comunica al nivel superior de E/S. Otro tipo de errores transitorios tiene su origen en fallos de búsqueda debidos a que las cabezas del disco están mal calibradas. Se puede intentar resolver este problema recalibrando el disco, lo que puede hacerse mediante la operación del controlador `recalibrate`.

Los **errores permanentes** se tratan de distintas formas. Ante errores de aplicación el manejador tiene poco que hacer. Si se pide algo de un dispositivo o bloque que no existe, lo único que se puede hacer es devolver un error. Ante errores del controlador, lo único factible es tratar de reiniciar el controlador mediante sus instrucciones específicas para ello. Si al cabo de un cierto número de repeticiones no se resuelve el problema, el manejador concluye que la superficie del disco o el controlador están dañados y lo comunica al nivel superior de E/S. Ante errores permanentes de la superficie del dispositivo, lo único que se puede hacer es sustituir el bloque por uno de repuesto, si existe una lista de bloques de repuesto y comunicar el error al nivel superior.

9.2.5   Discos en memoria

Los discos en memoria son una forma popular de optimizar el almacenamiento secundario en sistemas operativos convencionales y de proporcionar almacenamiento en sistemas operativos de tiempo real, donde las prestaciones del sistema exigen dispositivos más rápidos que un disco convencional.

Hay dos formas básicas de proporcionar discos en memoria:

- Discos RAM.
- Discos sólidos.

Los **discos RAM** son dispositivos de bloques que proporciona el sistema operativo y que se almacenan, generalmente, en la propia memoria del sistema operativo (`/dev/kmem` en UNIX). Un disco RAM es una porción de memoria de un tamaño arbitrario dividida en bloques, a nivel lógico, por el sistema operativo que muestra una interfaz de disco similar a la de cualquier disco de dispositivo secundario. El manejador de esos dispositivos incluye llamadas `open`, `read`, `write`, etc., a nivel de bloque y se encarga de traducir los accesos del sistema de ficheros a posiciones de memoria dentro del disco RAM. Las operaciones de transferencia de datos son copias de memoria. No tienen ningún hardware especial asociado y se implementan de forma muy sencilla. Pero tienen un problema básico: si falla la alimentación se pierden todos los datos almacenados.

Los **discos sólidos** (SSD) son sistemas de almacenamiento secundario no volátiles fabricados colocando chips de memoria RAM en placas. Las placas se conectan al bus del sistema y se acceden a la misma velocidad que la memoria principal (nanosegundos). Hay una diferencia fundamental entre estos sistemas y los discos RAM: tienen hardware, y puede que un controlador, propio. La interfaz sigue siendo la de un dispositivo de bloque, encargándose el manejador de traducir peticiones de bloque a memoria. Las transferencias, sin embargo, se pueden convertir en operaciones de lectura o escritura a puertos, dependiendo de la instalación del disco sólido.

La Figura 9.4 muestra la arquitectura de un SSD, cuyas partes principales son la interfaz, memoria flash, controlador y cache. La interfaz permite al SSD conectarse con un host y comportarse de forma similar a un disco duro. Posibles interfaces son SATA, SAS, PCI Express, Fibre Channel, USB, IDE, and SCSI. La memoria flash es habitualmente de tipo NAND debido a su bajo coste y está compuesta por varios paquetes de flash, cada uno de los cuáles incluye a su vez uno o varios chips de memoria. Cada chip está compuesto por bloques de entre 16–256KB, divididos en páginas de un tamaño entre 0.5 y 4KB. Los datos se leen y escriben usando la página como unidad mínima, costando entre 20–25 µseg. leer una página y entre 200–300 µseg. Escribir una página. Antes de reutilizar una página debe ser borrado primero el bloque que la contiene, lo que cuesta entre 1.5 y 2 ms.

Una de las características importantes de los SSD es maximizar el paralelismo usando los múltiples chips de flash que proporciona, chips que se pueden acceder de forma entrelazada mejorando el rendimiento de los SSD. Otra característica importante es que los sectores se pueden mapear en la flash en forma de páginas o de bloques, siendo habitual el formato de bloque cuando se usan como disco externo. Además, proporcionan varios chips de cache, similares a los de las caches de disco, lo que permite mejorar su rendimiento. Otra característica de los SSD es que no tienen partes mecánicas, por lo que solo tienen dos estados de funcionamiento: activo e idle. Un SSD está en estado activo cuando está leyendo o escribiendo data, en cualquier otro caso está idle.

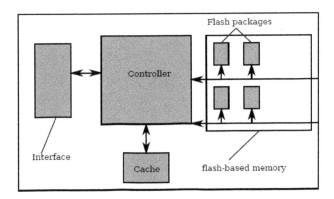

Figura 9.4 Estructura de un disco sólido.

Su principal limitación es que solo se puede escribir en la misma página un número limitado de veces. Como para escribir un bloque debe borrarse primero, la limitación real es el número de veces que se puede borrar un bloque. Cuando se alcance su límite máximo, los bloques no se pueden borrar, pero sí se pueden seguir leyendo. El límite depende de la tecnología y del tipo de SSD, pero puede alcanzar los 100.000 borrados para una memoria flash. El coste de un SSD de 128 GB es de unos 9,2 dólares USA por GB. Su duración depende mucho de las aplicaciones que los usan y de la gestión que de los mismos haga el sistema de ficheros.

Los **discos en chips** son la última tendencia en discos sólidos implementados con memoria. Combinan memoria flash de alta densidad y una interfaz sencilla, proyectada en memoria o a través de puertos, para proporcionar almacenamiento secundario en un chip que se parece a una memoria ROM de 32 pines. Usando estos sistemas se pueden crear discos de estado sólido con almacenamiento no volátil con una capacidad de hasta 256 Mbytes por chip. Además, estos chips se pueden combinar en placas para proporcionar varios Gigabytes de capacidad, como por ejemplo la PCM-3840 de Advantech. Una vez instalados en el sistema, se ven como un objeto más del sistema de E/S que se manipula a través del manejador correspondiente, por lo que proporciona las mismas operaciones que cualquier otro dispositivo de almacenamiento secundario. De tal forma que cuando se crea sobre el disco un sistema de ficheros, se puede montar en el árbol de nombres sin ningún problema.

9.3 Particiones

Una vez que el disco ha sido formateado en el ámbito físico, se procede a crear su estructura lógica, que es la realmente significativa para el sistema operativo. Como parte del formato físico se crea un sector especial, denominado **sector de arranque** (*Master Boot Record*), aunque no siempre es el primero del disco, que se reserva para incluir en él la información de distribución lógica del disco en subconjuntos denominados volúmenes o particiones. Esta información de guarda en una estructura denominada **tabla de particiones** (véase Figura 9.5).

Una partición es una porción contigua de disco delimitada por un sector inicial y final. No existe ninguna limitación más para crear particiones, si bien algunos sistemas operativos exigen tamaños de partición mínimos en algunos casos. En el caso de la Figura 9.5, el dispositivo **/dev/hda** se ha dividido en 2 particiones primarias usando la utilidad `fdisk` de Linux:

- Una de intercambio (*swap*), llamada `/dev/hda1`.
- Una extendida (que tiene el sistema de ficheros ext2 de Linux), llamada `/dev/hda1`.

A su vez, la partición extendida se ha dividido en tres subparticiones lógicas `/dev/hda5`, `/dev/hda6` y `/dev/hda8`.

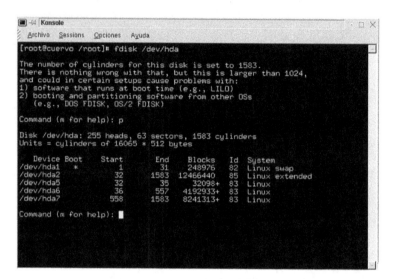

Figura 9.5 Tabla de particiones de un disco con el sistema operativo Linux.

Algunas particiones tienen instalado un sistema operativo, por lo que se denominan **particiones activas o de sistema**. Estas particiones tienen la peculiaridad de que permiten arrancar desde ese sistema operativo y suelen estar marcadas de alguna forma. Actualmente, los sistemas operativos incluyen utilidades que antes de arrancar el sistema operativo leen la tabla de particiones, miran las particiones activas y muestran un menú solicitando el tipo de sistema operativo que se quiere arrancar. Es el caso de la utilidad lilo del sistema operativo Linux. Linux necesita por lo menos una partición para su sistema de ficheros raíz.

Cada una de estas particiones se ve como un vector de bloques contiguos que se proyectan sobre los sectores de esta. Independientemente de su localización en el disco, el controlador numera los bloques de 0 a n, entendiendo que 0 es el primer bloque de la partición. Observe que esto no tiene porqué ser así, ya que muchos controladores sitúan en la zona central del disco los bloques más accedidos para evitar búsquedas y, por tanto, desplazamiento de cabezas del disco. Como ya se dijo antes, la traducción no es fácil debido a la distinta densidad de las pistas del disco, a las políticas de optimización, etc. Para facilitar esta traducción, se lleva a cabo una nueva operación que da **formato lógico** a la partición creando un sistema de ficheros dentro de dicha partición. Esta operación se lleva a cabo mediante los mandatos format de Windows o mkfs de UNIX y Linux y se estudia con más detalle en el capítulo de sistemas de ficheros. Baste decir, que los sistemas de ficheros son lo que realmente usa el sistema operativo para manipular los datos en los discos.

En algunos casos, sin embargo, existen aplicaciones o utilidades del sistema operativo que prefieren usar una partición como un conjunto lineal de bloques sin ningún formato. Las bases de datos, por ejemplo, traducen los datos a bloques de disco en función de criterios tales como proximidad lógica de los datos y no se ajustan a los criterios de ningún sistema de ficheros. Una utilidad del sistema operativo que gestiona así las particiones es el gestor de memoria virtual, que usa una partición para el espacio de intercambio de páginas virtuales. En este caso, tampoco se crea ninguna estructura de sistema de ficheros en este tipo de particiones.

Para facilitar el uso de una partición de una u otra forma, la utilidad fdisk crea dos imágenes asociadas a cada partición:

- **Dispositivo de bloques**. Todos los accesos al mismo pasan por el sistema de ficheros y la caché de bloques. Por ejemplo, en el sistema operativo Solaris, la imagen de los dispositivos de bloque se encuentra en el directorio `/dev/dsk`, siendo el nombre de uno de ellos `/dev/dsk/c0t6d0s5`.

- **Dispositivo de caracteres**. Permite acceder a bloques de la partición directamente sin pasar por la caché ni gran parte del sistema de ficheros. Esta forma de accesos tiene limitaciones, ya que las peticiones deben ser forzosamente múltiplo del tamaño de bloque y deben estar alineadas al principio de un bloque. Por ejemplo, en el sistema operativo *Solaris*, la imagen de carácter de un dispositivo de bloque se encuentra en el directorio `/dev/rdsk`, siendo el nombre de uno de ellos `/dev/rdsk/c0t6d0s5`.

La operación de formato lógico de los discos, lleva a cabo otras tres tareas fundamentales:

- Construcción del bloque de carga.
- Creación de una lista de bloques defectuosos.
- Creación de una lista de bloques de repuesto.

El **bloque de carga** incluye el programa de arranque del computador, programa que se activa cuando se conecta la corriente eléctrica y se produce un RESET. Esta interrupción carga el programa de arranque de la memoria ROM, que a su vez lee el boque de carga del disco usando interrupciones (que en el caso de Windows son los mecanismos de INT 13). El **programa cargador** incluye sólo los aspectos más básicos de iniciación del hardware del sistema y un bucle de lectura que carga el sistema operativo en memoria. Parte de sus deberes incluyen crear una pila de ejecución inicial, copiar los datos de configuración desde la ROM, construir una descripción del hardware en memoria y cargar la imagen del sistema operativo en memoria. Cuando ha terminado salta a la dirección 0 de memoria (donde puso el núcleo) y se arranca el sistema operativo.

La segunda tarea importante que lleva a cabo la operación de formato lógico es la detección de los bloques lógicos defectuosos y su inclusión en una **lista de bloques defectuosos**. Estos bloques no son asignados nunca por el sistema de E/S, para lo que se marcan siempre como ocupados y no se liberan nunca. Ahora bien, ¿cómo se sabe que un bloque es defectuoso? Un bloque es defectuoso porque alguno de los sectores que lo componen es defectuoso. ¿Cómo se sabe que un sector es defectuoso? Pues se sabe porque cuando se efectúa el formateo físico, se crea una estructura de sector que contiene, al menos, tres elementos: cabecera, área de datos y cola. La cabecera incluye, entre otras cosas, el número de sector y un código de paridad. La cola suele incluir el número de sector y un código corrector de errores (ECC, *Error Correcting Code*). Para verificar el estado del sector, se escribe una información y su ECC. A continuación, se lee y se recalcula su ECC. Si el sector está defectuoso, ambos ECC serán distintos, lo que indica que el ECC es incapaz de corregir los errores existentes en el sector. En ese instante, el bloque al que pertenece el sector se incluirá en la lista de bloques defectuosos.

La tercera tarea consiste en elaborar una **lista de bloques de repuesto** para el caso en que algún bloque del dispositivo falle durante el tiempo de vida del mismo. Los discos están sujetos a rozamiento, suciedad y otros elementos que pueden dañar su superficie. En este caso, algunos bloques que antes eran válidos pasarán a la lista de bloques defectuosos. Para evitar que se reduzca el tamaño del dispositivo y para ocultar este defecto en el ámbito del controlador, se suplanta este bloque por uno de los de la lista de repuesto, que a todos los efectos sustituye al anterior sin tener que modificar en absoluto el manejador.

9.3.1 El espacio de intercambio o SWAP.

Como se explicó en el capítulo de gestión de memoria, la memoria virtual permite hacer creer a cada proceso que dispone de un espacio de memoria tan grande como se puede direccionar (4 GB en sistemas de 32 bits). Sin embargo, el computador no dispone habitualmente de memoria RAM suficiente para albergar a todos los procesos que están ene ejecución simultáneamente, por lo que algunos procesos no pueden ubicarse en memoria RAM debiendo su presencia limitarse al espacio de trabajo (working set) que necesita cada proceso en un instante de tiempo determinado.

Para albergar la parte de imagen de los procesos que no caben en memoria física, los sistemas operativos permiten activar un **espacio de intercambio** (*swap*) en un disco duro para albergar todas las páginas de memoria virtual que no caben en la memoria física, las de procesos que no están listos para ejecutar, aunque estén vivos, etc., y liberar memoria. Cuando sea necesario ejecutar una zona determinada de un proceso que no se encuentra en memoria física o cargar un proceso porque está listo para ejecutar, se leen sus páginas de memoria del espacio de intercambio y se cargan en memoria física.

El espacio de intercambio se implementa habitualmente usando una partición de disco de varios GB y que es usada únicamente por el sistema operativos, aunque también se puede implementar usando un fichero creado en una partición ya existente. Las particiones de un sistema se pueden ver en el archivo /etc/fstab, un ejemplo del cual se muestra a continuación. Este archivo incluye todas las particiones montadas en el disco.

```
/dev/xvda1 /     ext3  errors=remount-ro          0    1
proc       /proc proc  rw,nodev,nosuid,noexec     0    0
/dev/xvda2 none  swap  sw                         0    0
/dev/sda1 /home  ext2  rw,nodev,nosuid,noexec     0    0
```

Donde /dev/xvda2 es una partición del disco duro /dev/xvda y el dispositivo de swap se crea con el mandato, que indica tamaño de bloque de 4 KB y 20000 bloques. El tamaño de bloque del dispositivo de swap siempre coincide con el tamaño de página de memoria, por lo que, si no se especifica, el sistema operativo lo elige automáticamente.

```
#mkswap /dev/xvda2 -b 49096 2000Volúmenes Lógicos
```

9.4 Volúmenes lógicos

Cuando se da formato a un dispositivo y se crean particiones para un sistema Linux es obligatorio especificar sector inicial y final, lo que define el tamaño de la partición de forma inmutable. Si es necesario tener más espacio o modificar más espacio es necesario formatear y reparticionar el disco, lo que conlleva automáticamente la pérdida de todos sus datos. Igualmente, puede ocurrir que se necesiten particiones mayores que el tamaño total de un dispositivo, lo que no podría solventarse con particiones tradicionales.

Para solventar estos problemas, los sistemas operativos proporcionan **volúmenes lógicos** (*logical volumes*). Un volumen lógico es un sistema de almacenamiento virtual compuesto por varias particiones o porciones de almacenamiento físicas pero que se puede tratar como si constituyeran una única partición. Un volumen virtual está formado por una parte de un grupo de volúmenes, grupo que incluye o puede incluir varias particiones y dispositivos físicos. Por tanto, se pueden distinguir varias entidades en el volumen virtual (vea Figura 9.6):

* **Volumen lógico** (*logical volume*, LV): dispositivo lógico equivalente a una partición y que contiene su propio sistema de ficheros.
* **Grupo de volúmenes** (*volume group*, VG): Equivalente lógico de un disco duro, pero formado por varios LV.
* **Volumen físico** (*physical volume*, PV): Dispositivo físico de almacenamiento como un disco duro, RAID, etc.
* **Partición física** (*physical extent*, PE): Porción fe un volumen físico equivalente a una partición tradicional.

Para crear y gestionar este tipo de particiones, el sistema operativo proporciona un módulo interno denominado **gestor de volúmenes lógicos** (*Logical Volume Manager, LVM*) . El LVM permite generar dispositivos virtuales de almacenamiento, denominados volúmenes lógicos, formados por la unión de varias particiones físicas y proporciona métodos para crear y acceder al volumen lógico como si fuera un único dispositivo. Básicamente lo que se logra es tener un nuevo dispositivo que apunta no a un disco o una partición, sino a un grupo de discos y particiones como un todo (manejar muchos espacios de disco como si fuera un único disco), lo que permite tener dispositivos de almacenamiento muy grandes que pueden sobrepasar la limitación de capacidad de un dispositivo físico determinado.

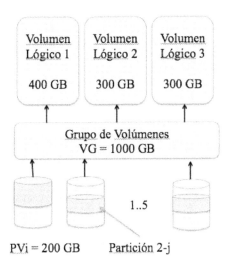

Figura 9.6 Un ejemplo de volúmenes lógicos.

Para crear un volumen lógico, lo primero que se debe hacer es formatear el dispositivo de almacenamiento físico y hacer las particiones. Suponga que tenemos un disco con cuatro particiones /dev/hda1.. /dev/hda4, cada una de ellas de 200 GB como en la Figura 9.6. La partición de sistema (*boot*), supongamos /dev/hda1, no puede formar parte de un volumen lógico. Por tanto, definiremos un volumen lógico formado por las otras tres particiones. Para ello, lo primero es indicar que las particiones forman parte de dicho volumen con el mandato pvcreate.

```
pvcreate /dev/hda2
pvcreate /dev/hda3
pvcreate /dev/hda4
```

A continuación, definiremos el grupo de volúmenes, dándole nombre gv1 y usando hda2, hda3 y hda4. La capacidad total de vg1 será de 600 GB. Para ver los grupos de un sistema se puede usar el mandato vgdisplay.

```
vgcreate gv1 /dev/hda2 /dev/hda3 /dev/dha4
```

Una vez creado el grupo, se puede crear uno o varios volúmenes virtuales sobre él con el mandato lvcreate. En nuestro caso crearemos el volumen lógico vl1 con tamaño 300 GB.

```
vcreate -L300G -n vl1 gv1
```

El nuevo dispositivo aparece en el directorio /dev/gv1/vl1 y se puede crear sobre él un sistema de ficheros del tipo deseado. Por ejemplo:

```
mkfs -t ext3 /dev/gv1/vl1
```

Este dispositivo virtual se puede ampliar con nuevo espacio de almacenamiento de forma sencilla con el mandato `vgextend`. Pero primero es necesario crear la partición virtual y añadirla al grupo de volúmenes. Por ejemplo, para añadir una partición de otro dispositivo `/dev/hdc2` con un tamaño de 150 GB, se ejecutaría la siguiente secuencia de mandatos:

```
pvcreate /dev/hdc2
vgextend gv1 /dev/hdc2
lvextend -L +150G /dev/gv1 /vl1
```

Para eliminar el volumen virtual se puede usar el mandato `lvremove`.

9.5 El servidor de bloques

El servidor de bloques es un elemento del sistema operativo situado entre los sistemas de ficheros y los dispositivos de bloques. Recibe peticiones de bloques lógicos de los servidores de ficheros y del gestor de memoria virtual y se encarga de emitir los mandatos genéricos para leer y escribir bloques a los manejadores de dispositivo. Sus funciones principales son:

- Emitir los mandatos genéricos para leer y escribir bloques a los manejadores de dispositivo (usando las rutinas específicas de cada dispositivo).
- Optimizar las peticiones de E/S, mediante la cache de bloques y la planificación de entrada/salida.
- Ofrecer un nombrado lógico para los dispositivos. Por ejemplo: /dev/hda3 (tercera partición del primer disco)

La E/S de bloques de dispositivo y sus posibles optimizaciones, se lleva a cabo en este nivel del servidor de ficheros. Las operaciones se filtran a través de la caché de bloques, para ver si ya están en memoria y, en caso contrario, se traducen a llamadas de los manejadores de cada tipo de dispositivo específico.

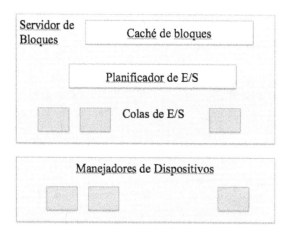

Figura 9.7 Arquitectura del servidor de bloques.

La Figura 9.7 muestra la arquitectura del gestor de bloques en LINUX. Como se puede apreciar, esta capa oculta los distintos tipos de dispositivos, usando nombres lógicos para los mismos. Por ejemplo, `/dev/hda3` será un dispositivo de tipo *hard disk* (`hd`), cuyo nombre principal es a y en el cual se trabaja sobre su partición 3. Los mecanismos de optimización de la E/S, como la caché de bloques, se incluye en este nivel. Los dispositivos de bloque se pueden ver en el directorio /dev y se distinguen porque al listarlos tienen una letra "b" al inicio. Se pueden

ver ejecutando el mandato "ls -l /dev". A continuación, se muestra un ejemplo donde se
muestran los dispositivos de bloque de tipo disco:

```
$ ls -l /dev | grep dis*
brw-r-----  1 root              operator  14,  0  4 mar 16:48 disk0
brw-r-----  1 root              operator  14,  1  4 mar 16:48 disk0s1
brw-r-----  1 root              operator  14,  2  4 mar 16:48 disk0s2
```

El sistema operativo arranca una cola de entrada/salida (block_manager) por cada tipo
de dispositivo mediante la llamada siguiente:

```
struct dm_block_manager *dm_block_manager_create(
        struct block_device *bdev, unsigned block_size,
        unsigned cache_size, unsigned max_held_per_thread);
```

Como se puede observar, recibe la identificación del dispositivo (major, minor, ...), el
tamaño de bloque que maneja, el tamaño de la cache del sistema y el número de accesos
concurrentes que permite sobre el dispositivo. Esta llamada permite dar de alta tantos
dispositivos como sea necesario en el gestor de bloques, tanto en la inicialización del sistema
operativo como de forma dinámica cuando se hace "plug&play" de dispositivos tales como discos
externos.

Aunque es un sistema muy complejo, el gestor de bloques proporciona las siguientes
operaciones básicas:

```
/* Pedir el tamaño de bloque del dispositivo */
unsigned dm_bm_block_size(struct dm_block_manager *bm);
/* Pedir el número de bloques del dispositivo */
dm_block_t dm_bm_nr_blocks(struct dm_block_manager *bm);
    /* comprobar el checksum de un bloque */
int (*check)(struct dm_block_validator *v, struct dm_block *b,
    size_t block_size);
/* bloquear y desbloquear un bloque */
int dm_bm_lock(struct dm_block *b);
int dm_bm_unlock(struct dm_block *b);
    /* Lectura y escritura de un bloque o lista de bloques*/
int dm_bm_read_lock(struct dm_block_manager *bm, dm_block_t b,
struct dm_block_validator *v, struct dm_block **result);
int dm_bm_write_lock(struct dm_block_manager *bm, dm_block_t b,
struct dm_block_validator *v, struct dm_block **result);
```

Todas las operaciones de entrada/salida de datos del sistema de ficheros se pasan al
servidor de bloques, que recibe una lista de boques y la filtra en primer lugar a través de la caché
de bloques, como se indica en la sección siguiente. Las lecturas o escrituras de bloques que no
existen en la cache se redirigen al planificador de operaciones de entrada/salida, que aplica las
políticas descritas anteriormente y redirige las peticiones a la cola de entrada/salida del
dispositivo correspondiente.

9.6 La caché de bloques

La técnica más habitual para reducir el acceso a los dispositivos es mantener una colección de
bloques leídos o escritos, denominada **caché de bloques**, en memoria principal durante un cierto
periodo de tiempo. Aunque los bloques estén en memoria, el servidor de ficheros y el gestor de

memoria consideran su imagen de memoria válida a todos los efectos, por lo que es necesario mantener la **coherencia** entre dicha imagen y la del disco.

Como se vio anteriormente, el flujo de datos de entrada/salida de los dispositivos de bloque pasa siempre a través de la caché de bloques. Cuando se lee un fichero, el servidor busca primero en la caché. Sólo aquellos bloques no encontrados se leen del dispositivo correspondiente. Cuando se escribe un fichero, los datos se escriben primero en la caché y posteriormente, si es necesario, son escritos al disco. La Figura 9.8 muestra un esquema del flujo de datos en el servidor de ficheros cuando hay una caché de bloques. Como puede verse, el número de accesos al dispositivo se reduce drásticamente si hay aciertos en la caché. La tasa de aciertos (*hit ratio*) depende mucho del comportamiento de las aplicaciones que se ejecutan sobre el sistema operativo. Si estas no respetan la proximidad espacial o temporal de las referencias en sus patrones de acceso, o si ejecutan peticiones de entrada/salidas tan grandes que sustituyen todos los bloques de la caché constantemente, la tasa de aciertos es tan baja que en muchas aplicaciones conviene desactivar la caché de bloques.

Sin embargo, en los sistemas actuales, que disponen de mucha memoria, la tasa de aciertos suele estar por encima del 80%, por lo que el tiempo de acceso a n bloques se reduce considerablemente. Imagine que se tarda a acceder un bloque que está en disco 10 milisegundos y solo 500 microsegundos si está en caché. Si se piden 1000 bloques de disco y la tasa de aciertos es del 80%. En un sistema sin cache, el tiempo de acceso sería:

```
t =  1000 * 10 = 10.000 ms.
```

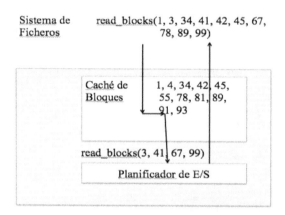

Figura 9.8 Flujo de datos optimizado con caché de bloques.

Mientras que, en el sistema, activando la caché, tendríamos un tiempo de acceso de:

```
t =  1000 * 0,2 * 10 + 1000 * 0,8 * 0,5  = 2000 + 400 = 2.400 ms.
```

Esta opción está disponible en los sistemas operativos de propósito general más populares, como UNIX o Windows. En el caso de UNIX, si se abre un dispositivo de bloques como si fuera de caracteres, los accesos a este dispositivo no pasan por la caché. En Windows, se puede especificar si se desea usar la caché, o no, en la llamada de creación y apertura del fichero.

El formato de la caché de bloques es complejo. La mayoría de los servidores de ficheros usan listas doblemente encadenadas con *hashing* para optimizar la búsqueda y la inserción de bloques. Estas listas conectan estructuras de datos que contienen, entre otras cosas:

- La identificación del bloque.
- Los atributos del bloque (datos, especial, etcétera).

- El tipo de sistema de ficheros al que pertenece el bloque.
- El tamaño del bloque referenciado.
- Un apuntador a los datos del bloque.

Esta última característica es fundamental para permitir que la caché pueda manejar bloques de datos de distintos tamaños. El tamaño de la caché puede ser fijo o variable. En las versiones antiguas de UNIX, la caché era una estructura definida como un vector de bloques. Sus dimensiones eran, por tanto, fijadas en la instalación del sistema. En los sistemas operativos modernos, la caché es una estructura dinámica y su tamaño es mayor o menor dependiendo de la memoria que deja libre el resto del sistema operativo.

La gestión de la caché se puede llevar a cabo usando varios algoritmos, pero lo habitual es comprobar si el bloque a leer está en la caché. En caso de que no esté, se lee del dispositivo y se copia a la caché. Si la caché está llena, es necesario hacer hueco para el nuevo bloque reemplazando uno de los existentes. Existen múltiples **políticas de reemplazo** que se pueden usar en una caché de bloques, tales como el FIFO (*First in First Out*), segunda oportunidad, MRU (*Most Recently Used*), LRU (*Least Recently Used*), etcétera La política de reemplazo más frecuentemente usada es la **LRU**. Esta política reemplaza el bloque que lleva más tiempo sin ser usado, asumiendo que no será referenciado próximamente. Los bloques más usados tienden a estar siempre en la caché y, por tanto, no van al disco. La utilización estricta de esta política puede crear problemas de fiabilidad en el sistema de ficheros si el computador falla. Imagine que se creó un directorio con 3 ficheros que están siendo referenciados constantemente. El bloque del directorio estará siempre en la caché. Si el computador falla, esa entrada de directorio se habrá perdido. Imagine que el bloque se ha escrito, pero su imagen en la caché ha cambiado antes del fallo. El sistema de ficheros queda inconsistente. Por ello, la mayoría de los servidores de ficheros distinguen entre **bloques especiales y bloques de datos**. Los bloques especiales, tales como directorios, nodos-i o bloques de apuntadores, contienen información crucial para la coherencia del sistema de ficheros, por lo que es conveniente salvaguardar la información en disco tan pronto como sea posible. Sin embargo con un criterio LRU puro, los bloques de este tipo que son muy usados irían a disco con muy poca frecuencia.

Para tratar de solventar el problema anterior, el sistema de ficheros puede proporcionar distintas políticas de escritura a disco de los bloques de la caché que tienen información actualizada (se dice que están *sucios*). En el caso de MS-DOS, los bloques se escriben en disco cada vez que se modifica su imagen en la caché de bloques. Esta política de escritura se denomina de **escritura inmediata** (*write-through*). Con esta política no hay problema de fiabilidad, pero se reduce el rendimiento del sistema porque un bloque se puede volcar varias veces a disco. Imagine que un usuario escribe un bloque byte a byte. Con una política de escritura inmediata, se escribiría el bloque a disco cada vez que se modifique un byte. En el lado opuesto está la política de **escritura diferida** (*write-back*), en la que sólo se escriben los datos a disco cuando se eligen para su reemplazo por falta de espacio en la caché. Esta política optimiza el rendimiento, pero genera los problemas de fiabilidad anteriormente descritos. Si los bloques de datos se gestionan con política LRU pura también se origina un problema de fiabilidad. Imagine que se crea un fichero pequeño cuyos bloques se usan de forma habitual. Sus datos estarán siempre en la caché. Si el computador falla, los datos del fichero se habrán perdido.

Para tratar de establecer un compromiso entre rendimiento y fiabilidad, algunos sistemas operativos, como UNIX, usan una política de **escritura retrasada** (*delayed-write*), que consiste en escribir en disco los bloques de datos modificados en la caché de forma periódica cada cierto tiempo (30 segundos en UNIX). De esta forma se reduce la extensión de los posibles daños por pérdida de datos. En el caso de UNIX, estas operaciones son ejecutadas por un proceso de usuario denominado `sync`. Además, para incrementar todavía más la fiabilidad, los bloques especiales se escriben inmediatamente al disco. Una consecuencia de la política de escritura retrasada es que, a diferencia de MS/DOS, en UNIX no se puede quitar un disco del sistema sin antes volcar los datos de la caché. En caso contrario se perderían datos y el sistema de ficheros se quedaría inconsistente o corrupto. Por último, en algunos sistemas operativos se aplica un nuevo criterio de escritura, denominado escritura al cierre (*write-on-close*). Con esta política, cuando se cierra un fichero, se

Sistemas Operativos: Una visión aplicada.   270

vuelcan al disco los bloques del mismo que tienen datos actualizados. Esta política suele ser complementaria de las otras y permite tener bloques de la caché listos para ser reemplazados sin tener que escribir al disco en el momento de ejecutar la política de reemplazo, con lo que se reduce el tiempo de respuesta de esta operación. En la mayoría de los casos, el sistema operativo ejecuta esta política en *background*, es decir, marca los bloques y los vuelca a disco cuando tiene tiempo para ello.

Para optimizar las lecturas, se efectúa la **lectura adelanta** de bloques (*read-ahead*). Este mecanismo se basa en solicitar a los dispositivos de entrada/salida más bloques de los que piden los usuarios, aprovechando la característica de la proximidad espacial y presuponiendo que se pide el bloque k, se pedirán también k+1, k+2, ..., k+n. Una decisión importante de diseño es decidir qué cantidad de bloques se leen por adelantado. En LINUX, por ejemplo, se leen 2 o 4 bloques por adelantado. ¿Es esta técnica siempre efectiva? Sólo cuando los bloques leídos por adelantado sean unados. En otro caso se harán operaciones de entrada/salidas inútiles. ¿Qué criterio se puede seguir para saber esto dado que las operaciones dependen de las aplicaciones? En LINUX, por ejemplo, si una aplicación hace muchas búsquedas aleatorias en el archivo mediante lseek se desactiva la lectura adelantada para ese fichero.

9.7 Fiabilidad y tolerancia a fallos

El sistema de E/S es uno de los componentes del sistema con mayores exigencias de fiabilidad, debido a que se usa para almacenar datos y programas de forma permanente. Las principales técnicas usadas para proporcionar esta fiabilidad son:

- Códigos correctores de error, como los existentes en las cabeceras y colas de los sectores.
- Operaciones fiables, cuya corrección se puede verificar antes de dar el resultado de la operación de E/S. Esta técnica se implementa mediante técnicas de almacenamiento estable.
- Redundancia, tanto en datos replicados como en código de paridad para detectar errores y recuperarlos. Esta técnica se implementa mediante el uso de dispositivos RAID (*Redundant Array of Independent Disks*).
- Redundancia hardware, como el sistema de Windows que permite conectar un disco a través de dos controladores.

Todas estas técnicas contribuyen a incrementar la fiabilidad del sistema de E/S y proporcionan tolerancia a fallos para hacer frente a algunos de los errores que antes se calificaron de permanentes. A continuación, se estudian con más detalle los mecanismos de almacenamiento estable y los discos RAID.

9.7.1 Almacenamiento estable

La técnica clásica de almacenamiento redundante es usar **discos espejo**, es decir, dos discos que contienen exactamente lo mismo. Sin embargo, usar dos discos no es suficiente, hay que modificar el manejador, o el gestor de bloques, para tener almacenamiento fiable, de forma que las operaciones de escritura y de lectura sean fiables.

Una **escritura fiable** supone escribir en ambos discos con éxito. Para ello, se escribe primero en un disco. Cuando la operación está completa, se escribe en el segundo disco. Sólo si ambas tienen éxito, se considera que la operación de escritura ha tenido éxito. En caso de que una de las dos escrituras falle, se considera un error parcial. Si ambas fallan, se considera que hay fallo total del almacenamiento estable.

En el caso de la **lectura fiable**, basta con que uno de los dispositivos esté disponible. Ahora bien, si se quiere verificar el estado de los datos globales, habrá que leer ambos dispositivos y comparar los datos. En caso de error, habrá que elegir alguno de ellos según los criterios definidos por el sistema o la aplicación. Actualmente, algunos sistemas operativos tienen operaciones como writev y readv que permiten escrituras y lecturas con verificación, respectivamente.

Este tipo de redundancia tiene dos problemas principales:

- Desperdicia el 50% del espacio de almacenamiento.

- Reduce mucho el rendimiento de las operaciones de escritura. Ello se debe a que una escritura no se puede confirmar como válida hasta que se ha escrito en ambos discos espejo, lo que significa dos operaciones de escritura.

Sin embargo, tiene la ventaja de ser una técnica barata y sencilla de implementar. Además, si se lee simultáneamente de ambos discos, se puede incrementar mucho el rendimiento del sistema. En Windows, por ejemplo, existen manejadores para proporcionar almacenamiento estable en el ámbito del sistema y de forma transparente al usuario.

9.7.2 Dispositivos RAID

Una técnica más actual para proporcionar fiabilidad y tolerancia a fallos consiste en usar dispositivos **RAID** (*Redundant Array of Independent Disks*) a nivel hardware o software. Estos dispositivos usan un conjunto de discos para almacenar la información y otro conjunto para almacenar información de paridad del conjunto anterior (véase Figura 9.9). En el ámbito físico se ven como un único dispositivo, ya que existe un único controlador para todos los discos. Este controlador se encarga de reconfigurar y distribuir los datos como es necesario de forma transparente al sistema de E/S. Los beneficios de un RAID respecto a un único disco son varios: mayor integridad, mayor tolerancia a fallos, mayor rendimiento y mayor capacidad.

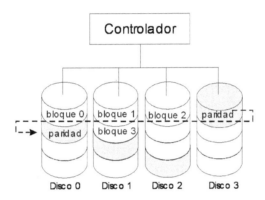

Figura 9.9 Distribución de bloques en un dispositivo RAID5.

Se han descrito hasta 7 niveles de RAID, pero todos ellos se caracterizan porque usan redundancia y sólo toleran el fallo de un solo disco:

- RAID 1. Son discos espejo en los cuales se tiene la información duplicada. Tiene los problemas y las ventajas del almacenamiento estable.
- RAID 2. Distribuye los datos por los discos, repartiéndolos de acuerdo con una unidad de distribución definida por el sistema o la aplicación. El grupo de discos se usa como un disco lógico, en el que se almacenan bloques lógicos distribuidos según la unidad de reparto.
- RAID 3. Reparte los datos a nivel de bit por todos los discos. Se puede añadir bits con códigos correctores de error. Este dispositivo exige que las cabezas de todos los discos estén sincronizadas, es decir que un único controlador controle sus movimientos.
- RAID 4. Reparto de bloques y cálculo de paridad para cada franja de bloques, que se almacena en un disco fijo. En un grupo de 5 discos, por ejemplo, los 4 primeros serían de datos y el 5º de paridad. Este arreglo tiene el problema de que el disco de paridad se convierte en un cuello de botella y un punto de fallo único.
- RAID 5. Reparto de bloques y paridad por todos los discos de forma cíclica. Tiene la ventaja de la tolerancia a fallos sin los inconvenientes del RAID 4. Actualmente existen múltiples dispositivos comerciales de este estilo y son muy populares en aplicaciones que necesitan fiabilidad.

- RAID 10. Es una división de espejos, que combina un RAID1 del que cuelgan con 2 RAID0. Su principal ventaja es que da altas prestaciones sin calcular paridad. Su principal problema es que solo tolera un fallo, ya que, si falla un disco de un RAID0, falla toda su rama, por eso se puede sustituir el segundo nivel por dispositivos de tipo RAID5 que ya incluyen prioridad. Con distintas combinaciones se pueden formar RAID 15, RAID 50, etc.

Actualmente los RAID son los dispositivos de elección en un sistema que requiera fiabilidad y altas prestaciones. Sus controladores están muy optimizados y permiten convertir la información de unos formatos de RAID a otros de forma transparente al usuario para optimizar su rendimiento.

Los sistemas operativos modernos proporcionan módulos para implementar dispositivos RAID por software, es decir sin tener un dispositivo RAID, utilizando varias particiones o varios dispositivos. Linux, por ejemplo, contiene implementaciones de RAID software de tipo RAID0, RAID1, RAID 4, RAID5, RAID6, y RAID10. En este caso, las operaciones que realiza el controlador por hardware se suplen con funciones software. Para configurar un dispositivo RAID por software se usa el mandato:

`raidtab`

La configuración de los dispositivos se almacena en el archivo `/etc/raidtab`. A continuación, se muestra un ejemplo de un dispositivo RAID5:

```
raiddev /dev/md0
        raid-level        5
        nr-raid-disks     3
        nr-spare-disks    0
        persistent-superblock 1
        parity-algorithm  left-symmetric
        chunk-size        16
        device            /dev/sda1
        raid-disk         0
        device            /dev/sdb1
        raid-disk         1
        device            /dev/sdc1
        raid-disk         2
```

Los dispositivos se pueden gestionar con las `raidtools`, que proporcionan mandatos como `raidstart`, `raidrun`, `mkraid` o `raidstop`.

¿Qué ocurre si falla un disco? Un sistema RAID permite que un disco falle y que los datos sigan siendo accesibles para las aplicaciones, pero en modo de funcionamiento degradado, dado que los datos del dispositivo fallido se deben reconstruir a partir de los restantes dispositivos y de la información de redundancia y, por tanto, los accesos son más lentos. Mientras tanto, el administrador puede reparar el RAID, es decir, reponer el dispositivo y restaurar sus datos a partir de los restantes discos del RAID. Habitualmente, las implementaciones de RAID permiten soportar el uso de uno o más discos de reserva (*hot spare*), unidades preinstaladas que pueden usarse automáticamente tras el fallo de un disco del RAID. Esto reduce el tiempo de reparación al acortar el tiempo de reconstrucción del RAID.

9.7.3 Storage Area Networks (SAN)

Una tecnología novedosa para el almacenamiento secundario y terciario la constituyen las SAN (*Storage Area Networks*), que son redes de altas prestaciones a las que se conectan directamente dispositivos de almacenamiento. Presentan una interfaz uniforme para todos los dispositivos y proporcionan un gran ancho de banda. Actualmente, empiezan a ser dispositivos de elección para sistemas de almacenamiento secundarios y terciarios de altas prestaciones. Un ámbito de uso habitual de este tipo de sistemas es el de los sistemas distribuidos, que se estudiarán en el capítulo 13.

9.8 Almacenamiento terciario

Los sistemas de almacenamiento secundario están bien para acceso rápido a datos y programas, sin embargo, tienen tres problemas serios:

- Poca capacidad.
- Alto coste.
- No se pueden extraer del computador.

En algunos sistemas de almacenamiento es necesario disponer de dispositivos extraíbles y de alta capacidad para poder hacer copias de respaldo de datos o para archivar datos que se usan poco frecuentemente. Estas dos necesidades justifican la existencia de almacenamiento terciario, que se puede definir como un sistema de almacenamiento de alta capacidad, bajo coste y con dispositivos extraíbles en el que se almacenan los datos que no se necesitan de forma inmediata en el sistema.

En esta sección se estudia brevemente la tecnología para sistemas de almacenamiento terciario, la estructura y los componentes del sistema de almacenamiento terciario y se estudia el sistema HPSS, un sistema de almacenamiento terciario de altas prestaciones.

9.8.1 Tecnología para almacenamiento terciario

La **tecnología** de almacenamiento terciario no ha evolucionado mucho en los últimos años. Los dispositivos de elección son los CD-ROM, los DVD y, sobre todo, las cintas magnéticas. En cuanto al soporte usado, se usan *jukeboxes* y sistemas robotizados para las cintas.

Los *jukeboxes* son torres de CD-ROM o DVD similares a las máquinas de música que se ven en algunos bares y salas de baile. Cuando se quiere leer algo, las cabezas lectoras suben o bajan por la torre, seleccionan el disco adecuado y lo leen. Este método es adecuado para bases de datos medianas o centros de distribución de música o de películas. Sin embargo, estos dispositivos se usan principalmente como discos WORM (*Write Once Read Many*), lo que significa que es difícil o costoso reescribir información sobre ellos. Además tienen poca capacidad, ya que un CDROM almacena 700 Mbytes y un DVD unos 6 Gbytes.

Hasta ahora, la alternativa como sistema de almacenamiento son las cintas magnéticas, que son más baratas, igual de rápidas y tienen más capacidad (véase la tabla 9.1). Estas cintas se pueden manipular de forma manual o mediante robots que, según los códigos de barras, las almacenan una vez escritas y las colocan en las cabezas lectoras cuando es necesario.

Tabla 9.1 Evolución de las características de las unidades de cinta.

Unidad	3590	SD-3	3570	9490	9840	3590E	Ultrium 350	Hitachi
Fecha	1995	1995	1997	1998	1998	1999	2004	2010
Capacidad	10 GB	50 GB	5 GB	16 GB	20 GB	40 GB	450 GB	50 TB
Velocidad Transferencia (MB/sec)	9	11	7	6	10	14	40	280

Un buen ejemplo de sistema de almacenamiento terciario lo constituye el existente en el CERN (Centro Europeo para la Investigación Nuclear), donde los datos de los experimentos se almacenan en cintas magnéticas que controla un sistema de almacenamiento controlado por un robot. Cuando se va a procesar un experimento, sus datos se cargan en el almacenamiento secundario. La gran ventaja de este sistema es que un único robot puede manipular un gran número de cintas con pocas unidades lectoras. Su gran desventaja es que los datos no están inmediatamente disponibles para los usuarios, que pueden tener que esperar segundos u horas hasta que se instalan en el sistema de almacenamiento secundario.

En sistemas de altas prestaciones, como el descrito más adelante, se usan servidores de E/S muy complejos, incluidos multiprocesadores, para crear sistemas de almacenamiento terciario cuyo tiempo de respuesta es muy similar a los sistemas de almacenamiento secundario.

9.8.2   Estructura y componentes del almacenamiento terciario

Desde el punto de vista del sistema operativo, el principal problema de estos sistemas de almacenamiento terciario es que se crea una jerarquía de almacenamiento secundario y terciario por la que deben viajar los objetos de forma automática y transparente al usuario. Además, para que los usuarios no estén descontentos, se debe proporcionar accesos con el mismo rendimiento del nivel más rápido y el coste aproximado del nivel más bajo.

La existencia de un sistema de almacenamiento terciario obliga al diseñador del sistema operativo a tomar cuatro decisiones básicas relacionadas con este sistema:

- ¿Qué estructura de sistema de almacenamiento terciario es necesaria?
- ¿Cómo, cuándo y dónde se mueven los ficheros el almacenamiento secundario al terciario?
- ¿Cómo se localiza un fichero en el sistema de almacenamiento terciario?
- ¿Qué interfaz de usuario va a estar disponible para manejar el sistema de almacenamiento terciario?

Los sistemas de almacenamiento terciario existentes en los sistemas operativos actuales, tales como UNIX, Linux y Windows, tienen una **estructura** muy sencilla consistente en un nivel de dispositivos extraíbles, tales como cintas, dispositivos USB o CD-ROM. Estos dispositivos se tratan exactamente igual que los secundarios, exceptuando el hecho de que los usuarios o administradores deben insertar los dispositivos antes de trabajar con ellos. Solamente en grandes centros de datos se pueden encontrar actualmente sistemas de almacenamiento terciario con una estructura compleja, como la de HPSS que se estudia en la sección siguiente.

La cuestión de la **migración de ficheros** del sistema secundario al terciario, y viceversa, depende actualmente de las decisiones del administrador (en el caso de las copias de respaldo) o de los propios usuarios (en el caso de ficheros personales). En los sistemas operativos actuales no se define ninguna política de migración a sistemas terciarios, dado que estos sistemas pueden no existir en muchos computadores. Sin embargo, se recomienda a los administradores tener una planificación de migración para asegurar la integridad de los datos del sistema secundario y para migrar aquellos ficheros que no se han usado durante un periodo largo de tiempo.

La **política de migración** define las condiciones bajo las que se copian los datos de un nivel de la jerarquía a otro, u otros. En cada nivel de la jerarquía se puede aplicar una política distinta. Además, en el mismo nivel se puede aplicar una política distinta dependiendo de los datos a migrar. Imagine que se quiere mover un fichero de usuario cuya cuenta de acceso al computador se ha cerrado. Las posibilidades de volver a acceder a estos datos son pequeñas, por lo que lo más probable es que la política los relegue al último nivel de la jerarquía de E/S (por ejemplo, cintas extraíbles). Imagine ahora que se quiere migrar un fichero de datos del sistema al que se accede con cierta frecuencia, lo más probable es que la política de migración decida copiarlo a un dispositivo de alta integridad y disponibilidad, tal como un RAID. En los sistemas automatizados, como HPSS, hay monitores que rastrean los ficheros del sistema de almacenamiento secundario y crean estadísticas de uso de los mismos. Habitualmente, los ficheros usados son los primeros candidatos para la política de migración.

Cómo y dónde migrar los ficheros depende mucho de la estructura del sistema de almacenamiento terciario. Existen dos opciones claras para mantener los ficheros en almacenamiento terciario:

- Usar dispositivos extraíbles y mantenerlos *off-line*.
- Usar dispositivos extraíbles o no, pero mantenerlos *on-line*.

En el primer caso, los ficheros se copian en el sistema terciario y se eliminan totalmente del secundario. En el segundo, se copian en el sistema terciario pero se mantienen enlaces simbólicos desde el sistema secundario, de forma que los ficheros estén automáticamente accesibles cuando se abren. Un caso especial lo constituyen las copias de respaldo, en las que se copian los datos a un terciario extraíble por cuestiones de seguridad y no de prestaciones.

En este caso, los datos siguen estando completos en el sistema secundario de almacenamiento. Con cualquiera de las opciones, es habitual comprimir los datos antes de copiarlos al sistema terciario, para aumentar la capacidad del mismo. La compresión se puede hacer transparente a los usuarios incorporando herramientas de compresión al proceso de migración.

La **localización de ficheros** en un sistema de almacenamiento terciario es un aspecto muy importante de los mismos. En un sistema operativo de una instalación informática convencional, lo normal es que el usuario deba preguntar al administrador del sistema por ese fichero si éste lo ha migrado a un sistema terciario extraíble, ya que no estará en el almacenamiento secundario.

En el caso de que el sistema terciario sea capaz de montar dinámicamente los dispositivos extraíbles (robots de cintas, *jukeboxes*, etc.) se pueden mantener enlaces desde el sistema secundario al terciario, por lo que se migrará el fichero automáticamente (en cuestión de segundos). Un sistema terciario de altas prestaciones como HPSS intenta que los usuarios no puedan distinguir si los ficheros están en el sistema secundario o terciario, tanto por la transparencia de nombres como por el rendimiento. Para ello usa servidores de nombres, localizadores de ficheros y, si es necesario, bases de datos para localizar los ficheros.

La **interfaz de usuario** de los sistemas de almacenamiento terciario puede ser la misma que la del sistema secundario, es decir las llamadas al sistema de UNIX o Windows para manejar dispositivos de E/S. Sin embargo, es habitual que los sistemas operativos incluyan mandatos, tales como el `tar` de UNIX o el `backup` de Windows, para llevar a cabo copias de ficheros en dispositivos extraíbles de sistema terciario. Por ejemplo:

```
tar cvf /usr/jesus /dev/rmt0
```

hace una copia de los datos del usuario `jesus` al dispositivo de cinta `rmt0` de un computador UNIX. Igualmente:

```
tar cvf / /dev/rmt0
```

hace una copia de todos los sistemas de ficheros de un computador UNIX al dispositivo de cinta `rmt0`.

Estos mandatos permiten hacer copias totales de los datos o parciales, es decir copiar sólo los ficheros modificados desde la copia anterior.

En los sistemas de almacenamiento terciario de alto rendimiento, como HPSS, se encuentran interfaces muy sofisticadas para configurar y manipular los datos, como se muestra a continuación.

9.8.3   Ejemplo de almacenamiento de altas prestaciones: HPSS

El Sistema de Almacenamiento de Altas Prestaciones (HPSS, *High Performance Storage System*) es un sistema de E/S diseñado para proporcionar gestión de almacenamiento jerárquico, secundario y terciario, y servicios para entornos con necesidades de almacenamiento grandes y muy grandes. Está pensado para ser instalado en entonos de E/S con alto potencial de crecimiento y muy exigentes en términos de capacidad, tamaño de ficheros, velocidad de transferencia, número de objetos almacenados y número de usuarios.

Uno de los objetivos de diseño primarios de HPSS fue mover los ficheros grandes de dispositivos de almacenamiento secundario a sistemas terciarios, que pueden ser incluso sistemas de E/S paralelos, a velocidades mucho más altas que los sistemas de fichero tradicionales (cintas, *jukeboxes*, etc.), de forma más fiable y totalmente transparente al usuario.

El resultado del diseño fue un sistema de almacenamiento de altas prestaciones con las siguientes características (véase Figura 9.10):

- Arquitectura distribuida a través de redes, siempre que es posible, para proporcionar escalabilidad y paralelismo.
- Jerarquías múltiples de dispositivos que permiten incorporar todo tipo de dispositivos actuales (RAID, SAN, *jukebox*, cintas, etc.) y experimentar con medios de almacenamiento nuevos. Los dispositivos se agrupan en clases, cada una de las cuales tiene sus propios

servicios. Existen servicios de migración entre clases para mover ficheros de una clase de dispositivo a otra.

- Transferencia de datos directa entre los clientes y los dispositivos de almacenamiento, sin copias intermedias de memoria. Para ello se usan reubicadores de ficheros que se encargan de las transferencias de ficheros de forma distribuida.

- Velocidad de transferencia muy alta, debido a que los reubicadores extraen los datos directamente de los dispositivos y los transmiten a la velocidad de éstos (por ejemplo, 50 Mbytes/segundo para algunos RAID).

- Interfaz de programación con acceso paralelo y secuencial a los dispositivos de E/S. Diseño interno *multithread* que usa un protocolo FTP (*File Transfer Protocol*) paralelo.

- Uso de componentes estandarizados que le permiten ejecutar sobre UNIX sin ninguna modificación. Está escrito en ANSI C e incorpora varios estándares del IEEE para sistemas de almacenamiento.

- Uso de transacciones para asegurar la integridad de los datos y de Kerberos (véase capítulo 10) como sistema de seguridad.

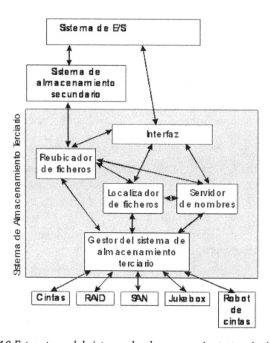

Figura 9.10 Estructura del sistema de almacenamiento terciario de HPSS.

La Figura 9.10 muestra una estructura muy simplificada de HPSS. Básicamente se pueden distinguir cinco módulos principales en el sistema de almacenamiento terciario: interfaz, servidor de nombres, localizador de ficheros, reubicador de ficheros y gestor del sistema de almacenamiento terciario.

9.9 Lecturas recomendadas

Como se ha comentado a lo largo del capítulo, la mayoría de los libros generales de sistemas operativos (como [Silberschatz 2018], Stallings [Stallings 2018]) y Tanenbaum [Tanenbaum 2009], realizan un tratamiento relativamente superficial en la gestión del almacenamiento, centrándose sobre todo en los discos. [EMC 2012] incluye una visión global de sistemas de información de almacenamiento. [Richarte 2014] muestra una buena descripción de los discos magnéticos. [Poelker 2012] presenta una buena descripción de las redes de almacenamiento

9.10 Ejercicios

1. *¿En qué componentes del sistema de E/S se llevan a cabo las siguientes tareas?*
   a) Traducción de bloques lógicos a bloques del dispositivo.
   b) Escritura de mandatos al controlador del dispositivo.
   c) Traducir los mandatos de E/S a mandatos del dispositivo.
   d) Mantener una caché de bloques de E/S.

2. *¿En qué consiste el DMA? ¿Para qué sirve?*

3. *En un centro de cálculo tienen un disco Winchester para dar soporte a la memoria virtual de un computador. ¿Tiene sentido? ¿Se podría hacer lo mismo con un dispositivo USB o una cinta? Razone la respuesta.*

4. *Suponga que un manejador de disco recibe peticiones de bloques de disco para las siguientes pistas: 2, 35, 46, 23, 90, 102, 3, 34. Si el disco tiene 150 pistas, el tiempo de búsqueda entre pistas consecutivas es de 4 ms. y el tiempo de búsqueda de la pista 0 a la 150 es de 8 ms., calcule los tiempos de búsqueda para los algoritmos de planificación de disco SSF, FCFS, SCAN y CSCAN.*

5. *Sea un disco con 63 sectores por pista, intercalado simple de sectores, tamaño de sector de 512 bytes y una velocidad de rotación de 3.000 RPM. ¿Cuánto tiempo costará leer una pista completa? Tenga en cuenta el tiempo de latencia.*

6. *El almacenamiento estable es un mecanismo hardware/software que permite realizar actualizaciones atómicas en almacenamiento secundario. ¿Cuál es el tamaño máximo de registro que este mecanismo permite actualizar atómicamente (sector, bloque, pista, ...)? Si la corriente eléctrica falla justo a mitad de una escritura en el segundo disco del almacenamiento estable, ¿cómo funciona el procedimiento de recuperación?*

7. *¿Es lo mismo un disco RAM que una caché de disco? ¿Tienen el mismo efecto en la E/S? Razone la respuesta.*

8. *Suponga un controlador de disco SCSI, al que se pueden conectar hasta 8 dispositivos simultáneamente. El bus del controlador tiene 40 Mbytes/seg. de ancho de banda y puede solapar operaciones de búsqueda y transferencia, es decir, puede ordenar una búsqueda en un disco y transferir datos mientras se realiza la búsqueda. Si los discos tienen un ancho de banda medio de 2 Mbytes/seg. y el tiempo medio de búsqueda es de 6 ms., calcule el máximo número de dispositivos que el controlador podría explotar de forma eficiente si hay un 20% de operaciones de búsqueda y un 80% de transferencias, con un tamaño medio de 6 Kbytes, repartidas uniformemente por los 8 dispositivos.*

9. *¿Cuáles son las principales diferencias, desde el punto de vista del sistema operativo, entre un sistema de copias de respaldo y un sistema de almacenamiento terciario complejo como HPSS?*

10. *Suponga que los dispositivos extraíbles, como las cintas, fueran tan caros como los discos. ¿Tendría sentido usar estos dispositivos en la jerarquía de almacenamiento?*

11. *Suponga un gran sistema de computación al que se ha añadido un sistema de almacenamiento terciario de alta capacidad. ¿De qué forma se puede saber si los ficheros están en el sistema secundario o en el terciario? ¿Se podría integrar todo el árbol de nombres? Razone la respuesta.*

10. FICHEROS Y DIRECTORIOS

En este capítulo se presentan los conceptos relacionados con ficheros y directorios. El capítulo tiene tres objetivos básicos: mostrar al lector dichos conceptos desde el punto de vista de usuario, los servicios que da el sistema operativo y los conceptos de diseño de sistemas de ficheros y directorios.

Desde el punto de vista de los usuarios y las aplicaciones, los ficheros y directorios son los elementos centrales del sistema. Cualquier usuario genera y usa información a través de las aplicaciones que ejecuta en el sistema. En todos los sistemas operativos de propósito general, las aplicaciones y sus datos se almacenan en ficheros no volátiles, lo que permite su posterior reutilización. Por ello, un objetivo fundamental de cualquier libro de sistemas operativos suele ser la dedicada a la gestión de archivos y directorios, tanto en lo que concierne a la visión externa y al uso de estos mediante los servicios del sistema, como en lo que concierne a la visión interna del sistema y a los aspectos de diseño de estos elementos.

Para alcanzar este objetivo el planteamiento que se va a realizar en este capítulo es plantear el problema inicialmente los aspectos externos de ficheros y directorios, con las distintas visiones que de estos elementos deben tener los usuarios. Al final del capítulo se mostrarán ejemplos prácticos de programación de sistemas en LINUX y en Windows.

En este capítulo se presentan además los conceptos relacionados con el diseño de ficheros y directorios, así como de las estructuras internas que usa el sistema operativo para darles soporte. El capítulo tiene pues tres objetivos básicos: mostrar al lector los aspectos de diseño de los sistemas de ficheros, del servidor de ficheros y del servidor de directorios. De esta forma, se pueden adaptar los contenidos del tema a distintos niveles de conocimiento. Por ello, un objetivo fundamental de cualquier libro de sistemas operativos suele ser la dedicada a la visión interna del sistema y a los aspectos de diseño de estos elementos.

Para alcanzar este objetivo en este capítulo es profundizar en los aspectos internos de descripción de ficheros y directorios, las estructuras que los representan y su situación en los dispositivos de almacenamiento usando sistemas de ficheros.

Para desarrollar el tema, el capítulo se estructura en los siguientes grandes apartados:

- Visión de usuario del sistema de ficheros.
- Ficheros.
- Directorios.
- Protección.
- Estructuras de ficheros y directorios.
- Sistemas de ficheros: estructura e implementación.
- El servidor de ficheros.
- El servidor de directorios.
- Mecanismos de incremento de prestaciones.

10.1 Visión de usuario del sistema de Ficheros

Desde el punto de vista de los usuarios y las aplicaciones, los ficheros y directorios son los elementos centrales del sistema. Cualquier usuario genera y usa información a través de las aplicaciones que ejecuta en el sistema. En todos los sistemas operativos de propósito general, las aplicaciones y sus datos se almacenan en ficheros no volátiles, lo que permite su posterior reutilización. La visión que los usuarios tienen del sistema de ficheros es muy distinta de la que tiene el sistema operativo en el ámbito interno. Como se muestra en la Figura 10.1, los usuarios ven los ficheros como un conjunto de información estructurada según sus necesidades o las de sus aplicaciones, mientras que el sistema operativo los contempla como conjuntos de datos estructurados según sus necesidades de almacenamiento y representación. Además, puede darse la circunstancia de que distintos usuarios vean un mismo fichero de forma distinta. Un fichero de empleados, por ejemplo, puede tratarse como un conjunto de registros indexados o como un fichero de texto sin ninguna estructura. Cuando en un sistema existen múltiples ficheros, es necesario dotar al usuario de algún mecanismo para estructurar el acceso a los mismos. Estos mecanismos son los directorios, agrupaciones lógicas de ficheros que siguen criterios definidos por sus creadores o manipuladores. Para facilitar el manejo de los ficheros, casi todos los sistemas de directorios permiten usar nombres lógicos, que, en general, son muy distintos de los descriptores físicos que usa internamente el sistema operativo. Cualquiera que sea la visión lógica de sus ficheros, para los usuarios su característica principal es que no están ligados al ciclo de vida de una aplicación en particular. Un fichero y un directorio tienen su propio ciclo de vida. Para gestionar estos objetos, todos los sistemas operativos de propósito general incluyen servicios de ficheros y directorios, junto con programas de utilidad que facilitan el uso de sus servicios.

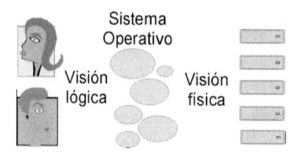

Figura 10.1 Visión lógica y física de los ficheros.

El servidor de ficheros es la parte del sistema operativo que se ocupa de facilitar el manejo de los dispositivos periféricos, ofreciendo una visión lógica simplificada de los mismos en forma de ficheros. Mediante esta visión lógica se ofrece a los usuarios un mecanismo de abstracción que oculta todos los detalles relacionados con el almacenamiento y distribución de la información en los dispositivos periféricos, así como el funcionamiento de estos. Para ello se encarga de la organización, almacenamiento, recuperación, gestión de nombres, coutilización y protección de los ficheros de un sistema.

10.2 Ficheros

Las aplicaciones de un computador necesitan almacenar información en soporte permanente, tal como discos o cintas. Dicha información, cuyo tamaño puede variar desde unos pocos bytes hasta Terabytes, puede tener accesos concurrentes desde varios procesos. Además, dicha información tiene su ciclo de vida que normalmente no está ligado a una única aplicación.

En esta sección se va a estudiar la visión externa del sistema de ficheros. Para ello, se mostrará el concepto de fichero, la gestión de nombres de ficheros, las estructuras de fichero posibles, las semánticas de acceso, las semánticas de coutilización y los servicios que proporcionan los sistemas operativos para gestionar ficheros.

10.2.1 Concepto de fichero

Todos los sistemas operativos proporcionan una unidad de almacenamiento lógico, que oculta los detalles del sistema físico de almacenamiento, denominada **fichero** . *Un fichero es una unidad de almacenamiento lógico no volátil que agrupa un conjunto de información relacionada entre sí bajo un mismo nombre*. Desde el punto de vista del usuario, el fichero es la única forma de gestionar el almacenamiento secundario, por lo que es importante en un sistema operativo definir cómo se nombran los ficheros, qué operaciones hay disponibles sobre los ficheros, cómo perciben los usuarios los ficheros, etc. Internamente, todos los sistemas operativos dedican una parte de sus funciones, agrupada en el **sistema de ficheros** , a gestionar los ficheros. En este componente del sistema operativo se define cómo se estructuran los ficheros, cómo se identifican, cómo se implementan, acceden, protegen, etcétera

Desde el punto de vista del usuario, el sistema de ficheros es la parte más visible del sistema operativo ya que a través de él accede a los programas y los datos almacenados en ficheros de distinto tipo (código fuente, programas objeto, bibliotecas, programas ejecutables, texto ASCII, etcétera) agrupados en directorios. Para el usuario, los ficheros son contenedores de información de un tipo definido por su creador, aunque todos ellos se pueden agrupar en dos grandes clases: **ficheros ASCII** y **ficheros binarios**. Los ficheros ASCII, formados por líneas de texto, pueden ser editados o impresos directamente, cosa que no suele ocurrir con ficheros binarios que suelen almacenar ficheros ejecutables, objetos y datos no textuales. En el sistema operativo LINUX existe un tipo peculiar de ficheros, denominado **ficheros especiales** , que permiten modelar cualquier dispositivo de E/S como un fichero más del sistema. Los ficheros especiales pueden serlo de caracteres (para modelar terminales, impresoras, etcétera) o de bloques (para modelar discos y cintas).

Desde el punto de vista del sistema operativo, un fichero se caracteriza por tener una serie de atributos. Dichos atributos varían de unos sistemas operativos a otros, pero habitualmente incluyen los siguientes:

- **Nombre**: identificador del fichero en formato comprensible para el usuario. Definido por su creador.
- **Identificador único**: en el ámbito interno, el sistema operativo no usa el nombre para identificar a los ficheros, sino un identificador único fijado con criterios internos del sistema operativo. Este identificador suele ser un número y habitualmente es desconocido por los usuarios.
- **Tipo de fichero**: útil en aquellos sistemas operativos que soportan tipos de ficheros en el ámbito interno. En algunos casos el tipo de fichero se identifica por el denominado número mágico, una etiqueta del sistema operativo que le permite distinguir entre distintos formatos de almacenamiento de ficheros.
- **Mapa del fichero**: formado normalmente por apuntadores a los dispositivos, y a los bloques dentro de estos, que albergan el fichero. Esta información se utiliza para localizar el dispositivo y los bloques donde se almacena la información que contiene el fichero.
- **Protección**: información de control de acceso que define quién puede hacer qué sobre el fichero, la palabra clave para acceder al fichero, el dueño del fichero o su creador, entre otros datos.
- **Tamaño del fichero**: número de bytes en el fichero, máximo tamaño posible para el fichero, etcétera
- **Información temporal**: tiempo de creación, de último acceso, de última actualización, etcétera. Esta información es muy útil para gestionar, monitorizar y proteger los sistemas de ficheros.
- **Información de control del fichero**: que indica si es un fichero escondido, de sistema, normal o directorio, cerrojos, etcétera.

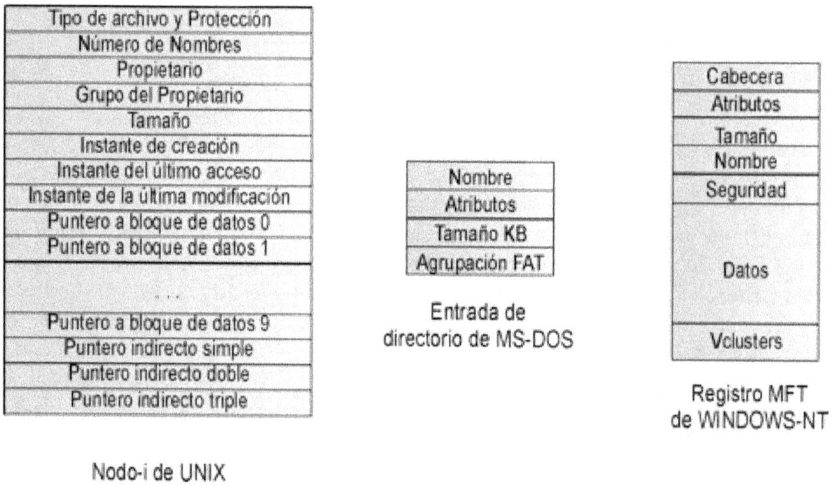

Tipo de archivo y Protección
Número de Nombres
Propietario
Grupo del Propietario
Tamaño
Instante de creación
Instante del último acceso
Instante de la última modificación
Puntero a bloque de datos 0
Puntero a bloque de datos 1
. . .
Puntero a bloque de datos 9
Puntero indirecto simple
Puntero indirecto doble
Puntero indirecto triple

Nodo-i de UNIX

Nombre
Atributos
Tamaño KB
Agrupación FAT

Entrada de
directorio de MS-DOS

Cabecera
Atributos
Tamaño
Nombre
Seguridad
Datos
Vclusters

Registro MFT
de WINDOWS-NT

Figura 10.2 Estructuras de descripción de un fichero.

El sistema operativo debe proporcionar, al menos, una estructura de fichero genérico que dé soporte a todos los tipos de ficheros mencionados anteriormente, un mecanismo de nombrado, facilidades para proteger los ficheros y un conjunto de servicios que permita explotar el almacenamiento secundario y el sistema de E/S de forma sencilla y eficiente. Dicha estructura debe incluir los atributos deseados para cada fichero, especificando cuáles son visibles y cuáles están ocultos a los usuarios. La Figura 10.2 muestra tres formas de describir un fichero: nodo-i de LINUX, registro de MFT en Windows y entrada de directorio de MS-DOS. Todas ellas sirven como mapas para acceder a la información del fichero en los dispositivos de almacenamiento.

El **nodo-i** de LINUX contiene información acerca del propietario del fichero, de su grupo, del modo de protección aplicable al fichero, del número de enlaces al fichero, de valores de fechas de creación y actualización, el tamaño del fichero y el tipo del mismo. Además, incluye un mapa del fichero mediante apuntadores a bloques de dispositivo que contienen datos del fichero. A través del mapa de bloques del nodo-i se puede acceder a cualquiera de sus bloques con un número muy pequeño de accesos a disco.

Cuando se abre un fichero, su nodo-i se trae a memoria. En este proceso, se incrementa la información del nodo-i almacenada en el disco con datos referentes al uso dinámico del mismo, tales como el dispositivo en que está almacenado y el número de veces que el fichero ha sido abierto por los procesos que lo están usando.

El **registro de MFT** de Windows describe el fichero mediante los siguientes atributos: cabecera, información estándar, descriptor de seguridad, nombre de fichero y datos (véase figura 9.2). A diferencia del nodo-i de LINUX, un registro de Windows permite almacenar hasta 1,5 Kbytes de datos del fichero en el propio registro, de forma que cualquier fichero menor de ese tamaño debería caber en el registro. Si el fichero es mayor, dentro del registro se almacena información del mapa físico del fichero incluyendo punteros a grupos de bloques de datos (*Vclústers*), cada uno de los cuales incluye a su vez datos y punteros a los siguientes grupos de bloques. Cuando se abre el fichero, se trae el registro a memoria. Si es pequeño, ya se tienen los datos del fichero. Si es grande hay que acceder al disco para traer bloques sucesivos. Es interesante resaltar que en este sistema todos los accesos a disco proporcionan datos del fichero, cosa que no pasa en LINUX, donde algunos accesos son sólo para leer información de control.

En el caso de **MS-DOS**, la representación del fichero es bastante más sencilla debido principalmente a que es un sistema operativo monoproceso y monousuario. En este caso, la información de protección no existe y se limita a unos atributos mínimos que permiten ocultar el fichero o ponerlo como de sólo lectura. El nombre se incluye dentro de la descripción, así como los atributos básicos y el tamaño del fichero en Kbytes. Además, se especifica la posición del inicio del fichero en la tabla FAT (*file allocation table*), donde se almacena el mapa físico del fichero.

10.2.2 Tipos de ficheros

Los tipos de ficheros que reconoce un sistema operativo se han ido simplificando cada vez más, hasta llegar a modelos generales que permiten a las aplicaciones superponer sobre ellos cualquier estructura particular. En general, un sistema operativo convencional distingue cuatro tipos de ficheros: ficheros normales o regulares, directorios, ficheros especiales y enlaces. En Linux y UNIX se puede averiguar de qué tipo es un fichero usando el mandato file. En Windows se pueden mirar las propiedades del fichero.

Los **ficheros normales o regulares** son los usados para almacenar datos de todo tipo. Pueden incluir información alfanumérica o binaria. Todos los ficheros que manejan las aplicaciones son regulares, aunque tengan distintos atributos, son de este tipo para el sistema operativo. Por ejemplo, si se ejecuta un mandato file sobre un fichero de datos, denominado datos en el ejemplo, se obtiene:

```
#file datos
datos: data
```

Si se ejecuta sobre un fichero de texto generado por un editor, denominado hijo en el ejemplo, se obtiene:

```
#file hijo
hijo: ASCII text
```

Si se ejecuta sobre una imagen, denominada sf25.gif en el ejemplo, se obtiene:

```
#file sf25.gif
sf25.gif: GIF image data, version 89a, 1495 x 663
```

(Observe que ambos se reconocen como data).

Todos los sistemas operativos deben reconocer al menos un tipo de fichero regular: sus propios **ficheros ejecutables**. Así, si se ejecuta el mandato file sobre un fichero binario ejecutable, que en el ejemplo se denomina busqueda, se obtiene lo siguiente:

```
#file busqueda
busqueda: ELF 32-bit LSB executable, Intel 80386, version 1 (SYSV),
dynamically linked (uses shared libs), not stripped
```

La estructura de un fichero ejecutable está íntimamente ligada a la forma de gestionar la memoria y la E/S en un sistema operativo. En algunos sistemas, como VMS, los ficheros ejecutables se reconocen por su extensión. En otros, como en LINUX, porque así se indica en el número mágico que identifica el tipo de fichero.

Aunque existen distintos formatos de ficheros ejecutables, como el ELF, la Figura 10.3 muestra un ejemplo simplificado de estructura de un fichero ejecutable en el sistema operativo LINUX. Como puede verse, el sistema operativo espera que dicho formato incluya, al menos, cinco secciones: cabecera, texto, datos, información de carga y tabla de símbolos. Dentro de la cabecera está la información necesaria para que el sistema operativo pueda interpretar la estructura del ejecutable y encontrar cada uno de sus elementos (número mágico, tamaño de las otras secciones, opciones de ejecución, etcétera). Cada sistema operativo usa un número mágico característico para reconocer sus ejecutables.

Como se verá en la sección 9.3 con más detalle, los **directorios** son un tipo de fichero especial para el sistema operativo porque la información que contienen es un conjunto de estructuras de tipo directorio que son inherentes al propio sistema operativo. Además, desde el punto de vista de integridad estos ficheros son más importantes para el sistema que los de datos, por lo que se gestionan a nivel interno del sistema operativo de forma más exigente.

Si se ejecuta el mandato file sobre un directorio, que en el ejemplo se denomina soluciones, se obtiene lo siguiente:

```
#file soluciones
soluciones: directory
```

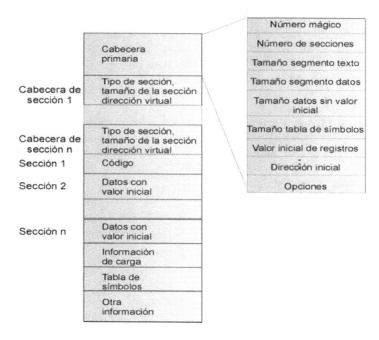

Figura 10.3 Estructura de un fichero ejecutable

Un tipo de fichero significativo para el sistema operativo son los denominados **ficheros especiales**. Estos ficheros permiten representar cualquier dispositivo como un fichero y fueron una innovación importante en LINUX en los años 70. Existen dos tipos de ficheros especiales, **de bloques y de caracteres**, en correspondencia con los tipos de dispositivo existentes. La gran ventaja de estos ficheros es que permiten leer y escribir los dispositivos exactamente como se leen y se escriben los ficheros ordinarios, siendo el sistema operativo capaz de traducir las operaciones de ficheros a su equivalente del hardware correspondiente. Este tipo de manejo de información tiene una ventaja importante puesto que, si el sistema operativo trata todo como si fuese un fichero, no es necesario aprender las particularidades del hardware de la computadora. Si se ejecuta un mandato `file` sobre este dispositivo, denominado `lp0`, se obtiene:

```
#file lp0
lp0: character special (6/0)
```

El último tipo de fichero considerado son los **enlaces**. Como se verá más adelante, los enlaces no son ficheros reales, sino representaciones de otros ficheros. Tienen limitaciones importantes en ciertos casos y exigen también una gestión especial por parte del sistema operativo. Si se ejecuta el mandato `file` sobre un fichero `hijo1`, que es un enlace del `hijo` del ejemplo anterior, se obtiene:

```
#file hijo1
hijo1: symbolic link to hijo
```

10.2.3 Nombres de ficheros

Todo objeto del sistema operativo debe tener un **nombre o descriptor único** para que el sistema operativo y sus usuarios puedan localizar dicho objeto y trabajar con él. En el caso de objetos internos al sistema operativo, éste les asigna un identificador de tipo numérico que no trasciende al exterior. Sin embargo, los ficheros son especiales en cuanto que son creados y manipulados de forma externa al sistema operativo por los usuarios, por lo que no parece más adecuado asignar un nombre que tenga significado lógico para la visión del usuario.

En esta sección se comentan los aspectos relativos al nombrado de ficheros, tanto desde el punto de vista lógico como del interno del sistema operativo, así como la posibilidad de usar varios nombres lógicos para designar a un mismo fichero.

Nombres lógicos de fichero (de usuario o externos)

Una de las características principales de un sistema operativo, de cara a los usuarios, es la forma en que se nombran los ficheros. Todo objeto fichero debe tener un nombre a través del que se pueda acceder a él de forma inequívoca. Por ello, todos los sistemas operativos proporcionan mecanismos de nombrado que permiten asignar un nombre a un fichero en el momento de su creación. Este nombre acompañará al objeto mientras exista y le identificará de forma única.

El tipo de nombres que se usan para los ficheros varía de un sistema operativo a otro. Sin embargo, y para ser más amigables con los usuarios, todos ellos permiten asignar a los ficheros nombres formados por combinaciones de caracteres alfanuméricos y algunos caracteres especiales. La longitud de los nombres puede ser variable. Por ejemplo, MS-DOS permite nombres con una longitud máxima de 8 caracteres, mientras LINUX permite nombres de hasta 4096 caracteres. Asimismo, algunos sistemas operativos, como MS-DOS o Windows, no distinguen entre mayúsculas y minúsculas, mientras otros, como LINUX, sí lo hacen. Por las razones anteriores, un nombre de fichero como CATALINAPEREZ no sería válido en MS-DOS pero sí en LINUX y los nombres CATALINA y catalina denominarían el mismo fichero en MS-DOS pero a dos ficheros distintos en LINUX.

Muchos sistemas operativos permiten añadir una o más **extensiones** al nombre de un fichero. Dichas extensiones se suelen separar del nombre con un punto (ejemplo .txt) y sirven para indicar al sistema operativo, a las aplicaciones, o a los usuarios, características del contenido del fichero. Las extensiones de los ficheros tienen formato y significado muy distinto para cada sistema operativo. En MS-DOS, por ejemplo, un fichero sólo puede tener una extensión y ésta debe ser una etiqueta de tres letras como máximo. En LINUX y Windows, un fichero puede tener cualquier número de extensiones y de cualquier tamaño. La Figura 10.4 muestra algunas de las extensiones más habituales en los nombres de ficheros, tales como pdf, ps o dvi para ficheros ASCII en formato visible o imprimible, zip para ficheros comprimidos, c o cpp para código fuente en C y C++ respectivamente, htm o html para hipertexto, etcétera Como se puede ver, Windows asocia a cada tipo de fichero el icono de la aplicación que lo puede manejar (si conoce el tipo de fichero y la aplicación).

Habitualmente, las extensiones son significativas sólo para las aplicaciones de usuario, pero existen casos en que el sistema operativo reconoce, y da soporte específico, a distintos tipos de ficheros según sus extensiones. Ambas aproximaciones tienen sus ventajas e inconvenientes:

- Si el sistema operativo reconoce tipos de ficheros, puede proporcionar utilidades específicas y muy optimizadas para los mismos. Sin embargo, el diseño del sistema se complica mucho.
- Si no los reconoce, las aplicaciones deben programar las utilidades específicas para manejar su tipo de ficheros. Pero el diseño interno del sistema operativo es mucho más sencillo.

Un ejemplo de la primera opción fue el sistema operativo *TOPS-20*, que proporcionaba distintos tipos de ficheros en su ámbito interno y ejecutaba operaciones de forma automática dependiendo del tipo de fichero. Por ejemplo, si se modificaba un fichero con código fuente Pascal, y extensión .pas, el sistema operativo recompilaba automáticamente la aplicación creando una nueva versión de la misma.

La segunda opción tiene un exponente claro en LINUX, sistema operativo para el que las extensiones del nombre no son significativas, aunque sí lo sean para las aplicaciones externas. Por ello, LINUX no almacena entre los atributos de un fichero ninguna información acerca del tipo de este, ya que este sistema operativo proporciona un único tipo de fichero cuyo modelo se basa en una tira secuencial de bytes. Únicamente distingue algunos formatos, como los ficheros ejecutables, porque en el propio fichero existe una cabecera donde se indica el tipo del mismo mediante un número, al que se denomina **número mágico**. Por supuesto, esta característica está totalmente oculta al usuario. Por ejemplo, un compilador de lenguaje C puede necesitar nombres de ficheros con la extensión .c y la aplicación compress puede necesitar nombres con la extensión ".z". Sin embargo, desde el punto de vista del sistema operativo no existe ninguna diferencia entre ambos ficheros. Windows tampoco es sensible a las extensiones de ficheros, pero sobre él existen aplicaciones del sistema (como el *explorador*) que permiten asociar dichas extensiones con la ejecución de aplicaciones. De esta forma, cuando se activa un fichero con el ratón, se lanza automáticamente la aplicación que permite trabajar con ese tipo de ficheros.

Name	Size	Type	Modified
My Pictures		File Folder	07/09/2000 11:36
My Webs		File Folder	06/09/2000 11:57
pstr-inf_files		File Folder	14/09/2000 16:21
.fvwmrc	13 KB	FVWMRC File	06/05/1999 18:00
cartacas.tex	1 KB	COREL Texture	06/05/1999 17:55
cata99.ps	193 KB	PS File	06/05/1999 17:55
control.bib	16 KB	BIB File	06/05/1999 17:55
faxing.log	4 KB	Text Document	06/05/1999 17:55
fig3-1.tif	734 KB	Corel PHOTO-PAIN...	22/08/2000 11:59
fig3-7.cdr	27 KB	CDR File	03/05/2000 18:27
pstr-inf.doc	53 KB	Microsoft Word Doc...	14/09/2000 16:21
pstr-inf.htm	1 KB	Microsoft HTML Doc...	14/09/2000 9:51
remain.zip	0 KB	WinZip File	30/05/2000 12:34
Sample.jpg	10 KB	Corel PHOTO-PAIN...	05/09/2000 17:08
winamp265.exe	2.112 KB	Application	07/09/2000 13:10
cmutex.cpp	3 KB	CPP File	11/09/2000 15:30
secobject.c	2 KB	C File	14/07/2000 12:52
adasmspkg.adb	13 KB	ADB File	24/02/2000 9:49
Demo.ppt	345 KB	Microsoft PowerPoi...	24/07/1998 8:15
vol3tc04.html	10 KB	Microsoft HTML Doc...	22/12/1999 11:28
remain.pdf	4.110 KB	Adobe Acrobat Doc...	07/04/1999 11:11

Figura 10.4 Extensiones frecuentes en los nombres de fichero.

Nombres de ficheros estándar

Hasta la introducción del sistema operativo LINUX, cuando un proceso tenía que usar dispositivos debía realizar operaciones muy complicadas, generalmente distintas a las de los ficheros. Debido a ello, cuando un programa se construía para un dispositivo no podía usarse para otro, a no ser que se creara una nueva versión adaptada. Con LINUX se introdujo la filosofía de poder usar los dispositivos como un fichero cualquiera, cuyos nombres están incluidos en el directorio /dev, con lo que se unificaron las operaciones de entrada/salida (ver el capítulo anterior. Además de estas ideas, LINUX introdujo otras derivadas de la experiencia obtenida de MULTICS, siendo una de las principales la asignación por defecto a cada proceso creado de tres descriptores estándares de fichero :

- stdin : descriptor de la entrada estándar para el proceso. Como se muestra en la Figura 10.5a, está asociado por defecto al teclado (/dev/kbd).
- stdout: descriptor de la salida estándar para el proceso. Como se muestra en la Figura 10.5a, está asociado por defecto a la pantalla (/dev/tty).
- stderr: descriptor de la salida estándar para los errores del proceso. Como se muestra en la Figura 10.5a, está asociado por defecto a la pantalla (/dev/tty) .

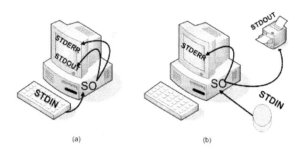

Figura 10.5 Cambio de dispositivo asociado a los nombres estándar.

Estos descriptores indican los lugares "por defecto" desde donde se leen los datos de trabajo y hacia donde se envían los resultados y los errores, respectivamente. Cuando se crea un proceso, el sistema operativo abre estos dispositivos y les asigna los nombres estándares. Una gran ventaja de estos descriptores que se pueden "redireccionar" mediante mandatos o mediante programas para cambiar el lugar de donde se leen los datos, donde se envían los resultados y donde se envían los errores, respectivamente. Así, tanto en LINUX como en Windows, el símbolo > permite cambiar los dispositivos asociados a los nombres estándar para usar otros dispositivos, ficheros, etcétera Por ejemplo, el mandato `cat`:

```
#cat
```

Lee lo que se escribe por el teclado y lo reproduce en pantalla, incluyendo posibles errores. Sin embargo, el mandato:

```
#cat  < hijo > /dev/lp
```

Lee el contenido del fichero `hijo` y lo muestra la impresora, cambiando los dispositivos asociados a los nombres estándar como se muestra en la Figura 10.5b. Observe que la salida de errores no se ha cambiado. Este mecanismo permite crear mandatos más complejos a partir de módulos básicos basados en los descriptores estándar y está actualmente presente en todos los sistemas operativos.

En la sección 9.3 se muestra un programa de ejemplo para asociar los nombres estándar a dispositivos distintos usando llamadas al sistema operativo LINUX.

Nombres internos (del sistema de ficheros) de un fichero

Los nombres lógicos de usuario no significan nada para el sistema de ficheros. Cunado se crea un fichero en un dispositivo o volumen, el sistema operativo le asigna un identificador interno **único** que es el que realmente se utiliza en todas las operaciones del sistema operativo. Estos descriptores internos son tanto en LINUX /UNIX como en Windows **números enteros** que identifican la posición o índice de los metadatos del fichero dentro del dispositivo físico o lógico de almacenamiento en el que está el fichero.

En LINUX, por ejemplo, el dispositivo se identifica mediante dos números: primario (**major**) para el tipo de dispositivo y secundario (**minor**) para el dispositivo en sí. Por tanto, un fichero se identificará dentro de un computador mediante un identificador resultante de unir esos dos números y el número del nodo-i del fichero dentro del dispositivo. En Windows, los dispositivos de almacenamiento se gestionan mediante volúmenes, que tienen un identificador numérico asignado, por lo que los ficheros se identifican mediante el descriptor del **volumen** y el descriptor del MFT dentro del volumen. Este esquema se puede extender a sistemas distribuidos sin más que usar la dirección IP del sistema antes de los descriptores anteriores.

¿Cómo se relacionan los nombres lógicos, o de usuario, con los internos, o del sistema operativo? Pues se relacionan a través de los **directorios** . Los directorios, que se explican a continuación, no son sino formas de enlazar nombres con números, o representaciones simbólicas con el descriptor real del objeto. Son idénticos a una guía de teléfonos que asigna a cada usuario un número de teléfonos.

¿Qué descriptores internos tienen los nombres estándar? No tienen ninguno a priori. Se les asigna el del dispositivo con el que se relacionan en cada momento.

El nombre interno de un fichero es único y pervive mientras exista el fichero. No se debe confundir con el descriptor de fichero que reciben los usuarios cuando abren un fichero, como se puede observar en la sección en la que se describe más adelante el ciclo de vida de un fichero.

Nombrado múltiple de un fichero: enlaces

En algunos sistemas operativos, como los de tipo LINUX, se permite que un fichero pueda tener varios nombres, aunque todos ellos representen al mismo objeto fichero final, es decir hagan referencia al mismo nombre interno. Así, un usuario puede ver el fichero con identificador interno `2348765` mediante el nombre `hijo`, mientras otro lo ve mediante el nombre `sobrino`, pero el sistema operativo sabe de alguna forma que ambos nombres denominan al mismo objeto.

Esta es una forma muy habitual de compartir ficheros en LINUX, para lo que se suele crear un **enlace** al fichero compartido. Existen dos tipos de enlaces:

- **Físico**. Un apuntador a otro fichero o subdirectorio, cuya entrada de directorio tiene el mismo descriptor de fichero (en LINUX, el nodo-i) que el fichero enlazado. Ambos nombres apuntan al mismo objeto fichero. Resolver cualquiera de los nombres de sus enlaces nos devuelve el propio descriptor del fichero. Una restricción importante es que solo se pueden establecer enlaces físicos entre ficheros que están en el mismo sistema de ficheros, por lo que no se puede realizar enlaces entres sistemas de ficheros distintos o situados en distintos volúmenes de almacenamiento.
- **Simbólico**. Se crea un un nuevo fichero cuyo contenido es el nombre del fichero enlazado. Resolver el nombre del enlace simbólico no da el descriptor del destino, sino el descriptor del fichero en el que está el nombre del destino. Para acceder al destino, hay que abrir el fichero del enlace, leer el nombre del destino y resolverlo de nuevo. Su acceso es más ineficiente, porque hay que resolver dos nombres (enlace y fichero), pero son mucho más generales. Estos enlaces simbólicos se introdujeron con el sistema operativo LINUX BSD y se popularizaron mucho con el sistema de ficheros de red NFS (*Network File System*).

El sistema operativo necesita tener constancia de los enlaces físicos que tiene un fichero para realizar las acciones adecuadas en la creación y borrado del fichero (como se verá más adelante). Para ello, se cuenta en LINUX con un atributo en el descriptor del fichero (nodo-i) denominado **contador de enlaces**. Cuando se crea un enlace a un fichero, se incrementa en el nodo-i del fichero un contador de enlaces físicos. Cuando se rompe el enlace, se decrementa dicho contador. Solo se puede borrar un fichero cuando su contador de enlaces es cero.

La Figura 10.6 (a) muestra el caso en que `sobrino` es un enlace físico a `hijo`. Como se puede ver ambos apuntan al mismo descriptor de fichero, es decir físicamente al mismo fichero (cuyo contador de enlaces es 2). Sin embargo, en el caso (b) `sobrino` es un enlace simbólico a `hijo` por lo que tiene su propio descriptor de fichero, dentro del cual se encuentra el nombre del fichero al que apunta. Por tanto, no apunta directamente al descriptor de fichero de `hijo`.

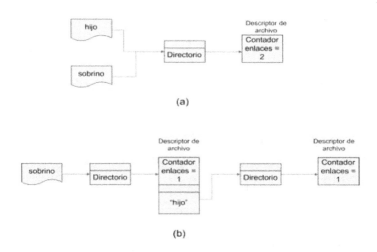

Figura 10.6 Diferencia entre un enlace físico y uno simbólico.

10.2.4 Estructura de un fichero

Los ficheros pueden estructurarse de formas distintas, tanto en el ámbito de usuario como del sistema operativo. Desde el punto de vista del sistema operativo, algunos ficheros (como los ejecutables o las bibliotecas dinámicas) deben tener una cierta estructura para que su información pueda ser interpretada. Desde el punto de vista del usuario, la información de un fichero puede estructurarse como una lista de caracteres, un conjunto de registros secuencial o indexado, etcétera. Desde el punto de vista de algunas aplicaciones, como por ejemplo un compilador, un fichero de biblioteca está formado por una serie de módulos acompañados por una cabecera descriptiva para cada módulo. La Figura 10.7 muestra algunas de estas estructuras de fichero.

Una cuestión distinta es si el sistema operativo debe proporcionar funcionalidad para múltiples estructuras de ficheros en el ámbito interno. A priori, un soporte más extenso facilita las tareas de programación de las aplicaciones. Sin embargo, esta aproximación tiene dos serios inconvenientes:

- La interfaz del sistema operativo se complica en exceso.
- El diseño y la programación del propio sistema operativo son mucho más complejos.

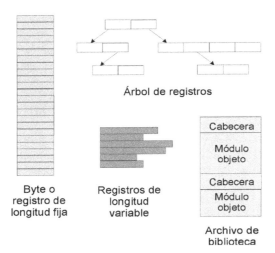

Figura 10.7 Ejemplos de estructuras lógicas de fichero.

Es por ello que los sistemas operativos más populares, como LINUX o Windows, proporcionan una estructura interna de fichero y una interfaz de programación muy sencillos, pero polivalentes, permitiendo a las aplicaciones construir cualquier tipo de estructura para sus ficheros sin que el sistema operativo sea consciente de ello. Con la estructura de fichero que proporciona LINUX, una tira secuencial de bytes, se puede acceder a cualquier byte del fichero directamente si se conoce su desplazamiento desde el origen del fichero (véase la Figura 10.8).

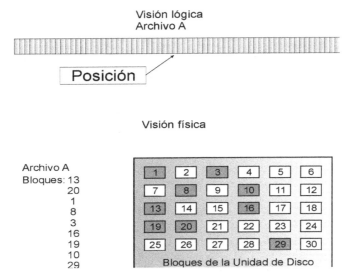

Figura 10.8 Estructura lógica y física de un fichero.

10.2.5 Métodos de acceso

Para poder utilizar la información almacenada en un fichero, las aplicaciones deben acceder a la misma y almacenarla en memoria. Hay distintas formas de acceder a un fichero, aunque no todos los sistemas operativos proporcionan todas ellas. Para una aplicación, elegir adecuadamente la forma de acceder a un fichero suele ser un aspecto importante de diseño, ya que, en muchos casos, el método de acceso tiene un impacto significativo en el rendimiento de esta. Dependiendo de que se pueda saltar de una posición a otra de un fichero, se distinguen dos métodos de acceso principales: acceso secuencial y acceso directo.

Cuando se usa el método de **acceso secuencial**, lo único que se puede hacer es leer los bytes del fichero en orden, empezando por el principio. No puede saltar de una posición del fichero a otra o leerlo desordenado. Si se quiere volver atrás, hay que volver al principio y releer todo el fichero hasta el punto deseado. Las operaciones más comunes son lecturas y escrituras. En una lectura, un proceso lee una porción del fichero, como resultado de la cual se actualiza el apuntador de posición de dicho fichero a la siguiente posición de lectura. En una escritura, un proceso puede añadir información al fichero y avanzar hasta el final de los datos nuevos. Este modo de acceso se usa muy frecuentemente en aplicaciones que necesitan leer los ficheros completos y de forma contigua, como ocurre con editores y compiladores. La forma de acceso secuencial se basa en un modelo de fichero almacenado en cinta magnética, pero funciona igualmente bien en dispositivos de acceso directo. Los atributos del fichero no necesitan ningún mapa de los datos, excepto su posición inicial y su longitud, porque todos están contiguos. Por ejemplo, para acceder primero a los datos de Juan, que se sabe está en la posición 34 en un fichero de alumnos, y después a los de Miguel, que está en la posición 16, habría que ejecutar la siguiente secuencia de instrucciones:

```
Desde 0 hasta 33
    Readnext
Rewind
Desde 0 hasta 15
    Readnext
```

El principal problema de este método es su falta de flexibilidad cuando hay que acceder de forma no secuencial a los datos. Para tratar de paliarlo, el sistema MVS incluye ficheros ISAM (*Indexed Sequential Access Method*), es decir ficheros secuenciales a partir de los cuáles se crea un índice que indica la posición de determinados elementos y que se usa para acceder a ellos rápidamente sin tener que estudiar todos los que hay delante de ellos. Imagine que tiene un fichero de clientes ordenado por orden alfabético y quiere buscar a Juan y a Pepe. Deberá leer todos los nombres y ver si son ellos. Con el método ISAM, existe un fichero de índice que le dice, por ejemplo, donde empiezan los clientes cuyo nombre comienza por A, por B, etcétera Para leer los datos de Juan puede ir directamente a la posición del índice para la J y luego comparar los datos para buscar Juan dentro de ese bloque. ¡Observe que, en cualquier caso, es necesario leer los datos hasta Juan!

Con la llegada de los dispositivos de acceso directo (como los discos magnéticos) surgió la forma de **acceso directo**, o **aleatorio**, a un fichero. El fichero se considera como un conjunto de registros, cada uno de los cuales puede ser un byte. Se puede acceder al mismo desordenadamente moviendo el apuntador de acceso al fichero a uno u otro registro. Esta forma de acceso se basa en un modelo de fichero almacenado en disco, ya que se asume que el dispositivo se puede mover aleatoriamente entre los distintos bloques que componen el fichero. Para proporcionar este método de acceso a las aplicaciones, los sistemas operativos incluyen llamadas del sistema de ficheros con las que se puede modificar la posición dentro del fichero (seek) o en las que se puede especificar el número de registro o bloque a leer o escribir, normalmente relativos al principio del fichero. El sistema operativo relaciona estos números relativos con números absolutos en los dispositivos físicos de almacenamiento. Por ejemplo, para acceder primero a los datos de Juan y Miguel igual que antes, la secuencia de instrucciones a ejecutar es la siguiente:

```
Seek      alumno    34
Read      /*    Autoincrementa    el    puntero    tras    la    lectura*/
Seek      alumno    16
Read      /* Autoincrementa el puntero tras la lectura*/
```

Este método de acceso es fundamental para la implementación de muchas aplicaciones. Las bases de datos, por ejemplo, usan fundamentalmente ficheros de este tipo. Imagine que tiene la lista de clientes anterior en un dispositivo que permite acceso directo. En lugar de leer los datos hasta `Juan` basta con leer la posición en el índice y saltar hasta dicha posición. Actualmente, todos los sistemas operativos usan esta forma de acceso, mediante la cual se puede también acceder secuencialmente al fichero de forma muy sencilla. Igualmente, sobre sistemas de acceso directo se pueden construir fácilmente otros métodos de acceso como los de índice, registros de tamaño fijo o variable, etcétera.

Seleccionar adecuadamente la forma de acceso a un fichero influye mucho en el rendimiento de las operaciones sobre ficheros. Por ejemplo, usar accesos secuenciales en una base de datos cuyas operaciones se hacen en el ámbito de los registros sería pésimo. Sin embargo, usar accesos secuenciales para copiar un fichero sobre otro sería óptimo.

10.2.6 Servicios POSIX para ficheros

POSIX proporciona una visión lógica de fichero equivalente a una tira secuencial de bytes. Para acceder al fichero, se mantiene un **apuntador de posición**, a partir del cual se ejecutan las operaciones de lectura y escritura sobre el fichero. Para identificar a un fichero, el usuario usa nombres al estilo de LINUX, como por ejemplo `/users/miguel/datos`. Cuando se abre un fichero, se devuelve un descriptor de fichero, que se usa a partir de ese momento para identificar al fichero en otras llamadas al sistema. Estos descriptores son números enteros de 0 a n y son específicos para cada proceso. Cada proceso tiene su **tabla de descriptores de ficheros abiertos** (`tdaa`), desde la que se apunta a una **tabla de ficheros abiertos** (`taa`) desde la que se apunta a la **tabla de descriptores internos (nodos-i)** (`ta`) de los ficheros. La Figura 10.9 muestra un ejemplo de dichas tablas. El descriptor de fichero abierto `fd` indica el elemento de la tabla desde donde se apunta al nodo-i. Esta tabla se rellena de forma ordenada, por lo que siempre que se abre un fichero se le asigna la primera posición libre de la misma. Así, cuando se realiza una operación `open`, el sistema de ficheros busca desde la posición `0` hasta que encuentra una posición libre, siendo esa la ocupada. (Esta característica se usa exhaustivamente para hacer redirección de entrada/salida, como se verá en los programas de ejemplo). Cuando se cierra un fichero (`close`), se libera la entrada correspondiente.

En los sistemas LINUX y UNIX, a los nombres estándar de ficheros asociados a cada proceso se les asocian tres descriptores de ficheros abiertos por defecto. Estos descriptores ocupan las posiciones 0 a 2 de la `tdaa` y se asignan como se muestra a continuación:

- Entrada estándar, `stdin`, `fd = 0`.
- Salida estándar, `stdout`, `fd = 1`.
- Error estándar, `stderr`, `fd = 2`.

Como ya se indicó, el objetivo principal de estos descriptores estándar es poder escribir programas que sean independientes de los ficheros sobre los que han de trabajar. Además, desde el punto de vista de diseño, permiten cambiar los dispositivos de entrada/salida de forma elegante.

Los mandatos del intérprete de mandatos de LINUX están escritos para leer y escribir de los descriptores estándar, por lo que se puede hacer que ejecuten sobre cualquier fichero sin más que redireccionar los descriptores de ficheros estándares.

Cuando se ejecuta una llamada `fork`, se duplica el BCP del proceso. Cuando se cambia la imagen de un proceso con la llamada `exec`, uno de los elementos del BCP que se conserva es la tabla de descriptores de fichero. Por tanto, basta con que un proceso coloque adecuadamente los descriptores estándar y que luego invoque la ejecución del mencionado programa, para que éste utilice los ficheros previamente seleccionados. Esta característica de los sistemas LINUX permite compartir ficheros de forma muy elegante.

¿Por qué no se puede apuntar directamente desde la `tdaa` a la `ta`? ¿Es necesaria la tabla `taa`? La razón es que, como se vio anteriormente, varios procesos pueden tener abierto simultáneamente un fichero y puede estar accediendo a él en posiciones distintas, lo que impide almacenar el apuntador de posición en el nodo-i sin que unos procesos interfieran en la posición de otros, lo que cambiaría la semántica del sistema. Una posible respuesta sería almacenar el apuntador de posición en la `tdaa`. El problema con esta solución es que cuando se hace un `fork`, sí se desea que ambos procesos tengan el mismo apuntador de posición, lo que no sería posible. La solución es incluir la tabla intermedia `taa`, en cada una de cuyas entradas se incluye el apuntador de acceso asociado a ese fichero para una sesión de un proceso y un apuntador al nodo-i de `ta`. En este caso, si se hace un `fork`, ambos descriptores de las `tdaa` de los procesos apuntarían a la misma entrada de la `taa`, con lo que compartirían apuntador de acceso sin ningún problema al tiempo que otros procesos tendrían su apuntador de posición independiente, lo que permite reflejar la semántica de LINUX completamente.

La Figura 10.9 muestra las tablas descritas y sus contenidos más relevantes. Como se puede ver, dos procesos P0 y P1 tienen abierto el mismo fichero en sesiones distintas y cada uno tiene un descriptor distinto en la tabla `tdaa` asociada a su BCP. Desde estas tablas cada uno de ellos apunta a una entrada distinta de la `taa`, donde hay un apuntador de posición de fichero distinto, pero se apunta a la misma entrada de la `ta`, lo que no podía ser de otra forma puesto que al fin y al cabo se trata del mismo fichero. En esta entrada se indica los datos del nodo-i o del manejador del fichero. Los procesos P24 y P32, que son resultantes de ejecutar una llamada al sistema `fork`, apuntan a la misma entrada de la `taa`, por lo que incluso comparten el apuntador de posición, lo que significa que las operaciones de entrada/salida de un proceso afectan a las del otro en cuanto a la posición del fichero en que se ejecutan.

Usando servicios de LINUX, se pueden consultar los atributos de un fichero. Estos atributos son una parte de la información existente en el descriptor interno del fichero (nodo-i). Entre ellos se encuentran el número de nodo-i, el sistema de ficheros al que pertenece, su dispositivo, tiempos de creación y modificación, número de enlaces físicos, identificación de usuario y grupo, tamaño óptimo de acceso, modo de protección, etcétera El modo de protección es especialmente importante porque permite controlar el acceso al fichero por parte de su dueño, su grupo y el resto del mundo.

En LINUX, estos permisos de acceso se especifican usando máscaras de 9 bits con el siguiente formato:

```
dueño grupo    mundo rwxrwxrwx
```

Variando los valores de estos bits, se pueden definir los permisos de acceso a un fichero. Por ejemplo, `755` indica `rwxr-xr-x`. En el capítulo de Seguridad y Protección se estudia este tema con más profundidad.

A continuación, se describen los **principales servicios de ficheros** descritos en el estándar POSIX. Estos servicios están disponibles en prácticamente todos los sistemas operativos actuales.

```
int creat(const char *path, mode_t mode);
```

Este servicio permite crear un nuevo objeto fichero. Su efecto es la creación de un fichero con nombre `path` y modo de protección `mode`. El resultado es un descriptor de fichero interno al proceso que creó el fichero y que es el descriptor de fichero más bajo sin usar en su tabla de descriptores. El fichero queda abierto sólo para escritura. En caso de que el fichero exista, se trunca. En caso de que el fichero no pueda ser creado, devuelve -1 y pone el código de error adecuado en la variable `errno`.

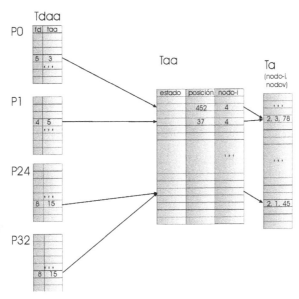

Figura 10.9 Tablas que relacionan procesos y ficheros abiertos en LINUX.

```
int unlink (const char *path);
```

Este servicio permite borrar un fichero indicando su nombre. Si el fichero no está referenciado por ningún nombre más (lo que en LINUX equivale a decir que el contador de los enlaces del nodo-i es cero) y nadie lo tiene abierto, esta llamada libera los recursos asignados al fichero por lo que queda inaccesible. Si el fichero está abierto, se pospone su fichero hasta que todos los procesos lo hayan cerrado. El argumento path indica el nombre del fichero a borrar.

```
int open (const char path, int oflag, /* mode_t mode */ ...);
```

Este servicio establece una conexión entre un fichero y un descriptor de fichero abierto, interno al proceso que lo ha abierto. El resultado de su ejecución es el descriptor de fichero libre más bajo de su tdaa. El argumento path define el nombre del fichero a abrir. El argumento oflag permite especificar qué tipo de operación se quiere hacer con el fichero: lectura (O_RDONLY), escritura (O_WRONLY), lectura-escritura (O_RDWR), añadir información nueva (O_APPEND), creación, truncado, escritura no bloqueante, etcétera En caso de especificar creación del fichero (O_CREAT), se debe especificar el modo de protección del mismo, siendo el efecto de la llamada equivalente al servicio creat. Por ejemplo, creat ("fichero", 0751) es equivalente a open ("fichero", O_WRONLY|O_CREAT|O_TRUNC, 0751). Si el fichero no existe, no se puede abrir con las características especificadas o no se puede crear, la llamada devuelve -1 y un código de error en la variable errno.

```
int close (int fildes);
```

La llamada close libera el descriptor de fichero obtenido cuando se abrió el fichero, dejándolo disponible para su uso posterior por el proceso. Si la llamada termina correctamente, se liberan los posibles cerrojos sobre el fichero fijados por el proceso y se anulan las operaciones pendientes de E/S asíncrona. Además, si ningún proceso lo tiene abierto (es decir, en LINUX el contador de aperturas del nodo-i es cero) se liberan los recursos del sistema operativo ocupados por el fichero, incluyendo posibles proyecciones en memoria del mismo.

```
ssize_t read (int fildes, void *buf, size_t nbyte);
```

Este servicio permite a un proceso leer datos de un fichero, que debe abrirse previamente, y copiarlos a su espacio de memoria. El descriptor de fichero se indica en `fildes`, la posición de memoria donde copiar los datos se especifica en el argumento `buf` y el número de bytes a leer se especifica en `nbyte`. La lectura se inicia a partir de la posición actual del apuntador de posición del fichero. Si la llamada se ejecuta correctamente, devuelve el número de bytes leídos realmente, que pueden ser menos que los pedidos, y se incrementa el apuntador de posición del fichero con esa cantidad. Si se intenta leer más allá del fin de fichero, la llamada devuelve un cero. Si se intenta leer en una posición intermedia de un fichero que no ha sido escrita previamente, la llamada devuelve bytes con valor cero.

```
ssize_t write (int fildes, const void *buf, size_t nbyte);
```

Esta llamada permite a un proceso escribir en un fichero una porción de datos existente en el espacio de memoria del proceso. El descriptor de fichero se indica en `fildes`, la posición de memoria desde donde copiar los datos se especifica en el argumento `buf` y el número de bytes a escribir se especifica en `nbyte`. La escritura se lleva a cabo a partir del valor actual del apuntador de posición del fichero. Si la llamada se ejecuta correctamente, devuelve el número de bytes escritos realmente y se incrementa el valor del apuntador de posición del fichero. Si la escritura va más allá del fin de fichero, se incrementa el tamaño del mismo. Si se especificó `O_APPEND` en la apertura del fichero, antes de escribir se pone el apuntador de posición al final del fichero, de forma que la información siempre se añade al final.

Para ilustrar el uso de los servicios descritos, se presenta en esta sección un pequeño programa en lenguaje C que abre el fichero "datos" y lo escribe por la salida estándar (pantalla). El programa ejecuta la siguiente secuencia de acciones:

1. Abrir el fichero origen.
2. Mientras existan datos en el fichero origen, leer datos y añadirlos al fichero destino.
3. Cerrar el fichero origen.

El código fuente en lenguaje C que se corresponde al ejemplo propuesto se muestra en el Programa 10.1.

Programa 10.1. Copia de un fichero a la salida estándar.

```c
#include <fcntl.h>
#include <stdlib.h>
#define STDIN 0
#define STDOUT 1
#define TAMANYO_ALM 256
main (int argc, char **argv)
{
        int     fd_ent;            /* identificador de fichero */
        char    almacen[TAMANYO_ALM]; /* almacén de E/S */
        int     n_read;            /* contador de E/S */
        /* Apertura del fichero */
        fd_ent = open ("datos", O_RDONLY);
        if (fd_ent < 0) {
                perror ("open datos");
                exit (-1);
```

```
    }
    n_read = read(fd_ent, almacen, TAMANYO_ALM);
    while (n_read > 0) {
        write(STDOUT, almacen, n_read);
        n_read = read(fd_ent, almacen, TAMANYO_ALM);
    }
    /* Todo correcto. Cerrar fichero */
    close (fd_ent);
}
```

```
off_t lseek (int fildes, off_t offset, int whence);
```

Esta llamada permite cambiar el valor del apuntador de posición de un fichero abierto, de forma que posteriores operaciones de E/S se ejecuten a partir de esa posición. El descriptor de fichero se indica en `fildes`, el desplazamiento se indica en `offset` y el lugar de referencia para el desplazamiento se indica en `whence`. Hay tres formas de indicar la posición de referencia para el cambio de apuntador: `SEEK_SET`, el valor final del apuntador es `offset`; `SEEK_CUR`, el valor final del apuntador es el valor actual más `offset`; `SEEK_END`, el valor final es la posición de fin de fichero más `offset`. Si la llamada se ejecuta correctamente, devuelve el nuevo valor del apuntador de posición del fichero. Esta llamada permite ir más allá del fin del fichero, pero no modifica el tamaño del mismo. Para que esto ocurra hay que escribir algo en dicha posición. (Vea el Programa 10.2).

```
int stat (const char *path, struct stat *buf);
int fstat (int fildes, struct stat *buf);
```

POSIX especifica los servicios `stat` y `fstat` para consultar los distintos atributos de un fichero, si bien en el caso de `fstat` dicho fichero debe estar abierto. El nombre del fichero se especifica en `path`. El descriptor de fichero abierto se especifica en `fildes`. Ambas devuelven una estructura de tipo `stat` en la que se muestra parte de la información existente en el descriptor interno del fichero (nodo-i), tal como el número de nodo-i, el sistema de ficheros al que pertenece, su dispositivo, tiempos de creación y modificación, número de enlaces físicos, identificación de usuario y grupo, tamaño óptimo de acceso, modo de protección, etcétera En caso de que el fichero no exista, `stat` devuelve un error. `fstat` devuelve un error si el fichero existe, pero no está abierto. Ambas dan error en caso de que el usuario no tenga permisos de acceso al fichero.

El Programa 10.2 muestra un ejemplo de consulta de atributos del fichero "datos" y de escrituras aleatorias en el mismo. El programa ejecuta la siguiente secuencia de acciones:

1. Antes de abrir el fichero comprueba si tiene permisos de lectura. Si no es así, termina.
2. Abre el fichero para escritura.
3. Salta en el fichero desde el principio del mismo y escribe.
4. Salta más allá del final del fichero y escribe.
5. Cierra el fichero y termina.

Programa 10.2. Consulta de atributos y escrituras aleatorias en un fichero.

```
#include <sys/types.h>
#include <sys/stat.h>
#include <fcntl.h>
#include <unistd.h>
```

```
#define STDIN 0
#define STDOUT 1
#define TAMANYO_ALM 1024
main (int argc, char **argv)
{
    int  fd_sal;                /* identificador de fichero */
    char almacen[TAMANYO_ALM];  /* almacén de E/S */
    int  n_read;                /* contador de E/S */
    struct stat atributos;        /* estructura para almacenar
                                     atributos */
    /* Control de permiso de escritura para el usuario*/
    fd_sal = stat ("datos", &atributos);
    if ((S_IWUSR & atributos.st_mode) != S_IWUSR){
        perror ("no se puede escribir en datos");
        exit (-1);
    }
    /* Apertura del fichero */
    fd_sal = open ("datos", O_WRONLY);
    if (fd_sal < 0){
        perror ("open datos");
        exit (-1);
    }
    /* Escritura con desplazamiento 32 desde el inicio*/
    if ((n_read = lseek (fd_sal, 32, SEEK_SET)) >0 ){
        /* Escribir al fichero de salida */
        if (write (fd_sal, "prueba1", strlen("prueba1")) < 0)
        {
            perror ("write SEEK_SET");
            close (fd_sal);
            exit (-1);
        } /* If */
    }
    /*Escritura con desplazamiento 1024 desde posición actual*/
    if ((n_read = lseek (fd_sal, 1024, SEEK_CUR)) >0 ){
    /* Escribir al fichero de salida */
        if (write (fd_sal, "prueba2", strlen("prueba2")) < 0)
        {
            perror ("write SEEK_CUR");
            close (fd_sal);
            exit (-1);
        } /* If */
    }
    /* Escritura con desplazamiento 1024 desde el final */
    if ((n_read = lseek (fd_sal, 1024, SEEK_END)) >0 ){
        /* Escribir al fichero de salida */
        if (write (fd_sal, "prueba3", strlen("prueba3")) < 0)
        {
            perror ("write SEEK_END");
            close (fd_sal);
            exit (-1);
```

```
        } /* If */
    }
    /* Todo correcto. Cerrar fichero */
    close (fd_sal);
    exit (0);
}
/* Para ver el efecto del último lseek, haga el mismo
        ejemplo sin el write de prueba 3 */
```

Puede usar el programa 10.2 para leer el archivo y el efecto de las operaciones de salto. Observe que se generan zonas vacías (agujeros) en medio del fichero cuando se hace un lseek más allá del fin del fichero y luego una escritura en esa posición (Figura 10.10). El agujero resultante no tiene inicialmente ningún valor, aunque cuando el usuario intenta acceder a esa posición, se le asignan bloques de disco y se le devuelven datos rellenos de ceros.

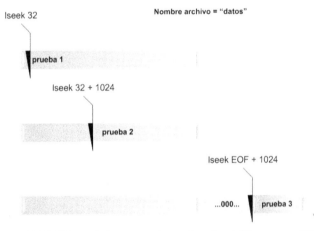

Figura 10.10. Efecto de las operaciones de salto del Programa 10.2.

```
int fcntl (int fildes, int cmd, /* arg */ ...);
```

POSIX especifica el servicio fcntl para controlar los distintos atributos de un fichero abierto. El descriptor de fichero abierto se especifica en fildes. La operación a ejecutar se especifica en cmd y los argumentos para dicha operación, cuyo número puede variar de una a otra, en arg. Los mandatos que se pueden especificar en esta llamada permiten duplicar el descriptor de fichero, leer y modificar los atributos del fichero, leer y modificar el estado del fichero, establecer y liberar cerrojos sobre el fichero y modificar las formas de acceso definidas en la llamada open. Los argumentos son específicos para cada mandato, por lo que se remite al lector a la información de ayuda del sistema operativo.

Como se ha visto en una sección anterior, una de las funcionalidades que permite esta llamada es poner bloqueos totales o parciales sobre un fichero usando un mandato y struct flock (ver sección de ficheros compartidos) como tercer argumento. El mandato F_GETLK para ver si hay un bloqueo sobre una zona del fichero. Si no lo hay, se devuelve en l_type F_UNLCK. F_SETLK pone un bloqueo de lectura (con l_type F_RDLCK) o de escritura (con l_type F_WRLCK) o libera el bloqueo (con l_type F_UNLCK). Si ya hay un bloqueo, devuelve –1. F_SETLKW es similar a F_SETLK, pero si existe un cerrojo no devuelve un error, sino que deja bloqueado al proceso hasta que se puede poner el error.

```
int flock (int fildes, int operation);
```

Como se ha visto en la sección anterior, LINUX incluye la llamada `flock` para poder bloquear y desbloquear un fichero completo. Donde `operation` indica las posibles operaciones de bloqueo que se pueden establecer sobre el fichero. `LOCK_SH` permite poner un bloqueo compartido sobre al fichero, de forma que varios procesos pueden tener un bloqueo sobre el fichero al mismo tiempo (acceso múltiple controlado). `LOCK_EX` permite poner un bloqueo exclusivo sobre al fichero, de forma que solo un proceso pued tener un bloqueo sobre el fichero en un determinado instante (acceso único). `LOCK_UN`, libera un bloqueo. `LOCK_NB`, indica que el proceso no se quiere quedar esperando si la adquisición de un cerrojo no tiene éxito. Se especifica como `LOCK_SH | LOCK_NB`. El mismo fichero no puede tener al mismo tiempo ficheros exclusivos y compartidos.

Para ilustrar el uso de los servicios de ficheros que proporciona LINUX, se presenta el Programa 10.3 que copia un fichero en otro. Los nombres de los ficheros origen y destino se reciben como parámetros de entrada. El programa ejecuta la siguiente secuencia de acciones:

1. Abrir el fichero origen.
2. Crear el fichero destino.
3. Bloquear el fichero origen con acceso compartido y el destino con exclusivo.
4. Mientras existan datos en el fichero origen, leer datos y añadirlos al fichero destino.
5. Liberar los bloqueos.
6. Cerrar los ficheros origen y destino.

Programa 10.3. Copia de un fichero sobre otro protegido con cerrojos.

```c
#include <fcntl.h>
#include <stdio.h>
#include <stdlib.h>

#define TAMANYO_ALM 1024
main (int argc, char **argv)
{
    int  fd_ent, fd_sal;    /* identificadores de ficheros */
    char almacen[TAMANYO_ALM];   /* almacén de E/S */
    int  n_read;              /* contador de E/S */

     /* Se comprueba que el número de argumentos
        sea el adecuado.
       En caso contrario, termina y devuelve un error */
    if (argc != 3) {
        fprintf (stderr, "Uso: copiar origen destino \n");
        exit(-1);
    }

    /* Abrir el fichero de entrada */
    fd_ent = open (argv[1], O_RDONLY);
    if (fd_ent < 0){
        perror ("open");
        exit (-1);
    }
```

```
    /* Crea el fichero de salida.
              Modo de protección: rw-r--r--    */
fd_sal = creat (argv[2], 0644);
if (fd_sal < 0){
    perror ("creat");
    exit (-1);
}
 /* Adquirir cerrojo compartido sobre el fichero origen */
 if (flock (fd_ent, LOCK_SH) == -1) {
              perror ("flock origen"); close(fd_ent); close(fd_sal);
    exit (-1);
 }

 /* Adquirir cerrojo exclusivo sobre el fichero destino */
 if (flock (fd_sal, LOCK_EX) == -1) {
    perror ("flock destino");
    flock (fd_ent, LOCK_UN);
    close(fd_ent);
    close(fd_sal);
    exit (-1);
  }

/* Bucle de lectura y escritura */
while ((n_read = read (fd_ent, almacen, TAMANYO_ALM)) >0 ){
    /* Escribir el almacen al fichero de salida */
    if (write (fd_sal, almacen, n_read) < n_read){
        perror ("write");
        close (fd_ent);
        close (fd_sal);
        exit (-1);
    } /* If */
} /* While */

 if (n_read < 0){
    perror ("read");
    close (fd_ent);
    close (fd_sal);
    exit (-1);
}
/* Operación terminada. Desbloquear ficheros */
flock (fd_ent, LOCK_UN);
flock (fd_sal, LOCK_UN);

/* Todo correcto. Cerrar ficheros */
close (fd_ent);
close (fd_sal);
exit (0);
}
```

Sistemas Operativos: Una visión aplicada.

El tamaño del almacén de entrada/salida se usa en este caso para indicar el número de caracteres a leer o escribir en cada operación. El rendimiento de estas operaciones se ve muy afectado por este parámetro. Un almacén de un byte, daría un rendimiento pésimo porque habría que hacer una llamada al sistema cada vez y, en algunos casos, múltiples accesos a disco. Para poder efectuar operaciones de entrada/salida con accesos de tamaño pequeño y rendimiento aceptable, algunos lenguajes de programación, como C y C++, incluyen una biblioteca de objetos de entrada/salida denominada stream. Los métodos de esta biblioteca hacen almacenamiento intermedio de datos sin que el usuario sea consciente de ello. De esta forma, hace operaciones de entrada/salida de tamaño aceptable (4 u 8 KBytes). Si se encuentra alguna vez con accesos de E/S pequeños, no dude en usar esta biblioteca. Este consejo es válido para entornos que utilizan el estándar C y C++.

Otros servicios de ficheros.

El estándar LINUX describe detalladamente muchos más servicios para ficheros que los descritos previamente. Permite establecer enlaces a un fichero existente (link), crear ficheros especiales para tuberías (pipe) y tuberías con nombre (mkfifo), renombrar un fichero (rename), truncarlo (truncate), duplicar un descriptor de fichero abierto (dup y dup2), realizar operaciones de E/S asíncronas (aio_read y aio_write) y esperar por ellas (aio_suspend) o cancelarlas (aio_cancel), proyectar un fichero en memoria (mmap), etcétera Además define varias llamadas para gestionar dispositivos especiales, como terminales o líneas serie. Se remite al lector a la información de ayuda de su sistema operativo (mandato man en LINUX y LINUX) y a los manuales de descripción del estándar LINUX para una descripción detallada de dichos servicios.

El Programa 10.4 muestra un ejemplo de reasignación de la entrada/salida estándar a un fichero y a la impresora. En este caso los nombres de los ficheros origen y destino se han definido como constantes en el código, aunque lo habitual es recibirlos como parámetros. El programa ejecuta la siguiente secuencia de acciones:

1. Cierra la entrada estándar y abre el fichero origen de datos. Esto asigna al fichero el descriptor 0, correspondiente a stdin.
2. Cierra la salida estándar y abre la impresora destino de los datos. Esto asigna al fichero el descriptor 1, correspondiente a stdout.
3. Lee los datos de stdin y los vuelca por stdout.
4. Cerrar stdin y stdout y termina. ¡Cuidado con esta operación! Si se hace antes de que el proceso vaya a terminar, se queda sin entrada y salida estándar.

Programa 10.4. Reasignación de nombres estándar a un fichero y a la impresora.

```
/* Mandato: cat < hijo > /dev/lp */

#include <fcntl.h>

#define STDIN 0
#define STDOUT 1

#define TAMANYO_ALM 1024
main (int argc, char **argv)
{
    int  fd_ent, fd_sal;    /* identificadores de ficheros */
    char almacen[TAMANYO_ALM];   /* almacén de E/S */
    int  n_read;              /* contador de E/S */

    /* Cerrar entrada estándar */
    fd_ent = close (STDIN);
```

```
if (fd_ent < 0){
    perror ("close STDIN");      /* Escribe por STDERR */
    exit (-1);
}

/* Abrir el fichero de entrada */
fd_ent = open ("hijo", O_RDONLY);
if (fd_ent < 0){
    perror ("open hijo");
    exit (-1);
}
        /* Como el primer descriptor libre es 0 (STDIN),
           se asigna a fd_ent */

/* Cerrar salida estándar */
fd_sal = close (STDOUT);
if (fd_sal < 0){
    perror ("close STDIN");
    exit (-1);
}

/* Abrir la impresora como dispositivo de salida. */
fd_sal = open ("/dev/lp", O_WRONLY);
if (fd_sal < 0) {
    perror ("open lp");
    exit (-1);
}

/* Como el primer descriptor libre es 1 (STDOUT),
   se asigna a fd_sal */

/* Bucle de lectura y escritura */
while ((n_read = read (STDIN, almacen, TAMANYO_ALM)) >0 ){
    /* Escribir el almacen al fichero de salida */
    if (write (STDOUT, almacen, n_read) < n_read){
        perror ("write stdout");
        close (fd_ent);
        close (fd_sal);
        exit (-1);
    } /* If */
} /* While */

if (n_read < 0){
    perror ("read hijo");
    close (fd_ent);
    close (fd_sal);
    exit (-1);
}

/* Todo correcto. Cerrar ficheros estándar*/
```

```
        close (STDIN);
        close (STDOUT);
        exit (0);
}
/* Si no puede abrir /dev/lp por permisos de protección,
   use cualquier otro fichero creado por usted */
```

10.3 Directorios

Un sistema de ficheros puede ser muy grande. Para poder acceder a los ficheros con facilidad, todos los sistemas operativos proporcionan formas de organizar los nombres de ficheros mediante **directorios** . Un directorio puede almacenar otros atributos de los ficheros tales como ubicación, propietario, etcétera dependiendo de cómo haya sido diseñado. Habitualmente, los directorios se implementan como ficheros, pero se tratan de forma especial y existen servicios especiales del sistema operativo para su manipulación.

En esta sección se va a estudiar el concepto de directorio, las estructuras de directorios más comunes, su relación con los nombres de fichero y las formas más frecuentes de construir las jerarquías de directorios.

10.3.1 Concepto de directorio

Un **directorio** . es un objeto que relaciona de forma unívoca el nombre de usuario de un fichero y el descriptor interno del mismo usado por el sistema operativo. Los directorios sirven para organizar y proporcionar información acerca de la estructuración de los ficheros en los sistemas de ficheros. Para evitar ambigüedades, un mismo nombre no puede identificar nunca a dos ficheros distintos, aunque varios nombres se pueden referir al mismo fichero.

Habitualmente, un directorio contiene tantas entradas como ficheros son accesibles a través de él, siendo la función principal de los directorios presentar una **visión lógica** simple al usuario, escondiendo los detalles de implementación del sistema de directorios.

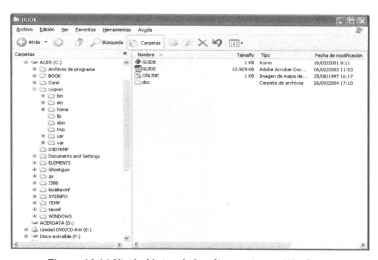

Figura 10.11 Visión lógica de los directorios en Windows.

Un ejemplo de visión lógica del esquema de directorios de Windows, en este caso un esquema jerárquico, puede verse en la Figura 10.11, donde los ficheros se representan mediante iconos gráficos y los directorios se representan mediante carpetas. Esta representación permite visualizar gráficamente la estructura de los directorios a través de aplicaciones del sistema, en este caso Microsoft Explorer, y generalmente algunos detalles o atributos de los objetos incluidos en el directorio. Además, permiten visualizar con preferencia ciertos tipos de ficheros, como ejecutables o ficheros de procesadores de textos, y asociarlos con aplicaciones que se ejecutan de forma automática cuando se pulsa con el ratón sobre dichos ficheros.

Cuando se abre un fichero, el sistema operativo busca en el sistema de directorios hasta que encuentra la entrada correspondiente al nombre del fichero. A partir de dicha entrada, el sistema operativo obtiene el identificador interno del fichero y, posiblemente, algunos de los atributos del mismo. Esta información permite pasar del nombre de usuario al objeto fichero que maneja el sistema operativo. Todas las referencias posteriores al fichero se resuelven a través de su descriptor (nodo-i, registro MFT, etcétera). En la sección 9.4 se describe con más detalle las distintas alternativas existentes en los sistemas operativos actuales para definir e implementar los directorios y las entradas que describen a un fichero.

10.3.2 Estructuras de directorio

Independientemente de cómo se defina la entrada de un directorio, es necesario organizar todas las entradas de directorio para poder manejar los ficheros existentes en un sistema de almacenamiento de forma sencilla y eficiente. La forma de estructurar dichas entradas varía de unos sistemas a otros dependiendo de las necesidades de cada sistema.

En sistemas operativos antiguos, como CP/M, se usaron estructuras de directorio de **nivel único** y **directorios con dos niveles** (Figura 10.12). En la primera, existe un único directorio que contiene todas las entradas de ficheros. Es fácil de entender e implementar, pero asignar nombre a un fichero nuevo no es fácil por la dificultad de recordar todos los nombres o la imposibilidad de ver los de otros usuarios. En CP/M, para evitar este problema, el número máximo de ficheros que podía haber en un sistema de ficheros estaba significativamente limitado. Esto reduce el problema de gestión de nombres, pero limita el número de ficheros en un dispositivo de almacenamiento.

Con el crecimiento de la capacidad de los dispositivos de almacenamiento, se resolvió el problema anterior extendiendo la estructura a un directorio de dos niveles, donde cada usuario disponía de su propio directorio, reduciendo así una parte de la confusión inherente a los directorios de nivel único. Cuando se daba de alta un nuevo usuario en el sistema, las utilidades de administración del sistema operativo creaban el directorio para los ficheros del usuario con un nombre fijado con criterios internos al sistema.

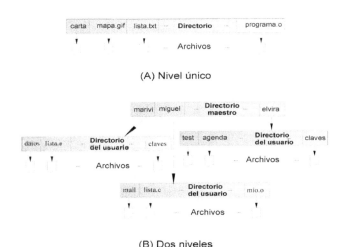

Figura 10.12 Estructuras de directorio de uno y dos niveles.

Cuando el usuario entraba al sistema, se le ponía dentro de su directorio. Para acceder a sus ficheros podía hacer dos cosas: especificar sólo el nombre del fichero relativo a su directorio (por ejemplo, `claves`) o especificar el nombre completo del fichero incluyendo dispositivo, directorio del usuario y nombre de fichero (por ejemplo, `C:\miguel\claves`). Esta estructura mejoraba la seguridad al aislar a los usuarios, pero no se evitaba otros problemas, tales como la gestión de nombres propios de un usuario, la imposibilidad de agrupar los ficheros de un mismo usuario con distintos criterios o el uso compartido de ficheros. Supongamos, por ejemplo, que un alumno tiene varios ficheros de prácticas. Todos ellos estarían bajo el mismo directorio, pero no podría agrupar los de las prácticas de sistemas operativos o las de arquitectura de computadores. Suponga ahora que la práctica se lleva a cabo por un grupo de tres alumnos. ¿Cómo pueden compartir los ficheros de la misma? Con esta estructura sería necesario copiar los ficheros en los directorios de todos ellos, con el peligro consiguiente de incoherencias entre las distintas copias, o crear un nuevo usuario (por ejemplo, `grupo-1`) e introducir en su directorio los ficheros compartidos. Esta solución se adoptó para permitir que todos los usuarios vieran las utilidades del sistema operativo sin tener que hacer múltiples copias: crear un usuario especial, denominado `sistema`, en cuyo directorio se incluían dichas utilidades con permisos de lectura y ejecución para todos los usuarios.

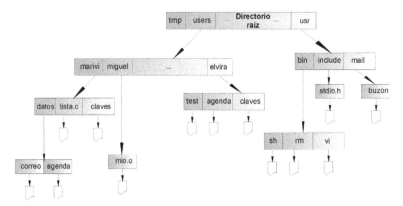

Figura 10.13 Estructura de árbol jerárquico.

A medida que la capacidad de los dispositivos se fue incrementando, fue también creciendo el número de ficheros almacenados por los usuarios en el sistema de ficheros. Con lo que el problema de la complejidad de la asignación de nombres, paliado por la estructura de dos niveles, volvió a aparecer a nivel de usuario. Fue pues necesario generalizar la estructura de dos niveles para obtener una estructura jerárquica más general que permitiera a los usuarios ordenar sus ficheros con criterios lógicos en sus propios subdirectorios, sin depender de las limitaciones de los niveles de la estructura de directorios, lo que llevó a la **estructura de árbol**. Una estructura de árbol (Figura 10.13) representa todos los directorios y subdirectorios del sistema partiendo de un **directorio raíz.**, existiendo un camino único (***path***). que atraviesa el árbol desde la raíz hasta un fichero determinado. Los nodos del árbol son directorios que contiene un conjunto de subdirectorios o ficheros. Las hojas del árbol son siempre ficheros. Normalmente, cada usuario tiene su propio directorio `home` a partir del cual se cuelgan sus subdirectorios y ficheros y en el que le sitúa el sistema operativo cuando entra a su cuenta. Este directorio lo decide el administrador, o los procesos de creación de nuevos usuarios, cuando el usuario se da de alta en el sistema y está almacenado junto con otros datos del usuario en una base de datos o fichero del sistema operativo. En el caso de LINUX, por ejemplo, el fichero `/etc/password` contiene una línea por usuario del sistema, similar a la siguiente:

```
miguel:*:Miguel:/users/miguel:/etc/bin
```

Donde el directorio `home` es `/users/miguel`. MS-DOS y Windows tienen registros de usuarios que también definen el directorio `home`.

Los usuarios pueden subir y bajar por el árbol de directorios, mediante servicios del sistema operativo, siempre que tengan los permisos adecuados. Por ello, tanto el propio usuario como el sistema operativo deben conocer dónde están en cada instante. Para solventar este problema se definió el concepto de **directorio de trabajo**, que es el directorio en el que un usuario se encuentra en un instante determinado. Para crear o borrar un fichero o directorio, se puede indicar su nombre relativo al directorio de trabajo o completo desde la raíz a las utilidades del sistema que llevan a cabo estas operaciones. Un problema interesante con este tipo de estructura es cómo borrar un directorio no vacío. Hay dos soluciones posibles:

- Un directorio no se borra si no está vacío. Si tiene ficheros o subdirectorios, el usuario debe borrarlos previamente. Esta es la solución adoptada habitualmente en las llamadas a los sistemas operativos.

- Un directorio, y todo el subárbol de directorios que cuelga de él, es borrado, aunque el subárbol no esté vacío. Esta solución existe en LINUX y Windows, aunque no como llamada al sistema sino como mandato de usuario. Para evitar que un usuario borre ficheros por error se solicita una confirmación del usuario, vía opción en el mandato LINUX o confirmación en un menú gráfico en Windows. Si la respuesta es afirmativa, se borra todo el subárbol recursivamente.

La estructura de árbol es muy general, pero no proporciona los servicios requeridos en algunos entornos. Por ejemplo, puede ser interesante que varios programadores que trabajan en el mismo proyecto compartan ficheros o subdirectorios llegando a los mismos por sus respectivos directorios de usuario para no tener problemas de seguridad y protección. Esta forma de acceso no existe en la estructura de árbol porque exige que a un fichero se llegue con único nombre. El modelo descrito, sin embargo, rompe la relación uno a uno entre el nombre y el fichero, al requerir que un mismo fichero se pueda acceder a través de varios caminos. Este problema puede resolverse generalizando la estructura del árbol de directorio para convertirla en un **grafo acíclico** (Figura 10.14) . en el cual el mismo fichero o subdirectorio puede estar en dos directorios distintos, estableciendo una relación unívoca nombre-fichero.

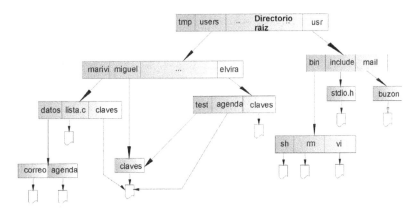

Figura 10.14 Estructura de grafo acíclico.

La existencia de **enlaces** desde varios nombres al mismo fichero introduce dos problemas en este tipo de estructura de directorio. Primero, existen varios nombres para el mismo fichero. Si se quiere recorrer todo el árbol es importante evitar los bucles. Segundo, el borrado de ficheros se complica, ya que un mismo fichero puede ser borrado por varios caminos. Es necesario pues determinar cuándo se puede borrar el fichero. En LINUX, el fichero no se borra hasta que no existe ninguna referencia al mismo, lo que significa que el valor del contador de enlaces es cero. Para ello, cuando se borra un fichero, se borra la entrada de directorio que referencia al fichero y se decrementa su contador de enlaces. Sólo en el caso de que el contador de enlaces sea cero y de que nadie tenga abierto el fichero se borra el fichero realmente y se liberan sus recursos.

Es importante evitar la existencia de bucles en el árbol de directorios. Dichos bucles originan dos problemas: no permiten recorrer el árbol de directorios completo y pueden hacer que una operación de traducción de nombre no acabe nunca. Para evitar los problemas anteriores, algunos sistemas operativos, como MS-DOS, no permiten la existencia de directorios compartidos o enlaces. En el caso de LINUX, existen limitaciones para que no se puedan establecer enlaces "hacia arriba" en el árbol de directorios, evitando así la formación de bucles.

Dado el gran tamaño de los dispositivos de almacenamiento actuales y la necesidad de clasificar la información de formas variadas, existen actualmente varias propuestas para incrementar la potencia de las estructuras de directorios que se basan en la idea de los **directorios dinámicos o relacionales**. La idea que hay detrás de esta nueva tendencia es sencilla. Se trata de permitir al usuario añadir a los objetos de almacenamiento atributos propios que, añadidos a los del sistema, permitan clasificarlos y recuperarlos de forma más rápida. Hay varias propuestas de este estilo, como el nuevo WinFS de Microsoft y los proyectos Storage y Medusa de Gnome. La Figura 10.15 muestra un ejemplo de etiquetado con atributos en WinFS, donde el usuario puede añadir al objeto información relacionada con su tema, categoría, palabras clave, plantilla, comentarios de fechas de creación y modificación, etcétera

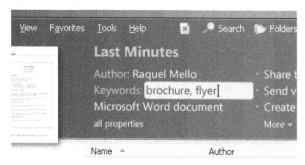

Figura 10.15 Etiquetado de un objeto de almacenamiento con atributos.

Esta información se introduce en una base de datos relacional sobre la que se pueden hacer consultas para localizar los ficheros por distintos criterios. El resultado son los denominados directorios dinámicos, donde ya no existe una estructura determinada y fija de directorio, sino que los ficheros se pueden ver como agrupaciones dinámicas y sin estructura, pudiendo existir un fichero en directorios o buzones distintos. Para hacer frente a este tipo de directorios, es necesario extender la interfaz de llamadas al sistema para permitir hacer consultas de tipo base datos al sistema de ficheros.

10.3.3 Servicios POSIX de directorios

Un directorio es un tipo abstracto de datos. Por tanto, para que esté completamente definido, es necesario definir las operaciones que pueden ejecutarse sobre un objeto fichero. En general, los sistemas operativos proporcionan operaciones para crear un fichero, almacenar información en él y recuperar dicha información más tarde, algunas de las cuales ya se han nombrado en este capítulo.

En la mayoría de los sistemas operativos de uso habitual los directorios se implementan como ficheros que almacenan una estructura de datos definida: entradas de directorios. Por ello, los servicios de ficheros pueden usarse directamente sobre directorios. Sin embargo, la funcionalidad necesaria para los directorios es mucho más restringida que la de los ficheros, por lo que los sistemas operativos suelen proporcionar servicios específicos para satisfacer dichas funciones de forma eficiente y sencilla.

Un directorio en LINUX tiene la estructura lógica de una tabla, cada una de cuyas entradas contiene una estructura `dirent` que relaciona un nombre de fichero con su nodo-i. Para facilitar la gestión de las entradas de directorio, el estándar LINUX define los servicios específicos que debe proporcionar un sistema operativo para gestionar los directorios. En general se ajustan a los servicios genéricos descritos en la sección anterior. A continuación, se describen los servicios de directorios más comunes del estándar POSIX.

```
int mkdir (const char *path, mode_t mode);
```

El servicio `mkdir` permite crear un nuevo directorio en POSIX. Esta llamada al sistema crea el directorio especificado en `path` con el modo de protección especificado en `mode`. El dueño del directorio es el dueño del proceso que crea el directorio. En caso de éxito devuelve un cero. En caso de error un -1.

```
int rmdir (const char *path);
```

El estándar POSIX permite borrar un directorio especificando su nombre. El directorio se borra únicamente cuando está vacío. Para borrar un directorio no vacío es obligatorio borrar antes sus entradas. Esta llamada devuelve cero en caso de éxito y -1 en caso de error. El comportamiento de la llamada no está definido cuando se intenta borrar el directorio raíz o el directorio de trabajo. Si el contador de enlaces del directorio es mayor que cero, se decrementa dicho contador y se borra la entrada del directorio, pero no se liberan los recursos del mismo hasta que el contador de enlaces es cero.

```
DIR *opendir (const char *dirname);
```

La función `opendir` abre el directorio de nombre especificado en la llamada y devuelve un identificador de directorio. El apuntador de posición indica a la primera entrada del directorio abierto. En caso de error devuelve `NULL`.

```
int closedir (DIR *dirp);
```

Un directorio abierto, e identificado por `dirp`, puede ser cerrado ejecutando la llamada anterior. En caso de éxito devuelve 0 y -1 en caso de error.

```
struct dirent *readdir (DIR *dirp);
```

Este servicio permite leer de un directorio abierto, obteniendo como resultado la siguiente entrada del mismo. En caso de error, o de alcanzar el final del directorio, devuelve `NULL`. Nunca devuelve entradas cuyos nombres están vacíos.

```
int chdir (const char *path);
```

Para poder viajar por la estructura de directorios, POSIX define la llamada `chdir`. El directorio destino se especifica en `path`. Si se realiza con éxito, esta llamada cambia el directorio de trabajo, es decir, el punto de partida para interpretar los nombres relativos. Si falla, no se cambia al directorio especificado.

```
int link    (const char *existing, const char *new);
int symlink (const char *existing, const char *new);
```

POSIX permite que un fichero o directorio pueda ser accedido usando nombres distintos. Para ello, proporciona las llamadas `link` y `symlink` para enlazar un fichero o directorio a otro usando enlaces físicos o simbólicos, respectivamente.

La llamada `link` establece un enlace físico desde una nueva entrada de directorio, `new`, a un fichero ya existente, `existing`. Ambos nombres deben pertenecer al mismo sistema de ficheros. En caso de éxito, crea la nueva entrada de directorio, incrementa el contador de enlaces del nodo-i del directorio o fichero existente y devuelve un cero.

La llamada `symlink` establece un enlace simbólico desde una nueva entrada de directorio, `new`, a un fichero ya existente, `existing`. No es necesario que ambos nombres pertenezcan al mismo sistema de ficheros. En caso de éxito, crea la nueva entrada de directorio del enlace y devuelve un cero.

En caso de error, las llamadas no crean el enlace y devuelven -1.

Otras llamadas POSIX

El estándar POSIX define algunas llamadas más para servicios de directorios. La llamada `rewinddir` permite volver al principio del directorio. `getcwd` devuelve el nombre absoluto del directorio de trabajo actual. `unlink` puede usarse para borrar entradas de un directorio. Por último, la llamada `rename` permite cambiar el nombre de un directorio, creando una entrada nueva y eliminando el nombre anterior.

Es interesante resaltar la inexistencia de una llamada para escribir en un directorio, equivalente a `readdir`. Esto es así para que el sistema operativo pueda garantizar la coherencia del árbol de directorios, permitiendo únicamente añadir o borrar entradas, y cambiar nombres, a través de llamadas específicas para ello. Como se dijo en secciones anteriores, los directorios se suelen implementar mediante ficheros. Por ello, aunque existen las llamadas específicas descritas para manejar directorios, se pueden obtener los mismos resultados usando llamadas de acceso a ficheros y manipulando las estructuras de datos de los directorios.

10.3.4 Ejemplo de uso de servicios POSIX para directorios

Para ilustrar el uso de los servicios para directorios, en esta sección se presentan dos pequeños programas en lenguaje C que muestran las entradas de un directorio, cuyo nombre se recibe como argumento.

El programa 10.5 muestra dichas entradas por la salida estándar del sistema. Para ello, el programa ejecuta la siguiente secuencia de acciones:

1. Muestra el directorio actual.
2. Imprime el directorio cuyo contenido se va a mostrar.
3. Abre el directorio solicitado.
4. Mientras existan entradas en el directorio, lee una entrada e imprime el nombre de la misma.
5. Cierra el directorio.

Programa 10.5. Programa que muestra las entradas de un directorio usando llamadas POSIX.

```
#include <sys/types.h>
#include <dirent.h>
#include <stdio.h>
#include <error.h>

#define TAMANYO_ALM 1024

void main (int argc, char **argv)
{
    DIRP *dirp;
    struct dirent *dp;
    char almacen[TAMANYO_ALM];
    /* Comprueba que el número de parámetros sea el adecuado.
       En caso contrario, termina con un error */
    if (argc != 2) {
```

```
            fprintf (stderr, "Uso: mi_ls directorio\n");
            exit(1);
    }
    /* Obtener e imprimir el directorio actual */
    getcwd (almacen, TAMANYO_ALM);
    printf ("Directorio actual: %s \n", almacen);
    /* Abrir el directorio recibido como argumento */
    dirp = opendir (argv[1]);
    if (dirp == NULL){
            fprintf (stderr, "No se pudo abrir el directorio:
                              %s \n", argv[1]);
            perror();
            exit (1);
    }
    else{
            printf ("Entradas en el directorio: %s \n", argv[1]);
            /* Leer el directorio entrada a entrada */
            while ((dp = readdir(dirp)) != NULL)
            printf ("%s\n", dp->d_name);  /* Imprimir nombre */
            closedir (dirp);
    }
    exit (0);
}
```

Obsérvese que la ejecución de este programa ejemplo no cambia el directorio de trabajo actual. Por ello, si se usan nombres absolutos, y se tienen los permisos adecuados, se pueden ver los contenidos de cualquier directorio sin movernos del actual. Además del nombre, la estructura de directorio incluye otra información que puede verse sin más que añadir las instrucciones para imprimir su contenido. El mandato ls de LINUX se implementa de forma similar al ejemplo.

El Programa 10.6 copia el contenido del directorio a un fichero, cuyo nombre se recibe como parámetro. Para ello, ejecuta acciones similares a las del Programa 9.6, pero además redirige el descriptor de salida estándar hacia dicho fichero. El mandato ls > "fichero" de LINUX se implementa de forma similar al ejemplo.

Programa 10.6. Programa que copia las entradas de un directorio a un fichero.

```
#include <sys/types.h>
#include <dirent.h>
#include <stdio.h>
#include <error.h>

#define TAMANYO_ALM 1024

void main (int argc, char **argv)
{
    DIRP *dirp;
    struct dirent *dp;
    char almacen[TAMANYO_ALM];
    int fd;
```

```
    /* Comprueba que el número de parámetros sea el adecuado.
       En caso contrario, termina con un error */
    if (argc != 4) {
        fprintf (stderr, "Uso: mi_ls directorio >
                                        fichero \n");
        exit(1);
    }


    /* Crear el fichero recibido como argumento */
    fd = creat (argv[3], 0600);
    if (fd == -1){
        fprintf (stderr, "Error al crear fichero de salida:
                            %s \n", argv[3]);
        perror();
        exit (1);
    }


    /* Redirigir la salida estándar al fichero */
    close(stdout);/* Cierra la salida estándar */
    dup(fd);        /* Redirige fd a stdout */
    close(fd);          /* Cierra fd */

    /* Ahora "fichero" está accesible por la salida estándar */
    /* El resto del programa sigue igual que el programa 9.4 */
    /* Obtener e imprimir el directorio actual */
    getcwd (almacen, TAMANYO_ALM);
    printf ("Directorio actual: %s \n", almacen);

    /* Abrir el directorio recibido como argumento */
    dirp = opendir (argv[1]);
    if (dirp == NULL){
        fprintf (stderr, "No se pudo abrir el directorio:
                            %s \n", argv[1]);
        perror();
        exit (1);
    }
    else {
        printf ("Entradas en el directorio: %s \n", argv[1]);
        /* Leer el directorio entrada a entrada */
        while ((dp = readdir(dirp)) != NULL)
        printf ("%s\n", dp->d_name);   /* Imprimir nombre */
        closedir (dirp);
    }
    exit (0);
}
```

10.4 Nombrado de ficheros

La especificación del nombre de un fichero en un árbol de directorios, o en un grafo acíclico, toma siempre como referencia el directorio raíz (/ en LINUX, \ en MS-DOS). A partir de este directorio, es necesario viajar por los sucesivos subdirectorios hasta encontrar el fichero deseado. Para ello, el sistema operativo debe conocer el nombre completo del fichero a partir del directorio raíz. Hay dos posibles formas de obtener dicho nombre:

- Que el usuario especifique el nombre completo del fichero, denominado **nombre absoluto**.
- Que el usuario especifique el nombre de forma relativa, denominado **nombre relativo**, a algún subdirectorio del árbol de directorios.

El **nombre absoluto** de un fichero *proporciona todo el camino a través del árbol de directorios desde la raíz hasta el fichero*. Por ejemplo, en LINUX, un nombre absoluto de uno de los ficheros existentes en la figura 10.13 sería /users/miguel/claves. Este nombre indica al sistema de ficheros que a partir del directorio raíz (/) se debe atravesar el directorio users y, dentro de este último, el subdirectorio miguel para llegar al fichero claves. En MS-DOS, dicho nombre absoluto se representaría como C:\users\miguel\claves. Un nombre absoluto es *autocontenido*, en el sentido de que proporciona al sistema de ficheros toda la información necesaria para llegar al fichero, sin que tenga que suponer o añadir ninguna información de entorno del proceso o interna al sistema operativo. Algunas aplicaciones necesitan este tipo de nombres para asegurar que sus programas funcionan independientemente del lugar del árbol de directorios en que estén situados. Por ejemplo, un compilador de lenguaje C, en una máquina que ejecuta el sistema operativo LINUX, necesita saber que los ficheros con definiciones de macros y tipos de datos están en el directorio /usr/include. Es necesario especificar el nombre absoluto porque no es posible saber en qué directorio del árbol instalará cada usuario el compilador.

Puesto que la profundidad del árbol de directorios puede ser muy grande, resultaría muy incómodo tener que especificar constantemente nombres absolutos de ficheros. Además, algunas aplicaciones usan directorios relativos a su situación para almacenar ficheros. Es por ello que la mayoría de los sistemas operativos permiten definir **nombres relativos**, es decir *nombres de fichero que sólo especifica una porción del nombre absoluto a partir de un determinado subdirectorio del árbol de nombres*. Por ejemplo, miguel/claves. Los nombres relativos no se pueden interpretar si no se conoce el directorio del árbol a partir del que empiezan, para ello existe un **directorio de trabajo,** o **actual**, a partir del cual se interpretan siempre los nombres relativos. Por ejemplo, si el directorio de trabajo es /usr y se especifica el nombre relativo miguel/claves se obtendrá un error. Pero si el directorio de trabajo es /users, la interpretación del nombre relativo será correcta. Es responsabilidad del usuario colocarse en el directorio de trabajo adecuado antes de usar nombres relativos al mismo. El sistema operativo o el intérprete de mandatos almacenan el directorio de trabajo actual de cada proceso en su BCP como parte de su entorno. Suele existir una variable de entorno asociada (PWD en el caso de LINUX y Linux) que se modifica cada vez que se cambia el directorio de trabajo del proceso. Puesto que el sistema operativo solo trabaja en realidad con nombres absolutos, cuando se especifica un nombre relativo, el sistema operativo o el intérprete de mandatos concatenan el valor de la variable del directorio de trabajo con el del nombre relativo para obtener el nombre absoluto, es decir:

```
nombre absoluto = directorio de trabajo + nombre relativo
```

Antes de interpretar dicho nombre o usarlo en llamadas al sistema. En secciones posteriores se mostrarán algunas optimizaciones de este proceso.

Muchos sistemas operativos con directorios jerárquicos tienen dos **entradas especiales**, . y .., en cada directorio para referirse a sí mismos y a su directorio *padre* en la jerarquía. Estas entradas especiales son muy útiles para especificar posiciones relativas al directorio actual y para viajar por el árbol. Por ejemplo, si el directorio actual es /users/miguel, el mandato LINUX:

```
#ls ../
```

Mostrará las entradas de directorio de su padre en el árbol, es decir del directorio users. Pero el mandato LINUX:

```
#cp /usr/include/stdio.h .
```

Copiará el fichero `stdio.h` al directorio actual, es decir `miguel`.

Las entradas especiales son muy importantes en la gestión e interpretación de nombres de ficheros y directorios, ya que permiten navegar hacia arriba y hacia abajo por los nombres. Esto es así también para los sistemas de ficheros montados, como veremos en secciones posteriores de este capítulo que se dedican al diseño del sistema de nombres.

10.4.1 Construcción de la jerarquía de nombres

Una de las decisiones más importantes de diseño de un sistema operativo, que acaba siendo visible al usuario, es ofrecer, o no, un árbol único de nombres para todo el sistema, independientemente de los dispositivos físicos o lógicos en que estos estén almacenados los directorios. En MS-DOS y en Windows, el árbol de directorios es único por dispositivo lógico, pero el usuario debe conocer los nombres de dispositivo (`C:`, `H:`, etcétera) cuando quiere cambiar de uno a otro. Esa es la razón por la que la especificación en Windows de un nombre completo, tal como `C:\miguel\texto`, exige especificar el nombre de dispositivo. En todos los sistemas operativos derivados de LINUX, la existencia de un **árbol de directorios único** . es un principio de diseño fundamental. Para que ello sea posible, el sistema debe ocultar la existencia de los dispositivos al usuario, que debe poder cambiar de uno a otro de forma transparente sin más que usar nombres lógicos. Por ejemplo, suponga que en la figura 9.13 el directorio raíz estuviera en el dispositivo `/dev/hda1` (`C:` en Windows) y que los usuarios (`/users`) estuvieran en el dispositivo `/dev/hda3` (`D:` en Windows). Si se quiere acceder al fichero `/users/miguel/mio.o`, en LINUX bastaría con especificar dicho nombre. Sin embargo, en Windows sería necesario especificar `D:\miguel\mio.o`.

Para ofrecer una imagen única del sistema, el sistema operativo debe ofrecer servicios que permitan asociar, y desasociar, unos sistemas con otros de forma transparente en un árbol de nombres único. Además, las utilidades de interpretación de nombres deben ser capaces de saltar de un sistema de ficheros a otro sin que sea aparente en ningún momento el nombre del dispositivo físico o lógico que almacena el sistema de ficheros. Las dos llamadas al sistema de LINUX que realizan estas operaciones son `mount` y `umount`. La operación de montado permite conectar un sistema de ficheros, almacenado en un volumen o partición, a una entrada de directorio del árbol de directorios existente. A partir de dicha operación, el sistema de ficheros en el nuevo dispositivo aparece como un subárbol del árbol de directorios, sin que exista diferencia con el resto del mismo. Sus ficheros y directorios son accesibles a través del nombre lógico. Por ejemplo, para montar `/dev/hda3` de forma que se construya un árbol de directorios como el de la Figura 10.12, se ejecutaría el siguiente mandato:

```
#mount /dev/hda3 /users
```

Desmontar (`umount`) un sistema de ficheros es sencillo. Por ejemplo, para desconectar el dispositivo `/dev/hda3` montado en el directorio `/users` del sistema de ficheros raíz, bastaría con ejecutar el mandato:

```
#umount /users
```

Si no se está usando ningún fichero o directorio del sistema de ficheros existente en `/dev/hda3`, el sistema operativo lo desconecta. A partir de ese instante, el subárbol de directorios del dispositivo no aparecerá en la jerarquía de directorios y sus datos no estarán accesibles.

Las operaciones anteriores tienen varias ventajas:

- Ofrecen una imagen única del sistema.

- Ocultan el tipo de dispositivo que está montado sobre un directorio.
- Facilitan la interpretación de nombres que incluyen varios sistemas de ficheros.
- Permiten conectar sistemas de ficheros incluso remotamente por la red.

Sin embargo, también tienen inconvenientes:

- Complican la traducción de nombres lógicos de ficheros.
- Dan problemas cuando se quiere establecer un enlace físico entre dos ficheros.

Debido a estos problemas, en LINUX sólo se puede establecer un enlace físico entre dos ficheros que se encuentran en el mismo sistema de ficheros. Nunca de un fichero a otro existente en un sistema de ficheros distinto.

La sección 10.10 se dedica al servidor de ficheros y en ella se explica con más detalle cómo se implementan las operaciones anteriores.

10.5 Ficheros compartidos

Los procesos y los usuarios comparten ficheros con distintos motivos: sincronización, repositorios de datos compartidos, almacenes de operaciones temporales, etcétera Este hecho genera dos problemas básicos que el sistema operativo debe afrontar: qué prevalece cuando dos o más procesos escriben simultáneamente sobre un fichero y cómo se pueden proteger ficheros para evitar que dos o más procesos modifiquen información simultáneamente. El primer problema se resuelve definiendo e implementando una semántica de compartición, el segundo se puede resolver dotando a los usuarios con un mecanismo de bloqueos totales o parciales sobre ficheros.

10.5.1 Semánticas de coutilización

El uso de cualquiera de las formas de acceso anteriores no resuelve el problema del uso concurrente de un fichero, sobre todo en el caso de que al acceder a él alguno de los procesos esté modificando la información existente en dicho fichero. En situaciones de **coutilización** . de un fichero, las acciones de un proceso pueden afectar a la visión que los otros tienen de los datos o a los resultados de su aplicación. La **semántica de coutilización** especifica qué ocurre cuando varios procesos acceden de forma simultánea al mismo fichero y especifican el momento en el que las modificaciones que realiza un proceso sobre un fichero pueden ser observadas por los otros. Es necesario que el sistema operativo defina la semántica de coutilización que proporciona para que las aplicaciones puedan estar seguras de que trabajan con datos coherentes. Piense qué ocurriría si varios usuarios modificasen simultáneamente los mismos registros de reservas de un tren sin ningún control. El estado final de la base de datos de reservas sería totalmente impredecible. A continuación, se describen las tres semánticas de coutilización más clásicas en los sistemas operativos actuales: semántica de LINUX, de sesión y de ficheros inmutables.

La **semántica de LINUX** consiste en que cualquier lectura de fichero *vea* los efectos de todas las escrituras previas sobre ese fichero. En caso de accesos concurrentes de lectura, se deben obtener los mismos datos. En caso de accesos concurrentes de escritura, se escriben los datos en el orden de llegada al sistema operativo, que puede ser distinto al que piensan los usuarios. Con esta semántica cada proceso trabaja con su propia imagen del fichero y no se permite que los procesos independientes compartan el apuntador de posición dentro de un fichero. Este caso sólo es posible para procesos que heredan los ficheros a través del servicio fork. En este caso, la coutilización no sólo afecta a los datos, sino también a los metadatos del fichero, ya que una operación de lectura o escritura modificará el apuntador de posición de acceso al fichero. Si los usuarios quieren estar seguros de que los datos se escriben sin concurrencia, o en el orden correcto, deben usar cerrojos para bloquear los accesos al fichero.

El principal problema de la semántica de LINUX es la sobrecarga que genera en el sistema operativo, que debe usar cerrojos a nivel interno, para asegurar que las operaciones de un usuario no modifican los metadatos de otros y que las operaciones de escritura de los usuarios se realizan en su totalidad. Para relajar esta política se definió la **semántica de sesión**, que permite que las escrituras que realiza un proceso sobre un fichero se hagan sobre su *copia* y que no sean visibles para los demás procesos que tienen el fichero abierto hasta que se cierre el fichero o se emita una orden de actualización de la imagen del fichero. El principal problema de esta semántica es que cada fichero tiene temporalmente varias imágenes distintas, denominadas **versiones**. Imagine que se están modificando los datos de los clientes de una empresa simultáneamente en varias sedes de la misma. En caso de que haya procesos que han trabajado ya con el mismo cliente, se pueden encontrar con que su copia está obsoleta sin saberlo. Es más, pueden escribir su copia después y guardar los datos obsoletos. Por ello, en caso de que un proceso necesite acceder a los datos que escribe otro proceso, ambos deben sincronizarse explícitamente abriendo y cerrando el fichero, o forzando actualizaciones de la versión, lo que puede ser poco eficiente en aplicaciones formadas por un conjunto de procesos cooperantes. Este tipo de semánticas se utilizan en algunos sistemas de ficheros con versiones de ficheros y en sistemas de ficheros distribuidos. En un sistema de ficheros distribuido se puede acceder a ficheros situados en máquinas remotas conectadas a través de una red de interconexión, lo que complica extraordinariamente el problema de las versiones.

La tercera semántica de coutilización, la **semántica de ficheros inmutables**, se basa en que cuando un fichero es creado por su dueño no puede ser modificado nunca más. Para escribir algo en el fichero, es necesario crear uno nuevo y escribir en él los datos. Un fichero inmutable se caracteriza por dos propiedades: su nombre no puede ser reutilizado sin borrar previamente el fichero y su contenido no puede ser alterado. El nombre del fichero se encuentra indisolublemente ligado al contenido del mismo. Por tanto, esta semántica sólo permite accesos concurrentes de lectura. Para optimizar la implementación de esta semántica se usa una técnica similar al *copy-on-write* de la memoria. Con esta técnica, el nuevo fichero tiene el mismo mapa que el anterior en su descriptor. Cada vez que se modifica la información de un bloque, se le asigna un nuevo bloque y se sustituye el identificador del bloque anterior por el del nuevo bloque en el mapa de este fichero. Además, cuando los sistemas operativos usan esta semántica, suelen tener una forma de crear automáticamente los nombres de las nuevas versiones de un fichero (como, por ejemplo, añadir un entero creciente el nombre).

10.5.2 Bloqueo de ficheros

Como se ha visto hasta ahora, cada proceso puede abrir todos aquellos ficheros a los que tenga acceso y varios procesos pueden simultáneamente abrir un fichero, puesto que las llamadas read y write no comprueban si hay bloqueos sobre el fichero. Por ello, los sistemas operativos definen una semántica de coutilización básica y dejan la responsabilidad de controlar los accesos concurrentes y la coherencia de los datos, para lo que proporcionan llamadas para crear bloqueos (mediante cerrojos) sobre un fichero que pueden ser compartidos por varios procesos.

Imagine, por ejemplo, un fichero denominado "notas_alumnos" que contiene registros con datos y notas de alumnos. El profesor no querrá que ningún alumno lo lea mientras está modificando notas. Según el contenido del fichero (un curso, todos los cursos, etcétera.), el profesor puede querer establecer dos tipos de bloqueos:

- **Total**: mediante un cerrojo que afecta a todo el fichero y cuyo efecto afectará a otros usuarios que quieran trabajar con cualquier parte del fichero.
- **Parcial**: mediante un cerrojo que afecte solo a una o varias regiones (registros o conjunto de registros) del fichero y cuyo efecto solo afectará a otros usuarios que quieran trabajar con esas regiones del fichero. Este tipo de bloqueo aumenta el índice de concurrencia sobre el fichero y permite el trabajo cooperativo con el mismo, como por ejemplo, permitir que varios profesores rellenen partes de notas de forma paralela.

Existen llamadas en LINUX (flock) y en Windows (LockFileEx, UnlockFileEx) que permiten **bloquear y desbloquear todo el fichero.** Estas llamadas se incluyeron por primera vez en el LINUX 4.3 BSD. Las operaciones que permiten son las siguientes:

- Bloqueos compartidos (LOCK_SH), para permitir accesos múltiples. Se suelen usar para permitir el acceso a múltiples procesos lectores.
- Bloqueos exclusivos (LOCK_SH), para permitir el acceso a un único proceso al fichero. Se suelen usar para asegurar que hay un único escritor y ningún lector accediendo a un fichero.

- Desbloqueo de cualquier tipo de bloqueo (LOCK_UN), para liberar un bloqueo puesto sobre un fichero.

Por ejemplo, las sentencias siguientes ponen un cerrojo exclusivo sobre el total del fichero de notas:

```
fd = open ("notas_alumnos", O_RDWR);
flock (fd, LOCK_EX);
```

Los **bloqueos parciales** se activan mediante un cerrojo en el que se indica el inicio y el final de la región de fichero bloqueada. En LINUX no existe ninguna llamada al sistema, pero se pueden implementar mediante la llamada fcntl y la estructura de datos flock:

```
struct flock {
    short  l_type;  /* F_RDLCK, F_WRLCK, o F_UNLCK */
    short  l_whence;/* SEEK_SET, SEEK_CUR, o SEEK_END */
    off_t  l_start; /* Puntero al inicio de la región bloqueada */
    off_t  l_len;   /* longitud del segmento */
    pid_t  l_pid;   /* Id. Del proceso propietario del
                           cerrojo */
};
```

Los tipos de bloqueos incluyen: lectura F_RDLCK, escritura F_WRLCK y liberación F_UNLCK. Por ejemplo, las sentencias siguientes ponen un cerrojo de escritura sobre una región del fichero de notas, región que incluye a los alumnos comprendidos entre el 3 y el 10.

```
#include < fcntl.h>
struct flock cerrojo;
fd = open ("notas_alumnos", O_RDWR);
flock.l_type = F_WRLCK;
flock.l_whence = SEEK_SET;
flock.l_Start = 3 * sizeof(struct alumno);
flock.l_len = 7 * sizeof(struct alumno);
flock.l_pid = getpid();
fcntl (fd, F_SETLK, &cerrojo);
```

En la sección de servicios POSIX se explican estas llamadas con más detalle y se muestran programas de ejemplo. La Figura 10.16 muestra el efecto de usar cerrojos compartidos y exclusivos sobre un fichero. Como se puede ver, si hay un bloqueo exclusivo, sucesivos intentos de poner otro bloqueo devuelven error hasta que se libera el bloqueo exclusivo.

Debido al potencial de todos los mecanismos de bloqueo para crear interbloqueos o para dejar recursos bloqueados en general estas llamadas para bloquear el fichero solo son recomendaciones (*advisory*) para el sistema operativo y para los demás usuarios. Cualquier proceso puede abrir un fichero sobre el que tenga permisos sin comprobar la existencia de bloqueos y leer o escribir de él. También puede decidir escribir o leer sobre el fichero, aunque no esté en posesión del cerrojo del bloqueo.

10.6 Ciclo de vida de un fichero

Los dispositivos de almacenamiento secundario no son volátiles, es decir, no pierden su contenido cuando la computadora deja de tener fluido eléctrico (como le ocurre a la memoria RAM). Por ello, el ciclo de vida de un fichero no está ligado al de ningún proceso, ni siquiera está ligado al ciclo de vida del proceso que lo crea. Los ficheros se crean y permanecen en el dispositivo de almacenamiento hasta que alguien los destruye borrándolos (como en discos o cintas) o destruyendo el dispositivo (como en los DVD que no se pueden reescribir ni borrar).

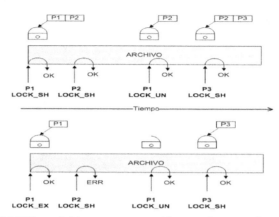

Figura 10.16 Efecto de bloqueos compartidos y exclusivos sobre un fichero.

Los ficheros tienen su propio ciclo de vida, de forma similar a un libro que tiene un ciclo de vida distinto al del autor que lo escribió. Así puede haber libros inmortales como El Quijote y otros (¿cómo este?) que duren menos que no trasciendan el ciclo de vida de sus autores. De forma similar un proceso puede crear y destruir varios ficheros durante su vida (por ejemplo, los ficheros temporales que usa el sistema operativo) y puede crear ficheros cuya vida sea mucha más larga que la del proceso (por ejemplo, un fichero de resultados de una simulación o un registro de entradas al sistema operativo).

Cada uno de estos ficheros tiene su nombre lógico y su nombre interno, pero ¿cómo se relacionan éstos con los procesos cuando quieren trabajar con un fichero? Pues asignando al proceso un **descriptor de fichero** cuando abre un fichero para trabajar con él. ¿Pero qué descriptor se asigna al proceso? Existen dos respuestas a esta pregunta:

- **Asociar el descriptor del nombre interno**. Esta solución podría ser válida si en cada instante solo un proceso trabajara con un fichero. Sin embargo, como ya hemos visto, varios procesos pueden abrir un fichero simultáneamente y trabajar con él. En ese caso, todos estarían manipulado el descriptor del fichero, lo que crearía problemas de concurrencia. Además de ello, cada proceso podría estar trabajando en una zona distinta del fichero. ¿Cómo sabría el fichero qué información es relativa a un proceso si todos usaran el descriptor interno? ¿Quién llevaría el control de la posición (desplazamiento) de trabajo de cada proceso dentro del fichero?

- **Asociar un descriptor temporal asociado al nombre interno**. Con esta solución cada proceso tiene una tabla o lista de descriptores de ficheros abiertos por el proceso. Asociada a esta tabla puede tener la posición de trabajo en cada fichero, lo que resolvería los problemas anteriores. Es la solución elegida habitualmente en los sistemas operativos. ¿Qué tipo de descriptor de fichero abierto se usa? Depende del sistema operativo. Windows asocia al proceso una lista de objetos fichero que incluye el identificador del objeto fichero devuelto por el sistema operativo cuando se abre un fichero. LINUX asocia a cada proceso una tabla de descriptores de ficheros abiertos y devuelve al usuario la posición de la tabla donde se encuentra el descriptor asociado. Como se verá más adelante, la solución real es un poco más compleja debido a un cierto tipo de compartición de ficheros.

La Figura 10.17 muestra el ciclo de vida de un fichero. El fichero vive desde que el proceso P0 lo crea, con el nombre "hijo", hasta que el proceso P3 lo borra. Todos los procesos realizan sesiones de entrada/salida con el fichero y van obteniendo descriptores para del fichero que son válidos exclusivamente para esa sesión de trabajo. Observe que incluso el mismo proceso, P1, puede obtener distintos descriptores de fichero para distintas sesiones de trabajo.

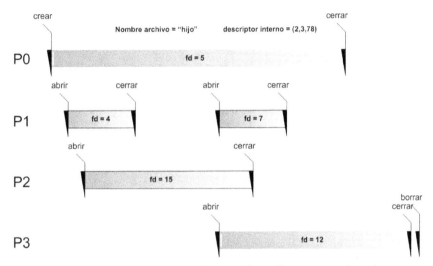

Figura 10.17 Ciclo de vida de un fichero: duración y sesiones de trabajo.

En las secciones siguientes, dedicadas al diseño, se describen las estructuras de datos que usa el sistema operativo para almacenar cada tipo de descriptores, aunque del descriptor de sesión de trabajo ya se comentó en el capítulo 3, dedicado a los procesos

10.7 Diseño del sistema de ficheros y directorios

La Figura 10.18 muestra las distintas capas que suele incluir el sistema de entrada/salida en un sistema de computación, dentro del cual se encuentran los sistemas de ficheros y directorios.

Los servicios de ficheros y directorios que da el sistema operativo se proporcionan a los usuarios en forma de bibliotecas con las que construyen sus aplicaciones. Algunas de estas bibliotecas son especiales (por ejemplo, la `libc` o la `stdlib` en sistemas Linux) porque son las que realizan las llamadas al sistema. Estas bibliotecas son proporcionadas habitualmente por los fabricantes o programadores del sistema operativo. De entre los mecanismos de entrada/salida que proporcionan las bibliotecas los usuarios usan especialmente dos: los flujos (*streams*) y los mecanismos estándares del sistema operativo. La biblioteca de flujos proporciona optimizaciones sobre las operaciones estándar. Por ejemplo, si se accede un fichero byte a byte, usar las operaciones estándares es muy lento porque hay que realizar muchas llamadas al sistema y operaciones de disco. Con la biblioteca de flujos se lee un bloque completo del fichero a un buffer de memoria y se sirven los bytes directamente al usuario desde este bloque.

Una vez realizada una llamada al sistema, se entra en el sistema operativo. La llamada al sistema filtra los parámetros de la operación solicitada, comprueba que sean correctos y solicita el servicio al servidor de ficheros o al de directorios, los componentes del sistema operativo que gestionan objetos fichero y directorio.

La función principal de los servidores de ficheros y de directorios es adaptar las peticiones lógicas de los usuarios a la representación física de los objetos almacenada en los dispositivos, para lo que llevan a cabo una serie de transformaciones de datos y operaciones. Otra función de estos componentes es proporcionar un espacio de almacenamiento lógico que permita ofrecer una gestión más sofisticada a nivel de bloques de los dispositivos de entrada/salida de almacenamiento secundario, para lo que crean distintos tipos de estructuras denominadas sistemas de ficheros. En esta segunda parte del capítulo se presentan los conceptos relacionados con el diseño de ficheros y directorios, así como de las estructuras internas que usa el sistema operativo para darles soporte. Tiene pues tres objetivos básicos: mostrar al lector los aspectos de diseño de los sistemas de ficheros, del servidor de ficheros y del servidor de directorios. De esta forma, se pueden adaptar los contenidos del tema de ficheros a distintos niveles de conocimiento. Por ello, un objetivo fundamental de cualquier libro de sistemas operativos suele ser la dedicada a la visión interna del sistema y a los aspectos de diseño de estos elementos. Para alcanzar este objetivo en este capítulo es profundizar en los aspectos internos de descripción de ficheros y directorios, las estructuras que los representan y su situación en los dispositivos de almacenamiento usando sistemas de ficheros. Se estudian también de detalle las cuatro funciones principales del sistema operativo en cuanto al almacenamiento son: ser capaz de gestionar con eficacia los recursos, conectar la imagen lógica del fichero con la física, proporcionar sistemas de nombrado lógico de ficheros y proteger los datos de los usuarios. En las secciones siguientes se muestran los aspectos de diseño fundamentales relacionados con el servidor de ficheros y con los sistemas de ficheros.

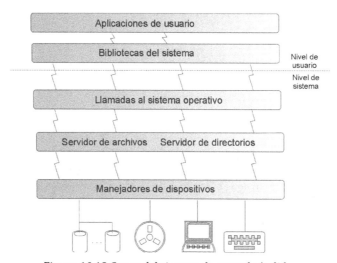

Figura 10.18 Capas del sistema de entrada/salida.

10.7.1 Proyecciones lógica y física del fichero

Para poder acceder a los datos de un fichero, sea del tipo que sea, siempre es necesario solventar el mismo problema: pasar de los bytes que maneja el usuario a los bloques del dispositivo donde se almacenan los datos. Para ello es necesario hacer dos proyecciones:

1. Bytes a bloques lógicos del fichero.
2. Bloques lógicos del fichero a bloques físicos del dispositivo.

En la primera proyección no interviene nada más que el byte al que se quiere acceder y el tamaño de bloque del fichero. En la segunda proyección, como ya hemos visto en los ejemplos anteriores, es muy relevante la estructura de almacenamiento del fichero. La forma de calcular el bloque es tan sencilla como hacer la división entera de la posición de fichero por el tamaño del bloque (asumiendo que el bloque 0 existe). Es decir:

```
Num. Bloque = posición / Tamaño bloque
```

En la segunda proyección, denominada proyección física, es determinante conocer la estructura de almacenamiento del fichero. Existen distintas formas de almacenar un fichero en un dispositivo, como se verá a continuación, pero, independientemente de ellas, hay que saber pasar del número del bloque lógico del fichero al número de bloque físico del dispositivo que le corresponde.

La Figura 10.19 muestra el **flujo de operaciones en un fichero** debido a una llamada `read`, así como las operaciones necesarias para generar dicho flujo. El usuario ve un vector de bytes, que son colectivamente descritos mediante un descriptor de fichero, un apuntador de posición en el fichero y el número de bytes a leer. Los datos a leer pueden no estar alineados con el principio de un bloque lógico y el número de bytes pedidos puede no ser múltiplo del tamaño de bloque lógico. Cuando el sistema operativo virtual recibe la petición de lectura, calcula los bloques lógicos del fichero asociados con el trozo de fichero pedido, teniendo en cuenta que si no están alineados a principio y fin de bloque, se deben elegir los dos bloques cuyos fragmentos están afectados por la operación. Como puede verse en la figura, es habitual que sólo se necesite un fragmento del bloque inicial y final de la petición. Sin embargo, puesto que el sistema de ficheros trabaja con bloques, es necesario leer ambos bloques completos.

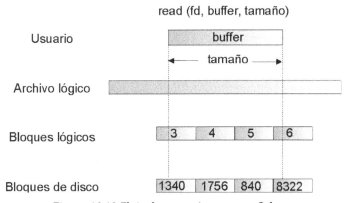

Figura 10.19 Flujo de operaciones en un fichero.

Aquí terminaría la proyección de byte a bloque lógico. Una vez calculados los bloques lógicos, es necesario calcular los bloques físicos de dispositivo asociados con ellos y a continuación se solicitan los bloques al manejador de disco. Aquí termina la proyección física. Una vez terminada la operación de lectura, los bloques se copian al espacio del usuario y la operación termina.

La realización de la proyección física depende mucho de la forma de almacenar el fichero en los dispositivos y de las estructuras de datos usadas para representar el fichero. En la sección siguiente se describen las principales estructuras usadas para representar un fichero y las formas de almacenar dicho fichero.

10.7.2 Estructura y almacenamiento del fichero

Una de las cuestiones más importantes del diseño y la implementación de un servidor de ficheros es cómo asignar los bloques de disco a un fichero y cómo hacerlos corresponder con la imagen del fichero que tiene la aplicación. Este problema se resuelve con lo que tradicionalmente se conoce como mecanismos de asignación. Es fundamental conocer en primera instancia cómo se quieren almacenar los ficheros y directorios a nivel interno del sistema. Dado que los dispositivos de almacenamiento son dispositivos de bloque, es necesario decidir cómo se va a hacer corresponder el modelo de bytes contiguos que usa el usuario con el modelo de bloques físicos de los dispositivos. El sistema operativo debe pues proporcionar una estructura de fichero que permita proyectar conjuntos de bytes sobre bloques de disco. Para ello existen dos opciones básicas:

- Asignación de bloques contiguos del dispositivo. Con este método, los ficheros deben estar totalmente contiguos en los dispositivos. Origina fragmentación externa debido a los huecos que no se pueden usar. La representación del fichero con este método es muy sencilla, como se verá a continuación.

- Asignación de bloques discontiguos del dispositivo. Con este método, se asigna al fichero el primer bloque que se encuentra libre. De esta forma se elimina el problema de la fragmentación externa del disco y el de la búsqueda de huecos. Además, los ficheros pueden crecer mientras exista espacio en el disco. Sin embargo, este método complica la implementación de la imagen de fichero que usa el servidor de ficheros. La razón es que se pasa de un conjunto de bloques contiguos a un conjunto de bloques dispersos, debiendo conocer dónde están dichos bloques y en qué orden deben recorrerse. Los tipos principales de estructuras de ficheros con asignación discontigua son: ficheros enlazados, ficheros indexados y árboles balanceados. A continuación, se estudian en detalle.

Ficheros contiguos

Los **ficheros contiguos**, o almacenados de forma contigua, comienzan en un bloque del dispositivo y se extienden de forma contigua. El número de bloques ocupados, y por tanto el hueco contiguo que se necesita en el dispositivo, es directamente proporcional al tamaño del fichero e inversamente proporcional al tamaño de bloques. Por ejemplo, un fichero de 64 KBytes ocupará 32 contiguos bloques de 2 Kbytes. Este tipo de almacenamiento es el usado en CD-ROM y en cintas.

Es muy sencillo de implementar y el rendimiento de la E/S es muy bueno, pero si no se conoce el tamaño total del fichero cuando se crea, puede ser necesario buscar un nuevo hueco de bloques consecutivos cada vez que el fichero crece. Además, la necesidad de buscar huecos contiguos origina una gran fragmentación externa en el disco, ya que hay muchos huecos no utilizables debido a la política de asignación. Sería pues necesario *compactar* el disco muy frecuentemente. Debido a estas desventajas, es muy raro encontrar un sistema operativo que usa este método, a pesar de que la representación interna del fichero es muy sencilla: basta con conocer el primer bloque del fichero y su longitud.

¿Cuál es el tamaño máximo de fichero que se puede representar con este método? Depende únicamente del tamaño de dispositivo y del apuntador de posición del fichero. Si la posición dentro del fichero se representa con 32 bits, se puede representar un fichero de 4 Gbytes. Sin embargo, si es de 64 bits, se puede representar $4 * 2^{60}$, que sobrepasa con mucho los sistemas de almacenamiento actuales. Asumiendo un bloque de 4 KBytes, el tamaño total de fichero que se puede representar con un nodo-i como el de la figura 1.3, es el siguiente:

```
Tamaño fichero = num. Bloques Dispositivo* 4 KBytes.
```

Como se puede observar en la Figura 10.20 el fichero representable no tiene otra limitación que la capacidad del dispositivo que lo alberga y la capacidad del sistema de representación de la arquitectura del computador. Actualmente los CD-ROM almacenan unos 600 MBytes y los DVD del orden de 9 Gbytes. Las cintas pueden almacenar del orden de 80 o 100 Gbytes.

¿Cuál es el peor tiempo de acceso a un bloque de uno de estos ficheros para un disco con tiempo de acceso de 10 mseg?? Asumiendo que el descriptor del fichero (directorio) está en memoria, si en el ejemplo anterior se pide el byte 6 Mbytes el bloque donde está el byte es el siguiente:

```
Bloque = offset / tamaño bloque + 1 = 6 Mbytes / 4 Kbytes + 1 = 1536
```

No es necesario acceder a más bloques que el de datos, que se obtiene sumando al bloque calculado el bloque base o inicial del fichero. Por tanto, hay un acceso a disco.

```
Tiempo acceso = 1 * 10 mseg. = 10 mseg.
```

Ficheros enlazados

Los **ficheros enlazados** se basan en el uso de una lista de bloques no contiguos enlazados para representar un fichero. En una lista enlazada desde cada bloque de un fichero existe un apuntador al siguiente bloque del mismo. En el descriptor del fichero se indica únicamente el primer bloque del fichero. La lista puede ser de dos tipos: lista de bloques y lista de grupos de bloques contiguos.

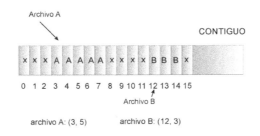

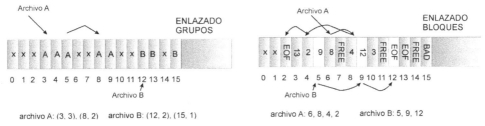

Figura 10.20 Representación interna de ficheros contiguos y enlazados.

En una **lista enlazada** pura, desde cada bloque de un fichero existe un apuntador al siguiente bloque del mismo. En el descriptor del fichero se indica únicamente el primer bloque del fichero. Este método tiene varias desventajas:

- No es adecuado para accesos aleatorios, ya que hay que leer todos los bloques para recorrer la cadena de enlaces hasta el destino.
- Puesto que el apuntador al bloque siguiente ocupa espacio (digamos 4 bytes) y están incluidos en el fichero, el cálculo de la longitud real del fichero es más complicado.
- La inclusión de los apuntadores en los bloques de datos hace que el tamaño de estos deje de ser múltiplo de 2 (cosa que ocurre habitualmente), complicando mucho el cálculo del número de bloque en el que está un determinado byte del fichero.
- Es muy poco fiable, ya que la pérdida de un bloque del fichero supone la pérdida de todos los datos del fichero que van detrás de dicho bloque.

Las desventajas de la lista enlazada se pueden eliminar si se quitan los apuntadores de los bloques del fichero y se almacenan en un **índice enlazado,** gestionado por el servidor de ficheros, que representa el disco. Para representar un fichero desde cada bloque o grupo se apunta al siguiente del fichero indicando en cada bloque el siguiente bloque del fichero. El último bloque del mismo incluye la entrada EOF. La lista de grupos está formada por un encadenamiento de entradas que incluyen el bloque de comienzo y el número de bloques contiguos incluidos en el grupo. La primera es típica de sistemas FAT *(file allocation table)* y la segunda de sistemas FAT con agrupaciones, como se verá a continuación (véase Figura 10.20).

La gran desventaja de esta solución es que para acceder a una posición aleatoria de un fichero es necesario recorrer el fichero desde el primer bloque hasta encontrar el bloque de la posición deseada, lo que hace a este sistema muy lento para accesos aleatorios si los ficheros son grandes. Tiene además otro problema: el espacio que ocupan las tablas de índices. Por ejemplo, si se quiere representar un dispositivo de 4 Gbytes dividido en bloques de 2 KBytes, haría falta una lista de bloques con 2*1024*1024 entradas, lo que, asumiendo entradas con 32 bits, origina una lista de bloques de 8 MBytes. El tamaño de esta tabla haría difícil mantenerla en memoria.

¿Cuál es el tamaño máximo de fichero que se puede representar con este método? De nuevo depende únicamente del tamaño de dispositivo y del apuntador de posición del fichero. Sin embargo, en este caso es necesario tener en cuenta los bits que se usan para representar el número de bloque dentro de la lista enlazada. La Tabla 10.1 muestra la diferencia entre una representación FAT con entradas de 16 bits (FAT16), con 32 bits (FAT 32) y ambos casos apuntando en lugar de bloques agrupaciones de 4 bloques.

Como se puede ver el sistema FAT16 tiene serias limitaciones para ser usado en dispositivos grandes. Asignando todos los bloques del dispositivo a un fichero se puede llegar a un fichero mayor de 2 Gbytes, pero a costa de asignar agrupaciones cada vez mayores. Este diseño, como se verá a continuación, desperdicia muchísimo espacio de disco y es poco aconsejable. El sistema FAT32 permite direccionar dispositivos muy grandes y desperdicia menos espacio de disco, pero a costa de ocupar mucho espacio con la tabla de enlaces.

Tabla 10.1 Tamaños de ficheros en sistemas FAT.

Bits	Direccionamiento	Tamaño Bloque	Bloques por Agrupación	Tamaño Fichero (bytes)
16	2^{16}	4 KB	1	516 MB
			8	2 GB
32	2^{32}	4 KB	1	16 TB

¿Cuál es el peor tiempo de acceso a un bloque de uno de estos ficheros para un disco con tiempo de acceso de 10 milisegundos? Pues la respuesta es clara, depende proporcionalmente de su posición en la tabla de enlaces (FAT). Asumiendo que el descriptor del fichero (directorio) está en memoria y que desde él se apunta al primer bloque del fichero en la FAT, si en el ejemplo anterior se pide el byte 6 Mbytes del fichero, el bloque donde está el byte es el siguiente:

```
Bloque = offset / tamaño bloque + 1 = 6 Mbytes / 4 Kbytes + 1 = 1536
```

Asumiendo que el primer bloque del fichero sea el 10, es necesario recorrer los 1536 enlaces siguientes del fichero para poder calcular el bloque del dispositivo que tiene ese byte. Para ello es necesario leer los bloques de la FAT a memoria y luego el bloque de datos. ¿Cuántos bloques de la FAT hay que leer? Asumiendo un bloque de 4 KBytes y 32 bits para direccional cada bloque, cada bloque de la FAT contendrá 1024 enlaces. Si el fichero estuviera almacenado contiguamente, bastaría con 2 accesos a FAT y uno a datos:

```
Tiempo acceso óptimo = (2 FAT + 1 datos) * 10 mseg. = 30 mseg.
```

El problema surge cuando los bloques del fichero están dispersos por toda la FAT. En este caso el tiempo peor de acceso nos puede llegar a realizar 1536 accesos a disco para leer los números de bloque de la FAT.

```
Tiempo acceso peor = (1536 FAT + 1 datos) * 10 mseg. = 15370 mseg.
```

Asumiendo que en cada bloque de la FAT se encuentran un 10% del fichero, es decir 124 bloques, serían necesarios 13 accesos a la FAT, luego:

```
Tiempo acceso 10% = (13 FAT + 1 datos) * 10 mseg. = 140 mseg.
```

Como se puede observar, el tiempo de acceso depende mucho de que el fichero esté almacenado contiguamente en los dispositivos.

Como se puede ver, el tiempo de acceso depende de lo compacta que esté la información de los ficheros en el disco y de que los bloques de un fichero estén lo más cerca posible. Esto se puede conseguir compactando el disco con cierta frecuencia.

Ficheros indexados

Los problemas anteriores se pueden resolver usando **ficheros indexados** , es decir ficheros que se representan mediante un **índice multinivel** que apunta directamente a los bloques del fichero. Este es el caso del nodo-i (Figura 10.21) que describe al objeto fichero en UNIX y LINUX. Con esta solución, cada fichero tiene sus **bloques de índice** que incluyen apuntadores a los bloques de disco del fichero. El orden lógico se consigue mediante la inserción de los apuntadores en orden creciente, a partir del primero, en los bloques de índices. Por ejemplo, el byte 5672 de un fichero, almacenado en un sistema de ficheros que usa bloques de 4 Kbytes, se encontrará en el segundo apuntador del índice. La ventaja de usar índices es que basta con traer a memoria el bloque de índices donde está el apuntador a los datos para tener acceso al bloque de datos.

Además, si un apuntador de bloque ocupa 4 bytes y el bloque es de 4 Kbytes, con un único acceso a disco tendremos 1024 apuntadores a bloques del fichero. La Figura 10.21 muestra un ejemplo del nodo-i de UNIX con sus bloques de índice y sus bloques de disco asociados. Como puede verse, cada descriptor de fichero (nodo-i) tiene varios apuntadores directos a bloques de datos y 3 apuntadores a bloques de índices de primero, segundo y tercer nivel. El uso de ficheros indexados es típico de los sistemas de almacenamiento de UNIX SV y sus variantes, como FFF (*Fast File System*), ext2, etcétera.

Este método tiene dos ventajas: Permite almacenar ficheros pequeños sin necesitar bloques de índices; Permite accesos aleatorios a ficheros muy grandes con un máximo de 3 accesos a bloques de índices lo que reduce mucho el tiempo de acceso frente a los métodos enlazados. Sin embargo, sigue teniendo una desventaja: hay que acceder al nodo-i para tener las direcciones de los bloques de disco y luego leer los datos. Los sistemas operativos tipo UNIX tratan de paliar este problema manteniendo los nodos-i de los ficheros abiertos en una tabla de memoria.

¿Cuál es el tamaño máximo de fichero que se puede representar con este método?

Asumiendo un tamaño de bloque de disco de 4 Kbytes y apuntadores a bloque de 4 bytes (32 bits), cada bloque indirecto puede almacenar 1024 direcciones de bloque. El tamaño total de fichero que se puede representar con un nodo-i como el de la Figura 10.21, es el siguiente:

```
Tamaño fichero = num. Bloques * 4 * 1024 bytes =
(10 + 1 Kbloque + 1 Mbloque + 1 Gbloque) * 4096  > 4 Tbytes
```

Como se puede observar el fichero representable es muy grande, lo que junto con el tiempo de acceso son las razones principales por la cuales este método de representación no ha quedado obsoleto, como ha ocurrido con las listas enlazadas.

¿Cuál es el peor tiempo de acceso a un bloque de uno de estos ficheros para un disco con tiempo de acceso de 10 mseg? Asumiendo que el descriptor (nodo-i) está en memoria, si en el ejemplo anterior se pide el byte 6 Mbytes el bloque donde está el byte es el siguiente:

```
Bloque = offset / tamaño bloque + 1 = 6 Mbytes / 4 Kbytes + 1 = 1536
```

Es necesario acceder a los bloques de indirección triple. Luego el peor tiempo de acceso sería:

```
Tiempo  acceso  pesimista  =  (3  *  bloques  indirectos  +
1 bloque de datos) * 10 mseg. = 40 mseg.
```

Imagine ahora que queremos acceder al byte 2.345.000 de un archivo guardado con un nodo-i y en un sistema de archivos que usa bloques de 8Kbytes de tamaño y apuntadores a bloque de 8 bytes (64 bits). En el nodo-i hay 10 bloques directos. ¿En qué bloque estaría ese byte? ¿En qué parte de índice estaría?

Calculamos en primer lugar el número de bloque en que estaría el byte pedido:

```
Num bloque = 2345000/(8*2014) = 286,25 ->Bloque = 287.
```

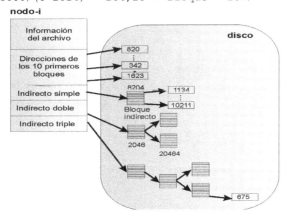

Figura 10.21 Representación indexada: nodo-i de UNIX.

Si hay 10 bloques directos, entonces ese bloque se apunta en los indirectos, ¿pero en qué nivel?. El primer bloque indirecto tiene capacidad para apuntar a:

```
Apuntadores a bloque = 8 Kbytes / 8 bytes = 1024 bloques de datos
```
Puesto que 287 – 10 = 277 < 1024 , es claro que se apunta desde el primer indirecto. En concreto desde la entrada 277 del primer bloque de indirección.

Árboles balanceados

La estructura indexada supuso un gran cambio respecto a las listas de enlaces, pero aun así tiene tres problemas: límite máximo del tamaño del fichero, búsquedas lentas por contenido y asignaciones de bloques al fichero muy lentas. Para tratar de resolver estos problemas se ha introducido en los sistemas de ficheros actuales un método de almacenamiento indexado similar a los antiguos ficheros ISAM, pero basado en plasmar la estructura de un fichero mediante un árbol balanceado, lo que evita tener un fichero de índices.

Un **árbol balanceado** es una estructura de árbol con un número fijo de hijos en cada nodo, en el caso extremo se usan árboles binarios (**B-Tree**). La Figura 10.22 muestra la estructura de un fichero almacenado usando un árbol. Como se puede observar, del nodo-i (o raíz del árbol) cuelgan n nodos. En cada nodo, incluido el nodo-i, hay datos y enlaces. Si los datos caben en el nodo-i, no se necesitan más nodos. Si no, el fichero crece usando los enlaces del nodo-i a los niveles inferiores, que a su vez también contendrán datos e índices. Los nodos de los niveles intermedios se denominan nodos internos. En los niveles más inferiores del árbol se encuentran las hojas que solo contienen datos puros, siendo estos los bloques del fichero. Solo las hojas pueden ser nodos sin formato, el deben tener un formato bien definido, como se ve en la Figura 10.22. Originalmente, todos los bloques del fichero incluían claves, datos e índices a bloques siguientes. Los directorios apuntaban al primer bloque del fichero y desde éste se iba apuntando a todos los demás mediante una estructura de árbol descendente. En la actualidad, algunos sistemas NTFS, JFS, Reiser y XFS solo almacenan punteros en los nodos intermedios y datos de las hojas. Además, esta técnica se complementa con la asignación de bloques al fichero usando **extent**. Un extent es una agrupación de bloques contiguos, por lo que basta con definir su bloque inicial y el número de bloques que lo componen. Para cada extent se almacena una única clave inicial del número de bloques anteriores, el bloque inicial del extent y la longitud de bloques que incluye el extent. A continuación, se muestra un ejemplo de representación de un fichero con extents.

Sea un fichero A con 20 bloques, almacenados en un dispositivo entres porciones: 15 al 22, 40 al 45 y del 55 al 63. Con *extents*, el fichero se representaría con tres entradas:
```
Fichero A-> (0, 15, 22) -> (7, 40, 5) -> (12, 55, 8)
```

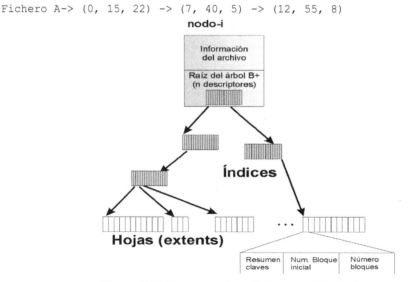

Figura 10.22 Estructura de un fichero con árbol balanceado.

Con el esquema típico de UNIX, requeriría los 20 punteros a bloque más un bloque de punteros indirectos.

Los árboles balanceados (B-trees) son estructuras muy potentes para implementar acceso directo aleatorio. Puesto que los retrasos mayores en los accesos se producen en los discos, los árboles balanceados reducen dicho tiempo mediante algoritmos de búsqueda específicos y muy optimizados. Cada nodo de índices incluye un cierto número de punteros (n, denominado *fan-out*) que define la amplitud del árbol balanceado. Si, por ejemplo, un bloque tiene 100 punteros en un bloque, un árbol de 3 niveles de profundidad permitiría hasta 1.000.000 de elementos en las hojas, más 110.000 en los niveles intermedios. El tiempo de acceso es una función logarítmica de la amplitud del árbol. En el ejemplo anterior, $\log_{100}n$.

¿Cuál es el tamaño máximo de fichero que se puede representar con este método? Asumiendo un tamaño de bloque de disco de 4 Kbytes y un puntero de 4 bytes, se podría diseñar un árbol con una amplitud de 1024, que son los índices que puede almacenar cada bloque intermedio. El tamaño total de fichero que se puede representar con un árbol balanceado como el de la Figura 10.22, sería enorme y se podría calcular de la forma siguiente asumiendo que el árbol tiene un nivel de profundidad n y un solo bloque por *extent*:

```
Tamaño fichero = num. Bloques * 4 * 1024 bytes = 1024ⁿ * 4096;
para       n    =    3    tendríamos           4    Tbytes;
para n = 4 tendríamos 4 Petabytes.
```

Este tamaño aumentaría drásticamente usando *extents*, aunque dependería del tamaño de estos y como se puede observar el fichero representable puede ser enorme, prácticamente infinito. Incluso usando un árbol binario como en XFS se pueden almacenar ficheros de hasta 9 millones de Terabytes. Este factor, junto con el tiempo de acceso, son las razones principales por la cuales este método de representación se ha impuesto en sistemas de almacenamiento masivo y que necesitan búsquedas aleatorias rápidas.

¿Cuál es el peor tiempo de acceso a un bloque de uno de estos ficheros para un disco con tiempo de acceso de 10 mseg?? Asumiendo que el descriptor (nodo-i) está en memoria, si en el ejemplo anterior se pide el byte 6 Mbytes el bloque donde está el byte es el siguiente:

```
Bloque = offset / tamaño bloque + 1 = 6 Mbytes / 4 Kbytes + 1 = 1536
```

Con una amplitud de 1024, se almacenarían 4 Mbytes en el primer nivel. Sería pues necesario implementar un nodo índice de segundo nivel para estos 1024 y puntero al bloque 1536 se encontraría con solo leer el primer bloque de índices, por lo que serían necesarios 2 accesos a disco:

```
Tiempo acceso pesimista = (1 * bloques índice + 1 bloque de datos) *
      10 mseg. = 20 mseg.
```

Suponiendo un árbol de amplitud 4, en cada nodo de índices se podrían almacenar también 4 Kbytes de datos, por lo que en cada nivel n se almacenarían 4^n * 4 Kbytes, obteniéndose el total mediante la fórmula:

```
4ⁱ * 4096, i=0.. n-1
```

Lo que para el ejemplo significa 4 accesos a disco, es decir:

```
Tiempo acceso pesimista = (4 * bloques índice + 1 bloque de datos) *
      10 mseg. = 50 mseg.
```

Para evitar accesos extra, Windows NTFS almacena datos en el mismo descriptor de fichero. De esta forma, muchos ficheros pequeños pueden leerse completamente con un único acceso a disco. Para ficheros más grandes, el servidor de ficheros mantiene una estructura jerárquica en forma de árbol, donde en cada bloque se almacenan datos y apuntadores a los bloques siguientes. Si el fichero es muy grande, algunos de estos bloques pueden a su vez estar llenos de apuntadores a nuevos bloques. Este esquema permite un acceso muy rápido a los datos, ya que cada acceso trae datos, pero complica la implementación del modelo de ficheros en el servidor de ficheros porque el primer bloque necesita un cálculo de dirección especial. Además, para optimizar más las búsquedas y los accesos, en el Reiser File System se usan árboles variables (*dancing trees*), es decir árboles que pueden mezclar nodos sin atender a cada modificación del árbol, sino en respuesta a un volcado de bloques en memoria o como resultado de una clausura de transacción que envía varios bloques a discos. Con ello se consigue agrupar mucho más los árboles y se escriben porciones mucho mayores, lo que optimiza el acceso a disco.

En las secciones siguientes veremos cómo se plasman estas estructuras de almacenamiento en los dispositivos usando sistemas de ficheros.

10.7.3 Estructura y almacenamiento del directorio

Al igual que un fichero, un directorio es un objeto y debe ser representado por una estructura de datos. Una cuestión importante de diseño es decidir qué información debería ir asociada a una entrada del directorio. Hay tres alternativas principales:

- Directorios para ficheros contiguos, que almacenan los atributos del fichero en su entrada del directorio, junto con el primer bloque del fichero y el tamaño del fichero.
- Directorios para ficheros enlazados, que almacenan los atributos del fichero en su entrada del directorio, junto con los números de todos sus bloques o del primero de ellos y el tamaño del fichero.
- Directorios ficheros indexados, que almacenan únicamente el identificador del descriptor de fichero (en UNIX, el nodo-i) y colocan los atributos del objeto fichero dentro de la estructura de datos asociada a su descriptor.

Los **directorios para ficheros contiguos** están presentes en algunos sistemas de ficheros como el ISO-9660 que se usa en los CD-ROM. En este caso la estructura del directorio, como se puede ver en la Figura 10.23, es muy sencilla. Esto se debe a que estos sistemas de ficheros solo incluyen almacenamiento contiguo de ficheros, por lo que basta con conocer el primer bloque y la longitud del fichero, así como el nombre y otros sencillos atributos x para tener el fichero perfectamente descrito. En este caso un fichero se puede extender a varios CD-ROM, por lo que se escribe también en el directorio el volumen del CD en que se encuentra.

En la creación de directorios en un CD-ROM bajo formato ISO9660 se deben respetar las siguientes reglas: los árboles de directorios no pueden exceder una profundidad de 8 subdirectorios; los nombres de los ficheros solo pueden tener un máximo de 8 caracteres y deben incluir siempre un punto seguido de una extensión de 3 caracteres como máximo; los nombres de directorios no llevan extensión y son de 8 caracteres como máximo; sólo se permiten letras mayúsculas.

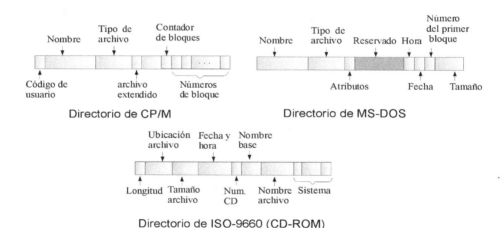

Figura 10.23 Entradas de directorios enlazados y contiguos.

Hay dos extensiones a este tipo de directorio: Rock-Ridge, que permite almacenar en este directorio entradas de tipo UNIX, y Joliet, que permite almacenar en este directorio entradas de tipo Windows. Ambas usan para ello los campos reservados a información de sistema y escriben en ellos los datos necesarios para poder emular UNIX o Windows. Por ejemplo, algunos de los datos que se usan en Rock-Ridge son: PX: bits autorización `rwxrwxrwx`; PN: contiene números de dispositivos; SL: enlaces simbólicos; TF: hora de creación, última modificación y último acceso. En el caso del Joliet se incluyen extensiones para nombre largo de ficheros; caracteres unicode para nombres en idiomas distintos al inglés; anidación; nombre de directorio con extensiones.

Los **directorios para ficheros enlazados** son más propios de sistemas operativos antiguos, como CP/M o MS-DOS, y almacenan atributos del fichero en su entrada de directorio. **CP/M** tiene un único directorio, en el que cada entrada incluye toda la información suficiente para acceder al fichero asociado (véase Figura 10.24). Por tanto, una vez encontrado el nombre del fichero dentro del directorio, se dispone de sus atributos, su tipo y un número máximo de bloques de disco asociados al fichero. Si se necesitan más bloques de datos es necesario asignar una nueva entrada de directorio y fijar su posición dentro del fichero (1ª, 2ª, etcétera) mediante el campo `extendido`. Esta solución sólo permite esquemas de nombres de un único nivel. **MS-DOS** tiene entradas de directorio de 32 bytes que contienen el nombre del fichero, sus atributos, valores de tiempos y el primer bloque de disco del fichero. A partir de este bloque, el sistema de ficheros accede a una tabla de bloques del dispositivo (FAT), dentro de la cual puede acceder a bloques sucesivos del fichero por hallarse encadenados mediante una lista. La principal diferencia entre esta solución y la de CP/M, es que en MS-DOS una entrada del directorio puede a su vez representar a otro directorio, con lo que se pueden definir esquemas jerárquicos de nombres. Además, el límite en la extensión del fichero ya no está incluido en la entrada del directorio, sino que depende del tamaño de la FAT.

Los sistemas operativos actuales usan la tercera opción, **directorios para ficheros indexados**, porque tiene muchas más ventajas que la primera y porque sería imposible reflejar la complejidad del fichero dentro del directorio, al no existir listas encadenadas de bloques. En el sistema operativo UNIX la entrada de directorio es una estructura de datos muy sencilla (Figura 10.24) que contiene únicamente el nombre del fichero asociado a ella y el identificador del descriptor de fichero, número de nodo-i, usado por el sistema operativo. Toda la información relativa a los atributos del fichero se almacena en su nodo-i. El uso de una entrada de directorio como la de UNIX tiene varias ventajas:

- La entrada de directorio no se ve afectada por los cambios de atributos del fichero.
- Los nodos-i pueden representar a su vez directorios o ficheros, con lo que se pueden construir esquemas de nombres jerárquicos de forma sencilla.
- La longitud de los nombres no está predeterminada, pudiendo ser variable hasta un límite grande (4096 caracteres en las versiones actuales).
- La interpretación de nombres es muy regular, lo que aporta sencillez al sistema de ficheros.
- Facilita la creación de sinónimos para el nombre del fichero.

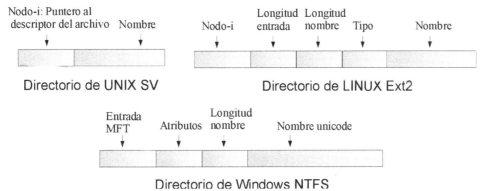

Figura 10.24 Entradas de directorios indexados.

Para optimizar la gestión de directorios y facilitar la vida a los programadores de sistemas se incluyeron en UNIX las llamadas al sistema de gestión de directorios mostradas en la sección final del capítulo.

Como se puede ver también en la figura, la entrada de directorio de Windows NTFS es similar a la de Linux `ext2`, pero incluye además atributos del fichero, lo que facilita la búsqueda de ficheros por distintos conceptos y no sólo por el nombre. Una entrada similar a esta se convierte en un registro de una tabla de base de datos en el nuevo WinFS.

10.8 Sistemas de ficheros

Como se vio en el capítulo dedicado a la entrada/salida, previamente a la utilización de un dispositivo de almacenamiento es necesario dividir físicamente, o lógicamente, los discos en **particiones** o **volúmenes**. Una **partición** es una *porción de un disco a la que se la dota de una identidad propia y que puede ser manipulada por el sistema operativo como una entidad lógica independiente*. Admite formato, instalación de sistemas de ficheros, comprobaciones, etcétera Este objeto no es utilizable directamente por la parte del sistema operativo que gestiona los ficheros y directorios, que debe instalar un sistema de ficheros dentro de dicha partición. El sistema operativo puede acceder directamente a la partición como si fuera un dispositivo orientado a caracteres, pero con acceso a bloques. En este caso no es necesario que la partición tenga instalado ningún tipo de sistemas de ficheros. Este tipo de accesos, habitual en bases de datos y en dispositivos de swap, son muy raros a nivel de usuario en aplicaciones de propósito general. En muchos casos hay restricciones de seguridad para acceder a los dispositivos de ese modo. Además, cuando se acceden así, el sistema operativo no puede hacer la alineación de memoria a bloques de fichero, por lo que es obligación del usuario alienar dichas peticiones.

Además, en el caso de discos de arranque del sistema, los sistemas operativos exigen que existan algunas particiones dedicadas a propósitos específicos de los mismos, tales como arranque del sistema (*partición raíz*), intercambio de páginas de memoria virtual (*partición de intercambio*), etcétera La Figura 10.25 muestra la diferencia entre partición y disco. Un disco puede dividirse en varias particiones o puede contener una única partición. Además, en los sistemas operativos actuales es posible construir particiones *extendidas* que engloban varias unidades de disco.

Figura 10.25 Distintas particiones y discos.

Cuando se crea un sistema de ficheros en una partición de un disco, se crea una entidad lógica autocontenida con espacio para la información de carga del sistema de operativo, descripción de su estructura, descriptores de ficheros, información del estado de ocupación de los bloques del sistema de ficheros y bloques de datos.

El **sistema de ficheros** es una estructura que permite organizar la información dentro de los dispositivos de almacenamiento secundario en un formato inteligible para el sistema operativo de forma que pueda realizar operaciones con los ficheros y directorios que ponga en el mismo. Es un conjunto coherente de metainformación y datos. El sistema de ficheros debe cumplir los siguientes objetivos: satisfacer las necesidades de almacenamiento de las operaciones de usuario, optimizar el rendimiento, garantizar la integridad y validez de los datos, ofrecer un conjunto lógico de servicios y rutinas de entrada/salida y proporcionar soporte de entrada/salida para los distintos tipos de dispositivos de almacenamiento y para las distintas estructuras de ficheros y directorios vistos anteriormente.

Habitualmente, cuando se instala el sistema operativo, los dispositivos de almacenamiento están vacíos. Una vez creadas las particiones, el sistema operativo debe crear las estructuras de los sistemas de ficheros dentro de esas particiones. Para ello se proporcionan mandatos como `format` o `mkfs` al usuario. Los siguientes mandatos de UNIX crean dos sistemas de ficheros, uno para intercambio y uno para datos, dentro de dos particiones del disco duro a: `/dev/hda2` y `/dev/hda3`:

```
#mkswap -c /dev/hda2  20800
#mkfs  -c /dev/hda3 -b 8196 123100
```

El tamaño del sistema de ficheros, por ejemplo `20800`, se define en bloques. Un **bloque** se define como una *agrupación lógica de sectores de disco y es la unidad de transferencia mínima que usa el sistema de ficheros*. Se usan para optimizar la eficiencia de la entrada/salida de los dispositivos secundarios de almacenamiento. Aunque todos los sistemas operativos proporcionan un tamaño de bloque por defecto, habitualmente los usuarios pueden definir el tamaño de bloque a usar dentro de un sistema de ficheros. Por ejemplo, en UNIX, mediante el mandato `mkfs -b 8192` define un tamaño de bloque de 8 Kbytes para `/dev/hda3`). El tamaño de bloque puede variar de un sistema de ficheros a otro, pero no puede cambiar dentro del mismo sistema de ficheros. Aunque no es obligatorio, el tamaño de bloque suele ser múltiplo par del número de sectores del disco para obtener más rendimiento del disco y para facilitar la implementación del sistema de ficheros.

En muchos casos, además de estos parámetros, se puede definir el tamaño de la **agrupación**, es decir *el conjunto de bloques que se gestionan como una unidad lógica de gestión del almacenamiento*. El problema que introducen las agrupaciones, y los bloques grandes, es la existencia de fragmentación interna. Por ejemplo, si el tamaño medio de fichero es de 6 Kbytes, un tamaño de bloque de 8 Kbytes introduce una fragmentación interna media de un 25%. Si la agrupación es de 4 bloques (asignación de 32 Kbytes), la fragmentación interna alcanzaría casi el 80%.

Una vez decidido el tamaño del bloque y agrupación que se quiere usar, es necesario decidir el tipo de sistema de ficheros a crear en la partición. Existe una gran cantidad de sistemas de ficheros, según varíe la definición de su estructura. Así, para dispositivos de almacenamiento se pueden encontrar entre otros los siguientes tipos de sistemas de ficheros: minix (Minix), ext2 (Linux), ext3 (Linux), ufs (BSD), fat (DOS), vfat (win 95), hpfs (OS/2), hfs (Mac OS) o ntfs (win NT/2K/XP). Además, se pueden encontrar sistemas de ficheros para dispositivos especiales, tales como procfs (/proc), devFS (/dev) o umsdos (Unix sobre DOS), o para dispositivos en red tales como NFS, CODA, SMBFS o NCPFS (Novell). La Figura 10.25 muestra un disco con varias particiones que incluyen distintos sistemas de ficheros.

Todos los sistemas de ficheros anteriores tienen una estructura muy distinta, pero, como veremos a continuación, todos los sistemas de ficheros tienen los siguientes campos comunes:

- Descripción del sistema de ficheros. Incluye descripción del tipo de sistema de ficheros, configuración, etcétera. Incluye información como: número de bloques, es decir cantidad de bloques gestionados incluyendo datos y metadatos; tamaño de bloque en bytes o sectores; número de entradas, es decir ficheros y directorios gestionados; tamaño de la zona de metadatos y número de bloques dedicados.
- Descripción del mapa del dispositivo. Incluye algún tipo de información (enlaces, mapas de bits, etcétera.) que indica el estado de ocupación o no de cada bloque del dispositivo. Sirve para la gestión de espacio libre mediante la identificación de qué bloque está libre o no.
- Metadatos (nodos-i, FAT, etcétera) de los ficheros almacenados en el sistema de ficheros. Para cada entrada (fichero o directorio) se reserva un espacio para los metadatos que la describe: Atributos generales: fechas, permisos, identificación de usuario, etc; Atributos para la gestión de ocupado: bloques usados por esta entrada; Incluye también una referencia a la entrada del directorio raíz, con la identificación de la entrada que contiene la información del directorio raíz.
- Bloques de datos.

Para gestionar los ficheros y directorios, todos los sistemas operativos de propósito general incluyen dos componentes, denominados servidor de directorios y servidor de ficheros, que se encargan de gestionar todo lo referente a los sistemas de ficheros y las operaciones relacionadas con ellos. Estos componentes se estudian en detalle en las secciones siguientes.

Sin embargo, antes de llegar a ellos, se estudiarán los distintos tipos de sistemas de ficheros más habituales en los sistemas operativos actuales. Como se podrá observar, cada uno de ellos se corresponde casi directamente con una de las formas de almacenar los ficheros descritos anteriormente.

10.8.1 Mecanismos de gestión de espacio libre

El espacio de los dispositivos debe ser asignado a los objetos de nueva creación y a los ya existentes que requieran más espacio de almacenamiento. Es pues necesario conocer el estado de ocupación de los bloques de los dispositivos para poder realizar las operaciones de asignación de forma eficiente. Por ello, todos los sistemas de ficheros mantienen mapas de recursos, habitualmente construidos como mapas de bits o listas de recursos libres.

Los **mapas de bits**, o vectores de bits, incluyen un bit por recurso existente (descriptor de fichero, bloque o agrupación). Si el recurso está libre, el valor del bit asociado al mismo es 1, si está ocupado es 0. Por ejemplo, sea un disco en el que los bloques 2, 3, 4, 8, 9 y 10 están ocupados y el resto libres, y en el que los descriptores de fichero 2, 3 y 4 están ocupados. Sus mapas de bits de serían:

```
MB de bloques:      1100011100011....
MB de descriptores:  1100011...
```

La principal ventaja de este método es que es fácil de implementar y sencillo de usar. Además, es muy eficiente si el dispositivo no está muy lleno o fragmentado, ya que se encuentran zonas contiguas muy fácilmente. Sin embargo, tiene dos inconvenientes importantes: es difícil e ineficiente buscar espacio si el dispositivo está fragmentado y el mapa de bits ocupa mucho espacio si el dispositivo es muy grande. Por ejemplo, un sistema de ficheros de 4 Gbytes, con un tamaño de bloque de 4 Kbytes, necesita 1 Mbit para el mapa de bits de bloques. Para que la búsqueda sea eficiente, los mapas de bits han de estar en memoria, ya que sería necesario recorrer casi todo el mapa de bits para encontrar hueco para un fichero. Imagine que un sistema tuviera montados 8 dispositivos como el anterior, necesitaría 1 Mbyte de memoria sólo para los mapas de bits. Si se aplicara una agrupación de 4 bloques, el tamaño final del mapa de cada dispositivo sería de 256 Kbits (32 Kbytes), lo que equivale a 256 Kbytes para los 8 dispositivos. Estas cantidades, con ser grandes, son mucho menores que los 32 Mbytes y 8 Mbytes que serían respectivamente necesarios con la FAT de MS-DOS.

Algo similar ocurre con los mapas de bits de nodos-i, que también se alojan en bloques del disco. Así si se quiere calcular cuántos bloques ocupa el mapa de bits de nodos-i disponibles en un sistema de archivos UNIX con un tamaño de nodo-i de 128 bytes, un tamaño de bloque de 1024 bytes y donde la zona de nodos-i ocupa 2048 bloques:

En primer lugar, hay que calcular el número total de nodos-i en el sistema de ficheros.

```
En un bloque caben 1024/128 = 8 nodos-i.
Num. Total nodos-I =  2048 bloques nodos-i * 8 = 16384 nodos-i.
```

Para el mapa de bits, se recurre a un bit para representar el estado de ocupación de cada nodo-i, es decir, se necesita almacenar 16384 bits de información. Cada bloque de datos permite almacenar 8192 bits, por tanto: numero bloques de bitmap para los nodos-i = 16384 / 8192 = 2 bloques.

Las **listas de recursos libres** permiten resolver el problema de forma completamente distinta. La idea es mantener enlazados en una lista todos los recursos disponibles (bloques o descriptores de ficheros) manteniendo un apuntador al primer elemento de la lista. Este apuntador se mantiene siempre en memoria. Cada elemento de la lista apunta al siguiente recurso libre de ese tipo. Cuando el servidor de ficheros necesita recursos libres, recorre la lista correspondiente y desenlaza elementos, que ya no estarán libres. Como el lector puede comprender, este método no es eficiente, excepto para dispositivos muy llenos y fragmentados, donde las listas de bloques libres son muy pequeñas. En cualquier otro caso, recorrer las listas requiere mucha entrada/salida. La FAT del sistema operativo MS-DOS es una lista enlazada.

Una posible optimización de la gestión de bloques libres es reunir los bloques en **agrupaciones** y mantener mapas de bits o listas de recursos libres para ellas. Por ejemplo, si en el dispositivo anterior se usan agrupaciones de 64 Kbytes (16 bloques), el mapa de bits se reduce a 8 Kbytes. Sin embargo, esto complica la política de gestión de espacio libre en el servidor de ficheros. Los sistemas operativos UNIX, LINUX y Windows usan este método. Igualmente, se puede usar la agrupación de bloques en las listas de recursos libres. Obviamente, cuando se usan agrupaciones, la mínima unidad que se puede asignar es una agrupación, por lo que es muy importante decidir cuál va a ser el tamaño de esta. Cuanto mayor sea, más grande puede ser la fragmentación interna del dispositivo. Para paliar en parte este problema, los sistemas que usan agrupaciones suelen usar también el mecanismo de gestión de fragmentos descrito en la sección del *Fast File System* (FFS).

XFS, de Silicon Graphics, implementa técnicas de gestión de espacio libre más sofisticadas que la lista de bloques libres. La eficiencia en la gestión de espacio libre se consigue mediante el uso de extensiones de tamaño variable, ya descritas anteriormente, y mediante el uso de grupos de asignación, cada uno de los cuáles incluye su propia información de espacio libre, información gestionada mediante 2 árboles binarios. Un árbol representa el espacio por número de bloque y el segundo por el tamaño de bloques libres. Este esquema permite a XFS encontrar de forma rápida espacio cerca de un determinado bloque o de un cierto tamaño. La asignación de espacio de XFS es reentrante, por lo que funciona especialmente bien en el caso de que existan escritores concurrentes, permitiendo minimizar la fragmentación del espacio de disco en esas circunstancias. Gracias a ello, XFS soporta un sistema de archivos de hasta 8 Exabytes, aunque esto puede variar dependiendo de los límites impuestos por el sistema operativo.

10.8.2 Sistemas de ficheros contiguos: ISO-9660

El sistema de ficheros ISO-9660 se diseñó para su uso en dispositivos de tipo CD-ROM. Estos dispositivos tienen la particularidad de que cada uno de sus bloques solo se pueden escribir una vez. Por ello se efectúa almacenamiento contiguo de ficheros hasta que se termina la sesión de escritura. En ese momento se pueden hacer dos cosas: cerrar el volumen y cerrar la sesión. En el primer caso, se pone una marca al final de los datos y ya no se puede escribir más en el CD-ROM. En el segundo caso, se pone una marca de fin de sesión y posteriormente se puede grabar otras sesiones hasta que se cierre el volumen.

Como se puede apreciar en la Figura 10.26, un sistema de ficheros tipo ISO9660 se divide en cinco partes: **área de sistema,** formada por los 16 primeros bloques (0 al 15) de una imagen ISO-9660, que no tienen uno habitualmente pero se usan en las versiones Rock-Ridge y Joliet; **descripción del volumen,** el bloque 16 contiene toda la información de la imagen; **tablas de localización,** para acelerar el acceso a los directorios esta sección contiene la ruta de búsqueda de todos los directorios; **directorios,** contiene punteros hacia los subdirectorios y hacia los ficheros situados en dicho directorio, junto con el número de bloque y la longitud del fichero que definen; **ficheros,** que contienen los datos de los usuarios.

La descripción del volumen incluye datos que permiten identificar la plataforma para la que ha sido designado o *System ID* (32 bytes), la identificación del nombre de volumen o *Volume label* (32 bytes), el campo que identifica su serie u orden en aplicaciones con múltiples CD o *Volume Set ID* (128 bytes), la información acerca de los datos de la aplicación o *Application ID* (128 bytes), la definición del status de derechos de copia del CD o *Copyright* (37 bytes / ...), la identidad del productor o *Publisher* (128 bytes / ...), el nombre del autor del contenido del disco o *Data preparer* (128 bytes), la información acerca del "Volume Set" o *Abstract Description* (37 bytes / ...) y la información bibliográfica acerca de este CD, por ejemplo el ISBN, o *Bibliography* (37 bytes /...).

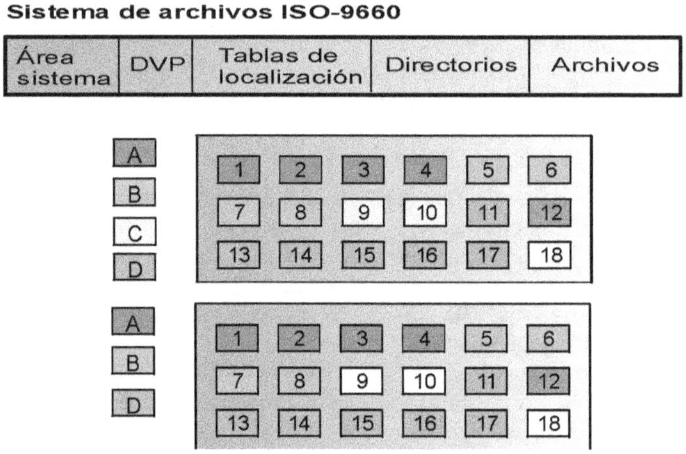

Figura 10.26 Estructura del sistema de ficheros ISO-9660 y asignación de bloques.

La asignación de **bloques contiguos** a ficheros se lleva a cabo en paquetes contiguos. Por ejemplo, con este método, un fichero de 64 Kbytes ocuparía 16 bloques consecutivos en un sistema de ficheros que use un tamaño de bloque de 4 Kbytes. Es muy sencillo de implementar y el rendimiento de la E/S es muy bueno, pero si no se conoce el tamaño total del fichero cuando se crea, puede ser necesario buscar un nuevo hueco de bloques consecutivos cada vez que el fichero crece. Además, la necesidad de buscar huecos contiguos origina una gran fragmentación externa en el disco, ya que hay muchos huecos no utilizables debido a la política de asignación. Sería pues necesario *compactar* el disco muy frecuentemente. Debido a estas desventajas, los sistemas operativos de propósito general no usan este método, a pesar de que la representación interna del fichero es muy sencilla: basta con conocer el primer bloque del fichero y su longitud.

El gran problema de este tipo de sistema de ficheros, cuando se implementa en medios que se pueden borrar y reescribir, es la **fragmentación externa**. Puesto que es necesario asignar espacio contiguo a los ficheros, a medida que se borran ficheros se originan en el dispositivo conjuntos de bloques libres de distintos tamaños (Figura 10.26). Si se quiere crear un fichero nuevo es necesario buscar un hueco para el mismo. Para ello se pueden aplicar las políticas que ya se vieron en el capítulo de gestión de memoria: mejor hueco (*best fit*), primer hueco (*first fit*), etcétera. Para ello es necesario incluir una lista de huecos. En cualquier caso, los huecos que quedan son cada vez menores y no se pueden utilizar. Incluso, en un dispositivo muy fragmentado con un 50% libre y huecos libres de tamaño medio 24 Kbytes, puede ocurrir que se quiera crear un fichero de 640 KBytes y no quepa. La única solución para este problema es **compactar** el disco, es decir, recolocar todos los ficheros desde el principio del sistema de ficheros sin dejar ningún hueco. Dependiendo de la actividad en el dispositivo, esta operación debe efectuarse con cierta frecuencia. Esta operación presenta dos problemas: es muy lenta y bloquea el dispositivo mientras se lleva a cabo. Debido a ello, es muy difícil trabajar con este tipo de sistemas de fichero en dispositivos de lectura/escritura.

10.8.3 Sistemas de ficheros enlazados: FAT16 y FAT32

Los sistemas de ficheros enlazados (Figura 10.27) se basan en el uso de una tabla de apuntadores (FAT, *File Allocation Table*) que indica los bloques que pertenecen a un fichero (como ya se vio anteriormente). Cada entrada de directorio indica el primer bloque del fichero que representa, es decir la entrada de la FAT donde está su primer bloque. Desde cada entrada de la FAT se apunta al bloque siguiente del fichero, hasta que se llega al último, donde se incluye una marca espacial de EOF (*End Of File*). En la figura hay dos ficheros (A y B). Los ficheros pueden tener sus **bloques discontinuos**.

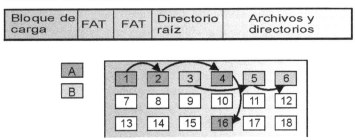

Figura 10.27 Estructura del sistema de ficheros FAT.

Esta forma tan sencilla de representar los ficheros se traslada inmediatamente al sistema de ficheros enlazado. El sistema de fichero FAT tiene la estructura que se muestra en la Figura 10.27. Incluye un bloque de carga, con información descriptiva del sistema de ficheros, dos copias de la FAT, una entrada para el directorio raíz y los ficheros y directorios que cuelgan de él y el resto del dispositivo se dedica a almacenar ficheros y directorios. Las dos copias de la FAT se incluyen para aumentar la tolerancia a fallos del sistema, ya que la existencia de una sola copia haría que cualquier fallo inutilizara total o parcialmente en sistema de ficheros. Sin embargo, con dos copias basta con tener una bien para poder seguir operando y poder reconstruir la otra copia. En el resto del sistema de ficheros se incluye un directorio raíz, o directorio principal del sistema de ficheros, usado para conectar este sistema de ficheros con otros y los bloques de archivos y directorios incluidos en el disco, que están mezclados y no tienen áreas separadas.

El sistema de ficheros FAT fue diseñado inicialmente para su uso en MS-DOS, con arquitecturas de 16 bits de tipo Intel 286 y tamaños de discos de 32 ó 64 MBytes y se denominó FAT16. Con esta tecnología, el sistema de ficheros FAT está limitado a 65.525 bloques, lo que hizo que quedara rápidamente corto para el creciente tamaño de los discos. Para solventar este problema, se agruparon los bloques en paquetes (*clústers*) cada vez de mayor tamaño (4, 8, 16, y 32), de forma que cada entrada de la FAT representaba una de estas agrupaciones. Aun así, el tamaño máximo de este tipo de sistemas de ficheros es de 2 GB, límite que surge del número máximo de clústeres (2^{16}) y del tamaño máximo del clúster que debía ser potencia de 2 y menor de 2^{16} bytes (es decir 64 Kbytes), lo que produce un tamaño máximo de clúster de 32.768 bytes (32 KB). La propia tabla FAT ocuparía $2^{16} * 2 = 2^{17}$ bytes, es decir 128 Kbytes, que cabe cómodamente en memoria.

El problema de la organización en clústeres es que presenta mucha **fragmentación interna**, ya que cada vez que se crea un fichero se le asigna como mínimo un clúster. Si el clúster es de 32 KB y el tamaño medio de los ficheros 8 KB, se desperdicia un 75% del espacio de almacenamiento. Por ello, cuando se introdujeron las arquitecturas de 32 bits, Microsoft creó el sistema de ficheros **FAT32**, que usaba 32 bits para direccional los bloques de sistema de ficheros, lo que permitía incluir hasta 2^{32} bloques (4 Gbloques) en un sistema de este tipo. Tener un número de bloques tan alto permite usar clústeres de un tamaño más reducido, usar dispositivos más grandes y eliminar en gran parte la fragmentación interna. Por ejemplo, si se usan clústeres de 4 KBytes, se pueden construir ficheros de hasta 16 Tbytes. Todo ello a costa del aumento del tamaño de la FAT, que ahora teóricamente puede llegar a ocupar $2^{32} * 4 = 2^{34}$ bytes, es decir 16 Gbytes, lo que supone una buena porción del disco. Asumiendo un caso actual más realista, con una partición de 64 Gbytes y bloque de 4 Kbytes, se necesitaría una FAT de 16 mega direcciones de 4 bytes, lo que significa ocupar un espacio de disco de 64 Mbytes para cada tabla FAT. Este tamaño ya no cabe tan cómodamente en memoria, por lo que será necesario hacer entrada/salida a disco para gestionar la FAT.

Puesto que un fichero puede estar muy disperso por el disco, puede ocurrir que hay que leer muchos bloques de la FAT para leer dicho fichero. Además, debido a la creación y borrado de ficheros, quedan "agujeros" como los vistos en el caso anterior lo que origina la dispersión de los ficheros. Para evitar este problema es conveniente **compactar** el disco con cierta periodicidad, aun cuando el sistema de ficheros no esté excesivamente lleno.

La **asignación de espacio** libre se lleva a cabo buscando por las FAT los bloques necesarios. Obviamente, cuanto más compacta esté la FAT, más posibilidades hay de encontrar grupos de bloques libres. ¿Cómo se sabe que un bloque del sistema de ficheros está libre? Porque la entrada correspondiente de la FAT tiene un cero (0). Si está ocupado, incluye el número del bloque siguiente del fichero. Para optimizar la búsqueda de bloques libres, el sistema mantiene un apuntador al último bloque libre encontrado y busca de esa posición hacia delante.

Comprobar la integridad de un sistema de ficheros FAT es sencillo. Basta con comprobar que cada entrada de una FAT es igual a la de la otra, recorriendo ambas FAT de principio a fin. Si no son iguales, habrá que hacerlas iguales eligiendo la correcta si es posible. La otra cuestión a comprobar es que el directorio raíz tenga un número de primer bloque válido. El procedimiento anterior es sencillo y rápido. Si se hace una comprobación más exhaustiva, se mira directorio a directorio para ver si el primer bloque de cada fichero existe y está marcado como ocupado en la FAT.

10.8.4 Estructura de los sistemas de ficheros UNIX SV

La Figura 10.28 muestra las estructuras de un sistema de ficheros para UNIX SV, MINIX, etcétera, así como la disposición de sus distintos componentes. Esta es la estructura clásica de los sistemas de ficheros de UNIX. Como se puede ver en la figura, se basa en el uso de ficheros indexados.

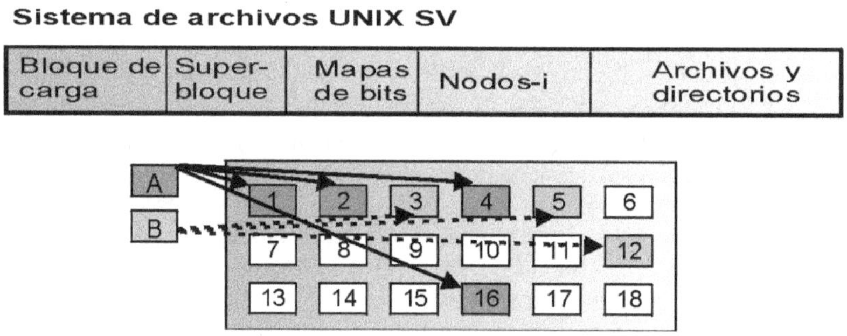

Figura 10.28 Estructura del sistema de ficheros UNIX SV.

En UNIX, cada sistema de ficheros tiene un bloque de carga que contiene el código del programa de arranque del programa almacenado en la ROM del computador. Cuando se arranca la máquina, el iniciador ROM lee el bloque de carga del dispositivo que almacena al sistema operativo, lo carga en memoria, salta a la primera posición del código y lo ejecuta. Este código es el que se encarga de instalar el sistema operativo en el computador, leyéndolo desde el disco. No todos los sistemas de ficheros necesitan un bloque de carga. En MS-DOS o UNIX, por ejemplo, sólo los dispositivos de *sistema*, es decir aquellos que tienen el sistema operativo instalado contienen un bloque de carga válido. Sin embargo, para mantener la estructura del sistema de ficheros uniforme, se suele incluir en todos ellos un bloque reservado para carga. El sistema operativo incluye un número, denominado número mágico, en dicho bloque para indicar que es un dispositivo de carga. Si se intenta cargar de un dispositivo sin número mágico, o con un valor erróneo del mismo, el monitor ROM lo detecta y genera un error.

A continuación del bloque de carga, está la metainformación del sistema de ficheros (superbloque, nodos-i, ..). La **metainformación** describe el sistema de ficheros y la distribución de sus componentes. Suele estar agrupada al principio del disco y es necesaria para acceder al sistema de ficheros. El primer componente de la metainformación en un sistema de ficheros UNIX es el **superbloque** (el Bloque de Descripción del Dispositivo en Windows), que contiene la información que describe toda la estructura del sistema de ficheros. La información contenida en el superbloque indica al sistema operativo las características del sistema de ficheros, dónde están los distintos elementos del mismo y cuánto ocupan. Para reducir el tamaño del superbloque, sólo se indica la información que no puede ser calculada a partir de otra. Por ejemplo, si se indica que el tamaño del bloque usado es 4 Kbytes, que el sistema tiene 16 K nodos-i y que el nodo-i ocupa 512 bytes, es sencillo calcular que el espacio que ocupan los nodos-i en el sistema de ficheros es 2048 bloques. Asimismo, si se usan mapas de bits para representar el estado de ocupación de los nodos-i, necesitaremos 16 Kbits, lo que significa que el mapa de bits de los nodos-i ocuparía 4 bloques del sistema de ficheros.

La Figura 10.29 muestra una parte del superbloque de un sistema de ficheros de LINUX. Como se puede ver, además de la información reseñada, se incluye información común para todos los sistemas de ficheros que proporciona el sistema operativo y una entrada para cada tipo de ficheros en particular (MINIX, MS-DOS, ISO, NFS, SYSTEM V, UFS, genérico, etcétera). En este caso se incluye información de gestión tal como el tipo del dispositivo, el tamaño de bloque, número mágico, tipo de fichero, operaciones sobre el superbloque y de cuota de disco y apuntadores a los tipos de fichero que soporta.

Para cada uno de ellos, se incluye una estructura de datos para su superbloque particular, el máximo tamaño de fichero posible, la protección que se aplica al sistema de ficheros, etc. Además, para optimizar aspectos como la búsqueda de espacio libre, se incluye información sobre la situación del primer bloque libre y del primer descriptor de ficheros libre. Como ejemplo de superbloque particular, se muestra el de MINIX.

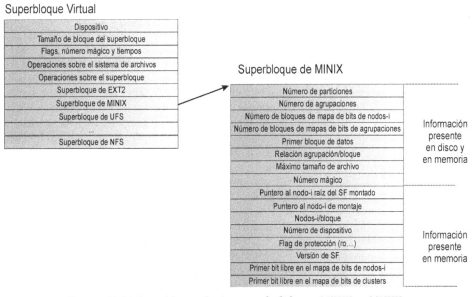

Figura 10.29 Superbloque de sistemas de ficheros MINIX en LINUX.

Cuando arranca el computador y se carga el sistema operativo, el superbloque del dispositivo de carga, o sistema de ficheros *raíz*, se carga en memoria en la **tabla de superbloques**. A medida que otros sistemas de ficheros son incorporados a la jerarquía de directorios (en UNIX se dice que son *montados*) sus superbloques se cargan en la tabla de superbloques existente en memoria. La forma de enlazar unos con otros se verá más adelante.

Tras el superbloque, el sistema de ficheros incluye **información de gestión de espacio** en el disco. Esta información se basa en el uso de mapas de bits y es necesaria por dos razones: para permitir al servidor de ficheros implementar distintas políticas de asignación de espacio y para reutilizar los recursos liberados para nuevos ficheros y directorios. Normalmente, los sistemas de ficheros incluyen dos mapas de espacio libre:

- Mapas de **bloques de datos**, o mapas de bits, en los que se indica si un bloque de datos está libre o no. En caso de que el espacio de datos se administre con agrupaciones para optimizar la gestión de espacio libre, esta información se refiere a las agrupaciones. Si el bit[j] = 0, el bloque está libre; si el bit[j] = 1, el bloque está ocupado.

- Mapas de los descriptores físicos **de ficheros**, como nodos-i en UNIX o registros de Windows, en la que se indica si un descriptor de fichero está libre o no. Si el bit[j] = 0, el nodo-i está libre; si el bit[j] = 1, el nodo-i está ocupado.

Los mapas de bits ocupan espacio en disco. Por ejemplo, para un disco de 64 Gbytes y bloque de 4 Kbytes, se necesitan 16 Mbits (2 Mbytes). Sin embargo, estos mapas de bits se pueden albergar en memoria de forma cómoda actualmente.

Después de los mapas de recursos del sistema de ficheros, se encuentran los **descriptores físicos de ficheros**. Estos descriptores son los nodos-i de UNIX, tienen una estructura y tamaño variable dependiendo de cada sistema operativo, según se vio en secciones anteriores. Por ejemplo, en LINUX ocupa 128 bytes y en UNIX casi 2 Kbytes. El tamaño del área de descriptores de fichero es fácilmente calculable si se conoce el tamaño del nodo-i y el número de nodos-i disponibles en el sistema de ficheros. Normalmente, cuando se crea un sistema de ficheros, el sistema operativo habilita un número de descriptores de fichero proporcional al tamaño del dispositivo. Por ejemplo, en LINUX se crea un nodo-i por cada 2 bloques de datos. Este parámetro puede ser modificado por el usuario cuando crea un sistema de ficheros, lo que en el caso de UNIX se hace con el mandato `mkfs`.

El último componente del sistema de ficheros son los **bloques de datos**. Estos bloques, bien tratados de forma individual o bien en grupos, son asignados a los ficheros por el servidor de ficheros, que establece una correspondencia entre el bloque y el fichero a través del descriptor del fichero. Tanto si se usan bloques individuales como *agrupaciones*, el tamaño de la unidad de acceso que se usa en el sistema de ficheros es uno de los factores más importantes en el rendimiento de la entrada/salida del sistema operativo. Puesto que el bloque es la mínima unidad de transferencia que maneja el sistema operativo, elegir un tamaño de bloque pequeño, por ejemplo 512 bytes, permite aprovechar al máximo el tamaño del disco. Así, el fichero `prueba` de 1,2 Kbytes ocuparía 3 bloques y sólo desperdiciaría ½ bloque o el 20% del espacio de disco si todos los ficheros fuesen de ese tamaño. Si el bloque fuese de 32 Kbytes, el fichero ocuparía un único bloque y desperdiciaría el 90% del bloque y del espacio de disco. Ahora bien, transferir el fichero `prueba`, en el primer caso, necesitaría la transferencia de 3 bloques, lo que significa buscar cada bloque en el disco, esperar el tiempo de latencia y hacer la transferencia de datos. Con bloques de 32 Kbytes sólo se necesitaría una operación. La Figura 10.30 muestra la relación entre tamaño de bloque, velocidad de transferencia y porcentaje de uso del sistema de ficheros, con un tamaño medio de fichero de 14 Kbytes. Como puede verse, los dos últimos parámetros son contradictorios, por lo que es necesario adoptar una solución de compromiso que proporcione rendimientos aceptables para ambos. En el caso del dispositivo cuyos resultados se muestran en la figura, el tamaño de bloque puede estar entre 4Kbytes y 8 Kbytes. Es interesante resaltar que esta curva cambia con la tecnología de los discos y con el tamaño medio de los ficheros, que ha cambiado desde 1 Kbyte en los sistemas UNIX de hace 15 años hasta los 14 Kbytes medidos en estudios más actuales. Además, el uso masivo de información multimedia tenderá a incrementar mucho el tamaño medio de los ficheros en un futuro próximo, por lo que es necesario evaluar los parámetros cuidadosamente y ajustarlos al tipo de almacenamiento que se llevará a cabo en cada dispositivo (general, científico, multimedia, etcétera).

La **asignación de espacio** libre se lleva a cabo buscando en los mapas de bits los bloques necesarios. Para buscar en los mapas de bits se llevan a cabo máscaras de bits a nivel de palabra de 32 bits. Si se mantiene un indicador del último bit asignado (`uba`), se puede calcular la palabra a la que pertenece mediante la operación `pal = uba / 32`. Una vez conocida la palabra se lee y se efectúa una máscara con `0xffffffff` para ver si hay algún bloque libre en esa palabra:

```
Si pal & 0xffffffff ¡= 0 -> hay un bloque libre.
```

Con este método se pueden asignar fácilmente grupos de hasta 32 bloques consecutivos. Si se necesita más espacio es cuestión de repetir la operación anterior. En caso de que el sistema de ficheros esté muy lleno habrá que repetir la operación muchas veces buscando por el mapa de bits. En cualquier caso, la asignación de bloques es rápida si el mapa de bits está en memoria.

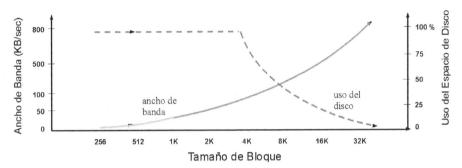

Figura 10.30 Relación entre el tamaño de bloque, el ancho de banda y el uso del disco.

10.8.5 Estructura de los sistemas de ficheros tipo BSD: FFS, ext2.

La estructura de sistema de ficheros mostrada anteriormente tiene varios problemas:

- La metainformación del sistema de ficheros (superbloque, nodos-i, ..) está agrupada al principio del disco y es única.
- El tiempo de búsqueda de bloques es muy largo porque los bloques de un fichero pueden estar muy dispersos por el sistema de ficheros.
- Si se corrompe algún bloque de metainformación, todo el sistema de ficheros queda inutilizado.

Los sistemas **FFS** (*fast file system*) de UNIX BSD y el **EXT2** (*extended file system*) de LINUX, idéntico al FFS, resuelven estos problemas de forma similar.

La primera versión del FFS apareció en 1984 como parte del UNIX-BSD, desarrollado en la Universidad de Berkeley en 1984. Actualmente se ha convertido en el formato estándar de gran parte de versiones del sistema operativo UNIX. El objetivo de este sistema de ficheros es doble: reducir tiempos de búsqueda en el disco e incrementar la fiabilidad. Para ello, se divide la partición en varias áreas, denominadas **grupos de cilindros o de bloques**. Cada grupo de cilindros contiene una copia del superbloque, nodos-i y mapas de bits para los bloques de ese cilindro. La motivación para usar grupos de cilindros es repartir los datos y asociar a dichos datos la metainformación correspondiente, de forma que esté más cercana a los bloques referenciados en ella. Además, la replicación del superbloque permite restaurar posibles fallos en uno de los superbloques. La Figura 10.31 muestra la disposición del sistema de ficheros en una partición.

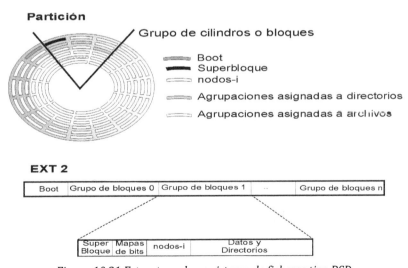

Figura 10.31 Estructura de un sistema de ficheros tipo BSD.

Sea un sistema de ficheros de 64 Gbytes repartido en 8 grupos, cada uno de los cuáles tiene ahora 8 Gbytes. Usando bloques de 4 Kbytes, se necesitan 2 Mbits (512 Kbytes) para los mapas de bits de cada grupo. Estos mapas de bits son más fáciles de albergar en memoria de forma cómoda, lo que permite acelerar mucho la búsqueda.

Cuando se crea el sistema de ficheros, el administrador debe especificar el tamaño de los grupos de cilindros, el número de nodos-i dentro de cada grupo y el tamaño del bloque. El servidor de ficheros usa valores por defecto en otro caso. Además de los grupos de cilindros, el FFS incluyó en su momento otras optimizaciones:

- El servidor de ficheros intenta asignar los bloques de un fichero cercanos a su nodo-i y dentro del mismo grupo de cilindros. Además, los nodos-i de los ficheros se intentan colocar en el mismo grupo de cilindros que el directorio donde se encuentran.
- Los nodos-i de los ficheros creados se distribuyen por toda la partición, para evitar la congestión de un único grupo de cilindros.
- El tamaño de bloque por defecto se aumentó de 1 Kbyte, usado normalmente hasta ese momento, hasta 4 Kbytes.

Con estas optimizaciones, el FFS consiguió duplicar el rendimiento del servidor de ficheros que usaba UNIX System V, la versión más popular de UNIX del momento. Sin embargo, la funcionalidad interna del servidor de ficheros se complicó considerablemente, debido fundamentalmente a dos problemas:

Cuando se llena un grupo de bloques, hay que colocar los datos restantes en otros grupos. Ello conlleva tener una política de dispersión de bloques e información de control extra para saber dónde están dichos bloques.

Al incrementar el tamaño del bloque, se incrementa la fragmentación interna. En 1984, el tamaño medio de fichero en UNIX era de 1.5 Kbytes , lo que significaba que, si se dedicaba un bloque de 4 Kbytes a un fichero, más del 50% del bloque quedaba sin usar. Para solventar este problema, fue necesario introducir el concepto de fragmento de un bloque.

Un **fragmento** es una *porción de bloque del sistema de ficheros que se puede asignar de forma independiente*. Obsérvese que cuando hay fragmentos, no siempre es cierto que la unidad mínima de asignación es un bloque, por lo que es necesario gestionar también dichos fragmentos. La gestión de fragmentos está muy relacionada con la asignación de bloques nuevos a un fichero. Cuando un fichero crece, necesita más espacio del servidor de ficheros, en cuyo caso existen dos posibilidades:

El fichero no tiene ningún bloque fragmentado. En este caso, si los datos ocupan un bloque o más, se le asignan bloques completos. Si los datos se ajustan al tamaño de los bloques, la operación termina aquí. En caso de que al final quede una porción de datos menor que un bloque, se asigna al fichero los fragmentos de bloque que necesite para almacenar dicha porción de datos.

El fichero tiene un bloque fragmentado al final. En este caso, si los datos ocupan más que el tamaño de bloque restante, se asigna al fichero un nuevo bloque, se copian los fragmentos al principio del bloque y los datos restantes a continuación. En esta situación, ya se puede aplicar el caso 1. En caso de que los datos a almacenar no llenen un bloque, se asignan más fragmentos al fichero.

Observe que un fichero sólo puede tener un bloque fragmentado al final, ya que el último será el único bloque sin llenar totalmente. Por tanto, el servidor de ficheros sólo debe mantener información de fragmentos para ese último bloque. Para seguir la pista a los fragmentos, el FFS mantiene una *tabla de descriptores de fragmentos*, en la que se indica el estado de los fragmentos en los bloques fragmentados.

La asignación de espacio libre se lleva a cabo buscando en los mapas de bits del grupo elegido los bloques necesarios. La búsqueda de bloques libres es idéntica a la de UNIX SV. El único problema surge cuando un grupo se llena y es necesario asignar bloques de otro. En este caso se usa una función hash que elige el nuevo grupo de bloques en el que buscar.

La integridad del sistema de ficheros es similar a la de UNIX SV, pero aplicando las operaciones repetidamente a cada grupo de bloques. Además, en este caso, hay que comprobar los fragmentos.

10.8.6 Estructura de los sistemas de ficheros con journaling

La estructura del sistema de ficheros tipo FFS es muy eficiente para operaciones de entrada/salida, sin embargo, sigue teniendo algunos problemas:

- No se explotan adecuadamente las distintas características de las operaciones de lectura y de escritura con distintos tamaños. Un problema especialmente importante son las escrituras más pequeñas que un bloque, habitualmente denominadas **escrituras parciales**. Para que la información quede coherente, hay que leer la información del bloque, modificarla en memoria y escribirla de nuevo al disco. Dado que, en los sistemas de propósito general, la mayoría de las escrituras son pequeñas, la estructura de sistema de ficheros tradicional es muy poco eficiente para este tipo de operaciones.
- Cada vez que se hacen operaciones de escritura es necesario modificar de forma segura los **metadatos** de los ficheros, que muchas veces no están en memoria. Además, estas son siempre escrituras parciales.
- Con la ampliación de la capacidad de los discos, la recuperación de la **consistencia** del sistema de fichero se ha convertido en una tarea que requiere mucho tiempo, por lo que crea problemas serios de disponibilidad de las máquinas afectadas.

Para tratar de resolver el último problema, se construyó a finales de los 80 el sistema **LFS** (*log structured file system*). La idea básica de LFS es hacer todas las operaciones de escritura de forma secuencial en un **fichero de registro** (*log o journal*) intermedio del disco y, posteriormente, escribirlas en cualquier otro formato que sea necesario. Para ello se aplican técnicas de transacciones y todos los datos se almacenan consecutivamente al final del registro, por lo que están dispuestos contiguamente en el sistema de ficheros y el acceso es rápido para escritura. También funciona bien cuando hay que escribir ficheros pequeños completos o leerlos. La Figura 10.32 muestra la estructura de un sistema LFS. Como se puede observar los elementos son similares a los del FFS (segmento, nodo-i, directorio, etcétera), pero con un registro, o una parte del mismo, en cada grupo de bloques. También se puede ver que los datos nunca se sobrescriben. Por ejemplo, el directorio 1 de la figura existe varias veces en el registro, pero solo la última versión vale. Lo mismo ocurre en Linux, donde ext3 es en realidad una extensión de ext2 con registro.

Para optimizar las operaciones, se usa un almacén en memoria y periódicamente, el sistema recolecta las escrituras pendientes en los almacenes de memoria, los agrupa en un segmento único de datos y los escribe a disco secuencialmente al final del registro.

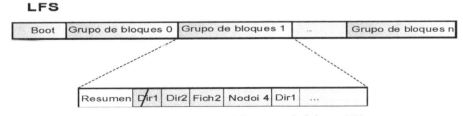

Figura 10.32 Estructura del sistema de ficheros LFS.

La escritura se hace por temporización o cuando solo quedan libres ¼ de los buffers de la caché. De esta forma se obtiene un sistema tolerante a fallos en el cual la integridad de los datos está asegurada porque las modificaciones de la meta-información y los datos de los ficheros son primero grabadas en un registro cronológico (*log o journal*, que simplemente es una lista de transacciones) antes que los bloques originales sean modificados. En el caso de un fallo del sistema, un sistema con registro asegura que la consistencia del sistema de ficheros se pueda recuperar.

A la hora de recuperar la consistencia después de un fallo, el módulo de recuperación analizará el registro y sólo repetirá las operaciones incompletas en aquellos ficheros inconsistentes, es decir que la operación registrada no se haya llevado a cabo finalmente, con lo que se recuperará la consistencia del sistema de ficheros casi al instante, ya que en vez de examinar todos los metadatos (como hace el "fsck"), sólo se inspeccionan aquellas porciones de los meta-datos que han sido cambiadas recientemente. Por ello, aunque el log sea muy grande, solo es necesario comprobar de nuevo aquellas operaciones que no se habían comprobado anteriormente.

Esta política permite explotar de forma óptima el ancho de banda del disco, pero presenta problemas de rendimiento graves cuando hay que buscar elementos dentro del registro de forma aleatoria. Por ejemplo, si se quiere leer el bloque 342 del nodo-i 45, es necesario buscar el nodo-i dentro del registro. Una vez obtenido, se calcula la posición del bloque de forma habitual. Como el sistema de ficheros no tiene una estructura con grupos de datos situados en lugares fijos, es imposible calcular la posición del nodo-i. En el peor de los casos, se deberá recorrer el registro completo para encontrarlos. Para aliviar este problema, se mantiene en el disco, y en memoria, un mapa de nodos-i, ordenados por número de nodo-i, a bloques del registro. Estos detalles, y las operaciones de control de bloques libres, complican mucho las operaciones de mantenimiento del sistema de ficheros. Es necesario mantener información de control de segmentos, un resumen de contenido por segmento y control de distintas versiones del mismo fichero.

Para optimizar el rendimiento del sistema, los sistemas de ficheros de *journaling* más populares en la actualidad, como JFS o XFS, no guardan registro de los metadatos y los datos de los ficheros, sino únicamente de los metadatos para mantener las relaciones estructurales y el estado de la asignación de recursos en el sistema de ficheros. Esto quiere decir que algunos datos de ficheros se pueden quedar perdidos o desconectados después de la recuperación. Si los usuarios quieren tener fiabilidad también en los datos de los ficheros, deben usar escrituras con verificación u otro tipo de técnicas fiables. En el caso del registro, hay tres técnicas posibles de escritura a disco:

- Escribir en el registro cada vez que una operación afecta a metadatos. Poco eficiente.
- Hacer volcados completos, o de grandes porciones, del mismo. Esto puede ser un problema de rendimiento si hay muchas escrituras porque el tiempo de escritura síncrona supone un retraso importante en el sistema. JFS proporciona actualmente logging asíncrono.
- Hacer escritura perezosa del registro a disco. Esta técnica, usada en VxFS y en Episode, es más eficiente, aunque asegurar la integridad del registro es más complicado.

Durante los años 90 hubo una auténtica explosión de sistemas de ficheros con journaling, como Veritas (VxFS), Tolerant y JFS de *IBM*. Actualmente en Linux destacan cuatro sistemas de ficheros transaccionales: ReiserFS (y su evolución Reiser4) de *Namesys*, XFS de *Silicon Graphics (SGI)*, JFS de *IBM* y el Sistema Ext3 (y su evolución Ext4). Todos ellos aportan como ventajas: disponibilidad debida a que con el uso habitual no existe necesidad de chequear los discos, integridad de los datos en caso de apagados incorrectos gracias al registro de operaciones, velocidad al reducir los movimientos de las cabezas del disco y fácil migración ya que para pasar a ext2 es muy sencillo al ser las particiones similares.

XFS, de Silicon Graphics, es una variante de LFS que soporta también facilidades de para llevar un registro (journaling), donde los cambios al sistema de archivos primero son escritos a un diario o journal antes de que se actualicen los datos del disco. En este caso, el journal se gestiona como un buffer circular de bloques del disco que contienen entradas 'lógicas' que describen a un alto nivel las operaciones que se están realizando, pero no guardan una copia de los bloques modificados durante cada transacción. Las actualizaciones del registro (journal) se realizan asincrónicamente para evitar una baja en el rendimiento. En el caso de una caída repentina del sistema, las operaciones inmediatamente anteriores a la caída pueden ser terminadas, garantizando así la consistencia del sistema. Esto permite llevar a cabo una rápida recuperación del sistema de ficheros en caso de fallos, dado que la velocidad de recuperación es independiente del tamaño del sistema de archivos.

10.8.7 Estructura de los sistemas de ficheros extensibles

La introducción del registro (*log o journal*) permitió resolver los problemas descritos anteriormente, pero por si solo no sirve para resolver tres problemas que surgieron a finales de los años 90:

Soporte para sistemas de ficheros que pudieran crecer y ocupar más de una partición de disco para almacenar ficheros muy grandes que sobrepasen la capacidad de los dispositivos actuales. El sistema de ficheros no se puede extender a varias particiones de forma natural, con lo que el tamaño máximo de un fichero está limitado por la partición. Por ejemplo, en una partición de 2 Gbytes de UNIX ese sería el máximo tamaño de fichero, aun cuando el sistema pudiera manejar ficheros de mayor tamaño. Problemas existentes:

- Búsqueda inteligente de ficheros y no solo por nombre, tipo o tamaño.
- Necesidad de búsquedas más rápidas en los ficheros, es decir, accesos aleatorios más rápidos.

El primer problema se abordó inicialmente en los sistemas de almacenamiento y de cómputo de altas prestaciones y se resolvió inicialmente por hardware mediante dispositivos **RAID**, que son muy populares en la actualidad. Con este método, se puede conectar varios discos, o particiones de los mismos, a una controladora RAID (ver el capítulo anterior) y repartir los bloques sobre los mismos, sin que los usuarios sean conscientes de ello, de forma cíclica sobre los discos. Los sistemas RAID hardware tienen una utilidad de administración para configurar los dispositivos, pero por lo demás no suponen ninguna modificación para la gestión de los sistemas de ficheros del sistema operativo.

Si no se dispone de un sistema RAID por hardware es posible usar soluciones que ofrecen un sistema similar por software. Un ejemplo en Linux muy usado es el sistema LVM (*Logical Volume Manager*) que trabaja en tres niveles. En el nivel inferior permite crear volúmenes físicos a partir de discos duros o particiones de los mismo. En el nivel intermedio estos volúmenes se agrupan en grupos de volúmenes que representa un espacio de almacenamiento resultante de sumar los espacios de los volúmenes físicos contenidos en él. En el nivel superior se pueden crear volúmenes lógicos de un grupo de volúmenes que contendrá un sistema de ficheros. Este volumen lógico es similar al concepto tradicional de partición. El sistema LVM permite añadir o quitar discos duros/particiones, redimensionar volúmenes lógicos, etc. sin necesidad de reformatear (aunque siempre una copia de seguridad es recomendada en cualquier caso). Un ejemplo de uso sería:

```
1.    # pvcreate    /dev/sdb1
2.    # vgcreate    vol_infoso   /dev/sdb1
3.    # lvcreate    -L100M  -nweb   vol_infoso
4.    # mkfs        -t ext3  /dev/vol_infoso/web
5.    # mount       /dev/vol_infoso/web    /mnt
```

En este ejemplo se crea un volumen físico con /dev/sdb1, a continuación, se crea un grupo de volumen vol_infoso con el espacio de almacenamiento del volumen físico, y finalmente se crea un volumen lógico denominado web en este grupo de volumen. El nombre del volumen lógico creado es /dev/vol_infoso/web y con él se puede trabajar como una partición: hacer un sistema de ficheros (con mkfs en el ejemplo) y montar dicho sistema resultante (con mount en el directorio /mnt en el ejemplo).

En algunos sistemas operativos, como Windows y UNIX, se crearon los denominados sistemas de **ficheros extendidos**, que permitían extender el sistema de ficheros a más de una partición de forma natural y transparente al usuario. Hay dos tipos básicos de sistemas de ficheros extendidos: sistemas de ficheros con bandas y paralelos.

Los **sistemas de ficheros con bandas**, permiten crear sistemas de ficheros que ocupan varias particiones, existiendo dos modalidades: reparto de bloques por los dispositivos o escritura secuencial de los dispositivos (figura 1.16). El reparto de bloques se usa en la mayoría de estos sistemas. Por ejemplo, el sistema de ficheros con bandas de Windows distribuye los bloques de datos de forma cíclica por los discos que conforman la partición lógica, repartiendo la carga de forma equitativa. Para optimizar la eficiencia del sistema de ficheros, se puede definir una unidad de almacenamiento en cada banda con un tamaño mayor que el del bloque del sistema de ficheros. Esta unidad, denominada unidad de distribución (*stripe unit*) es la unidad de información que se escribe de forma consecutiva en cada banda, siendo 64 Kbytes el valor por defecto en Windows. La Figura 10.33 muestra la estructura de un sistema de ficheros con bandas distribuido por cuatro particiones. Además, este tipo de sistemas de ficheros permite incrementar la fiabilidad del sistema de ficheros insertando bloques de paridad con información redundante (en la figura se ha marcado el bloque 3) y crear por software estructuras tipo RAID o similares. De esa forma si falla un dispositivo, se puede reconstruir la información mediante los bloques de los otros dispositivos y mediante la información de paridad. Además, se puede hacer que la partición sea más tolerante a fallos distribuyendo también la información de la partición del sistema.

La otra modalidad es extender la partición, pero de forma secuencial. Es decir, no escribir en un dispositivo hasta que se llena el anterior. Esta técnica es más sencilla de implementar, aunque es más restrictiva desde el punto de vista de los accesos a un fichero, ya que no se pueden obtener ventajas tales como paralelizar dichos accesos de lectura y escritura sobre los distintos dispositivos.

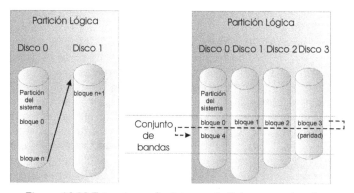

Figura 10.33 Estructuras de sistemas de ficheros con bandas.

Ejemplos de sistema de ficheros que integra la gestión de volúmenes (con el concepto visto en LVM) se tienen en ZFS de Sun Microsystem (ahora parte de Oracle) y BTRFS en Linux.

10.8.8 Sistemas de ficheros para dispositivos SSD

A la hora de almacenar el espacio de trabajo habitual buscando minimizar consumo de energía y maximizar rendimiento se usa frecuentemente memorias flash o de estado sólido. Aunque un sistema de almacenamiento es en principio transparente de la tecnología de almacenamiento, también es verdad que a la hora de sacar el máximo provecho de la tecnología subyacente ha de ser consciente de ella. Hay sistemas de ficheros que se han adaptado para ello, y hay sistemas de ficheros que se han creado por completo nuevos para escenarios habituales: almacenar multimedia en un teléfono móvil, por ejemplo. ¿Qué cambios/diferencias hay? Bien, estos son debidos a las particularidades de las memorias flash, a destacar dos:

- La actualización en muchas tecnologías detrás de las memorias Flash (NAND, NOR, Managed NAND, OneNAND, etc.) supone el borrado previo del contenido anterior. Por ello se suele añadir un sistema de recolección de basura para recuperar el espacio con información que ya no sirve.

- En muchas tecnologías (la mayoría) hay una limitación del número de ciclos de borrado que se puede hacer en un bloque. Para retardar este efecto lo que se suele hacer es repartir las escrituras entre todos los bloques (técnica denominada *Wear Leveling*). Hay sistemas de almacenamiento que la controladora hace el reparto (y no lo tiene que hacer el sistema de ficheros), mientras que en otros delegan en el controlador de disco del sistema operativo o en el sistema de ficheros del sistema operativo.

En Linux se puede usar el sistema de ficheros EXT4 con TRIM para dispositivos SSD. Sin embargo, hay además sistemas de ficheros específicos para SSD como F2FS, JFFS2, YAFFS y LOGFS.

F2FS (Fast-Friendly File System) está basado en LFS y asume que hay ya una capa de acceso a los dispositivos Flash que distribuye los accesos de escritura por el dispositivo. La gestión del dispositivo se basa en el mecanismo *copy-on-write* y en el uso de de regiones grandes que se escriben secuencialmente. Los metadatos se escriben en estas regiones de forma aleatoria para repartir la carga en los dispositivos e incluye algoritmos de recolección de basura para liberar los bloques en desuso.

La estructura del sistema de ficheros incluye:

- Bloques de 4 Kbytes.
- Secciones de 2 MBytes, que incluyen un bloque de resumen del segmento.
- Zonas: conjuntos de secciones, que pueden ser incluso de distintos dispositivos.
- Áreas: conjuntos de zonas.
- Volumne: 6 áreas.

Los ficheros se representan mediante nodos-i que incluyen información de nodos, nodos directos y nodos indirectos (simple y doble), lo que permite representar ficheros de hasta 4 TBytes.

Los ficheros se pueden agrupar en directorios. Cada entrada de directorio contiene: un hash del nombre del fichero, el número de nodo-i, la longitud del nombre del fichero y el tipo de fichero (directorio, enlace simbólico, etc.).

Este sistema de ficheros es muy popular en dispositivos móviles con sistema operativo Android, pero también se puede usar en Linux dado que está integrado en su núcleo.

Dado que es importante evitar que estos dispositivos se escriban muy frecuentemente y asegurar que se reparten las escrituras a distintos bloques, es importante no poner particiones en SAWP en los mismos.

10.9 El Servidor de directorios

El servidor de directorios es el componente del sistema operativo encargado de gestionar los directorios. Utiliza los servicios de ficheros que se describen en la sección siguiente para manipular los datos de los ficheros y proporciona estructuras de datos con la representación interna de los directorios.

En esta sección se muestran detalles de diseño de los directorios, de la interpretación de nombres de ficheros, de la construcción de árbol de directorios del sistema y los mecanismos de incremento de prestaciones usados por el sistema operativo para acelerar la gestión de directorios.

10.9.1 Diseño de los directorios

Los directorios se almacenan actualmente en todos los sistemas operativos como un fichero más, aunque se etiquetan como de tipo directorio para que el servidor de ficheros les de algún tratamiento especial.

Cualquier directorio tiene un nodo-i con sus atributos y tantos bloques como sean necesarios para almacenar las entradas de directorio y de fichero que cuelgan de dicho directorio. Una entrada de directorio tiene básicamente un número de nodo-i y el nombre asociado a ese elemento del directorio (Figura 10.34).

El nombre de los directorios y fichero puede ser de longitud fija o variable. La estructura de UNIX SV no permitía tener nombres de longitud variable, pero puesto que en las nuevas versiones de UNIX y Linux se han incluido nombres de longitud variable, hubo que modificar la entrada de directorio para añadir la longitud del nombre y de la entrada de directorio y facilitar así la gestión de las mismas. Cada entrada de la tabla de **ext2** de Linux es una estructura `dirent` como la siguiente:

```
struct dirent{
  ino_t    d_ino;         /* número de nodo-i */
  char     d_name[1];     /* nombre del fichero */
  uint_t   d_namelen;     /* longitud del nombre */
  uint_t   d_reclen;      /* longitud del registro */
  char     d_type;        /* tipo de fichero representado */
}
```

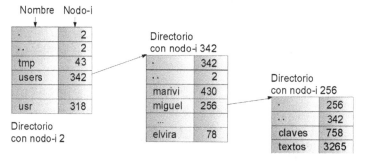

Figura 10.34 Tablas de directorios en UNIX.

10.9.2 Interpretación de nombres

Los directorios se almacenan actualmente en todos los sistemas operativos como un fichero más, aunque se etiquetan como de tipo directorio para que el servidor de ficheros les de algún tratamiento especial.

Cualquier directorio tiene un nodo-i con sus atributos y tantos bloques como sean necesarios para almacenar las entradas de directorio y de fichero que cuelgan de dicho directorio. Suponga que de un directorio cuelgan 50 entradas de directorios y 200 de fichero con un tamaño medio de 256 bytes. Si el servidor de ficheros usa bloques de 4 Kbytes, el número de bloques necesarios en el fichero que almacena el directorio será:

```
N bloques = 250 * 256 / (4 * 1024) = 13.
```

Si se busca una entrada en dicho directorio, en el peor de los casos habría que llegar hasta el bloque 13 para encontrarla o no.

La Figura 10.34 muestra, para el sistema operativo UNIX, las tablas que almacenan algunos ejemplos de de directorios. Cada una de ellas estaría almacenada en un fichero distinto. Como puede verse, el directorio raíz tiene un número de nodo-i predefinido en UNIX, el 2. A partir de sus entradas, se puede interpretar cualquier nombre absoluto. Por ejemplo, el nombre absoluto

```
/users/miguel/claves
```

se interpretaría de la siguiente forma:

- Se traen a memoria las entradas existentes en el fichero con nodo-i 2 (1 acceso a disco, / en memoria).
- Se busca dentro de ellas el nombre `users` y se extrae su nodo-i, el 342 (1 acceso a disco, mínimo).
- Se traen a memoria las entradas del fichero con nodo-i 342 (1 acceso a disco, mínimo).

- Se busca dentro de ellas el nombre `miguel` y se extrae su nodo-i, el 256 (1 acceso a disco, mínimo).
- Se repite el proceso con este nodo-i hasta que se encuentra el fichero claves y se obtiene su nodo-i, el 759 (1 acceso a disco, mínimo).
- Se lee el nodo-i 759 y se pone en la tabla de ficheros abiertos (1 acceso a disco).

La interpretación de estos nombres en MS-DOS sería similar, pero, en lugar de usar el nodo-i para acceder a los bloques que contienen entradas de directorios, se usa la tabla FAT, por lo que los números de nodo-i reseñados en el ejemplo se sustituirían por números de bloques de la FAT.

¿Cómo se sabe cuándo parar la búsqueda? Hay tres criterios bien definidos:

- Se ha encontrado el fichero cuyo nombre se ha especificado, en cuyo caso se devuelve el nodo-i del fichero.
- No se ha encontrado el fichero y estamos en el último subdirectorio especificado en el nombre absoluto (miguel). Este caso devuelve error.
- Estamos en un directorio y la siguiente entrada de subdirectorio especificada en el nombre no existe o no se tiene permiso de acceso. Este caso también devuelve un error.

En NTFS el almacenamiento de directorios es similar y la estructura de nombres también comienza en un directorio *raíz*. Sin embargo, para optimizar la interpretación de nombres, las entradas de los directorios no se incluyen en el fichero del directorio en orden FIFO, sino que se ordenan usando un árbol binario (B-tree) cuando se inserta cada entrada, lo que supone una operación un poco más lenta. La ventaja es que esto origina una estructura autoordenada que acelera mucho la búsqueda del nombre de una entrada en un directorio. Además, como la mayoría de las entradas caben en el MFT, los accesos a disco se minimizan.

10.9.3 Construcción del árbol de nombres.

La implementación del árbol de los sistemas de ficheros es sencilla cuando se dispone, como en UNIX, *una operación de montado de sistemas de ficheros* y de las tablas de estructuras de datos adecuadas. Cuando se monta un sistema de ficheros, se trae su superbloque a memoria y se colocan en él dos apuntadores: uno al nodo-i del directorio raíz del sistema de ficheros montado y otro al nodo-i del directorio sobre el que está montado. Además, se indica en el nodo-i del directorio sobre el que se monta que tiene un sistema de ficheros colgando de él y se incluye la entrada de la tabla de superbloques en la que se almacenó el superbloque del sistema de ficheros montado. En la operación de desmontado, se desconectan dichos apuntadores.

La Figura 10.35 muestra un ejemplo de montaje de un sistema de ficheros en un directorio de otro sistema de ficheros. Como se puede ver, en el montaje se usan dos estructuras de datos de forma primordial: la tabla de nodos-i y la tabla de superbloques del sistema. Esta última tabla contiene apuntadores a los superbloques de los sistemas de ficheros montados y es fundamental para ocultar el punto de montaje de un dispositivo, como `/dev/hda3`, sobre un directorio, como `/home/root/distr/lib`.

El problema de la interpretación de nombres se complica mucho cuando dicho nombre afecta a nodos-i de un sistema de ficheros que está montado sobre otro. Para poder acceder a cualquier fichero por su nombre, las facilidades de interpretación de nombres deben conocer los detalles anteriores. Así, cuando en el ejemplo de la Figura 10.35 se quiera acceder al fichero `/home/root/distr/lib/util/tex`, las funciones de interpretación del nombre llegarán al directorio `lib` y verán en su nodo-i que tiene un sistema de ficheros montado y la entrada donde está su superbloque en la tabla de superbloques. A continuación, acceden a dicha tabla y, en el superbloque del sistema de ficheros montado, obtienen el apuntador al nodo-i de su raíz. Con este valor, ya pueden acceder al directorio raíz y buscar la entrada del directorio `util`. En caso de que se usen nombres relativos que impliquen subir por el árbol de directorios, tal como `../../distr` a partir de `util`, la solución también funciona puesto que del nodo-i de la raíz del sistema de ficheros montado se sube a la tabla de superbloques y desde aquí al nodo-i del directorio `lib`.

El concepto de sistema de ficheros montados, tal como se ha explicado aquí existe de forma similar en Windows. Se dice que una unidad montada es una unidad conectada a una carpeta vacía de un volumen FS. Las unidades montadas funcionan del mismo modo que las demás, pero tienen asignada una etiqueta o un nombre en lugar de una letra de unidad. El nombre de la unidad montada se resuelve como una ruta completa del sistema de ficheros en lugar de como una letra de unidad únicamente.

En este caso, en función del nombre de dispositivo lógico al que se quiere acceder, se busca en la tabla de MFT, que apunta a los superbloques y se cambia directamente al sistema de ficheros de este dispositivo. En un sistema de este estilo es típico tener múltiples **unidades lógicas** accesibles a nivel local o remoto. Una unidad lógica es un dispositivo de almacenamiento sobre el que hay instalado un sistema de ficheros, bien sea de Windows o de cualquier otro tipo. El usuario, o el programador de sistema, debe saber en qué unidad lógica (C:\, D:\, E:\, J:\, ...) está el fichero que busca, ya que pueden existir ficheros con el mismo nombre que sólo se pueden discriminar añadiendo la unidad lógica al nombre. C:\pepe y D:\pepe, por ejemplo, son ficheros distintos. En Windows, la unidad lógica es consustancial al nombre absoluto de un fichero. Los nombres relativos lo son siempre dentro de una unidad lógica.

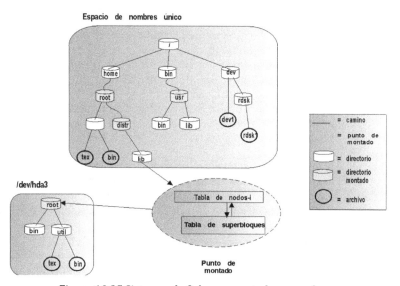

Figura 10.35 Sistemas de ficheros montados y nombres.

10.9.4 Mecanismos de incremento de prestaciones

La resolución de nombres es una operación muy lenta en cualquier sistema operativo, del orden de milisegundos, debido a que puede requerir varios accesos a disco como ya se ha visto. Esta lentitud se agrava en el caso de enlaces simbólicos, ya que en este caso hay que interpretar primero el nombre del enlace y luego el del fichero enlazado. Para tratar de paliar este problema, todos los sistemas operativos incorporan optimizaciones para tratar de reducir al máximo este problema, siendo las dos más importantes el uso de una caché de nombres y la inclusión de nombre de los enlaces en los nodos-i en lugar de bloques de disco.

Caché de nombres

La gran mayoría de sistemas operativos incluyen una caché de nombres en memoria principal para acelerar la interpretación de los nombres de fichero. Esta caché almacena las entradas de directorio de aquellos ficheros que han sido abiertos recientemente, por lo que antes de acceder a los nodos-i se consulta la caché para ver si los nodos-i se encuentran en ella.

Hay dos diseños de la caché en uso actualmente: árbol de directorios y directorio de nombres completos, cada uno de los cuáles tiene ventajas e inconvenientes.

En el **árbol de directorios** en memoria, que se usa en UNIX tradicional, cada elemento de la caché es una pareja (nombre, nodo-i) similar a la de los directorios. Cuando se abre un fichero, las funciones que interpretan el nombre miran en la caché en cada paso de la decodificación para ver si los componentes del mismo se encuentran presentes. En caso positivo, no acceden a los bloques de directorio, obteniendo el nodo-i del fichero. En caso negativo, acceden a los bloques de directorio y, a medida que interpretan el nombre, incluyen los nuevos componentes en la caché. Suponga que se quiere acceder al fichero `/users/miguel/claves` y que previamente se había accedido a `users` y a `miguel`. Los nodos-i de estas entradas (342 y 256, según la Figura anterior) se encontrarían en la caché, pero sería necesario acceder al disco para obtener la entrada de `claves` y su nodo-i. En este ejemplo, de los accesos a disco necesarios si todo se trajera de disco (6), se evitarían 4 usando la caché. El principal inconveniente de este sistema es su relativa lentitud y la complejidad de la gestión de la caché.

Cuando se usa un **directorio de nombres completos**, en cada entrada de la caché hay un par (nombre completo, nodo-i), por ejemplo (`/users/miguel/claves`,758). Se implementa mediante una tabla hash que compara el nombre completo los existentes. En este caso, el acierto es todo o nada. No hay aciertos parciales, siendo éste el principal inconveniente de este sistema.

El mantenimiento de una caché de nombres puede complicarse debido a problemas de seguridad. Imagine que ocurriría si se borra un fichero y se reutiliza su nombre con otro nodo-i. Los accesos a la caché conducirían a un fichero erróneo. En el mejor de los casos, el nodo-i estaría sin usar y se obtendría un error. En el peor de los casos, se accedería a datos de otro fichero. Para evitar este problema, casi todas las operaciones de creación, destrucción y cambio de características de los ficheros actualizan la caché de nombres con el fin de mantenerla **coherente** con la situación real del sistema.

Actualmente, las cachés de nombres no solo almacenan los nombres de los ficheros que existen, sino también los nombres de ficheros cuya interpretación ha generado un error al intentar acceder a ellos. Esta técnica, denominada caché negativa, es muy importante para optimizar los accesos erróneos, ya que estos suelen requerir búsquedas casi completas de cada directorio accedido para ver si el fichero existe.

Nombres de enlaces simbólicos en nodos-i

Las primeras versiones de UNIX almacenaban el nombre de los enlaces simbólicos en el primer bloque de datos del fichero del fichero origen del enlace. Debido a ello, para interpretar el enlace `hijo1` visto anteriormente era necesario acceder al nodo-i de `hijo1` y luego al primer bloque de datos, donde se obtenía el nombre de `hijo`.

A partir del sistema de ficheros `ext2` de Linux, se almacena el nombre del fichero enlazado directamente en el nodo-i del enlace simbólico, con lo que se evita el acceso al bloque de datos. Además, la creación del enlace es más rápida puesto que no hay que asignar un bloque de disco al fichero del enlace.

10.10 El Servidor de ficheros

Hasta el momento se han estudiado los ficheros y directorios desde el punto de vista del usuario de un sistema operativo. Los usuarios necesitan saber cómo se manipulan los ficheros, cómo se estructuran en directorios, cuál es el método de nombrado usado por el sistema operativo, las operaciones permitidas sobre ficheros y directorios, cómo se crea un sistema de ficheros en un dispositivo de almacenamiento y con qué criterios deben ajustarse los parámetros de este, etcétera. Para proporcionar un acceso eficiente y sencillo a los dispositivos de almacenamiento, todos los sistemas operativos tienen un servidor de ficheros que permite almacenar, buscar y leer datos fácilmente. Dicho servidor de ficheros tiene dos tipos de problemas de diseño muy distintos entre sí:
- Definir la visión de usuario del sistema de entrada/salida, incluyendo servicios, ficheros, directorios, sistemas de ficheros, etcétera
- Definir los algoritmos y estructuras de datos a utilizar para hacer corresponder la visión del usuario con el sistema físico de almacenamiento secundario.

El primer tipo de problemas se ha discutido ya en secciones anteriores. En esta sección se va a estudiar cuál es la estructura del servidor de ficheros, cómo se implementan las entidades lógicas vistas hasta ahora, cómo se gestiona el espacio en los dispositivos, los elementos que se incluyen en el servidor de ficheros para optimizar las operaciones de entrada/salida, etcétera

10.10.1 Estructura del servidor de ficheros

La importancia de una buena gestión de los ficheros y directorios se ha subestimado a menudo. Desde el punto de vista de los usuarios, los directorios son una forma de organización de la información y los ficheros son flujos de datos de los que en general se requiere *velocidad y aleatoriedad* en los accesos. Para satisfacer estas demandas, los servidores de ficheros tienen una estructura interna que, en general, permite acceder a los distintos dispositivos del sistema mediante ficheros de distintos tipos, escondiendo estos detalles a los usuarios.

Un servidor de ficheros está compuesto por varias capas de software. Cada capa usa las características de los niveles inferiores para crear un nivel más abstracto, hasta llegar a los servicios que se proporcionan a los usuarios. La Figura 10.36 muestra la arquitectura de un servidor de ficheros como el del sistema operativo LINUX.

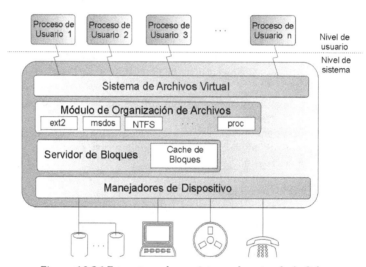

Figura 10.36 Estructura de un sistema de entrada/salida.

El **sistema de ficheros virtual** es el encargado de proporcionar la interfaz de llamadas de entrada/salida del sistema y de pasar al módulo de organización de ficheros la información necesaria para ejecutar los servicios pedidos por los usuarios. Dentro de este nivel se suele incluir: manejo de directorios, gestión de nombres, algunos servicios de seguridad, integración dentro del servidor de ficheros de distintos tipos de sistemas de ficheros y servicios genéricos de ficheros y directorios. Para ello, en casi todos los sistemas operativos se usa una estructura de información que incluye las características mínimas comunes a todos los sistemas de ficheros subyacentes y que enlaza con un descriptor de fichero de cada tipo particular. Por ejemplo, en UNIX esta estructura se denomina **nodo-v** (por nodo virtual). El nodo virtual es un objeto que contiene información genérica útil, independientemente del tipo de sistema de ficheros particular al que representa el objeto. Esta información incluye:

- Atributos, tales como estado, información de protección, contadores de referencia, información acerca del tipo de sistema de ficheros subyacente al que en realidad pertenece el objeto, etcétera
- Un apuntador al nodo-i real del objeto (existente en su sistema de ficheros específico).
- Un apuntador a las funciones que realmente ejecutan los servicios específicos de cada sistema de ficheros.

La Figura 10.37 muestra la estructura de la información dentro de un nodo-v. Dentro del sistema de ficheros virtuales se incluyen operaciones que son independientes del tipo de sistema de ficheros, tales como el mantenimiento de una caché de nombres, gestión de nodos virtuales, gestión de bloques en memoria, etcétera Cuando las operaciones son específicas del tipo de sistema de ficheros subyacente, el sistema de ficheros virtual se limita a traducir los parámetros necesarios y a llamar a la operación adecuada del tipo de ficheros afectado, cuyo servicio es provisto por el módulo de organización de ficheros.

El **módulo de organización de ficheros** proporciona el modelo del fichero del sistema operativo y los servicios de ficheros. Es en este nivel donde se relaciona la imagen lógica del fichero con su imagen física, proporcionando algoritmos para trasladar direcciones lógicas de bloques a sus correspondientes direcciones físicas. Además, en este nivel se gestiona el espacio de los sistemas de ficheros, la asignación de bloques a ficheros y el manejo de los descriptores de fichero (nodos-i de UNIX o registros de Windows).

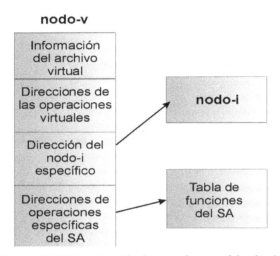

Figura 10.37 Organización de un nodo virtual (nodo-v).

Puesto que un mismo sistema operativo puede dar servicio a varios tipos de ficheros, existirá un módulo de este estilo por cada tipo de fichero soportado (UNIX, AFS, Windows, MS-DOS, EFS, MINIX, etcétera). Dentro de este nivel también se proporcionan servicios para *pseudoficheros*, tales como los del sistema de ficheros *proc*.

Las llamadas de gestión de ficheros y de directorios particulares de cada sistema de ficheros se resuelven en el módulo de organización de ficheros. Para ello, se usa la información existente en el *nodo-i* del fichero afectado por las operaciones. Para realizar la entrada/salida de datos a dispositivos de distintos tipos, este nivel se apoya en un servidor de bloques, que proporciona entrada/salida independiente de los dispositivos a nivel de bloques lógicos.

El **servidor de bloques**, se encarga de emitir los mandatos genéricos para leer y escribir bloques a los manejadores de dispositivo. La E/S de bloques de fichero, y sus posibles optimizaciones, se lleva a cabo en este nivel del servidor de ficheros. Las operaciones se traducen a llamadas de los manejadores de cada tipo de dispositivo específico y se pasan al nivel inferior del sistema de ficheros. Esta capa oculta los distintos tipos de dispositivos, usando nombres lógicos para los mismos. Por ejemplo, /dev/hda3 será un dispositivo de tipo *hard disk* (hd), cuyo nombre principal es a y en el cual se trabaja sobre su partición 3. Los mecanismos de optimización de la E/S, como la caché de bloques, se incluye en este nivel.

El nivel inferior incluye los **manejadores de dispositivo**. Existe un manejador por cada dispositivo, o clase de dispositivo, del sistema. Su función principal es recibir órdenes de E/S de alto nivel, tal como move_to_block 234, y traducirlas al formato que entiende el controlador del dispositivo, que es dependiente de su hardware. Habitualmente, cada dispositivo tiene una cola de peticiones pendientes, de forma que un manejador puede atender simultáneamente a varios dispositivos del mismo tipo. Por tanto, una de las principales funciones de los manejadores de dispositivos es recibir las peticiones de entrada/salida y colocarlas en el lugar adecuado de la cola de peticiones del dispositivo afectado. La política de inserción en cada cola puede ser diferente, dependiendo del tipo de dispositivo o de la prioridad de los dispositivos. Para un disco, por ejemplo, se suele usar la política *CSCAN*.

10.10.2   Estructuras de datos asociadas con la gestión de ficheros

Para crear un nuevo fichero, las aplicaciones llaman al sistema de ficheros virtual mediante la llamada al sistema `creat`. Con esta llamada, el sistema crea un descriptor virtual para el nuevo fichero, en el que incluye la información de protección de este. El módulo de organización de ficheros del tipo requerido, a petición del sistema de ficheros virtual, se encarga de crear un descriptor de fichero de ese tipo, incluyendo en él la información recibida del nivel superior. A continuación, modifica la estructura de los directorios. Para ello, lee la información del directorio donde se quiere crear el fichero y la trae a memoria. Para ello llama al módulo de organización de ficheros correspondiente al directorio (los directorios no son sino ficheros especiales), que a su vez se encarga de llamar al gestor de bloques para leer los bloques del directorio a memoria. Si todo es correcto, la actualiza con la entrada del nuevo directorio y la escribe inmediatamente al disco. La escritura del directorio hace un recorrido similar al de la lectura, pero los bloques van de memoria al disco.

En este momento ya existe el nuevo objeto fichero. En el caso de UNIX, el fichero está vacío y, por tanto, no tiene ningún bloque asociado. En el caso de Windows, el fichero ya dispone de la parte de datos de su registro para almacenar información válida. El descriptor asignado al fichero es el primero que se encuentra libre en el mapa de bits, o lista de descriptores libres, del sistema de ficheros al que pertenece el fichero creado. Para trabajar con dicho fichero es necesario empezar una sesión abriendo el fichero (`open`). La implementación de la llamada open en un sistema operativo multiproceso, como UNIX, en el que varios procesos pueden abrir y cerrar el mismo fichero simultáneamente, es más complicada que en sistemas operativos monoproceso como MS-DOS. Si los procesos pueden compartir un mismo fichero, ¿qué valor tendrá en cada momento el apuntador de posición del fichero? Si los procesos son independientes, cada uno debe tener su propio apuntador de posición. ¿Dónde se almacena dicho valor? La solución más obvia es ponerlo en el nodo-v que representa al fichero, dentro de la **tabla de nodos-v** . Dicha tabla almacena en memoria los nodos-v de los ficheros abiertos. En ella se almacena la información del nodo-v existente en el disco y otra que se usa dinámicamente y que sólo tiene sentido cuando el fichero está abierto. El problema es que, si sólo hay un campo de apuntador, cada operación de un proceso afectaría a todos los demás. Una solución a este problema podría ser la inclusión de un apuntador por proceso con el fichero abierto. Pero entonces, ¿cuál sería el tamaño del nodo-v? Y ¿cuál debería ser el número de apuntadores disponibles? Se puede concluir que esa información no se puede incluir en el nodo-v sin crear problemas de diseño e implementación importantes en el sistema operativo. Parece pues necesario desacoplar a los procesos que temporalmente usan el objeto de la representación del objeto en sí.

Una posible solución para desacoplar los procesos que usan el fichero de la representación interna del mismo podría ser incluir la información relativa al fichero dentro del **bloque de control del proceso** (BCP) . En este caso, dentro del BCP de un proceso se incluiría una **tabla de ficheros abiertos** (`tdaa`) con sus descriptores temporales y el valor del apuntador de posición del fichero para ese proceso. El tamaño de esta tabla define el máximo número de ficheros que cada proceso puede tener abierto de forma simultánea. La Figura 10.38 se muestra las tablas de descriptores de ficheros abiertos por varios procesos en el sistema operativo UNIX. El descriptor de fichero `fd` indica el lugar de tabla. La `tdaa` se rellena de forma ordenada, de forma que siempre se ocupa la primera posición libre de la tabla. Cuando se realiza una operación `open`, el sistema de ficheros busca desde la posición `0` hasta que encuentra una posición libre, siendo esa la ocupada. Cuando se cierra un fichero (`close`), se marca como nula la correspondiente posición de la `tdaa`. En los sistemas UNIX cada proceso tiene tres descriptores de ficheros abiertos por defecto. Estos descriptores ocupan las posiciones 0 a 2 y reciben los siguientes nombres:

- Entrada estándar, `fd = 0`.
- Salida estándar, `fd = 1`.
- Error estándar, `fd = 2`.

El objetivo de estos descriptores estándar es poder escribir programas que sean independientes de los ficheros sobre los que han de trabajar.

Uno de los elementos del BCP que se conserva cuando se cambia el programa de un proceso (con el servicio UNIX `exec`) es la tabla de descriptores de fichero. Por tanto, basta con que un proceso coloque adecuadamente los descriptores estándar y que luego invoque la ejecución del mencionado programa, para que éste utilice los ficheros previamente seleccionados.

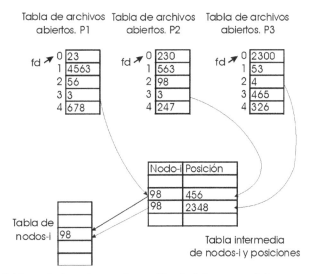

Figura 10.38 Tablas relacionadas con la gestión de ficheros en el sistema operativo UNIX.

Con la `tdaa`, el nodo-i queda libre de los problemas anteriores, pero surgen problemas cuando dos o más procesos comparten el mismo fichero y su apuntador de posición. Esta situación se da cuando se ejecuta una llamada `fork` con semántica UNIX, llamada de la que nace un nuevo proceso hijo que comparte con el padre su `tdaa`, lo que debe incluir el apuntador de posición de los ficheros. Ahora bien, al duplicar el BCP si el hijo y el padre hacen operaciones de E/S distintas, los apuntadores difieren porque cada uno tiene su propio apuntador. Para solucionar este problema, algunos sistemas operativos, como UNIX, introducen una tabla intermedia entre la tabla de ficheros del BCP y la tabla de nodos-i (véase Figura 10.38). Dicha tabla incluye, entre otras cosas:

- La entrada del nodo-i del fichero abierto en la tabla de nodos-i.
- El apuntador de posición correspondiente al proceso, o procesos, que usan el fichero durante esa sesión.
- El modo de apertura del fichero.

La introducción de esta tabla permite resolver los problemas anteriores, ya que cada proceso puede tener sus propios descriptores de fichero, evitando tener dicha información en el nodo-i, y permite que varios procesos puedan compartir no sólo el mismo fichero, sino también el mismo apuntador de posición dentro de un fichero. La Figura 10.39 muestra con más detalle las estructuras que se usan para gestión de ficheros y el espacio en que se encuentran.

Un problema similar al anterior surge cuando se implementan otras llamadas. Por ejemplo, un proceso puede bloquear todo o parte de un fichero, siendo esa información propia del proceso, pero a su vez compartida con sus posibles procesos hijos. Un caso similar ocurre si se permite a los procesos proyectar ficheros en memoria. Normalmente, todos estos casos se resuelven introduciendo nuevas tablas intermedias que desacoplen los procesos de la descripción del fichero en sí (nodo-i), al estilo de las tablas anteriores.

Cuando la aplicación quiere añadir información al fichero, el servidor de ficheros debe decidir:

- Cómo hacer corresponder los bloques de disco con la imagen del fichero que tiene la aplicación.
- Cómo asignar bloques de disco libres para almacenar la información del fichero.
  A continuación, se presentan las soluciones más frecuentes a estos dos problemas.

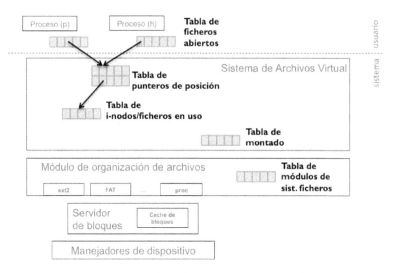

Figura 10.39 Estructuras principales relacionadas con la gestión de ficheros.

10.10.3   Mecanismos de incremento de prestaciones de ficheros

Los dispositivos de entrada/salida son habitualmente más lentos que la CPU y los accesos a memoria. Cada acceso a un dato en memoria cuesta pocos nanosegundos, mientras que acceder a un bloque de disco cuesta varios milisegundos. La mayoría de los servidores de ficheros tratan de reducir esta diferencia, de 6 órdenes de magnitud, optimizando los mecanismos de que disponen para acceder a los datos. Prácticamente todos los parámetros del servidor de ficheros son susceptibles de optimización. Ya se ha visto que la asignación de bloques libres se puede optimizar usando grupos de bloques, que las estructuras de datos en uso (como nodos-i o superbloques) se guardan en tablas de memoria y que la correspondencia de los bloques lógicos con los físicos se puede optimizar mediante el uso de índices de múltiple nivel. También se ha visto que existen diferentes estructuras de sistema de ficheros que permiten optimizar distintos tipos de accesos.

Además de los métodos anteriores, los sistemas operativos incluyen mecanismos de incremento del rendimiento de la entrada/salida basados en el uso de **almacenamiento intermedio** de datos de entrada/salida en memoria principal. Estos mecanismos son de dos tipos:

- **Discos RAM**, cuyos datos están almacenados sólo en memoria. Estos discos aceptan todas las operaciones de cualquier otro sistema de ficheros y son gestionados por el usuario. Excepto por su rapidez, el usuario no percibe ninguna diferencia con cualquier otro tipo de disco. Estos *pseudodispositivos* se usan habitualmente para almacenamiento temporal o para operaciones auxiliares del sistema operativo. Su contenido es volátil, ya que se pierde cuando se apaga el sistema.
- **Caché de bloques**, ya mencionada en el capítulo de entrada/salida, instalada en secciones de memoria principal controladas por el sistema operativo, donde se almacenan datos para optimizar accesos posteriores. En importante observar que este mecanismo se basa en la existencia de **proximidad espacial y temporal** en las referencias a los datos de entrada/salida. Al igual que ocurre con las instrucciones que ejecuta un programa, el sistema operativo asume que los datos de un fichero que ha sido usado recientemente serán reutilizados en un futuro próximo.

La Figura 10.40 muestra un esquema del flujo de datos en el servidor de ficheros cuando hay una caché de bloques. Como puede verse, el número de accesos al dispositivo se reduce drásticamente si hay aciertos en la caché. La tasa de aciertos depende mucho del comportamiento de las aplicaciones que se ejecutan sobre el sistema operativo. Si estas no respetan la proximidad espacial o temporal de las referencias en sus patrones de acceso, o si ejecutan peticiones de entrada/salidas tan grandes que sustituyen todos los bloques de la caché constantemente, la tasa de aciertos es tan baja que en muchas aplicaciones conviene desactivar la caché de bloques. Esta última característica es fundamental para permitir que la caché pueda manejar bloques de datos de distintos tamaños. El tamaño de la caché puede ser fijo o variable. En los sistemas operativos es habitual que la caché es una estructura dinámica y su tamaño es mayor o menor dependiendo de la memoria que deja libre el resto del sistema operativo. Además, la caché también se usa para servir los bloques correspondientes a la gestión de memoria y que son de las particiones de swap.

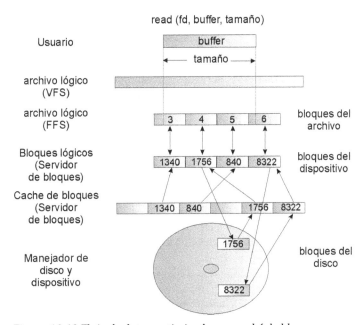

Figura 10.40 Flujo de datos optimizado con caché de bloques.

Compresión de datos

Actualmente el sistema de ficheros proporciona compresión de datos dentro del servidor de ficheros de forma transparente al usuario. La compresión se puede llevar a cabo en el ámbito de ficheros, de directorios o de volumen o dispositivo lógico. En este último caso, no se aplica a los metadatos del sistema de ficheros. La compresión permite reducir considerablemente el espacio ocupado por los datos, aun a costa de complicar la gestión en el servidor de ficheros.

La técnica de compresión usada consiste en eliminar conjuntos contiguos de ceros (caracteres nulos) de los ficheros. Si el fichero se crea indicando que es comprimido, o el volumen donde se crea lo es, el servidor de ficheros filtra los datos de los usuarios y almacena sólo los caracteres no nulos. Si se comprime *a posteriori,* las utilidades de compresión crean una nueva copia del fichero de la que se han eliminado esos caracteres. El rendimiento de esta técnica se mide mediante la **razón de compresión**, que se define de la siguiente manera:

```
Razón de compresión = Tamaño inicial de fichero / Tamaño final de fichero
```

Esta razón depende mucho del grado de **dispersión** de los datos a almacenar. Si los datos están muy dispersos, gran parte del fichero está lleno de ceros, la razón de compresión es alta y se reduce considerablemente el tamaño del fichero. Si los datos no son dispersos, en cuyo caso se dice que son densos, la razón de compresión será peor.

El gran problema de comprimir un fichero es mantener mecanismos de asignación y de mapas de bloques que sean compatibles con los formatos no comprimidos. Observe que el usuario puede pensar que sus datos ocupan n Kbytes y que un usuario experto puede incluso intentar optimizar la entrada/salida en función del tamaño de bloque. En Windows, si se comprime un fichero, las peticiones que hace el usuario llegan a la caché de bloques con el mapa de bloques como si fuera descomprimido. Es a partir de este momento donde se incluye, y oculta, la compresión. Para ello, en el MFT del fichero se asignan bloques únicamente para los que tienen datos comprimidos. Los bloques que se han comprimido se marcan como vacíos y no se les asigna bloques. De esta forma, cuando se pide el bloque 36, por ejemplo, de un fichero comprimido se mira en el MFT si estaba lleno de ceros o no. Si lo estaba, se le devuelve al usuario un bloque lleno de ceros. En otro caso se accede al bloque comprimido donde se encuentra el bloque 36, se descomprime y se devuelve al usuario la parte que está pidiendo.

Windows proporciona la llamada al sistema GetVolumeInformation para ver si un volumen está comprimido o no. Además, se puede ver el tamaño real de un fichero comprimido usando la llamada de Windows GetCompressedFileSize.

10.10.4   Fiabilidad y recuperación

La destrucción de un sistema de ficheros es a menudo mucho peor que la destrucción de un computador. La recuperación de los datos de un sistema de ficheros muy dañado es una operación difícil, lenta y, muchas veces, imposible. En algunos casos, la destrucción de ciertos datos archivados, como la lista de clientes de una empresa o su contabilidad, pueden causar un daño irreparable a la organización afectada, lo que en el caso de las empresas puede llevar a la quiebra o al cese de actividades. ¿Imagina qué podría ocurrir si una universidad perdiera todos los expedientes de sus alumnos por un fallo del sistema de almacenamiento? Podría costar años recuperarlos del soporte en papel, suponiendo que éste exista. En esta sección se muestra cómo afrontan los servidores de ficheros estos problemas, aunque muchas soluciones a los problemas de fiabilidad y recuperación son externas al sistema operativo y entran en los campos de administración del sistema, seguridad, etcétera.

Existen tres razones fundamentales por las que se pueden perder los datos de un sistema de ficheros:

1. Destrucción física del medio de almacenamiento.
2. Corrupción de los datos almacenados.
3. Pérdida de integridad de los datos almacenados.

La destrucción física del medio de almacenamiento puede ser debida a defectos de fabricación, que originan la existencia de **bloques dañados** en el dispositivo, o debida a catástrofes o a fallos del hardware que dañan bloques con información almacenada. Actualmente, los propios controladores de disco son capaces de ocultar los sectores dañados, evitando así que sean usados. Además, si se detectan bloques dañados cuando se crea un sistema de ficheros, se marcan como ocupados y se incluyen en un fichero oculto que contiene todos los bloques dañados. Este fichero es propiedad del sistema, está oculto y no se puede usar. La destrucción física de los datos debida a catástrofes o fallos del hardware no se puede solventar usando estas técnicas. Dos técnicas habituales para hacer frente a este tipo de fallos son las copias de respaldo y el almacenamiento de datos con redundancia. Para hacer frente a la pérdida de integridad, los sistemas operativos incluyen mandatos fsck (*file system check*), uno por cada tipo de sistemas de ficheros ya que están muy ligados a la estructura de la información del sistema. En esta sección se describe el procedimiento de recuperación de integridad de datos más habitual en sistemas de fichero UNIX.

Copias de respaldo

Si un dispositivo de almacenamiento falla, los datos se perderán irremisiblemente. Por ello, es necesario hacer **copias de respaldo** (*backups*) de los sistemas de fichero con cierta frecuencia. Las copias de respaldo consisten en copiar los datos de un dispositivo a otro de forma total o parcial. Las copias totales suelen requerir mucho tiempo y espacio extra, por lo que una política muy popular es hacer copias de respaldo incrementales. Un respaldo incremental contiene únicamente aquellos ficheros modificados desde la última vez que se hizo una copia de respaldo. Una de las principales tareas del administrador del sistema operativo es dictar la política de elaboración de copias de respaldo en el sistema. Esta política depende de las necesidades de los usuarios del sistema, pero es muy habitual hacer copias totales cada semana o cada mes y hacer copias incrementales cada día.

Normalmente, los dispositivos sobre los que se hacen las copias de respaldo son cintas u otros medios de almacenamiento terciario. Estos dispositivos son más lentos, pero tienen más capacidad que los de almacenamiento secundario y, generalmente, se pueden extraer de la unidad de almacenamiento. Si se quiere tener un sistema de copias de respaldo más rápido, se pueden hacer estas copias sobre discos magnéticos. Debido a la gran cantidad de espacio que requiere una copia total, lo habitual es usar este tipo de almacenamiento para las copias de respaldo incrementales. Actualmente, sin embargo, existen discos extraíbles baratos y de gran capacidad, por lo que se está usando este tipo de dispositivos para hacer copias de respaldo de sistemas pequeños, especialmente computadores personales que no suelen tener una unidad de cinta conectada.

En caso de que existan requisitos fuertes de seguridad, las copias de respaldo se guardan en cajas fuertes o en edificios distintos a los del sistema original. Además, se mantienen varias copias de los datos.

Almacenamiento con redundancia

En los sistemas donde se necesita mucha disponibilidad, se puede almacenar la información de forma redundante en múltiples discos. Además, en caso de que se necesite fiabilidad, se puede añadir información de paridad para poder reconstruir los datos en caso de fallo de una unidad de almacenamiento.

La técnica clásica de almacenamiento redundante es usar **discos espejo**, es decir, dos discos que contienen exactamente lo mismo. En este caso, toda la información se escribe en ambos discos, pero se lee sólo de uno. En caso de que una escritura falle, siempre se tiene la otra copia de los datos. Este tipo de redundancia tiene dos problemas principales:

- Desperdicia el 50% del espacio de almacenamiento.
- Reduce mucho el rendimiento de las operaciones de escritura. Ello se debe a que una escritura no se puede confirmar como válida hasta que no se ha escrito en ambos discos espejo, lo que significa dos operaciones de escritura.

Una técnica más actual consiste en usar dispositivos **RAID** (*Redundant Array of Independent Disks*) a nivel hardware o software. Estos dispositivos usan un conjunto de discos para almacenar la información y otro conjunto para almacenar información de paridad del conjunto anterior. La Figura 10.41 muestra un dispositivo de este estilo, donde toda la paridad se almacena en el mismo disco. Se puede conseguir todavía más fiabilidad, y eficiencia, distribuyendo la paridad por todos los dispositivos. En el Capítulo de Entrada/Salida se estudian más a fondo estos dispositivos.

Dispositivo RAID

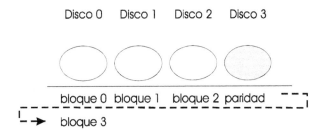

Figura 10.41 Información redundante en un dispositivo RAID tipo IV.

Integridad del sistema de ficheros

El sistema de ficheros puede quedar en estado inconsistente debido a fallos del computador o a operaciones inadecuadas de los usuarios. Por ejemplo, suponga que un usuario de un sistema UNIX apaga el computador mediante el interruptor eléctrico sin ejecutar previamente los procedimientos de apagado del sistema operativo. En este caso, toda la información nueva de los bloques de la caché modificados durante los 30 segundos anteriores se habrá perdido. Este problema es especialmente crítico si algunos de los bloques perdidos contienen datos de directorios o nodos-i, ya que la imagen del fichero o directorio afectado existente en el disco será incoherente. Imagine el caso de un fichero escrito frecuentemente. Se le han asignado bloques nuevos y se han marcado como ocupados. Su nodo-i está en la caché y el mapa de bits también. Si se apaga el computador cuando se ha escrito el nodo-i pero no el mapa de bits, habrá bloques marcados como libres en el disco que estarán asignados al nodo-i de un fichero. Este problema puede existir incluso en sistemas que usan escritura inmediata a disco, ya que la mayoría de las aplicaciones del sistema de ficheros implican la actualización de varias estructuras de información. Para tratar de resolver este tipo de problemas, los servidores de ficheros proporcionan operaciones para comprobar, y a ser posible recuperar, la coherencia de los datos. Estas operaciones se acceden mediante un programa de utilidad, que en el caso del sistema operativo UNIX se denomina `fsck`.

Cuando se arranca un computador o se monta un dispositivo después de un fallo, el sistema operativo comprueba el estado de coherencia del sistema, o sistemas, de ficheros. Hay dos aspectos importantes en estas comprobaciones:

- Comprobar que la estructura física del sistema de ficheros es coherente.
- Verificar que la estructura lógica del sistema de ficheros es correcta.

La comprobación de la estructura física del sistema de ficheros de UNIX se hace mediante la verificación del estado de los bloques de este. Para ello, se comprueba la superficie del dispositivo de almacenamiento. En caso de detección de errores, los sistemas operativos suelen incluir utilidades para intentar reparar los bloques dañados o sustituirlos por bloques en buen estado.

La comprobación de la estructura lógica requiere la ejecución de varios pasos para verificar todos los componentes del sistema de ficheros. Si el sistema falla cuando se estaba modificando un fichero, hay varias piezas de información que pueden estar en fase de modificación y que pueden fallar: bloques, nodo-i, bloques indirectos, directorios y mapas de bits. Puesto que el sistema operativo no tiene forma de saber dónde puede estar la anomalía, es necesario reconstruir el estado del sistema de ficheros completo. Para ello:

- Se comprueba que el contenido del superbloque responde a las características del sistema de ficheros.
- Se comprueba que los mapas de bits de nodos-i se corresponden con los nodos-i ocupados en el sistema de ficheros.
- Se comprueba que los mapas de bits de bloques se corresponden con los bloques asignados a ficheros.
- Se comprueba que ningún bloque esté asignado a más de un fichero.
- Se comprueba el sistema de directorios del sistema de ficheros, para ver que un mismo nodo-i no está asignado a más de un directorio.

Para llevar a cabo las **comprobaciones del estado de los bloques**, el programa lleva a cabo las siguientes acciones:

- Construye dos tablas, cada una con un contador para cada bloque. La primera indica las veces que un bloque es referenciado desde los nodos-i. La segunda indica si un bloque está libre u ocupado.
- Lee los nodos-i de cada fichero e incrementa los contadores de los bloques referenciados.
- Lee los mapas de bits de bloques e incrementa el contador de los que están libres.
- A continuación, compara ambas tablas.

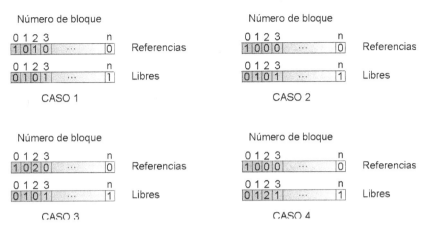

Figura 10.42 Posibles estados de los mapas de bloques de un sistema de ficheros.

La Figura 10.42 muestra varios estados posibles de los bloques de un sistema de ficheros. Si el sistema de ficheros está **coherente**, los contadores de las tablas tendrán un 1 en una u otra tabla, pero no en ambas a la vez (caso 1 de la figura). En caso contrario, puede ocurrir que un bloque ocupado no esté asignado a un fichero (caso 2 de la figura). Se dice que ese es un **bloque perdido o sin propietario**. En este caso es posible que exista pérdida de información en algún fichero, por lo que la herramienta de recuperación los almacena en un directorio predefinido, que en UNIX es generalmente `lost+found`. Si el usuario es afortunado, la información le permitirá recuperar los datos perdidos. A continuación, se indica que el bloque está libre. Otra anomalía posible es que un bloque ocupado esté referenciado desde dos ficheros (caso 3 de la figura). En este caso se dice que este es un **bloque reutilizado**. La solución correcta en este caso es asignar un bloque libre, copiar los contenidos del reutilizado al nuevo bloque y sustituir la referencia en uno de los ficheros por la del bloque nuevo. El último error posible es que algún bloque esté dos veces en la lista de bloques libres (caso 4 de la figura). La solución de este problema consiste en reducir el contador de bloques libres a 1. Un procedimiento similar al anterior se usa para verificar los mapas de bits de los nodos-i.

Por último, la utilidad de recuperación comprueba el estado de los directorios. Para ello, usa una tabla de contadores de nodos-i que indican los enlaces existentes a cada nodo-i. Para calcular dicho número, el programa recorre todo el árbol de directorios e incrementa el contador de cada nodo-i cuando encuentra un enlace al mismo. Cuando ha terminado, compara los contadores con el número de enlaces que existe en el nodo-i almacenado en disco. Si ambos valores no coinciden, se ajusta el del nodo-i al valor calculado.

El mandato `fsck` (*file system check*) permite comprobar la inconsistencia del sistema de ficheros y resolver las inconsistencias detectadas o poner los bloques que no se pueden resolver en el directorio `lost+found` que tienen todos los sistemas de ficheros UNIX. Para ello, el `fsck` tiene que analizar la partición completa y verificar las interdependencias entre i-nodos, bloques de datos y contenidos de directorios.

Otros servicios

Dada la importancia que para algunos sistemas tiene la coherencia de los datos almacenados en el sistema de ficheros y la disponibilidad de los mismos, algunos servidores de ficheros incluyen servicios orientados a satisfacer estas necesidades. Aunque existen múltiples mecanismos de este tipo, los tres más populares son la actualización atómica, las transacciones y la replicación.

Un servidor de ficheros que proporciona **actualización atómica**, o indivisible, asegura a los usuarios que sus operaciones están libres de interferencia con las de otros usuarios y que la operación se realiza completamente o no tiene ningún efecto en el sistema. Esta semántica de *todo o nada* permite asegurar que una operación no tenga efecto a no ser que se complete satisfactoriamente. Existen varias formas de implementar esta semántica. Algunas muy populares son usar mecanismos de almacenamiento estable, ficheros de registro o versiones de ficheros. De esta forma, todas las operaciones se pueden ejecutar en estado *provisional*, hasta que el sistema está seguro de que concluyen satisfactoriamente. En ese momento, se convierten en definitivas. En caso de fallo, se descartan las acciones provisionales.

En muchos casos, no basta con asegurar al usuario que una operación sea atómica. La razón es que el usuario puede querer que un conjunto de operaciones relacionadas se ejecute con semántica atómica. En estos casos, el servidor de ficheros puede ofrecer servicios de **transacciones**. Un servidor de ficheros transaccional permite ejecutar operaciones atómicas que agrupan a varias operaciones de entrada/salida y que se ejecutarán con semántica de *todo o nada*. Desde el punto de vista del usuario, una transacción es una secuencia de operaciones que definen un paso único para transformar los datos de un estado consistente a otro. Todas las operaciones que forman parte de una transacción se agrupan entre dos etiquetas, tales como `begintrans` y `endtrans`, que definen el principio y el fin de la operación. Una vez más, todo sistema con atomicidad debe ser capaz de deshacer un conjunto de operaciones en caso de fallo. La reversibilidad es consustancial a los sistemas atómicos. Los servidores de ficheros transaccionales deben resolver además problemas de aislamiento de operaciones, serialización, control de concurrencia, etcétera Todos ellos se escapan del ámbito de este libro, por lo que el lector interesado deberá consultar la bibliografía especificada al final del tema.

La **replicación** es un mecanismo importante para incrementar el rendimiento de las lecturas del servidor de ficheros y la disponibilidad de los datos. Consiste en mantener varias copias de los datos y otros recursos del sistema. Si los datos están replicados, en dos servidores o dispositivos distintos, se puede dar servicio a los usuarios, aunque uno de ellos falle. Además, si varios servidores de ficheros procesan los mismos datos, las posibilidades de error se reducen drásticamente. Sin embargo, proporcionar *replicación transparente* en los servidores de ficheros no es inmediato. Para que los usuarios no sean conscientes de que existen varias copias de los datos, el servidor de ficheros debe proporcionar acceso a los mismos a nivel lógico, y no físico. Cuando exista una petición de lectura, el usuario debe recibir un único conjunto de datos. Además, el sistema debe asegurar que la actualización de los datos se lleva a cabo en todas las réplicas en un tiempo aceptable.

Para satisfacer estos requisitos se han propuesto dos modelos arquitectónicos básicos: copia primaria y gestión colectiva. En el **modelo de copia primaria**, todos los servicios de escritura se piden a un servidor *maestro* de réplicas. Este gestor se encarga de propagar las operaciones a los *esclavos* que tienen las réplicas. El mayor problema de este modelo es que el maestro es un cuello de botella y un punto de fallo único. Como puede verse en la figura, con este modelo todas las escrituras deben ejecutarse en el primario, que posteriormente se encarga de actualizar las réplicas de otros gestores. En el **modelo de gestión colectiva**, todos los servidores son paritarios y no existe la relación *maestro-esclavo*. Las peticiones de lectura y escritura se sirven en cualquier servidor, pero las últimas deben ser propagadas a todos los servidores con copia de los datos afectados. Como puede verse en la figura, con este modelo, las escrituras pueden ir a cualquier gestor de réplicas, pero éste debe propagar las modificaciones a todos los gestores de réplicas restantes. Este modelo es más eficiente y tolerante a fallos, pero su diseño e implementación es muy complicada.

10.11 Lecturas recomendadas

Existe mucha bibliografía sobre sistemas de ficheros y directorios que puede servir como lectura complementaria a este libro. [Silberschatz 2018], [Stallings 2018] y [Tanenbaum 2009], son libros generales de sistemas operativos en los que se puede encontrar una explicación completa del tema con un enfoque docente. [Grosshans 1986] contiene descripciones de las estructuras de datos que maneja el sistema de ficheros y presenta aspectos de acceso a ficheros. Con esta información, el lector puede tener una idea clara de lo que es un fichero y de cómo valorar un sistema de ficheros.

Para programación de sistemas operativos puede consultar los libros de [Kernighan 1978] para aprender el lenguaje C y [Rockind 1985] para la programación de sistemas con LINUX y [Andrews 1996] para la programación de sistemas con Windows. Para los ejemplos y casos de estudio se recomienda consultar [Beck 1996] para el caso de LINUX, [Goodheart 1994] para LINUX y [Solomon 1998] para Windows. [Folk 1987] incluye abundante información sobre estructuras de fichero, mantenimiento, búsqueda y gestión de ficheros. [Abernathy 1973] describe los principios de diseño básico de un sistema operativo, incluyendo el sistema de ficheros. En [McKusick 1996] se estudia el diseño del *Fast File System* con gran detalle, así como las técnicas de optimización usadas en el mismo. [Smith 1994] estudia la influencia de la estructura del sistema de ficheros sobre el rendimiento de las operaciones de entrada/salida. Esta información es muy importante si se quiere optimizar el rendimiento del sistema de ficheros. Para otros mecanismos de incremento de prestaciones, consulte [Smith 1985], [Davy 1995] y [Ousterhout 1989].

Para los ejemplos y casos de estudio se recomienda consultar [Beck 1996] para el caso de LINUX, [Goodheart 1994] para UNIX y [Solomon 1998] para Windows. Una explicación detalla del sistema de ficheros de Windows puede encontrarse en [Nagar 1997].

10.12 Ejercicios

1. *¿Se puede emular el método de acceso aleatorio con el secuencial? ¿Y viceversa? Explique las ventajas e inconvenientes de cada método.*
2. *¿Cuál es la diferencia entre la semántica de compartición LINUX y la de versiones? ¿Podría emularse la semántica LINUX con la de versiones?*
3. *¿Podrían establecerse enlaces al estilo de los LINUX en Windows? ¿Por qué?*
4. *¿Es LINUX sensible a las extensiones del nombre de fichero? ¿Lo es Windows?*
5. *¿Cuál es la diferencia entre nombre absoluto y relativo? Indique dos nombres relativos para* /users/miguel/datos*. Indique el directorio respecto al que son relativos.*
6. *¿Cuál es la ventaja de usar un grafo acíclico frente a usar un árbol como estructura de los directorios? ¿Cuál puede ser su principal problema?*
7. *En LINUX existe una aplicación* mv *que permite renombrar un fichero. ¿Hay alguna diferencia entre implementarla usando* link *y* unlink *y hacerlo copiando el fichero origen al destino y luego borrando este último?*
8. *Modifique el programa 9.1 para que, en lugar de copiar un fichero sobre otro, lea un fichero y lo saque por la salida estándar. Su programa es equivalente al mandato* cat *de LINUX.*
9. *Modifique el programa 9.2 para que, en lugar de copiar un fichero sobre otro, lea un fichero y lo saque por la salida estándar. Su programa es equivalente al mandato* type *de Windows o MS-DOS.*
10. *Usando llamadas LINUX, programe un mandato que permita leer un fichero en porciones, especificando el formato de la porción. Para incrementar el rendimiento de su mandato, debe hacer lectura adelantada de la siguiente porción del fichero.*
11. *Modifique el programa 9.4 (*mi_ls*) para que, además de mostrar el nombre de las entradas del directorio, muestre algo equivalente a la salida del mandato* ls -l *de LINUX.*
12. *¿Qué método es mejor para mantener los mapas de bloques: mapas de bits o listas de bloques libres? Indique por qué. ¿Cuál necesita más espacio de almacenamiento? Explíquelo.*
13. *¿Qué problema tiene usar bloques grandes o agrupaciones? ¿Cómo puede solucionarse?*
14. *¿Qué es mejor en un sistema donde hay muchas escrituras: un sistema de ficheros convencional o uno de tipo LFS? ¿Y para lecturas aleatorias?*
15. *¿Es conveniente mantener datos de fichero dentro del descriptor de fichero, como hace Windows? ¿Es mejor tener un descriptor como el nodo-i de UNIX?*
16. *Tener una buena tasa de aciertos en la caché (% de bloques que se encuentran en la caché) es fundamental para optimizar la entrada/salida. Suponga que el tiempo medio de acceso de un disco es de 17 milisegundos y satisfacer una petición desde la caché cuesta 0.5 milisegundos. Elabore una fórmula para calcular el tiempo necesario para satisfacer una petición de n bloques. Considere la tasa de aciertos de la caché como un parámetro más de dicha fórmula. Calcule el tiempo de servicio para 5 bloques y una tasa de aciertos del 85%.*
17. *¿Qué problemas de seguridad puede plantear la caché de nombres? ¿Cómo se pueden solucionar?*
18. *Imagine que está comprobando el estado del sistema de ficheros y observa que el nodo-i 342 tiene 4 referencias, pero aparece libre en el mapa de bits de nodos-i. ¿Cómo resolvería el problema?*

19. *Imagine el problema inverso al del ejercicio 19. El nodo-i no tiene referencias, pero aparece como ocupado. ¿Cómo lo solucionaría?*

20. *¿Cómo se puede mejorar el tiempo de asignación de bloques de un dispositivo muy fragmentado que sólo admite acceso aleatorio? ¿Valdría su solución para dispositivos de acceso secuencial?*

21. *Determinar cuántos accesos físicos a disco serían necesarios, como mínimo, en un sistema UNIX para ejecutar la operación:*

    ```
    fd =      open ("/lib/agenda/direcciones", O_RDONLY);
    ```

    Explique su respuesta. Suponga que la caché del sistema de ficheros está inicialmente vacía.

22. *Realizar el ejercicio 10 para el fichero "C:\lib\agenda\direcciones". ¿Por qué el número de accesos puede ser tan distinto en ambos sistemas?*

23. *Se quiere diseñar un sistema de ficheros para un sistema operativo que dará servicio a un entorno del que se sabe lo siguiente: – El tamaño medio de los ficheros es de 1,5 Kbytes.   – El número medio de bloques libres es el 7% del total.   – Se usan 16 bits para la dirección del bloque. Para este sistema se selecciona un disco duro con bloques físicos de 1 Kbyte y con una capacidad igual a la del máximo bloque direccionable.   Teniendo en cuenta que se debe optimizar el uso del disco y la velocidad de acceso (por este orden) y que la memoria física de que se dispone es suficiente, conteste razonadamente a las siguientes preguntas: a) ¿Cuál será el tamaño de bloque lógico más adecuado? b) ¿Cuál será el método más adecuado para llevar el control de los bloques lógicos del disco?*

24. *Un proceso de usuario ejecuta operaciones de entrada/salida en las que pide los siguientes bloques de un sistema de ficheros:*

1	2	3	4	1	3	10	2	3	2	10	1

    Suponiendo que en la caché de bloques del sistema operativo caben 4 bloques y que inicialmente está vacía. Se pide:

    a) Hacer una traza de la situación de los bloques de la caché para cada petición de bloque del proceso, suponiendo que se usa una política de reemplazo LRU (Least Recently Used).
    b) Hacer una traza de la situación de los bloques de la caché para cada petición de bloque del proceso, suponiendo que se usa una política de reemplazo MRU (Most Recently Used).

25. *En un sistema de ficheros tradicional de UNIX, cada partición tiene un superbloque donde se guarda información acerca de la estructura del sistema de ficheros. Sin este superbloque es imposible acceder al sistema de ficheros. ¿Qué problemas presenta una estructura de ficheros como la anterior? ¿Cómo podrían resolverse? Indique un sistema de ficheros en el que se han propuesto soluciones al problema anterior.*

26. *¿Qué operaciones se hacen en UNIX para montar un sistema de ficheros sobre un directorio?*

27. *¿Cuánto espacio de disco se necesita para tener redundancia en un disco espejo? ¿Cuánto hace falta en un sistema RAID IV con 4 discos, incluyendo los de paridad?*

28. *¿Cuál es la sobrecarga para las escrituras en un disco espejo? ¿Cuál es la sobrecarga para las escrituras en un sistema RAID con 3 discos de datos y 1 de paridad, asumiendo que se escribe de un golpe sobre todos los discos?*

11. VIRTUALIZACIÓN

En este capítulo se muestra el concepto de virtualización de sistemas operativos, así como las principales formas de virtualizar un sistema. Además, se describe la arquitectura y funcionalidad de un hipervisor y algunos aspectos básicos de planificación de máquinas virtuales en un hipervisor. Por último, se tratan algunos aspectos de consolidación de servidores en centros de datos usando virtualización. El capítulo no pretende mostrar de forma exhaustiva todos los aspectos de la virtualización y sus aplicaciones, sino presentar al lector los aspectos básicos de la misma que le pueden ser de utilidad. Para profundizar en el tema se recomienda recurrir a libros o materiales especializados en el mismo.

Todo este contenido se presenta organizado con la siguiente estructura:

- Introducción.
- Tipos de virtualización.
- Hipervisores.
- Virtualización en centros de datos.

11.1 Introducción

El término **virtualización** es muy amplio y se utiliza en sistemas de computación para referirse a la abstracción de los recursos de un computador. Como tal, la virtualización es una técnica para ocultar las características físicas de los recursos de computación de la forma en la cual otros sistemas, aplicaciones o usuarios finales interactúan con esos recursos. Para ello, se añade una capa entre el sistema operativo y el hardware que se encarga de hablar con el hardware, arbitrar los recursos hardware entre los distintos sistemas operativos virtualizados y proporcionar conectividad entre el sistema nativo y los sistemas virtuales.

En computación, la virtualización se usa para:

- Hacer que un único recurso físico (como un servidor, un sistema operativo, una aplicación, etc.) se presente como un recurso lógico diferente. Por ejemplo, para emular un hardware sobre otro o un sistema operativo sobre otro.

- Hacer un único recurso físico (como dispositivos de almacenamiento, servidores, etc.) aparente que funciona como varios recursos lógicos. Al ofrecer varias máquinas virtuales a la vez, este enfoque permite que varios sistemas operativos ejecuten simultáneamente sobre una única máquina física.

- Hacer que múltiples recursos físicos (como dispositivos de almacenamiento, servidores, etc.) aparezcan como un único recurso lógico. Por ejemplo, unir varias particiones de disco en un único volumen virtual que es el que ve el usuario.

La virtualización de sistemas no es un concepto nuevo, se introdujo en la década de 1960 para referirse a una máquina virtual (o pseudomáquina) que se implementó en el sistema experimental IBM M44. A partir de entonces se ha aplicado, y se sigue aplicando, en todos los mainframes de IBM. Desde entonces, se ha aplicado a diferentes aspectos y ámbitos de la computación (componentes, computador completo, servidores, desktop, etc.), especialmente a partir de la década de 1990.

Sin embargo, desde principios del siglo XXI, la virtualización se ha convertido en una técnica popular dadas las ventajas que comporta, tales como:

- **Reducción de costes**. En lugar de comprar varios servidores dedicados a funciones específicas que luego estarán subutilizados, la virtualización de servidores permite que las cargas de trabajo se consoliden en un número más reducido de servidores plenamente utilizados, lo que permite reducir costes en adquisición, mantenimiento, consumo eléctrico y espacio de centro de proceso de datos (CPD).

- **Disponibilidad**. Los sistemas de virtualización facilitan la posibilidad de configurar opciones de alta disponibilidad para recuperación de desastres, tales como tener un servidor secundario en espera para que se arranque automáticamente en caso del servidor primario. Además, la virtualización permite configurar tareas de backup y de replicación de servidores de manera que la recuperación de desastres sea cuestión de minutos.

- **Elasticidad**. Se pueden arrancar en caliente en un servidor físico tantas máquinas virtuales como permitan los recursos físicos, dimensionando cada una según sea necesario en cuanto a almacenamiento, CPU, memoria RAM, etc.

- **Desubicación**. Si tenemos varios hosts (los servidores físicos que albergan las máquinas virtuales), podemos mover las máquinas virtuales entre los diferentes hosts sin que el usuario se percate de ello, con las máquinas en caliente. Es decir, podemos tener un servidor de archivos, por ejemplo, donde están trabajando los usuarios con sus carpetas compartidas y que se está ejecutando en una máquina virtual en el Host1 y moverlo al Host2 sin necesidad de apagar al servidor y sin que los usuarios sean conscientes de ello. Esto es especialmente útil cuando tenemos que hacer alguna tarea de mantenimiento hardware en el Host1, por ejemplo, aumentar la RAM física de la que dispone o añadirle un segundo procesador.

- **Portabilidad.** Las aplicaciones de un sistema se pueden ejecutar sobre otro instalando la máquina virtual apropiada. Además, las distintas máquinas virtuales se pueden instalar sin cambios en hardware distinto siempre que usen el mismo soporte de virtualización

(Xenserver, VMware Hyper-V en Windows Server 2012 R2, RedHat Enterprise Virtualization, etc..).

- **Desarrollo de pruebas**. Se pueden montar servidores de pruebas en máquinas virtuales para hacer todas las pruebas necesarias sobre una máquina, comprobar su funcionamiento, volver a estados anteriores (*snapshots*), etc., sin necesidad de disponer del nuevo hardware. En caso de fallo en servidores de prueba es fácil restaurar el sistema de prueba y los restantes servidores no se ven afectados.

La virtualización presenta también algunas desventajas, especialmente si no se diseña bien:

- Dificultad en el **dimensionamiento**. Los servidores cambian sus necesidades (uso de memoria, CPU, etc.) con el tiempo. Un incorrecto dimensionamiento a la baja del recurso físico o un exceso de recursos virtuales puede tener impacto negativo en todos los servidores virtuales.
- Necesidad de **servidores más potentes**. Los servidores físicos que alojen varios virtuales deben ser más potentes en recursos de CPU, discos, memoria, red, para poder ejecutar varias máquinas virtuales.
- Doble nivel de **administración**. Es necesario administrar los servidores virtuales y los servidores físicos, lo que además puede conllevar administrar varios tipos de sistemas operativos.
- Pérdida de **rendimiento**. Los motores de virtualización consumen recursos por sí mismos (entre un 3 y un 5% de CPU) y los servidores virtuales disponen de recursos virtualizados que se mapean sobre los reales haciendo fracciones de los mismos, lo que puede afectar al rendimiento de los sistemas virtuales.

En este capítulo se estudian las principales formas de virtualización y las técnicas usadas dentro de los motores de virtualización.

11.2 Tipos de virtualización

Como se ha indicado anteriormente, toda la virtualización se implementa añadiendo una capa de software entre el sistema físico (o nativo) y los virtuales. Esta capa de software (*middleware/monitor/hipervisor*) proporciona conectores para interceptar las llamadas de los sistemas virtuales y las convierte a las del sistema físico subyacente para atenderlas

Atendiendo a la localización del middleware, se pueden distinguir distintos tipos de virtualización:

- Emulación Hardware
- Virtualización completa
- Paravirtualización
- Virtualización a nivel del sistema operativo

A continuación, se explica cada uno de ellos.

11.2.1 Emulación Hardware

La emulación hardware consiste el uso de software o hardware para reproducir el comportamiento de otro dispositivo hardware que o existe o del que no se dispone. Para ello, se crea una máquina virtual en el sistema host para emular el hardware que interesa.

Con este tipo de virtualización, se puede recrear un computador como una plataforma hardware completa, solo algunos componentes de la misma (como el procesador) o la parte de funcionalidad requerida para ejecutar varios sistemas operativos sobre el hardware emulado. Actualmente, al software que controla la virtualización de este tipo se le suele denominar **monitor de máquina virtual**, aunque también se engloba dentro del término hipervisor.

La virtualización hardware presenta varias ventajas cuando se trabaja a bajo nivel:

- Se puede ejecutar un sistema operativo o una aplicación para una CPU sobre otra virtual sin modificarlo en absoluto (Figura 11.1).
- Permite mantener programas que se ejecutan sobre un hardware obsoleto o que ha desaparecido, como es el caso de algunos microprocesadores antiguos de sistemas empotrados.

- Permite diseñar y probar nuevas plataformas hardware de forma rápida y fiable.
- Es una solución muy versátil para hacer codiseño hardware-software.

La principal desventaja de la virtualización del hardware es que, si se usa un monitor software para emular el hardware, la emulación del hardware es mucho más lenta que el dispositivo real (al menos 100 veces más lenta). Para evitar este problema, una vez verificado por software, se usan soluciones de hardware programable, como las FPGA, para implementar el sistema virtual y conseguir velocidades similares a la realidad.

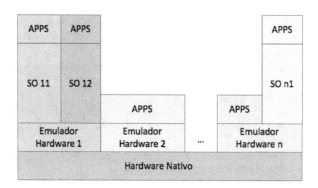

Figura 11.1 Sistemas virtuales sobre emulación hardware.

En el núcleo de Linux se ha incluido *Qemu*, para poder emular procesadores distintos de los que soporta Linux. *Qemu* es una solución completa de emulación y es flexible y transportable. Su componente principal es un "software emulador" que transforma el código binario escrito para un procesador al código binario de otro (por ejemplo, MPIS o SPARC a X86PC). Pero hay muchas otras utilidades para realizar emulación hardware de muchos dispositivos. A continuación, se muestran algunos ejemplos. *Bochs* es un emulador de software libre que plataformas de 64, 32 y 16 bits, tales como las x86 PC, x86-64 PC. *AlphaVM*, disponible para Windows y Linux, permite emular una gama de servidores basados en el procesador Alpha, tales como AlphaServer DS10, DS20, ES40 y AlphaStation XP900, XP1000. *GXemul* permite emular arquitecturas de Silicon Graphics. O el emulador *s709*, que emulas los sistemas IBM 709, IBM 7090, IBM 7094 sobre distintas plataformas.

11.2.2 Virtualización completa

En la virtualización completa, el hardware es compartido por todos los sistemas operativos invitados a través de un intermediario. Con esta aproximación, se añade una capa entre el sistema operativo y el hardware, el **hipervisor** (también llamado Monitor de Máquina virtual - VMM) que se se encarga de hablar con todo tipo de hardware y arbitra los recursos hardware entre los distintos sistemas operativos que ejecutan en máquinas virtuales. El hipervisor actúa como un sistema único cuyo tiempo se multiplexa entre las distintas máquinas virtuales mediante algoritmos de planificación. En la siguiente sección se estudian los hipervisores con más detalle. Muchos casos, el hipervisor se apoya en un sistema operativo nativo para gestionar el sistema. Este sistema se suele denominar *Máquina Virtual 0* en algunos casos. En la Figura 11.2 muestra una arquitectura de un sistema con virtualización total.

Este tipo de virtualización fue propuesta por primera vez en 1966 para el sistema IBM CP-40, predecesor de la familia VM, y se sigue usando en la actualidad en las familias IBM. Tiene la ventaja de que no se necesita modificar un sistema operativo para su ejecución sobre el hipervisor.

Cada máquina virtual dispone de la capacidad completa del sistema subyacente y sus usuarios tienen la sensación de disponer de todo el sistema de forma privativa. Su principal desventaja es que es necesario usar *traps* para capturar los accesos del sistema operativo virtualizado al hardware. De esta forma, aunque las imágenes de sistemas operativos virtualizados se ejecutan en modo privilegiado, el monitor/hipervisor intercepta sus peticiones de recursos para atenderlas, planificar las de todos ellos de forma global y realizar optimizaciones, como proporcionar caches de bloques globales.

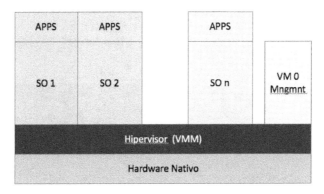

Figura 11.2 Arquitectura de un sistema con virtualización total.

Un aspecto clave de la virtualización completa es la interceptación y simulación por el hipervisor de operaciones privilegiadas del sistema operativos, dado que los efectos de las operaciones realizadas por una máquina virtual determinada no deben alterar el estado de ninguna otra, el programa de control o el hardware. Algunas operaciones de un sistema operativo, tales como la gestión de memoria o el uso de los registros, pueden ser ejecutadas directamente por el hardware puesto que solo afectan al estado de la máquina origen. Sin embargo, otras operaciones, tales como la entrada/salida, deben ser interceptadas y ejecutadas bajo el control del hipervisor, puesto que pueden afectar al estado global.

La virtualización completa ha tenido mucho éxito y ha demostrado ser muy útil para:

- Compartir un sistema de computación entre múltiples usuarios.
- Aislar máquinas virtuales entre sí y del hardware.
- Emular nuevo hardware para mejorar la fiabilidad, seguridad o productividad.

Actualmente existen muchos ejemplos de sistemas de virtualización completa. Algunos de los más usados son: z/VM, Xen, VMware ESXi, Hyper-V, Oracle VM, Virtual PC o Virtual Server. Estos sistemas son actualmente la base de la virtualización en todos los centros de cálculo, por su potencia, versatilidad y rendimiento.

11.2.3 Paravirtualización

La palabra paravirtualización es un término nuevo para una idea antigua. Se usó por primera vez en el sistema CP-67 de IBM y en el año 1972 se incluyó en el sistema operativo VM de IBM, donde está disponible hasta la actualidad. Esta técnica de virtualización presenta a las máquinas virtuales una interfaz software que es similar, pero no idéntica, a la del hardware subyacente. En los sistemas paravirtualizados, el hipervisor proporciona una API, denominada para-API, con "puntos de enganche" (*hooks*) especialmente definidos para llevar a cabo tareas críticas, que de otra forma deberían ejecutarse en el dominio virtual donde el rendimiento es peor. Debido a ello, la paravirtualización proporciona ventajas de rendimiento significativas.

Esta técnica obliga a modificar y portar explícitamente los sistemas operativos virtualizados (*guest*) usando la para-API proporcionada por el hipervisor. Como resultado, los sistemas operativos virtualizados no se no pueden ejecutar directamente, sino que deben incluir un componente (módulo) que permita su adaptación a un hipervisor concreto. Por ejemplo, GPLPV proporciona manejadores de dispositivos adaptados a la paravirtualización que se pueden instalar en un sistema Windows para que ejecute sobe un hipervisor Xen. La Figura 11.3 muestra un ejemplo de arquitectura con paravirtualización.

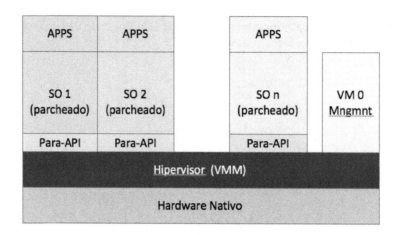

Figura 11.3 Sistema con paravirtualización.

Para resolver los problemas de compatibilidad, un grupo de desarrolladores y vendedores de Linux se unieron en 2006 para desarrollar una interfaz común basada en "paravirt-ops" (pv-ops), que fueron desarrolladas por el Xen group e incluidas en la versión 2.6.23 del núcleo de Linux. Estas operaciones proporcionan una interfaz independiente del hipervisor entre el hipervisor y las máquinas virtuales clientes.

Ejemplos de hipervisores que proporcionan paravirtualización son Xen, L4, VMware, VXWorks y XtratuM. Todos ellos usan la paravirtualización para dar soporte de alto rendimiento a máquinas virtuales sobre plataforma x86.Además, hay varias distribuciones de Linux, como Ubuntu (desde la versión 7.04) y Red Hat (desde la 9) que proporcionan pv-ops, cosa que también hacen actualmente VMware Workstation y VirtualBox.

11.2.4 Virtualización a nivel del sistema operativo: contenedores

La virtualización a nivel de sistema operativo es distinta a las anteriores, dado que es el propio sistema operativo el que permite la existencia de múltiples instancias aisladas en espacio de usuario basadas en servicios de virtualización que ofrece el sistema operativo. Estas instancias, que se suelen llamar contenedores, motores de virtualización o *jails*, son desde el punto de vista de proveedores y usuarios servidores reales. El principal beneficio de esta técnica es que permite a los usuarios empaquetar una aplicación con todas sus dependencias del sistema operativo (bins, libs, etc.) en una unidad estandarizada que se comporta como una aplicación/independiente. Además de proporcionar aislamiento, el sistema operativo proporciona gestión de recursos para limitar el impacto de la ejecución de unos contenedores sobre otros cuando se ejecutan sobre el sistema operativo. En LINUX, estas instancias pueden verse como procesos privilegiados ejecutados aplicando el mecanismo `chroot`. La Figura 11.4 muestra un ejemplo de contenedores virtualizados sobre un sistema operativo.

Esta solución es muy adecuada para crear entornos de servidores virtuales que se ejecutan sobre el mismo sistema operativo, dado que ofrecen mejor rendimiento, mayor capacidad de despliegue que las soluciones anteriores y un buen control de los recursos hardware que usa cada servidor virtualizado. Este tipo de virtualización genera muy poca sobrecarga, dado que los programas en los contenedores usan las llamadas al sistema normales sin necesidad de ajuste o emulación. Soluciones populares en LINUX son *Dockers* y *OpenVZ*. Un *Docker* es un contenedor que envuelve un programa software con el software de sistema que necesita para ejecutar sobre un sistema operativo (sistema de ficheros, runtime, bibliotecas de sistema, etc.) independientemente del entorno de ejecución de este.

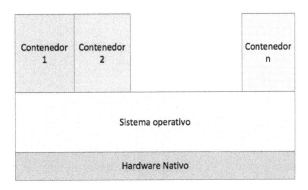

Figura 11.4 Virtualización con contenedores.

La principal desventaja que tiene esta técnica es que los contenedores se fabrican para un sistema operativo determinado (LINUX, Windows, z/VM, ...) y no es posible ejecutarlos sobre sistemas operativos distintos. En caso de tener distintos sistemas operativos en un sistema en explotación, es necesario tener un repositorio de contenedores de servidores para cada sistema operativo. Este repositorio también es necesario si se manejan distintas versiones de servidores o del mismo sistema operativo. En el caso del proyecto Docker, este repositorio se denomina "Registry Docker Hub".

Actualmente se usan, no solo para proporcionar entornos aislados y dotarles de más seguridad, sino también para consolidar distintos servidores que ejecutan sobre distintos servidores físicos y el mismo sistema operativo (por ejemplo, LINUX) sobre un único servidor físico. La migración de contenedores se usa también para migrar servidores "en vivo" de un servidor a otro. En estos casos el principal objetivo es simplificar la infraestructura de las aplicaciones para su despliegue y distribución.

Los contenedores son también la solución de elección en muchos proveedores de PaaS (Platform as a Service) en el cloud. Por ejemplo, Amazon ofrece Elastic Beanstalk (EB), Google ofrece Container Engine (GCE), Kunernetes, etc. La expansión de contenedores en el mundo cloud ha sido espectacular. Google, por ejemplo, ejecuta varios miles de millones de contenedores por semana actualmente.

11.2.5 Resumen

La Figura 11.5 muestra las distintas alternativas de virtualización expuestas teniendo en cuenta si se usa el mismo hardware o no y el mismo sistema operativos o no.

11.3 Hipervisores

Como ya hemos visto, el hipervisor, es el corazón de las tecnologías de virtualización completa y paravirtualización. El hipervisor es una capa de software ligera que incluye aspectos como juego de instrucciones, gestión de memoria principal, gestión de interrupciones y excepciones y acceso a dispositivos. Proporciona la simulación de hardware suficiente para permitir que los sistemas operativos *guest* se puedan ejecutar sobre él como máquinas virtuales sin que tengan que sufrir ninguna o mínimas modificaciones, aunque deben ser imágenes generadas sobre máquinas con el mismo juego de instrucciones.

El hipervisor se encarga de administrar y hacer que funcionen las máquinas virtuales sobre el hardware, como tal proporcionan el hardware virtual a los a las máquinas virtuales, monitorizan las máquinas virtuales e interceptan las peticiones de las máquinas virtuales (sistemas operativos virtualizados) al sistema para su correcta ejecución. Con ello es posible ejecutan varios sistemas operativos virtualizados y permitir que accedan de forma simultánea a los mismos recursos físicos sin que haya conflictos de acceso. Ejemplos de hipervisores muy usados son Microsoft Hyper-V, Xen o VMWare ESXi.

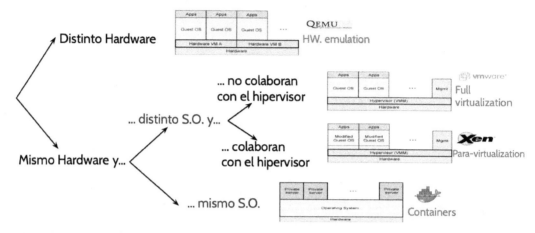

Figura 11.5 Alternativas de virtualización.

Los hipervisores se pueden clasificar en tres tipos:

- Hipervisores de tipo 1 (También llamados nativos, unhosted o bare-metal) como Microsoft Hyper-V, XEN, VMWare ESX-Server y Wind River Hypervisor.
- Hipervisores de tipo 2 (también llamados hosted) como .NET o Java.
- Hipervisores híbridos, como Microsoft Virtual PC, Microsoft Virtual Server, Parallels, VirtualBox o VMWare Server.

Esta sección se centra en los hipervisores de tipo 1, que se ejecutan directamente sobre el hardware y controlan todos los accesos al mismo. Estos hipervisores pueden ser de dos tipos en función de su implementación (Figura 11.6):

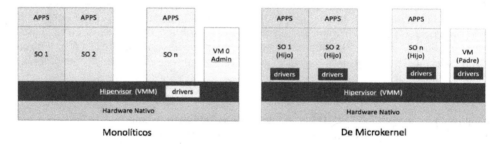

Figura 11.6 Hipervisores monolíticos y basados en microkernel.

- Hipervisores monolíticos.
- Hipervisores tipo microkernel.

Los hipervisores **monolíticos** emulan el hardware para las máquinas virtuales, por lo que deben proporcionar mucha funcionalidad y código para traducir los recursos físicos y las operaciones de acceso a los mismos desde las máquinas virtuales. XEN, por ejemplo, es un sistema Linux al que se le ha dejado lo necesario para que funcione como hipervisor. VMWare ESX se ha implementado sobre VMKernel, que se basa en el núcleo de Linux.

Cuando se produce una llamada de una máquina virtual que quiere usar el hardware, el hipervisor intercepta la llamada y la redirige hacia los drivers específicos del dispositivo incluidos en el hipervisor que son los que realmente ejecutan el acceso al dispositivo (Figura 11.7 a). Todas estas operaciones requieren mucho código extra y cambios de contexto. Además, el hipervisor debe incluir muchos drivers para poder ser transportado a múltiples plataformas hardware, lo que dificulta la implantación de los mismos y aumenta mucho su tamaño.

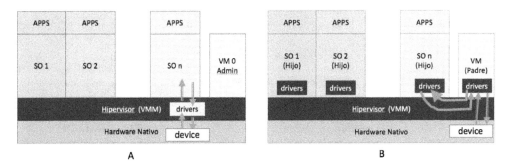

Figura 11.7 Operaciones de E/S en hipervisores.

Cuando se produce una llamada de una máquina virtual que quiere usar el hardware, el hipervisor intercepta la llamada y la redirige hacia los drivers específicos del dispositivo incluidos en el hipervisor que son los que realmente ejecutan el acceso al dispositivo (Figura 11.7 a). Todas estas operaciones requieren mucho código extra y cambios de contexto. Además, el hipervisor debe incluir muchos drivers para poder ser transportado a múltiples plataformas hardware, lo que dificulta la implantación de los mismos y aumenta mucho su tamaño.

Los hipervisores tipo **microkernel** permiten reducir el tamaño del hipervisor mediante la instalación en las máquinas virtuales de utilidades de virtualización y drivers sintéticos que hacen parte del trabajo de adaptación que realizan los monolíticos. Esto permite reducir la funcionalidad necesaria en el hipervisor, cuya función principal pasa a ser repartir los recursos físicos entre las máquinas virtuales. Sin embargo, en muchos casos, es necesario pasar a través de la máquina padre para conseguir los servicios necesarios, como los drivers (Figura 11.7 b). Otra ventaja de esta técnica es que los hipervisores son más eficientes, porque reducir su huella de código, y más transportables, dado que ya no dependen de tener los drivers nativos del hardware (que están en la máquina padre).

Microsoft Hiper-V sigue esta aproximación y para ejecutar necesita accede a los drivers nativos de un Windows Server instalado como máquina primaria. Para ello, los drivers de las máquinas virtuales se enlazan directamente con los de la partición primaria.

El principal problema de esta aproximación es que no constituye una solución tan abierta como los hipervisores monolíticos porque exigen tener dispositivos sintéticos para generar las máquinas de los sistemas operativos virtuales y puede que no estén disponibles para todos los entornos. En el caso de Hiper-V se favorece la integración en el entorno Windows Server, pero los sistemas que no están hechos a medida de un entorno (como Xen o ESX) suelen usar la aproximación monolítica.

11.3.1 Planificación en el hipervisor

Una de las tareas más críticas del hipervisor es el reparto de recursos, siendo entre ellos el más importante la CPU. El hipervisor necesita por tanto ejecutar algún algoritmo de planificación para repartir las máquinas virtuales sobre los procesadores disponibles y para repartir cada CPU entre las distintas máquinas virtuales.

En los hipervisores de propósito general, como Xen o ESX, en general la política de planificación se basa en realizar un reparto equitativo del tiempo de CPU entre las máquinas virtuales. Es decir, que si sobre una CPU hay k máquinas virtuales, el hipervisor intentará asignar a cada una:

$$Tvm_i = Tcpu/K$$

Sin embargo, todos los hipervisores permiten modificar esta política tan sencilla con otros criterios tales como:

- Asignar pesos (w)a cada máquina virtual, de forma que se modifique el tiempo según el peso.
  $Tcpu = (w_i/k)*Tvm_i, i=1..n$
  En Xen, por ejemplo, un dominio con peso 1024 obtiene el doble de CPU que uno con peso 512, yendo los pesos de 1 to 65535 con un valor por defecto de 256.
- Agrupar máquinas en lotes y dar a cada lote una parte de CPU (por ejemplo, 50% para VM Linux).
- Garantizando reserva de recursos mínimos (por ejemplo, $VM_i > 10\%$ CPU).
- Definiendo un límite máximo de usos de recursos (por ejemplo, $VM_i < 20\%$ CPU).
- Asignando una VM a una CPU específica siempre (afinidad).

¿Qué algoritmos de planificación se pueden usar? Pues todos los vistos en el capítulo 4 de este libro, además de algunos que se han desarrollado específicamente para hipervisores y que veremos a continuación. Esto es así porque una VM es para un hipervisor similar a un proceso para un sistema operativo y, por tanto, tiene los mismos estados y sigue el mismo ciclo de vida.

Los dos algoritmos de planificación más populares en hipervisores de propósito general son:

- *Credit Scheduler* de Xen
- *Proportional Share-Based Algorithm* de Vmware

El sistema *Credit Scheduler* de Xen está pensado para asegurar equitatividad, respuesta rápida y escalabilidad y es muy similar al sistema que se usa en Linux. El planificador le da 30 ms. a cada VM cuando le asigna una CPU virtual (VCPU). A medida que la VCPU ejecuta consume su crédito y se expulsa a la VM cuando se termina su crédito (cola *over*). El crédito se recalcula cada 10 ms. de forma que si hay cambios de prioridad se elige un proceso más prioritario. Si una VM se bloquea o es expulsada antes de terminar, se coloca en la cola *under* (Figura 11.8). De esta forma se evita la inanición. Además, el algoritmo permite especificar un peso para la VCPU, para modificar su crédito por defecto, y límites máximos como hemos visto. Así, Xen reparte la CPU entre todas las VCPU solicitadas y se asegura de que la CPU siempre estará funcionando cuando hay trabajo que hacer (*work-conserving scheduler*). En caso de que hay VCPU de más prioridad (crédito) esperando al recalcular créditos, el algoritmo expulsa a VCPU en ejecución y ejecuta la más prioritaria de su cola *under*. Si no hay ninguna, reclama trabajo a otras CPU.

En la Figura 11.8 se muestra un ejemplo de planificación con crédito en Xen. Como se puede ver en la cola, las VCPU con crédito sin gastar se ponen siempre primeras en la cola. Cuando la VCPU V_6 termina rodaja o se bloquea, sale de la CPU y se recalcula su crédito. Si no está agotado (*under*) se pone al final de las VCPU con estado U. Si lo ha agotado (*over*) se poner al final de la cola.

En el caso de sistemas con garantías, como Wind River Hypervisor, que se pueden usar para sistemas de tiempo real, los planificadores deben ser más estrictos, de forma que solo se permite:

- Planificación con prioridad estricta, donde cada VM tiene una prioridad p que usa el hipervisor.
- Planificación de tiempo compartido, donde se indica para cada VM el tiempo estricto de CPU de que dispone.

11.4 Virtualización en centros de datos

Como ya se ha visto, el concepto de virtualización se originó a finales de 1960 y se pensó directamente para su uso en centros de datos, aunque, debido a restricciones tecnológicas, esta solución estuvo prácticamente restringida en los centros de datos a los *mainframes* hasta comenzado el siglo XXI. Sin embargo, la rápida evolución de soluciones de software de virtualización ha afectado en pocos años a los centros de datos de todos los tamaños de forma masiva dado que responde muy bien a las estrategias de cualquier negocio de IT. Actualmente, se estima que más del 60% de los servicios críticos están trabajando ya sobre plataformas virtuales en los centros de datos.

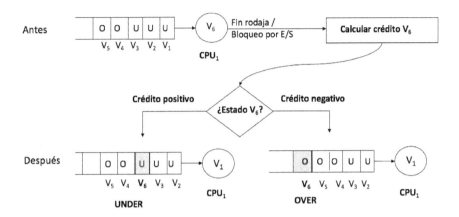

Figura 11.8 Ejemplo de planificación con crédito.

La virtualización de un centro de datos consiste básicamente en consolidar los servidores físicos sobre servidores virtuales, disociando el software del hardware, de forma que se pueden ofrecer los servicios usando menos servidores físicos poniendo varios servidores virtuales sobre uno físico. A medida que se desarrollan servidores físicos más potentes, el número de máquinas virtuales que se pueden consolidar sobre un sistema físico es cada vez mayor, pasando estos a realizar el trabajo de múltiples servidores antiguos y permitiendo aprovechar los servidores, almacenamiento y dispositivos de red infrautilizados.

En la mayoría de los centros de datos tradicionales, existe un problema importante de dimensionamiento de la carga IT en los servidores. Dado que en la mayoría la carga varía en distintas horas del día o en épocas del año, los diseñadores siempre se enfrentan al dilema de dimensionar los sistemas para cargas "pico" o para cargas "medias". Las cargas pico conllevan sobredimensionar los servidores, de forma que normalmente estarán infrautilizados, con el consiguiente coste de compra, mantenimiento y energía. Dimensionar para cargas medias supone un fuerte riesgo de no poder hacer frente a la demanda en horas o épocas del año, lo que en general no es admisible en un negocio. Es por ello, que tradicionalmente se han sobredimensionado los servidores. Además, para evitar interferencias entre servidores y posibles fallos de seguridad, también tradicionalmente, se ha alojado un servidor lógico (por ejemplo, bases de datos o servidor web) sobre un servidor físico. Debido a ello es habitual encontrar en los centros de datos que la mayoría de los servidores están infrautilizados durante mucho tiempo, con cargas que están alrededor del 6% según un estudio de McKinsey.

Si un centro de cálculo tiene 10 servidores con una aplicación dedicada cada uno que usa como media un 13% de los recursos del servidor, se pueden virtualizar los 10 servidores de forma que se podrán ejecutar sobre de los servidores físicos (Figura 11.9) y tener todavía una holgura del 35%.

Uso = (10*13%)/2 = 130% / 2 = 65%

Ello supone una reducción del consumo eléctrico, mantenimiento y costes de hardware de un 80% sin impactar en el rendimiento de las aplicaciones. Además de permitir simplificar la administración y gestión del centro de datos.

Figura 11.9 Consolidación de servidores.

La virtualización del centro de datos ha tenido mucho éxito porque permite mejorar todos los parámetros del negocio IT y construir centros de datos más dinámicos, y con un tiempo de vida útil más largo, que permiten responder mejor a las necesidades de la empresa al dotarla de elasticidad y permitir maximizar el uso de los sistemas. Entre otras ventajas, la virtualización del centro de datos permite reducir el espacio físico para los servidores (espacio para el centro de datos), ahorrar energía en IT y refrigeración, reducir las emisiones de CO_2, aumentar la fiabilidad del centro de datos, incrementar la velocidad de despliegue de nuevas aplicaciones y reducir el tiempo de respuesta a situaciones de carga variable. Además, dado que las máquinas virtuales se pueden mover a cualquier servidor físico, se puede hacer balanceo de carga para apagar y encender servidores a medida que se necesita, permitiendo un ahorro de costes todavía mayor, al adaptar los recursos a la carga. La Figura 11.10 muestra un ejemplo de distribución de carga diaria un centro de datos, con muestreo cada 4 horas, y como cambia el numero de servidores para adaptarse a la carga existente en cada momento.

Sin embargo, la virtualización del centro de datos también puede conllevar algunas desventajas, tales como aumentar la complejidad de la gestión de la infraestructura física y virtual, mal dimensionamiento del sistema virtual debido a la falta de métricas y medidas sobre el negocio, costes del despliegue de la infraestructura virtual y abuso del mecanismo de máquinas virtuales.

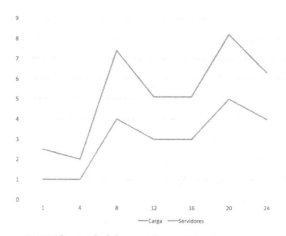

Figura 11.10 Elasticidad de servidores virtuales en centro de datos.

Un ejemplo claro de uso de virtualización en centro de datos son los centros de hosting de servidores Web. Estos centros de datos ofrecen servidores virtualizados sobre un servidor físico compartido o un servidor físico dedicado a la manera tradicional, siendo los precios de los primeros considerablemente más económicos.

11.5 Lecturas recomendadas

Existe mucha bibliografía relacionada con el tema de la virtualización. [Scheffy 2008] y [Golden 2014] son dos libros buenos para conocer los conceptos básicos de virtualización. [Alegria 2016] presenta de forma clara los principios de virtualización con ejemplos prácticos. [Gonzalez 2014] y [Raya 2014] son dos guías interesantes para conocer las tecnologías de virtualización.

En cuanto a soluciones con productos particulares, [Gillet 2010], [VMWare 2013] y [Ros 2013] muestran cómo consolidar servidores usando VMWare. [Henley 2011] y [Microsoft 2010] presentan una historia de virtualización con Hyper-v y soluciones de virtualización de distinta gama.

Por último, [Santana 2013] y [Lowe 2016] incluyen información completa sobre diseño de centros de datos y aspectos de virtualización de los mismos.

11.6 Ejercicios

1. *¿Cuál es el software que le permite ejecutar varios sistemas operativos en un servidor físico? Explique el fundamento.*
2. *Explique para qué sirve la migración de máquinas virtuales.*
3. *¿Por qué se puede hacer un centro de datos más eficiente usando virtualización? Razone la respuesta.*
4. *¿Es cierto que un servidor virtualizado usa siempre menos energía que uno no virtualizado? Razone la respuesta.*
5. *Si se quiere virtulizar servidores en un centro de datos, ¿es mejor empezar por los más cargados o por los menos cargados?*
6. *¿Es mejor usar emulación hardware siempre que se pueda o hipervisores en caso de que existan?*
7. *Instalar VirtualBOX en su ordenador.*
8. *Instalar una máquina virtual de LINUX con 512 Mbytes de RAM y 1 Gbyte de discos duro usando VirtualBox.*

12. SEGURIDAD Y PROTECCIÓN

En este capítulo se presentan los conceptos de seguridad y protección. Su objetivo es hacer comprender al lector la problemática de seguridad existente en los sistemas de computación y, en concreto, en los sistemas operativos. Los servicios de seguridad son la parte del sistema operativo que se ocupa de controlar el acceso y de proteger los recursos, proporcionando mecanismos adecuados para implementar la política de protección adecuada. En los sistemas operativos antiguos, la política de seguridad está dispersa por el sistema. Sin embargo, en los modernos sistemas orientados a objetos (caso de Windows) el servidor de seguridad se encarga de todo lo relativo a la seguridad de estos.

En este capítulo, se tratan los siguientes temas:

- La seguridad y la protección.
- Problemas de seguridad.
- Políticas de seguridad.
- Diseño de sistemas operativos seguros.
- Mecanismos de protección en sistemas operativos.
- Seguridad en red.
- El sistema de seguridad en Linux y Windows.
- Servicios de protección y seguridad.

12.1 La seguridad y la protección

Los servicios de seguridad son la parte del sistema operativo que se ocupa de controlar el acceso y de proteger los recursos, proporcionando mecanismos adecuados para implementar la política de protección adecuada. En los sistemas operativos antiguos, la política de seguridad está dispersa por el sistema. Sin embargo, en los modernos sistemas orientados a objetos (caso de Windows) el servidor de seguridad se encarga de todo lo relativo a la seguridad de los mismos.

Los sistemas de un computador manejan información que suele ser valiosa para sus propietarios, por lo que la seguridad de dichos sistemas es un elemento importante en el diseño de los sistemas operativos. En este capítulo se estudian los principales conceptos de seguridad y los mecanismos de protección que pueden usarse para proporcionar dicha seguridad a través del sistema operativo. Aunque tradicionalmente los términos seguridad y protección se han usado indistintamente, actualmente ambos conceptos se distinguen claramente.

La seguridad de un sistema tiene múltiples facetas, como se muestra en la Figura 12.1, incluyendo desde aspectos tales como la protección ante posibles daños físicos de los datos (fuegos, terremotos, etc.) hasta el acceso indebido a los mismos (intrusos, fallos de privacidad, etc.). Los ataques contra la privacidad, la integridad o la disponibilidad de recursos en un sistema deben prevenirse y solventarse mediante la política y los mecanismos de seguridad de un sistema. En el caso de un sistema informático, hay varios elementos susceptibles de sufrir dichos ataques, no siendo suficiente proteger sólo alguno de ellos o protegerlos parcialmente.

La protección , sin embargo, consiste en evitar que se haga un uso indebido de los recursos cuando se está dentro del ámbito del sistema operativo. Para ello, deben existir mecanismos y políticas que aseguren que los usuarios sólo acceden a sus propios recursos (archivos, zonas de memoria, etc.). Además, es necesario comprobar que los recursos sólo se usan por aquellos usuarios que tienen derechos de acceso a los mismos. Las políticas de protección y seguridad de hardware, software y datos deben incluirse dentro del sistema operativo, pudiendo afectar a uno o varios componentes del mismo. En cualquier caso, el sistema operativo debe proporcionar medios para implementar la política de protección deseada por el usuario, así como medios de hacer cumplir dicha política.

La seguridad de un sistema operativo presenta múltiples problemas y se basa principalmente en tres aspectos de diseño:

- Evitar la pérdida de datos.
- Controlar la privacidad de los datos.
- Controlar el acceso a los datos y recursos.

La pérdida de datos puede deberse a catástrofes naturales o artificiales que afecten al sistema (terremotos, guerras, etc.), a errores del hardware o del software de la computadora (rotura de un disco, por ejemplo) o a errores humanos (por ejemplo, borrado accidental de archivos). La protección frente a fallos físicos, para conseguir que el sistema sea fiable, está más relacionada con la gestión de datos que con el sistema operativo. En el ámbito interno del sistema operativo, hay operaciones que pueden violar la privacidad de los datos. Una simple asignación de bloque de disco libre a un usuario, le proporcionará el bloque con el contenido del usuario anterior si el sistema operativo no tiene una política definida para este tipo de situaciones. En estos casos, siempre hay que limpiar los recursos de los datos anteriormente existentes. Sin embargo, controlar la privacidad de los datos es un problema de seguridad que sobrepasa el ámbito de los sistemas operativos, aunque una parte del problema puede resolverse en su ámbito interno. El control del acceso a datos y recursos sí es competencia directa del sistema operativo. Es necesario asegurar que los usuarios no acceden a archivos para los que no tienen permisos de acceso, a cuentas de otros usuarios o a páginas de memoria o bloques de disco que contienen información de otros usuarios (aunque ya estén en desuso). Para conseguirlo hay que aplicar criterios de diseño rigurosos y ejecutar pruebas de seguridad exhaustivas para todos los elementos del sistema, aunque se consideren seguros. El control de acceso incluye dos problemas que estudiaremos más adelante: autenticación de usuarios y protección frente a accesos indebidos.

377 Seguridad y protección

A continuación, se estudian los problemas de seguridad más importantes que conciernen al sistema operativo, aunque el lector debe tener en cuenta que los mecanismos de protección del sistema operativo sólo resuelven una mínima parte de los problemas de seguridad existentes en una instalación informática.

Para poder hacer frente a los problemas anteriores hacen falta dos cosas: políticas de seguridad y mecanismos de seguridad. En el resto del capítulo se muestran los problemas de seguridad en los sistemas operativos, las clasificaciones de seguridad existentes, las políticas y mecanismos que permiten asegurar la seguridad, así como se aplicación en algunos de los sistemas más conocidos.

12.2 Problemas de seguridad

Como se puede ver en la Figura 12.1, el hardware, software y los datos de un sistema informático pueden sufrir ataques internos o externos al sistema. Por tanto, la seguridad debe tener en cuenta eventos externos provenientes del entorno en que opera el sistema. De nada sirve tener mecanismos de protección interna muy buenos, si el sistema operativo no es capaz de identificar a los usuarios que acceden al sistema o si no existe una política de salvaguarda de datos ante la rotura de un disco.

En general se pueden clasificar los problemas de seguridad en dos grandes tipos según su origen:

- Problemas físicos. Estos problemas se deben a la destrucción o no disponibilidad de recursos y se resuelven normalmente teniendo recursos replicados o redundantes. Los discos RAID son un ejemplo. Toleran que se rompa un disco del RAID y el sistema pueda seguir funcionando.
- Problemas lógicos. Estos problemas se deben normalmente a defectos de los programas que se ejecutan en los computadores. Son más difíciles de resolver dado que su casuística es mucho más compleja y a que pueden existir agentes activos que intenten dañar el sistema.

A continuación, vamos a estudiar ambos tipos de fallos.

12.2.1 Problemas físicos

En general los problemas de seguridad física se deben a tres tipos de problemas:

- Desastres naturales y de la instalación, tales como inundaciones, fuegos, tormentas, roturas de cañerías, etc.
- Rotura de elementos del sistema, tales como discos, computadoras de servicio, etc. Estos problemas tienen como resultado la pérdida de datos o de horas de servicios. Estos fallos son más frecuentes cuanto más complejos son los sistemas de cómputo. Por ejemplo, en un sistema con 200 computadores, es frecuente que se rompa algo a diario.
- Accesos no autorizados de personas que pueden llegar a los sistemas con ánimo de dañarlos física o lógicamente. De nada sirve tener muy buenos sistemas lógicos si cualquiera pude acceder a un servidor y romperlo impunemente, llevarse un disco duro, robar información, etc.
- Cada uno de ellos supone un nivel distinto de peligrosidad, pero es muy importante tener en cuenta a que tipo de fallos de seguridad física se quiere hacer frente. La seguridad física estuvo muy olvidada hasta el siglo XXI, pero a raíz de atentados terroristas y desastres naturales, se ha convertido actualmente en uno de los sectores de la seguridad informática que mueven más dinero. Otro factor importante es que, actualmente, los clientes firman contratos con calidad de servicio y fuertes indemnizaciones por falta de disponibilidad del servicio.

Por todo lo anterior, los sistemas operativos y los dispositivos proporcionan mecanismos para intentar solventar estos problemas. Más delante en este capítulo se estudian más en detalle algunos de estos problemas y sus posibles soluciones.

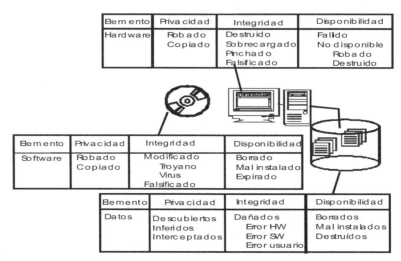

Elemento	Privacidad	Integridad	Disponibilidad
Hardware	Robado Copiado	Destruido Sobrecargado Pinchado Falsificado	Fallido No disponible Robado Destruido

Elemento	Privacidad	Integridad	Disponibilidad
Software	Robado Copiado	Modificado Troyano Virus Falsificado	Borrado Mal instalado Expirado

Elemento	Privacidad	Integridad	Disponibilidad
Datos	Descubiertos Inferidos Interceptados	Dañados Error HW Error SW Error usuario	Borrados Mal instalados Destruidos

Figura 12.1 Problemas de seguridad en una instalación informática.

12.2.2 Problemas lógicos

Los problemas lógicos de seguridad afectan principalmente a las aplicaciones que se ejecutan sobre el sistema operativo y al propio sistema operativo. Estos problemas se deben principalmente a tres tipos de causas:

- Uso indebido o malicioso de programas.
- Usuarios descuidados o malintencionados.
- Programas con errores.

A continuación, se describen los problemas más frecuentes de este estilo en un sistema informático.

Uso indebido o malicioso de programas

Algunos problemas de seguridad están relacionados con el uso indebido, o malicioso, de programas de un usuario. Existen múltiples amenazas de este estilo, como los caballos de Troya, las puertas de atrás, los virus, los gusanos, desbordamientos de buffer, bombas lógicas, software incorrecto, etc.

El **caballo de Troya** se basa en la idea de crear o modificar un programa para que haga cosas no autorizadas en el sistema cuando actúa en el entorno adecuado. Como el Caballo de Troya de la mitología griega, ocultan su función real bajo la apariencia de un programa ya existente que a primera vista funciona correctamente. Para ello se incluyen instrucciones en programas ya existentes o se cambian por otros con el mismo nombre para que hagan cosas distintas, o no incluidas, de aquellas de su diseño inicial. Algunos ejemplos incluyen: un editor de texto modificado para que haga copias de los archivos a los directorios del intruso o un programa de *login* modificado para grabar los nombres y palabras de acceso de los usuarios.

Los problemas de seguridad generados por caballos de Troya son generalmente difíciles de detectar y corregir. En los años sesenta dos programadores robaron varios millones de dólares en un banco americano por el método de traspasar a una cuenta suya las fracciones de centavo que se redondeaban en las operaciones. Sólo fueron detectados cuando el balance de caja empezó a fallar de forma escandalosa.

Algunos de estos ejemplos habilitan medios de acceso encubierto, o canales encubiertos, que permiten extraer información del sistema sin que el dueño sea consciente de ello. La Figura 12.2 muestra un ejemplo de inserción de un canal encubierto en un programa.

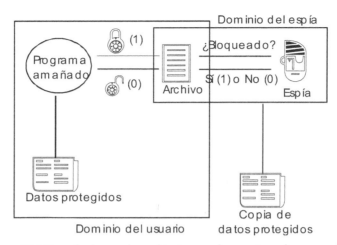

Figura 12.2 Ejemplo de canal encubierto usando cerrojos sobre un archivo.

Un tipo especialmente peligroso de caballo de Troya son los rootkits, aplicaciones troyanas que suplantan elementos del sistema, tales como manejadores de dispositivos, bibliotecas, mandatos o el propio sistema operativo. Estos últimos solo pueden ser instalados por usuarios con privilegios de "superusuario" o de administrador. Algunos sistemas operativos como Security-Enhanced Linux (SELinux) tienen mecanismos especiales para detectarlos. Otros hacen "checksum" de los ejecutables periódicamente y comprueban con los de las fechas anteriores para ver si hay variaciones.

La **puerta de atrás** consiste en crear un agujero de seguridad al sistema a través de un programa privilegiado que lo permite. Algunos ejemplos incluyen convencer a un programador de sistema para que le deje acceder con privilegios anormales, permitir que el diseñador de un programa se reserve el acceso por medios no conocidos, tales como una identificación reservada, o meter parches en un compilador para que añada código no autorizado a cualquier programa.

Las puertas de atrás no siempre son perjudiciales o maliciosas. Normalmente pueden tener varias causas: se dejan a propósito para probar el sistema, se dejan para mantener el sistema, etc.

Los **virus** se llaman así por analogía con los virus que actúan sobre los seres vivos. Como ellos necesitan de un programa (denominado huésped) que transporte el virus y de un agente que los transmita para infectar a otros programas. En todos los casos se trata de un programa o un trozo de código que se añade al huésped y que se activa cuando se ejecuta el programa portador. Cuando esto ocurre, además de ejecutarse el portador, se ejecuta el virus. La Figura 12.3 muestra el proceso descrito: El fabricante de un virus genera un programa y lo almacena en un CDROM. Cuando se ejecuta dicho archivo en un computador, el virus se instala en el disco duro del sistema; A partir de este momento, infecta a todos los discos extraíbles que se instalen en el sistema o se envía a sí mismo por Internet, y se propaga a otros sistemas.

Dentro de un disco, lo normal es infectar el sector de carga del disco, suplantándolo con el virus, y algunos más. De esta forma, cuando se accede al disco, se activa el virus. En el caso de la inserción de virus en partes del disco sensibles para el sistema operativo, los virus son especialmente peligrosos y muy difíciles de detectar. Estas zonas o archivos suelen estar ocultos al usuario y, en muchos casos, no permiten la activación de otras aplicaciones al mismo tiempo, lo que hace difícil la ejecución de antivirus.

En Internet, lo normal es que los virus se propaguen a través de archivos, estando cargados en ellos. Los formatos de Microsoft (Word, Excel, ...) son especialmente peligrosos porque permiten añadir macros (de mandatos o Visual Basic) a los archivos, generando virus denominados macrovirus. Estas macros se ejecutan al abrir los archivos. Lo mismo ocurre con figuras o archivos cifrados (por ejemplo, hubo un fallo grave en Windows con los archivos WMF), donde se puede incluir cualquier tipo de ejecutable.

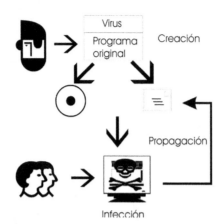

Figura 12.3 Instalación y propagación de un virus.

Muchos de los virus más peligrosos se propagan como adjuntos de correos electrónicos. ¡Nunca ejecute un programa o abra un archivo recibido por la red sin pasar antes controles antivirus! Puede ser portador de virus. Aunque no se haya infectado de forma maliciosa, la acción del virus será igualmente destructiva.

Los virus se han convertido en una forma muy popular de generar amenazas de seguridad, sobre todo en computadores personales conectados a Internet, donde generalmente los mecanismos de protección son más débiles y los usuarios más confiados. La solución para una infección por un virus puede adoptar dos formas: comprobación manual o automática de todos los dispositivos de almacenamiento para limpiarlos del virus y de los archivos que se reciben por Internet (correo, Web, ...) y creación de un antídoto que también se propague y limpie el virus. La primera técnica es la más habitual y se lleva a cabo mediante antivirus. En cualquier caso, lo mejor es practicar técnicas preventivas tales como comprobación rutinaria de discos del sistema, comprobación de cualquier disco extraíble que se instale, comprobación de cualquier programa recibido antes de ejecutarlo, etc.

Los **gusanos** son programas que explotan los fallos de seguridad para acceder a sistemas remotos y se replican a sí mismos para acceder a más sistemas. El gusano suele estar compuesto por dos programas: un pequeño programa cargador (C, macros de Word, Visual Basic, ...) y el gusano principal. El programa pequeño es un cargador que al ejecutarse en el sistema destino carga el gusano principal. El cargador suele aprovechar fallos del sistema para penetrar (`telnet`, `ftp`, ...). Según estudios de seguridad, los gusanos son el tipo de virus con mayor difusión durante los últimos años, compartiendo el podio con los macrovirus.

El primer ejemplo famoso de gusano lo propagó en Internet el 2 de noviembre de 1988 R.T. Morris, un estudiante de Cornell. Descubrió dos fallos de seguridad en el UNIX de Berkeley que le permitían acceder a miles de máquinas conectadas a Internet, especialmente aquellas que permitían accesos por ftp a usuarios anónimos. Aprovechando esta circunstancia, fabricó un gusano que explotaba los fallos de seguridad para acceder a sistemas remotos y, además, se replicaba a sí mismo para acceder a más sistemas. El gusano leía las tablas de enrutamiento del sistema infectado y enviaba el cargador a todos sistemas remotos que podía, usando para ello tres mecanismos de penetración: intérprete de mandatos remoto (`rsh`), demonio del `finger` y utilidad de correo `sendmail`. A través de estos mecanismos, el gusano provocó la caída de miles de computadores en la red, antes de ser detectado y eliminado. Desde entonces se han liberado varios programas de este tipo por la red.

Actualmente los gusanos son el método favorito para propagar virus, dado que en pocas horas pueden propagarse a millones de sistemas a través de Internet. Por ello hay que tener especial cuidado con los datos o programas recibidos por la red. Un caso típico de un virus que se propagó por Internet es el del virus "I Love You", que en mayo de 2000 se propagó a miles de máquinas en Internet incorporado en un mensaje de correo electrónico. En pocas horas causó pérdidas por miles de millones de dólares y llegó a infectar sistemas incluso en el Pentágono, el cuartel general del ejército americano.

Desde 2013 se usa este mismo método para propagar programas denominados de *ransomware* (secuestro de datos) tales como Mamba o Wannacry. Estos programas se descargan a través de un adjunto de un correo electrónico y se instalan en los sistemas del usuario. A partir de ese momento, cifran los archivos de los discos del mismos con una clave conocida por los creadores del virus, ocultan o borran los archivos originales y, a continuación, piden un rescate por volver a desbloquear los datos. Habitualmente el rescate si pide en criptomonedas difíciles de rastrear como el Bitcoin y se sube con el tiempo de forma rápida. Wannacry se ha hecho famoso en la primera mitad de 2017 por haber infectado sistemas críticos, como metros, sanidad, servidores de empresas, etc. En 2016 se estima un negocio de cientos de millones de dólares asociados a este tipo de programas maliciosos.

La posibilidad de cargar programas externos en un sistema se incrementa mucho en sistemas de arquitectura abierta conectados en redes. La existencia de sistemas de arquitectura abierta origina muchas situaciones azarosas en el entorno de seguridad. Por ello los administradores siempre prefieren tener sistemas sin interferencias externas, de forma que se pueda evitar que programas externos entren en dominios de otros usuarios. Sin embargo, actualmente es muy difícil tener sistemas completamente aislados. Cualquier computadora actual tiene una unidad de disco extraíble o una conexión a la red. Además, aunque se intenten comprobar todos los accesos desde dispositivos externos, existe un cierto grado de apertura que no se puede evitar. El correo electrónico, por ejemplo, puede usarse como portador de programas pequeños que posteriormente cargan en el sistema programas más destructores.

A pesar de sus efectos negativos, se han propuesto varias formas de usar el mecanismo de autorreplicación para fines lícitos. Algunas posibles utilizaciones son buscar ordenadores desocupados para distribuir carga en el sistema, proporcionar tolerancia a fallos permitiendo que un segmento del gusano arranque otro si falla su computador, realizar tareas en paralelo, etc. El principal problema de los gusanos no es que sean destructivos, que la mayoría no lo son, sino que colapsan las redes de comunicaciones.

Las **bombas lógicas** son otro problema de seguridad importante. Son programas, o partes de un programa, que no se activan hasta que se produce un evento determinado (una fecha, presencia o ausencia de un archivo, combinación de teclas, mandato por Internet, etc.). Cuando ocurre este evento, el programa se activa y destruye total o parcialmente el sistema o modifica su comportamiento. Un caso típico de bomba lógica es el virus Viernes 13, que solo se activa en los días que son viernes y 13 o el virus Win32.Kriz, que se activa en Navidad.

Actualmente, con la globalización de mercados, existe mucha preocupación por la presencia de bombas lógicas y caballos de Troya en el propio hardware (por ejemplo, en el procesador). Este tipo de problemas son prácticamente imposibles de detectar, lo que está llevando a algunos países a restringir sus compras de hardware que proviene de otros países.

Un ataque de seguridad con mucho éxito en Internet es el que consiste en llevar a cabo **bombardeos masivos** con peticiones de servicio o de establecimiento de conexión a un servidor determinado. Estos ataques masivos provocan que el servidor deniegue sus servicios a los clientes legales y pueden llegar a bloquear al servidor. Este problema causó a principios del año 2000 el bloqueo de servidores de Internet famosos como Yahoo o Altavista. Para lograr que estos ataques tengan éxito, los atacantes se enmascaran con las direcciones e identidades de otros usuarios (*spoofing*) y llevan a cabo los ataques desde múltiples clientes.

Ataques similares pueden ocurrir en cualquier computadora, ya que todas ellas tienen recursos limitados. La tabla de procesos, por ejemplo, es crítica, ya que si se llena la computadora no puede crear ni siquiera el proceso de apagar el sistema. Un usuario descuidado, o malicioso, que cree procesos de forma recursiva y sin límite colapsará el sistema continuamente. Para evitarlo, los administradores deben poner límites, siempre que sea posible, a los recursos que cada usuario puede tener simultáneamente (número de procesos, impresoras, etc.).

Existen aplicaciones, generalmente usadas como herramientas de administración de sistemas, que pueden usarse como **rompedores de protecciones** de los mismos, adivinar claves, etc. Estos programas llevan a cabo distintas pruebas sobre sistemas, generalmente remotos, para tratar de romper la seguridad de los mismos y poder ejecutar accesos ilegales. Para ello prueban con los mecanismos que dieron fallos de seguridad anteriormente en virus y gusanos: archivos con `setuid`, intérpretes de mandatos remotos, `ftp` anónimo, `finger`, etc. Una de las pruebas que ejecutan típicamente consiste en tratar de adivinar las palabras clave que tienen los usuarios para acceder al sistema. Esta prueba, que se basa en distintos tipos de programas de cifrado y un diccionario de palabras clave, compara clave tras clave del diccionario con las de los usuarios del sistema. Es sorprendente comprobar que las palabras claves que se usan para acceder al sistema son en muchos casos palabras de uso común, nombres propios o incluso la misma identificación del usuario. Por ello, la mayoría de los sistemas operativos exigen actualmente el uso de palabras clave con una longitud mínima, con caracteres especiales, etc. De la misma forma que un administrador las utiliza para detectar y solucionar fallos en sus sistemas, o en la subred completa, pueden ser usadas por un intruso o usuario interno para detectar esos mismos fallos y aprovecharlos para atacar los equipos.

Satan (Security Administrator Tools for Analyzing Networks) fue un buen ejemplo de este tipo de programas. Según sus autores, Satan era un simple recolector de información que estaba disponible para que cualquiera pueda comprobar el estado de seguridad de una red. El problema surge en que cualquiera puede ser un intruso desde el exterior de la red. Para solventar este problema, la red debería estar aislada adecuadamente y proporcionar sólo información limitada a los usuarios externos. Como se puede ver, estos sistemas son armas de doble filo. Por una parte, permiten mejorar la seguridad de la red. Por otra, permiten que los intrusos puedan encontrar puntos flacos en la seguridad. Para tratar de limitar las desventajas y explotar los beneficios de estas utilidades, surgió Computer Oracle and Password System (COPS), un sistema similar a Satan que sólo podía ser usado por los administradores del sistema y desde dentro del mismo para verificar vulnerabilidades.

Usuarios inexpertos, descuidados, no autorizados y maliciosos

Los sistemas operativos, como UNIX o Windows, mantienen **cuentas** para los usuarios autorizados. El acceso a dichas cuentas se protege mediante contraseñas, o palabras clave, que sólo debe conocer el dueño de las mismas. Uno de estos usuarios, denominado **administrador o superusuario**, puede acceder a todo el sistema saltándose las protecciones del resto de los usuarios.

Muchos fallos no se deben al sistema de protección, sino a la candidez de los usuarios. Poner como palabra de acceso al sistema el nombre de su esposa, de algún hijo o la matrícula de su coche o poner "." en la cabecera del `path` (camino de búsqueda de archivos ejecutables) es postularse como candidato a un acceso indebido. Aunque no hagan nada ilegal en el sistema, los **usuarios inexpertos** o **descuidados** son potencialmente muy peligrosos. Cosas tales como borrar archivos no deseados, dejar abiertos los accesos al sistema durante largo tiempo o escribir la palabra clave en un papel junto a la computadora son más frecuentes de lo que parece. Por ello, los problemas de seguridad debidos a usuarios descuidados deben tener atención especial por parte del administrador del sistema, que puede conseguir paliar muchos de ellos. Por ejemplo, ciertos mandatos, como `delete` o `rm` (borrar archivos), se pueden configurar para pedir confirmación de cada acción que realizan, el acceso a un sistema se puede cerrar si se detecta que lleva un cierto tiempo inactivo, etc.

Un tipo especialmente importante de usuario descuidado es un administrador de sistemas (o departamento) que no actualiza los parches de seguridad de los sistemas operativos debido a un inexistente o inadecuado mantenimiento. Dado que las vulnerabilidades se conocen muy rápidamente, se anuncian y se publican los parches, los piratas pueden conocerlas y explotarlas c asi inmediatamente bien haciendo software nuevo o usando variantes del ya existente, por lo que los ataques se producen cada vez más rápidamente. Por ello, es crítico tener un buen plan de actualización de sistemas operativos y de **mantenimiento de seguridad** de los mismos, dado que además muchas de estas vulnerabilidades permiten tomar un amplio control del sistema y pueden causar grandes daños.

Por otra parte, para poder modificar o ejecutar algo en la computadora es necesario acceder a una cuenta de usuario. El proceso de reconocimiento del usuario, denominado **autenticación** es muy importante para evitar que usuarios no autorizados accedan al sistema. Un **usuario no autorizado** , o pirata, trata de saltarse o romper el proceso de autenticación para entrar en el sistema de computación con la identidad de un usuario legítimo, especialmente con la del administrador. Si lo consigue, puede hacer todo aquello a lo que su identidad falsa le conceda derecho. En caso de que haya conseguido acceder como administrador puede hacer lo que desee, desde borrar datos hasta crearse una cuenta verdadera con identidad falsa o cambiar la contraseña del administrador para que sólo pueda acceder él.

Los **usuarios maliciosos** son un grave problema de seguridad. Son usuarios que están dentro del sistema porque ya tienen una cuenta autorizada y en los que existe un cierto grado de confianza. Aprovechándose de esta situación suelen causar perjuicios a la empresa u organización o sacar beneficio mediante la copia o sustracción de datos o aplicaciones no autorizados. De nada sirve controlar muy bien el acceso a la base de datos de nóminas, si un operador de una compañía distribuye listas de personal con sus nóminas y datos personales. El espionaje industrial, las ventas de listas de clientes o de direcciones de correo de Internet son algunas de estas actividades que violan la seguridad. Aunque se tiene a dar actualmente mucha importancia a los elementos externos, está demostrado que alrededor de un 50% de problemas de seguridad provienen de personas que pertenecen al sistema. La solución de este tipo de problemas requiere actuaciones externas al sistema operativo, que pueden ser incluso policiales.

Programas con errores

Los **programas incorrectos** pueden generar problemas de seguridad difíciles de resolver o servir de puerta para ataques maliciosos. Los programas mal diseñados, probados o con errores desconocidos (bugs) debidos a errores involuntarios de sus creadores dan pie a la creación de programas utilizados para aprovechar uno de estos fallos y atacar al sistema, denominados *exploits*. Normalmente, los rootkit, son de este tipo.

Todos los sistemas operativos comerciales desarrollados hasta el momento han tenido algún problema de seguridad. Algunos ejemplos notorios son:

- Los fallos de UNIX que permitían, en su momento, que un usuario pudiera matar un mandato con permisos de superusuario, como `mkdir`, y quedarse con la identificación de superusuario.
- En versiones antiguas de UNIX, cualquier usuario podía leer el archivo `passwd` donde se almacenaban los usuarios y sus palabras clave encriptadas. Con esta información se le podían aplicar a la clave todos los algoritmos de descifrado que se quisiera hasta romperla.
- En TENEX, un sistema operativo en desuso, se comprobaba la palabra clave carácter a carácter. Cuando se cometía un error, se indicaba al usuario. De esta forma, era muy sencillo introducir el clave carácter a carácter para buscar patrones válidos hasta descifrarla completamente. Sólo era necesario probar los caracteres del alfabeto por cada carácter de la clave.
- Vulnerabilidad del protocolo SMB de Windows que permitió la instalación de un *exploit* remoto de *Wannacry* en todos los sistemas no protegidos por el parche de seguridad ofrecido por Microsoft.

Actualmente hay multitud de ejemplos de fallos de seguridad, tanto en Linux como en Windows. Incluso se creó un organismo centralizado internacional (CERT-CC, Computer Emergency Response Team-Control Center) donde se daban todos los avisos de los fallos descubiertos. Por ejemplo, en una distribución de Linux se almacenaba al instalar el sistema la clave de root en el archivo `/var/log/installer/cdebconf/questions.dat` debido a un error del programador que hizo dicho procedimiento.

Un tipo de fallo especialmente explotado en todo tipo de programas es el **desbordamiento de buffer**, una técnica que consiste en almacenar en estructuras de datos, por ejemplo, vectores, más datos de los que caben, incluyendo código ejecutable. A continuación, el intruso indica al programa que trate los datos como instrucciones y las ejecuta, adquiriendo el control del programa. Este fallo, se debe principalmente a que los compiladores de C no ponen controles de límites de vectores ni los programadores tampoco, permitiendo escribir memoria más allá de los límites del dato. Debido a ello, los desbordamientos son formas técnicas para inducir a los programas a que el sistema operativo pierda el control de la máquina y por lo general se explotan forzando al sistema a ejecutar instrucciones maliciosas (código insertado, comandos nocivos, etc.) También afecta a elementos del sistema operativo mal programados. Por ejemplo, en 2004 se informó de un problema de este estilo en el protocolo PCT (Private Communications Transport) de la biblioteca SSL de Windows que permitía al atacante tomar control completo de la computadora. En Linux estos problemas son más frecuentes porque, al tener conocimiento del código, los piratas informáticos pueden estudiarlo y saber cómo dirigir sus ataques de forma más efectiva, pero también se suelen resolver mucho más rápido.

Actualmente hay muchos juegos de *exploits* circulando por la red. Estos programas se pueden ejecutar a ciegas contra cualquier computadora. Si está indebidamente protegida, resultará afectada. De hecho, se calcula que una máquina abierta en Internet puede tener un *exploit* instalado en menos de media hora. Incluso existe una variedad de aficionados a la Informática, denominados *Script Kiddies*, que sin conocimientos especiales se dedican a ejecutar este tipo de programas para infectar sistemas. Por ello, hay una carrera constante de los fabricantes de sistemas operativos para proporcionar parches en cuanto se detecta un bug importante que afecta a seguridad.

12.3 Políticas de seguridad

Los requisitos de seguridad son siempre una cuestión importante en las organizaciones. Por ejemplo, la ley obliga a mantener como privados los datos de los clientes de una empresa. Por ello, cuando se demuestra que se han difundido estos datos, se imponen multas a las compañías que violan la ley.

Esto se debe generalmente a que el acceso a dichos datos no está controlado o a que las reglas de acceso son tan laxas que todos los compartimentos se encuentran entremezclados. Otro ejemplo interesante es el de la información reservada. Imagine que dos bancos se quieren fusionar. Conocer esta información a tiempo puede permitir hacer grandes negocios o evitar dicha fusión. Para evitar la difusión de la información, se mantiene en compartimentos pequeños que requieren una acreditación de acceso muy grande. La existencia de un sistema seguro pasa porque exista una política de seguridad que defina claramente la seguridad que proporciona el sistema, independientemente de los mecanismos usados para implementarla.

Es interesante resaltar que los requisitos de seguridad varían de unos sistemas a otros, e incluso entre usuarios distintos dentro del sistema. Imagine que una universidad tiene un computador compartido entre alumnos y profesores, de forma que los alumnos no puedan tener acceso a Internet, pero los profesores sí. El sistema operativo de esta computadora necesita una política de control de acceso a los recursos según el usuario que solicite dichos accesos. Por eso, cuando se instala un sistema operativo en un computador con restricciones de seguridad, es necesario saber primero si la política de seguridad que ofrece dicho sistema operativo satisface los requisitos de seguridad de la instalación. Es decir, si es confiable. Ahora bien, un sistema operativo sólo es confiable respecto a una política de seguridad, es decir, a las características de seguridad que se esperen del sistema.

Existen distintas políticas de seguridad, todas la cuáles describen políticas de seguridad generales para cualquier organización. A continuación, se estudian brevemente algunas de ellas, aplicándolas al campo de los sistemas operativos. En general todas ellas se basan en dos principios:

- Confinamiento: formar grupos cerrados de seguridad a los que alguien debe pertenecer para saber algo.
- Privilegios mínimos: difundir la mínima información o dar el mínimo acceso posible para llevar a cabo una tarea.

12.3.1 Política militar

Esta es una de las políticas más popularmente conocidas y también de las más estrictas, por lo que casi nunca se aplica en su totalidad. Se basa en la clasificación de todos los objetos con requisitos de seguridad en uno de los siguientes cinco niveles de seguridad: Desclasificado, restringido, confidencial, secreto y alto secreto. Y en clasificar también a los usuarios según el nivel al que pueden acceder. Según muestra la Figura 12.4, los cinco niveles se estructuran lógicamente como un conjunto de círculos concéntricos en cuyo interior está el alto secreto y en cuyo exterior están los documentos públicos (o desclasificados).

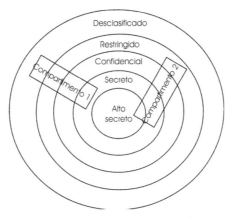

Figura 12.4 Niveles de seguridad de la política militar.

En general, los usuarios que tienen acceso a objetos de nivel i (por ejemplo, secreto) también lo tienen a los de i+1 (confidenciales). Sin embargo, el acceso a la información se controla por la regla de lo que se necesita saber. Sólo se permite el acceso a datos sensibles a quien los necesita para hacer su trabajo. De esta forma, se puede compartimentar a los usuarios, haciendo más estricta la regla general de acceso. Un compartimento se puede extender a varios niveles y dentro del mismo se aplica también la regla general de acceso. Usar compartimentos permite establecer conjuntos de usuarios que acceden a la información y ocultar documentos a usuarios con el mismo nivel de seguridad. Imagine que, en el sistema operativo, el manejador de disco y el del teclado tienen la misma clasificación de seguridad. Con la regla general de acceso, cada uno de ellos tendría acceso a los datos internos del otro. Esta situación es típica en sistemas monolíticos, como UNIX, donde toda la información de nivel de núcleo es accesible a todos los componentes del núcleo. Sin embargo, parece claro que el manejador del teclado no tiene mucho que ver con el del disco y que, en un sistema bien diseñado, la información interna de uno debería estar oculta para el otro. Esta situación se da en sistemas orientados a objetos, como Windows, donde cada objeto define un compartimento de seguridad para su información interna.

Con esta política, cada pieza de información se debe clasificar usando la combinación <nivel, compartimento>. Con los mismos criterios, hay que acreditar que un usuario puede tener acceso a un cierto nivel de seguridad dentro de su compartimento. Existe una relación de orden (<=), denominada dominancia, que se aplica sobre objetos (O) y sujetos (S) sensibles para definir la posibilidad de acceso o no.

```
S <= O <=> nivelS <= nivelO AND compartimentoS  ? compartimentoO
```

Usando esta relación se puede decidir que un sujeto puede acceder a un objeto sólo si su dominancia es mayor. Lo que equivale a decir que el sujeto debe estar suficientemente acreditado y que su compartimiento debe estar dentro de aquéllos que tienen el acceso permitido al objeto. Imagine una empresa con dos secciones: personal y contabilidad. El presidente tiene acceso a ambos y acreditación 0, mayor que los jefes de dichas secciones (compartimentos) que tienen acreditación 1. El jefe de personal y el presidente tienen acceso a los expedientes de los trabajadores (clasificación nivel 1), pero el de contabilidad no. Su acreditación es suficiente, pero su sección no está dentro del compartimento de las que tienen acceso a esos documentos.

Una política similar a esta se usó en el núcleo de seguridad del VAX, un núcleo que daba soporte de ejecución seguro a los sistemas operativos VMS y ULTRIX. El diseño de este núcleo tenía 16 niveles, cada uno de los cuáles exportaba servicios a los niveles superiores e importaba los del nivel inmediatamente inferior. Dichos niveles incluían desde una simulación del hardware hasta la memoria virtual y la entrada/salida. La Figura 12.5 muestra los dominios de seguridad del sistema operativo VMS.

Figura 12.5 Dominios de seguridad del sistema operativo VMS.

12.3.2 Políticas comerciales

Basándose en la política militar, pero generalmente debilitando las restricciones de seguridad, se han diseñado varias políticas de uso comercial. Algunos ejemplos de ellas son las de Clark-Wilson, separación de deberes o la muralla china . Aunque son menos rígidas que la militar, todas ellas usan los principios de compartimentación de los usuarios y de clasificación de la información. Además, definen reglas similares para el transvase de información entre los distintos niveles y compartimentos. Como ejemplo de política de seguridad en uso, se estudia brevemente la política de la muralla china. La política de la muralla china clasifica a objetos y usuarios en tres niveles de abstracción:

- Objetos.
- Grupos.
- Clases de conflicto.

Cada objeto pertenece a un único grupo y cada grupo a una única clase de conflicto. Una clase de conflicto, sin embargo, puede incluir a varios grupos. Por ejemplo, suponga que existe información de tres fabricantes de automóviles (Volswagen, Seat y General Motors) y dos bancos (BSCH y BBVA).

Con la muralla china, existen 5 grupos y 2 clases de conflicto (bancos y automóviles). La política de control de acceso es sencilla. Una persona puede acceder a la información siempre que antes no haya accedido a otro grupo de la clase de conflicto a la que pertenece la información a la que quiere acceder.

La Figura 12.6 muestra el bloqueo de accesos para el caso en que un usuario, denominado Miguel, manipula información en ambas clases de conflicto. En su primer acceso, Miguel conoce información de la clase de conflicto Bancos, específicamente del BSCH. Eso le invalida para conocer más información de otros grupos de esa clase de conflicto. En el acceso 2 Miguel conoce información de la clase de conflicto Automoción, específicamente de General Motors. Por tanto, para posteriores accesos podrá acceder a ambas clases de conflicto, pero sólo a los grupos que ya ha accedido.

12.3.3 Modelos de seguridad

Un modelo de seguridad es un mecanismo que permite hacer explícita una política de seguridad. En seguridad, los modelos se usan para probar la completitud y la consistencia de la política de seguridad. Además, pueden ayudar en el diseño del sistema y sirven para comprobar si la implementación cumple los requisitos de seguridad exigida. Dependiendo de los requisitos, los modelos de seguridad se pueden clasificar en dos grandes tipos: multinivel y limitados.

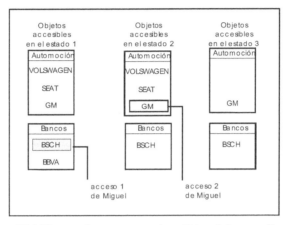

Figura 12.6 Bloqueo de accesos por la política de la muralla china.

Los modelos de seguridad multinivel permiten representar rangos de sensibilidad y reflejar la necesidad de separar rigurosamente los sujetos de los objetos a los que no tienen acceso. Suelen ser modelos abstractos y muy generales, lo que los convierte en muy complejos, difíciles de verificar y muy costosos de implementar. Ejemplos de modelos de este estilo son los modelos de rejilla, el modelo de confidencialidad de Bell-La Padula y el modelo de integridad de Biba.

Los modelos de seguridad limitada se centran en responder formalmente las propiedades que un sistema seguro debe satisfacer, pero introduciendo restricciones a los sistemas de seguridad multinivel. Todos ellos se basan en dos principios:

- Usan la teoría general de la computación para definir un sistema formal de reglas de protección.
- Usan una matriz de control de acceso, en cuyas filas están los sujetos y en cuyas columnas están los sujetos.

Los derechos de acceso del sujeto i sobre el objeto j son los contenidos del elemento de la matriz (i,j). Ejemplos de modelos de este tipo son los de Graham-Denning, los de Harrison-Ruzzo-Hullman (HRU) y los de permiso de acceso.

Es importante resaltar que la existencia de un modelo de seguridad no es requisito obligatorio en todos los sistemas operativos. Sin embargo, si se quiere demostrar a alguien que el sistema es confiable y seguro, tener un modelo con validación formal es uno de las mejores formas de hacerlo. En los sistemas operativos con un nivel de seguridad muy alto, como el núcleo de seguridad del VAX, sí es obligatoria la existencia de un modelo de seguridad formalmente verificable. Los modelos que se usan en la mayoría de los sistemas operativos actuales se basan en modelos de seguridad limitada del tipo HRU. La implementación de una matriz de acceso y su explotación por filas o columnas es uno de las formas más populares de implementar los mecanismos de protección en sistemas operativos de propósito general.

12.4 Criptografía

En las secciones anteriores se ha mencionado varias veces la palabra criptografía en relación con la seguridad. Suponga que además de ocultar información y controlar los accesos a la misma, se quiere hacer dicha información ininteligible en caso de que sea accedida. La criptografía es la técnica que permite codificar un objeto de forma que su significado no sea obvio. Es un medio para mantener datos seguros en un entorno inseguro, en el cual un objeto original (O) se puede convertir en un objeto cifrado (C) aplicando una función de cifrado (E). Obviamente, es necesario que se pueda descifrar el mensaje cifrado, para volver a obtener el mensaje original aplicando una función de descifrado (D), que puede ser, o no, la inversa de E. La Figura 12.7 muestra el proceso de cifrado y descifrado de un mensaje.

Figura 12.7 Proceso de cifrado de un mensaje.

12.4.1 Conceptos básicos

Existen dos conceptos básicos en criptografía: **algoritmos de cifrado y claves**. Ambos conceptos no están indisolublemente ligados, puesto que, habitualmente, un algoritmo de cifrado admite muchas claves y una clave podría servir para muchas funciones de cifra. A continuación, se estudian brevemente ambos conceptos.

Algoritmos de cifrado

Las funciones de cifrado y descifrado permiten cifrar y descifrar un objeto mediante la aplicación al mismo de procedimientos, generalmente repetitivos, que permiten ocultar el contenido del objeto y ponerlo en su forma original, respectivamente.

Los algoritmos de cifrado son muchos y variados. En general, todo diseñador de un sistema de criptografía busca algoritmos nuevos y mejores que los existentes. Sin embargo, la mayor parte de los algoritmos convencionales de cifrado se pueden clasificar dentro de dos tipos: sustitución, es decir cambiar el contenido del objeto original por otro, y transposición, es decir, modificar el orden del contenido del objeto original.

Los algoritmos que se basan en la sustitución de partes del texto original por otros textos del mismo o de otros alfabetos, tienen como objetivo básico aumentar la confusión. Se pueden dividir en dos grandes tipos según la complejidad del algoritmo:

- **Monoalfabéticos.** Cambian cada carácter por otro carácter o símbolo. Son muy sencillos y se conocen desde antiguo. Los griegos y persas ya codificaban mensajes usando esta técnica. Sin embargo, el primer algoritmo con nombre es el denominado Julio César porque se dice que Julio César fue el primero en usarlo. Es muy sencillo, pero efectivo: cada letra del original se cambia por la que está un cierto número de posiciones más adelante. César usaba un desplazamiento de 3 caracteres. Ejemplo: abc -> cde.
- **Polialfabéticos.** Cambian grupos de caracteres por otros caracteres o símbolos dependiendo de la frecuencia de su distribución en el texto original. Ejemplo: abc -> 112233. El objetivo de estos algoritmos es evitar un defecto de los monoalfabéticos que hace aparente la distribución del alfabeto del objeto original a partir del estudio del objeto codificado. El código Morse es un ejemplo muy sencillo de algoritmo polialfabético en el que cada carácter se sustituye por una secuencia de puntos y líneas.

Los algoritmos de transposición, o permutación, reordenan la estructura interna del objeto original para obtener un objeto cifrado cuya estructura no es aparente.

Los algoritmos más populares de este tipo son los de transposición por columnas, que reordenan el objeto en columnas de forma que un cierto número de elementos (número de columnas) se agrupan y luego se reordenan aplicando el algoritmo de cifrado (por ejemplo, transposición de columnas). Como ejemplo, el nombre "Julio Cesar", organizado en 4 columnas y traspuesto sería:

Juli o Ce Sar	"JoSu alCrie "

Además de la clasificación anterior, los algoritmos de cifrado se pueden clasificar atendiendo al conjunto de datos sobre el que trabajan. Existen dos tipos básicos:

- Flujo de caracteres. Convierten la entrada inmediatamente en código cifrado. La transformación depende únicamente del símbolo de entrada, la clave y el algoritmo de cifrado. Son rápidos y tienen muy poca propagación de error. Sin embargo, son susceptibles de sufrir modificaciones o inserciones en línea. El código Morse es de este tipo.
- Bloques. Trabajan sobre un bloque completo del objeto original. Una transposición por columnas es un ejemplo de este tipo de algoritmos. Generan mucha difusión y son inmunes a inserciones en el bloque. Sin embargo, tienen el problema de ser lentos y de propagar posibles errores a todo el bloque. Hay sistemas de archivos que codifican bloques antes de guardarlos en disco.

Con el incremento de la capacidad de cómputo que se produjo en la década de 1970, se abordaron problemas de criptografía más complejos. Como resultado de este trabajo, a finales de esa década se publicaron tres nuevos algoritmos basados en la realización de cálculos masivos por computador:

- El de **Merkle-Hellman**, que se basaba en el uso de un conjunto de enteros positivos y una suma objetivo. Es un algoritmo NP-completo, por lo que el tiempo de solución es exponencial al número de enteros usados. Desafortunadamente, a principios de la década de 1980 se encontró una forma de romper este algoritmo de cifrado.
- El **RSA**, que fue inventado en 1978 y ha sido seguro hasta la fecha. Tiene los mismos fundamentos matemáticos que el anterior, pero incorpora resultados de la teoría de grandes números y la determinación de números primos. Su implementación software proporciona un rendimiento muy pobre, por lo que es muy frecuente el uso de hardware que lleva a cabo el cifrado con este tipo de algoritmo.
- El Data Encryption Standard (**DES**) , fue desarrollado por el U. S. National Institute of Standards and Technology para su uso en aplicaciones comerciales. Este algoritmo combina sustitución y transposición, aplicando ambas repetidamente con un total de 16 ciclos. Para ello usa únicamente aritmética estándar y operaciones lógicas, lo que permite su implementación en cualquier computador. A pesar de la complejidad de trazar un bit a través de 16 iteraciones de sustituciones y transposiciones, el DES ya no es un algoritmo seguro. Además, ha sido cuestionado por tener debilidades en su diseño, claves muy cortas (56 bits) y por posibilitar la existencia de puertas traseras que permitirían a la National Security Agency (NSA) descifrar cualquier objeto cifrado con este algoritmo. A pesar de todo es un algoritmo muy popular y varias versiones del mismo son ampliamente usadas en la actualidad. Además, para reforzar la seguridad del algoritmo se ha incrementado la longitud de la clave.

En 1993, el gobierno de los Estados Unidos de América anunció el programa Clipper, que incluye un conjunto de algoritmos de criptografía conocido como Skipjack. El algoritmo se mantiene en secreto, pero se sabe que se basa en un nuevo concepto de criptografía denominado escrutinio de claves. La clave se divide en varios componentes, cada uno de los cuáles está en poder de una agencia autorizada. Todos los componentes son necesarios para decodificar un objeto, de forma que es necesario pedirlos a las respectivas agencias autorizadas. Este método, aunque muy seguro, fue muy mal recibido en su momento porque las agencias autorizadas eran del gobierno y hubo muchas quejas respecto al control gubernamental de las comunicaciones privadas.

Claves

Un concepto básico en criptografía es el de clave. La clave (k) es el patrón que usan los algoritmos de cifrado y descifrado para manipular los mensajes en uno u otro sentido. Aunque existen sistemas criptográficos que no usan clave (keyless cipher), el uso de claves añade más seguridad a los mecanismos de cifrado porque con distintas claves se pueden obtener distintos mensajes cifrados usando la misma función de cifrado. De esta forma, para romper un sistema de cifrado es necesario conocer tanto las funciones correspondientes, como la clave usada para cifrar un determinado objeto.

Obviamente, es necesario tener sistemas de criptografía en los que siempre se pueda recuperar el objeto original a partir del objeto cifrado ($O=D(k,E(k,O))$). Sin embargo, dependiendo de los pasos a aplicar para ejecutar el proceso de la Figura 12.7, los sistemas de criptografía se pueden clasificar en dos tipos básicos:

- Simétricos. En este caso D es la función inversa de E y la clave usada en ambos casos es la misma. También se denominan sistemas de clave secreta. Puesto que ambos comparten la clave, pueden trabajar de forma independiente. La simetría del proceso es muy útil siempre que se mantenga el secreto, ya que en ese caso se puede usar la clave como medio de autenticación. Sin embargo, estos métodos tienen problemas asociados con la filtración de las claves, su distribución, su debilidad criptográfica y el número creciente de claves.
- Asimétricos. En este caso, existen claves distintas para cifrar y descifrar y la función de descifrado no es exactamente inversa a la de cifrado ($O=D(Kd,E(Ke,O))$). La asimetría permite reducir el número de claves a intercambiar entre los participantes en el proceso de cifrado.

Todos los sistemas que usan claves son sensibles a la pérdida, filtración o robo de claves. La única solución posible para este problema es que cuando un usuario sospeche que una clave ha sido interceptada lo notifique a quien corresponda para que éste a su vez cambie la clave y notifique que, a partir de un determinado instante, los mensajes codificados con la clave anterior no son válidos. Este método es el mejor posible, aunque no es óptimo. Si un usuario tiene objetos cifrados con una clave y le notifican que es inválida, deberá recodificar los objetos con la nueva clave y notificar a su vez la invalidez de la clave anterior.

El uso de claves tiene varias ventajas:

- Permite que las funciones de cifrado y descifrado puedan ser públicas.
- Se pueden usar las mismas funciones para generar distintos cifrados.
- El resultado cifrado no depende únicamente del diseñador del algoritmo sino también de una clave fijada por el dueño del objeto cifrado.

Sin embargo, el uso de claves también genera problemas importantes. En primer lugar, la clave debe ser conocida por el codificador y el descodificador de un objeto. En segundo lugar, la clave debe resistir los intentos de rotura, lo que significa que debe tener una cierta complejidad. En tercer lugar, limita la comunicación entre procesos a aquellos que conocen sus respectivas claves, lo que obliga a establecer protocolos de intercambio de claves que permitan llevar a cabo comunicaciones seguras, incluso aunque se ejecuten sobre canales inseguros. Mediante estos protocolos se puede conseguir que dos usuarios que sospechan entre sí puedan comunicarse y estar convencidos de la validez de sus contactos. Existen distintos tipos de protocolos tales como los arbitrados, los adjudicados o los autocontrolados, pero la distribución de claves es uno de los problemas principales en todos ellos. Según cómo se distribuyan las claves, se clasifican en sistemas con protocolos simétricos o asimétricos.

Cifrado en Linux

En Linux es muy fácil cifrar usando las funciones `crypt` y `encrypt`. La primera proporciona cifrado de claves de usuario siguiendo el estandar DES, recibiendo la clave en claro en `key` y devolviendo la clave cifrada siguiendo el estándar DES. salt se usa para variar el hashing del cifrado. La función `setkey` permite fijar la clave para cifrado que se usará con la funcion `encrypt`. Esta función permite cifrar un bloque con la clave anterior.

```
char* crypt (const char *key, const char *salt);
```

```
int encrypt(char *block, int edflag);
void setkey (const char *key);
```

El programa 12.1 permite ver el resultado de cifrado de una clave "palabra" con `crypt`. Compílelo con `gcc programa.c -lcrypt`.

Programa 12.1 Cifrado de una clave con crypt

```
#define _XOPEN_SOURCE
#include<stdio.h>
#include<unistd.h>

int main()
{
    printf("%s\n",crypt("palabra", "conf"));
}
```

También se pueden cifrar archivos fácilmente con el comando `crypt`, que es distinto de la función del mismo nombre y hace tareas más similares a `encrypt`. También permite descifrar archivos. El problema es que la seguridad del algoritmo de cifra utilizado por esta orden es mínima, por lo que no debe usarse para cifrar datos muy confidenciales. A continuación, se muestra un ejemplo de uso (programa 12.2).

Programa 12.2 Ejemplo de cifrado de un archivo en Linux

```
$ crypt <fichero.txt >fichero.crypt
Enter key:
$
```

12.4.2 Sistemas de clave privada y sistemas de clave pública

Los **sistemas de clave privada** se basan en la ocultación de la clave de cifrado. Se supone que la clave es conocida únicamente por el usuario que cifra el objeto original. Estos sistemas, que se han usado convencionalmente, ejecutan el cifrado (E) aplicando la clave (k) al objeto origen (O) para obtener el objeto cifrado (C):

C = E (k, O)

El problema de estos sistemas es que para que alguien descifre el objeto cifrado debe conocer la clave con que está cifrado. Hay dos soluciones para ese problema:

- Propagar la clave.
- Recodificar y añadir nuevas claves.

Imagine ahora que se desea que tres procesos (A, B y C) compartan objetos cifrados. Distribuir a todos ellos la misma clave propagando la clave original no parece muy seguro. Es mejor que cada par de procesos, por ejemplo, A y B, compartan una clave kAB para encriptar sus interacciones. Lo mismo debería hacerse para interacciones (A, C) y (B, C). En general, para n usuarios serían necesarias n*(n-1)/2 claves, lo que hace que para un número grande de usuarios sea muy difícil mantener claves confidenciales y con buenas características, debido principalmente a dos problemas básicos:

- Es necesario tener una base de datos de claves almacenadas en un sistema seguro, por la imposibilidad de recordar todas ellas.

- Estos sistemas violan el principio de diseño que recomienda mostrar al exterior lo más posible para evitar la curiosidad y los ataques de usuarios dispuestos a romper la seguridad del sistema.

El sistema DES (Data Encription Standard) es el más popular de los de clave privada.

Para resolver los problemas de propagación de claves, Diffie y Helman propusieron un **sistema de cifrado con clave pública** , en el que cada usuario tiene una clave de cifrado que puede conocer todo el mundo. De esta forma cada usuario puede publicar su clave de cifrado para que cualquiera pueda enviar un mensaje cifrado con dicha clave. Sin embargo, cada usuario tiene también una clave de descifrado secreta o privada. En cierta forma, este es un sistema de cifrado de sentido único, donde cada usuario tiene un par de claves (kPU, kPR) pública y privada, respectivamente. Ambas claves permiten aplicar sobre un objeto O los algoritmos de cifrado, E, y de descifrado, D, de la siguiente manera:

```
O = D (kPR, E (kPU, O))
O = D (KPU, E (KPR, O))
```

Es decir, se puede decodificar con la clave privada algo codificado con la clave pública y se puede decodificar algo codificado con la clave privada sólo si se dispone de la clave pública. Estas dos propiedades implican que ambas claves se pueden aplicar en cualquier orden.

Con este método sólo se necesitan dos claves para cualquier número de usuarios: clave pública y privada. Cualquier proceso A puede enviar a B mensajes cifrados con su clave pública. Sin embargo, el receptor sólo los podrá descifrar si tiene la clave privada de B. Este método asegura la privacidad, puesto que, aunque un intruso obtenga el mensaje cifrado no podrá descifrarlo. Además, soluciona los dos problemas principales de los sistemas de clave privada:

- No es necesario intercambiar claves para poder comunicarse con un servidor de forma segura.
- Muestran lo más posible al exterior, evitando que los intrusos tengan curiosidad por conocer las claves de los servidores.

Se han propuesto varios algoritmos de cifrado con clave pública: Merkle-Hellman Knapsacks, RSA, Hash, DAS, etc.. Todos ellos han sido objeto de extensas investigaciones criptográficas que han conducido a la rotura de varios de ellos, como ocurrió con el algoritmo de Merkle-Hellman. El más popular es el RSA (Rivest-Shamir-Adleman), que usa operaciones de grandes números y dos claves, para cifrar (c) y descifrar (d). Cada bloque B se codifica como Bc mod n. La clave de descifrado se elige cuidadosamente de forma que (Bc)d mod n = B. Por tanto, el receptor legítimo del bloque, al conocer d, sólo tiene que llevar a cabo esa operación. Para cualquier otro usuario, sería muy difícil calcular potencias del bloque cifrado hasta encontrar d puesto que el tiempo de cómputo es exponencial a la potencia. Este algoritmo sigue siendo seguro.

12.4.3 Firmas digitales y certificados

Una variante de los algoritmos de clave pública son las firmas digitales, que se usan para realizar autorizaciones en un entorno de computación donde no hay objetos tangibles (por ejemplo, la pupila o la firma) para identificar al usuario. El sistema DSS (Digital Signature Standard), publicado en 1991, se basa en el algoritmo de firma digital del El Gamal. Una firma digital es un protocolo que produce el mismo efecto que una firma real. Es una marca que sólo el dueño puede proporcionar, pero que otros pueden reconocer fácilmente como perteneciente a dicho usuario. En documentos, una firma electrónica es un bloque de caracteres que acompaña a un documento y que certifica quién es su autor (autenticación) y que no haya existido ninguna manipulación de los datos (integridad). Para firmar, el signatario utiliza una clave secreta que le vincula al documento. La validez de la firma podrá ser comprobada por cualquier persona que disponga de la clave pública del autor.

Se puede implementar mediante:

- Sistemas de clave privada, donde la posesión de la clave garantiza la autenticidad del mensaje y su secreto.

- Sistemas de sello, donde no es necesaria una clave. Se puede hacer que el usuario tenga un sello que lo identifique, que puede ser una función matemática o una tarjeta electrónica con información grabada en la banda magnética.
- Sistemas de clave pública, donde la posesión de la clave de descifrado hace que sólo el receptor adecuado pueda descifrar un mensaje cifrado con su clave pública.

Una firma digital debe ser auténtica, no falsificable, no alterable y no reutilizable. Para satisfacer estos requisitos, las firmas digitales pueden incluir sellos con fechas y números de orden o números aleatorios.

En Linux hay una función que permite verificar la autenticidad y la integridad de los datos usando el algoritmo de cifrado MD5 (Message-Digest algorithm 5) con una clave de cifrado de 128 bits. Se trata de la función `md5sum` que viene con todos los Linux de forma estándar ya que es muy usado para tareas internas del propio Sistema Operativo.

```
$md5sum archivo  > archivo.md5
```

Calcula el *checksum* md5 del archivo indicado y lo guarda en un archivo. Genera un hash idéntico cada vez, siempre que el archivo no haya cambiado, es decir siga íntegro. Este mecanismo es muy útil para verificar distribuciones de software y datos. También para comprobar versiones, siempre que el propietario haya generado una hash original y se pueda comparar con el mismo. Esta firma se puede sustituir por SHA-1 (Secure Hash Algorithm), un algoritmo criptográfico más seguro que tiene una función hash de 160 bits.

Los certificados digitales son documentos digitales que garantizan que un sujeto o entidad está asociado a su clave pública sin ninguna duda. Esta garantía se acepta porque existen terceros confiables, denominados autoridades de certificación, que acreditan estos certificados. Las autoridades de certificación de primer nivel se denominan autoridad raíz y a los certificados que emiten se les denomina certificados raíz (se certifican a si mismos confiando en la entidad emisora). El formato de certificado más empleado es el estándar X.5011 . Los datos que contiene un certificado digital pueden variar, pero hay datos obligatorios como el nombre de la entidad certificada, un número de serie, fecha de caducidad, clave pública del titular y firma digital de la autoridad emisora del certificado. La validez de un Certificado Digital se basa en la confianza depositada en la Autoridad de Certificación, que lo emite tras la comprobación veraz de la identidad acreditada. En España, por ejemplo, la autoridad certificadora pública es la Fábrica Nacional de Moneda y Timbre (`www.fnmt.es`).

Actualmente los certificados se usan de forma masiva para control de acceso y autenticación de usuarios en la red. Existen muchas entidades que instalan un servidor de certificados y acreditan a sus usuarios extendiéndoles certificados, que deben presentar para acceder a los sistemas. Este método es el usado, por ejemplo, en la computación en rejilla, pero también se puede usar en Windows Server y las versiones seguras de Linux si se configuran así.

12.5 Diseño de sistemas seguros

Para dotar a un sistema operativo con mecanismos de seguridad es necesario diseñarlo para que admita estos mecanismos desde el principio. Incluir mecanismos de seguridad dentro de un sistema operativo existente es muy difícil porque las repercusiones de los mecanismos de seguridad afectan prácticamente a todos los elementos del sistema operativo. Además, el diseño del sistema de seguridad debería ser lo suficientemente flexible como para poder proporcionar distintas políticas de seguridad con los mecanismos diseñados.

En general, el concepto de seguridad es demasiado exigente, siendo imposible diseñar y construir un sistema seguro para siempre. Por ello, en muchos sistemas se centra el diseño de seguridad en conseguir un sistema confiable, es decir, un sistema que satisface los requisitos de seguridad de terceros o que es capaz de generar confianza en los usuarios. Un sistema será confiable si el conjunto de todos los mecanismos de protección, incluyendo hardware, software y firmware, proporcionan una política de seguridad unificada en el sistema. Existen casos en que los usuarios confían en sistemas no totalmente seguros. Un ejemplo claro es el automóvil. Su conducción genera multitud de accidentes por fallos mecánicos y humanos. Sin embargo, muchas personas confían más en su vehículo particular que en un avión, aunque todos los datos demuestran que el avión es más seguro.

12.5.1 Principios de diseño y aspectos de seguridad

Basados en las experiencias obtenidas a partir de los problemas de seguridad detectados en sistemas operativos como MULTICS, MVS o UNIX, Saltzer y Schroeder extrajeron los criterios de diseño siguientes para dotar a un sistema operativo de mecanismos de seguridad: Diseño abierto, con diseño público para disuadir a curiosos, no asumir ignorancia y verificaciones independientes del sistema; Exigir permisos, con política por defecto restrictiva; Privilegios mínimos que permitan acceder a los recursos que se necesitan; Mecanismos económicos, que sean sencillos, regulares y pequeños; Intermediación completa, donde cada intento de acceso al sistema debe ser comprobado, tanto los directos como los indirectos, de forma inevitable; Compartición mínima entre sistemas y usuarios, usando separación física o lógica para reducir riesgos de compartición ilegal de objetos, teniendo especial cuidado si se reutilizan recursos; Fáciles de usar y aceptables por los usuarios ya que si un mecanismo es sencillo y no es desagradable, existen menos probabilidades de que los usuarios traten de evitarlo; Separación de privilegios de forma que los accesos a cada objeto deban depender de más de un mecanismo de protección.

Todo lo descrito anteriormente necesita ser implementado en el sistema operativo para proporcionar seguridad a los usuarios, por lo que el diseño de los aspectos de seguridad de un sistema operativo es una tarea delicada. Es necesario elegir un conjunto apropiado y coherente de características a satisfacer y fijar cuidadosamente el grado de fiabilidad con que se implementan, e incluyen en el sistema, las características anteriores.

En general, un sistema operativo multiprogramado lleva a cabo las siguientes tareas relacionadas con la seguridad del sistema, debiendo satisfacer unas características de seguridad mínimas para poder ser confiable:

- **Autenticación de usuarios**. Si hay que controlar los accesos basándose en la identidad individual de cada potencial usuario del sistema, dichas identidades deben ser precisas. La existencia de identidad conlleva la necesidad de autenticar, o verificar, esa identidad. En un sistema operativo, debe existir un método seguro y fiable de identificar a los usuarios y cada usuario debe tener una identidad única. Además, en caso de que un intruso consiga acceder al sistema, es necesario detectar dicha violación. Esta característica todavía no existe en muchos sistemas operativos.

- **Asignación de recursos**. Los objetos de un sistema operativo deben ser asignados a los procesos que los solicitan sin que haya conflictos, violaciones de normas de seguridad, problemas de compartición o fallos de privacidad a través de recursos reutilizables. Las páginas de memoria, por ejemplo, pertenecen a un proceso o a otro dependiendo del estado de la memoria física. La reutilización de recursos puede originar fallos de seguridad, que pueden ser maliciosos o no. Para evitar este problema, el sistema operativo debe borrar la información existente dentro de un objeto antes de permitir que otro usuario lo utilice.

- **Control de accesos a los recursos del sistema**. El dueño de un objeto tiene un cierto grado de libertad para establecer quién y cómo puede acceder a un objeto. Además, esta situación puede cambiar dinámicamente. Los sistemas operativos de propósito general usan este tipo de políticas discrecionales. Los seguros usan políticas con controles obligatorios.

- **Control de la compartición y la comunicación entre procesos**. Para que se puedan aplicar controles de acceso, hay que controlar todos los accesos, incluyendo la comunicación entre procesos y la reutilización de elementos. La complejidad del sistema de seguridad aumenta a medida que existen más formas de acceder al sistema (memoria, archivos, puertos, redes, etc.).

- **Protección de los datos del sistema de protección en sí mismo**. Los sistemas operativos almacenan la información de seguridad en recursos internos del sistema. Es necesario tener estos recursos bien protegidos para que el acceso a los mismos no facilite violaciones de seguridad. En versiones antiguas de UNIX, el archivo de usuarios con las claves cifradas era legible para todo el mundo. A través de este archivo se podía conocer las identidades de los usuarios y tratar de romper sus claves. Además, muchos sistemas operativos registran todos los eventos que son relevantes para la seguridad, tales como accesos, fallos de acceso, cambios de protecciones, etc. Este registro se lleva a cabo en uno o más archivos, que deben estar protegidos de accesos no autorizados. La mayoría de los sistemas registran el primer y último acceso a un objeto, pero aun así los registros de eventos suelen ser grandes y difíciles de analizar.

La Figura 12.8 relaciona las tareas de seguridad anteriores con las funciones más tradicionales del sistema operativo. Como se puede ver, el control de acceso es fundamental para servicios, utilidades y recursos físicos. La autenticación de usuarios está intrínsecamente relacionada con la interfaz de usuario en un sistema operativo tradicional. Aunque en sistemas conectados a redes también es necesario autenticar a usuarios que acceden a través de la red. La asignación de recursos afecta al reparto de tiempo del procesador, espacio en dispositivos de E/S, espacio en memoria, etc. Además de estas funciones, el sistema operativo debe controlar que el uso de recursos compartidos en el sistema sea seguro.

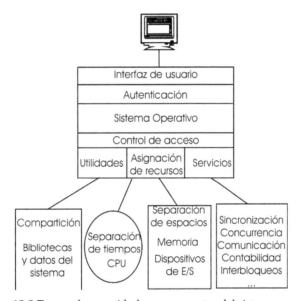

Figura 12.8 Tareas de seguridad y componentes del sistema operativo.

12.5.2 Técnicas de diseño de sistemas seguros

Existen distintas técnicas de diseño que se pueden usar para dotar a un sistema operativo con los principios y características de seguridad descritas anteriormente. En esta sección se describen las cuatro principales:

- Separación de recursos.
- Uso de entornos virtuales.
- Diseño por capas.
- Mecanismos de recuperación.

Separación de recursos

Una de las formas más seguras y eficaces de evitar problemas de seguridad es separar los recursos de los distintos usuarios o dominios, de forma que no puedan compartirlos o que la forma de compartirlos esté completamente controlada a través de un medio de comunicación fiable. Hay cuatro formas básicas de separación entre procesos:

- **Física**. Los procesos ejecutan en distintas plataformas hardware, dependiendo de sus restricciones de seguridad. Por ejemplo, se puede instalar el software nuevo en una máquina aislada para prevenir la extensión de virus o ejecutar los procesos con restricciones fuertes de seguridad en entonos de computación restringidos. Es importante resaltar que gran parte del hardware usado actualmente proporciona separación física para recursos tales como memoria, ejecución de procesos ligeros, sistema operativo y aplicaciones.

- **Temporal**. Ocurre cuando los procesos ejecutan a distintas horas. Algunos sistemas operativos, como el Windows Server, permiten especificar a qué horas puede ejecutar un proceso y desactivar su ejecución en otras. En grandes sistemas, como los mainframes de IBM, se permite ejecutar trabajos interactivos durante una ventana horaria (por ejemplo, de 9:00 a 18:00 horas) y a partir de esa hora sólo se permite la ejecución de trabajos por lotes (batch).

- **Criptográfica**. Usa la criptografía para asegurar que los datos de distintos usuarios no sean inteligibles para los demás, aunque puedan acceder a dichos datos.

- **Lógica**. Los sistemas proporcionan múltiples espacios lógicos de ejecución, asignando uno a cada proceso. El sistema operativo separa así los objetos y el contexto de un usuario de los de otro.

Los sistemas operativos multiprogramados proporcionan separación física y lógica, aislando cada proceso de los otros y permitiendo únicamente la comunicación a través del sistema operativo. Cada proceso, por ejemplo, tiene su espacio de memoria virtual y su propio árbol de archivos y directorios. Para evitar una rigidez excesiva, en algunos sistemas operativos, como UNIX, se dejan canales de comunicación con menos control. Por ejemplo, si un usuario quiere dar un archivo a todos los demás sólo tiene que copiarlo al directorio /tmp, al que puede acceder cualquier usuario para leer y escribir. Las separaciones temporales o criptográficas, en caso de estar disponibles, suelen ser discrecionales del administrador o incluso del propio usuario. Otro ejemplo es el Security Reference Monitor de Windows, que permite aislar los manejadores de dispositivos con una envoltura que monitoriza todas sus operaciones y aplica ACL para comprobar si el que llama puede acceder al dispositivo. Otro mecanismo importante en sistemas operativos es la memoria virtual, que permite separar los espacios de memoria de cada objeto y controlar los accesos a memoria con gran detalle.

Uso de entornos virtuales

Este mecanismo es muy importante para diseñar sistemas operativos seguros, porque permiten proporcionar separación lógica de forma natural. Obviamente, los entornos virtuales deben apoyarse en recursos reales, pero el sistema operativo puede proporcionar a los usuarios los recursos virtuales y controlar el acceso a los mismos . Ejemplos de mecanismos virtuales importantes son:

- Los espacios múltiples de memoria virtual.
- Las máquinas virtuales.

Las máquinas virtuales proporcionan un entorno virtual completo para cada usuario. De esta forma, cada usuario debe acceder a los recursos reales a través de su máquina virtual. Las máquinas virtuales permiten mejorar el aislamiento entre los usuarios, si bien incrementan la sobrecarga en las llamadas al sistema (entre un 3 y un 8%).

Un buen ejemplo de uso de máquinas virtuales se puede encontrar en el sistema operativo MVS de IBM, cuya estructura se muestra en la Figura 12.9. Como puede verse en la figura, cada máquina virtual dota a cada usuario de un subconjunto, más o menos completo, de características del hardware, que puede ser muy distinto de la implementación física real del mismo. Cuando un usuario accede al sistema operativo MVS se le asigna una máquina virtual. Este entorno incluye una emulación completa del hardware que, posteriormente, se proyecta sobre el hardware real. De esta forma, cada usuario sólo puede acceder a su máquina virtual.

Además de proporcionar aislamiento, las máquinas virtuales permiten limitar el acceso de los usuarios a los recursos que realmente puedan necesitar. De esta forma se puede reducir sensiblemente el rango de objetos a proteger por el sistema operativo. Máquinas virtuales similares son VMWARE, VirtualPC y, con limitaciones, la JRE de Java.

La gran ventaja de las máquinas virtuales es que si un manejador de dispositivo, sistema de archivos, etc., falla, sólo afecta a su máquina virtual, sin que haya un fallo generalizado en el sistema global. Igualmente, si un intruso consigue permisos de administrador del sistema, únicamente lo será en su máquina virtual, lo que limita los daños considerablemente.

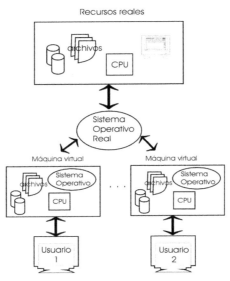

Figura 12.9 Máquinas virtuales sobre el sistema operativo MVS.

Diseño por capas

La visión de un sistema seguro se puede asemejar a una serie de círculos concéntricos, donde los niveles interiores son de más confianza. Esta visión se puede plasmar de forma precisa en un sistema por capas, donde cada capa sólo tiene acceso a las capas adyacentes.

La Figura 12.10 muestra un sistema por capas y, dentro de él cómo afectan a cada nivel las tareas de seguridad. Este diseño permite relajar el concepto de núcleo de seguridad, repartiendo sus funciones por las distintas capas del sistema, ocultar datos entre niveles y reducir daños en caso de fallos de seguridad. En cada capa del sistema se puede incluir toda la funcionalidad que afecta a los elementos de esta capa. En caso de que haya un fallo de seguridad, sólo esos elementos se verán afectados. Imagine lo que supondría la existencia del mismo fallo de seguridad dentro de un núcleo monolítico. El fallo podría afectar a todo el sistema sin limitación.

Figura 12.10 Diseño por capas y tareas de seguridad.

Ejemplos de diseño por capas de sistemas seguros son MULTICS y la versión de seguridad del sistema operativo VMS. En VMS, cada anillo del sistema era un dominio de ejecución, siendo el núcleo la capa más interna (Figura 12.11). Los anillos se implementan como bandas concéntricas alrededor del hardware, de tal forma que los procesos más fiables ejecutan en niveles internos, mientras los de usuario se quedan en las capas externas. Los anillos se solapan, de forma que ejecutar en un determinado anillo significa tener los privilegios de ese nivel y los de todos los anillos más externos. El núcleo es la parte del sistema operativo que ejecuta las operaciones de nivel más básico, tales como comunicación, planificación, gestión de interrupciones, etc. El núcleo es además responsable de los servicios de seguridad para todo el sistema operativo, proporcionando interfaces seguras para el hardware y las partes restantes del sistema operativo.

Debido a su facilidad de confinamiento y control de acceso a recursos, existen propuestas actualmente de usar micronúcleos como plataforma ideal para la implementación de mecanismos de seguridad en sistemas operativos. Las ventajas principales que se resaltan es que el núcleo es pequeño y fácil de verificar y que el resto de procesos (manejadores, servidores, aplicaciones, ...) ejecutan en modo usuario, lo que les impide el acceso al modo privilegiado de ejecución. Los sistemas basados en microkernel mejor conocidos son Integrity, K42, L4, PikeOS, QNX, Symbian y MINIX 3, muchos de ellos usados en tiempo real.

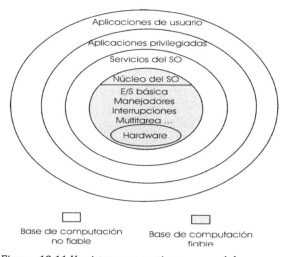

Figura 12.11 Un sistema operativo con un núcleo seguro.

Mecanismos de recuperación

A pesar de los mecanismos de diseño anteriores, los sistemas operativos pueden fallar debido a múltiples causas. Imagine, por ejemplo, que un manejador de dispositivo incorporado al sistema falla o que un servidor imprescindible en el sistema se muere. Como parte del diseño de seguridad hay que contemplar mecanismos de recuperación (self-healing o autorrecuperación) ante estos fallos, para poder al menos restaurar el estado correcto del sistema.

12.5.3 Controles de seguridad externos al sistema operativo

En las secciones anteriores se han mostrado los principales criterios de diseño de un sistema seguro. Obviamente, no existirían fallos de seguridad si se pudieran prevenir.

Sin embargo, la prevención supone hacer frente a un problema de gran complejidad, por lo que ningún sistema aporta una solución total al mismo. En esta sección se consideran los tres tipos de controles externos al sistema operativo que se aplican más frecuentemente para prevenir fallos de seguridad durante las etapas de desarrollo y de prueba de un sistema operativo:

- Equipos de penetración y limitación de acceso.

- Controles de programación.
- Uso de estándares para seguridad.

Equipos de penetración y limitación de acceso

Prevenir todos los problemas de seguridad posibles es difícil, como veremos más adelante. Para tratar de detectar el mayor número de fallos posible, es habitual usar equipos de penetración. Su misión consiste en llevar a cabo todos los ataques de seguridad imaginables sobre un sistema. Un conjunto de pruebas de seguridad bien diseñado es muy complejo, porque debe incluir desde cosas muy sencillas a muy sofisticadas. Por ejemplo, intentar leer bloques de disco o páginas de memoria al azar, intentar entrar en cuentas de otros usuarios, hacer las cosas que se indican como no convenientes en los manuales, etc. Estos controles de seguridad han de ser más rigurosos si los sistemas están conectados en redes por la posibilidad existente de difusión de virus o de intento de adquisición de palabras de acceso al sistema mediante programas que descifran dichos códigos (*crackers*).

La complejidad de las comprobaciones y el registro de los accesos aumenta en los sistemas conectados a la red. En este caso la seguridad del sistema se enfrenta a múltiples puntos de ejecución y a canales de comunicación expuestos. Las limitaciones de acceso que se establecen en sistemas conectados a la red se verán en una sección posterior.

Controles de programación

Existen distintos métodos que se pueden aplicar durante el desarrollo de un sistema operativo para intentar asegurar la calidad de la programación, que lo programado se ajusta a lo diseñado y la fiabilidad del código producido:

Diseño detallado y contrastado de las tareas a programar. Es importante que el diseño y el código del sistema sean revisados por un grupo independiente de los diseñadores y los programadores, de forma que todo el grupo se involucre en la corrección y seguridad del producto. Una revisión exhaustiva del código puede permitir detectar errores de programación, desviaciones del diseño, código malicioso (caballos de Troya, puertas traseras, ...) o incongruencias entre distintos módulos. Como ejemplo de detección de código malicioso, se puede indicar que las revisiones de código para detectar el efecto 2000 permitieron detectar bombas de tiempo en algunos sistemas. Es necesario comprender que tener un sistema operativo con nivel de seguridad alto no sirve de nada si se permite a los programadores poner una bomba lógica o un caballo de Troya.

Aplicar el principio de aislamiento a cada componente del sistema. Este principio se puede aplicar a los programas encapsulando datos y métodos de un objeto, de forma que sólo se puedan acceder a través de métodos verificados del mismo objeto y con una interfaz bien definida.

Pruebas por parte de probadores independientes, no relacionados con los miembros del equipo de diseño y desarrollo. Estas pruebas son muy importantes para la seguridad del sistema, porque si un programador quiere introducir código malicioso en el sistema nunca desarrollará código de prueba que detecte dicho código. En los sistemas operativos abiertos y de distribución gratuita, como LINUX, se suelen detectar y resolver antes los problemas de seguridad debido a dos razones: gran número de probadores y gran número de modificadores que estudian detalladamente el código.

Gestión de configuración, de forma que cualquier cambio o instalación de software en un sistema debe ser aprobado por el administrador que debe juzgar la necesidad del cambio. Este control protege frente a amenazas no intencionadas, al evitar que el sistema quede en un estado inseguro. Por ejemplo, un instalador no puede borrar la versión j de un programa antes de tener instalada la j+1 de forma segura. Además, protege frente a errores maliciosos.

Programación con restricciones y aserciones. Que permita indicar en el código de un sistema ciertas restricciones asociadas a los elementos y poner reglas con aserciones para verificar si se cumplen. Estos factores se pueden comprobar a veces incluso en tiempo de compilación. A continuación, se muestra un ejemplo en el sistema Singularity, donde se puede ver cómo se expresan restricciones de rango a comprobar.

```
internal class Sb16Resources: DriverCategoryDeclaration {
```

```
[IoPortRange(0, Default = 0x0220,Length = 0x10)]
internal readonly IoPortRange basePorts;
[IoPortRange(1, Default = 0x0380,Length = 0x10)]
internal readonly IoPortRange gamePorts;
}
```

Uso de estándares para seguridad

Un sistema operativo suele ser un proyecto de programación muy grande. Los controles anteriores son sólo una pequeña parte de los controles que es necesario aplicar en el desarrollo del sistema. Además, para que el sistema sea seguro es necesario describir claramente qué hacer, y cómo hacerlo, en términos de seguridad. Actualmente, existen varios estándares que describen cómo conseguir un sistema fiable y de calidad. Los tres más conocidos son el DoD-2167A, el SSE-CMM y el ISO 9000.

El estándar DoD-2167A data de 1988 y permite definir requisitos uniformes aplicables a lo largo del ciclo de vida del sistema. En cada fase del modelo se puede comprobar la calidad y seguridad de lo desarrollado, solventando los problemas lo antes posible.

El Modelo de Madurez y Capacidad (CMM) fue publicado en el Software Engineering Institute (SEI) en febrero de 1993. En 1995, la National Security Agency (NSA) publicó el Modelo de Madurez y Capacidad para la Ingeniería de Seguridad de Sistemas (SSE-CMM). Este modelo permite evaluar la calidad de los métodos de seguridad usados en un sistema u organización.

El estándar ISO 9000 agrupa un conjunto de estándares de calidad que especifican las acciones a tomar cuando un sistema tenga objetivos y restricciones de calidad. Uno de ellos, el 9000-1, se aplica al desarrollo de software e identifica unos requisitos de calidad mínimos.

12.5.4 Controles de seguridad del sistema operativo

El sistema operativo debe llevar a cabo su parte de la política de seguridad del sistema. Algunos de los controles de seguridad que se deben aplicar en el sistema operativo son:

- Ejecutar software fiable.
- Sospechar de los procesos.
- Ejecutar los procesos con confinamiento.
- Registrar los accesos.
- Buscar periódicamente agujeros de seguridad.

El software fiable es aquel que ha sido rigurosamente desarrollado y analizado, de forma que se puede confiar en que hará lo que se espera y nada más. Típicamente, el software fiable es la base sobre la que se ejecutan aplicaciones no fiables. Un sistema operativo debe ser fiable y, por tanto, se puede usar para que los programas de usuario ejecuten operaciones sensibles sin acceder a datos sensibles. Tanto las bibliotecas de interfaz del sistema operativo como los generadores de código deben ser fiables.

La sospecha mutua es un concepto que se desarrolló para describir las relaciones entre dos procesos. Los sistemas que sospechan se ejecutan como si los otros procesos fueran maliciosos. Por ello, en todos los módulos se aplica el encapsulamiento y la ocultación de la información. El sistema operativo debe sospechar de todos los procesos que se ejecutan sobre él. Sin embargo, existen muy pocos sistemas operativos que apliquen este criterio de diseño con sus componentes internos, por lo que es necesario aplicar controles de programación muy estrictos durante el desarrollo de este tipo de sistemas. Una técnica típica de sospecha es monitorizar los procesos para ver si tienen patrones de ejecución sospechosos.

El confinamiento es una técnica usada por los sistemas operativos para tratar de reducir los daños en caso de que existan fallos de seguridad o código malicioso. Un proceso confinado tiene estrictamente limitados los recursos del sistema a los que puede acceder. Este principio es muy útil para proteger el sistema ante la existencia de virus ya que, si se aplica estrictamente, el virus sólo puede dañar el compartimento al que tiene acceso. La separación de dominios es una técnica de seguridad muy frecuente en sistemas operativos.

El registro de accesos origina un listado de los usuarios que acceden a los objetos del sistema, especificando cuándo y cómo se han realizado dichos accesos. En un sistema operativo de propósito general se suelen registrar las entradas y salidas al sistema y los accesos a ciertos objetos. En un sistema seguro se registran muchos más eventos. En cualquier caso, es fundamental registrar los fallos de acceso a cualquier tipo de objetos, puesto que pueden revelar la presencia de intrusos. Así mismo, cuando se pruebe un programa nuevo sería conveniente registrar los eventos que origina para comprobar que no realiza acciones indebidas. Sobre el registro de accesos se pueden efectuar auditorías periódicas para tratar de detectar cualquier tipo de fallos de seguridad, como por ejemplo el uso de cerrojos sobre un archivo para crear un canal encubierto.

Una vez en funcionamiento, el sistema operativo tiene que comprobar que no hay intentos de violación de la seguridad en el sistema. Algunas de las comprobaciones a realizar son: palabras clave cortas o muy sencillas, programas con prioridad indebida, programas con un identificador de usuario indebido, programas no autorizados en directorios del sistema, etc. Así mismo, el sistema operativo debe registrar los accesos a los recursos por parte de los usuarios. Cuando se ha producido un problema de seguridad, se puede usar el registro de accesos para saber quién lo ha producido, facilitar la recuperación y para prevenir problemas futuros.

Los mecanismos usados dentro del sistema operativo para satisfacer los principios anteriores se estudian con más detalle en la Sección siguiente.

12.6 Implementación de la seguridad en sistemas operativos

Un sistema operativo puede dar soporte de ejecución a múltiples procesos de múltiples usuarios que se ejecutan de forma concurrente. Por ello, una de las funciones principales del sistema operativo es proteger los recursos de cada usuario para que pueda ejecutar en un entorno seguro. Para poder satisfacer esta función, todos los sistemas operativos deben tener mecanismos de protección que permitan implementar distintas políticas de seguridad para los accesos al sistema. Dichos mecanismos permiten controlar el acceso a los objetos del sistema permitiéndolo o denegándolo sobre la base de información tal como la identificación del usuario, el tipo de recurso, la pertenencia del usuario a un cierto grupo de personas, las operaciones que puede hacer el usuario o el grupo con cada recurso, etc. La existencia de los mecanismos de seguridad obliga a mantener un compromiso constante entre separación y compartición. Este compromiso es más difícil de satisfacer a medida que la granularidad de control es más fina. En este caso, es más difícil aislar recursos, pero es más fácil compartirlos. Es pues necesario lograr un equilibrio entre el tipo y la intensidad de la separación y el grado de compartición de recursos.

En esta sección se estudian los distintos mecanismos de protección que ofrecen los sistemas operativos de propósito general para implementar la política de seguridad deseada por los usuarios. Para mostrar su uso, se aplican a archivos o directorios, aunque se pueden aplicar a cualquier tipo de objeto. Los mecanismos de protección hardware, tales como registros valla o arquitecturas etiquetadas, se estudiaron en el Capítulo 1, por lo que no se contemplan aquí.

12.6.1 Monitores de seguridad

Los sistemas operativos seguros actuales, como las variantes de Linux (Subgraph, TENS, Arch, Pentoo o Security Onion) y Windows Server incorporan un monitor de seguridad, es decir un componente interno del sistema que intermedia completamente aquellas operaciones del sistema que se consideran críticas en seguridad. El monitor de seguridad es el núcleo de toda la seguridad dentro del sistema y es el responsable de hacer cumplir todas las políticas de seguridad en la computadora local. Trabaja conjuntamente con los otros módulos del sistema operativo, especialmente creación de procesos, acceso al sistema y control de seguridad local. Desempeña básicamente tres funciones:

- Definir el identificador de seguridad de un objeto del sistema operativo.
- Intermediar en las operaciones críticas de seguridad, aplicando las políticas definidas.
- Verificar la validez de los módulos nuevos que se adjuntan al sistema operativo.

El **identificador de seguridad** es una estructura que se crea automáticamente cada vez que se crea un objeto del sistema operativo. Es obligatorio y acompaña al objeto de forma biunívoca mientras existe. Este identificador de seguridad se usará para todas las comprobaciones de seguridad y controles de acceso posteriores.

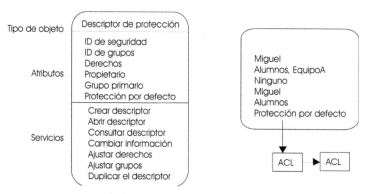

Figura 12.12 Descriptor de seguridad en Windows.

En la Figura 12.12 se resumen los atributos y servicios de un SID de Windows, así como un ejemplo de ficha de acceso. Este SID es creado por el monitor de seguridad de Windows (SRM, *Security Reference Monitor*) cuando se crea un nuevo objeto en el sistema. En el caso de un usuario (como en la figura) se almacena en una base de datos de seguridad una ficha del objeto que incluye su identificador de seguridad, los grupos a los que pertenece, sus privilegios, grupo primario y enlace con su lista de control de acceso. Este SID sirve como identificador oficial del objeto siempre que alguien intente acceder al mismo a partir de ese instante.

En el caso de SELINUX, el SID es más sencillo, pero más flexible, ya que sólo declara un contexto como una zona de memoria en la que se puede cargar lo que se quiera y las operaciones para manipularlo de forma segura. Además, hay un contador para saber las referencias activas a un objeto del sistema. A continuación, se muestra la estructura del SID.

```
/*
 * formato SID
 */
struct security_id {
  security_context_t ctx;
  unsigned int refcnt;
};
typedef struct security_id *security_id_t;
```

En la Figura 12.13 se muestra un proceso con threads y objetos y sus atributos de seguridad.

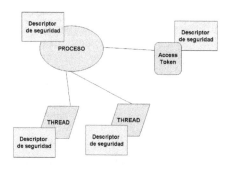

Figura 12.13 Estructuras seguridad de procesos y threads en Windows.

La **intermediación de las operaciones** críticas en seguridad es otra tarea importante de estos monitores. Normalmente, se exige que haya control de acceso obligatorio a todos los objetos, lo que significa que, si el propietario del mismo no indica nada, el monitor asigna una política por defecto (la definida por el administrador). A partir de ese momento, todos los accesos son intermediados usando esta política. La Figura 12.14 muestra cómo se relacionan el gestor de objetos y el monitor de seguridad en SELINUX. Como se puede ver, la política se puede definir incluso por cada objeto, siendo totalmente flexible.

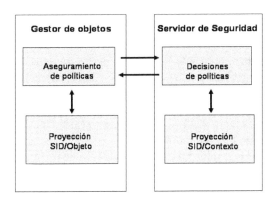

Figura 12.14 Gestor de objetos y monitor de seguridad en SELINUX.

Uno de los problemas de seguridad más graves en un sistema operativo es el que se produce cuando alguien incorpora un manejador de dispositivo defectuoso o malicioso. Al estar incluido como un módulo del núcleo, cualquier fallo es catastrófico. Para evitar este problema se están adoptando en los últimos años dos tipos de iniciativa: técnicas de diseño y programación estricta y firma digital de manejadores.

Entre las tareas del monitor de seguridad se encuentra la de **verificación de la firma digital** de nuevos módulos que se introduzcan en el sistema. En el caso de Windows, este mecanismo se llama *Digital Driver Signing* y se encarga de verificar si los nuevos módulos están firmados digitalmente por Microsoft o un agente autorizado. En caso contrario, presenta una pantalla de error que indica que no es así y avisa del riesgo de dicha operación. Queda bajo responsabilidad del usuario incorporar dicho módulo o no al sistema. ¿Para qué sirve la verificación? Sirve para tener cierta garantía de que el módulo se ha desarrollado y probado correctamente y también para saber con que sistema es compatible dicho módulo.

Otra utilidad de la verificación es detectar la sustitución de archivos del sistema por otros. Para ello, se generan sumas de comprobación (*checksum*) de los archivos cuando se instalan, se almacenan en sitio seguro y se usan para comprobar periódicamente y cuando se cargan que dichas sumas no han cambiado. Si han cambiado, es probable que haya un pirata o se haya instalado un rootkit. Hay que poner el archivo en cuarentena, avisar y aplicar la política definida (que suele ser reinstalar el original). Una utilidad muy usada para esto es MD5. En Linux existe el mandato `md5sum` que genera las sumas de comprobación, como se muestra en el ejemplo siguiente:

```
md5sum keep-alive > keep-alive.asc
```

que genera una suma de comprobación en el archivo `keep-alive.asc`, cuyo contenido se puede comprobar con

```
cat keep-alive.asc
```

que nos da: `8805d34e949d79c4eb2c47c611f06b5e   keep-alive`

12.6.2 Dominios de protección

Para poder implementar mecanismos de protección sobre los objetos del sistema, que pueden ser hardware (procesador, memoria, etc.) o software (procesos, archivos, semáforos, etc.), es necesario en primer lugar disponer de identificadores únicos de usuarios y de objetos. Asumiendo que dichos identificadores son proporcionados por el sistema de autenticación y el de nombrado, o por los monitores descritos anteriormente, hay que definir:

- Los posibles conjuntos de objetos a los que se aplican los mecanismos de protección.
- La relación de operaciones que cada usuario puede hacer sobre cada conjunto de objetos.
- La forma en que se define dicha relación: por objetos, por usuarios, etc.

La relación entre objetos y derechos de acceso se define usando dominios de protección. Un **dominio de protección** es un conjunto de pares (objeto, derechos), donde cada par especifica un objeto y las operaciones que se pueden ejecutar sobre el mismo. Por ejemplo:

```
dominio_1 = [(datos, RW), (/dev/lpd, W)].
```

Un objeto puede pertenecer a varios dominios de protección simultáneamente. En cada momento, un proceso ejecuta en un dominio de protección, pudiendo cambiar de un dominio a otro, si el sistema operativo lo permite. En UNIX, por ejemplo, un proceso puede ejecutar en modo usuario o en modo núcleo. Cuando un proceso hace una llamada al sistema cambia a modo núcleo y tiene acceso a unos dominios de protección distintos que en modo usuario, tales como páginas de memoria, dispositivos especiales, etc. (Figura 12.15). Algo similar ocurre si el sistema operativo permite a un proceso cambiar su identidad mientras está ejecutando, como ocurre con las llamadas setgid y setuid de UNIX. En este caso, cuando el proceso cambia su identidad pasa a tener acceso a los dominios de protección de su nueva identidad. Dos procesos con el mismo identificador tendrán acceso al mismo conjunto de objetos y con los mismos derechos.

Figura 12.15 Cambio del dominio de protección.

Para evitar una explosión de dominios de protección, algunos sistemas operativos, como UNIX, restringen significativamente el número dominios de protección y el tipo de derechos de acceso sobre un objeto. Por ejemplo, en UNIX sólo existen tres dominios de protección:

owner: dueño del objeto. Suele ser su creador. El alumno Miguel, por ejemplo. Cada usuario tiene un identificador (uid) único en todo el sistema. Este identificador está asociado a todos los objetos creados por el usuario, para indicar que es su dueño.

group: usuarios distintos del dueño que forman parte de su grupo. Los componentes del grupo suelen estar relacionados de alguna forma, por lo que se les permite gestionar los derechos de sus objetos con criterios comunes al grupo. Un grupo de usuarios podrían ser los alumnos de la asignatura Sistemas Operativos. Si Miguel cursa sistemas operativos pertenece a este grupo. Cada grupo tiene un identificador (gid) único en todo el sistema. Un grupo se define especificando los uid de los usuarios que forman parte del mismo. El gid está asociado a todos los objetos creados por cualquier usuario que pertenezca a dicho grupo.

others: el resto de los usuarios conocidos que no son el creador ni su grupo (también llamados **mundo)**. Suelen tener más restricciones en los derechos. En un computador dedicado a alumnos, para Miguel el resto del mundo serían los usuarios no matriculados en sistemas operativos.

Para cada dominio se permiten únicamente tres tipos de operaciones sobre un objeto: Leer (r), Escribir (w) y Ejecutar (x). Además, cada objeto tiene asociados dos bits extra para conceder permisos especiales del dueño y del grupo al que pertenece el dueño. El primero de ellos se denomina bit **setuid** y el segundo bit **setgid**. Estos bits permiten realizar cambios de dominio cuando se ejecutan objetos que tienen alguno de ellos activado. Cuando un usuario A ejecuta un programa del usuario B, almacenado en un archivo cuyos bits de setuid y setgid están inactivos, su identificación sigue siendo la de A y ése es el setuid del proceso. Sin embargo, si el archivo tiene el bit setuid activado, la identidad del proceso será la de B, aun cuando sea el usuario A el que está ejecutando el proceso. Asimismo, si tiene activado el setgid, la identidad del grupo del proceso será la del grupo de B. Estos bits se pueden modificar usando la llamada al sistema chmod.

Las llamadas al sistema setuid y setgid, que se explican en detalle en la sección de llamadas al sistema de UNIX, permiten cambiar de dominio a un usuario y son utilizadas por los sistemas operativos de tipo UNIX para permitir ceder permisos de acceso a archivos del sistema o a recursos que nunca estarían disponibles a usuarios no privilegiados, pero que pueden ejecutar temporalmente para el desarrollo de sus actividades en el sistema. La mayoría de los intérpretes de mandatos y programas del sistema funcionan sobre la base de este mecanismo. En UNIX, por ejemplo, el mandato mkdir permite crear un directorio. En versiones antiguas de UNIX mkdir no era una llamada al sistema, por lo que era necesario ejecutar la llamada al sistema mknod, que sólo podía ejecutar el superusuario. Lo que se hacía era permitir que el mandato mkdir se ejecutara con el bit setuid del superusuario activado, por lo que cualquiera que lo ejecutara lo hacía como si fuera el superusuario y pudiera acceder a mknod.

Existen otras formas de cambiar de dominio de protección en los distintos sistemas operativos existentes. Alternativas a los bits de protección de UNIX son:

Colocar los programas privilegiados en un directorio especial. En este caso, el sistema operativo es responsable de cambiar el setuid del proceso que ejecuta en ese directorio.

Usar programas especiales, denominados **demonios**, para dar servicios en dispositivos con acceso restringido. Un ejemplo claro es el de la impresora. Ningún proceso de usuario puede acceder a ella directamente, sino a través del *spooler*, un demonio que recibe las peticiones de impresión y las envía al dispositivo.

No permitir nunca el cambio de identidad de un proceso y ejecutar todas las operaciones privilegiadas a través de servicios del sistema operativo.

En cualquier caso, es necesario ser muy cuidadoso con los programas que se ejecutan de forma privilegiada. Si un proceso del superusuario no tiene bien definidos y controlados todos los fallos de protección, se puede generar una total falta de protección en el sistema. Algunos de los fallos de protección más famosos, como la invasión por virus o la captura de contraseñas, han sido posibles gracias a esta cesión de identidad. A continuación, se muestran algunos procesos del sistema operativo UNIX con el seguid del superusuario activado.

```
-rwsr-xr-x  1 root root   35512 2005-05-18 08:33 login
-rwsr-xr-x  1 root root   68440 2005-09-18 09:04 mount
-rwsr-xr-x  1 root root   30764 2003-12-22 23:18 ping
-rwsr-xr-x  1 root root   26604 2003-12-22 23:18 ping6
-rwsr-xr-x  1 root root   23416 2005-05-18 08:33 su
-rwsr-xr-x  1 root root   40920 2005-09-18 09:04 umount
```

Para evitar la total desprotección del sistema, en UNIX cada proceso que se ejecuta tiene cuatro identificadores asociados:

- uid: identidad real del usuario que ejecuta el proceso.

- `euid`: identidad efectiva del usuario que ejecuta el proceso. Puede no coincidir con la real si ha cambiado de dominio porque el archivo del proceso tiene el bit `setuid` activado.
- `gid`: identidad real del grupo al que pertenece el usuario que ejecuta el proceso.
- `egid`: identidad efectiva del grupo al que pertenece el usuario que ejecuta el proceso. Puede no coincidir con la real si ha cambiado de dominio porque el archivo del proceso tiene el bit `setgid` activado.

Para ejecutar los procesos que tienen fuertes restricciones de seguridad, se exige siempre que la identidad efectiva y la real coincidan. Un ejemplo de este tipo es el mandato `mount`, que permite montar un sistema de archivos en una jerarquía de archivos ya existente.

¡Cuidado! Nunca tenga archivos con los bits de `setuid` o `setgid` activados a no ser que sepa muy bien por qué quiere ceder su identidad a cualquier otro que pueda ejecutar esos archivos. Esta medida sólo está justificada para dar acceso controlado a otros recursos que únicamente están accesibles para su propio `uid`.

Matrices de protección

La relación entre dominios y objetos se puede definir de forma completa mediante una matriz de protección, también denominada de acceso. Los dominios de protección son las filas de la matriz y los objetos son las columnas de la misma. El elemento `(i, j)` expresa las operaciones que el dominio `i` puede ejecutar sobre el objeto `j`. Si la matriz de protección está completamente definida, los mecanismos de protección pueden saber siempre qué hacer cuando un proceso de un dominio solicita determinada operación sobre un objeto.

La Figura 12.16 muestra un ejemplo de matriz de protección. Cada elemento muestra una combinación `(dom_i, obj_j)` y sus derechos de acceso. Los elementos vacíos significan que no hay derechos. Los dominios son un objeto más del sistema, por lo que se incluyen también los cambios de dominio permitidos. Por ejemplo, en la figura se muestra que se puede cambiar de Dom_1 a Dom_2, pero no al revés.

El modelo de matriz de protección, derivado del modelo teórico HRU, es muy claro desde el punto de vista conceptual, pero tiene inconvenientes para su implementación:
La matriz de un sistema complejo puede ser muy grande y muy dispersa.
Una matriz tiene un número fijo de filas (dominios) y columnas (objetos), lo que es muy poco flexible para sistemas cuyo número de dominios u objetos puede cambiar.

Objeto / Dominio	Fic_1	Fic_2	Modem	Printer	Dom_1	Dom_2
Dom_1	RWX	R	RW	W		Switch
Dom_2	R	R	RW			

Figura 12.16 Ejemplo de matriz de protección.

Para resolver estos problemas, la mayoría de los sistemas operativos implementan la matriz mediante estructuras dinámicas de datos (listas) a las que se puede añadir o quitar elementos sin tener que redefinir ninguna estructura de datos del sistema operativo. Además, con esta técnica se evita la dispersión de la matriz al representar únicamente los elementos no nulos de la misma. Para la implementación de la matriz mediante elementos dinámicos, los sistemas operativos usan dos aproximaciones:
- Almacenar la matriz por columnas, con una lista por objeto que especifica qué operaciones puede hacer cada dominio sobre ese objeto. La lista resultante se denomina lista de control de accesos (ACL por *access control list*).

407 Seguridad y protección

- Almacenar la matriz por filas, con una lista por dominio que especifica qué operaciones se pueden hacer sobre un objeto cuando se pertenece a ese dominio. La lista resultante se denomina lista de capacidades (*capabilities*).

A continuación, se estudian ambas aproximaciones más detalladamente.

Listas de control de accesos

Una forma frecuente de controlar los accesos a un objeto es usar el identificador del usuario como criterio. Con listas de control de acceso, es necesario especificar para cada dominio de protección, e incluso para cada usuario, qué tipos de accesos al objeto son posibles. Para implementar esta solución, a cada objeto (archivos, directorios, procesos, etc.) se le asocia una lista de pares:

(dominio, operaciones)

Cuando un usuario pide acceso a un objeto, se determina a qué dominio de protección pertenece y se recorre la lista para ver si se puede hacer la operación solicitada. En caso positivo se permite el acceso. En caso contrario, se deniega.

Por ejemplo, sea un sistema operativo en el que hay registrados cuatro usuarios (juan, miguel, elvira y maria) que a su vez pueden pertenecer a tres grupos (profesor, alumno, visitante). Algunos archivos podrían tener las siguientes ACL:

```
datos -> (juan,profesor,RW)(elvira,alumno,R)
notas -> (juan,profesor,RW)(*,alumno,R)
corrector -> (juan,profesor,RWX)
Guía -> (miguel,alumno,RW)(elvira,alumno,R)(maria,visitante,R)
```

Usando ACL es posible especificar completamente los derechos de acceso que sobre un objeto tiene un usuario o un grupo. Por ejemplo, el archivo Guía puede ser leído y escrito por el alumno miguel, que es el encargado de su mantenimiento, pero sólo puede ser leído por la alumna elvira o la visitante maria. El archivo notas puede ser leído por todos (*) los alumnos. Si aparece un nuevo grupo de usuarios, por ejemplo, asociado a una práctica de una asignatura, sería necesario definir los derechos de ese grupo sobre las herramientas necesarias para dicha práctica. Por tanto, para que este sistema funcione correctamente, es necesario que la administración de los dominios y de la pertenencia a los mismos sea muy rigurosa.

Sea cual sea su implementación, las listas de control de acceso se corresponden directamente con las necesidades de los usuarios. Cuando un usuario crea un objeto puede especificar qué dominios tendrán acceso al mismo y qué operaciones pueden realizar sobre el objeto. Sin embargo, localizar la información relacionada con un dominio en particular puede ser costoso si no se limita el número de dominios, como en UNIX. Además, la lista de control de accesos debe ser recorrida cada vez que se accede a un objeto, lo que puede requerir bastante tiempo. Esto hace que la mayoría de los sistemas basados en ACL sólo comprueben los derechos de acceso cuando se accede al objeto por primera vez, es decir se abre el objeto. En caso de que se conceda acceso al objeto, no se hacen más comprobaciones posteriores a medida que se usa el objeto. Esta circunstancia hace muy difícil la revocación de derechos para los procesos que ya tienen objetos abiertos, incluso aunque se cambie su ACL. Por tanto, las listas de control de acceso tienen dos problemas asociados:

- Construir y mantener las listas es costoso en tiempo y recursos.
- Es necesario disponer de estructuras de almacenamiento de tamaño variable porque las listas pueden tener longitudes distintas dependiendo del objeto.

A continuación, se estudia con más detalle la implementación de las listas de acceso en UNIX y Windows.

Listas de Control de Acceso en UNIX

En UNIX la implementación de las listas de control de acceso es sencilla por la simplificación de dominios de protección llevada a cabo en este sistema operativo. Como se vio en la sección anterior, en UNIX, sólo existen tres dominios de protección: owner, group, others. Para cada dominio se permiten tres tipos de operaciones sobre un objeto: leer (r), escribir (w) y ejecutar (x). De esta forma se pueden implementar las ACL usando sólo 9 bits por objeto, información que cabe en el nodo-i del mismo. Esta solución es menos general que un sistema que use ACL de forma completa, pero es suficiente y su implementación es mucho más sencilla.

Por ejemplo, suponga que los archivos datos, notas y corrector tienen las siguientes ACL:

	Dueño	Grupo	Otros
datos	rw-	r--	r--
notas	rw-	r--	r--
corrector	rwx	--x	--x

Estos permisos indican que los archivos datos y notas pueden ser leídos y escritos por el dueño y sólo leídos por la gente de su grupo y por otros. El archivo corrector puede ser leído, escrito y ejecutado por su dueño, pero el resto del mundo sólo puede ejecutarlo.

En las operaciones de interfaz con el sistema operativo, estos permisos se indican con números en octal. Se usa un dígito para cada dominio y el valor de los bits de cada dígito se pone a 1 si la operación es posible o a 0 si no lo es. Los permisos del ejemplo anterior se expresan de forma equivalente como:

	Dueño	Grupo	Otros
datos	6	4	4
notas	6	4	4
corrector	7	1	1

Este modelo conlleva el que haya que hacer ciertas simplificaciones en cuanto a las operaciones no contempladas. Por ejemplo, borrar es posible si se puede escribir en el directorio que contiene el objeto que se pretende eliminar, atravesar un directorio es posible si se tiene activado el bit x, etc.

Para permitir el cambio de dominio se pueden modificar los bits setuid y setgid asociados a cada objeto. En el caso de que alguno de estos bits esté activado, se muestran dos bits más asociados al objeto. En el ejemplo anterior, suponga que el archivo corrector tiene activado el setuid. Su salida en un mandato ls -la sería:

	Dueño	Grupo	Otros
corrector	rws	--x	--x

Si tuviera activado el setgid, su salida en un mandato ls -la sería:

	Dueño	Grupo	Otros
Corrector	rwx	--s	--x

Los parámetros de protección de un objeto se pueden cambiar en UNIX mediante las llamadas al sistema chmod y chown, que se explican en la sección de llamadas al sistema de UNIX.

Listas de Control de Acceso en Windows

Windows proporciona un sistema de seguridad algo más sofisticado que el de UNIX. Todos los objetos de Windows tienen asignados descriptores de seguridad como parte de sus fichas de acceso. La parte más significativa de los descriptores de seguridad es la lista de control de accesos. Cada entrada de la ACL, contiene los descriptores de seguridad de los distintos dominios del sistema y los derechos de uso del objeto. Normalmente, sólo el dueño del objeto puede modificar los derechos de la ACL para permitir o denegar el acceso al objeto.

El criterio de asignación de derechos en la ACL de un objeto nuevo en Windows es el siguiente:

- Si el creador de un objeto proporciona una ACL de forma explícita, el sistema la incluye en la ficha de acceso de dicho objeto.
- Si no se proporciona una ACL de forma explícita, pero el objeto tiene un nombre, el sistema mira si el objeto debe heredar la de los objetos de su directorio. En ese caso, se incluye en la ficha de acceso del objeto la ACL heredada de los objetos de su directorio.
- Si ninguna de las dos condiciones anteriores se cumple, el subsistema de seguridad aplica al objeto una ACL por defecto.

Además, en los descriptores de seguridad de los objetos se puede activar un campo de auditoría, que indica al subsistema de seguridad que debe espiar al objeto y generar informes de seguridad cuando algún usuario intente hacer un uso incorrecto del mismo.

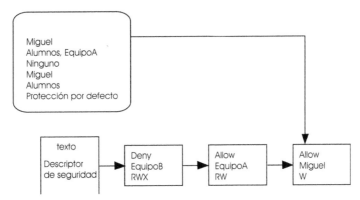

Figura 12.17 Listas de control de acceso en Windows.

La Figura 12.17 muestra un ejemplo de comprobación de derechos de acceso en Windows. En ella el usuario `miguel` pide acceso de lectura al objeto `texto`. El subsistema de seguridad recorre la lista de control de acceso hasta que encuentra la confirmación positiva en la tercera posición, devolviendo al usuario un manejador al objeto. Obsérvese que los primeros elementos de la lista son denegaciones de derechos. Esto se hace así para evitar que, si el grupo del usuario `miguel` tiene denegado el acceso, dicho usuario pueda acceder al elemento, aunque una entrada de la lista se lo permita posteriormente.

Capacidades

La otra forma posible de implementar la matriz de protección es asociar a cada dominio un conjunto de descriptores que indiquen las operaciones que los componentes de ese dominio pueden efectuar sobre cada objeto del sistema. Estos descriptores se denominan capacidades (*capabilities*) y son una combinación de una referencia a un objeto con los permisos de acceso al mismo desde el dominio del poseedor de la capacidad. Las listas de capacidades son a su vez objetos, por lo que pueden ser incluidas dentro de otras listas de capacidades, facilitando la compartición de los objetos en dominios y subdominios.

A continuación, se muestran las capacidades del usuario `juan`, siguiendo los ejemplos anteriores:

```
Cap-id   Tipo      Derechos  Objeto
---------------------------------------

0        archivo   rw-       datos
1        archivo   rw-       notas
2        archivo   rwx       corrector
```

La posesión por parte de un miembro del grupo de profesores, como es `juan`, de una capacidad del objeto `datos` le permite efectuar operaciones de lectura y escritura sobre el mismo.

Un problema asociado a las capacidades, desde el punto de vista de la implementación, es que están en posesión de los usuarios y no asociadas al objeto en sí, por lo que hay que distribuirlas cuando se solicite la concesión de una capacidad por parte de un usuario. Para evitar problemas de seguridad, las listas de capacidades no suelen estar nunca accesibles directamente, sino que se accede desde métodos controlados por el sistema operativo o el sistema de seguridad. La mayoría de los sistemas que usan capacidades se basan en el hecho de que las listas de capacidades están siempre dentro del espacio de memoria del sistema operativo, sin que exista posibilidad de migrar a espacio de memoria de los procesos de usuario. Además, las capacidades sólo se pueden acceder a través de métodos que proporciona el sistema operativo, tales como:

- Crear capacidad
- Destruir capacidad
- Copiar capacidad

Es habitual que una capacidad no pueda ser modificada. En casi todos los sistemas es necesario destruirla y crear una nueva, siguiendo un esquema de uso de una única vez.

A nivel interno, se han propuesto tres métodos para proteger las listas de capacidades:

- **Arquitectura etiquetada**, en la cual cada palabra de memoria tenga un bit de etiqueta adicional diciendo si contiene o no una capacidad. En caso positivo, esa posición de memoria sólo puede ser modificada por procesos que ejecuten dentro del núcleo del sistema operativo. Esta solución es cara y poco adecuada para sistemas de propósito general.
- **Capacidades cifradas**. La clave de cifrado es desconocida por los usuarios, que deben limitarse a manipular las capacidades cifradas recibidas del sistema operativo. Este sistema se ajusta bien a las necesidades de los sistemas operativos distribuidos.
- **Listas de Control de Acceso** asociadas a cada capacidad.

El sistema operativo *Amoeba* usaba capacidades para proteger puertos de mensajes y otros objetos. La capacidad está formada por cuatro elementos (véase Figura 12.18), de los cuáles dos, los derechos de acceso y el número aleatorio, se usan para protección. Los derechos de acceso definen un bit por cada operación permitida sobre el objeto, el número aleatorio permite distinguir entre distintas versiones de la misma capacidad. Todas las capacidades se cifran antes de ser distribuidas a los usuarios.

Figura 12.18 Estructura de capacidad usada en un sistema operativo.

Las capacidades no se corresponden directamente con las necesidades de los usuarios y son menos intuitivas que las ACL. Debido a ello, la mayoría de los sistemas operativos proporcionan ACL como mecanismo de protección. Sin embargo, las capacidades tienen varias ventajas:

- Son muy útiles para incluir información de protección para un proceso en particular.
- El mecanismo de comprobación de derecho es muy sencillo.
- Se adaptan muy bien a sistemas distribuidos.

Su gran desventaja sigue siendo que la revocación de accesos a un objeto puede ser ineficiente si se desea hacerla con criterios de selectividad entre dominios o para revocar derechos parciales.

En Linux se definen capacidades en el archivo `/usr/incluye/Linux/capability.h`, del cual se incluye una muestra a continuación con la definición de capacidad y con algunas de ellas:

```
#define _LINUX_CAPABILITY_VERSION   0x19980330
```

```
typedef struct __user_cap_header_struct {
        __u32 version;
        int pid;
} __user *cap_user_header_t;
typedef struct __user_cap_data_struct {
        __u32 effective;
        __u32 permitted;
        __u32 inheritable;
} __user *cap_user_data_t;
...
...
/* Overrides the restriction that the real or effective user ID
of a  process sending a signal must match the real or
effective user ID of the process receiving the signal. */
#define CAP_KILL              5

/* Allows setgid(2) manipulation */
/* Allows setgroups(2) */
/* Allows forged gids on socket credentials passing. */
#define CAP_SETGID             6

/* Allows set*uid(2) manipulation (including fsuid). */
/* Allows forged pids on socket credentials passing. */
#define CAP_SETUID             7
```

Revocación de derechos de acceso en capacidades

El principal problema de las capacidades es que, en un sistema dinámico, pueden existir cientos de capacidades concedidas para acceder a un objeto, lo que hace muy difícil su control al no existir una estructura centralizada en el mismo objeto como la ACL. Por ello, revocar los derechos de acceso para un objeto en particular es muy difícil, ya que el sistema debe buscar todas las capacidades existentes sobre el mismo para aplicar la revocación de derechos. El problema se complica si además se quiere tener revocación parcial de derechos.

En sistemas operativos centralizados, se han propuesto métodos de control de capacidades tales como seguir la pista a la situación de las mismas, forzar su paso siempre a través del núcleo y mantener las capacidades en una base de datos centralizada, y restringida, limitar la propagación de capacidades, obligar a la readquisición periódica de la capacidad o usar claves de versión para cada capacidad.

Si se implementan las capacidades como una **lista de control de acceso**, se puede mantener una lista desde cada objeto a todas sus capacidades. Si hay modificaciones, se recorre dicha lista y se aplican. Este método, usado en MULTICS, es muy flexible, pero costoso de implementar. Una variante es borrar las capacidades para un objeto periódicamente. Si un proceso quiere utilizarlo, debe adquirir una nueva capacidad. Si se le ha denegado el acceso, no será capaz de conseguirla.

Con el mecanismo de **claves de versión**, cada objeto tiene una clave maestra, generalmente definida como un número aleatorio con muchos bits, que se copia en cada nueva capacidad sobre ese objeto. Los usuarios no pueden modificar dicha clave, que deben presentar junto a la capacidad cuando van a acceder al objeto. En ese momento, el sistema operativo compara la clave de la capacidad y la maestra. Si no coinciden se deniega el acceso. Para revocar el acceso, lo único que hay que hacer es cambiar la clave maestra existente en el objeto. Normalmente, sólo el dueño de un objeto, o el sistema operativo, puede cambiar la clave maestra del mismo. Este método, usado en el sistema operativo *Amoeba*, tampoco permite revocaciones selectivas.

Cuando las capacidades se pueden ceder de unos usuarios a otros, para ceder permisos de acceso a un objeto, es necesario mantener un grafo o árbol que muestre el patrón de propagación de una capacidad y que permita viajar por el árbol para revocar la capacidad en todos los dominios de protección. Este mecanismo se puede implementar mediante **indirecciones**, de forma que las capacidades no apunten directamente a los objetos, sino a una tabla global intermedia desde la cual se apunta al objeto. Para revocar las capacidades sobre un objeto sólo hay que eliminar el apuntador entre la tabla de objetos y el objeto en sí. No permite revocaciones selectivas.

12.6.3 Autenticación de usuarios

El paso previo a la aplicación de cualquier esquema de protección o privacidad de datos es conocer la identidad del usuario que está accediendo a dichos datos. El objetivo de la identificación del usuario, también denominada **autenticación**, es determinar si un usuario (persona, servicio o computador) es quien dice ser. Para ello, la mayoría de los sistemas solicitan del usuario que, previamente al acceso a los recursos del sistema, proporcione algún tipo de información que se supone que únicamente es conocida por él y que debe ser suficiente para su identificación.

Existen diversas formas de establecer la identidad de un usuario:

- Pedir información que sólo conoce él a través de contraseñas, juegos de preguntas o algoritmos de identificación.
- Determinar características físicas del usuario tales como la pupila, la huella dactilar, el DNA, la firma, etc. Es más costoso que el método anterior pero más fiable. Actualmente empiezan a ser frecuentes los sistemas de detección de la huella digital, la pupila o el tono de voz de una persona.
- Pedir un objeto que posee el usuario, como puede ser una firma electrónica, una tarjeta con banda magnética o con un *chip*.

Cualquiera que sea el método de identificación de usuario utilizado, en las instalaciones donde la seguridad es un aspecto importante se pueden tomar medidas suplementarias, como parte del proceso de autenticación, para evitar la existencia de intrusos o, al menos, dificultar accesos fraudulentos al sistema. En algunos sistemas operativos, como por ejemplo MVS de IBM, se puede limitar el acceso a los recursos a determinadas horas del día o a determinados terminales de usuario. En sistemas con conexión telefónica, los usuarios solicitan conexión y, posteriormente, el sistema les llama a un número de teléfono previamente definido. En sistemas interactivos, si un usuario accede al sistema desde un terminal y dicho terminal sobrepasa un tiempo de inactividad, se expulsa al usuario del sistema después de uno o varios avisos de desconexión. Los sistemas más modernos, especialmente los que permiten conexiones a través de redes, intercambian claves de forma dinámica cada cierto tiempo. Este método es equivalente a pedirle al usuario que reintroduzca su contraseña, tarjeta o característica física cada cierto tiempo. Además, como criterio general de seguridad, los sistemas operativos modernos dan la posibilidad de registrar todos los accesos al sistema, lo que permite hacer controles interactivos y *a posteriori* de dichos accesos.

El proceso de autenticación

Habitualmente, cuando un usuario quiere acceder al sistema, aparece una pantalla o mensaje de entrada. La pantalla suele pedir tres valores:

- Identificación del usuario: nombre del usuario en el sistema.
- Palabra clave o contraseña: espacio para teclear la clave (el eco muestra *).
- Dominio de protección al que pertenece el usuario.

Existen varios fallos posibles en el proceso de entrada al sistema, por lo que este proceso debe ser robusto y no dar información a los intrusos. Con el paso del tiempo, se ha ido dotando de mayor robustez e integridad al proceso de autenticación gracias, en parte, a la experiencia de errores previos. En las primeras versiones de UNIX, por ejemplo, el proceso *login* se podía matar desde el teclado. Al matarlo, el usuario se quedaba dentro del sistema con privilegios de administrador del sistema. Igualmente, en distintas versiones se comprobaba primero la identificación del usuario y, caso de no existir, se indicaba error sin pedir la contraseña:

```
Login: pepe
        Error: el usuario no existe
Login:
```

Con este método era sencillo averiguar qué usuarios había, o no, en un sistema. Otro fallo habitual era comprobar la contraseña carácter a carácter, notificando un error en cuanto fallaba el primer carácter. Con este método era muy sencillo comprobar las claves carácter a carácter hasta dar con la clave correcta. Actualmente, los sistemas piden todos los datos de autenticación, verifican el proceso y notifican el éxito o error de todo el proceso.

```
Login: pepe
Password: *************
        Acceso inválido. Inténtelo de nuevo.
```

En caso de error al teclear la clave, el usuario puede intentar la reinserción de la misma. Ahora bien, teniendo en cuenta que un usuario debería ser capaz de teclear su clave correctamente en 4 ó 5 intentos, es necesario tomar alguna medida especial cuando se alcanza ese número de errores. En UNIX, no se permiten reintentos hasta que no pasa un cierto tiempo. En Windows, una medida habitual es bloquear la cuenta y notificar la situación al administrador de seguridad del sistema. En ambos casos se trata de evitar que los programas que intentan adivinar las claves del sistema se puedan ejecutar de forma normal o que lo tengan que hacer de forma tan lenta que tal detección sea inviable. Todos los sistemas operativos registran los intentos de acceso fallidos al sistema.

Un ataque a la seguridad del sistema relacionado con el proceso de autenticación consiste en suplantar al proceso que pide los datos de entrada (*login spoofing*) con uno que muestra una ventana de entrada idéntica a la del sistema. Un usuario, al intentar entrar, teclearía su identidad y su clave en la ventana del intruso, que inmediatamente conocería dichos datos. La detección de esta intrusión podría ser difícil si además de suplantar al proceso de entrada al sistema, se hubiera hecho con permisos de administrador. En este caso, tras registrar los datos del usuario, el intruso podría ejecutar el proceso de entrada correcto escondiendo al usuario la violación de seguridad. Esta suplantación se clasificaría como un caballo de Troya. Este tipo de ataque es muy habitual en Internet, sobre todo para pedir datos de cuentas bancarias, y se denomina *fishing* (ir de pesca).

En Windows cuando el usuario quiere acceder al sistema introduce su contraseña y dominio de protección a través de un proceso `logon`. El usuario, su contraseña y el dominio de protección se empaquetan usando el estándar MSV1_0 y se pasa al subsistema de seguridad local (*LSASS*), que verifica la identidad del usuario usando la información almacenada en el SAM (*Security Account Manager*). En caso negativo, deniega el acceso. En caso positivo, construye una ficha de acceso para el usuario (LUID, *Local UID*) y mira en las políticas de seguridad para ver si la operación de acceso se ajusta a las mismas. Si no es así, termina el `logon` y borra los datos creados (veáse la Figura 12.19).

Si es un acceso correcto llama al monitor de referencia de seguridad para crear el token de acceso primario, cuyo manejador se devuelve a LSASS, quien a su vez lo devuelve a WinLogon.

PAM: Módulos de Autentificación Conectables

El proceso de autenticación en Linux se puede mejorar mucho si se incorpora PAM al sistema. PAM (*Pluggable Authentication Modules*) para Linux, es una suite de bibliotecas que permiten al administrador del sistema escoger cómo autentican las aplicaciones a los usuarios. PAM introduce una capa de middleware entre la aplicación y el mecanismo real de autentificación que proporciona distintos métodos de autenticación, manejo de cuentas, datos de sesiones, etc. Por ejemplo, usando PAM se puede deshabilitar el `login` a los usuarios normales entre las 15:00 y las 8:00 y se pueden incorporar nuevos mecanismos de identificación (tarjetas, lectores de huella, etc.).

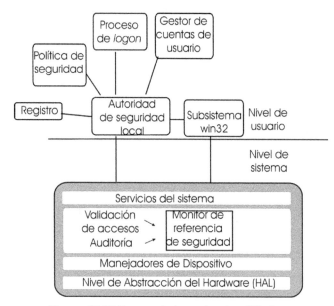

Figura 12.19 Proceso de logon local en Windows.

El estándar PAM define cuatro tipos de Módulos:

- `auth`: proporciona la autenticación en sí misma; solicita y comprueba la contraseña y otorga credenciales como miembro de un grupo.
- `account`: comprueba que la autenticación es válida (cuenta válida, intervalo temporal adecuado, etcétera).
- `password`: define las contraseñas.
- `session`: inicia la cuenta del usuario una vez autenticado.

Evidentemente, el principal fallo de un proceso de autenticación es que el propio usuario sea descuidado. Un usuario descuidado deja su cuenta abierta, apunta la clave al lado del terminal o se la dice a cualquiera que se la pregunte. Este tipo de fallos son críticos si el usuario es el administrador del sistema. Un principio de seguridad básico es la desconfianza. Si alguien necesita un recurso suyo, déselo usted mismo o póngalo compartido, pero NUNCA comparta su clave de acceso al sistema.

Palabras clave o contraseñas

El método más usado actualmente para identificar a un usuario es el de las contraseñas, o palabras clave. Una **contraseña** es un conjunto de caracteres alfanuméricos y especiales conocido únicamente por el usuario y por el sistema operativo sobre el que se ha llegado a un acuerdo para que sea usado como clave de acceso al sistema.

Normalmente, cuando se habilita un nuevo usuario en el sistema, éste introduce su contraseña, que puede cambiar posteriormente tantas veces como quiera. Dicha contraseña se guarda cifrada en unos archivos especiales.

Cuando intenta acceder a su cuenta, el proceso que controla los accesos (`login`) pide al usuario que teclee su contraseña. Inmediatamente, dicha contraseña es cifrada y comparada con la existente en el archivo de contraseñas para ese usuario. Si las dos contraseñas, ambas cifradas, coinciden, se permite acceder al usuario. En otro caso se deniega el acceso. Huelga decir que no deben existir copias sin cifrar de las contraseñas y que mientras el usuario teclea su contraseña hay que inhibir el eco en la pantalla para que otras personas no puedan ver dicha palabra clave.

Este sistema es sencillo de implementar y de usar, funcionando de forma similar en todos los sistemas operativos. Sin embargo, asumiendo que la autenticación se basa en tuplas <usuario, clave>, es necesario tomar cuatro decisiones de diseño básicas para un sistema como este:

- ¿Quién asigna las palabras clave?
- Longitud y formato de las palabras clave.
- ¿Dónde se almacenan las claves?
- Duración de las claves.

Asignación de claves

Normalmente, la palabra clave es fijada por el usuario cuando entra en su cuenta, quien la puede cambiar tantas veces como quiera. Sin embargo, hay situaciones en que el sistema operativo elige la clave, o parte de la clave, de un usuario:

- El sistema o el administrador fijan una clave de acceso cuando se crea la cuenta.
- Si dos usuarios eligen la misma clave, el sistema debe resolver la ambigüedad. Denegar la clave por repetida daría pistar a posibles intrusos. Por ello, algunos sistemas operativos, como UNIX, añaden una extensión (un número aleatorio de 12 bits y el identificador del proceso) a la clave de cada usuario.
- Si el usuario no usa caracteres especiales, usa claves cortas, palabras de diccionario o fáciles de adivinar, el sistema debe añadir algo que haga su identificación más difícil o rechazar dichas claves.

Cuando se usan sistemas con claves seguras, el usuario introduce una clave y, basándose en ella, el sistema operativo le devuelve un conjunto de claves complejas identificadas por un número. Así, cuando el usuario intenta acceder al sistema se le pide una clave determinada. Estas claves se usan una única vez.

La asignación discrecional de claves por parte del usuario tiene problemas asociados. Es habitual que los usuarios tengan contraseñas fáciles de adivinar, tales como su nombre, fecha de nacimiento, dirección, nombre de familiares, claves que se puedan buscar fácilmente con un diccionario o no tiene clave. Estos usuarios son presa fácil de cualquier programa rompedor de claves, que tardará muy poco en encontrar su clave.

Longitud y formato de las claves

La longitud y el formato de las claves son uno de los principales problemas de seguridad en los sistemas operativos, dado que dependen de los usuarios. Debido a ello, las normas de claves han ido cambiando a través del tiempo para obligar a usar contraseñas más largas y con distintos tipos de caracteres (letras, números, especiales, ...), principalmente debido a la detección de fallos asociados a las claves usadas en cada momento. En general, si una contraseña alcanza los 8 caracteres (entre letras y números), un ataque debería probar entre muchos billones de billones de combinaciones distintas, sin embargo, también hay que procurar que no siga patrones de diccionario, nombres propios, etc. para aumentar la seguridad. Las últimas recomendaciones de NIST sugieren longitudes de claves de hasta 64 caracteres. Como se puede observar en la Tabla 12.1, el tiempo necesario para romper una clave por fuerza bruta crece exponencialmente con el número de caracteres de la misma.

Tabla 12.1 Tiempo estimado para averiguar un clave por fuerza bruta.

Cantidad de Caracteres	Letras Minúsculas	Letras y Dígitos	Mayúsculas y minúsculas	Todos los Caracteres
6	51 minutos	6 horas	2,3 dias	3 meses
7	22,3 horas	9 días	4 meses	24 años
8	24 días	10,5 meses	17 años	2.288 años
9	21 meses	32,6 años	890 años	219.601 años
10	45 años	1.160 años	45.840 años	21.081.705 años

Sin embargo, en la realidad, se usan claves bastante débiles a veces. La Figura 12.20 muestra una distribución de palabras clave obtenida en un estudio realizado por Morris y Thompson en 1979. Como se puede ver, la mayoría de las palabras clave eran muy cortas o fáciles de adivinar. Estudios posteriores, como los de Luby y Spafford, mostraron un panorama similar. Actualmente, un buen servidor de claves trata de descartar los fallos más probables complicando el formato o los datos de las claves, sin embargo, en un estudio reciente llevado a cabo en servidores web de varias compañías grandes, la longitud media de la clave era todavía de 6 caracteres y en la mayoría de los casos estaba formada por letras.

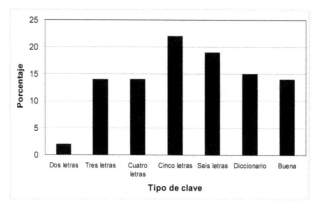

Figura 12.20 Distribución de palabras clave según su dificultad.

Para aumentar la complejidad de la clave, se puede hacer que el mandato que permite cambiar la contraseña (`passwd` en UNIX) obligue al usuario a meter caracteres no alfanuméricos y que fuerce la existencia de contraseñas de una longitud mínima añadiendo números aleatorios a la palabra clave antes de cifrarla.

Almacenamiento de claves

Decidir dónde se almacenan las claves es muy importante para la seguridad del sistema. En el sistema operativo UNIX, por ejemplo, las claves se almacenaban tradicionalmente en un archivo de texto denominado `/etc/passwd`. En cada entrada del archivo se encontraba la identidad de un usuario y su palabra clave cifrada, entre otras cosas, con el siguiente formato:

```
miguel:xsfg7.5t:Miguel Alumno:/home/users/miguel:/bin/csh
```

Este archivo era accesible para lectura por todo el mundo, lo que permitía que cualquier usuario pudiera ejecutar programas que leían este archivo y comparaban las palabras clave con contraseñas de uso probable o, simplemente, con listados exhaustivos de contraseñas. Para paliar este problema, actualmente las contraseñas cifradas se guardan en archivos especiales que únicamente son accesibles para el administrador. Son los denominados archivos **sombra** (`/etc/shadow`).

El sistema operativo tiene operaciones internas para acceder a estos archivos y manipular las contraseñas. En el caso de Windows, se guardan en archivos que sólo están accesibles para el administrador del sistema y que se manipulan a través de la utilidad de administración para gestión de usuarios. En el ejemplo siguiente se puede ver un ejemplo de archivo `/etc/shadow`.

```
#/etc/shadow
pepe:HF35sexza42:::::
```

Donde se asocia al nombre de usuario, la clave codificada con el algoritmo elegido. En este caso, cuando se mira el archivo `/etc/passwd`, no se la clave, como se ve si no se usa `shadow`, solo se ve un `*`:

```
#/etc/passwd
```

```
pepe:*:Jose Luis Lopez:/home/pepe:/bin/csh:
```

Se puede incrementar la seguridad del sistema cifrando todos los directorios y archivos de palabras clave. De esta forma, aúnque alguien pudiera acceder a ellos, no podría usar la información. La forma más habitual de cifrar la palabra clave es usar funciones de sentido único. Con esta aproximación, se cifra la palabra clave, se guarda en el archivo de claves y no se descifra jamás. Cuando un usuario desea entrar al sistema, se pide su clave, se codifica y se compara con la almacenada en el archivo.

Duración de las claves

Para dificultar la detección de contraseñas válidas por parte de posibles intrusos, se puede configurar el sistema operativo. Los sistemas operativos permiten que las contraseñas de usuarios sean válidas únicamente durante un cierto tiempo. Evidentemente, cuanto más corta sea la duración de la palabra clave, más difícil será romper la seguridad del sistema. Actualmente, muchos sistemas operativos obligan a cambiar las claves periódicamente, por ejemplo, cada 3 días, si así lo decide el administrador de seguridad. Este método *per se* no tiene por qué mejorar la seguridad del sistema. Suponga que un usuario tiene tres claves y siempre las usa de forma cíclica. Si las tres claves son sencillas, la seguridad del sistema no ha mejorado mucho.

Para evitar la situación anterior, empieza a ser frecuente el uso de contraseñas válidas para un único acceso (**claves de una sola vez**). Hay tres formas básicas de implementar esta política:

Obligar al usuario a cambiar su contraseña cada vez que entra en el sistema. Esta solución no limita posibles accesos futuros de intrusos, ya que estos pueden cambiar la palabra clave a su antojo, pero permite que el usuario afectado por la violación de seguridad lo detecte tan pronto como quiera entrar a su cuenta y avise al administrador del sistema.

Asignar una función matemática a cada usuario, de forma que cuando el usuario entre al sistema se le proporcione un argumento para la función y se le pida que introduzca el resultado de la función para dicho argumento. Las funciones matemáticas a usar pueden ser muy variadas, pero en sistemas conectados a la red suelen ser de una gran complejidad. Es muy frecuente usar polinomios.

Usar libros de contraseñas ordenadas según un cierto orden numérico. Cada vez que el usuario quiere acceder al sistema, se le pide que introduzca la contraseña con un cierto número de identificación. El libro de claves es generado por el usuario y debe estar en su posesión, sin que existan copias de este que no estén cifradas. Obviamente, este método no es útil si el intruso tiene acceso al libro de claves del usuario en versión no cifrada. Este es el método usado por el sistema *Securekey.*

La conexión de sistemas mediante redes supone un problema añadido para la seguridad. Una precaución mínima a tener en cuenta, si los usuarios pueden acceder a su cuenta desde sistemas remotos, es que las contraseñas nunca deben viajar por la red sin estar cifradas.

12.6.4 Separación de recursos

Los mecanismos de separación se dividen en cuatro grandes grupos, en función de cómo separan a los objetos: separación física, lógica, temporal y criptográfica.

La **separación física** se implementa en las computadoras de formas distintas: asignación de páginas de memoria distintas a cada proceso, asignación de zonas de memoria distintas al sistema operativo (/dev/kmem) y al resto de procesos (/dev/mem), ejecución en modo privilegiado sólo para el sistema operativo y el superusuario, asignación de un procesador dedicado al sistema operativo en multiprocesadores, etcétera. Además de estas limitaciones, en seguridad se pueden separar usuarios por salas, dedicar máquinas distintas a distintos grupos, etc. Evidentemente, la separación física es más efectiva cuanta más separación haya.

La **separación lógica** es más compleja, pero es el mecanismo principal de los sistemas operativos para proporcionar seguridad. A través de ella se proporciona el confinamiento de las entidades lógicas y se crean barreras para que un proceso o usuario no pueda violar la seguridad de los demás. Con separación lógica se crea una infraestructura virtual que permite que aplicaciones y usuarios vean los recursos que necesitan como si estuviesen dedicados exclusivamente para ellos. La memoria virtual es un buen exponente de esta separación. Un segmento tiene barreras que no permiten a saltar de un determinado segmento a otro o realizar operaciones sobre el mismo que no estén permitidas. Los procesos suelen ser entidades lógicas autoconfinadas que no comparten nada con nadie, salvo que haya compartición o comunicación explícita. Las máquinas virtuales permiten proporcionar también separación lógica de recursos.

En todos los sistemas operativos actuales existen dos **espacios de ejecución**: espacio del sistema y espacio de los usuarios. Se implementan mediante la activación o desactivación de un bit en el procesador que permite ponerla en modo privilegiado o en modo normal. El sistema ejecuta en el modo privilegiado, los usuarios en modo normal. El código que se ejecuta en espacio del sistema no tiene restricción alguna y tiene acceso directo a todo el hardware, así como a toda la memoria de la computadora, la tabla de procesos y a los datos de los diferentes procesos. Por el contrario, los programas que se ejecutan en modo usuario no tienen acceso directo a los dispositivos ni a los espacios de memoria de otros procesos ni a las estructuras internas del sistema operativo, debiendo acceder a los mismos mediante llamadas al sistema.

Un ejemplo caro de separación lógica de recursos es el sistema operativo *Qubes OS*,{XE "Qubes OS"} una distribución de Linux orientada a seguridad que sigue el principio de "Seguridad por Aislamiento". En *Qubes OS* todo se ejecuta en máquinas virtuales aisladas, de esta forma, si una se infecta o queda comprometida, el resto del sistema permanecerá seguro. El sistema se ejecuta sobre el *Hypervisor Abstraction Layer* (HAL) de Xen, por lo que para destruir el sistema sería necesario destruir el hipervisor completo.

La **separación temporal** es efectiva para limitar el acceso a recursos por grupos de usuarios. Por ejemplo, en algunos sistemas se permite ejecución interactiva sólo en una ventana de tiempo, dedicando el resto a la ejecución de procesos por lotes. Otro mecanismo de separación temporal consiste en limitar las conexiones a un sistema a través de sus redes y terminales en determinadas horas. Por ejemplo, en una donde sólo hay trabajo presencial de 8:00 a 15:00 horas, no debe haber conexión a un computador desde su terminal fuera de esas horas.

La **separación criptográfica** permite aislar los recursos de los usuarios entre sí mediante el cifrado de la información. Esta separación se puede llevar al extremo de cifrar la memoria RAM de determinados usuarios, pero normalmente se aplica a los datos. Por ejemplo, en UNIX (no suele estar en Linux) se puede usar la llamada `crypt()`, o el mandato asociado con el mismo nombre, para cifrar archivos o la palabra clave, como en el ejemplo siguiente:

```
#crypt password < filename > encryptedfilename
#crypt "f5d8" < miarchivo > miarchivo_cifrado
```

Tanto Linux como Windows incluyen sistemas de archivos, u opciones de los existentes, que permiten cifrar los contenidos al vuelo y almacenarlos cifrados. Por ejemplo, en Linux, EncFS permite crear un sistema cifrado de ficheros en el espacio de usuario. En NTFS se puede utilizar EFS (*Encripted File System*) para generar volúmenes NTFS cifrados.

12.6.5 Mecanismos de recuperación

Debido a los problemas anteriores, y a otros no estudiados aquí, un sistema se puede parar total o parcialmente. La parada total se suele deber a su vez a un error irrecuperable en el sistema operativo, lo que puede originar paradas de pánico (las pantallas azules de Windows o "kernel panic" de Linux) o simplemente bloqueos del sistema. La parada parcial se suele deber a fallos en servidores, que dejan de prestar los servicios que se supone deben dar.

Un mecanismo muy usado para salir de una parada total del sistema, especialmente si no se tiene acceso fácil al mismo, son los **watchdog**. Un *watchdog* es un dispositivo, que suele estar presente en microprocesadores y microcontroladores, consistente en un contador descendente que se inicia con un valor. Este valor se repone cada cierto tiempo como síntoma de actividad del sistema. Si el contador llega a cero, se origina una interrupción de RESET y se reinicia el sistema. Los watchdog se pueden controlar por hardware o por software. Si se activan por hardware, el sistema operativo lo activa automáticamente después del RESET y debe mantenerlo en actividad. Si se activan por software, se pueden activar y desactivar según sea necesario para ahorrar consumo. Aunque este mecanismo puede parecer burdo, es el único existente cuando el sistema no está accesible (un satélite o un dispositivo empotrado en un vehículo) o cuando se debe asegurar que el sistema funciona y hay alguna forma de reiniciarlo desde un estado seguro.

La recuperación parcial se puede llevar a cabo con los mecanismos de recuperación (*self-healing* o autorrecuperación) ya citados. Normalmente, los sistemas con autorrecuperación incluyen reglas de comportamiento ante eventos de error del sistema, también incluyen módulos de diagnosis de error para saber cuándo se ha producido una de estas reglas. Cuando ocurre esto, se disparan respuestas automatizadas en el sistema o se informa del error a un operador del sistema si no es posible resolverlo. Cuanto más inteligente es el sistema, más aprende y más capacidad tiene de recuperarse ante fallos. Por ejemplo, MINIX3 incluye un servidor de "reencarnación", que el padre de todos los manejadores y servidores, usa para rearrancar aquellos elementos fallidos o que funcionan mal. Se pueden implementar algunas de estas reglas de forma sencilla en Linux usando scripts de comprobación periódicamente (se ejecutan usando `crontab`), como el que se muestra a continuación:

```
#!/bin/bash

INETD=`ps ax | grep inetd`
echo $INETD

if [ "$INETD" = "" ]; then
        echo "muerto, recuperando ..."
        /usr/sbin/xinetd -pidfile /var/run/xinetd.pid -stayalive
else
        echo "vive"
fi
```

El problema con la recuperación es más sencillo cuando se trata de elementos sin estado, o con muy poco estado. Un servidor de Internet, por ejemplo, no tiene estado y se puede recuperar sobre la marcha. Sin embargo, un servidor de bases de datos no se puede recuperar igual de fácil, ya que hay que ir al registro de transacciones y rehacer todas aquellas que no estaban en la base de datos.

12.6.6 Salvaguarda de datos

Además de los problemas anteriores, es siempre necesario pensar que, por catástrofes o por rotura de materiales, puede ocurrir una destrucción física de los datos. Este tipo de fallos no se pueden solventar usando las técnicas anteriores, sino con dos nuevas técnicas: copias de respaldo y almacenamiento de datos con redundancia.

Copias de respaldo

Si un dispositivo de almacenamiento falla, los datos se perderán irremisiblemente. Por ello, es necesario hacer **copias de respaldo** (*backups*) de los sistemas de archivo con cierta frecuencia. Las copias de respaldo consisten en copiar los datos de un dispositivo a otro de forma total o parcial. Las copias totales suelen requerir mucho tiempo y espacio extra, por lo que una política muy popular es hacer copias de respaldo incrementales. Un respaldo incremental contiene únicamente aquellos archivos modificados desde la última vez que se hizo una copia de respaldo. Una de las principales tareas del administrador del sistema operativo es dictar la política de elaboración de copias de respaldo en el sistema. Esta política depende de las necesidades de los usuarios del sistema, pero es muy habitual hacer copias totales cada semana o cada mes y hacer copias incrementales cada día. Existen múltiples herramientas para hacer estar operaciones, como PCBackup en Windows o DrakBackup en Linux, pero también se pueden programar con simples mandatos del sistema como por ejemplo `tar`, `cpio` o `afio`. Por ejemplo, en UNIX el mandato:

```
dd if=/dev/hd1 of=/dev/st0
```

Copia todo el disco `/dev/hd1` a la cinta `/dev/st0`. Igualmente,

```
tar czvf cp_respaldo.tar.gz .
```

Copia todo el directorio actual comprimido a un archivo denominado `cp_respaldo.tar.gz`. También se puede usar `cpio`:

```
find . -depth -print | cpio -pvd /mnt/backup_remoto
```

Localiza los archivos debajo del subdirectorio actual y hace una copia a un sistema de archivos remoto montado en `/mnt/backup_remoto`.

También se puede hacer una copia de respaldo incremental desde una determinada fecha anterior. En el ejemplo siguiente se muestra cómo hacer un backup incremental de lo archivos del directorio actual que han cambiado desde el día anterior:

```
#!/bin/sh
FILELIST=`find . -mtime 1 -print`
tar czvf bck_incremental.tar $FILELIST
```

Normalmente, los dispositivos sobre los que se hacen las copias de respaldo son dispositivos extraíbles (cintas, discos duros u otros medios de almacenamiento terciario). Debido a la gran cantidad de espacio que requiere una copia total, lo habitual es usar los discos magnéticos para las copias de respaldo incrementales. Actualmente, sin embargo, existen discos extraíbles baratos y de gran capacidad, por lo que se está usando este tipo de dispositivos para hacer copias de respaldo de sistemas pequeños, especialmente computadores personales que no suelen tener una unidad de cinta conectada.

En caso de que existan requisitos fuertes de seguridad, las copias de respaldo se guardan en cajas fuertes o en edificios distintos a los del sistema original. Además, se mantienen varias copias de los datos.

Almacenamiento con redundancia

En los sistemas donde se necesita mucha disponibilidad, se puede almacenar la información de forma redundante en múltiples discos. Además, en caso de que se necesite fiabilidad, se puede añadir información de paridad para poder reconstruir los datos si falla una unidad de almacenamiento.

La técnica clásica de almacenamiento redundante es usar **discos espejo**, es decir, dos discos que contienen exactamente lo mismo. En este caso, toda la información se escribe en ambos discos, pero se lee sólo de uno. En caso de que una escritura falle, siempre se tiene la otra copia de los datos. Este tipo de redundancia tiene dos problemas principales:

Desperdicia el 50% del espacio de almacenamiento.

Reduce mucho el rendimiento de las operaciones de escritura. Ello se debe a que una escritura no se puede confirmar como válida hasta que se ha escrito en ambos discos espejo, lo que significa dos operaciones de escritura.

Una técnica más actual consiste en usar dispositivos **RAID** (*Redundant Array of Independent Disks*) a nivel hardware o software. Estos dispositivos usan un conjunto de discos para almacenar la información y otro conjunto para almacenar información de paridad del conjunto anterior. La Figura 12.21 muestra un dispositivo de este estilo, donde toda la paridad se almacena en el mismo disco. Se puede conseguir todavía más fiabilidad, y eficiencia, distribuyendo la paridad por todos los dispositivos. En el Capítulo de Entrada/Salida se estudiaron más a fondo estos dispositivos.

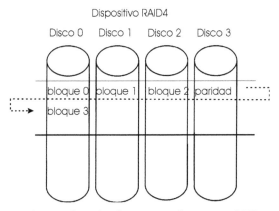

Figura 12.21 Información redundante en un dispositivo RAID tipo IV.

12.6.7   Mejoras en el núcleo del sistema operativo

Además de los aspectos comentados, hay aspectos específicos de seguridad que se pueden mejorar mediante los parches del sistema o incluyendo mejoras en el núcleo usando opciones de compilación, modificando parámetros, modificación de comportamiento de seguridad, de auditoría, etc..

En Linux, por ejemplo, muchos **parámetros de configuración estática** del núcleo se encuentran en el directorio /usr/incluye/linux. La Tabla 12.2 muestra alguno de ellos. Por ejemplo, si se quiere limitar el número de hijos que puede tener un proceso para evitar la "bombas de fork" (procesos que hacen fallar el sistema creando procesos en un bucle infinito), hay que limitar el parámetro CHILD_MAX. A continuación, hay que recompilar el sistema y generar un nuevo núcleo del sistema. Existen algunos módulos que se pueden añadir al sistema y que permiten modificar estos parámetros sin recompilarlo.

Tabla 12.2 Valores de parámetros del núcleo de Linux

Archivo	Parámetro	Límite
tty.h	#define MAX_NR_USER_CONSOLES	63
resource.h	#define PRIO_USER	2
limits.h	#define CHILD_MAX #define OPEN_MAX	999 256

En SELINUX se han modificado algunas características de Linux para **mejorar el comportamiento de seguridad**. Algunas de las más relevantes son: área de pila no ejecutable para evitar ataques por desbordamiento de buffer; restricción de operaciones en el directorio /tmp, tales como escribir en fifos ajenas o crear enlaces sobre ficheros ajenos; restricción de acceso al directorio /proc (que almacena datos detallados del núcleo y de los procesos) para que cada usuario sólo pueda ver los recursos; limitación del comando netstat que permite ver las conexiones de red abiertas, etc.

La limitación de muchas de estas opciones permite dotar al sistema de mucha privacidad, ya que todos ellos descubren mucha información. A continuación, se muestra un ejemplo de resultado del mandado netstat.

```
Active Internet connections (w/o servers)
Proto Recv-Q Send-Q Local Address     Foreign Address      State
tcp    0      0     localhost:imap2   localhost:46593   ESTABLISHED
tcp    0      0     aguila.inf:imaps  dhcp228.inf:4401  ESTABLISHED
tcp    0      0     loro.inf:imap2    lupu.inf:1051     ESTABLISHED
```

Además, la seguridad del núcleo se puede mejorar instalando parches de seguridad. En el caso de Windows, sólo Microsoft prepara dichos parches. Sin embargo, en el caso de Linux hay multitud de parches con ideas diversas que permiten mejorar el núcleo. Por ejemplo, los módulos de seguridad de Linux (*Linux Security Modules, LSM*) permiten poner filtros en puntos críticos del núcleo con distintas políticas de seguridad y el parche lcap elimina capacidades en el núcleo. Por último, se puede mejorar la información que se tiene de la auditoría del núcleo instalando el demonio auditd, que vuelca la información del núcleo de Linux a través del fichero /proc/audit. Los informes se pueden ver con ausearch o aureport.

12.7 Implementación de la seguridad en la red

La seguridad, como otros muchos aspectos en las redes, tiene un enorme componente físico (seguridad de dispositivos) y lógico (políticas de seguridad de las organizaciones y empresas). Se pueden aplicar los mismos criterios descritos en sistemas aislados, pero los más importantes incluyen autenticación remota, limitación de acceso y comunicación segura. A continuación, se estudia cómo se implementan.

12.7.1 Servicios de autenticación remota

Los sistemas en red organizan comunidades a dominios de usuario que se localizan generalmente mediante un directorio de dominio, como LDAP o Active Directory. En estos dominios hay un servidor de autenticación (nodo primario en Active Directory), que recibe las claves y verifica su validez.

El proceso es similar a una autenticación local, pero con la complejidad asociada a la transmisión segura con cifrado y a la distribución de claves. Esta complejidad se resuelve normalmente aplicando el estándar Kerberos.

Kerberos

Kerberos es un sistema de seguridad para sistemas conectados en red, aunque se puede aplica a sistemas operativos convencionales, como *Solaris*. Fue desarrollado en el *Massachussets Institute of Technology* (MIT) a finales de los años 80 y se ha convertido en un estándar *de facto* en sistemas operativos. Se basa en el uso de claves privadas, protocolos simétricos de intercambio de claves y en la existencia de servidores de claves y *tickets*. Cada usuario del sistema tiene su clave y el servidor de Kerberos usa dicha clave para codificar los mensajes que envía a dicho usuario de forma que no puedan ser leídos por nadie más.

Para proporcionar los servicios de autenticación, Kerberos mantiene una base de datos con sus clientes y sus respectivas **claves privadas**. La clave privada es un número muy grande que sólo conoce el servidor de claves de Kerberos y el cliente dueño de dicha clave. Si el cliente es un usuario, dicha clave se almacena encriptada. Los servicios del sistema que requieren autenticación, y los clientes que quieren usar dichos servicios, deben registrarse en el sistema Kerberos. En ese momento se establecen las claves privadas para cada uno de ellos. Puesto que Kerberos tiene las claves de los usuarios, puede generar mensajes que convenzan a los mismos de que otro usuario es quien dice ser. Se dice que Kerberos es un sistema confiable en el sentido en que los usuarios creen que lo que dice Kerberos acerca de las identidades de otros usuarios es exacto. Para incrementar la seguridad, el sistema genera también **claves temporales o de sesión**, que se dan únicamente a los clientes que se quieren comunicar entre sí. Dichas claves se usan para codificar los mensajes entre los dos clientes durante una sesión de trabajo.

Kerberos proporciona tres niveles de protección distintos:

- **Autenticación al inicio de una sesión**. Este servicio es el usado en sistemas operativos convencionales. Con él se asume que una vez establecida la sesión, los accesos siguientes se llevan a cabo por parte del cliente autenticado.
- **Autenticación de cada acceso**. En este caso, se comprueba que cada acceso es efectuado por el usuario que inició la sesión. No se preocupa de ocultar el contenido de los mensajes, sino de proporcionar *mensajes seguros*.
- **Autenticación y ocultación**. En este caso, se comprueban todos los accesos y se cifran los mensajes con la clave de sesión de las dos partes en contacto proporcionando *mensajes privados*.

La arquitectura de Kerberos, que se muestra en la Figura 12.22, es compleja e incluye los siguientes componentes:

- **Biblioteca de aplicación**. Interfaz entre las aplicaciones de los clientes y los servidores. Incluye rutinas para crear autenticaciones, leerlas, generar mensajes seguros o privados, etc.
- **Biblioteca de cifrado**. Incluye las rutinas para cifrar y descifrar. Se basa en el estándar DES y proporciona varios métodos alternativos de cifrado con características distintas de velocidad y seguridad (CBC, PCBC, etc.).
- **Sistema de gestión de base de datos**. Módulo reemplazable que proporciona los servicios de bases de datos. Los servicios que necesita Kerberos son sencillos: por cada registro se guarda el nombre del usuario, la clave privada y la fecha de expiración de la misma. Además, puede existir información adicional de los usuarios, tal como su nombre, teléfono, etc. En este caso, la información sensible se trata con medidas de seguridad mayores.
- **Servidor de registro**, o módulo de entrada, que proporciona la interfaz de cliente para acceder al sistema. La parte del cliente se puede ejecutar en cualquier sistema, pero la parte del servidor debe ejecutar en la máquina donde se ha instalado la base de datos de Kerberos.
- El **servidor de autenticación** (KDC, *Key Distribution Center*) ejecuta operaciones de sólo lectura en la base de datos de Kerberos para adquirir los datos de los usuarios. Además, genera claves de sesión y *tickets*. Puesto que no modifica la base de datos puede ejecutar en cualquier sistema que tenga una copia de sólo-lectura de la base de datos.

Existen además programas de usuario que permiten entrar a Kerberos, cambiar una clave o gestionar los *tickets*.

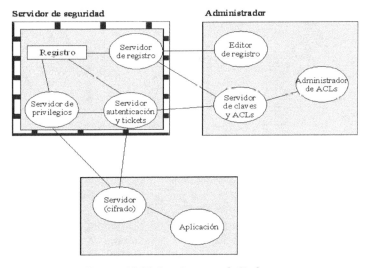

Figura 12.22 Arquitectura de Kerberos.

Los componentes que pueden escribir sobre la base de datos para generar registros o modificarlos sólo pueden ejecutar en la misma máquina en la que está instalada la base de datos. Dicha máquina debe estar instalada en un entorno seguro y ser confiable.

Lo más complejo del diseño e implementación de Kerberos son sus **protocolos de autenticación**. Kerberos es diferente de los métodos de autenticación de nombre de usuario/contraseña. En vez de validar cada usuario para cada servicio de red, Kerberos usa encriptación simétrica y un tercero (el KDC) para autentificar los usuarios a un conjunto de servicios de red. Cuando un usuario pide un servicio, es necesario establecer su identidad. Para ello, es necesario presentar un ticket al servidor, junto con alguna prueba de que dicho *ticket* es legal y de que no ha sido robado o falsificado. Una vez que el usuario se ha autentificado al KDC, se le envía un ticket específico para esa sesión de vuelta a la máquina del usuario y cualquier servicio kerberizado buscará el ticket en la máquina del usuario en vez de preguntarle al usuario que se autentifique usando una contraseña.

Como se puede ver en la Figura 12.22 y la Figura 12.23, hay tres fases en el proceso de autenticación de Kerberos:

1. Obtención de credenciales por parte del usuario.
2. Petición de autenticación para un servicio concreto.
3. Presentación de credenciales al servidor.

La credencial básica en Kerberos es el **ticket**. Un ticket permite transmitir la identidad del dueño del ticket de forma segura, además de poder incluir información para identificar a los receptores del mismo. Entre otras cosas incluyen el nombre del servidor, el del cliente, un sello temporal, su duración y una clave aleatoria de sesión. Toda esta información se cifra usando la clave del servidor para el que se usa el ticket, lo que evita tener que comprobar si hay modificaciones del ticket. Los tickets tienen una duración temporal limitada, debiendo renovarse cuando expira.

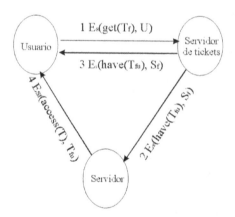

Figura 12.23 Servicio de tickets en Kerberos.

Cuando un usuario quiere adquirir un ticket inicial (obtener credencial), debe acceder al servidor de autenticación a través de un proceso de `login`. Cuando introduce su nombre y clave, se codifican con la clave privada del cliente y se envían dichos datos al servidor de autenticación, que los contrasta con sus registros de la base de datos. Si todo es correcto, genera una clave aleatoria para esa sesión de trabajo y un ticket para que el servidor de tickets reconozca al usuario y le conceda credenciales para servicios concretos cuando las pida. Para pedir credenciales para un servicio concreto en un servidor, el usuario envía un mensaje al servidor de tickets (paso 1 de la Figura 12.23). Éste comunica con el servidor y el usuario y les envía el ticket concedido (pasos 2 y 3 de la Figura 12.23). A continuación, el servidor se pone en contacto con el usuario para indicarle que puede acceder a sus servicios usando dicho ticket (paso 4 de la Figura 12.23). Todos los mensajes van codificados con las claves privadas del servidor o de la sesión correspondiente. Cada vez que el usuario quiera acceder al servidor, debe presentar las credenciales concedidas para efectuar esas operaciones.

Kerberos es un sistema ampliamente usado en sistemas operativos convencionales y distribuidos. Sin embargo, no está exento de complicaciones y cuestiones pendientes de resolver. Algunos de los problemas asociados con Kerberos son los siguientes:

- Los protocolos de intercambio de *tickets* son complicados, lo que conlleva un tiempo considerable de ejecución si se tiene en cuenta que hay que pedir un ticket para cada servicio y servidor.
- La seguridad de las bases de datos del servidor de autenticación debe ser muy estricta para que no haya accesos indebidos ni maliciosos. Este requisito se contradice con el rendimiento. Para tratar de acercar ambas cuestiones, se replican las bases de datos con copias de sólo lectura y con acceso controlado por servidores de seguridad.

La duración de los *tickets* supone también un compromiso entre seguridad y eficiencia. Por seguridad, lo mejor sería usar un ticket para cada operación. Por eficiencia, es mejor tener *tickets* con una vida larga para evitar las operaciones de petición de uno nuevo. Sin embargo, si el ticket fuese usado de forma indebida, los daños serían mayores cuanto más larga fuera la vida de dicho ticket.

El sistema Kerberos se vuelve vulnerable cada vez que un usuario en la red se valida contra un servicio no kerberizados, como Telnet o FTP, y envía una contraseña en la red en texto plano. Por lo tanto, no se recomienda el uso de servicios no kerberizados. Se deben usar servicios seguros tales como SSH o SSL.

Es muy difícil garantizar la integridad del software que ejecuta en un computador. La única solución posible es dificultar la modificación del software que se ejecuta en computadores con múltiples usuarios mediante la aplicación de los controles descritos en este capítulo.

Otro problema importante es la dificultad de delegar tareas entre servidores. Para conseguir esto, habría que modificar mucho los protocolos de intercambio de tickets o compartir información sensible de las bases de datos.

A pesar de todo lo anterior, Kerberos es bien aceptado por los usuarios de un sistema de computación porque, si todo va bien, es casi totalmente transparente. Cuando accede al sistema, el usuario ve una interfaz similar a la de un sistema convencional. Igualmente, las operaciones de cambio de palabra clave efectúan de forma automática los cambios pertinentes en los datos de Kerberos. Sólo cuando está dentro del sistema durante un tiempo mayor de lo que dura el ticket de sesión (normalmente varias horas), el usuario nota la presencia de Kerberos, que le obliga a adquirir un nuevo ticket de sesión. El trabajo del administrador del sistema, sin embargo, se complica sustancialmente. Debe efectuar todas las operaciones para dar de alta nuevos usuarios y servicios del sistema, replicar las bases de datos y asegurar que las máquinas que ejecutan los componentes centrales de Kerberos son físicamente seguras y confiables.

Autenticación en red en Linux

En Linux la autenticación de usuarios en un sistema distribuido se hace mediante el Protocolo de Acceso a Directorios Ligeros (Lightweight Directory Access Protocol, LDAP). LDAP incluye un servicio de directorios con estructura de árbol que almacena objetos de dos tipos:

Contenedores: objetos pueden a su vez contener otros objetos, tales como root (el elemento raíz del árbol de directorios), c (país), ou (unidad organizativa) y dc (componente de dominio).

Hojas: objetos que se encuentran en la parte final de una rama y no incluyen objetos subordinados tales como person, InetOrgPerson o groupofNames. Algunos atributos definidos dentro del árbol LDAP son los siguientes, tomando como base la entrada de datos para personas, que en ldap se define mediante la clase de objetos person, pero también puede definirse mediante atributos en las clases de objetos inetOrgPerson, groupOfNames, y organization.

Los despliegues actuales de LDAP tienden a usar nombres de Sistema de Nombres de Dominio (DNS por sus siglas en inglés) para estructurar los niveles más altos de la jerarquía. Por ejemplo uc3m.es para la Universidad Carlos III de Madrid. Conforme se desciende en el directorio pueden aparecer entradas que representan personas, unidades organizacionales, impresoras, documentos, grupos de personas o cualquier cosa que representa una entrada dada en el árbol (o múltiples entradas). Habitualmente, los objetos almacenan la información de autenticación (usuario y contraseña) y es utilizado para autenticarse, aunque es posible almacenar otra información (datos de contacto del usuario, ubicación de diversos recursos de la red, permisos, certificados, etc).

La versión más común actualmente en Linux es OpenLDAP, una implementación libre del protocolo que soporta múltiples esquemas por lo que puede utilizarse para conectarse a cualquier otro LDAP.

Autenticación en red en Windows

En las redes Windows se usa un sistema de autenticación basado en LDAP que se denomina **Directorio Activo** (*Active Directory*). En la Figura 12.24 se muestra el esquema de la autenticación de usuarios en Windows usando Active Directory. Como se puede ver, la autoridad de autenticación local usa Kerberos por debajo para contactar con el Active Directory y realizar la autenticación remota. Con este mecanismo, los usuarios de un dominio de administración tienen una única clave y se autentican sólo una vez en el dominio (*single sign-on*). Un sistema distribuido de computadoras debe tener un Active Directory instalado y dentro del mismo un nodo primario, o controlador, del dominio. Este nodo primario almacena la base de datos que centraliza toda la información de un dominio de administración.

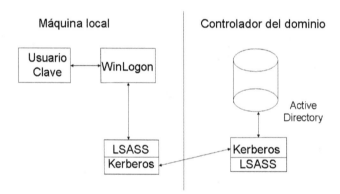

Figura 12.24 Autenticación remota en Windows usando Active Directory.

Todos los objetos de autenticación, junto con sus atributos, se crean en este nodo primario y se almacenan en el Active Directory. Se pueden agrupar formando grafos (por ejemplo, un árbol jerárquico) de categoría lógicas de red (usuarios, grupos, recursos, permisos, políticas, etc.). Además, en Windows Server, el Active Directory se puede replicar de forma automática entre todos los servidores que controlan el acceso al dominio de administración, lo que reduce el tiempo de autenticación y de comprobación de permisos. El tiempo de propagación de actualizaciones se puede parametrizar.

12.7.2   Limitaciones de acceso

Uno de los recursos usuales en los sistemas de seguridad es limitar el acceso a los recursos del sistema con mecanismos lógicos y físicos. A continuación, se describen algunos de los más importantes.

Cortafuegos

Debido a la complejidad de los mecanismos de protección en sistemas distribuidos, en muchas redes de computadores se limita el acceso y sólo se permite el acceso a la red interna a través de una máquina determinada, denominada cortafuegos (*firewall*). Esta máquina separa dos dominios de seguridad: el fiable y el exterior.

El cortafuegos se sitúa entre ambos y filtra todo el tráfico de la red, monitoriza y registra las conexiones. Actualmente, Internet se sitúa en el dominio de seguridad exterior, mientras que las máquinas del dominio de seguridad fiable se aíslan del exterior, estando conectadas mediante una intranet (véase Figura 12.25).

Habitualmente, sólo se permite el establecimiento de comunicaciones entre máquinas de la intranet y el mundo exterior a través de los servicios del cortafuegos. Como se muestra en la figura, es normal que exista una zona intermedia de seguridad cuyas máquinas se pueden conectar con las de la intranet y que tienen también dirección IP pública. Esta zona, denominada zona desmilitarizada (DMZ) suele albergar al servidor Web.

También puede haber ciertos servidores de aplicaciones u otras máquinas controladas que se conectan a los sistemas de la compañía y los exportan al exterior usando protocolos que pueden ser filtrados por el cortafuegos (por ejemplo, http). La configuración de seguridad depende del diseño de la red.

El cortafuegos realiza normalmente dos funciones: filtro de tráfico y traducción de direcciones de red (*NAT, Network Address Translation*). El filtrado de tráfico se realiza mediante reglas lógicas que se pueden especificar en todos los cortafuegos, siendo normalmente la situación de partida la restricción total y la concesión de permisos solo a aquellos que los necesiten.

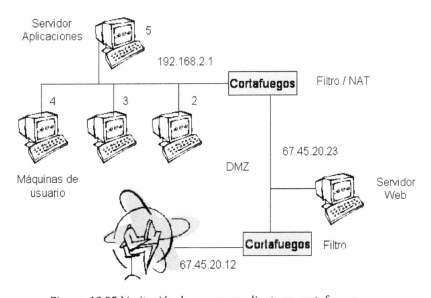

Figura 12.25 Limitación de accesos mediante un cortafuegos.

El **enmascaramiento IP (***IP Masquerade***)** es una capacidad de red de los servidores Linux que permite prestar servicios de traducción de direcciones de red internas/externas. Se distingue de un cortafuegos en que no filtra tráfico, pero al menos permite ocultar las direcciones internas de una red. El servidor Linux conectado a Internet sirve como pasarela para los ordenadores conectados a él y permite su conexión a Internet aunque no *tengan una dirección IP oficial asignada*. Romper la seguridad de un sistema configurado de forma correcta con enmascaramiento IP es difícil, aunque no se tenga un cortafuegos instalado. Como se muestra en la Figura 12.26 el sistema Linux conectado a Internet es la pasarela enmascarada para la red interna de los ordenadores 2, 3 y 4 y permite su acceso a Internet. La red interna usa direcciones de red privadas de clase C 192.168.2.*.

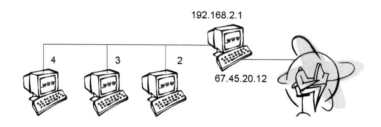

Figura 12.26 Enmascaramiento de IP en Linux.

Limitación o eliminación de servicios

Para atender las solicitudes de conexión que llegan a nuestro equipo existe un demonio llamado `inetd` que está a la escucha de todos los intentos de conexión que se realicen a su máquina. Cuando le llega una solicitud de conexión irá dirigida a un puerto (número de servicio, quizás sea más claro que puerto), por ejemplo, el 80 sería una solicitud al servidor de páginas Web, 23 para `telnet`, 25 para `smtp`, etc. Los servicios de red que presta su máquina están descritos en `/etc/inetd.conf` (y en `/etc/services` los números de puertos).

Si se quiere aislar lógicamente una máquina Unix o Linux de la red, basta con no arrancar (o parar) el demonio `inetd`. Con esta simple acción la computadora queda aislada y no presta servicios de red. El siguiente paso de aislamiento es usar el servicio *tcp_wrapper* (`/usr/sbin/tcpd`) para indicar qué computadoras tienen permiso para conectarse, o no, a la computadora del servicio. Los equipos autorizados se indican en el archivo `/etc/hosts.allow` y los no autorizados en `/etc/hosts.deny`. Los intentos de conexión se registran en `/var/log/secure` para permitir su auditoría posterior. A continuación, se muestra un ejemplo de archivo `/etc/hosts.allow`:

```
# /etc/hosts.allow: list of hosts that are allowed to access the system.
# Example:    ALL: LOCAL @some_netgroup
#             ALL: .foobar.edu EXCEPT terminalserver.foobar.edu
# Permite conexión de máquinas al dominio arcos
# 163.134.128:       .arcos.inf.uc3m.es
# 163.117.142.148:   oscar@lab.inf.uc3m.es
#
ALL: 163.134.128 \
     163.117.4.55 163.117.7.4
# Permite todas las conexiones por SSL
sslwrap: ALL
```

Además de filtrar las computadoras a las que se permite o deniega servicio, se puede decidir añadir o quitar servicios de red. Esto se hace usando los archivos de configuración de los servicios de red `/etc/inetd.conf` y de números de puertos usados `/etc/services`. A continuación, se muestra un ejemplo de `/etc/inetd.conf`. Como se puede ver, algunos servicios estándar como `telnet` y `ftp`, que se han demostrado peligrosos, han sido desactivados por el administrador. Para ello, basta con comentar la línea correspondiente del archivo.

```
# /etc/inetd.conf:  see inetd(8) for further informations.
```

```
#
# Internet server configuration database
#STANDARD: These are standard services.

#telnet    stream       tcp       nowait       telnetd.telnetd    /usr/sbin/tcpd
/usr/sbin/in.telnetd
#ftp    stream   tcp     nowait   root     /usr/sbin/tcpd   /usr/sbin/in.ftpd
imap2   stream   tcp     nowait   root     /usr/sbin/tcpd   /usr/sbin/imapd
```

Otra forma de protección es dejar los servicios, pero cambiar el puerto estándar por defecto en el archivo /etc/services. En el ejemplo siguiente se ha redefinido el puerto del servicio ftp:

```
# Network services, Internet style
#
tcpmux          1/tcp                              # TCP port service multiplexer
chargen         19/tcp          ttytst source
chargen         19/udp          ttytst source
#ftp            21/tcp
ftp             321/tcp
ssh             22/tcp                             # SSH Remote Login Protocol
ssh             22/udp
```

Para no asumir riesgos innecesarios de seguridad innecesarios, hay que tener abiertos solo los servicios que se necesiten y limitar las acciones que se realicen como root al mínimo imprescindible, y sobre todo no ejecutar servicios con programas desconocidos.

Redes privadas virtuales (VPN, Virtual Private Networks)

Una VPN es una tecnología que permite extender una red privada a través de una red pública, como Internet, asegurando la autenticidad de los usuarios, la integridad de los datos y la privacidad de estos. Las VPN más habituales permiten la conexión de distintos centros de una entidad de forma segura o la conexión remota de un usuario a un centro de su empresa. También se usan para crear distintas redes dentro de una misma área local y poder separar grupos de usuarios. En todos los casos limitan el acceso a usuarios no autorizados mediante la creación de un "túnel" de comunicaciones en la red pública por el que se encapsulan y transmiten los datos cifrados.

Se pueden implementar por hardware o por software. Las soluciones software se incluyen, o se pueden incluir, en casi todos los sistemas operativos actuales. Por ejemplo, Windows XP permite crear muy fácilmente una conexión a VPN. También existen soluciones externas, como el caso de OpenVPN, una herramienta de software libre que combina SSL y VPN. En cualquier caso, son una buena solución porque no necesitan infraestructura de comunicaciones especial, como líneas dedicadas.

El estudio detallado de esta tecnología está fuera del alcance de este libro. Para más información puede consultar las referencias de ampliación.

12.7.3 Comunicación segura

SSL (*Secure Sockets Layer*) fue propuesto en 1994 por Netscape y su versión v3.0 es un estándar de facto en Internet. Se denomina así porque se pensó como una extensión de los *sockets* de Unix y funcionan como una extensión de este mecanismo de comunicación que proporciona cifrado de datos, autenticación de servidores e integridad de mensajes. Se ubica en la pila OSI entre el nivel de Transporte (TCP) y los de aplicación (smtp, http, ftp, ...), como se muestra en la Figura 12.27. SSL proporciona seguridad sobre los *sockets* tradicionales mediante el cifrado y la compresión de los datos de forma previa a su envío e implica tres fases básicas: negociar entre las partes el algoritmo a usar en la comunicación (*handshake*), intercambiar las claves públicas y las de autenticación (*cypher change*) y encriptación del tráfico basado en cifrado simétrico. En *http://www.openssl.org/* se puede ver la especificación de una biblioteca SSL.

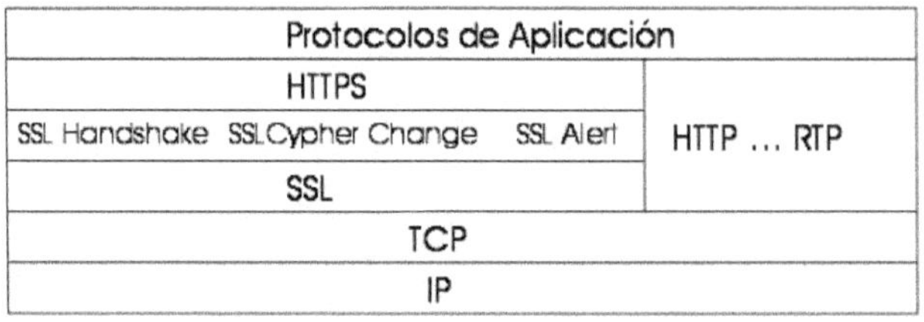

Protocolos de Aplicación		
HTTPS		HTTP ... RTP
SSL Handshake SSL Cypher Change SSL Alert		
SSL		
TCP		
IP		

Figura 12.27 Pila de protocolos con SSL.

12.7.4 Otros mecanismos de protección

Además de los mecanismos de seguridad comentados, se usan muchos otros en las redes de computadoras, aunque normalmente se implementan como utilidades externas al sistema operativo. Algunos de los más populares y útiles son los antivirus, los filtros de correo basura (*spam*), las herramientas de denegación de servicios en función de las reglas o direcciones, las de detección de intrusos, las de escaneo de conexiones y puertos, etc.

En las versiones seguras de los sistemas operativos actuales se incluyen, o pueden instalar, muchas utilidades para mejorar la seguridad de la red. Algunos ejemplos populares open-source para Linux incluyen:

- Snort: una herramienta de prevención de intrusiones en la red.
- Suricata: un motor de detección de ataques por la red.
- Bro: un entorno de análisis de red.
- WebScarab: una herramienta que analiza aplicaciones que se comunican a través de http y HTTPS.
- OSSEC (*Open Source HIDS Security*): un monitor de seguridad que vigila todas las operaciones.
- Ghost Phisher: un entorno de seguridad que permite crear servidores fake DNS, DHCP y http para ocultar la identidad verdadera a los atacantes.

Debido al problema que supone la seguridad de los sistemas informáticos, en los últimos años ha surgido toda una industria muy potente de seguridad informática. La Figura 12.28 muestra los resultados de un estudio sobre mecanismos de seguridad realizado en empresas españolas.

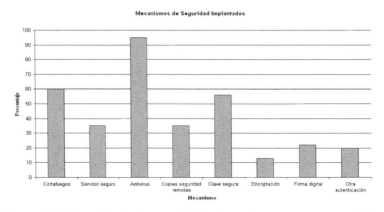

Figura 12.28 Mecanismos de seguridad implantados en empresas españolas.

12.8 Servicios de protección y seguridad

Los servicios de protección y seguridad de un sistema varían dependiendo de la complejidad del sistema implementado. En esta sección se muestran algunos servicios de protección de POSIX, sin entrar en mecanismos de protección de sistemas distribuidos o en los problemas de distribución de claves por redes.

En general, todos los sistemas operativos crean la información de protección cuando se crea un objeto, por lo que no es muy frecuente encontrar servicios de creación y destrucción de ACL o capacidades disponibles para los usuarios. Es mucho más frecuente que los servicios de protección incluyan llamadas al sistema para cambiar características de la información de protección o para consultar dichas características.

Generalmente, existen llamadas al sistema para manipular los descriptores de protección: crear, destruir, abrir, obtener información, cambiar información y fijar información por defecto.

12.8.1 Servicios POSIX

El estándar POSIX define servicios que, en general, se ajustan a los servicios genéricos descritos en la sección anterior. Sin embargo, no existen servicios específicos para crear, destruir o abrir descriptores de protección. Estos se asocian a los objetos y se crean y se destruyen con dichos objetos.

```
int access (const char *path, int amode);
```

access comprueba si un archivo está accesible con unos ciertos privilegios. Tienen en cuenta el uid y el gid real, no los efectivos. No es necesario tener el archivo abierto. El nombre del archivo se especifica en path. amode es el OR de los permisos de acceso a comprobar o la constante F_OK si se quiere comprobar que el archivo existe. En caso de éxito devuelve un cero. En caso de error devuelve -1.

```
int chmod (const char *path, mode_t mode);
```

chmod cambia los derechos de acceso a un archivo. Sólo el dueño del archivo o el superusuario pueden ejecutar esta llamada. No es necesario tener el archivo abierto. Si algún proceso tiene el archivo abierto, esta llamada no afectará a sus privilegios de acceso hasta que no lo cierre. El nombre del archivo se especifica en path. mode es el valor, en notación octal, de los permisos de acceso a instalar. Por ejemplo, los bits rwxrx-r-- se indican en octal con los números 764. Permite cambiar los bits setuid y setgid. En caso de éxito devuelve un cero. En caso de error un -1.

```
int chown (const char *path, uid_t owner, gid_t group);
```

chown cambia el propietario y el grupo de un archivo. Sólo el dueño del archivo, o el superusuario, puede cambiar estos atributos. No es necesario tener el archivo abierto. Si algún proceso tiene el archivo abierto, esta llamada no afectará a sus privilegios de acceso hasta que no lo cierre. El nombre del archivo se especifica en path. owner y group son los identificadores numéricos del nuevo dueño y del nuevo grupo. En caso de éxito devuelve un cero. En caso de error devuelve -1 y no cambia nada.

```
uid_t getuid  (void);
uid_t geteuid (void);
gid_t getgid  (void);
gid_t getegid (void);
```

Las llamadas `getuid`, `geteuid`, `getgid` y `getegid` permiten obtener los identificadores reales y efectivos del propietario de un archivo y de su grupo. Estas llamadas son sólo de consulta y no modifican nada. En caso de éxito devuelven el identificador solicitado. Estas funciones siempre deben resolverse con éxito, por lo que no hay previsto caso de error. Esto se debe a que todo proceso debe ejecutar siempre con una identificación de usuario y de grupo.

```
uid_t setuid  (uid_t uid);
gid_t setgid  (gid_t gid);
```

Las llamadas `setuid` y `setgid` permiten cambiar los identificadores reales del usuario y de su grupo. A partir de ese momento, estas identidades pasan a ser las identidades efectivas de los mismos. Sus identidades reales sólo se cambian si el usuario tiene los privilegios adecuados. En otro caso, sólo se cambia la efectiva y se mantiene la identidad real. En caso de éxito devuelven cero. En caso de error, por privilegios insuficientes o por no existir la identidad solicitada, devuelven -1.

```
mode_t umask  (mode_t cmask);
```

La llamada `umask` permite a un usuario definir una máscara de protección que será aplicada por defecto a todos sus objetos creados a partir de ese instante. El parámetro `cmask` define el modo de protección por defecto. Cuando se crea un objeto y se define su modo de protección, por ejemplo `mode1`, el valor efectivo de protección resultante para el objeto es el resultado del OR exclusivo entre `cmask` y `mode1`. Por ejemplo:

```
cmask = 024    (----w--w-)
mode1  = 777    (rwxrwxrwx)
```

Daría un modo de protección real de 755 (`rwxr-xr-x`).

En caso de éxito devuelve el valor del modo de protección de los archivos anterior a este cambio.

Otras llamadas POSIX.

El estándar POSIX define algunas llamadas más relacionadas con la identificación de usuarios y las sesiones de trabajo de los mismos. La llamada `getgroups` permite obtener la lista de grupos de un usuario. Las llamadas `getlogin` y `getlogin_r` devuelven el nombre del usuario asociado a un proceso. La llamada `setsid` crea un identificador de sesión para un usuario. La llamada `uname` permite identificar el sistema en el que se ejecuta el sistema operativo. Por último las llamadas `crypt` y `encrypt` permiten cifrar caracteres y bloques de bytes usando DES.

Para una referencia más completa de estas llamadas se remite al lector al archivo `/user/incluye/unistd.h` y a los manuales de descripción especializados.

12.8.2 Ejemplo de uso de los servicios de protección de POSIX

Para ilustrar el uso de los servicios de protección que proporciona UNIX, se presentan en esta sección dos pequeños programas, con su código fuente en lenguaje C. El primero (véase el programa 12.3) ejecuta la siguiente secuencia de acciones:

1. Comprueba que el archivo origen se puede leer y que la identificación efectiva y real del usuario son las mismas.
2. Crea el archivo destino con la máscara por defecto.
3. Copia el archivo antiguo al nuevo y restaura el modo de protección anterior.

4. Cambia el propietario y el grupo del archivo destino.

Programa 12.3 Copia con cambio del modo de protección de un archivo.

```c
#include <sys/types.h>
#include <sys/stat.h>
#include <fcntl.h>
#include <stdio.h>
#define  FIC_OR        "/tmp/fic_origen"
#define  FIC_DES       "/tmp/fic_destino"
#define  NEW_OWN  512 /* alumno miguel */
#define  NEW_GRP  500 /* alumnos */

main (int argc, char **argv)
{
    int oldmask;

    if (getuid() != geteuid()) {
        printf ("Error: las identidades no coinciden \n");
        exit(0);
    }
    if (access(FIC_OR, R_OK) == -1) {
        printf ("Error: %s no se puede leer \n", FIC_OR);
        exit(0);
    }
    /* Comprobaciones bien. Crear el destino con máscara 007 */
    oldmask = umask (0007);
    if ( creat (FIC_DES, 0755) < 0) {
        printf ("Error: %s no pudo ser creado \n", FIC_DES);
        exit(0);
    }
    /* Restaurar la máscara de protección anterior */
    umask (oldmask);
    /*Si todo fue bien, el modo de protección efectivo es 750*/
    system (" cp /tmp/fic_origen /tmp/fic_destino");
    /* Cambiar su dueño y su grupo. Solo lo puede hacer
     el superusuario */
    chown (FIC_DES, NEW_OWN, NEW_GRP);
    exit (0);
}
```

El Programa 12.4 permite consultar la identidad del dueño, de su grupo y los derechos de acceso de un archivo, cuyo nombre recibe como parámetro de entrada, usando la llamada al sistema stat. Este ejemplo no modifica nada, sólo extrae los parámetros y se los muestra al usuario. Para ello, el programa ejecuta la siguiente secuencia de acciones:

1. Ejecuta la llamada stat para el archivo solicitado y comprueba si ha recibido un error.
2. Si no le ha devuelto un error, extrae de la estructura de datos devuelta como parámetro de salida (struct stat) la información pedida. El identificador del dueño

está en el campo st_uid, el de su grupo en st_gid y los permisos de acceso en st_mode.

3. Da formato a los datos obtenidos y los muestra por la salida estándar.

Programa 12.4 Extracción de la identidad del dueño, de su grupo y los derechos de acceso de un archivo.

```c
#include <sys/types.h>
#include <stat.h>

main (int argc, char **argv)
{
    struct stat InfArchivo; /* Estructura para datos de stat */
    int fd, EstadoOperacion, i;
    unsigned short Modo;         /* Modo de protección */
    char NombreArchivo[128]; /*Longitud máxima: 128 */


    sprintf (NombreArchivo, "%s", argv[1]);
    /* Se escribe el nombre por salida estándar */
    printf ("\n %s ", NombreArchivo);

    EstadoOperacion = stat (NombreArchivo, &InfArchivo);
    if (EstadoOperacion != 0) {
            printf ("Error: %s nombre de archivo erróneo \n",
            NombreArchivo);
        exit(-1);
    } else {
    /* escribe identificador de usuario por salida estándar */
    printf ("uid: %d ", InfArchivo.st_uid);
    /* escribe el identificador de grupo por salida estándar */
        printf ("gid: %d ", InfArchivo.st_gid);
            /* Se cogen grupos de 3 bits del Modo de protección.
        Los tres primeros son del dueño, los siguientes
            del grupoy los siguientes del mundo. Para estas operaciones
            se usan máscaras de bits y desplazamiento binario*/

        for (i=6; i>=0; i = i-3) {
            Modo = InfArchivo.st_mode >> i;
            if (Modo & 04) printf ("r"); else printf ("-");
            if (Modo & 02) printf ("w"); else printf ("-");
            if (Modo & 01) printf ("x"); else printf ("-");
        }
    printf ("\n");
    }
    exit (0);
}
```

Nota: se puede obtener información detallada de la llamada al sistema stat y de la estructura de datos que maneja mediante el manual de usuario del sistema (man stat).

12.9 Lecturas recomendadas

Para extender la visión introductoria sobre el tema, se recomienda consultar otros libros de sistemas operativos tales como el de Deitel [Deitel 1984], Krakowiak [Krakowiak 1988], Tanenbaum [Tanenbaum 2009], Silberschatz [Silberschatz 2018] o Stallings [Stallings 2018]. Para tener una visión más profunda del tema de seguridad y protección, se recomienda acudir a textos más específicos, tales como [COMPUTER 1893b], [Denning 1982], [Denning 1990], [Fites 1989] y [Plfeeger 1997].

Los estudios básicos sobre temas de seguridad y protección en sistemas operativos se llevaron a cabo en la década de 1970. Varios de estos estudios son importantes para entender el problema y las soluciones propuestas. Popek [Popek 1974] estudió distintas estructuras de protección en sistemas operativos. En [CSRUV 1976] se mostró el estado del arte del momento sobre estructuras que permitían dar soporte de seguridad. En [Linden 1976] se repasó la perspectiva de la seguridad de los sistemas operativos existentes. En [Ware 1979] se hizo una exploración muy completa de las posibles vulneraciones de seguridad y de la forma de controlarlas.

Para estudios sobre seguridad en sistemas operativos específicos se pueden leer los textos de [Wood 1985], [Bach 1986], [Farrow 1990], [Arnold 1993], [Garfinkel 1991] y [Curry 1992], que estudian el sistema operativo UNIX, los de [Lambert 1999] y [Taber 1999] para Linux y los de [Richter 1994] y [Solomon 1998] para Windows. Respecto a micronúcleos, se puede leer [Tanenbaum 2006] y [Hunt 2005].

Para aquellos lectores interesados en ampliar contenidos sobre alguno de los temas expuestos relativos a seguridad en general pueden consultar [Álvarez 2004], [Carracedo 2004], [Aguilar 2016].

Para estudios sobre procedimientos de seguridad y estándares se puede leer [Landoll 2016].

12.10 Ejercicios

1. *¿Qué tipos de fallos de seguridad puede tener un sistema de computación?*
2. *¿Cuál es la diferencia entre los términos seguridad y protección?*
3. *Suponga que un empleado de una compañía genera un código malicioso que está transmitiendo información no autorizada, como por ejemplo el sueldo de los empleados, a intrusos o espías. ¿Cómo se podría controlar este problema? ¿Qué solución se le ocurre para limitar sus efectos?*
4. *Suponga que un usuario malicioso quiere implementar un canal encubierto usando archivos. Explique cómo podría conseguirlo usando cerrojos sobre un archivo ya existente. ¿Se podría implementar el canal encubierto usando utilidades para crear y borrar un archivo? Explique cómo.*
5. *¿Cuál es la principal diferencia entre un gusano y un virus?*
6. *¿De qué formas se puede introducir un virus en un programa? Explique cómo funciona cada método.*
7. *Suponga que un sistema operativo usa palabras clave como método de autenticación y que las guarda internamente en un archivo cifrado. ¿Deberían ser dichas palabras clave visibles a todos los usuarios? ¿Cómo se puede resolver este problema habida cuenta de que el proceso de* `login` *debe ver las claves?*
8. *¿Cuáles son las ventajas de almacenar los datos cifrados? ¿Y sus desventajas?*
9. *¿Cómo puede detectar el administrador de un sistema que hay un intruso en el mismo?*
10. *¿Cuál es la principal diferencia entre los cifrados por sustitución y por permutación? ¿Incluye toda sustitución una permutación?*
11. *¿Qué características debería tener un algoritmo de cifrado para ser completamente perfecto? ¿Cuáles son los límites prácticos de dichos algoritmos?*
12. *Suponga un algoritmo de cifrado por substitución que usa un alfabeto de 24 caracteres, 10 números y 10 caracteres especiales y cuya longitud de palabra clave es 8 bytes. ¿Cuál es el número de combinaciones posibles existentes como resultado del cifrado?*

13. *Enumere los principios de diseño más importantes de un sistema seguro.*

14. *En un sistema que obliga a cambiar la clave de acceso periódicamente, se permite a los usuarios introducir una clave nueva cada vez sin ninguna restricción. ¿Cuál es el principal fallo de seguridad relacionado con el usuario que puede ocurrir en este sistema? ¿Cómo se puede tratar de paliar ese problema?*

15. *¿Se puede implementar la política de seguridad militar en un sistema de computación? ¿Existe algún sistema que la use?*

16. *¿Qué ventajas y desventajas tiene el diseño de un sistema de seguridad con anillos concéntricos? Indique un sistema operativo que use esta técnica de diseño.*

17. *¿Usa UNIX una política de control de acceso obligatoria o discrecional? ¿Y Windows? Explique su respuesta.*

18. *¿La protección de memoria en sistemas operativos se lleva a cabo mediante mecanismos hardware, software o mediante una combinación de ambos? Explique su respuesta.*

19. *Indique ejemplos de separación física y lógica usados en sistemas operativos para proporcionar mecanismos de seguridad.*

20. *¿Es posible controlar el acceso a un objeto sin nombre? En caso de que el objeto deba tener nombre, ¿quién debería asignar el nombre? ¿Debería dicho nombre ser a su vez seguro y gozar de integridad?*

21. *Suponga que desea diseñar una política de control de acceso en la que cada usuario sólo puede acceder a un objeto un número limitado de veces. Después de agotada su cuota de accesos, el usuario debe renovarla. Proponga mecanismos para implementar dicha política.*

22. *Una buena técnica de seguridad sería guardar todos los archivos cifrados. Sin embargo, usar siempre esta política podría causar graves trastornos en el rendimiento del sistema operativo y complicar la estructura de los archivos. ¿Qué solución se le ocurre para los problemas anteriores? Diséñela.*

23. *¿Es posible proteger los objetos de un sistema operativo en el que cualquier usuario puede acceder directamente a los dispositivos de entrada-salida? ¿Quién debería controlar el acceso a dichos dispositivos?*

24. *Indique algunos de los fallos más frecuentes encontrados en los procesos de autenticación de los sistemas operativos basados en palabras clave.*

25. *¿Es suficiente con controlar los accesos a un archivo de UNIX cuando se abre y se cierra dicho archivo? ¿Qué problemas pueden surgir con este tipo de solución?*

26. *¿Le parece una buena política de seguridad que cualquier usuario pueda acceder a casi todos los archivos del sistema en UNIX? Si esto no fuera así, ¿cómo podría un usuario acceder a los mandatos del sistema?*

27. *¿Cuáles son las principales diferencias entre las capacidades, las listas de control de acceso y los bits de protección de UNIX?*

28. *Imagine que un sistema operativo que usa ACLs tiene un archivo en el que ha concedido permisos a 1000 usuarios. ¿Qué debería hacer para revocar los derechos de acceso a todos ellos? ¿Ocurriría lo mismo si el sistema operativo usara capacidades? ¿Por qué?*

29. *En un sistema UNIX hay un archivo denominado* `datos` *cuyas características obtenidas con el mandato* `ls -ls datos` *son las siguientes:*

```
nodo-i   bloques protección  dueño      grupo bytes archivo
87       8               rw-r-----pepe   alumnos 7642 datos
```
¿Puede el alumno `juan` *escribir el archivo? ¿Puede leerlo? ¿Qué debería hacer* `pepe` *para que* `juan` *pudiera ejecutarlo?*

30. *Implemente un programa que cambie los permisos de acceso a un archivo UNIX, obligando a establecer una máscara de protección para que nunca se pueda ejecutar.*

31. *¿Qué ocurriría en UNIX si un usuario tuviera permisos de acceso* `r--` *a un archivo y su grupo tuviera* `rw-`*? ¿Podría el usuario escribir el archivo?*

32. *¿Usa Kerberos un protocolo de intercambio de claves simétrico o asimétrico*

13.   INTRODUCCIÓN A LOS SISTEMAS DISTRIBUIDOS

Mientras que el panorama informático de los años 70 estaba presidido por grandes computadores centrales con recursos totalmente centralizados y sistemas de tiempo compartido que permitían el uso interactivo de los mismos, en los años 80 la informática comienza a descentralizarse debido al desarrollo de los computadores personales, a las estaciones de trabajo y a la aparición de las primeras redes de área local. Es, sin embargo, durante los años 90 cuando se produce el verdadero auge de los sistemas distribuidos como consecuencia de la enorme difusión de Internet, debido fundamentalmente al desarrollo de la Web.

Un sistema distribuido es un conjunto de procesadores, posiblemente heterogéneos, sin memoria ni reloj común que se encuentran conectados a través de una red de interconexión. Este tipo de sistemas ha tenido un enorme desarrollado durante la década de los 90 debido sobre todo a la gran difusión de Internet. Este capítulo hace una breve introducción a los sistemas distribuidos y a los sistemas operativos y entornos que se utilizan para gestionarlos.

Los temas que se tratan son:

- Sistemas distribuidos.
- Sistemas operativos distribuidos.
- Modelos de computación distribuida.
- Comunicación de procesos en sistemas distribuidos.
- Sincronización en sistemas distribuidos.
- Gestión de procesos.
- Sistemas de ficheros distribuidos.
- Gestión de memoria en sistemas distribuidos.

13.1 Sistemas distribuidos

Mientras que el panorama informático de los años 70 estaba presidido por grandes computadores centrales con recursos totalmente centralizados y sistemas de tiempo compartido que permitían el uso interactivo de los mismos, en los años 80 la informática comienza a descentralizarse debido al desarrollo de los computadores personales, a las estaciones de trabajo y a la aparición de las primeras redes de área local. Es, sin embargo, durante los años 90 y 2000 cuando se produce el verdadero auge de los sistemas distribuidos como consecuencia de la enorme difusión de Internet, debido fundamentalmente al desarrollo de la Web.

Un **sistema distribuido** está formado por un conjunto de procesadores, posiblemente heterogéneos, sin memoria ni reloj común, que se encuentran conectados a través de una red de interconexión. Esta estructura se presenta en la **¡Error! No se encuentra el origen de la r eferencia.**. Sobre un sistema distribuido se ejecutan aplicaciones distribuidas, que están formadas por un conjunto de procesos que se ejecutan en uno o más computadores y que colaboran y se comunican entre ellos mediante el intercambio de mensajes. Uno de los aspectos más importantes, por tanto, de un sistema distribuido es la posibilidad de comunicar diferentes procesos entre sí con independencia del lugar en el que ejecuten.

Figura 13.1 Arquitectura de un sistema distribuido.

13.1.1 Características de un sistema distribuido

Un sistema distribuido presenta una serie de características que hacen muy atractivo su uso:

- **Posibilidad de compartir recursos**. Un sistema distribuido permite compartir diferentes recursos hardware, software o datos. Un ejemplo típico de recurso compartido en un entorno distribuido es una impresora conectada a una red, que puede ser utilizada por los usuarios de una organización o un sistema de ficheros donde residen todos los ficheros de los usuarios.
- **Capacidad de crecimiento**. Es relativamente fácil que un sistema distribuido crezca para adaptarse a las nuevas demandas de servicio, basta con conectar más computadores a la red y añadir más recursos de red.
- **Alto rendimiento**. El empleo de múltiples procesadores hace posible la construcción de un sistema de altas prestaciones que permite ofrecer servicio concurrente a múltiples usuarios y del que pueden beneficiarse las aplicaciones paralelas. Es interesante diferenciar el concepto de aplicación distribuida del de aplicación paralela. En una aplicación distribuida existen diferentes procesos, que ejecutan diferentes programas, que colaboran y se comunican entre sí para alcanzar un mismo objetivo. En una aplicación paralela lo que se pretende es ejecutar un programa muy rápidamente. Para ello, lo que se hace es utilizar varios procesos que ejecutan partes de un mismo programa, de tal manera que el tiempo empleado en la ejecución paralela de todos ellos sea menor que el tiempo empleado por un único proceso en resolver el problema. Una plataforma distribuida

formada por varios computadores es un escenario ideal para la ejecución no solo de aplicaciones distribuidas sino también paralelas.

*   **Fiabilidad y disponibilidad**. El hecho de disponer de múltiples procesadores conectados a una red ofrece la posibilidad de tener una alta disponibilidad. Así, por ejemplo, considere un servidor de ficheros. En un sistema distribuido es posible replicar la información de ese servidor en otro, de tal forma que se puede tener un servidor de ficheros replicado en dos nodos. En caso de que uno de los nodos falle, el otro podrá seguir ofreciendo la funcionalidad de servidor de ficheros. Esto es algo imposible de conseguir en un entorno centralizado.

Sin embargo, no todo son ventajas en un sistema distribuido. Algunas de las desventajas que presentan frente a un sistema centralizado son:

*   **Necesidad de software más complejo**. Los sistemas distribuidos están formados por procesos que ejecutan de forma concurrente. El desarrollo y la gestión de los mismos es más complejo que el desarrollo de aplicaciones no distribuidas, lo que les hace también más propenso a errores.
*   Introduce **más puntos de fallo en el sistema**. El hecho de que un sistema distribuido esté formado por diferentes recursos de red y procesadores, aumenta el número de posibles puntos de fallo en el sistema que pueden afectar al funcionamiento del sistema distribuido.
*   **Seguridad y confidencialidad**. Una red de comunicación introduce un gran problema de seguridad no solo porque la información pueda viajar por la red de manera no cifrada lo que hace posible que personas no autorizadas accedan a información confidencial, sino porque también introduce la posibilidad de accesos remotos desde múltiples sitios. En el capítulo 11 se verán los principales mecanismos de seguridad que deberían ofrecer los sistemas operativos. La utilización de estos mecanismos es igualmente válida en un sistema distribuido.

13.1.2 Protocolos de comunicación

Un sistema distribuido está formado por computadores que no comparten una memoria común, por tanto, la única forma de comunicar unos procesos con otros es mediante el paso de mensajes. Un **mensaje** es un objeto lógico que se intercambia entre dos o más procesos. Para transmitir un mensaje a través de una red de interconexión es necesario descomponerlo en una serie de paquetes. Un paquete es la unidad de información que se intercambian dos dispositivos de comunicación. Mientras que el tamaño del paquete suele estar limitado por restricciones hardwa[5]re, los mensajes suelen tener un tamaño por lo general variable.

Para que la comunicación tenga lugar es necesario el empleo de protocolos de comunicación. Un protocolo es un conjunto de reglas e instrucciones que gobiernan el intercambio de paquetes y mensajes. La definición de un protocolo incluye dos aspectos: la especificación de la secuencia de mensajes que deben intercambiarse los procesos y la especificación del formato de los mensajes. Los protocolos de comunicación suelen estructurarse como una pila de protocolos, desempeñando los distintos niveles de la pila las siguientes funciones:

*   **Fragmentación y ensamblado** de mensajes. Los mensajes enviados por un proceso son fragmentados en una serie de paquetes que viajan por la red de forma independiente. Esta fragmentación es necesaria para poder acomodar los mensajes a las restricciones impuestas en el tamaño de los paquetes que viajan por las distintas redes físicas. Esto obliga a disponer en el receptor de una fase de ensamblado de los distintos paquetes recibidos para construir el mensaje enviado.
*   **Encapsulado**. La comunicación entre los distintos niveles del protocolo se realiza añadiendo una serie de cabeceras de información a los datos que viajan de los niveles superiores del protocolo a los inferiores y eliminándolas de los que van de abajo hacia

---

[5] Por ejemplo, en las redes Ethernet los paquetes utilizados se denominan tramas y tienen un tamaño máximo de 1518 bytes.

arriba. La información que se incorpora a los datos incluye, entre otros, la dirección del emisor y del receptor, y códigos de detección de errores.

- **Control de conexión**. Desde el punto de vista de conexión, existen dos tipos de protocolos: orientados a conexión y no orientados a conexión. Una comunicación orientada a conexión consta de tres fases: una fase previa de establecimiento de la conexión en la que tienen que participar los dos procesos que desean comunicarse, una fase de intercambio de mensajes y una fase final de cierre de la conexión. En un protocolo no orientado a conexión no hay un establecimiento previo de la conexión ni un cierre de la misma al final.
- **Control de flujo**. Esta es una función que desempeña el receptor para limitar la cantidad o tasa de datos que envía el emisor. Esta función evita que el emisor inunde de mensajes al receptor.
- **Control de errores**. Se basa normalmente en el empleo de secuencias y códigos de comprobación de errores y en el reenvío de datos cuando aparecen errores en la transmisión.
- **Direccionamiento**. El direccionamiento permite que los mensajes alcancen al receptor, mediante la utilización, normalmente, de algoritmos de encaminamiento.

Uno de los protocolos más utilizados que sirve como modelo de referencia para describir las funciones de un protocolo de comunicaciones es el modelo de Interconexión de sistemas abiertos o modelo OSI. El modelo de Interconexión de sistemas abiertos (OSI, *Open System Interconnection*) es un estándar definido por ISO que define un modelo que permite que dos sistemas diferentes se puedan comunicar independientemente de la arquitectura subyacente. Los protocolos específicos de cada vendedor no permiten la comunicación entre dispositivos no relacionados. El objetivo del modelo OSI es permitir la comunicación entre sistemas distintos sin que sea necesario cambiar la lógica del hardware o el software subyacente. El modelo OSI no es un protocolo; es un modelo para comprender y diseñar una arquitectura de red.

El modelo OSI es una arquitectura por niveles para el diseño de sistemas de red que permite la comunicación entre todos los tipos de computadores. Está compuesto por siete niveles diferentes, pero relacionados; cada uno de ellos define un segmento del proceso necesario para mover la información a través de una red (véase la Figura 13.). Aunque este modelo nunca se ha llegado a implementar, sirve como modelo de referencia para el resto de los protocolos de comunicación.

A continuación, se describe brevemente las funciones de los siete niveles del modelo OSI.

- **Nivel físico**. Se encarga de la transferencia física de los bits desde un nodo al siguiente de la red.
- **Nivel de enlace de datos**. Este nivel se encarga de la transferencia de paquetes libre de errores desde un nodo a otro conectado a la misma red.
- **Nivel de red**. El nivel de red es responsable de la entrega de un paquete desde el origen al destino. Mientras que el nivel de enlace de datos supervisa la entrega de paquetes entre dos sistemas de la misma red, el nivel de red asegura que cada paquete va del origen al destino, aunque se encuentren en redes distintas.
- **Nivel de transporte**. Este nivel se encarga de la entrega de mensajes entre un proceso origen y un proceso destino. Mientras que el nivel de red sólo se ocupa de la entrega extremo a extremo de paquetes individuales, no reconoce ninguna relación entre estos paquetes, el nivel de transporte asegura que todo el mensaje llega intacto y en orden, supervisando tanto el control de errores como el control de flujo desde el origen al destino.
- **Nivel de sesión**. El nivel de sesión es el encargado de controlar el diálogo de la red. Establece, mantiene y sincroniza la interacción entre sistemas de comunicación.
- **Nivel de presentación**. Está relacionado con la sintaxis y la semántica de la información intercambiada entre dos sistemas. Este nivel es responsable del transporte, compresión y cifrado de los mensajes.
- **Nivel de aplicación**. El nivel de aplicación está formado por las aplicaciones que ofrecen los servicios a los usuarios.

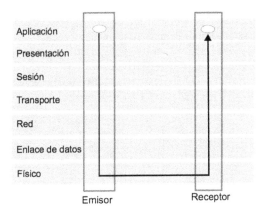

Figura 13.2 Modelo de refrencia OSI

De especial importancia para la comunicación en sistemas distribuidos es el protocolo TCP/IP. Éste es el protocolo que se emplea en Internet, siendo por tanto el protocolo más ampliamente difundido. Aunque este protocolo comenzó a desarrollarse a comienzos de los años 70 por parte del Departamento de Defensa de EE UU, su gran crecimiento se ha producido durante la década de los 90 gracias al desarrollo de la Web.

Protocolo TCP/IP

El protocolo TCP/IP, cuya arquitectura se presenta en la Figura 13.3 está formado por cuatro niveles.

Nivel acceso a la red de red. Se encarga de manejar el acceso al hardware de red y es específico de cada red en particular (Ethernet, WiFi, 4G, etc.). Realiza las funciones típicas de los niveles físico y de enlace de datos del modelo OSI.

- **Nivel de internet**. Este nivel, también denominado IP, se encarga de transferir los distintos paquetes, denominados en este protocolo datagramas, entre diferentes computadores. Este nivel se corresponde con el nivel de red del modelo OSI y hace funciones, por tanto, de encaminamiento. El nivel de Internet es un protocolo no orientado a conexión y no fiable, es decir, en este protocolo no se garantiza la entrega de los datagramas. En este nivel el direccionamiento se realiza mediante direcciones IP, que es un número de 32 bits que identifica de forma única a un computador conectado a la red. La versión actual del protocolo IP es la 4 (IPv4), sin embargo, existe una nueva versión de este protocolo, la versión 6 (IPv6) que se implantará en un futuro. IPv6 permite el uso de más direcciones de Internet y ofrece algunas características no incluidas en la versión 4 como la calidad de servicio.
- **Nivel de transporte**. Este nivel se encarga de la transmisión de mensajes entre diferentes procesos. El direccionamiento en este nivel se realiza mediante puertos. Un puerto es un número de 16 bits que identifica un punto de destino para un proceso particular. Existen dos protocolos de transporte:
  - **Protocolo UDP**. Es un protocolo basado en datagramas de tamaño máximo de 64 KB no orientado a conexión. Este protocolo no ofrece fiabilidad ni control de flujo (no se asegura que todos los datagramas lleguen al destinatario) ni ordenación en la entrega de los diferentes datagramas en el receptor.
  - **Protocolo TCP**. Se trata de un protocolo orientado a conexión con control de flujo, que garantiza que los datos se entregan en el orden en el que se envían. Estas conexiones constituyen un flujo de bytes, asegurando la entrega ordenada de los mismos en el receptor.

Cada uno de estos protocolos utiliza un conjunto separado de puertos en cada computador. Así, la tripleta (dirección IP, puerto, protocolo) identifica de forma única a una conexión y al proceso al que pertenece en toda la red.

- **Nivel de aplicación**. Está formado por las distintas aplicaciones que utilizan el nivel de transporte para comunicarse entre sí. Ejemplo de este tipo de aplicaciones son la transferencia de ficheros (FTP), el protocolo HTTP utilizado en los servidores Web y la conexión remota (TELNET). En este nivel deben incluirse las funciones que se realizan en los niveles de sesión, presentación y de aplicación del modelo OSI.

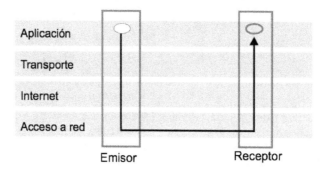

Figura 13.3 Niveles del protocolo TCP/IP

13.2 Sistemas operativos distribuidos y middleware

Como ya se ha visto a lo largo del libro, un sistema operativo se encarga de gestionar los recursos del sistema ofreciendo una serie de servicios que facilitan su utilización. En el caso de un sistema distribuido es necesario contar con mecanismos que gestionen los recursos del mismo y que ofrezcan un soporte para la programación y uso de aplicaciones distribuidas. Existen tres posibilidades: sistemas operativos en red, sistemas operativos distribuidos y middlewares.

Sistema operativo en red

En un sistema distribuido con este tipo de sistema cada nodo ejecuta una copia completa de un sistema operativo (posiblemente distinto), que incorpora protocolos de comunicación. Es decir, este tipo de sistemas está formado por un sistema operativo convencional al que se le han incorporado utilidades de red. En este tipo de entornos, el usuario «ve» un conjunto de máquinas independientes, no existiendo por tanto transparencia en el acceso a los recursos. Es necesario acceder de forma explícita a los recursos de otras máquinas. Así, por ejemplo, cuando un usuario en una máquina quiere acceder a un fichero de otra debe transferir explícitamente este fichero utilizando por ejemplo el protocolo de transferencia de ficheros FTP.

Sistemas operativos distribuidos

Cuando se utiliza un sistema operativo distribuido cada procesador en el sistema ejecuta una copia del mismo sistema operativo. El gran objetivo de un sistema operativo distribuido es hacer creer a los usuarios que utilizan el sistema distribuido de que se trata de un gran sistema centralizado, es decir, ofrecer una visión única del sistema. Un sistema operativo distribuido pretende, por tanto, esconder el carácter distribuido del mismo.

Para ofrecer esa visión única de un sistema distribuido, un sistema operativo distribuido debe construirse siguiendo los objetivos de diseño que se indican a continuación.

Transparencia. Éste es el gran objetivo de un sistema distribuido. Por transparencia se entiende la capacidad para ocultar la naturaleza distribuida del sistema. Existen distintos tipos de transparencia que pueden ofrecerse en un sistema distribuido:

- *Transparencia de acceso*. Cuando el acceso a recursos locales y remotos se realiza de la misma forma.

- *Transparencia de posición*. El acceso a los recursos se realiza sin necesidad de conocer su localización.
- *Transparencia de migración*. Los recursos pueden migrar de un procesador a otro sin necesidad de afectar a los usuarios.
- *Transparencia de la concurrencia*. Un sistema distribuido es inherentemente concurrente puesto que múltiples procesos pueden acceder al mismo recurso de forma concurrente. Este tipo de transparencia indica que los accesos concurrentes sobre un recurso no deben afectar a los usuarios.
- *Transparencia de replicación*. La existencia de réplicas de un mismo recurso es una de las formas de conseguir una mejor disponibilidad en un sistema distribuido. La existencia, sin embargo, de múltiples réplicas no debe afectar a los usuarios. Es especialmente importante que los usuarios no accedan, por ejemplo, a copias de datos obsoletas.
- *Transparencia de fallos*. La ocurrencia de fallos en un sistema no debería afectar a los usuarios. Estos deberían seguir trabajando sin apreciar los fallos. En el peor de los casos sólo debería notarse una degradación en el rendimiento.
- *Transparencia de crecimiento*. El crecimiento del sistema no debería afectar de forma negativa a los usuarios.

Fiabilidad. Como se dijo anteriormente una de las características de un sistema distribuido es su capacidad para ofrecer fiabilidad. Por fiabilidad se entiende la capacidad de un sistema para cumplir con sus requisitos. Debe ser el sistema operativo distribuido el que se encargue de asegurar de forma totalmente transparente esta fiabilidad. Hay varios grados de fiabilidad:

- *Disponibilidad*. Para lo cual debe haber redundancia, tanto hardware como software. Para que un sistema sea altamente disponible es necesario evitar los componentes críticos para el funcionamiento del sistema, así como la existencia de componentes centralizados.
- *Consistencia*. Para mejorar la disponibilidad es necesario contar con múltiples copias de un mismo recurso. En el caso de un servidor de ficheros, es preciso disponer de un servidor de ficheros replicado. Cuando se emplea un servidor de este tipo, se corre el peligro de acceder a datos no actualizados. Es importante que el acceso a los datos siempre sea consistente, es decir, que se acceda siempre a información actualizada.
- *Tolerancia a fallos*. La fiabilidad tiene que ver también con la provisión de técnicas de tolerancia a fallos, que permiten que el sistema siga funcionando aun en presencia de fallos. Para conseguir tolerancia a fallos es necesario disponer de redundancia, la cual existe de forma natural en un sistema distribuido.
- *Seguridad*. Un sistema es fiable si además ofrece seguridad a sus usuarios. Seguridad implica que la información que los usuarios tienen en un sistema distribuido está protegida contra accesos no autorizados. Una de las principales técnicas que se emplean para conseguir seguridad en un sistema distribuido es el cifrado de la información (véase Capítulo 12).

Rendimiento. Un sistema operativo distribuido está destinado a ofrecer servicio a múltiples usuarios. Es necesario que el rendimiento no sea excesivamente peor que el obtenido de un sistema centralizado. Para obtener un buen rendimiento es importante reducir la latencia de las comunicaciones, ya que estas afectan en gran medida al rendimiento de las aplicaciones distribuidas. Otro aspecto a tener en cuenta para mejorar el rendimiento es evitar la existencia de cuellos de botella o recursos centralizados en el sistema. Esto puede solucionarse utilizando esquemas de replicación. Por último, el rendimiento también debe verse desde el punto de vista de ofrecer un buen entorno para la ejecución de aplicaciones paralelas.

Capacidad de crecimiento. Para que el sistema pueda crecer, el sistema operativo distribuido debe evitar la existencia de componentes centralizados, tales como tablas o algoritmos centralizados. Sería conveniente que se emplearan, siempre que fuera posible, algoritmos distribuidos. Un algoritmo distribuido viene caracterizado por las siguientes propiedades:

- Ninguna máquina tiene información completa del estado del sistema.
- Las decisiones se basan sólo en la información disponible localmente.
- El fallo de una máquina no debe invalidar el algoritmo.

- No debe asumirse la existencia de un reloj global. Recuerde que una de las características de un sistema distribuido es la ausencia de tal reloj global.

Flexibilidad. Un sistema operativo distribuido debería ser lo más flexible y adaptable posible para facilitar la incorporación de cambios y extensiones en el sistema. Para ello, un sistema operativo distribuido debería ser un sistema abierto. Un **sistema abierto** se caracteriza porque sus interfaces y protocolos son públicos (el caso de TCP/IP) y su futuro no debe ser controlado por una única compañía. Otra forma de asegurar esta flexibilidad es recurriendo al empleo de arquitecturas micronúcleo (véase capítulo 2), ya que en éstas se pueden añadir fácilmente nuevas funcionalidades, sin más que añadir los servidores correspondientes.

La construcción de sistemas operativos distribuidos tuvo mucho interés durante finales de la década de los 80 y comienzos de los 90. Ejemplos de sistemas operativos distribuidos son: Mach [Acetta 1986], Amoeba [Mullender 1990] y Chorus[Rozier 1988]. Sin embargo, su importancia es cada vez menor, debido a que obligan a que los distintos nodos de un sistema distribuido ejecuten la misma copia del sistema operativo. Esto es muy restrictivo, lo que hace muy poco popular su utilización. Este problema ha sido resuelto mediante el concepto de *middleware*.

Middleware

Un middleware es un software que ofrece una serie de servicios y protocolos estandarizados que facilitan la construcción y uso de sistemas distribuidos y el desarrollo de aplicaciones distribuidas. Su arquitectura es muy similar a la de un entorno que utiliza un sistema operativo distribuido. El **middleware** es una capa de software independiente del hardware y del sistema operativo utilizado en cada computador, que ofrece aquellos servicios no incluidos en él. El objetivo de un middleware es, al igual que un sistema operativo distribuido, ocultar el carácter distribuido del sistema y facilitar el desarrollo de aplicaciones distribuidas. Esto hace que los objetivos de diseño sean similares a los vistos en la sección anterior para un sistema operativo distribuido. La gran ventaja es que cada computador puede ejecutar un sistema operativo distinto, lo que hace más atractiva su utilización.

El empleo de un middleware simplifica el desarrollo de las aplicaciones distribuidas gracias a:

- Oculta todos los detalles del sistema distribuido.
- Oculta la heterogeneidad del hardware, del sistema operativo y de los protocolos.
- Ofrece interfaces uniformes y de alto nivel para construir aplicaciones que sean portables e interoperables.

El primer intento de middleware fueron los sockets y las llamadas a procedimientos remotos, que se describirán en la sección 13.3. Ambos estaban enfocados, fundamentalmente, al desarrollo de aplicaciones cliente-servidor que utilizaban paso de mensajes o invocación de procedimientos remotos.

Como ejemplos de sistemas de este tipo se pueden citar: DCE [Rosenberry 1992], CORBA [Otte 1996], DCOM [Rubin 1999], Legion [Grimshaw 1997] y Globus [Foster 2006]. El desarrollo del concepto de middleware ha hecho posible que sigan vivos todos los conceptos desarrollados para los sistemas operativos distribuidos.

Servicios de un sistema operativo distribuido

Tanto si se utiliza un sistema operativo distribuido como si se utiliza un middleware, existen una serie de servicios que deberían ofrecer, en mayor o menor medida, a través de diferentes componentes. Los principales servicios que debe ofrecer un sistema operativo distribuido o un middleware y que serán tratados en lo que resta de capítulo son:

- Servicios de comunicación.
- Servicios de sincronización.
- Gestión distribuida de procesos.
- Sistemas de ficheros distribuidos.
- Memoria compartida distribuida.

Todos estos servicios se tratarán en las siguientes secciones.

13.3 Comunicación de procesos en sistemas distribuidos

La comunicación de procesos es una parte fundamental y básica en cualquier sistema distribuido. Existen dos enfoques de comunicación, ambos basados en el paso de mensajes:

- **Mecanismos de bajo nivel**. En este tipo de esquemas se ofrecen servicios en los que el programador debe encargarse de establecer los protocolos de comunicación, la forma de representación de los datos, etc. Ejemplo de este tipo de mecanismo son las colas de mensajes de POSIX o los sockets.
- **Mecanismos de alto nivel**. En este tipo de enfoques se ofrecen abstracciones que facilitan la programación y en las que el programador no debe preocuparse de los aspectos de bajo nivel relacionados con el paso de mensajes. En este tipo de esquemas se incluyen las llamadas a procedimientos remotos y la invocación de métodos de remotos, como la que ofrece CORBA o RMI de Java, y los servicios Web.

Aparte de los mecanismos de comunicación que se empleen, existen algunos patrones básicos de comunicación en sistemas distribuidos:

- **Comunicación cliente-servidor**. Como ya se vio en el capítulo 6, en el modelo cliente-servidor los procesos llamados servidores ofrecen una serie de servicios a otros procesos, que se denominan clientes. El protocolo típico utilizado es el de petición-respuesta. El cliente realiza la petición de un servicio y el servidor responde al cliente con el resultado. Éste es el esquema mayoritariamente utilizado en sistemas distribuidos, ya que más del 90% de las aplicaciones distribuidas actuales siguen este patrón de comunicación.
- **Comunicación de grupos**. En la comunicación en grupos existe un conjunto de procesos que constituyen un grupo y que cooperan en algún trabajo común. En este modelo de comunicación se emplea el radiado de mensajes de un proceso al resto de procesos del grupo. Este modelo puede ser útil en caso de que se desee actualizar de forma simultánea la copia de un fichero que reside en varios servidores.
- **Modelo de publicación-subscripción.** Este modelo de comunicación involucra proveedores, intermediarios o *brokers* y consumidores. Los proveedores son los elementos que generan datos y son independientes de los posibles consumidores. Los proveedores envían los datos y los temas concretos a los intermediarios que los hacen accesible a los consumidores. Los consumidores se suscriben a determinados temas, de forma que cuando el intermediario recibe un dato, reenvía éste a todos los consumidores suscritos. Este modelo de comunicación desacopla el funcionamiento de proveedores de información y consumidores y facilita su desarrollo.
- **Modelo Push-Pull**. En este modelo de comunicación los productores de datos introducen estos datos en colas y los consumidores los extraen posteriormente para su consumo. El empleo de colas ayuda a desacoplar la comunicación entre productores y consumidores de información, al igual que ocurría en el modelo anterior.

En el capítulo 6 se describieron los fundamentos básicos de la comunicación basada en paso de mensajes y se vieron las colas de mensajes POSIX. Este modelo no es adecuado, sin embargo, para su uso en un sistema distribuido general, como puede ser Internet. En esta sección se van a describir diferentes modelos para comunicar procesos y construir aplicaciones distribuidas. En primer lugar, se describen los sockets, una interfaz que permite acceder a los servicios de red que ofrece el nivel de transporte del protocolo TCP/IP. A continuación, se describe un modelo de mayor nivel de abstracción como son las llamadas a procedimientos remotos. La sección finaliza describiendo el modelo de comunicación de grupos.

13.3.1 Sockets

Los sockets aparecieron en 1981 en la versión BSD 4.2 de UNIX. Un socket es una abstracción que representa un extremo en la comunicación bidireccional entre dos procesos. Ofrece una interfaz para acceder a los servicios de red en el nivel de transporte del protocolo TCP/IP. La interfaz de sockets está disponible en prácticamente todos los sistemas Unix y Linux. También existe una interfaz de sockets para entornos Windows denominada WinSockets y se encuentra disponible como una clase nativa en el lenguaje de programación Java. Se puede decir que los sockets constituyen la interfaz de programación más básica para el desarrollo de aplicaciones en Internet, y cualquier otro mecanismo de más alto nivel hace uso de esta interfaz.

Utilizando esta interfaz dos procesos que desean comunicarse crean cada uno de ellos un socket o extremo de comunicación. Cada socket se encuentra asociado a una dirección y permite enviar o recibir datos a través de él. Este modelo puede apreciarse en la Figura 13.4 En las siguientes secciones se describe la interfaz de sockets formalmente definida en el estándar POSIX.

En las siguientes secciones se van a describir todos los aspectos relacionados con la interfaz de sockets definidas en el estándar POSIX.

Dominios de comunicación

Un dominio representa una familia de protocolos, que se utiliza para el intercambio de datos entre sockets. Es importante destacar que sólo se pueden comunicar sockets del mismo dominio. En un sistema UNIX los dominios más habituales son:

- Dominio UNIX (`PF_UNIX`), que se utiliza para la comunicación de procesos dentro del mismo computador.

- Dominio Internet (`PF_INET`), que se emplea para la comunicación de procesos que ejecutan en computadores conectados por medio de los protocolos TCP/IP.

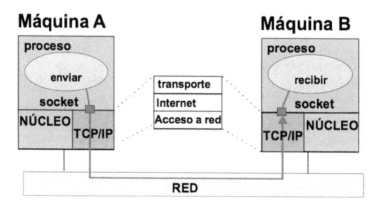

Figura 13.4 Comunicación de datos utilizando sockets

Tipos de sockets

Existen dos tipos básicos de sockets que determinan el estilo de comunicación empleado. Estos dos tipos son:

- **Sockets de tipo *stream*** (`SOCK_STREAM`). Con este tipo de sockets la comunicación es orientada a conexión. El intercambio de datos utilizando sockets de este tipo es fiable y además se asegura el orden en la entrega de los mensajes. El canal de comunicaciones puede verse como un flujo de bytes en el que no existe separación entre los distintos mensajes. Los sockets *stream* no mantienen la separación entre mensajes. Esto quiere decir que un proceso puede enviar un mensaje de 1 KB y el proceso receptor puede recibir el mensaje de 100 bytes en 100 bytes. Esto no ocurre con los datagramas, un proceso receptor no puede acceder a parte de un datagrama, sólo al datagrama completo. Cuando se emplea el dominio Internet, este tipo de sockets se corresponde con el protocolo de transporte orientado a conexión, TCP.

- **Sockets de tipo datagrama** (`SOCK_DGRAM`) Este tipo de sockets se corresponde con una comunicación no orientada a conexión. Los mensajes en este caso se denominan datagramas y tienen un tamaño máximo de 64 KB. No se asegura fiabilidad, los datagramas se pueden perder y tampoco se asegura la entrega ordenada de los mismos. En este caso, sí existe separación entre cada uno de los distintos datagramas. Cuando se emplea el dominio Internet, los sockets de este tipo permiten acceder a los servicios del protocolo de transporte UDP.

El empleo de datagramas es, en general, más eficiente puesto que no hay etapa previa de conexión. Sin embargo, se complica el desarrollo de los programas debido fundamentalmente a los problemas de fiabilidad que presentan.

Direcciones de sockets

Cada socket debe tener asignada una dirección única. Se usan para asignar una dirección a un socket local y para especificar la dirección de un socket remoto con el que de desea comunicar. Cada dominio utiliza una dirección específica. Existen, por tanto, dos familias de direcciones:

- `AF_UNIX` para sockets del dominio UNIX. Utilizan como dirección el nombre de un fichero local, lo que representa una dirección única.

- `AF_INET` para sockets del dominio Internet. Utilizan la dirección IP de una máquina y un número de puerto dentro de la máquina. El par (dirección IP, puerto) representa también una dirección única en Internet.

La dirección genérica de un socket se describe utilizando una estructura de tipo `struct sockaddr`. Cuando se trata de sockets del dominio Internet, se usa la estructura `struct sockaddr_in`. Una estructura de este tipo incluye, entre otros, la dirección IP (un número entero de 32 bits) y un número de puerto (un número entero de 16 bits). En TCP/IP los números se representan con formato *big-endian*, es decir, con el byte de mayor peso el primero.

Una dirección IP se representa mediante una estructura de tipo `struct in_addr`. Aunque las direcciones IP son números de 32 bits, normalmente lo que se hace es utilizar la notación decimal-punto (por ejemplo "138.100.8.100") o la notación dominio-punto (por ejemplo "laurel.datsi.fi.upm.es"). Existen diversas funciones que permiten obtener la dirección o direcciones IP asociadas a una máquina a partir de las notaciones anteriores. La más útil es, quizá, la siguiente:

```
struct hostent *gethostbyname(char *name);
```

La función recibe el nombre de la máquina y devuelve una estructura con información relativa a dicha máquina. Esta estructura es la siguiente:

```
struct hostent {
    char h_name;          /* nombre de la máquina */
    char **h_aliases;       /* lista de alias */
    int h_addrtype;         /* tipo de dirección */
    int h_length;        /* longitud de las direcciones */
    char **h_addr_list;     /* lista de todas las direcciones */
};
```

Como se dijo anteriormente, en TCP/IP los números se emplean con formato *big-endian*. Sin embargo, este formato no se usa en todos los computadores. En este caso, es necesario utilizar una serie de rutinas que permiten traducir números entre el formato que utiliza TCP/IP y el empleado por el propio computador. Estas rutinas son:

```
u_long htonl(u_long hostlong);
u_sort htons(u_sort hostsort);
u_long ntohl(u_long netlong);
u_sort ntohs(u_long netshort);
```

La primera traduce un entero de 32 bits representado en el formato del propio computador al formato de red (el empleado por TCP/IP). La segunda traduce un número de 16 bits representado en el formato del computador al formato de red. Las dos últimas realizan el trabajo inverso.

Servicios de sockets

A continuación, se describen los principales servicios que ofrece la interfaz UNIX de sockets.

```
int socket(int dominio, int tipo, int protocolo);
```

Este servicio se utiliza para crear un socket. El primer argumento especifica el dominio (PF_UNIX o PF_INET). El segundo indica el tipo de socket: socket *stream* (SOCK_STREAM) o socket de tipo datagrama (SOCK_DGRAM). El tercero permite especificar el protocolo a emplear. Por lo general, se utiliza para este argumento el valor 0, aunque en el fichero /etc/protocols de las máquinas UNIX se pueden encontrar diversos protocolos. La llamada socket devuelve un descriptor de fichero que se usa en el resto de operaciones (especialmente en las de envío y recepción de datos), de forma similar a lo ocurre con los ficheros en UNIX. En caso de error se devuelve -1. Es importante recordar que el socket creado no tiene asociada ninguna dirección, por lo que no se puede utilizar tal cual para la transferencia de datos.

```
int bind(int socket, struct sockaddr *dir, int long);
```

Este servicio asigna una dirección a un socket. El primer argumento es el descriptor de socket devuelto en la llamada socket. El segundo especifica la dirección que se va asignar al socket y el tercero la longitud en bytes que ocupa la dirección.

La dirección que se utiliza en el segundo argumento depende del dominio del socket creado. Si el dominio del socket es PF_UNIX, la estructura que se emplea es del tipo struct sockaddr_un. Si el dominio es PF_INET, la estructura es de tipo struct sockaddr_in, que incluirá, entre otras cosas, una dirección IP y un número de puerto. La llamada devuelve 0 en caso de éxito o -1 si hubo algún error.

```
int connect(int socket, struct sockaddr *dir, int long);
```

El servicio connect se utiliza para realizar la solicitud de conexión, una etapa que realiza el cliente para establecer una conexión con un proceso servidor cuando se utilizan sockets de tipo *stream*. El primer argumento representa el descriptor de socket devuelto en la llamada socket. El segundo representa la dirección del socket del proceso servidor y que deberá haber sido rellenada con la dirección IP y el número de puerto correspondiente. El tercer argumento especifica, en bytes, la longitud de la dirección utilizada en el segundo argumento. La llamada devuelve 0 si se ejecutó con éxito o -1 en caso de error.

```
int listen (int socket, int baklog);
```

La aceptación de conexiones es una fase que realiza el servidor cuando se utilizan sockets de tipo *stream*. Se compone de dos etapas, en la primera se prepara la aceptación de conexiones y en la segunda se aceptan las mismas. Para que un socket quede preparado para aceptar conexiones se utiliza el servicio listen. El primer argumento es el descriptor de socket y el segundo representa el número máximo de peticiones pendientes de aceptar que se encolarán. Su valor típico y máximo, en algunos casos, es 5.

Una vez que el socket está preparado para aceptar conexión, el servidor está listo para aceptar peticiones por parte de los clientes (los clientes utilizarán connect). Para ello se utiliza:

```
int accept(int socket, struct sockaddr *dir, int *long);
```

El primer argumento representa el descriptor de socket. En el segundo se almacena la dirección del socket del proceso cliente que realiza la conexión. En el tercer argumento se almacena la longitud en bytes de la dirección anterior.

Esta llamada bloquea al proceso servidor hasta que un cliente realice una conexión. Cuando se produce la conexión, el servidor obtiene en el segundo argumento la dirección del socket del cliente. Además, la llamada devuelve un nuevo descriptor de socket, que será el que utilice el servidor para recibir o enviar datos. Nótese que después de la conexión permanecen activos dos descriptores de socket en el servidor: el original que se utilizará para aceptar nuevas conexiones y el devuelto por la llamada, que se usará para la transferencia de datos con el proceso que ha establecido la conexión.

```
int write(int socket, char *mensaje, int longitud);
int send(int socket, char *mensaje, int longitud, int flags);
```

Estos servicios se utilizan para enviar datos utilizando un socket de tipo *stream*. El primer argumento representa el descriptor de socket, el segundo el mensaje que se quiere enviar y el tercero la longitud de ese mensaje en bytes. El argumento flags en la llamada send se utiliza en aspectos avanzados que no serán cubiertos en este libro. Su valor típico es 0. Las llamadas anteriores devuelven el número de bytes realmente transferidos.

Para recibir datos se utilizan los siguientes servicios:

```
int read(int socket, char *mensaje, int longitud);
int recv(int socket, char *mensaje, int longitud, int flags);
```

Estas llamadas bloquean al proceso esperando la recepción de un mensaje. La llamada devuelve el número de bytes que se han transferido o -1 en caso de error.

Es importante comprobar siempre el valor que devuelven las llamadas de envío y recepción de datos, ya que el valor devuelto puede no coincidir con el campo longitud que indica la cantidad de datos que se quieren transferir. En caso de que ambos valores no coincidan debería volverse a enviar o recibir los datos que aún no se han transferido. A continuación, se presenta una función que se puede utilizar para enviar un bloque de datos haciendo los reintentos que sean necesarios. La función devuelve 0 en caso de éxito o -1 si hubo algún error y no se pudieron enviar todos los datos.

```
int enviar(int socket, char *mensaje, int longitud){
    int r;
    int long = longitud;

    do {
        r = write(socket, mensaje, long);
        long = long - r;
        mensaje = mensaje + r;
    } while ((long > 0) && (r >= 0));
    if (r < 0)
        return (-1);   /* la última llamada falló */
    else
        return (0);
```

```
}
```
___

Utilizando datagramas no hay una conexión real entre los procesos que se comunican. Para usar sockets de este tipo basta con crear un socket utilizando la llamada socket y asignarle una dirección mediante la llamada `bind`. En caso de no asignarle una dirección, el sistema le asignará una cualquiera cuando se utilice por primera vez.

Para la transferencia de datos con sockets de este tipo se utilizan los siguientes servicios:

```
int sendto(int socket, char *mensaje, int long, int flags,
           struct sockaddr *dir, int long);
```

El argumento `dir` representa la dirección del socket remoto al que se quieren enviar los datos y `long` la longitud en bytes que ocupa.

Para recibir datos se utiliza:

```
int recvfrom(int socket, char *mensaje, int long,
             int flags, struct sockaddr *dir, int *long);
```

En este caso en `dir` se almacena la dirección del socket del que se han recibido los datos y en `long` la longitud que ocupa en bytes.

Para cerrar un socket se puede utilizar la llamada `close` ya vista en el capítulo 8, pero en este caso aplicada a un descriptor de socket. En el caso de que el socket sea de tipo *stream*, la llamada cierra además la conexión en ambos sentidos.

Ejemplo de utilización de sockets de tipo stream

A modo de ejemplo se va a desarrollar una pequeña aplicación cliente-servidor. En esta aplicación el programa servidor se encargará de recibir peticiones por parte de los clientes que consistirán en dos números enteros. El servidor calculará la suma de ellos y devolverá el resultado al cliente.

Cuando se utilizan sockets de tipo *stream* es necesario llevar a cabo todos los pasos que se pueden ver en la Figura 13.5.

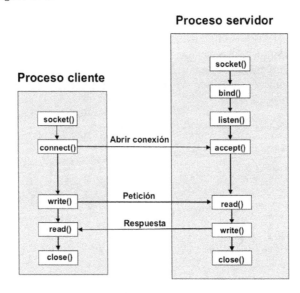

Figura 13.5 Escenario típico con sockets de tipo stream

El proceso **servidor** de la aplicación, cuyo código se muestra en el Programa 13.1, realiza los siguientes pasos.

1. Crea un socket de tipo *stream*.
2. Le asigna una dirección utilizando el servicio `bind`. Cuando se utiliza un socket de dominio `PF_INET`, la estructura que define la dirección tiene tres campos básicos que hay que rellenar:
    o   Familia de dirección (`sin_family`). En este caso será `AF_INET`.
    o   Número de puerto asignado (sin_port). El rango de puertos disponibles es 0..65535, estando reservados los 1024 primeros para el sistema.
    o   Estructura que contiene, entre otras cosas, la dirección IP de una máquina (`struct in_addr sin_addr`).
3. Se prepara para recibir conexiones utilizando listen.
4. Se bloquea esperando la recepción de conexiones por parte de los clientes utilizando la llamada `accept`. Cuando se desbloquea la llamada anterior devuelve un nuevo descriptor de socket, que será el que se utilice en la transferencia de datos.
5. El proceso recibe un mensaje del proceso cliente. Para ello se utiliza la llamada `read`.
6. El proceso servidor ejecuta el trabajo necesario, en este caso realiza la suma.
7. Devuelve el resultado al cliente utilizando `write`.
8. Cierra el descriptor de socket devuelto en la llamada `accept`, ya que este no volverá a utilizarse. Al mismo tiempo se cierra la conexión con el cliente.
9. Vuelve al paso 4 para esperar nuevas peticiones.

El servidor desarrollado en esta sección es secuencial. En caso de un servidor concurrente bastaría con crear un proceso o *thread* una vez despertado de la llamada `accept`. El esquema en este caso se presenta en la Figura 13.6. Cuando se crea el nuevo *thread* se le ha de pasar el descriptor devuelto por la llamada `accept` para que pueda intercambiarse mensajes con el proceso cliente. Esto no presenta ninguna dificultad en UNIX, puesto que un proceso hijo creado con el servicio `fork` hereda los descriptores de fichero y de sockets creados. En el caso de utilizar *threads*, recuerde que éstos comparten todos los recursos del proceso en el que ejecutan, en concreto los descriptores de sockets abiertos.

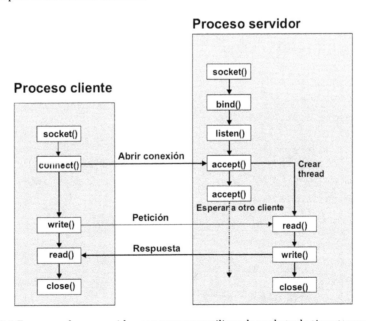

Figura 13.6 Esquema de un servidor concurrente utilizando sockets de tipo stream

Es importante destacar los pasos que realiza el servidor para rellenar la estructura que representa la dirección asignada al socket. Los pasos que ha seguido el servidor han sido los siguientes:

- Declara una variable de tipo dirección. En este caso, `struct sockaddr_in serv_addr;`
- Inicia la dirección rellenándola con ceros. Para ello puede utilizarse la función de biblioteca `bzero` de la siguiente forma: `bzero((char *)&serv_addr, sizeof(serv_addr));`
- Se rellena el campo `serv_addr.sin_family = AF_INET`.
- Si el puerto es el 4200, se realiza la asignación `server_addr.sin_port = htons(4200);` Observe que se utiliza la rutina `htons` para obtener el puerto en formato de red.
- Rellena el campo que representa la dirección IP con cualquiera de la máquina. La constante `INADDR_ANY` representa una dirección cualquiera de la máquina. Para ello se ha utilizado `server_addr.sin_addr.s_addr = INADDR_ANY;`

Programa 13.1 Programa servidor de suma utilizando sockets *stream*

```
#include <sys/types.h>
#include <sys/socket.h>
#include <stdio.h>

int main(void)
{
    struct sockaddr_in server_addr,  client_addr;
    int sd, sc;
    int size;
    int num[2],  res;

     sd = socket(AF_INET, SOCK_STREAM, 0);
    if (sd < 0) {
        printf("Error en la llamada socket\n");
        return 1;
    }

    /* asigna la dirección al socket */
    bzero((char *)&server_addr, sizeof(server_addr));
    server_addr.sin_family = AF_INET;
    server_addr.sin_addr.s_addr = INADDR_ANY;
    server_addr.sin_port = htons(4200);
    if (bind(sd, &server_addr, sizeof(server_addr)) < 0){
        printf("error en la llamada bind\n");
        return 1;
    }

    listen(sd, 5);
    size = sizeof(client_addr);
    while (1){
        printf("esperando conexion\n");
        sc = accept(sd, (struct sockaddr *)&client_addr, &size);
        if (sc < 0){
```

```
            printf("Error en accpet\n");
            break;
        }

        /* recibe la petición, dos números enteros */
        if (read(sc, (char *) num, 2 *sizeof(int)) < 0){
            printf("Error en read\n");
            break;
        }

        /* los datos se transforman del formato de red
               al del computador */
        res = ntohl(num[0]) + ntohl(num[1

        res = htonl(res);  /* el resultado se transforma a
                                  formato de red */

        /* envía el resultado y cierra la conexión */
        if (write(sc, (char *)&res, sizeof(int)) < 0){
            printf("Error en write\n");
            break;
        }
        close(sc);
    }
    close (sd);
    return 0;
}
```

Observe que, en el programa anterior, al igual que ocurre en el programa cliente, se ha aplicado la rutina ntohl a los enteros recibidos del cliente y se ha aplicado la primitiva htonl al resultado que se devuelve al cliente. Si no se utilizaran estas rutinas podría no obtenerse el resultado esperado si el cliente y servidor ejecutaran en arquitecturas que almacenan los enteros de forma distinta (por ejemplo, un cliente *little-endian* y un servidor *big-endian*). El protocolo que se ha seguido en esta aplicación para la transferencia de los datos por la red es considerar que todos los datos que viajan por la red (los enteros a sumar y el resultado devuelto) viajan en formato de red, es decir, en formato *big-endian*. Por tanto, todos los datos recibidos se convierten de formato de red al formato del computador (ntohl) y los datos que se envían se convierten del formato del computador a formato de red (htonl).

Los pasos que debe realizar el **cliente**, cuyo código se presenta en el Programa 13.2 son más sencillos. El cliente debe:

1. Crear un socket de tipo *stream*.
2. Establecer una conexión con el proceso servidor utilizando connect.
3. Enviar los números que se quieren sumar utilizando la llamada write.
4. Esperar el resultado utilizando read.
5. Cerrar la conexión con close.

El cliente obtiene la dirección IP del servidor utilizando la función gethostbyname. Esta función devuelve información sobre el servidor. Para rellenar la dirección del servidor basta con acceder a los campos correspondientes de la estructura devuelta por la función anterior.

```
    hp = gethostbyname ("laurel.datsi.fi.upm.es");
```

```
memcpy (&(server_addr.sin_addr), hp->h_addr, hp->h_length);
```

Programa 13.2 Código del cliente utilizando sockets stream

```
#include <sys/types.h>
#include <sys/socket.h>
#include <stdio.h>

int main(void)
{
    int sd;
    struct sockaddr_in server_addr;
    struct hostent *hp;
    int num[2], res;

    sd = socket(AF_INET, SOCK_STREAM, 0);
    if (sd < 0){
        printf("Error en socket\n");
        return 1;
    }

    /* se obtiene y rellena la dirección del servidor */
    bzero((char *)&server_addr, sizeof(server_addr));
    hp = gethostbyname ("laurel.datsi.fi.upm.es");
    if (hp == NULL){
        printf("Error en la llamada gethostbyname\n");
        return 1;
    }

    memcpy (&(server_addr.sin_addr), hp->h_addr, hp->h_length);
    server_addr.sin_family = AF_INET;
    server_addr.sin_port = htons(4200);

    /* se establece la conexión */
    if (connect(sd, (struct sockaddr *) &server_addr,
                sizeof(server_addr)) < 0) {
        printf("Error en la llamada connect");
        return 1;
    }

    num[0]=htonl(5);  /* los argumentos se convierten
                         a formato de red */
    num[1]=htonl(2);

    /* envía la petición */
    if (write(sd, (char *) num, 2 *sizeof(int)) < 0) {
        printf("Error en write\n");
        return(1);
    }
```

```
    /* recibe la respuesta */
    if (read(sd, (char *)&res, sizeof(int)) < 0) {
        printf("Error en read\n");
        return(1);
     }

     res = ntohl(res);       /* se convierte el resultado
                                 al formato del computador */

    printf("Resultado es %d \n", res);
    close (sd);
    return 0;
}
```

Ejemplo de utilización de sockets de tipo datagrama

Cuando se emplean sockets de tipo datagrama no es necesaria una conexión previa. Los Programas 13.3 y 13.4 muestran los códigos de los procesos servidor y cliente respectivamente.

Programa 13.3 Programa servidor utilizando sockets de tipo datagrama

```
#include <sys/types.h>
#include <sys/socket.h>
#include <stdio.h>

int main(void)
{
    int num[2];
    int s, res, clilen;
    struct sockaddr_in server_addr, client_addr;

    s = socket(AF_INET, SOCK_DGRAM, 0);
    if (s < 0){
        printf("Error en la llamada socket\n");
        return 1;
    }

    /* se asigna una dirección al socket del servidor */
    bzero((char *)&server_addr, sizeof(server_addr));
    server_addr.sin_family = AF_INET;
    server_addr.sin_addr.s_addr = INADDR_ANY;
    server_addr.sin_port = htons(7200);

    if(bind(s, (struct sockaddr *)&server_addr sizeof(server_addr)) < 0){
        printf("Error en la llamada bind\n");
        return 1;
    }
```

```
    clilen = sizeof(client_addr);

    while (1){
        /* se bloquea esperando una petición */
        if (recvfrom(s, (char *) num, 2* sizeof(int), 0,
                (struct sockaddr *)&client_addr, &clilen)<0){
            printf("Error en recvfrom\n");
            return 1;
        }

        /* los datos se transforman del formato de red
            al del computador */
        res = ntohl(num[0]) + ntohl(num[1]);

        /* el resultado se transforma a formato de red */
        res = htonl(res);

        /* envía la petición al cliente.
                La estructura client_addr
            contiene la dirección del socket del cliente */
        if (sendto(s, (char *)&res, sizeof(int), 0,
            (struct sockaddr *)&client_addr,  clilen) < 0) {
            printf("Error en sednto\n");
            return 1;
        }
    }
}
```

Programa 13.4 Programa cliente utilizando sockets de tipo datagrama

```
#include <sys/types.h>
#include <sys/socket.h>
#include <stdio.h>

int main(void){
    struct sockaddr_in server_addr, client_addr;
    struct hostent *hp;
    int s, num[2], res;

    s = socket(AF_INET, SOCK_DGRAM, 0);
    if (s < 0){
        printf("Error en la llamada socket\n");
        return 1;
    }

    hp = gethostbyname ("laurel.datsi.fi.upm.es");
    if (hp == NULL){
        printf("Error en la llamada gethostbyname\n");
        return 1;
```

```
    }

    /* rellena la dirección del servidor */
    bzero((char *)&server_addr, sizeof(server_addr));
    server_addr.sin_family = AF_INET;
    memcpy (&(server_addr.sin_addr), hp->h_addr, hp->h_length);
    server_addr.sin_port = htons(7200);

    /* rellena la dirección del cliente */
    /* cuando se utiliza por número de puerto el 0, el sistema
        se encarga de asignarle uno */
    bzero((char *)&client_addr, sizeof(client_addr));
    client_addr.sin_family = AF_INET;
    client_addr.sin_addr.s_addr  = INADDR_ANY;
    client_addr.sin_port  = htons(0);

    if (bind (s, (struct sockaddr *)&client_addr,
                    sizeof(client_addr)) < 0){
        printf("Error en la llamada bind\n");
        return 1;
    }

    /* los argumentos se convierten a formato de red */
    num[0]=htonl(5);
    num[1]=htonl(2);

    if (sendto(s, (char *)num, 2 * sizeof(int), 0,
        (struct sockaddr *) &server_addr, sizeof(server_addr)<0){
        printf("Error en sedto\n");
        return 1;
    }

    /* se bloquea esperando la respuesta */
    if (recvfrom(s, (char *)&res, sizeof(int), 0, NULL, NULL) < 0){
            printf("Error en recvfrom\n");
        return 1;
    }

    /* el resultado se transforma de formato de red al del
       computador */

    res = ntohl(res);

    printf("2 + 5 = %d\n", res);
    close(s);
    return 0;
}
```

13.3.2 Llamadas a procedimientos remotos

Las llamadas a procedimientos remotos (RPC, *Remote Procedure Call*) [Birrel 1984] representan un híbrido entre las llamadas a procedimientos y el paso de mensajes. Las RPC constituyen el núcleo de muchos sistemas distribuidos y llegaron a su culminación con DCE (*Distributed Computing Environment*). Actualmente han evolucionado hacia la invocación de métodos remotos como los utilizados en CORBA y RMI de Java.

En una llamada a procedimiento remoto el programador no necesita preocuparse de cómo se realiza la comunicación entre procesos. Simplemente realiza llamadas a procedimientos que serán ejecutados en computadores remotos. En este sentido el programador desarrolla sus aplicaciones de forma convencional descomponiendo su software en una serie de procedimientos bien definidos. En una RPC, el proceso que realiza la llamada empaqueta los argumentos en un mensaje, se los envía a otro proceso y espera el resultado. Por su parte, el proceso que ejecuta el procedimiento extrae los argumentos del mensaje, realiza la llamada de forma local, obtiene el resultado, lo encapsula en un mensaje de respuesta y se lo envía de vuelta al proceso que realizó la llamada. Este proceso, totalmente transparente al usuario que utiliza las RPC, es realizado por unos módulos denominados **suplentes** o ***stubs***. Este funcionamiento se puede apreciar en la Figura 13..

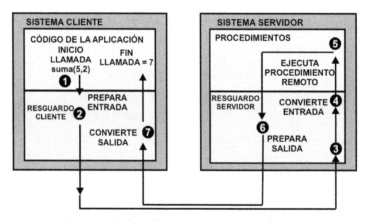

Figura 13.7 Llamadas y mensajes en una RPC

A continuación, se describen los pasos que se presentan en la figura anterior.

El código de la aplicación hace una llamada a procedimiento. Por ejemplo, puede invocar `sumar(5,2)`. En una llamada a procedimiento remoto, al igual que en una llamada a procedimiento convencional, la llamada anterior supone la creación en la pila del proceso del registro de activación correspondiente. Este registro incluye, entre otras cosas, los parámetros del procedimiento (5 y 2 en este caso) y la dirección de retorno.

El procedimiento invocado anteriormente, que forma parte del código del propio proceso, se encuentra en un módulo del programa cliente que se denomina suplente y que como se verá más adelante se obtiene de forma automática. Este procedimiento extrae de la pila los argumentos, pero no realiza la operación, en este caso la suma de los dos números pasados en la pila. Lo que hace es enviar los argumentos al proceso servidor para que sea éste el que realiza la llamada. Para ello:

- Localiza al servidor que ejecuta el procedimiento remoto. Más adelante se verá como se realiza este proceso.
- Construye un mensaje y empaqueta los parámetros en él. Asimismo, indica en el mensaje el procedimiento que debe ejecutar el servidor.
- Envía el mensaje al proceso servidor y espera un mensaje de él con la respuesta.

El proceso servidor, que se encuentra en un bucle esperando la llegada de peticiones por parte de los clientes realiza las siguientes acciones cuando recibe un mensaje de petición:

- Extrae del mensaje los argumentos y la función que debe invocar.
- Una vez extraídos invoca a una función, del propio código del servidor, para realizar la llamada y obtiene el resultado.
- Una vez obtenido el resultado, construye un nuevo mensaje en el que introduce el resultado y se lo envía al proceso cliente.

El proceso cliente que se encuentra bloqueado esperando la respuesta del servidor, extrae del mensaje el resultado y simplemente lo retorna.

Con los pasos anteriores, todos los aspectos relacionados con el paso de mensajes quedan ocultos al programador, siendo el software del paquete de RPC utilizado el encargado de realizarlo.

Aspectos de diseño de las RPC

A la hora de implementar un paquete de RPC existen una serie de cuestiones de diseño que hay que abordar:

- Lenguaje de definición de interfaces.
- Transferencia de parámetros.
- Enlace dinámico.
- Semántica de las RPC en presencia de fallos.
- En las siguientes secciones se abordan cada uno de ellos.

Lenguajes de definición de interfaces

Una interfaz especifica un nombre de un servicio que utilizan los clientes y servidores. La interfaz incluye el nombre de los procedimientos junto con sus parámetros y el tipo de los mismos (parámetros de entrada o salida). La primera etapa para construir una aplicación cliente-servidor utilizando RPC es diseñar la interfaz y escribirla en algún **lenguaje de definición de interfaces**, IDL (*Interfaz Definition Language*). Este lenguaje puede estar integrado en el propio lenguaje de programación o puede ser un lenguaje específico para escribir interfaces entre clientes y servidores.

Transferencia de los parámetros

Una de las funciones de los suplentes es empaquetar los parámetros y los resultados en un mensaje. A este proceso se le denomina aplanamiento (*marshalling*) y puede apreciarse en la Figura 13..

Hay dos problemas relacionados con el aplanamiento y la transferencia de mensajes:
- **Representación de los datos**. Los procesos cliente y servidor se pueden ejecutar en máquinas con arquitecturas distintas. Esto hace que la representación de los datos pueda ser distinta en ambas máquinas. Por ejemplo, una puede representar los enteros utilizando un esquema *big-endian* y la otra un esquema *little-endian*. Para que la comunicación sea posible en este caso, es necesario recurrir a una representación intermedia de los datos utilizando algún estándar como puede ser XDR (*External Data Representation*).
- **Problemas con los punteros**. Los procedimientos a los que se les pasan punteros presentan problemas ya que una dirección de memoria sólo tiene sentido en un mismo espacio de direcciones. Algunas implementaciones de RPC prohíben la utilización de punteros en las RPC. Otras por su parte se encargan de enviar la información a la que apuntan los punteros. Recuerde que no pueden enviarse direcciones de memoria, sólo datos.

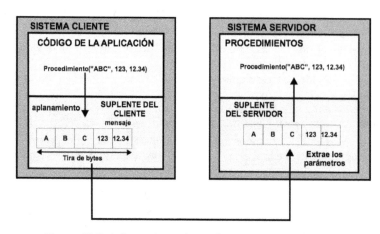

Figura 13.8 Aplanamiento de parámetros en una RPC

Enlace dinámico

El enlace dinámico permite localizar los objetos con nombre en un sistema distribuido, en concreto, localizar a los servidores que ejecutan las RPC. Como se vio anteriormente esta es una de las funciones que tiene que realizar el suplente del cliente. El enlace dinámico se lleva a cabo mediante las siguientes fases (véase la Figura 13.9).

El servidor registra en un proceso denominado servidor de nombres o enlazador dinámico los nombres de los procedimientos que exporta junto con su dirección. En el caso de utilizar TCP/IP, registraría el protocolo utilizado (TCP o UDP), la dirección IP y el puerto en el se encuentra escuchando.

Cuando el cliente ejecuta una RPC busca en el servidor de nombres la dirección del servidor que exporta un determinado servicio. El servidor de nombres envía al cliente la dirección del proceso servidor que exporta un determinado servicio.

Existen también servicios que permiten al servidor dar de baja a un procedimiento en el servidor de nombres (véase la Figura 13.9).

Existen dos tipos de enlaces:

- **Enlace no persistente**. La conexión entre en el cliente y el servidor se establece cada vez que se ejecuta una RPC. Este modelo es muy ineficiente en el caso de que el cliente ejecute muchas RPC de forma repetida. Tiene la ventaja, sin embargo, de que los servidores pueden migrar de un procesador a otro sin necesidad de que los clientes se vean por ello afectados.
- **Enlace persiste**. Con este tipo de enlace la conexión entre el cliente y el servidor se mantiene después de la primera RPC. Este modelo es útil cuando las aplicaciones ejecutan muchas RPC repetidas. Sin embargo, presentan problemas cuando los servidores cambian de lugar.

Semántica de las RPC en presencia de fallos

Aunque las RPC son similares a las llamadas a procedimientos locales, existen una serie de problemas que no están presentes en estas últimas. Estos problemas son:

- El cliente no es capaz de localizar al servidor.
- Se pierde el mensaje de petición del cliente al servidor.
- Se pierde el mensaje de respuesta del servidor al cliente.
- El servidor falla después de recibir una petición.

- El cliente falla después de enviar una petición.

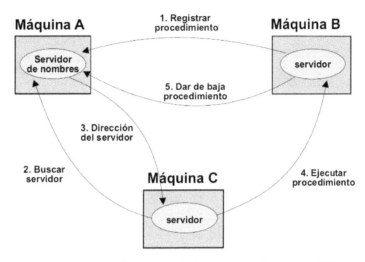

Figura 13.9 Establecimiento de la comunicación en una RPC

En general, la pérdida de los mensajes se suele resolver retransmitiéndolos. Sin embargo, esto no siempre es posible. Algunas operaciones pueden repetirse sin problemas, sin embargo, otras como las transferencias bancarias no. Se denomina operación **idempotente** a aquella operación que puede repetirse sin problemas. Las semánticas de las RPC determinan qué ocurre cuando se repite una RPC. Hay cuatro posibilidades:

1. Semántica a lo más una vez. No reintentar, en este caso puede que no se realice la RPC ni una sola vez.
2. Semántica de exactamente una vez. Esta es la semántica que se corresponde con las llamadas a procedimientos convencionales. Sin embargo, su implementación es difícil en un sistema distribuido.
3. No repetir la RPC, no garantizando, por tanto, su ejecución.
4. Semántica al menos una vez. Reintentar y garantizar que la RPC se ejecuta al menos una vez. Este tipo de semántica no puede aplicarse a operaciones no idempotentes.

Ejemplo de uso de un paquete de RPC

En esta sección se va a presentar como ejemplo de utilización de un paquete de RPC, el del *Open Network Computing* (RPC-ONC) de Sun, uno de los debido al indiscutible éxito de algunos de los productos que se sustentan sobre el mismo, como NFS.

Este modelo de RPC consta de unos formatos de datos descritos utilizando el formato de representación de datos XDR (*eXternal Data Representation*) desarrollado también por Sun. Este formato describe un lenguaje de descripción de datos y estandariza una sintaxis de transferencia. Dentro del lenguaje de descripción de datos, XDR dispone de una serie de tipos elementales (`int`, `bool`, `string`, etc.) y una serie de constructores para declarar tipos de datos más complejos (arrays, estructuras, uniones, etc.). Casi todos estos tipos y constructores tienen su equivalente en los lenguajes de programación más habituales.

En estas RPC, un programa hace referencia a un servicio. Cada programa consta de una serie de procedimientos que pueden ser utilizados por los clientes. Cada programa puede tener varias versiones. Los programas, versiones y procedimientos se identifican mediante números enteros. De acuerdo a esto, cada procedimiento queda perfectamente identificado mediante la terna siguiente:

```
<programa, versión, procedimiento>.
```

La especificación de una aplicación consiste en la definición de un conjunto de procedimientos dentro de un programa. De manera más formal, la definición de un programa sigue la siguiente sintaxis.

```
definicion-de-programa:
"program" identificador "{"
        definicion-de-version
        definicion-de-version *
    "}" "=" contante ";"

definicion-de-version:
    "version" identificador "{"
        definicion-de-procedimiento
        definicion-de-procedimiento *
    "}" "=" constante ";"

definicion-de-procedimiento:
    especificador-de-tipo identificador "(" especificador-de-tipo ")"
    "=" constante ";"
```

Principales tipos de datos en XDR

Como ya se ha indicado anteriormente, XDR permite describir los datos que utilizan las RPC, para ello define una serie de tipos que pueden emplearse para especificar las interfaces a usar por clientes y servidores. En la Tabla 13.1se presentan estos tipos junto con su equivalencia en C.

Programa rpcgen

El programa rpcgen genera a partir de un fichero con la especificación de una aplicación (por defecto el fichero tiene extensión .x) los siguientes ficheros:

- Fichero de cabecera con estructuras de datos en C equivalentes a las definidas en el fichero de especificación. Este fichero deberá incluirse en el código del cliente y en el código del servidor.
- Fichero con funciones de transformación de datos XDR, una por cada tipo de datos definido.
- Fichero con el suplente del cliente.
- Fichero con el suplente del servidor.

Tradicionalmente, una llamada a procedimiento remoto aceptaba un único parámetro y devolvía un único resultado. Para poder pasar diferentes valores a una llamada a procedimiento remoto era necesario agrupar éstos en una estructura y pasar esta estructura como parámetro. Si se quieren recoger varios valores de vuelta, también es necesario agrupar éstos en una estructura y hacer que el procedimiento devuelva una estructura. Los compiladores actuales permiten pasar múltiples parámetros en las RPC, pero para ello debe utilizarse la opción -N con el programa *rpcgen*.

Tabla 13.1 Principales tipos de datos en XDR

	Declaración	Equivalente en C
Enteros con signo	`int n;`	`int n;`
Enteros sin signo	`unsigned n;`	`u_int n;`

Valores lógicos	`bool n;`	`enum bool_t {TRUE = 1, FALSE=0};`
		
		`typedef enum bool_t bool_t;`
		`bool_t n;`

Números en coma flotante	`float n;`	`float n;`
Cadenas de bytes de longitud fija	`opaque cadena[256];`	`char cadena[256];`

Cadenas de bytes de longitud variable	`opaque cadena<>;`	`struct {`
		`  u_int cadena_len;`
		`  char *cadena_val;`
		`} cadena;`

Cadenas de caracteres	`string cadena1<256>;` `  string cadena2<>;`	`char *cadena1;` `char *cadena2;`
Arrays de tamaño fijo	`int vector[100];`	`int vector[100];`

Arrays de tamaño variable	`float vector<>;`	`struct {`
		`  u_int vector2_len;`
		`  float *vector2_val;`
		`} vector2;`

Estructuras	`struct estructura {`
	`  int c1;`
	`  string c2<20>;`
	`};`
		`struct estructura {`
		`  int c1;`
		`  string *c2;`
		`};`

Constantes	`const MAX = 12;`	`#define MAX 12`

Servidores

Los servidores deben implementar cada una de las funciones especificadas en el fichero de definición de interfaces. Estas funciones, que deben ser implementadas por el programador tienen la siguiente forma:

```
tipo_resultado *procedimiento_V_svc(tipo_argumento arg,
                              struct svc_req *sr);
```

Al nombre del procedimiento se le añade el número de versión (V) y el sufijo "`svc`". El segundo argumento permite acceder, aunque no se utiliza normalmente, a diferentes características como el número de versión o el número de procedimiento.

Clientes

El cliente, para poder ejecutar un procedimiento remoto, debe en primer lugar establecer una conexión con un servidor, mediante el siguiente servicio:

```
CLIENT *clnt_create(char *host, u_long prognum,u_long versnum,
                char *protocol);
```

El primer argumento especifica el nombre de la máquina donde ejecuta el servidor. Los dos siguientes argumentos especifican el número de programa y número de versión del procedimiento remoto a ejecutar. El último argumento especifica el protocolo de transporte empleado (UDP o TCP).

El prototipo que debe emplear el cliente para las llamadas a procedimientos remotos es:

```
tipo_resultado *procedimiento_V(tipo_argumento arg, CLIENT *cl);
```

donde el sufijo V representa el número de versión.

Los números de versiones se utilizan en estas RPC para permitir que existan servidores similares que exporten interfaces distintas.

Ejemplo

Si se desea realizar un servidor que exporte dos procedimientos remotos sumar y restar, la interfaz que debe incluirse en un fichero con extensión .x, por ejemplo, `calcular.x`, debe ser:

```
PROGRAM calcular {
        version UNO {
            int sumar(int a, int b) = 1;
            int restar(int a, int b) = 2;
        } = 1;
} = 9999999;
```

En la interfaz anterior se ha utilizado la versión uno y se ha asignado a cada procedimiento su número (1 y 2). Recuerde que no puede utilizar como número de procedimiento el valor cero.

En este caso, se ha utilizado el modelo de múltiples argumentos. Una vez definida la interfaz, ésta se procesa de la siguiente forma:

```
rpcgen -N calcular.x
```

El programa `rpcgen` generará de forma automática los siguientes ficheros (véase la 0).

1. `calcular.h`. Fichero de cabecera a incluir en el cliente y en el servidor.
2. `calcular_svc.c`. Suplente del servidor.
3. `calcular_clnt.c`. Suplente del cliente.
4. `calcular_xdr.c`. Incluye funciones para la transformación de tipos.

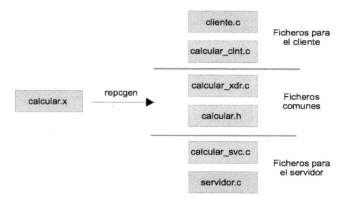

Figura 13.10 Esquema de aplicación utilizando ONC-RPC

El programador, a continuación, tiene que codificar el programa cliente y el programa servidor. El programa servidor (véase el Programa 13.5) debe incluir la implementación de las funciones sumar y restar. La Figura 13.10 presenta el esquema de aplicación anterior.

Programa 13.5 Programa servidor utilizando RPC

```
#include "calcular.h"
int * sumar_1_svc(int a, int b, struct svc_req *rqstp)
{
    static int r;
    r = a + b;
    return(&r);
}

int * restar_1_svc(int a, int b, struct svc_req *rqstp)
{
    static int r;
    r = a - b;
    return(&r);
}
```

Debido a que las funciones anteriores devuelven un puntero (una dirección de memoria), las variables que almacenan el resultado deben ser de tipo static (static int r).

El código del cliente se muestra en el Programa 13.6.

Programa 13.6 Código del cliente utilizando RPC

```
#include "calcular.h"
int main (int argc, char **argv)
{
    char *host;
    CLIENT *sv;
    int res;

    host = argv[1];

    sv = clnt_create(host, CALCULAR, UNO, "tcp");
    if (sv == NULL) {
        clnt_pcreateerror(host1);
        return 1;
    }

    res = sumar_1(5, 2, sv);
    if (res == NULL) {
        clnt_perror(sv1, "error en RPC");
        return 1;
    }
    printf("5 + 2 = %d\n", res);
```

```
clnt_destroy(sv);

return 0;
}
```

El programa cliente recibe el nombre de la máquina donde ejecuta el servidor en la línea de argumentos y la almacena en la variable host. Observe que se ha utilizado la llamada clnt_destroy, que permite romper la asociación entre el cliente y el servidor.

Para obtener los ficheros ejecutables del cliente y del servidor respectivamente, debe compilarse (utilizando el compilador de C) la aplicación de la siguiente forma:

```
cc -c calcular_svc.c
cc -c calcular_clnt.c
cc -c calcular_xdr.c
cc -c cliente.c
cc -c servidor.c
cc -o calcular_clnt.o calcular_xdr.o cliente.o -o cliente
cc -o calcular_svc.o calcular_xdr.o servidor.o -o servidor
```

Los dos últimos mandatos permiten obtener los ejecutables del cliente (denominado cliente) y del servidor (denominado servidor).

Modelos de objetos distribuidos

Con la aparición del modelo de programación orientada a objetos surgió la necesidad de aplicar las ideas de las llamadas a procedimientos remotos a este tipo de programación. De esta forma aparecieron los modelos de objetos distribuidos. En este tipo de entornos las aplicaciones se estructuran como un conjunto de objetos que pueden residir físicamente en computadores distintos. Así, cuando se invoca un método de un objeto, esta invocación suele ser remota, de igual forma que ocurre con las llamadas a procedimientos remotos. Unos de los modelos de objetos distribuidos más representativos es CORBA. De igual forma, este modelo se utiliza en RMI de Java.

13.3.3 Comunicación de grupos

La comunicación de grupos se basa en la utilización de primitivas de comunicación que permiten el radiado de mensajes (multicast o broadcast). Se trata de una comunicación uno a muchos, en la que un proceso envía un mismo mensaje a un grupo de procesos. En un envío multicast, el emisor envía un mensaje a un subconjunto de todos los procesos del grupo. En una operación broadcast, el mensaje se envía a todos los procesos.

El empleo de este tipo de comunicación es útil en servicios replicados. Un servicio replicado consta normalmente de un grupo de servidores que ofrecen un determinado servicio, por ejemplo, de ficheros. Las peticiones que realizan los clientes pueden implementarse utilizando este tipo de primitivas, enviando el mismo mensaje (petición) a todos los servidores. Así, en el caso de un servicio de ficheros replicado, la modificación de un fichero puede implementarse con una primitiva que envíe los datos modificados a todos los miembros del grupo.

Existen diferentes tipos de multicast, cada uno con sus características propias:

- Multicast no fiable. En este tipo de multicast no hay garantía de que el mensaje se entregue a todos los miembros del grupo.
- Multicast fiable. Se asegura que el mensaje es recibido por todos los miembros del grupo en funcionamiento.
- Multicast atómico. El protocolo asegura que todos los miembros del grupo reciben los mensajes de diferentes nodos en el mismo orden.

La implementación de este tipo de primitivas se suele realizar mediante operaciones punto a punto, lo cual representa un mecanismo muy poco fiable ya que pueden aparecer dos problemas de fiabilidad: alguno de los mensajes se puede perder y el proceso emisor puede fallar después de realizados algunos envíos. En este caso, algunos de los procesos no recibirán el mensaje. Se suele recurrir a algoritmos, que no serán cubiertos en este libro, para asegurar las propiedades de los distintos esquemas de radiado. El modelo de comunicación en grupos se ha implementado en algunos sistemas como ISIS [Birman 1994] y HORUS [Birman 1996a].

13.4 Sincronización en sistemas distribuidos

La sincronización de procesos en sistemas distribuidos es más complicada que en entornos centralizados debido a que los procesos no comparten una memoria ni un reloj global común. Esto dificulta la forma de ordenar los eventos que ocurren en un sistema y la resolución de problemas de sincronización clásicos como el de la sección crítica descrito en el capítulo 6. En esta sección se va a describir la forma de ordenar eventos en un sistema distribuido y cómo resolver el problema de la sección crítica.

13.4.1 Ordenación de eventos en sistemas distribuidos

En un sistema centralizado la ordenación de eventos es un problema trivial puesto que existe un reloj físico común que permite determinar qué evento ocurrió antes que otro. Esto no ocurre de igual forma en un sistema distribuido, puesto que cada computador del sistema dispone de su propio reloj. Una forma de ordenar eventos en un sistema distribuido que carece de un reloj global es utilizar el concepto de relojes lógicos propuesto por Lamport en 1978 [Lamport 1978]. Este concepto se basa en la relación de precedencia definida también por Lamport en [Lamport 1978]. La relación de precedencia ($\rightarrow$) se puede enunciar de la siguiente forma:

- Si a y b son dos eventos del mismo proceso y a ocurrió antes que b, entonces $a \rightarrow b$.
- Si a es el evento de envío de un mensaje en un proceso y b es el evento de recepción de ese mensaje en otro proceso, entonces $a \rightarrow b$.
  La relación es transitiva, es decir, si $a \rightarrow b$ y $b \rightarrow c$, entonces $a \rightarrow c$.

Cuando dos eventos no están relacionados según la relación de precedencia anterior, se dice que ocurren de forma concurrente. No hay forma de saber cuál de ellos ocurrió antes.

Según Lamport, no es necesario recurrir a un reloj físico global para asegurar la ordenación de eventos en un sistema distribuido. Basta con asignar unas determinadas marcas lógicas de tiempo a los eventos. Así, dados dos eventos a y b, a habrá ocurrido antes que b si la marca de tiempo asociada al evento a es menor que la asignada a b.

En el algoritmo de los relojes lógicos de Lamport, basados en la relación de precedencia definida anteriormente, cada proceso lleva asociado un reloj lógico RL. Este reloj lógico puede implementarse como una variable entera, que toma inicialmente valor cero y que se incrementa de la siguiente forma:

- Cada vez que ocurre un evento significativo en un proceso se incrementa el valor de RL en ese proceso. El evento generado llevará asociada como marca de tiempo el valor de RL.
- Cuando un proceso envía un mensaje a otro, añade al mensaje el valor de su reloj lógico.
- Cuando un proceso Q recibe un mensaje m con un valor de tiempo t, el proceso actualiza su reloj de la siguiente forma: $RLq=max(RLq,t) + 1$. Es decir, el proceso adelanta su reloj lógico. Este avance es necesario puesto que el evento de recepción del mensaje es posterior al evento de envío del mensaje y por lo tanto la marca de tiempo asociada a la recepción nunca puede ser menor que la marca de tiempo asociada al evento de envío.

Utilizando este esquema de relojes lógicos se asegura la relación de precedencia definida anteriormente puesto que:

- Si a y b son dos eventos del mismo proceso y a ocurrió antes que b, entonces $RLa < RLb$. Es decir, el valor del reloj lógico asociado al evento a es menor que el asociado al evento b.
- Si a es el evento de envío de un mensaje en un proceso y b es el evento de recepción de ese mensaje en otro proceso, entonces $RLa < RLb$.

- Si *a* ocurre antes que *b* y b ocurre antes que *c*, entonces *RLa < RLb, RLb < RLc* y *RLa < RLc*.

La Figura 13.11 muestra cómo se mantienen el valor de los relojes lógicos en el caso de cuatro procesos.

Con el algoritmo descrito anteriormente y tal y como se puede apreciar en la Figura 13.1, pueden existir eventos con la misma marca de tiempo. Esto es así cuando los eventos ocurren de forma concurrente. En este caso, el algoritmo de Lamport no permite ordenar estos eventos, ofreciendo por tanto sólo una ordenación parcial. Se puede conseguir, sin embargo, una ordenación total de los eventos sin más que añadir el número de proceso al valor de reloj lógico. Así, la marca de tiempo asociada al evento a en el proceso *k* vendrá dada por el par (*Ta, Pk*), donde *Ta* es el valor del reloj lógico asociado al evento *a* y *Pk* es el identificador de proceso donde ocurre el evento. De esta forma, dadas dos marcas de tiempo (*Ta, Pj*) y (*Tb, Pk*), la primera marca será menor que la segunda, es decir (*Ta, Pj*) < (Tb, Pk) sí y sólo si:

$Ta < Tb$ o

$Ta = Tb$ y $Pj < Pk$

Ampliar las marcas de tiempo con los identificadores de los procesos evita que haya marcas de tiempo con igual valor y asegura por tanto una ordenación total de los eventos en un sistema distribuido.

Utilizando los relojes lógicos de Lamport, si *a* precede a *b*, entonces *RLa < RLb*. Nótese, sin embargo, que lo contrario no tiene por qué ser cierto. Lo ideal es disponer de una relación (*F(e)*, <) tal que:

$a \rightarrow b$ si y sólo si $F(a) < F(b)$

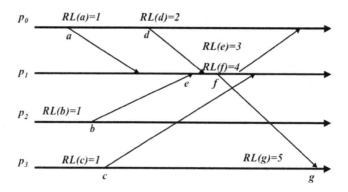

Figura 13.1 Mantenimiento de relojes lógicos

Relojes vectoriales

Los relojes vectoriales [Fidge 1988] [Mattern 1989] son una extensión de los relojes lógicos de Lamport que aseguran la relación anterior. Con este modelo, todo proceso lleva asociado un vector de enteros *RV*. *RVi(a)* representa el valor del reloj vectorial del proceso i cuando ejecuta el evento a. Los relojes vectoriales se actualizan de la siguiente forma:

- Inicialmente $RVi = 0$
- Cuando un proceso *i* genera un evento, incrementa la componente *i* de su propio reloj vectorial, $RVi[i] = RVi[i] + 1$.
- Cuando un proceso envía un mensaje a otro, añade en el mensaje el valor de su reloj vectorial.
- Cuando un proceso *j* recibe un mensaje con un valor RV, actualiza su reloj vectorial de la siguiente forma:
  $RVj = max(RVj , RV)$
  $RVj[j] = RVj[j] + 1$

La Figura 13.12 muestra cómo se mantienen los valores de los relojes vectoriales en un sistema compuesto por 3 procesos.

La ventaja que ofrecen los relojes vectoriales es que dados dos eventos *a* y *b*, *a* precede a *b* si y sólo si *RV(a) < RV(b)*, por lo que permite, dadas dos marcas de tiempo de dos procesos, asegurar cuál de ellos ocurrió antes. Dados dos relojes vectoriales *RV* y *RV'*, *RV < RV'* si y sólo si:

$RV \neq RV'$ y

$RV[i] \leq RV'[i]$, para todo *i*

Cuando no se cumplen las condiciones anteriores, los eventos asociados a los valores de *RV* y *RV'* ocurren de forma concurrente. En este caso no es posible realizar una ordenación.

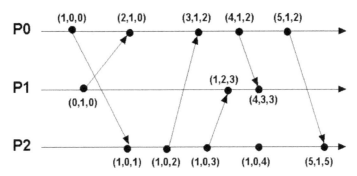

Figura 13.12 Mantenimiento de relojes vectoriales

13.4.2 Exclusión mutua en sistemas distribuidos

En el capítulo 6 se revisaron los principales mecanismos de sincronización de procesos, que permitían entre otros, la resolución del problema de la sección crítica. Las construcciones que se vieron en ese capítulo, sin embargo, no sirven en el caso de un sistema distribuido ya que los computadores no comparten una misma memoria común. En un sistema distribuido es necesario recurrir a algoritmos que permitan resolver el problema de la sección crítica utilizando paso de mensajes como único mecanismo. En esta sección se van a describir algunos de los esquemas que permiten resolver el problema de la sección crítica en un entorno distribuido.

Algoritmo centralizado

Con este algoritmo se elige a uno de los procesos como coordinador. Este proceso es el que se va a encargar de determinar si un proceso puede entrar a ejecutar dentro de la sección crítica. Cuando un proceso desea entrar a ejecutar dentro de la sección crítica, envía un mensaje al coordinador solicitando la entrada. Si no existe ningún proceso dentro de la sección crítica el coordinador envía un mensaje de respuesta permitiendo al proceso entrar en la sección. Si existe, sin embargo, un proceso dentro de la sección crítica, el coordinador no responde dejando bloqueado al proceso que desea entrar y la solicitud se almacena en una cola para su procesamiento posterior.

Cuando un proceso abandona la sección crítica envía un mensaje al coordinador indicándolo. El coordinador a continuación comprueba si existen procesos en la cola que esperan a entrar en la sección crítica. En caso de que existan, escoge al primero de ellos y le envía un mensaje permitiéndole entrar. Este mensaje de respuesta desbloquea al proceso que entra a continuación en la sección crítica. El proceso descrito se puede apreciar en la Figura 13.13.

El algoritmo descrito es relativamente sencillo, sin embargo, el hecho de utilizar un proceso coordinador hace que presente un único punto de fallo. En caso de que el proceso coordinador falle, el algoritmo deja de funcionar correctamente. Habría en este caso que elegir a un nuevo proceso coordinador.

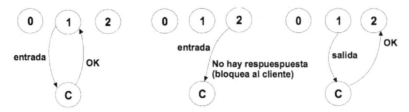

Figura 13.13 Problema de la sección crítica utilizando un algoritmo centralizado

Algoritmo basado en el paso de testigo

Otra forma de asegurar la exclusión mutua en el acceso a una sección crítica es organizar los procesos de la aplicación como un anillo lógico, tal y como se muestra en la Figura 13.14. Por el anillo va circulando un testigo. Cuando un proceso desea entrar en la sección crítica, debe esperar a estar en posesión del testigo. Mientras el testigo no llegue a ese proceso, éste no podrá pasar a ejecutar dentro de la sección crítica. Cada vez que el testigo llega a un proceso, se comprueba si el proceso desea entrar en la sección crítica. En caso de no querer entrar, envía el testigo al siguiente proceso del anillo. En caso contrario, no reenvía el testigo y pasa a ejecutar dentro de la sección crítica. El testigo permanece en el proceso hasta que abandone la sección crítica. Una vez abandonada la sección crítica se envía el testigo al siguiente proceso, dándole la oportunidad de entrar en la sección crítica.

El proceso descrito asegura exclusión mutua en el acceso a la sección crítica, puesto que sólo aquel proceso que esté en posesión del testigo podrá ejecutar en la sección crítica. Este esquema presenta también una serie de fallos: el testigo se puede perder, en este caso es necesario introducir un nuevo testigo en el anillo; uno de los procesos del anillo puede fallar, siendo necesario establecer un nuevo anillo lógico.

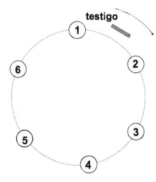

Figura 13.2 Sección crítica utilizando un anillo con paso de testigo

Algoritmo distribuido

Uno de los algoritmos distribuidos más utilizados para resolver el problema de la sección crítica en sistemas distribuidos es el propuesto por Ricart y Agrawala [Ricart 1981]. Este algoritmo requiere la existencia de un orden total de todos los mensajes en el sistema, es decir, para cualquier pareja de mensajes, debe conocerse cuál de ellos se generó primero. Los algoritmos de ordenación de eventos descritos en la sección anterior pueden utilizarse para asegurar este orden y se puede usar para proporcionar marcas de tiempo que permitan resolver el problema de la sección crítica.

En este algoritmo, cuando un proceso desea entrar en una sección crítica construye un mensaje con su número de proceso y su marca de tiempo y se lo envía a todos los procesos incluidos él mismo. Cuando un proceso recibe un mensaje de otro proceso que desea entrar en la sección crítica se analizan los tres siguientes casos:

- Si el receptor del mensaje no se encuentra ejecutando dentro de la sección crítica ni desea entrar en ella, envía un mensaje de respuesta indicando al proceso que puede entrar en la sección crítica.
- Si el receptor del mensaje ya está en la sección crítica, no responde al proceso impidiéndole de esta forma la entrada en la sección crítica.
- Si el receptor desea entrar, compara la marca de tiempo del mensaje con la marca de tiempo incluida en el mensaje que él envió al resto de procesos. Si el mensaje recibido tiene una marca menor responde al proceso emisor permitiéndole la entrada en la sección crítica. En caso contrario entra y no envía ninguna respuesta, impidiéndole la entrada.

Una vez que el proceso que desea entrar en la sección crítica ha enviado el mensaje al resto de procesos, espera la recepción de todos ellos confirmándole la entrada. Cuando recibe los mensajes de confirmación de todos los procesos entra en la sección crítica. En caso de que algún proceso estuviera en la sección crítica, no recibirá el mensaje de éste y por lo tanto el proceso se bloqueará hasta que salga. Cuando el proceso sale, envía el mensaje que le falta al proceso para poder entrar. Este algoritmo distribuido presenta de igual forma problemas, puesto que, si uno de los procesos del sistema falla, el algoritmo deja de funcionar.

13.5 Gestión de procesos

Un sistema distribuido se caracteriza por contar con varios procesadores que pueden utilizarse para ejecutar los procesos del sistema. Dónde ejecutar los distintos procesos del sistema depende de la forma en la que se organicen los procesadores. Existen tres alternativas a la hora de organizar los procesadores en un sistema distribuido:

- **Modelo de estaciones de trabajo**. En este modelo los procesos de un usuario se ejecutan en su estación de trabajo y los discos locales se utilizan para paginación, ficheros temporales, caché de ficheros y ficheros locales. Normalmente hay un servidor de ficheros (para ficheros compartidos, cuentas de usuario, etc.). El problema que plantea esta solución es que puede haber estaciones muy cargadas mientras que otras permanecen inactivas lo que supone un desaprovechamiento de los recursos del sistema distribuido.
- **Pila de procesadores**. En este caso existe una serie de terminales a los que los usuarios tienen acceso y un conjunto de procesadores que serán compartidos por todos los usuarios. Cuando un usuario desea ejecutar un programa, el proceso se envía a la pila de procesadores para su ejecución.
- **Modelo híbrido**. En este modelo los trabajos interactivos se ejecutan en las estaciones de trabajo mientras que los no interactivos se ejecutan en la pila de procesadores.

El modelo más interesante en la actualidad es el de las estaciones de trabajo ya que suele coincidir con la situación de la mayoría de las organizaciones que cuentan con una serie de estaciones de trabajo conectadas en red. Cuando se utiliza este modelo hay una serie de aspectos a tener en cuenta en la gestión de los procesos: la asignación de procesos a procesadores, los algoritmos de distribución de la carga y la planificación de los procesos en un sistema distribuido.

13.5.1 Asignación de procesos a procesadores

En entornos típicos con estaciones de trabajo se desperdicia cerca del 80% de ciclos totales de procesador, lo que supone un desaprovechamiento de los recursos globales del sistema distribuido. Para resolver este problema, pueden utilizarse estaciones de trabajo inactivas para ejecutar procesos de forma totalmente transparente. Es importante, sin embargo, que los usuarios de las estaciones de trabajo inactivas no observen una degradación del rendimiento como consecuencia de la ejecución de procesos remotos. El objetivo de la asignación de procesos a procesadores es decidir en qué procesador se debería ejecutar un proceso de tal forma que se equilibre la carga total del sistema y se optimice el rendimiento. En definitiva, lo que se debe evitar es que un nodo esté inactivo mientras hay procesos esperando a ejecutar.

Por estación de trabajo inactiva se entiende aquella que lleva varios minutos sin recibir entrada del teclado o ratón y que no está ejecutando procesos interactivos. Existen dos estrategias para localizar una estación de trabajo inactiva (véase la Figura 13.15):

- *Dirigidas por el servidor*: la estación inactiva anuncia su disponibilidad al resto de estaciones de trabajo de la red (véase la Figura 13.15 a).
- *Dirigida por el cliente*: un cliente envía un mensaje al resto de máquinas de la red para localizar una estación inactiva. En caso de existir una estación inactiva lo comunicará y el proceso se enviará a ésta para su ejecución.

Sea cual sea la estrategia utilizada para conocer la existencia de estaciones inactivas en la red, una cuestión a resolver es qué ocurre cuando una estación de trabajo deja de estar inactiva. Existen tres posibilidades:

- No hacer nada. En este caso el cliente de la estación notará una degradación en el rendimiento, puesto que compartirá la máquina con los procesos que se encuentran ya ejecutando en ella.
- Migrar el proceso a otra estación inactiva. La migración de procesos consiste en transferir todo o parte del estado de un proceso de un computador a otro, de tal manera que continúe su ejecución. Esta solución, sin embargo, puede ser demasiado costosa.
- Continuar ejecutando el proceso con prioridad baja, de tal manera que el cliente interactivo de la estación de trabajo no note una degradación importante en el rendimiento.

En general, las estrategias migratorias permiten obtener un mejor equilibrio de la carga, pero, sin embargo, son más complejas, puesto que migrar un proceso significa transferir su estado de una máquina a otra.

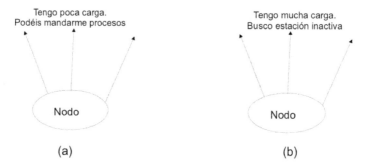

Figura 13.15 Estrategias para localizar una estación inactiva

13.5.2 Algoritmos de distribución de carga

Aparte de decidir en qué procesador debe ejecutarse un proceso, en un sistema distribuido es importante hacer un buen uso de los recursos. En concreto, es importante equilibrar la carga que soportan todos los procesadores en la red para asegurar un buen rendimiento global del sistema distribuido. De nuevo, el objetivo es que no haya computadores ejecutando muchos procesos, mientras otros están poco cargados. Para asegurar un buen equilibrio de la carga hay que recurrir a algoritmos de distribución de la carga que se basan en la migración de procesos de una máquina a otra. Los algoritmos de distribución de la carga evalúan el rendimiento global del sistema distribuido de tal manera que cuando un computador está muy cargado se transfiere parte de sus procesos a otros computadores menos cargados.

La migración de procesos en un sistema distribuido conlleva una serie de cuestiones que hay que tener en cuenta:

- El tiempo necesario para transferir un proceso de una máquina a otra.
- La heterogeneidad de los computadores. Un proceso sólo podrá migrar a un computador con la misma arquitectura, puesto que para que un proceso pueda ejecutarse en máquinas distintas, éstas deben ser compatibles en el código.
- La potencia de cada procesador en la red. Transferir un proceso a un computador menos potente puede tener un impacto negativo en la ejecución de ese proceso.

- El tiempo que resta al proceso para acabar su ejecución. Transferir un proceso al que le queda muy poco tiempo de ejecución es, en general, peor que permitir que el proceso acabe su ejecución.

En cualquier algoritmo de distribución de la carga existen una serie de aspectos que hay que considerar. A continuación, se citan los principales.

- **Política de transferencia**. Determina cuándo transferir un proceso de una máquina a otra. Normalmente las políticas de transferencia se basan en un cierto umbral T, de forma que cuando la carga de un computador supera este umbral, el nodo se convierte en emisor de procesos. De igual forma, si la carga de un nodo cae por debajo de ese umbral, el nodo se convierte en receptor de procesos. Existen dos tipos de transferencias:
  - *Expulsivas*: permiten la transferencia de procesos ejecutados parcialmente, lo que supone una migración de los mismos.
  - No expulsivas: no permiten que los procesos en ejecución sean transferidos. Este tipo de estrategias son no migratorias.
- **Política de selección**. Determina qué proceso hay que transferir. Existen tres posibilidades:
  - Seleccionar los nuevos procesos, ya que de esta forma no es necesario realizar migración.
  - Seleccionar los procesos con poco estado y un mínimo uso de recursos locales. De esta forma el tiempo necesario para transferir el proceso es más pequeño.
  - Seleccionar un proceso si su tiempo de respuesta estimado en un nodo remoto es menor que el tiempo de respuesta local.
- **Política de información**. Decide cuándo, desde dónde y qué información sobre otros nodos recoger para conocer la carga global del sistema. Existen dos tipos de políticas de información:
  - Bajo demanda. La información se recoge sólo cuando un nodo se convierte en un emisor o receptor de procesos. La política puede ser iniciada por el emisor o iniciada por el receptor. En el primer caso, es el computador emisor el encargado de buscar posibles nodos receptores del proceso. En el segundo caso, es el computador receptor (cuando su carga es baja) el que solicita procesos a otros nodos.
  - Periódicas. Los nodos intercambian información periódicamente. Este tipo de políticas introduce una sobrecarga constante en el sistema y no se adaptan a las necesidades del mismo. Así, por ejemplo, si la información se intercambia con una frecuencia muy baja, puede haber un reparto de la carga muy ineficaz. Si por el contrario, el algoritmo intercambia información con mucha frecuencia, puede introducir una carga excesiva en el sistema.

13.5.3 Planificación de procesos en sistemas distribuidos

En general, cuando se ejecutan procesos independientes en un sistema distribuido, cada computador del sistema hace su propia planificación de forma local, utilizando algunos de los algoritmos descritos en el capítulo 4. Sin embargo, cuando se ejecuta una aplicación, por ejemplo, paralela, compuesta por una serie de procesos relacionados entre sí, conviene planificar los procesos de forma adecuada, de manera que se obtenga un buen tiempo de ejecución. El problema de la planificación de procesos en sistemas distribuidos puede definirse de la siguiente forma: dado un conjunto de procesos, que pueden estar relacionados entre sí con ciertas restricciones de precedencia y requisitos de cálculo y comunicación, y dado un conjunto de procesadores conectados por una red de interconexión, el objetivo de la planificación es encontrar una asignación de procesos a procesadores y el orden de ejecución de los mismos de manera que se minimice el tiempo de ejecución total de los procesos. La Figura 13.16 presenta el problema de la planificación de procesos en un sistema distribuido. En la figura se muestran cinco procesos con sus tiempos de ejecución y sus restricciones de precedencia, que han de ejecutarse en dos procesadores. La parte derecha de la figura muestra una asignación de procesos a procesadores que minimiza el tiempo de ejecución de la aplicación.

El problema de la planificación de procesos en sistemas distribuidos es un problema NP-completo. Existen, sin embargo, algoritmos con complejidad polinomial en el caso de dos procesadores. Dado la excesiva complejidad del problema se suele recurrir normalmente a heurísticas. Así, por ejemplo, cuando dos procesos se comunican con mucha frecuencia, puede ser interesante ejecutarlos en el mismo nodo de manera que se reduzca el tiempo de comunicación y por tanto el de respuesta.

13.6 Sistemas de ficheros distribuidos

Como se vio en el capítulo 10, un sistema de ficheros se ocupa de la organización, almacenamiento, recuperación, gestión de nombres, coutilización y protección de los ficheros de un sistema, ofreciendo una abstracción a los usuarios que oculta todos los detalles relacionados con el almacenamiento y distribución de la información en los discos, así como el funcionamiento de los mismos.

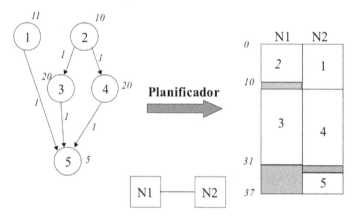

Figura 13.16 Planificación de procesos en un sistema distribuido

Con la llegada de las redes de comunicación y los sistemas distribuidos surgió la necesidad de compartir datos entre diferentes computadores. Esto motivó la aparición de los sistemas de ficheros distribuidos. El principal objetivo de un **sistema de ficheros distribuido** es la integración transparente de los ficheros de un sistema distribuido permitiendo compartir datos a los usuarios del mismo. En un sistema de ficheros distribuido cada fichero se almacena en un único servidor. Existen otros tipos de sistemas, como son los sistemas de ficheros distribuidos con acceso paralelo y los sistemas de ficheros paralelos que distribuyen los datos de un mismo fichero entre diferentes servidores. El objetivo de éstos es mejorar el rendimiento en el acceso a los datos.

Un sistema de ficheros distribuido se construye normalmente siguiendo una arquitectura cliente-servidor (véase la Figura 13.17), con los módulos clientes ofreciendo la interfaz de acceso a los datos y los servidores encargándose del nombrado y acceso a los ficheros. El modelo anterior consta, normalmente, de dos componentes claramente diferenciados:

- El servicio de directorio, que se encarga de la gestión de los nombres de los ficheros. El objetivo es ofrecer un espacio de nombres único en el sistema con total transparencia de acceso a los ficheros. Los nombres de los ficheros no deberían hacer alusión al servidor en el que se encuentran almacenados.
- El servicio de ficheros, que proporciona acceso a los datos de los ficheros.

Los aspectos más importantes relacionados con la implementación de un sistema de ficheros distribuido son el nombrado, el método de acceso a los datos que se emplea y la posibilidad de utilizar caché en el sistema.

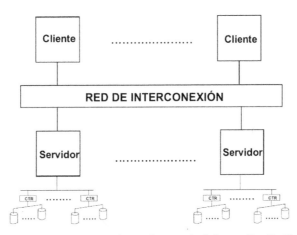

Figura 13.17 Arquitectura de un sistema de ficheros distribuido

13.6.1 Nombrado

El servicio de directorios de un sistema de ficheros distribuido debe encargarse de ofrecer una visión única del sistema de ficheros. Esto implica que todos los clientes deben «ver» un mismo árbol de directorios. Es decir, el sistema debe ofrecer un **espacio de nombres global**, para lo cual debe proporcionar un servicio de nombres uniforme para todos los ficheros, con total transparencia en el acceso a los nombres de los mismos. Se pueden distinguir dos tipos de transparencia:

- **Transparencia de la posición**. El nombre del fichero no permite obtener directamente el lugar donde está almacenado.
- **Independencia de la posición**. El nombre no necesita ser cambiado cuando el fichero cambia de lugar.

Para que un cliente pueda acceder a un fichero, el servicio de directorios debe resolver el nombre. Esto implica obtener el identificador interno del fichero y el servidor donde se encuentra almacenado. Para llevar a cabo esta resolución se puede emplear un servidor centralizado o un esquema distribuido. En el primer caso, existe un servidor centralizado que se encarga de almacenar información sobre todos los ficheros del sistema. Esta solución, al igual que ocurre con cualquier esquema centralizado, tiene dos problemas graves: el servidor se puede convertir en un cuello de botella y el sistema presenta un único punto de fallo. En el caso de emplear un esquema distribuido, cada servidor se encarga del nombrado de los ficheros que almacena. La dificultad en este caso estriba en conocer el conjunto de ficheros que maneja cada servidor. Este problema puede resolverse combinando, mediante operaciones de montaje (véase el capítulo 10), los diversos árboles de cada servidor para construir un único árbol de directorios. El resultado de estas operaciones de montaje es una tabla de ficheros montados que se distribuye por el sistema y que permite a los clientes conocer el servidor donde se encuentra un determinado sistema de ficheros montado.

13.6.2 Métodos de acceso

El servicio de ficheros se encarga de proporcionar a los clientes acceso a los datos de los ficheros. Existen tres modelos de acceso en un sistema de ficheros distribuido.

Modelo de carga/descarga. En este modelo, cada vez que un cliente abre fichero se transfiere en su totalidad del servidor al cliente. Una vez en el cliente, los procesos de usuario acceden al fichero como si se almacenará de forma local. Este modelo ofrece un gran rendimiento en el acceso a los datos, ya que a éstos se accede de forma local. Sin embargo, puede llevar a un modelo en el que un mismo fichero resida en múltiples clientes a la vez, lo que presenta problemas de coherencia. Además, es un modelo ineficiente cuando un cliente abre un fichero grande, pero sólo lee o escribe una cantidad de datos muy pequeña.

Modelo de servicios remotos. En este caso, el servidor ofrece todos los servicios relacionados con el acceso a los ficheros. Todas las operaciones de acceso a los ficheros se resuelven mediante peticiones a los servidores, siguiendo un modelo cliente-servidor. Normalmente, el acceso en este tipo de modelos se realiza en bloques. El gran problema de este esquema es el rendimiento, ya que todos los accesos a los datos deben realizarse a través de la red.

Empleo de caché. Este modelo combina los dos anteriores, los clientes del sistema de ficheros disponen de una caché, que utilizan para almacenar los bloques a los que se ha accedido más recientemente. Cada vez que un proceso accede a un bloque, el cliente busca en la caché local. En caso de que se encuentre, el acceso se realiza sin necesidad de contactar con el servidor.

Aparte del método que se emplee para acceder a los datos de un fichero, un aspecto importante en el diseño de un servicio de ficheros es el tipo de servidor empleado: con estado o sin estado. En un sistema de ficheros **con estado**, los servidores almacenan información sobre los clientes que están utilizando el servidor. Ejemplo de esta información es el puntero de la posición sobre la que se realizará la siguiente operación de lectura o escritura. Por el contrario, un servidor **sin estado** no almacena ningún tipo de información. En este caso, las peticiones que realizan los clientes deben ser **autocontenidas**, es decir, deben incluir toda la información necesaria para acceder al fichero, en particular el puntero de la posición. En un servidor con estado los mensajes de petición son más cortos, puesto que el servidor puede almacenar cierta información, lo que mejora el rendimiento en el acceso a los datos. Sin embargo, un servidor con estado no gasta memoria en el servidor para almacenar el estado y no requiere operaciones de apertura y cierre, puesto que todas las operaciones son autocontenidas. Estas características permiten que un servidor sin estado pueda atender a más clientes que uno con estado. Además, en un servidor con estado existe una gran dependencia de los clientes sobre el servidor por lo que es menos transparente a los fallos.

Un último aspecto a considerar en el diseño de un sistema de ficheros es la posibilidad de utilizar **replicación** de ficheros. Cuando se emplea replicación, un mismo fichero se almacena en varios servidores. Esto mejora el rendimiento del sistema puesto que las peticiones de los clientes se pueden distribuir sobre los distintos servidores eliminando el posible cuello de botella sobre un único servidor, y la disponibilidad, puesto que en el caso de que uno de los servidores falle, quedarán otros ofreciendo servicio. El principal problema de la replicación es el mantenimiento de los ficheros en un estado coherente, para evitar que haya ficheros con datos obsoletos.

13.6.3 Utilización de caché en sistemas de ficheros distribuidos

Una caché almacena una copia de los datos recientemente referenciados en un dispositivo más rápido que aquél en el que residen y que normalmente es un disco. El empleo de una caché en un sistema de ficheros distribuido mejora el rendimiento del mismo de tres formas:

- Permite explotar el principio de **proximidad de referencias** en los accesos a un fichero. Existen dos tipos de proximidad de referencias: **proximidad temporal** y **proximidad espacial**. La primera hace alusión al hecho de que los datos en la caché puedan ser referenciados de nuevo, lo que permite acceder más rápidamente a los que bloques que se utilizan más de una vez. La proximidad espacial se refiere al hecho de que las futuras referencias a datos estén cercanas a datos anteriormente referenciados, es decir, en el mismo bloque.
- Posibilita la realización de lecturas adelantadas (*prefetching*) de bloques antes de que éstos sean solicitados por las aplicaciones. Esta técnica permite mejorar el rendimiento de las operaciones de lectura, sobre todo en patrones de tipo secuencial, debido a la posibilidad de solapar las operaciones de E/S con el tiempo de procesamiento de las aplicaciones.
- Permite mejorar el rendimiento de las operaciones de escritura utilizando políticas de escritura diferida o retardada, las cuales retrasan la escritura de los datos modificados a los dispositivos de almacenamiento secundario. Sin una caché, todas las escrituras parciales sobre un bloque suponen la lectura, modificación y escritura del mismo a disco.

Por ejemplo, con n registros por bloque, una caché con una política de actualización diferida reduce los 2n-1 accesos a disco a uno sólo.

Existen diversos problemas relacionados con el diseño de una caché de bloques en un sistema de ficheros distribuido: localización de la caché, granularidad, tamaño, política de reemplazo y actualización, lectura adelantada y problemas de coherencia.

Localización de la caché

Existen dos posibilidades para localizar la caché en los clientes de un sistema de ficheros distribuido: en memoria principal o en los discos locales. El empleo de discos locales como caché permite tener una caché de gran tamaño, sin embargo, el tiempo de acceso a la misma se realiza a la velocidad de un disco. La utilización de caché en memoria principal presenta el problema de la volatilidad de los datos. Si el nodo cliente falla, se perderán los datos que residen en memoria principal. Sin embargo, un éxito en el acceso a un bloque en una caché situada en memoria principal reduce el tiempo de acceso en varios órdenes de magnitud.

Granularidad de la caché

La granularidad de la caché hace referencia al tamaño de los datos almacenados en la misma, tamaño que puede variar desde partes de un fichero hasta el fichero completo. Normalmente se suele recurrir a tamaños de bloques que oscilan entre los 8 KB y los 64 KB. El aumento en el tamaño de la unidad incrementa la probabilidad de aciertos en los siguientes accesos y mejora la utilización de la red. Sin embargo, aumenta la latencia de las operaciones de E/S.

Tamaño de la caché

El tamaño de la caché a emplear viene determinado fundamentalmente por los patrones de E/S que exhiben las aplicaciones e incide directamente sobre la tasa de aciertos de la misma. Cuando las aplicaciones acceden a los datos de forma secuencial, la reutilización de bloques es prácticamente nula y puede ser suficiente con un pequeño tamaño de caché. En aquellos patrones donde se reutilizan bloques con mucha frecuencia, puede ser necesario la utilización de caché de mayor tamaño.

Políticas de reemplazo

Una caché de bloques es un espacio finito de memoria que inicialmente se encuentra vacío. A medida que las aplicaciones van realizando accesos a los ficheros, se va ocupando espacio en la misma hasta que ésta se llena. Una vez llena, es necesario liberar bloques de la misma para ubicar los nuevos bloques solicitados. Se denomina política de reemplazo a la política utilizada para elegir qué bloques son expulsados de la caché. Existen diferentes políticas de reemplazo posibles, sin embargo, la más utilizada en sistemas de ficheros distribuidos es la LRU (*least recently used*). Con esta política el bloque que se expulsa de la caché es aquel que lleva más tiempo sin ser utilizado.

Políticas de actualización

Un aspecto muy importante en el diseño de una caché de bloques, en lo que respecta al rendimiento y fiabilidad del sistema, es la elección de cómo y cuándo actualizar a disco la información de los bloques modificados por los usuarios. Es la *política de actualización* la que fija cómo y cuándo volcar los bloques modificados de los clientes a los servidores y de los servidores a disco.

Existen diferentes políticas de actualización:

- **Escritura inmediata** (*write-through*). Los bloques son escritos a disco en cuanto son modificados por las aplicaciones. Este esquema mejora la fiabilidad del sistema, sin embargo, reduce el rendimiento al aumentar el tiempo de ejecución de las operaciones de escritura.

- **Escritura diferida** (*delayed-write*). Los bloques no se escriben a disco directamente, sino que se mantienen en la caché hasta que se requieran bloques libres para nuevas peticiones. Este modelo introduce un problema de fiabilidad, puesto que los datos no escritos a disco y almacenados en memorias principales volátiles pueden perderse en caso de fallos. Sin embargo, el retraso de la escritura de los datos a disco, mejora el rendimiento de las operaciones de escritura.

Lectura adelantada

La idea central de la lectura adelantada (*prefetching*) es solapar el tiempo de E/S con el tiempo de cómputo de las aplicaciones. Esto se lleva a cabo mediante la lectura por anticipado de bloques antes de que éstos sean solicitados por las aplicaciones. Normalmente, los sistemas de ficheros distribuidos hacen lectura adelantada de los bloques consecutivos a aquellos solicitados por el usuario, lo que favorece los patrones de acceso secuencial.

Problemas de coherencia de caché

La existencia de una caché de bloques en los clientes de un sistema de ficheros distribuido, si bien puede mejorar el rendimiento global del mismo, introduce, debido a la posible existencia de múltiples copias de un mismo bloque, el problema de la coherencia de caché, puesto que las modificaciones que realizan los clientes sobre un fichero local, pueden dar lugar a una visión global incoherente del mismo. En un sistema de ficheros con una única copia del fichero no aparece este problema, puesto que todos los procesos ven una misma copia de los datos. Para resolver los problemas de coherencia los sistemas de ficheros distribuidos recurren a *protocolos de coherencia de caché*, que aseguran la coherencia en el acceso a los datos.

13.6.4 NFS

El sistema de ficheros en red NFS es una implementación y especificación de un software de sistema para acceso a ficheros remotos. Este sistema está diseñado para trabajar en entornos heterogéneos con diferentes arquitecturas y sistemas operativos. Esta independiencia se consigue mediante el empleo de llamadas a procedimientos remotos. En concreto, NFS está especificado mediante el protocolo XDR presentado en la Sección 13.3.2. NFS está disponible en multitud de sistemas, existen implementaciones para todas las versiones de UNIX y Linux. También existe una implementación para plataformas Windows.

La Figura 13.18 muestra la arquitectura de NFS. En las implementaciones que hacen los distintos sistemas operativos de este sistema de ficheros, tanto el cliente como el servidor ejecutan dentro del núcleo del sistema operativo. En la parte cliente, cuando un proceso realiza una llamada al sistema de ficheros, la capa del sistema de ficheros virtual (véase el capítulo 10) decide si el fichero que se está manipulando pertenece al sistema de ficheros local o es un fichero remoto.

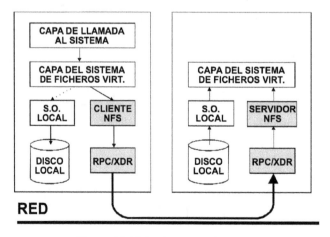

Figura 13.18 Arquitectura de NFS

En caso de que el fichero sea remoto, la llamada se pasa al cliente de NFS, que se encarga, utilizando llamadas a procedimiento remotos, de invocar la función adecuada en el servidor. Cuando el servidor de NFS, que ejecuta en la máquina servidora recibe una invocación de llamada a procedimiento remoto, pasa la operación a la capa del sistema de ficheros virtual que es la que se encarga del acceso físico al fichero en el lado servidor.

Para que un cliente pueda acceder a un servidor de ficheros utilizando NFS debe montar de forma explícita en su árbol de directorio, el directorio remoto al que se quiere acceder. Por otra parte, los servidores deben indicar qué directorios remotos exportan y a qué clientes.

Así, por ejemplo, en la Figura 13.19 la máquina A que actúa de servidor exporta a la máquina B, que hace de cliente, el directorio /usr y el directorio /bin. Si la máquina B desea poder acceder a los ficheros situados en estos directorios debe montar, tarea que realiza el administrador, ambos directorios en su jerarquía de directorios local. Así, por ejemplo, en una máquina UNIX el montaje ser realizaría utilizando el mandato mount:

```
mount maquinaA:/usr   /usr
mount maquinaA:/bin   /bin
```

Mediante el primer mandato mount, se indica que se quiere montar el directorio /usr de la máquina A en el directorio /usr de la máquina B[6]. De esta forma cuando un usuario desee acceder al fichero /usr/lib/fA, estará accediendo realmente al fichero fA que reside en la máquina B.

Cuando se desea que un conjunto de máquinas comparta un mismo espacio de direcciones es importante que el administrador monte el directorio remoto del servidor en todas las máquinas cliente en el mismo directorio. Si no, podría ocurrir lo que se muestra en la Así, por ejemplo, en la Figura 13.19 la máquina A que actúa de servidor exporta a la máquina B, que hace de cliente, el directorio /usr y el directorio /bin. Si la máquina B desea poder acceder a los ficheros situados en estos directorios debe montar, tarea que realiza el administrador, ambos directorios en su jerarquía de directorios local. Así, por ejemplo, en una máquina UNIX el montaje ser realizaría utilizando el mandato mount:

```
mount maquinaA:/usr   /usr
mount maquinaA:/bin   /bin
```

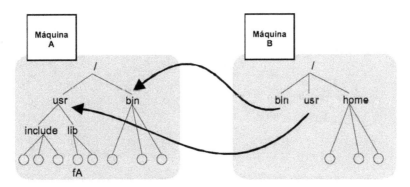

Figura 13.19 Operación de montado en NFS

---

[6] El directorio remoto y el local no tienen por qué tener el mismo nombre. Así, se podría haber realizado el montaje en otro directorio local. Por ejemplo, mount maquinaA:/usr /bin. En este caso, para acceder al fichero fA, un usuario de la máquina B debería utilizar el siguiente nombre /bin/lib/fA.

El montaje de directorios se realiza en NFS mediante un servicio de montaje que está soportado por un proceso de montado separado del proceso que sirve las operaciones sobre ficheros. Cuando un cliente desea montar un árbol de directorio remoto contacta con este servicio en la máquina remota para realizar el montaje (Figura 13.20).

Mediante el primer mandato `mount`, se indica que se quiere montar el directorio `/usr` de la máquina A en el directorio `/usr` de la máquina B[7]. De esta forma cuando un usuario desee acceder al fichero `/usr/lib/fA`, estará accediendo realmente al fichero `fA` que reside en la máquina B.

. En este caso existen dos clientes que montan el mismo directorio remoto, `/usr`, cada uno en un directorio distinto. En el cliente A el acceso al fichero `x` debe realizar utilizando el nombre `/export/usr/x` y en el cliente B debe utilizarse el nombre `/usr/x`. Como puede observarse esto hace que un mismo usuario que estuviera en la máquina A y más tarde en la máquina B no vería el mismo árbol de directorios global, algo que es fundamental cuando se quiere configurar un conjunto de máquinas como un *clúster*.

Todos los ficheros y directorios en NFS se representan mediante una estructura opaca denominada *manejador*, que en la versión 3 ocupa 64 bits. Esta estructura identifica un fichero en una máquina remota y es independiente de la implementación que se haga de NFS. Diferentes versiones pueden tener manejadores con diferentes estructuras. Esto no afecta a los clientes, puesto que para ellos la estructura es totalmente opaca.

En una implementación UNIX típica, el manejador podría contener tres campos: el identificador del sistema de ficheros, el número de nodo-i del fichero y un número de generación de nodos-i. Este último número es necesario ya que en UNIX los números de nodos-i se reutilizan cuando un fichero se cierra. Con este campo, que se incrementa cada vez que se reutiliza un nodo-i y que se incluye en la información que mantiene el sistema de ficheros virtual para cada fichero, se consigue identificar de forma única un fichero en un sistema. Así, si un cliente envía una petición para leer datos de un fichero, el servidor comprueba si el número de generación de nodos-i del manejador coincide con el número de generación de nodos-i almacenado en el nodo-i virtual del fichero remoto. Si coinciden, el manejador hace referencia a este fichero y se podrá realizar la lectura; en caso contrario, el manejador corresponde a un fichero antiguo que ya se borró en el servidor, devolviendo el correspondiente mensaje de error.

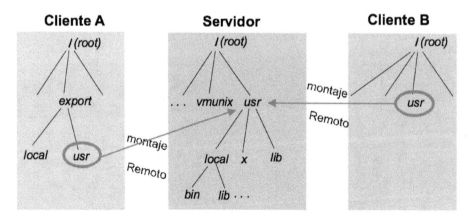

Figura 13.20 Montado de un directorio remoto en dos clientes

---

[7] El directorio remoto y el local no tienen por qué tener el mismo nombre. Así, se podría haber realizado el montaje en otro directorio local. Por ejemplo, `mount maquinaA:/usr /bin`. En este caso, para acceder al fichero `fA`, un usuario de la máquina B debería utilizar el siguiente nombre `/bin/lib/fA`.

Para mejorar las prestaciones en el acceso a los ficheros, tanto el cliente como el servidor mantienen una caché con los bloques de los ficheros y sus atributos. La caché en el lado servidor se utiliza de igual forma a como la utilizan otros accesos a los ficheros. La caché en el servidor permite mantener los bloques recientemente utilizados en memoria. El servidor NFS hace lectura adelantada de un bloque cada vez que accede a un fichero. Con ello se pretende mejorar las operaciones de lectura. En cuanto a las escrituras, los clientes pueden, en la versión 3 de NFS, especificar dos modos de funcionamiento:

- **Escritura inmediata.** En este caso todos los datos que se envían al servidor se almacenan en la caché de éste y se escriben de forma inmediata en el disco.
- **Escritura retrasada.** En este caso, los datos sólo se almacenan en la caché del servidor. Estos se vuelcan a disco cuando los bloques se requieren para otros usos o cuando el cliente invoca una operación de commit sobre el fichero. Cuando el servidor recibe esta petición escribe a disco todos los bloques del fichero. Una implementación de un cliente NFS podría envíar esta petición cuando se cierra el fichero.

El cliente NFS también emplea una caché para almacenar los bloques de los ficheros a los que accede y mejorar así el rendimiento. El empleo de una caché en el cliente introduce, sin embargo, un posible problema de coherencia cuando dos clientes acceden a un mismo fichero. NFS intenta resolver los posibles problemas de coherencia de la siguiente forma: son los clientes los encargados de comprobar si los datos almacenados en su caché se corresponden con una copia actualizada o no. Cada vez que un cliente accede a datos o metadatos de un fichero comprueba cuánto tiempo lleva esa información en la caché del cliente sin ser validada. Si lleva más tiempo de un cierto umbral, el cliente valida la información con el servidor para verificar si sigue siendo correcta. Si la información es correcta se utiliza. En caso contrario es obsoleta, y se descarta la información de la caché del cliente. La selección de este umbral es un compromiso entre consistencia y eficiencia. Un intervalo de refresco muy pequeño mejorará la consistencia, pero introducirá mucha carga en el servidor. Las implementaciones típicas que se hacen en sistemas UNIX emplean para este umbral un valor comprendido entres 3 y 30 segundos.

Este procedimiento de validación de la información de la caché del cliente no asegura, sin embargo, el mismo nivel de consistencia que ocurre en un sistema de ficheros convencional, puesto que una actualización muy reciente puede no ser visible para un cliente remoto.

El Programa 13.7 muestra, a modo de ejemplo, la interfaz de la operación de lectura utilizando la interfaz XDR.

Programa 13.7 Interfaz de la operación de lectura en NFS (versión 3)

```
// interfaz de la operación de lectura
READ3res        NFSPROC3_READ(READ3args) = 6;

struct READ3args {
    nfs_fh3  file;// manejador del fichero
    offset3  offset;   // desplazamiento dentro del fichero donde
                 // comienza la lectura
    count3   count;    // número de bytes a leer
};

union READ3res switch (nfsstat3 status) {
    case NFS3_OK:
        READ3resok   resok;    // en caso de éxito
    default:
        READ3resfail resfail;  // en caso de fallo
};
```

```
// estructura devuelta por la operación de lectura en caso de éxito
struct READ3resok {
    post_op_attr    file_attributes; // atributos del fichero
    count3          count;          // bytes realmente leídos
    bool            eof; // indica si se ha llegado a fin de fichero
    opaque          data<>;          // bloque de datos leído
};
```

13.6.5 CIFS

El protocolo CIFS (*Common Internet File System*) es un protocolo para acceso a ficheros remotos que se basa en el protocolo SMB (*Server Message Block*). Este es el protocolo utilizado en sistemas Windows para compartir ficheros. También existen implementaciones en sistemas UNIX y Linux como Samba, que permite exportar directorios de este tipo de sistemas a máquinas Windows. El uso compartido de ficheros en sistemas Windows se basa en un redirector, que ejecuta en la máquina cliente. Este redirector es un controlador para sistemas de ficheros, que intercepta las llamadas al sistema de ficheros que involucran ficheros remotos y se encarga de transmitir los mensajes CIFS al servidor de ficheros. El servidor de ficheros recibe mensajes CIFS y solicita las operaciones de acceso a los ficheros a su redirector local, que se encarga del acceso local a los ficheros. Así, por ejemplo, en la Figura 13.21, la máquina A que actúa de servidor exporta a la máquina B, que hace de cliente, el directorio /usr y el directorio /bin. Si la máquina B desea poder acceder a los ficheros situados en estos directorios debe montar, tarea que realiza el administrador, ambos directorios en su jerarquía de directorios local. Así, por ejemplo, en una máquina UNIX el montaje ser realizaría utilizando el mandato mount:

```
mount maquinaA:/usr  /usr
mount maquinaA:/bin  /bin
```

Mediante el primer mandato mount, se indica que se quiere montar el directorio /usr de la máquina A en el directorio /usr de la máquina B[8]. De esta forma cuando un usuario desee acceder al fichero /usr/lib/fA, estará accediendo realmente al fichero fA que reside en la máquina B.

La Figura 13.21 muestra el modelo de comunicaciones que se utiliza en CIFS para la compartición de ficheros.

Todas las comunicaciones entre el cliente y el servidor se realizan utilizando paquetes de petición o respuesta CIFS. Un paquete CIFS incluye una cabecera seguida por una lista de parámetros que dependen del tipo de operación (apertura de un fichero, lectura, etc.).

El protocolo CIFS presenta las siguientes características:

- Operaciones de acceso a ficheros como open, close, read, write y seek.
- Cerrojos sobre ficheros. Permite bloquear un fichero o parte de un fichero, de forma que una vez bloqueado el fichero o parte del mismo se impide el acceso a otras aplicaciones.
- Se incluye una caché con lectura adelantada y escritura diferida. Incluye un protocolo de coherencia, que permite que varios clientes accedan al fichero simultáneamente para leerlo o escribirlo.
- Notificación de los cambios en un fichero. Las aplicaciones pueden registrarse en un servidor para que éste les notifique cuándo se ha modificado un fichero o directorio.

---

[8] El directorio remoto y el local no tienen por qué tener el mismo nombre. Así, se podría haber realizado el montaje en otro directorio local. Por ejemplo, mount maquinaA:/usr /bin. En este caso, para acceder al fichero fA, un usuario de la máquina B debería utilizar el siguiente nombre /bin/lib/fA.

- Negociación de la versión del protocolo. Los clientes y servidores pueden negociar la versión del protocolo a utilizar en el acceso a los ficheros.
- Atributos extendidos. Se pueden añadir a los atributos típicos de un fichero, otros como, por ejemplo, el nombre del autor.
- Volúmenes virtuales replicados y distribuidos. El protocolo permite que diferentes árboles de directorios de varios volúmenes aparezcan al usuario como si fuera un único volumen. Si los ficheros y directorios de un subárbol de directorio se mueven o se replican físicamente, el protocolo redirige de forma transparente a los clientes al servidor apropiado.
- Independencia en la resolución de nombres. Los clientes pueden resolver los nombres utilizando cualquier mecanismo de resolución.
- Peticiones agrupadas. Varias operaciones sobre ficheros se pueden agrupar en un único mensaje para optimizar la transferencia de datos.
- Permiten utilizar nombres de fichero con Unicode.

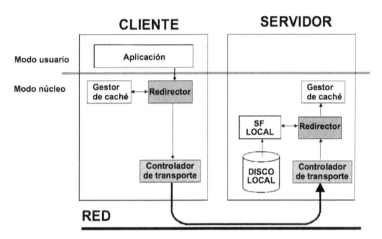

Figura 13.21 Arquitectura de CIFS en sistemas Windows

13.6.6 Empleo de paralelismo en el sistema de ficheros

Los sistemas de ficheros distribuidos tradicionales, como NFS o CIFS, aunque ofrecen un espacio de nombres global que permite a múltiples clientes compartir ficheros, presentan un importante problema desde el punto de vista de prestaciones y escalabilidad. El hecho de que múltiples clientes utilicen un mismo servidor de ficheros, puede convertir a éste en un cuello de botella en el sistema, que puede afectar gravemente a la escalabilidad del mismo. Este problema se puede resolver mediante el empleo de paralelismo en el sistema de ficheros.

El paralelismo en el sistema de ficheros se obtiene utilizando varios servidores o nodos de entrada/salida, cada uno con sus diferentes dispositivos de almacenamiento, y distribuyendo los datos de los ficheros entre los diferentes servidores y dispositivos de almacenamiento. Este enfoque permite el acceso paralelo a los ficheros. Esta idea es similar a la utilizada en los discos RAID (véase el capítulo 8). El empleo de paralelismo en el sistema de ficheros permite mejorar las prestaciones de dos formas:

- Permite el acceso paralelo a diferentes ficheros, puesto que se utilizan varios servidores y dispositivos de almacenamiento para almacenarlos.

- Permite el acceso paralelo a un mismo fichero, ya que los datos de un fichero también se distribuyen entre varios servidores y dispositivos de almacenamiento.

El empleo de paralelismo en el sistema de ficheros es diferente, sin embargo, del empleo de sistemas de ficheros replicados. En efecto, en un sistema de ficheros replicado cada servidor almacena una copia completa de un fichero. Utilizando paralelismo en el sistema de ficheros, cada dispositivo de almacenamiento, en cada servidor, almacena sólo una parte del fichero.

Existen dos arquitecturas básicas de entrada/salida paralela:

- **Bibliotecas de E/S paralelas**, que constan de un conjunto de funciones altamente especializadas para el acceso a los datos de los ficheros. Un ejemplo representativo de estas bibliotecas es MPI-IO, una extensión de la interfaz de paso de mensajes MPI [MPI www].

- **Sistemas de ficheros paralelos**, que operan de forma independiente de los clientes ofreciendo más flexibilidad y generalidad. Ejemplos representativos de sistemas de ficheros paralelos son PVFS, GPFS y Lustre.

13.6.7 HDFS

HDFS (*Hadoop Distributed File System*) es un sistema distribuido desarrollado por Apache y que ofrece dentro de su entorno *Hadoop*. Se trata de un sistema de ficheros distribuido inspirado en el sistema de ficheros de Google que organiza y almacena los datos de los ficheros sobre una infraestructura distribuida.

HDFS está basado en una arquitectura (véase la Figura 13.22) que contiene un único nodo denominado *NameNode* y diversos nodos que almacenan datos denominados *DataNodes*. Para almacenar los ficheros, HDFS divide el fichero en bloques de tamaño fijo (por defecto 64 MB) y los almacena en los diferentes DataNodes del sistema. El NameNode, que es el nodo que se encarga de la traducción de bloques a *DataNodes*, gestiona los metadatos y el espacio de nombres del sistema de ficheros. El *NameNode* almacena la localización de los diferentes bloques de los ficheros en los *DataNodes*. Cada DataNode se encarga de gestionar el almacenamiento en su nodo y de escribir y leer los bloques de los ficheros.

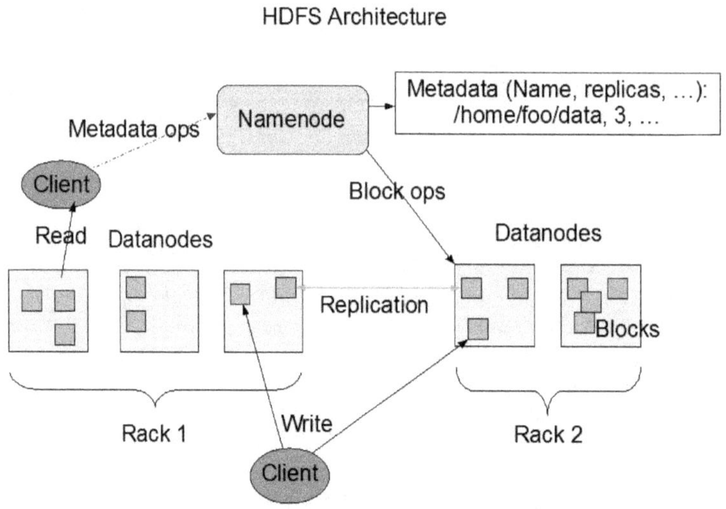

Figura 13.22 Arquitectura de HDFS

A continuación, se describen las principales características que ofrece este sistema de ficheros.

Espacio de nombres

HDFS ofrece una organización de ficheros jerárquica. El usuario puede crear directorios y almacenar ficheros dentro de ellos. Esta estructura es similar a la mayoría de sistemas de ficheros tradicionales. Todo el espacio de nombres del sistema de ficheros es almacenado en el *NameNode* junto con las propiedades de cada fichero. Como se ha comentado anteriormente, el *NameNonde* almacena toda la imagen del sistema de ficheros en memoria, con el objetivo de acelerar todas las operaciones sobre atributos de los ficheros. Cuando el sistema de ficheros arranca, el *NameNode* carga la imagen del sistema de ficheros almacenada en disco a memoria. En las primeras versiones de HDFS existía un único *NameNode* lo que representaba un punto único de fallo en el sistema. En versiones posteriores se pueden ejecutar dos *NameNode* de forma redundante, de forma que, si uno falla, se pasa la ejecución al otro.

Tolerancia a fallos

Una de las principales características de HDFS es su soporte de tolerancia a fallos. Para conseguir tolerancia a fallos, HDFS utiliza replicación de bloques, es decir, cada bloque es almacenado en varios *DataNodes*. El número de réplicas o factor de replicación (tres por defecto) puede ser definido por el usuario.

Operaciones de acceso a ficheros

HDFS está diseñado para el procesamiento de grandes ficheros. Por ello utiliza como tamaño de bloque por defecto 64 MB. Disponer de bloques de gran tamaño permite reducir también el tamaño de la lista de bloques asociada a un fichero y, por tanto, el tamaño de los metadatos.

Para leer un fichero, HDFS envía una petición de apertura del fichero al *NameNode* para obtener la localización de los bloques del fichero. Por cada boque, el *NameNode* devuelve la dirección de los *DataNodes* que contienen una copia de dicho bloque. Este número de direcciones depende del factor de replicación. Una vez recibida la lista de direcciones el usuario solicita al *DataNode* más cercano el bloque correspondiente. En caso de fallo en este *DataNode*, se solicitará el bloque a otro *DataNode* de la lista.

Una característica de HDFS es que solo permite operaciones de escritura sobre ficheros vacíos o bien operaciones de escritura al final de un fichero. No permite modificar el contenido de bloques previamente escritos. Para escribir un fichero, el usuario envía una petición de creación al *NameNode*. Si el fichero no existe, el *NameNode* notifica al usuario y le permite escribir datos en el fichero. En caso de que el fichero exista, solo se permitirán operaciones de escritura al final del fichero.

Cuando un cliente escribe datos a un fichero, primero realiza la escritura sobre un fichero local (que no forma parte de HDFS) que acumula de forma temporal los datos que se van escribiendo. Cuando en el fichero local se ha completado un bloque, el cliente solicita al *NameNode* una lista de *DataNodes* donde almacenar el nuevo bloque. Esta lista contiene las direcciones de los *DataNodes* donde se almacenarán las diferentes réplicas del bloque. El cliente, a continuación, vuelca el bloque al primer *DataNode*. El primer Dat*a*Node empieza a recibir los datos del bloque en pequeñas porciones de 4KB, escribe cada porción a su repositorio local y transfiere la porción al segundo *DataNode* de la lista. El segundo *DataNode*, repite el proceso, cada vez que recibe una porción de 4KB la escribe en su almacenamiento local y envía la porción al siguiente DataNode. Este proceso se repite por cada porción de datos del nuevo bloque a escribir. De esta manera se forma un pipeline que acelera el proceso de escritura de nuevos bloques a todos los *DataNodes* implicados.

13.6.8 Sistemas de almacenamiento en red

El almacenamiento tradicional en sistemas distribuidos se basa en el empleo de servidores con discos conectados directamente a ellos donde ejecutan servidores de ficheros como NFS o CIFS. Este tipo de arquitectura, que se denomina almacenamiento con conexión directa al servidor, presenta como principal ventaja la independencia ofrecida en el servicio. Sin embargo, presentan dos inconvenientes fundamentales:

- Dificultad de administración y mantenimiento cuando se dispone de varios servidores de este tipo.
- Utilización ineficiente de los recursos. Así, puede ocurrir que haya servidores con mucho almacenamiento disponible, mientras otros están muy utilizados y saturados.

Para resolver estos problemas, se han desarrollado otras topologías de almacenamiento como las NAS y las redes de almacenamiento (SAN).

Una NAS (*network attached storage*) es un dispositivo de almacenamiento con conexión directa a la red que incluye dispositivos de almacenamiento y un servidor que ofrece a los clientes protocolos estándar para el acceso a los ficheros, como NFS, CIFS o HTTP. Una NAS presenta como principales inconvenientes la falta de escalabilidad y problemas de prestaciones, puesto que, si hay múltiples clientes utilizando una NAS, ésta se puede convertir en un cuello de botella.

Una topología de almacenamiento distinta, que permite resolver estos problemas de rendimiento lo constituyen las redes de almacenamiento (SAN, *storage area networks*). La Figura 13. muestra la estructura de un sistema distribuido que emplea una red de almacenamiento. En una red de almacenamiento los dispositivos de almacenamiento no residen en los servidores, sino que existe una red dedicada de alta velocidad que conecta los servidores con los dispositivos de almacenamiento. De esta forma se consigue separar el tráfico de datos entre clientes y servidores del tráfico de datos entre servidores y dispositivos de almacenamiento. Una red de almacenamiento permite un mejor aprovechamiento de los recursos de almacenamiento. Además, permite incrementar, de forma sencilla, la capacidad de almacenamiento con tal de añadir más dispositivos a la red.

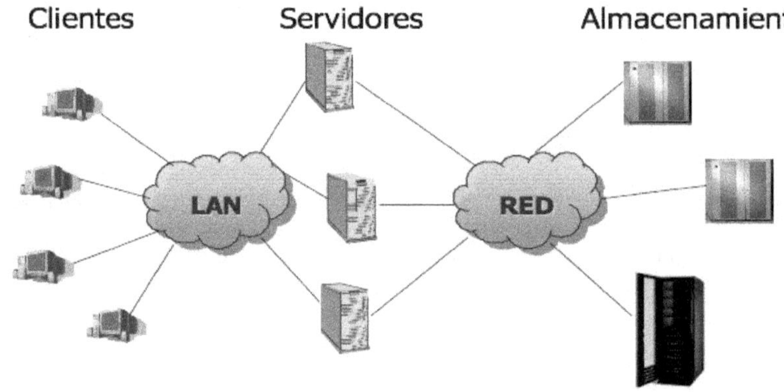

Figura 13.23 Sistema de almacenamiento en red

Para la comunicación entre servidores y dispositivos de almacenamiento se utilizan básicamente dos protocolos: *Fibre Channel* e iSCSI. El protocolo *Fibre Channel* es un protocolo que ofrece acceso a bloques de datos con baja latencia y gran ancho de banda. Esta solución presenta como inconveniente su excesivo coste. El protocolo iSCSI es una solución más económica, puesto que permite el acceso a los dispositivos a través de redes TCP/IP convencionales. Este protocolo encapsula paquetes SCSI en paquetes IP. A diferencia de *Fibre Channel* este protocolo ofrece unas prestaciones peores debido a la excesiva latencia que incluye el protocolo TCP/IP.

La mayoría de las redes de almacenamiento disponibles incluyen herramientas de virtualización, que permite a servidores heterogéneos compartir de manera transparente una gran variedad de dispositivos de almacenamiento. Las aplicaciones de virtualización se encargan de presentar todo el almacenamiento conectado como un único almacenamiento global, sobre el que se pueden crear, asignar, ampliar o reasignar volúmenes de almacenamiento.

13.7 Gestión de memoria en sistemas distribuidos

Como se ha se ha ido viendo a lo largo del capítulo una de las principales características de un sistema distribuido es la ausencia de una memoria común. Esto hace que la comunicación y sincronización en este tipo de sistemas tenga que hacerse mediante el intercambio de mensajes. La mayoría de los sistemas distribuidos actuales siguen este modelo, con cada computador gestionando su memoria virtual tal y como se describió en el capítulo 5. Sin embargo, hay propuestas que intentan mejorar este esquema. Estas propuestas son:

- Utilización de paginadores externos.

- Memoria compartida distribuida.

La utilización de paginadores externos (véase la Figura 13.) se basa en almacenar el espacio de intercambio (swap) en servidores de ficheros distribuidos y en el empleo de paginadores externos, que son procesos que se encargan de tratar los fallos de página que ocurren en un computador. El empleo de paginadores externos permite disponer de un sistema con una gran cantidad de espacio para paginación, liberando a los computadores de reservar espacio para la paginación.

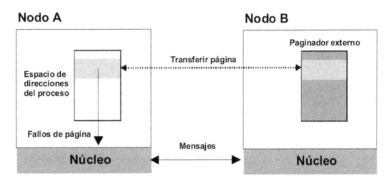

Figura 13.24 Empleo de paginadores externos en un sistema distribuido

La memoria compartida distribuida [Li 1986] es una abstracción que permite que los procesos que se ejecutan en un sistema distribuido puedan comunicarse utilizando memoria compartida. Esta abstracción (véase la Figura 13.) se construye utilizando el paso de mensajes disponible. El empleo de memoria compartida como mecanismo de comunicación facilita el desarrollo de aplicaciones ya que el modelo de programación es más sencillo y la sincronización puede realizarse utilizando construcciones tradicionales como pueden ser los semáforos vistos en el capítulo 6.

La memoria compartida distribuida se implementa utilizando paso de mensajes para distribuir los datos a las memorias de los distintos computadores. No hay que olvidar que para poder ejecutar un programa es necesario que éste junto con sus datos resida en memoria principal. La distribución de los datos, normalmente páginas, se puede hacer replicando páginas en distintos computadores o migrando páginas de un computador a otro. En el primer caso, cada computador que utiliza una página almacena una copia local de ella en su memoria principal, pudiéndose incluso paginar a su propia área de intercambio. El empleo de replicación conlleva la existencia de múltiples copias de una página, con los posibles problemas de coherencia que ello puede plantear. La migración en cambio, se basa en no permitir la existencia de múltiples copias. Cuando un proceso requiere acceso a una página (se habrá producido un fallo de página en el computador en el que ejecuta), el sistema de memoria compartida distribuida se encargará de transferir la página del lugar en el que se encuentre (en este computador la página se marcará como no presente) hasta el computador que provocó el fallo. Este enfoque elimina los posibles problemas de coherencia que se producen en el acceso a datos compartidos, pero el rendimiento del sistema puede degradarse en caso de accesos muy frecuente por parte de diferentes procesos a una misma página, puesto que esta estará transfiriéndose constantemente de una máquina a otra.

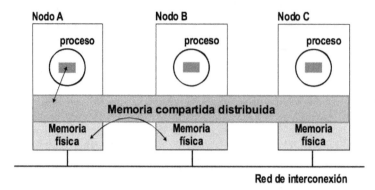

Figura 13.25 Modelo de memoria compartida distribuida

13.8 Modelos de sistemas distribuidos

A lo largo del capítulo se han descrito los principales aspectos relacionados con el diseño de sistemas distribuidos. En esta sección se van a describir algunos modelos de sistemas distribuidos.

13.8.1 Modelo cliente-servidor

El modelo cliente-servidor es el más utilizado para construir aplicaciones distribuidas. En este modelo, que ya se describió en el capítulo 6, participan dos tipos de procesos. Uno, el proceso servidor se encarga de ofrecer un servicio a los clientes. Este servicio puede ser de cualquier tipo, por ejemplo, páginas web en un servidor Web, ficheros en un servidor de ficheros, etc. El otro proceso, denominado cliente, se encarga de solicitar el servicio al servidor. La interacción entre los procesos cliente y servidor se realiza mediante un protocolo de tipo petición respuesta. Este modelo se aplica en muchos de los servicios de Internet como HTTP, FTP, DNS, etc. La construcción de este tipo de aplicaciones se puede llevar a cabo de diferentes formas como se vio en la Sección 13.3.

El concepto cliente-servidor también se puede aplicar a los computadores conectados a la red. Así, tendremos computadores servidores o simplemente servidores en los que ejecutan procesos servidores encargados de ofrecer un servicio, como por ejemplo servidores de ficheros, servidores de bases de datos, etc. Los computadores donde ejecutan los procesos cliente se denominan de igual forma computadores cliente o simplemente clientes.

13.8.2 Sistemas peer to peer

En el modelo cliente-servidor, los procesos que participan en la comunicación juegan papeles distintos y bien diferenciados: los procesos clientes solicitan servicios a los servidores y los servidores se limitan a esperar las peticiones que reciben de los clientes, procesarlas y enviar la respuesta. En el modelo peer to peer, los procesos que participan en la comunicación realizan los mismos papeles: de cliente y de servidor. Cada elemento en el sistema puede solicitar un servicio a otro y a su vez puede servir peticiones de otros procesos.

Este tipo se sistemas tiene su origen y se emplea fundamentalmente en las redes de distribución de contenidos. El primer ejemplo de este tipo de modelos fue el sistema para compartir ficheros Napster, que se hizo muy popular para el intercambio de música.

El servicio ofrecido por este tipo de sistemas se caracteriza fundamentalmente por ser muy descentralizado, el funcionamiento no depende de la existencia de un sistema de administración central. Además, el sistema es muy dinámico, en el sentido de que los computadores que participan en el sistema pueden aparecer (conectarse) o desaparecer (desconectarse) de forma muy dinámica. Esto hace que uno de los aspectos clave en el diseño de este tipo de sistema sean los algoritmos empleados para la localización de los recursos y de los datos a través del sistema.

13.8.3 Computación en clústers

Un *clúster* es un conjunto de computadores (en algunos casos cientos o miles) conectados por una red de alta velocidad como una Gigabit Ethernet. Los computadores individuales que configuran el *clúster* pueden ser PC convencionales, estaciones de trabajo o computadores que se instalan en un rack. Todos los computadores del *clúster* trabajan juntos como un único recurso de computación, mostrándose a los usuarios y a las aplicaciones como un único sistema.

Los *clústers* se suelen emplear en dos tipos de aplicaciones: para computación de altas prestaciones y para ofrecer un sistema de alta disponibilidad. El objetivo de la computación de altas prestaciones es ofrecer un modelo para alta productividad y para el procesamiento de aplicaciones paralelas. La alta productividad se refiere a la idea de ser capaz de ejecutar el mayor número de aplicaciones o trabajos por unidad de tiempo. Así, cuantos más computadores tenga el *clúster* más programas independientes se podrán ejecutar en él. En el procesamiento paralelo se utiliza más de un procesador de forma simultánea para ejecutar un único programa. En este caso, como se vio en el capítulo 6, el programa se divide en una serie procesos que ejecutan de forma paralela en los distintos computadores del *clúster*.

En un *clúster* de alta disponibilidad, todos los computadores comparten los discos y los distintos computadores que lo configuran se están continuamente monitorizando para detectar posibles fallos hardware. Cuando se detecta un fallo hardware en uno de computadores del *clúster*, el software de alta disponibilidad se encarga de arrancar las aplicaciones que ejecutaban en otro de los computadores del *clúster*. De esta forma se consigue que las aplicaciones sigan funcionando sin que los usuarios perciban una parada del servicio.

La Figura 13. muestra la configuración típica de un clúster. Para ofrecer la imagen única de un sistema se necesita un middleware quteruse gestione el clúster.

Un clúster puede ser homogéneo cuando los distintos computadores que lo configuran tienen la misma arquitectura e igual sistema operativo o puede ser también heterogéneo cuando las arquitecturas o sistemas operativos empleados son distintos. Este último tipo de clúster requiere un software de gestión y un middleware más complicado, por ello normalmente los clústers se suelen construir de forma homogénea.

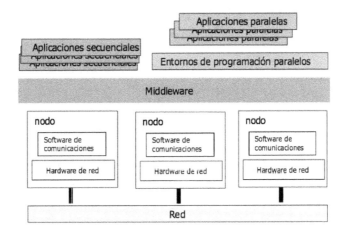

Figura 13.26 Configuración típica de un clúster

13.8.4 Grid Computing

El objetivo de la computación en grid o *grid computing* es similar al concepto de computación en clústers. La idea es compartir computadores geográficamente dispersos a través de Internet. La principal diferencia con un clúster es que en un entorno grid, los diferentes computadores del grid no pertenecen a un mismo dominio de administración y por tanto están sujetos a diferentes políticas de uso y de administración.

La definición de grid fue dada por Ian Foster [Foster 2002], que definió un grid como "un sistema que coordina recursos, que no están sujetos a un control centralizado, usando interfaces y protocolos estándares, abiertos y de propósito general para proveer de servicios relevantes". Tres son las características clave, por tanto, de un grid: los computadores se conectan a través de Internet; los distintos recursos se encuentran en dominios diferentes; y los recursos utilizados son inherentemente heterogéneos.

Tradicionalmente se han utilizado dos tipos de entornos grid: grid de cálculo, empleado para compartir y utilizar recursos de computación, y grid de datos, usado para la utilización de recursos de almacenamiento masivo distribuido. Ambos tipos de grid están evolucionando, sin embargo, al concepto de grid de servicios, un grid que ofrece servicios específicos dependiendo de cada área temática.

Existen dos tipos básicos de arquitecturas grid:

- Grid basadas en organizaciones virtuales. Varias organizaciones físicas comparten recursos y colaboran entre ellas. Una organización virtual define los recursos y servicios a compartir, así como las reglas de acceso y uso de estos.
- Grid basadas en modelos económicos. En este tipo de grid, los proveedores de recursos compiten por ofrecer el mejor servicio a los consumidores de recursos (usuarios), que seleccionan los recursos que necesitan de acuerdo con sus requisitos específicos.

La construcción de entornos grid, al igual que los clústers, requiere de middlewares específicos. En el ámbito de los entornos grid, el middleware más utilizado es el Globus Toolkit. Este *middleware* es un software de código fuente abierto creado e impulsado por la Globus Alliance , que permite la construcción de sistemas y aplicaciones grid, es decir, aplicaciones que ejecutan en entornos grid. Ofrece los siguientes servicios y protocolos:

- Componentes básicos, que ofrece una infraestructura básica para construir nuevos servicios y Globus XIO, una biblioteca de entrada/salida, que ofrece una interfaz común para el acceso a diferentes protocolos y sistemas de entrada/salida.
- Servicios de seguridad. Globus implementa la infraestructura de seguridad grid (GSI, grid security infraestructure), que permite la autenticación y comunicación segura entre los diferentes recursos del grid.
- Gestión de datos. Incluye tres servicios básicos:
  - El protocolo GridFTP, un protocolo basado en el protocolo FTP, que ofrece un servicio de transferencia de ficheros seguro, fiable y optimizado.
  - El servicio fiable de transferencia de ficheros (RFT, Reliable File Transfer Service), que ofrece un servicio fiable para la transferencia de ficheros. Controla y monitoriza las transferencias de ficheros utilizando GridFTP.
  - Servicio de localización de réplicas (RLS, Replica Location Service), que mantiene y ofrece información sobre la localización de réplicas de ficheros y datos.
- Servicios de gestión y asignación de recursos, que ofrece una interfaz para solicitar y utilizar recursos remotos para la ejecución de aplicaciones.
- Sistema de monitorización y descubrimiento de recursos, que ofrece información sobre los distintos recursos disponibles en el Grid.

13.8.5 Cloud Computing

La computación cloud o cloud computing es un modelo que permite el acceso bajo demanda a recursos de computación que pueden ser aprovisionados o liberados de acuerdo a las necesidades de cada aplicación o sistema. Surge como una evolución de los modelos clúster y grid computing. La idea del cloud es no tener recursos informáticos propios donde ejecutar las aplicaciones o almacenar los datos, sino acceder a través de Internet a un proveedor de recursos que ofrece dichos servicios bajo demanda. Existen tres tipos básicos de sistemas cloud:

- Cloud privado. La infraestructura es gestionada por una organización y se construye en su intranet, ofreciendo infraestructura y servicios dentro de un dominio administrativo.

- Cloud público. Utiliza Internet para ofrecer al público general y diferentes industrias servicios cloud. Estos servicios se ofrecen de una forma elástica y flexible mediante un pago por su uso.
- Cloud híbrido. Una infraestructura que está compuesta de dos o más clouds privados o públicos, que emplean estándares y que posibilitan la portabilidad de datos y aplicaciones.

Los proveedores de servicios cloud ofrece diferentes modelos de servicio, que se describen a continuación:

Infraestructura como servicio

En este modelo, el proveedor ofrece recursos físicos o virtuales como instancias de máquinas, almacenamiento y redes. El cliente puede desplegar y ejecutar cualquier tipo de software sobre esta infraestructura. Con este modelo, lo que se hace es contratar el uso de recursos de cómputo y almacenamiento. Este tipo de modelo es particularmente útil cuando la demanda de recursos es muy variable y volátil o cuando un nuevo negocio necesita recursos de cómputo y no quiere invertir una gran cantidad de dinero en nueva infraestructura. Este es el modelo, por ejemplo, que ofrecen proveedores como Amazon a través de Amazon WS y Amazon EC2. EC2 (*Elastic Compute Cloud*) es un servicio web con una interfaz que permite crear y lanzar instancias de máquinas virtuales utilizando diferentes sistemas operativos (Windows, Linux, FreeBSD). Estas instancias se crean a partir de una determina imagen de máquina, que incluye un sistema operativo, bibliotecas y aplicaciones desarrolladas directamente por el usuario. EC2 está basado en la tecnología de virtualización XEN (véase el Capítulo 11). Amazon también ofrece un servicio de almacenamiento denominado S3 (Simple Storage System), que está basado en objetos y que ofrece un servicio de almacenamiento ilimitado a los usuarios.

Plataforma como servicio

Este modelo ofrece un entorno de computación completo donde los desarrolladores pueden crear sus propias aplicaciones sin tener que preocuparse de la infraestructura hardware. Este modelo se ofrece a través de bibliotecas, servicios y distintas herramientas que permiten desarrollar aplicaciones sin necesidad de gestionar el hardware subyacente. Por ejemplo, un proveedor de este tipo de servicios puede ofrecer una base de datos, como plataforma de servicio, donde el usuario puede desplegar su modelo de bases de datos concreto. La principal ventaja de este modelo, es que los clientes no tienen que preocuparse de los detalles de la infraestructura hardware subyacente. Además, permite que los clientes tengan acceso a diferentes licencias de software para construir sus aplicaciones sin necesidad de tener que pagar por ellas, eliminando los costes de mantenimiento de licencias. Plataformas que ofrecen este modelo son Amazon WS, Google App Engine y Microsoft Windows Azure.

Software como servicio

Este modelo ofrece al usuario la capacidad de utilizar aplicaciones que ejecutan en una infraestructura cloud. Estas aplicaciones son accesibles a través de Internet a los dispositivos clientes a través de una interfaz de cliente, como un navegador web. Constituye el nivel más alto de abstracción, en la que los usuarios tienen acceso directo a aplicaciones y bases de datos sin tener que preocuparse ni de la infraestructura ni del desarrollo de la aplicación. Ejemplos de este tipo de servicio son, por ejemplo, los ofrecidos por Google (Gmail, Google Docs).

13.9 Lecturas recomendadas

Sobre redes de computadores y protocolos de comunicación puede consultarse [Stallings 2018] y [Forouzan 2013]. Para profundizar en todos los conceptos de sistemas distribuidos y sistemas operativos distribuidos presentados en este capítulo pueden consultarse [Coulouris 2005], [Galli 2000] y [Tanenbaum 2009]. Una descripción más detallada de la interfaz de sockets y las RPC puede verse en [Stevens 1999]. Dos libros interesantes sobre fiabilidad y tolerancia a fallos en sistemas distribuidos son [Birman 1996] y [Jalote 1994]. En cuanto a los principales entornos de computación distribuida puede consultarse para DCE [Rosenberry 1992], para CORBA [Otte

1996] y para DCOM [Rubin 1999]. Por último, puede ampliar el estudio de la memoria compartida distribuida en [Protic 1998] y [IEEE 1999].

13.10 Ejercicios

1. *¿Cuál de las siguientes operaciones es idempotente?*
   a) *Lectura de las entradas de un directorio.*
   b) *Lectura de un byte en la posición actual de un fichero (como el servicio* `read` *de POSIX).*
   c) *Escritura de un byte en la posición actual de un fichero (como el servicio* `write` *de POSIX).*
   d) *Modificar la posición actual del fichero desplazándola 10 bytes.*
2. *¿Qué conversiones de datos hay que realizar en una RPC en un sistema distribuido formado por máquinas heterogéneas?*
3. *En un sistema con máquinas heterogéneas y comunicación por RPC, ¿qué tipos de datos no pueden pasarse por referencia (pasando su dirección)?*
   a) *Enteros.*
   b) *Ninguno.*
   c) *Todos.*
   d) *Vectores de caracteres.*
4. *Sea un sistema distribuido con un servidor de nombres y un servidor de base de datos adecuadamente registrado. Un proceso cliente, que ya se está ejecutando desea hacer una consulta simple a la base de datos. Suponiendo que el procesador cliente solamente dispone de la dirección del servidor de nombres y que éste no admite consultas múltiples, indicar el mínimo número de mensajes que deben existir para llevar a cabo completamente la mencionada consulta.*
5. *En un sistema que se comunica mediante RPC se precisa cambiar sustancialmente la implementación de las funciones ofrecidas por el servidor, pero manteniendo su interfaz. ¿Cuál de los suplentes, el del cliente o el del servidor, sería necesario volver a generar?*
   a) *El suplente del cliente.*
   b) *Ninguno de los suplentes.*
   c) *El suplente del servidor.*
   d) *Ambos suplentes.*
6. *Dado un servidor que ofrece operaciones idempotentes, ¿cuál de las semánticas de RPC en presencia de fallos sería más adecuada para asegurar el servicio?*
7. *Suponga que el tiempo para realizar una RPC nula (es decir, 0 bytes de datos) es de 1.0 milisegundos, con 1.5 milisegundos adicionales por cada KB de datos. ¿Cuánto tarda la ejecución de 32 RPC, cada una de las cuáles lee 1 KB de datos del servidor?*
8. *Considere un sistema distribuido, cuyos nodos están conectados por una red de área local. En uno de dichos nodos hay una impresora láser que se desea pueda ser utilizada de forma remota por todos nodos. No existen limitaciones para el uso de dicha impresora y la interfaz de la biblioteca de funciones que manejan la misma debería ser idéntica a la de una impresora local. Suponiendo que se utilizará un esquema cliente-servidor y que se pueden enviar a la impresora trabajos desde nodos con distinta arquitectura, responda a las siguientes preguntas:*
   a) *¿Qué mecanismo de comunicación emplearía?*
   b) *¿Qué es una operación autocontenida? ¿Podrían utilizarse operaciones autocontenidas para manejar la impresora?*
   c) *¿Qué es una operación idempotente? ¿Pueden implementarse operaciones idempotentes en este servidor?*
9. *Implemente utilizando RPC un servicio de nombres centralizado para un sistema formado por varios computadores conectados por una red. La misión de dicho servidor de nombres será relacionar un nombre con una pareja (nodo, puerto) que describe la dirección de un nodo de la red y un puerto dentro de ese nodo. El servidor debe permitir dar de alta un nombre, obtener los datos de un nombre y n un nombre.*
10. *Se desea diseñar un sistema de ficheros distribuido que tenga tres servidores de ficheros y un servidor de nombres situados cada uno en uno nodo diferente. Se pide:*

a) *Especificar las RPC que debe ofrecer un servidor de ficheros. Esta especificación debe incluir el nombre de la RPC y el tipo de todos sus parámetros formales.*

b) *Especificar las RPC que debe ofrecer el servidor de nombres. Esta especificación debe incluir la misma información que la dada en el apartado anterior.*

c) *Indicar para cada una de las siguientes operaciones de biblioteca disponibles para un cliente (CREATE, OPEN, READ, WRITE, CLOSE) qué secuencia de llamadas a RPC de los servidores debe realizar.*

11. *En un sistema distribuido se tiene un servidor de ficheros sin estado y un servidor de impresión. Decir qué es falso para estos servidores.*

a) *Una operación de lectura sobre un fichero es idempotente.*

b) *Una operación de escritura sobre un fichero es idempotente.*

c) *Una operación de impresión no es idempotente.*

d) *Una operación de impresión es idempotente para un servidor de impresión sin estado.*

12. *Considere un lenguaje de definición de interfaces en el que se realiza la siguiente siguiente especificación de procedimiento remoto:*

```
procedure REMOTO(in int A,inout int B, out int C);
```

donde in especifica un parámetro de entrada, out uno de salida e inout uno de entrada y salida. Suponiendo que se dispone de las primitivas de comunicación de sockets y que se dispone de un servidor de nombres que ofrece tres RPC cuyas especificaciones son las siguientes:

```
registrar(in char nombre[longmax],
          in int puerto,
          in char nodo[longmax]);
buscar(in char nombre[longmax],
       out int p,
       out char nodo[longmax]);
```

13. *Suponiendo un sistema homogéneo, se pide:*

a) *Diseñar los suplentes del cliente y del servidor del procedimiento REMOTO, especificando la secuencia de funciones que debe realizar y las estructuras de datos que emplea.*

b) *Programar en C los suplentes del cliente y del servidor del procedimiento REMOTO. En el caso del servidor, su resguardo debe contener la función main del programa principal.*

14. *Sea un grupo de seis procesos, cada uno de los cuales ejecuta en una máquina distinta de un sistema distribuido. Dentro de dicho grupo de procesos se desea implementar semáforos distribuidos para controlar el acceso a regiones críticas. Las operaciones a implementar son similares a los semáforos POSIX descritos en el capítulo 6. Utilice un esquema centralizado para implementar estos semáforos usando dos esquemas:*

a) *Sockets.*

b) *RPC.*

15. *Sea un sistema, que usa el algoritmo de sincronización de relojes lógicos de Lamport, en el que hay dos procesos que nunca se han comunicado entre sí, ¿qué implica que el evento A de un proceso tenga un reloj lógico asociado menor que el evento B del otro proceso?*

16. *Cuando se resuelve el problema de la sección crítica utilizando un algoritmo centralizado, ¿qué ocurre cuando el proceso que se encuentra dentro de la sección crítica muere? Proponga una solución a este problema.*

17. *Resuelva el problema anterior en el caso de utilizar un algoritmo basado en el paso de testigo.*

18. *¿Cuáles son las principales diferencias entre NFS y CIFS?*

APÉNDICE 1 RESUMEN DE LLAMADAS AL SISTEMA POSIX

En este apéndice se incluye una tabla con las principales llamadas al sistema disponibles en POSIX. Además, se incluye un breve comentario de cada llamada.

    La tabla no incluye todas las llamadas al sistema, sino sólo aquéllas que se han utilizado en el libro para programar los ejemplos, que constituyen el subconjunto más significativo y de uso más frecuente.

Tema	POSIX	Comentarios
Señales	pause	Suspende proceso hasta recepción de señal.
Señales	kill	Manda una señal.
Señales	sigemptyset, sigfillset, sigaddset, sigdelset, sigismember	Manipulación de conjuntos de señales.
Señales	sigprocmask	Consulta o modifica la máscara de señales.
Señales	sigpending	Obtiene las señales que están pendientes de entregar.
Señales	sigaction	Gestión detallada de señales.
Señales	sigsetjmp, siglongjmp	Realizan saltos no locales.
Señales	sigsuspend	Especifica máscara y suspende proceso hasta señal.
Memoria	mmap	Proyecta en memoria un fichero. En Windows requiere utilizar dos funciones (CreateFileMapping y MapViewOfFile).
Memoria	mmap	
Memoria	munmap	Desproyecta un fichero.
M. Compartida	shmget	Crea o asigna un segmento de me-moria compartida.
M. Compartida	shmat	Proyecta un segmento de memoria compartida.
M. Compartida	shmdt	Desproyecta un segmento de memoria compartida.
Bibliotecas	dlopen, dlsym, dlclose	Carga y montaje explícito de bibliotecas dinámicas.
Cerrojos de ficheros y E/S	fcntl (cmd = f_setlk, ...)	Establece un cerrojo a un fichero.
Cerrojos de ficheros y E/S	fcntl (cmd = f_setlk, ...)	Elimina un cerrojo de un fichero.
Procesos	fork () y exec ()	Crea proceso (CreateProcess equivale a fork + exec).
Procesos	_exit	Termina el proceso.
Procesos	getpid	Obtiene identificador del proceso.
Procesos	wait, waitpid	Obtiene información de proceso ya terminado.
Procesos	execl, execv, execle, execve, execlp, execvp	Ejecuta un programa (no hay equivalente en Windows).
Procesos	fork	Crea proceso duplicado (no hay equivalente en Windows).

Tema	POSIX	Comentarios
Procesos	getppid	Obtiene id. del padre (en Windows no hay relación padre/hijo).
Procesos	getgid, getegid	Obtiene id. del grupo (en Windows no hay grupos de procesos).
Procesos	kill	Finaliza la ejecución de un proceso.
Procesos	waitpid	Espera la terminación de un proceso (en Windows de múltiples procesos).
Procesos	wait, waitpid	Espera la terminación de un proceso.
Planificación	sched_setscheduler , nice	Controla aspectos de planificación de procesos y *threads*.
Planificación	pthread_yield	Cede el procesador.
Planificación	sched_setaffinity, sched_setaffinity	Establece la asignación de procesos y _threads_ a procesadores.
Comunicación	close	Cierra una tubería.
Comunicación	mq_open	Abre una cola de mensajes en UNIX y un mailslot en Windows.
Comunicación	mq_open	Crea una cola de mensajes en UNIX y un mailslot en Windows.
Comunicación	mq_close	Cierra una cola de mensajes en UNIX y un mailslot en Windows.
Comunicación	mq_send	Envía datos a una cola de mensajes en UNIX y a un mailslot en Windows.
Comunicación	mq_receive	Recibe datos de una cola de mensajes en UNIX y de un mailslot en Windows.
Comunicación	mq_unlink	Borra una cola de mensajes en UNIX y un mailslot en Windows cuando deja de estar referenciado.
Comunicación	mq_getattr	Obtiene atributos de una cola de mensajes en UNIX y un mailslot en Windows.
Comunicación	mq_setattr	Fija los atributos de una cola de mensajes en UNIX y un mailslot en Windows.
Comunicación	mkfifo	Crea una tubería con nombre.
Comunicación	pipe	Crea una tubería sin nombre.
Comunicación	dup, dup2, fcntl	Duplica un manejador de fichero.
Comunicación	read (tubería)	Lee datos de una tubería.
Comunicación	write (tubería)	Escribe datos en una tubería.
Comunicación	close	Cierra una tubería.
Threads	pthread_create	Crea un proceso ligero.
Threads	pthread_exit	Finaliza la ejecución de un proceso ligero.
Threads		Devuelve el manejador del proceso ligero que ejecuta.
Threads		Devuelve el identificador del proceso ligero que ejecuta.
Threads	pthread_join	Obtiene el código de finalización de un proceso ligero.
Threads		Pone en ejecución un proceso ligero suspendido.
Threads		Suspende la ejecución de un proceso ligero.
Threads	pthread_join	Espera la terminación de un proceso ligero.
Threads		Espera la terminación de múltiples procesos ligeros en Windows.

Tema	POSIX	Comentarios
Threads		Devuelve la clase de prioridad de un proceso.
Threads	sched_getparam	Devuelve la prioridad de un proceso ligero.
Threads		Fija la clase de prioridad de un proceso.
Threads	sched_setparam	Fija la prioridad de un proceso ligero.
Sincronización	pthread_cond_destroy	Destruye una variable condicional en UNIX y un evento en Windows cuando deja de estar referenciado.
Sincronización	pthread_cond_init	Inicia una variable condicional y un evento.
Sincronización	pthread_cond_broadcast	Despierta los procesos ligeros bloqueados en una variable condicional o un evento.
Sincronización	pthread_cond_signal	Despierta un proceso ligero bloqueado en una variable condicional o evento.
Sincronización	pthread_cond_wait	Bloquea un proceso en una variable condicional o evento.
Semáforos	pthread_mutex_destroy	Destruye un mutex.
Semáforos	pthread_mutex_init	Inicia un mutex.
Semáforos	pthread_mutex_unlok	Operación unlock sobre un mutex.
Semáforos	pthread_mutex_lock	Operación lock sobre un mutex.
Semáforos	sem_open	Crea un semáforo con nombre.
Semáforos	sem_init	Inicia un semáforo sin nombre.
Semáforos	sem_open	Abre un semáforo con nombre.
Semáforos	sem_close	Cierra un semáforo.
Semáforos	sem_post	Operación signal sobre semáforo.
Semáforos	sem_wait	Operación wait sobre semáforo.
Manejo de Errores	errno	Almacena información sobre la última llamada al sistema.
Tiempo	time	Obtiene el tiempo de calendario.
Tiempo	localtime	Obtiene el tiempo de calendario en horario local.
Tiempo	stime	Establece la hora y fecha.
Tiempo	alarm	Establece un temporizador.
Tiempo	times	Obtiene los tiempos del proceso.
Ficheros y E/S	tcgetattr, tcsetattr	Establece el modo de operación del terminal.
Ficheros y E/S	read, write	Lectura y escritura en el terminal.
Ficheros y E/S	close	No está limitada a ficheros.
Ficheros y E/S	open, creat	Crea o abre un fichero.
Ficheros y E/S	unlink	Borra un fichero.
Ficheros y E/S	fsync	Vuelca la caché del fichero a disco.
Ficheros y E/S	stat, fstat	Obtiene los atributos de un fichero.
Ficheros y E/S	stat, fstat	Longitud del fichero en bytes.
Ficheros y E/S	stat, fstat	Fechas relevantes para el fichero.
Ficheros y E/S	stat, fstat	Obtiene el tipo de un fichero o dispositivo.
Ficheros y E/S	stdin, stdout, stderr	Devuelve un dispositivo de E/S estándar.
Ficheros y E/S	link, symlink	Windows no proporciona enlaces.
Ficheros y E/S	readv	Lectura múltiple.

Tema	POSIX	Comentarios
Ficheros y E/S	writev	Escritura múltiple.
Ficheros y E/S	read	Lee datos de un fichero.
Ficheros y E/S	truncate, ftruncate	Fija la longitud de un fichero.
Ficheros y E/S	fcntl	Cambia los atributos de un fichero.
Ficheros y E/S	lseek	Devuelve el apuntador de posición del fichero.
Ficheros y E/S	utime	Modifica las fechas de un fichero.
Ficheros y E/S		Define un manejador de E/S estándar.
Ficheros y E/S	write	Escribe datos a un fichero.
Ficheros y E/S		Define la proyección de un fichero en memoria.
Ficheros y E/S	mmap	Proyecta un fichero en memoria.
Ficheros y E/S		Abre un fichero proyectado en memoria.
Ficheros y E/S	munmap	Elimina la proyección de memoria de un fichero.
Directorios	mkdir	Crea un nuevo directorio.
Directorios	closedir	Cierra un directorio.
Directorios	opendir, readdir	Busca una entrada en un directorio.
Directorios	readdir	Extrae la siguiente entrada de directorio.
Directorios	getcwd	Devuelve el nombre del directorio de trabajo.
Directorios	rmdir, unlink	Borra un directorio.
Directorios	chdir, fchdir	Cambia el directorio de trabajo.
Seguridad		Borra una entrada de control de acceso de una ACL.
Seguridad	stat, fstat, lstat	Devuelve una entrada de control de acceso de una ACL.
Seguridad	stat, fstat, lstat	Obtiene la información de una ACL.
Seguridad	stat, fstat, lstat, access	Devuelve el descriptor de seguridad de un fichero.
Seguridad	stat, fstat, lstat	Devuelve el descriptor de seguridad de un usuario.
Seguridad	getlogin	Devuelve el nombre de sistema de un usuario.
Seguridad		Inicia la información de una ACL.
Seguridad	umask	Inicia el descriptor de seguridad de un usuario.
Seguridad	getpwnam, getgrnam	Devuelve el nombre de sistema de una cuenta.
Seguridad	getpwuid, getuid, geteuid	Devuelve el identificador de sistema de una cuenta.
Seguridad	setuid, seteuid, setreuid	Activan los distintos UID de un fichero en UNIX.
Seguridad	setgid, setegid, setregid	Activan los distintos GID de un fichero en UNIX
Seguridad	getgroups, setgroups, initgroups	Grupos suplementarios.
Seguridad	chmod, fchmod	Cambian permisos de ficheros.
Seguridad		Cambian permisos de objetos privados.
Seguridad	umask	Cambian máscara de protección por defecto.
Seguridad	chown, fchown, lchown	Cambian el propietario de un fichero.

BIBLIOGRAFÍA

En esta sección se muestra la bibliografía referenciada a lo largo de los capítulos del libro. Está ordenada alfabéticamente por orden de referencia.

[Álvarez 2004] Gonzalo Álvarez Marañón; Pedro Pablo Pérez García. *Seguridad Informática Para La Empresa Y Particulares*. Editorial McGraw-Hill. 2004.

[Bach 1986] M. J. Bach, *The Design of the UNIX Operating System*, Prentice-Hall, 1986.

[Burns 2003] A. Burns y A. Wellings. Sistemas de Tiempo Real y Lenguajes de Programación. 3ª Edición. Addison-Wesley. 2003

[Knowlton 1965] K. C. Knowlton, "A Fast Storage Allocator", *Communications of the ACM*, vol. 8, núm. 10, 1965.

[Maekawa 1987] Maekawa, M., Oldehoeft, A. E., Oldehoeft, R. R., *Operating Systems, Advanced Concepts*. The Benjamin/Cummings Publishing Company, 1987.

[Smith 1985] A.J. Smith, *Disk Cache-Miss Ratio Analysis and Design Considerations*, ACM Transactions on Computer Systems, Vol. 3, No. 3, August 1985, pp. 161-203.

[Abernathy 1973] D.H. Abernathy, et al, *Survey of Design Goals for Operating Systems*, Operating Systems Review Vol. 7, No. 2, April 1973, pp. 29-48; OSR Vol. 7, No. 3, July 1973, pp. 19-34; OSR Vol. 8, No. 1, Jan. 1974, pp. 25-35.

[Accetta 1986] M. Accetta, R. Baron, D. Golub, R. Rashid, A. Tevanian, M. Young. *Mach: A New Kernel Foundation for UNIX Development*. Proceedings Summer 1986. USENIX Conference. pp. 93-112. 1986

[Akyurek 1995] S. Akyürek, and K. Salem, *Adaptive Block Rearrangement*, ACM Transactions on Computer Systems, 13(2), pp. 89-121, May 1995.

[Andrews 1996] M. Andrews, *C++ Windows NT Programming*, 735 pages, M&T Press, 1996.

[Arnold 1993] D. Arnold, *UNIX Security -A Practical Tutorial*, McGraw-Hill, 1993.

[Bach 1986] Bach, M. J., *The Design of the Unix Operating System*. Prentice-Hall 1986.

[Bech 1998] M. Beck, N. Boheme, M. Dziadzka, et al. *Linux Kernel Internals*. Addison-Wesley, 1988. Segunda Edicíon.

[Beck 1996] M. Beck, H. Bohme, M. Dziadzka, U. Kunitz, R. Magnus, and D. Verworner, *Linux Kernel Internals*, Addison-Wesley, 1996.

[Beck 1998] Beck, M. et al. *Linux Kernel Internals*. Addison-Wesley, 2º edición, 1998.

[Beck 1999] M. Beck, H. Bohme, M. Dziadzka, U. Kunitz, R. Magnus, and D. Verworner, *Linux Kernel Internals*, 2nd. Edition, Addison-Wesley, 1996.

[Belady 1969] L. A. Belady et al., "An Anomaly in Space-Time Characteristics of Certain Programms Running in a Paging Machine", *Communications of the ACM*. vol. 12, núm. 6. 1969.

[Ben Ari 1990] Ben Ari, Principles of Concurrent and Distributed Programming. Prentice Hall 1990

[Birman 1994] K. P. Birman, R. van Renesse. *Reliable Distributed Computing with the Isis Toolkit*. New York: IEEE Computer Society Press, 1994

[Birman 1996a] K. P. Birman, R. van Renesse. *Software for Reliable Networks*. Scientific American 274:5, pp. 64-69, mayo 1996

[Birman 1996b] K. P. Birman. *Building Secure and Reliable Networks Applications*. Manning Publications Co. 1996

[Birrel 1984] A.D. Birrel, B. J. Nelson. *Implementig Remote Procedure Calls*. ACM Transactions on Computer Systems, Vol 2, pp. 39-59, febrero 1984

[Biswas 1993] P. Biswas, K.K. Ramakrishnan, and D. Towsley, "Trace Driven Analysis of Write Caching Policies for Disks", *Proceedings of the 1993 ACM SIGMETRICS Conference on Measurement, and Modeling of Computer Systems*, pp. 13-23, May 10-14 1993.

[Black 1990] D. L. Black, "Scheduling Support for Concurrency and Parallelism in the Mach Operating System", *IEEE Computer*, vol. 23, núm. 5, págs. 35-43, 1990.

[Bovet 2005] Bovet, D. P., Cesati, M., *Understanding the Linux Kernel*. O'Reilly, tercera edición, 2005.

[Caresick 2003] Anna Caresik, Oleg Kolesnikov y Brian Hatch, Redes privadas virtuales (VPN) con Linux, Pearson Educación, 2003

[Carpinelli 2001] J. D. Carpinelli. *Computer Systems Organization and Architecture*. Addison-Wesley, 2001.

[Carracedo 2004] Justo Carracedo, Seguridad en redes telemáticas, McGraw Hill, 2004

[Carretero 2000] J. Carretero, J. Fernández, F. García, "Enhancing Parallel Multimedia Servers through New Hierarchical Disk Scheduling Algorithms", *VECPAR'2000, 4th International Meeting on Vector and Parallel Processing*, Oporto, junio 2000.

[CCEB 1994] Common Criteria Editorial Board, *Common Criteria for Information Technology Security Evaluations*, version 0.6, April 1994.

[CCP 2006] Common Criteria for Information Technology Security Evaluation. Part 3: Security assurance requirements. Version 2.3. http://www.commoncriteriaportal.org/. 2005.

[Chase 1994] H.E Chase, H. E. Levy, M. J. Feely, E. D. Lazowska, "Sharing and adressing in a single address space system", *ACM Transactions on Computer Systems*, vol. 12, núm, 3, 1994.

[Cherry 2004] S. Cherry. *Edholm's law of bandwidth*. Spectrum, IEEE. Volume: 41, Issue: 7. Julio 2004, págians 58-60.

[Coffman 1971] Coffman, E.G., Elphick, M.J., Shoshani, A., "System Deadlocks". *Computing Surveys*, vol. 3, núm. 2, junio 1971, págs. 67-78.

[Coine 1999] Robert A. Coiné, HPSS Tutorial, Technical Report, IBM Global Government Industry, http://www.sdsc.edu/hpss, 1999.

[Corbet 2005] J. Corbet, et al., Linux Device Drivers, O'Reilly, tercera edición, 2005.

[Coulouris 2005] G. Coulouris, J. Dollimore, T. Kindberg *Distributed Systems. Concepts and Design*. Cuarta edición. Addison-Wesley, 2005,

[Crowley 1997] C. Crowley. Operating Systems, A Design-Oriented Approach. Irwin, 1997

[Curry 1992] D. Curry, UNIX System Security - A Guide for Users and System Administrators, Addison-Wesley, 1992.

[Daniel 2005] Daniel P. Bovet, Marco Cesati. *Understanding the Linux Kernel*, O'Reilly & Associates Tercera edición 2005

[Davy 1995] W. Davy, "Method for Eliminating File Fragmentation and Reducing Average, Seek Times in a Magnetic Disk Media Environment", *USENIX*, 1995.

[Deitel 1993] H.M. Deitel, *Sistemas Operativos (2ª edición)*, Addison-Wesley, 1993

[Deitel, 1994] H. M. Deitel, M. S. Kogan. *The Design of OS/2*. Prentice-Hall, 1994

[Dekker 1999] E. N. Dekker and J. M. Newcomer, "*Developing Windows NT Device Drivers: A Programmer's Handbook*", Addison Wesley, 1999.

[deMiguel 2004] P. de Miguel. *Fundamentos de los computadores*, 9ª edición. Thomson-Paraninfo 2004.

[Denning 1982] D. Denning, *Cryptography and Data Security*, Addison-Wesley, 1982.

[Dijkstra 1965] Dijkstra, E.W., "Cooperating Sequential Processes". *Technical Report EWD-123*, Technological University, Eindhoven, the Netherlands, 1965.

[Dijkstra, 1968] E. W. Disjkstra. *The Structure of THE Multiprogramming System*. Communications of the ACM.Vol 11, pp. 341-346. Mayo 1968

[Farrow 1990] R. Farrow, UNIX System Security - How to Protect your Data and Prevent Intruders, Addison-Wesley, 1990.

[Fidge 1988] C. Fidge. *Timestamps in Message-Passing Systems That Preserve the Partial Ordering*. Proceedings of the Eleventh Australian Computer Science Conference. 1988

[Fites 1989] P. Fites et al., *Control and Security of Computer Information Systems*, Computer Science Press, 19811.

[Folk 1987] M.J. Folk and B. Zoellick, *File Structures*, Addison-Wesley, 1987.

[Forouzan 2013] B. A. Forouzan. *Data Communications and Networking*. Quinta edición. McGraw-Hill, 2007.

[Foster 2002] I. Foster. *What is the Grid? A Three Point Checklist*. I. GRIDToday, July 20, 2002.

[Foster 2006] I. Foster. *Globus Toolkit Version 4: Software for Service-Oriented Systems*.IFIP International Conference on Network and Parallel Computing, Springer-Verlag LNCS 3779, pp 2-13, 2006.

[Galli 2000] L. D. Galli. Distributed Operating Systems : Concepts and Practice. Prentice-Hall, 2000.

[Galli 1999] L. D. Galli. Distributed operating systems: concepts and practice. Prentice-Hall, 1999.

[Garcia 2015] F. García-Carballeira, J. Carretero, J. D. García, D. Expósito. Problemas resueltos de estructura de computadores. 2ª edición. Paraninfo, 2015

[Garfinkel 1996] Simson Garfinkel and Eugene H. Spafford. *Practical Unix & Internet Security*. O'Reilly & Associates, 2nd edition, Abril 1996.

[Gingell 1987] R. A. Gingell, et al., "Shared Libraries in SunOS", *Summer Conference Proceedings*, USENIX Association, 1987.

[Goodheart 1994] B. Goodheart and J. Cox, The Magic Garden Explained: The Internals of UNIX System V Release 4, an Open Systems Design, pp. 664, Prentice-Hall, 1994.

[Gorman 2004] M. Gorman, *Understanding the Linux Virtual Memory Manager*, Bruce Perens' Open Source Series, 2004.

[Grimshaw 1997] A. S. Grimshaw, Wm. A. Wulf, and the Legion Team. *The Legion Vision of a Wordwide Virtual Computer*. Communications of the ACM, 40(1), enero 1997

[Grosshans 1986] D. Grosshands, *File Systems Design and Implementation*, Prentice Hall, 1986.

[Habermann 1969] Habermann A.N., Prevention of System Deadlocks. *Communications of the ACM*, vol. 12, núm. 7, julio 1969, págs. 373-377.

[Hamacher 2002] V. C. Hamacher, Z. Zvonko Vranesic y S. Zaky. *Computer Organization*, 5.ª edición. McGraw Hill 2002.

[Hart 2004] J. M. Hart, *Windows System Programming*, Addison-Wesley, tercera edición, 2004.

[Hart 1998] J. M. Hart. *Win32 System Programming*. Addison-Wesley, 1998.

[Havender 1968] Havender J.W., "Avoiding Deadlocks in Multitasking Systems". *IBM Systems Journal*, vol. 7, núm. 12, 1968, págs. 74-84.

[Hennessy 2019] J. L. Hennessy, D. A. Patterson y D. Goldberg. *Computer Architecture. A Quantitative Approach*, 6.ª edición. Morgan Kaufmann Publishers. 2019.

[Hoare 1974] Hoare, C.A.R. *Monitors: An Operating Systems Structuring Concept*.

Communications of the ACM, vol 17, num 10. Oct 1974, pags. 549-557

[Holt 1972] Holt, R.C., "Some Deadlock Properties of Computer Systems". *Computing Surveys*, vol. 4, núm. 3, septiembre 1972, págs. 179-196.

[Howard 1973] Howard J.H., "Mixed Solutions for the Deadlock Problem". *Communications of the ACM*, vol. 16, núm. 7, julio 1973, págs. 427-430.

[Hunt 2005] Galen Hunt et al., "An Overview of the Singularity Project", Microsoft Research, Microsoft Research Technical Report, MSR-TR-2005-135, 2005, http://research.microsoft.com/os/singularity

[IEEE 1988] IEEE, IEEE Standard Portable Operating System Interface for Computer Environments, IEEE Computer Society Press, 1988.

[IEEE 1999] Proceedings of the IEEE. Marzo 1999. Número especial sobre *Memoria compartida Distribuida*

[IEEE 1996] Information technology. Portable Operating System Interface (POSIX). System Application Program Interface (API). IEEE Computar Society, 1996.

[IEEE, 2004] *The Single UNIX Specification*, Version 3, 2004 Edition IEEE Std 1003.1

[Jacob 1998a] B. Jacob, T. Mudge, "Virtual Memory: Issues of Implementation", *Computer*, vol. 31, núm. 6, págs. 33-43, 1998.

[Jalote 1994] P. Jalote. *Fault Tolerance in Distributed Systems*. Prentice Hall, 1994.

[Kernighan 1978] B. Kernighan, and D. Ritchie, *The C Programming Language*, Prentice-Hall, 1978.

[Krakowiak 1988] S. Krakowiak, *Principles of Operating Systems*, MIT Press. 1988.

[Lambert 1999] P. Lambert, *Implementing Security on Linux*, Journal of System Administration, Vol. 8, No. 10, pp. 67-70, October 19911.

[Lamport 1978] L. Lamport. *Time, Clocks, and the Ordering of Events in a Distributed System.* Communications of the ACM 21:7. Pp. 558-565, abril 1978

[Lampson 1980] Lampson B., Redell D. *Experience with Processes and Monitors in Mesa*. Communications of the ACM, Feb. 1980.

[Levine 2000] J. R. Levine, *Linkers and Loaders*, The Morgan Kaufmann Series in Software Engineering and Programming, 2000.

[Levine 2003a] Gertrude Neuman Levine, "Defining deadlock", *ACM SIGOPS Operating Systems Review*, vol. 37, núm. 1, enero 2003, págs. 54-64.

[Levine 2003b] Gertrude Neuman Levine, "Defining deadlock with fungible resources", *ACM SIGOPS Operating Systems Review*, vol. 37, núm. 3, julio 2003, págs. 5-11.

[Li 1986] K. Li. *Shared Virtual Memory on Loosely Coupled Multiprocessors.* Tesis Doctoral, Universidad de Yale, 1986

[Liu 2002] Jane W.S. Liu. *Real-Time Systems.* Prentice-Hall. 2000.

[Love 2005] Love, R.. *LinuxKernel Development.* Novell Press, 2005.

[Maekawa 1987] M. Maekawa el al., *Operating Systems: Advanced Concepts*, Benjamin-Cummings, 1987.

[Mattern 1989] F. Mattern. *Tkime and Global States in Distributed Systems.* Proceedings of the International Workshop on Parallel and Distributed Algorithms. Amsterdam. 1989.

[Mauro 2000] Mauro J., McDougall R.. *Solaris Internals. Core Kernel Architecture.* Prentice Hall 2005.

[McKusick 1996] McKusick M. K., Bostic K., Karels M. J. and Quaterman J. S. *The Design and Implementation of the 4.4 BSD Operating System.* Addison-Wesley 1996

[McKusick 2004] McKusick M., Neville-Neil, G. V. *The Design and Implementation of the FreeBSD Operating System.* Addison-Wesley, 2004.

[Mealy 1966] G. H. Mealey, B. I. Witt, W. A. Clark. *The Structural Structure of OS/360.* IBM System Journal, vol 5. Num 1 1966.

[Megiddo 2004] N. Megiddo, D. S. Modha, "Outperforming LRU with an Adaptive Replacement Cache Algorithm", *IEEE Computer Magazine*, págs. 58-65, 2004.

[Milenkovic, 1992] M. Milenkonvic. *Operating Systems: Concepts and Design.* McGraw-Hill, 1992

[Mosberger 2004] D. Mosberger, S. Eranian, *IA-64 Linux Kernel: design and implementation..* Prentice Hall, 2004.

[MPI www] Message Passing Interface Forum. http://www.mpi-forum.org.

[Mullender 1990] S. Mullender, G. Van Rossum, A. S. Tanenbaum, R. Van Renesse, H. Van Staveren. *Amoeba: A Distributed Operating Systems for the 1990s.* IEEE Computer, vol 23, Nº 5 pp. 44-53, mayo 1990

[Mullender 1993] S. Mullender (Ed.). *Distributed Systems.* Segunda edición, ACM Press, Nueva York, 1993

[Nagar 1997] R. Nagar, *Windows NT File System Internals*, pp. 774, O'Reilly & Associates Inc., 1997

[Newton 1979] Newton G., "Deadlock Prevention, Detection and Resolution: An Annotated Bibliography". *Operating Systems Review*, vol. 13, núm. 2, abril 1979, págs. 33-44.

[Nutt 2004] G. Nutt, *Operating Systems: A Modern Perspective*, tercera edición, Addison Wesley, 2004.

[Orfali 1999] R. Orfali, D. Harkey. J. Edwards. *Client/Server Survival Guide.* Wiley Computer Publishing, 1999, tercera edición

[Organick 1972] E. I. Organick, The Multics System: An Examination of Its Structure, MIT Press, 1972.

[Otte 1996] R. Otte, P. Patrick, M. Roy. *Understanding CORBA.* Prentice-Hall, 1996

[Ousterhout 1989] J.K. Ousterhout, and F. Douglis, *Beating the I/O Bottleneck: A case for Log Structured File Systems*, ACM Opearing Systems Review, Vol. 23, No. 1, pp. 11-28, Jan 1989.

[Patterson 2014] D. A. Patterson y J. L. Hennessy. *Computer Organization and Design: The Hardware/Software Interface*, 5.ª edición. Morgan Kaufmann Publishers. 2004.

[Patterson 2014] D. Patterson, H. L. Hennesy. Computer Organization and Design. The Hardware/software Interface. Fifth edition. Morgan Kaufmann, 2014

[Pfleeger 1997] C.P. Pfleeger, *Security in Computing*, 2nd Edition, Prentice Hall, 1997.

[Prieto 2012] A. Prieto. Periféricos avanzados. Garceta Grupo Editorial, 2012

[Protic 1998] J. M. Protic, M. Tomasevic, V. Milutinovic. *Distributed Shared Memory: Concepts and Systems*. IEEE Computer Society Press, Los Alamitos, California, 1998.

[QNX, 1997] QNX Software Systems Ltd. *QNX Operating Systems, System Architecture*. 1997.

[Rashid, 1987] R. Rashid, et al. "Machine-Independent Virtual Memory Management for Paged Uniprocessor and Multiprocessor Architectures", *Proceedings of the Second International Conference on Architectural Support for Programming Languages and Operating Systems*, 1987.

[Ready 1986] J. F. Ready. VRTX: *A Real-Time Operating System for Embedded Microprocessor Applications*. MICRO, Vol. 6, No. 4, Aug. 1986, pp. 8-17.

[Ricart 1981] G. Ricart, A. K. Agrawala. *An Optimal Algorithm for Mutual Exclusion in Computer Networks*. Communications of the ACM, vol 24, pp. 9-17, enero 1981

[Richter 1994] J. Richter, *Advanced Windows NT*, Microsoft Press, 1994

[Rockind 1985] M.J. Rochkind, *Advanced UNIX Programming*, Prentice-Hall, 1985.

[Roizer 1988] M. Roizer, V. Abrossimov, F. Armand, I. Boule, M. Gien, M. Guillemont., F. Herrmann, C. Kaiser, P. Leonard, S. Langlois, W. Neuhauser. *Chorus Distributed Operating System*. Computing Systems, vol 1, pp. 305-379. octubre 1988

[Rosenberry 1992] W. Rosenberry, D. Kenney, G. Fisher. *Understanding DCE*. O'Reilly, 1992

[Rubin 1999] W. Rubin, M. Brain, R. Rubin. *Understanding DCOM*. Prentice-Hall 1999.

[Russinovich 2005] Mark E. Russinovich and David Solomon, "Microsoft Windows Internals. 4th Edition", Microsoft Press, 2005

[Samsom 1990] S. Samson. *MVS Performance Management*. McGraw-Hill, 1990.

[Seagate 2000] Seagate, *Barracuda ATA II Family: Product Manual*, Seagate, 2000.

[Silberchatz 2005] A. Silbertchatz, P. Galvin. *Operating Systems Concepts*. Addison-Wesley, 2005, Sexta Edición.

[Silberschatz 2005] Silberschatz, A., Galvin, P. B., *Operating Systems Concepts*. John Wiley & Sons, Inc., séptima edición, 2005.

[Silberschatz 2006] A. Silberschatz andAbraham, Fundamentos de Sistemas Operativos, 7ª Edición, McGraw Hill Intermaericana, 2005.

[Silberschartz 2018] Abraham Silberschatz, Greg Gagne, Peter B. Galvin Operating System Concepts, 10th Edition. ISBN: 978-1-119-32091-3 April 2018.

[Smith 1985] A.J. Smith, *Disk Cache-Miss Ratio Analysis and Design Considerations*, ACM Transactions on Computer Systems, Vol. 3, No. 3, August 1985, pp. 161-203.

[Smith 1994] K. Smith and M. Seltzer, *File Layout and File System Performance*, Technical Report, Harvard University, Number TR-35-94, 1994.

[Solomon 1998] D. A. Solomon, *Inside Windows NT*, 2nd. Edition, Microsoft Press, 1998.

[Solomon 2004] Solomon, D. A., Russinovich, M. E. *Microsoft Windows Internals*. 4º edición, Microsoft Press, 2004

[Solomon 1998] D. A. Solomon. *Inside Windows NT*, 2.ª edición. Microsoft Press, 1998.

[Staelin 1988] C. Staelin, *File Access Patterns*, Technical Report, Department of Computer Science, Princeton University,, Number CD-TR-179-88, September 1988.

[Stallings, 2005] Stallings, W., *Operating Systems, Internals and Design Principles*. Prentice-Hall, quinta edición 2005.

[Stallings 2007] W. Stallings. *Data and Computer Communications*. Octava edición, Prentice Hall 2007.

[Stallings 2018] W. Stallings. *Operating Systems, Internals and Design Principles*, 8.ª edición. Pearson, 2018.

[Stallings 2003] W. Stallings. Computer Organization and Architecture: Designing for Performance, 6.ª edición. Macmillan. 2003.

[Stallings 2019] Computer Organization and Architecture, 11ª edición. Pearson, 2019

[Stevens 1992] W. Stevens, *Advanced Programming in the UNIX Environment*, Addison-Wesley, 1992.

[Stevens 1999] *UNIX Network Programming*. Prentice Hall 1999.

[Tanenbaum 1992] A. Tanenbaum, *Modern Operating Systems*, Prentice-Hall, 1992.

[Tanenbaum 1997] A. Tanenbaum and A. Woodhull, *Operating Systems Design and Implementation*, 2nd Edition, Prentice Hall, 1997.

[Tanenbaum 2001] A. Tanenbaum, *Modern Operating Systems*, Prentice-Hall, segunda edición, 2001.

[Tanenbaum 2010] A. S. Tanenbaum. *Computer Networks*. Cuarta edición, Pearson 2010.

[Tanenbaum 2006] Andrew S. Tanenbaum, Jorrit N. Herder, and Herbert Bos, "Can We Make Operating Systems Reliable and Secure?", *IEEE Computer*, vol. 39, No 5, May 2006.

[Tanenbaum 2007] A. S. Tanenbaum. M. Van Steen. *Distributed Systems: Principles and Paradigms*. Tercera edición. Distributed Systems.NET, 2017.

[Tanenbaum 2013] A. S. Tanenbaum. *Structured Computer Organization*, 6.ª edición. Prentice Hall 2005.

[Tanenbaum 2006] A. S. Tanenbaum, A. S. Woodhull. *Operating Systems: Design and Implementation*, 3.ª edición. Prentice-Hall, 2006.

[Tanenbaum 2015] Andrew S. Tanenbaum, Herbert Bos. Modern Operating Systems, 4th Edition. Pearson. 2015

[Vahalia 2006] U. Vahalia, UNIX Internals: The New Frontiers. Prentice Hall, segunda edición, 2006.

[Weikum 1992] G. Weikum and P. Zabback, "Tuning of Striping Units in Disk-Array-Based File Systems", *Proceedings of the 2nd International Workshop on Research Issues in Data Engineering*, pp. 80-87, February 2-3 1992.

[Wilkes 1995] J. Wilkes, R. Golding, C. Staelin, and T. Sullivan, "The HP AutoRAID Hierarchical Storage System", *Proceedings of the Fifteenth ACM Symposium on Operating Systems Principles*, pp. 96-108, December 3-6 1995.

[Wilson 1995] P. R. Wilson, M. S. Johnstone, M. Neely, D. Boles. "Dynamic Storage Allocation: A Survey and Critical Review". *In Proceedings of the 1995 International Workshop on Memory Management,* 1995.

[Wood 1895] P.H. Wood and S.G. Kochan, *UNIX System Security*, Hayden UNIX System Library, Hayden Books, 1985.

[Zobel 1983] Zobel D., "The Deadlock Problem: A Classifying Bibliography". *Operating Systems Review*, vol. 17, núm. 4, octubre 1983

ÍNDICE

X

Nombre de archivo: SistemasOperativos-TerceraEdicion-v8-Vol2.docx
Directorio:
                       /Users/felix/Library/Containers/com.microsoft.Word/Dat
    a/Documents
Plantilla: /Users/felix/Library/Group
    Containers/UBF8T346G9.Office/User
    Content.localized/Templates.localized/Normal.dotm
Título:
Asunto:
Autor: Jesus Carretero
Palabras clave:
Comentarios:
Fecha de creación: 7/12/20 23:47:00
Cambio número: 80
Guardado el: 27/1/21 16:29:00
Guardado por: Felix Garcia Carballeira
Tiempo de edición: 264 minutos
Impreso el: 27/1/21 16:30:00
Última impresión completa
    Número de páginas: 514
    Número de palabras: 236.961 (aprox.)
    Número de caracteres: 1.303.291 (aprox.)